Berlin-Brandenburgische Akademie der Wissenschaften

Die Griechischen Christlichen Schriftsteller
der ersten Jahrhunderte

(GCS)

Neue Folge · Band 13

EPIPHANIUS

VIERTER BAND

EPIPHANIUS
IV

Register
zu den Bänden I–III

(Ancoratus, Panarion haer. 1–80 und De fide)

nach den Materialien von
Karl Holl (†)

bearbeitet von
Christian-Friedrich Collatz und Arnd Rattmann

unter Mitarbeit von
Marietheres Döhler, Dorothea Hollnagel und Christoph Markschies

Walter de Gruyter · Berlin · New York

Herausgegeben durch die
Berlin-Brandenburgische Akademie der Wissenschaften
im Einvernehmen mit der Patristischen Kommission
der Akademien der Wissenschaften in Berlin, Düsseldorf, Göttingen,
Heidelberg, Leipzig, München und der Akademie der Wissenschaften
und der Literatur in Mainz

♾ Gedruckt auf säurefreiem Papier,
das die US-ANSI-Norm über Haltbarkeit erfüllt.

ISBN-13: 978-3-11-017904-0
ISBN-10: 3-11-017904-0
ISSN 0232-2900

Bibliografische Information der Deutschen Nationalbibliothek

Die Deutsche Nationalbibliothek verzeichnet diese Publikation in der Deutschen Nationalbibliografie;
detaillierte bibliografische Daten sind im Internet über http://dnb.d-nb.de abrufbar.

Printed in Germany
Einbandgestaltung: Christopher Schneider, Berlin

Vorwort
Christoph Markschies

Mit großer Erleichterung legt die Arbeitsstelle „Griechische Christliche Schriftsteller" der Berlin-Brandenburgischen Akademie der Wissenschaften den Registerband vor, der die Epiphanius-Ausgabe Karl Holls erst komplett macht[1]. Die verwickelte Geschichte der Edition des Manuskriptes für dieses Register, das Karl Holl zugleich mit den Vorbereitungen seiner Ausgabe 1897 begonnen hat, soll hier nicht *in extenso* wiedergegeben werden; sie spiegelt die wechselvolle Geschichte des Berliner Unternehmens ebenso wie die eines ganzes Jahrhunderts. Ihre Grundzüge zu kennen ist aber notwendig, um die Anlage des hier vorgelegten Bandes zu verstehen.

Karl Holl hatte zur Vorbereitung seiner Edition, die die unbefriedigende Ausgabe von Wilhelm Dindorf (Leipzig 1859/1862) ersetzen sollte, zunächst selbst ein mehrteiliges Register angefertigt. Diese Arbeitsgrundlage, Zettelkästen mit diversen Registern verschiedener Bearbeitungsstufen und eine zusätzliche Kladde mit dem Wortregister, hat er dann sukzessive auf seine neue Ausgabe umgestellt und so die Drucklegung eines abschließenden Registerbandes vorbereitet. Nachdem Karl Holl am 23. Mai 1926 gestorben war, übernahm sein Berliner Kollege und Freund Hans Lietzmann (1875–1942) die Weiterführung der Ausgabe. Damals waren bereits zwei Bände erschienen (1915 und 1922); das weit gediehene Manuskript des dritten, abschließenden Textbandes veröffentlichte Lietzmann 1933. Trotz der vorliegenden Vorarbeiten für den abschließenden vierten Registerband konzentrierte sich Lietzmann aber auf andere Projekte und ließ als Verantwortlicher für die „Griechischen Christlichen Schriftsteller" die Arbeit daran weitgehend ruhen: Immerhin bemühten sich vor 1945 nacheinander zwei Mitarbeiter um die Fertigstellung, also vor allem darum, die Vorarbeiten Holls, die hauptsächlich die Bände I und II betrafen, um das Material aus dem postumen Band III zu ergänzen. Wilhelm Schneemelcher (1914–2003), später Patristiker in Göttingen und Bonn, arbeitete daran im Jahre 1939, Emma Arend (verschollen 1945) bis in die vierziger Jahre, beide allerdings neben anderen wichtigeren Aufgaben[2].

Nach 1945 blieb die Arbeit liegen und wurde auch vom langjährigen Arbeitsstellenleiter Jürgen Dummer nicht zum Abschluß gebracht. Dummer konnte immerhin 1980 und 1985 ergänzte Neuauflagen der Bände II und III der Textausgabe vorlegen. Eine Veröffentlichung des Registers schien damals allerdings vor der von Dummer geplanten Neubearbeitung des ersten Bandes nicht sinnvoll.

---

1   Vgl. dazu J. Dummer, Zur Epiphanius-Ausgabe der ‚Griechischen Christlichen Schriftsteller', in: ders. (Hg.), Texte und Textkritik. Eine Aufsatzsammlung (TU 133), Berlin 1987, 119–125.
2   So Wilhelm Schneemelcher in einem Telefongespräch am 15.8.2000.

Nach der Neukonstituierung der Berlin-Brandenburgischen Akademie der Wissenschaften im Jahre 1993 wurde die Veröffentlichung des Registers wieder in den Arbeitsplan des Unternehmens aufgenommen und nach Erledigung anderer dringender Aufgaben zum Abschluß gebracht. Dabei wurde nach Beratungen mit der Aufsichtskommission des Unternehmens vom derzeit für die Arbeiten verantwortlichen Projektleiter die Grundentscheidung getroffen, die seit 1926 immer wieder ergänzten Vorlagen Karl Holls gründlich zu ordnen, – wo nötig – zu ergänzen und dann als Abschluß seiner Ausgabe zu veröffentlichen und nicht etwa vollständig neue Register zu erstellen. Zusätzlich zum vorhandenen Material, das aufwendig aufzuarbeiten war, wurden auf Grundlage der Angaben in den Apparaten von den Bearbeitern weitere Register angefertigt: Dies gilt vor allem für die der Bibelstellen, der antiken Autoren sowie der Querverweise innerhalb der Epiphanius-Schriften.

Karl Holl hat in keinem seiner Register Vollständigkeit angestrebt. Für die ersten beiden Bände hat er die Auswahl der griechischen Wörter, theologisch bedeutsamer Sachverhalte, Personen- und Ortsnamen sowie der Einträge im grammatischen Register noch selbst vorgenommen. Für den dritten Band wurde diese Auswahl nach seinem Tode auf der Basis seiner Notizen von den Bearbeitern erledigt. Als im Jahr 2001 die Arbeiten am Register wieder aufgenommen werden sollten, wurde mit Blick auf den engen Zeit- und Finanzrahmen des Unternehmens entschieden, das Arbeitsmaterial noch einmal anhand der Ausgabe und der Vorlagen Holls zu überprüfen sowie die bis dahin nur sehr lückenhaft ausgeführte Indizierung des dritten Bandes zum Abschluß zu bringen. Eine Ergänzung der in die Register aufgenommenen Lemmata, Orte, Personen und grammatischen Phänomene wurde nur in dringenden Bedarfsfällen vorgenommen; vor allem konnte in den Fällen guten Gewissens darauf verzichtet werden, in denen der Benutzer sein Ziel leicht mit Hilfe des kalifornischen „Thesaurus Linguae Graecae" am eigenen Schreibtisch erreichen kann. Mit dem vorliegenden Registerband soll ein Arbeitsinstrument bereit gestellt werden, das über den TLG hinausgeht.

Die Bearbeiter mußten einen Weg finden, auf dem Holls Notizen angemessen wiedergegeben, aber gleichzeitig alle Informationen so aktualisiert wurden, daß das Gemeinte zu verstehen ist, und daß Literatur-, Zitat- und Hinweise jeder anderen Art auch zu ihrem Ziel führen können. Ein Mindestmaß an Einheitlichkeit der oftmals sehr vorläufigen Notizen von Holl haben sich die Bearbeiter bemüht herzustellen. In keinem Fall darf der Benutzer erwarten, daß z.B. gegenwärtige kirchenhistorische Erkenntnisse in das von Holl entworfene Register der theologischen Begriffe eingeflossen sind oder im grammatischen Register neuere, in der Sprachwissenschaft inzwischen anerkanntere Begriffe Verwendung gefunden haben. Auch sind die einzelnen Artikel nicht einer methodischen Systematik unterworfen worden: Karl Holl hat seine Notizen sehr oft auf ein bestimmtes Ziel hin formuliert. Die Normalform oder die Grundbedeutung eines Wortes beispielsweise findet sich in den grammatischen und semantischen Eintragungen sehr selten; statt dessen werden die Spezial- und

Sonderbedeutungen sorgfältig erfaßt und nachgewiesen, meistens auch Übersetzungshilfen angeboten.

Das Register der griechischen Wörter wurde, wo es zweckmäßig erschien, von den Bearbeitern – auch unter Zuhilfenahme der Indices von Dindorf – ergänzt; es ist aber weder hinsichtlich der Lemmata noch der Belegstellen als vollständig anzusehen.

In allen Fällen, vor allem beim Register der antiken Autoren, haben sich die Bearbeiter bemüht, die bei Holl noch nicht sehr einheitliche Zitierweise (vieles fand sich auch auf einfachen Merkzetteln, in Randnotizen u.ä.) so zu gestalten, daß alle Angaben möglichst leicht auffindbar sind, ohne daß deswegen jede ältere Literaturangabe, sofern sie nachvollziehbar und das betreffende Buch im allgemeinen erreichbar ist, durch die jeweils neueste ersetzt worden ist.

Fehler, die sich in den Apparaten der Epiphanius-Edition des öfteren finden, sind in den Registern stillschweigend korrigiert, Querverweise, soweit zweckmäßig, eingefügt worden.

Das grammatische Register wurde auf Vorschlag von Jürgen Hammerstaedt (Köln) grundlegend neu geordnet.

An der abschließenden Durchsicht haben sich mit großem Engagement neben den auf der Titelei genannten Mitarbeitern der Arbeitsstelle Mitarbeiter meines einstigen Heidelberger Lehrstuhls für Historische Theologie (Alte Kirche und Mittelalter) beteiligt: Martin Brons, Jana Plátowa, Christine Reiher, Anja Siebert und Anna Tzvetkova.

Das Werke wäre auch nicht zum Abschluß gekommen ohne die hilfreich gewährten Mittel der Heckmann-Wentzel-Stiftung.

Am Ende eines so langen und so mühsamen Editionsprozesses legt der derzeit für die Ausgabe Verantwortliche das Manuskript mit großer Dankbarkeit aus der Hand. Im Laufe der Arbeit an den vier Bänden der Epiphanius-Ausgabe ist nicht nur seine Hochachtung vor der immensen Arbeit Karl Holls sehr gewachsen, sondern auch seine Hoffnung, daß der hier vorgelegte Band das Interesse am Werk des Bischofs von Salamis befördern möchte. Die Bearbeiter würden sich wünschen, daß sich der Band IV der Epiphanius-Edition bewährt – sich vielleicht sogar erweist, daß er etwas mehr anzubieten imstande ist als üblicherweise ein Register, nämlich seine Dienste zu leisten als ein Findbuch, das den Zugang zu Epiphanius, der jede Beschäftigung allemal lohnt, erleichtern kann.

Berlin, im Sommer 2006
Christoph Markschies

Inhaltsverzeichnis

Abkürzungsverzeichnis

abs.	absolut, absolutus	ham.	hamitisch
Abstr. / abstr.	Abstraktum, abstrakt	hebr.	hebräisch
Adj.	Adjektiv	hell.	hellenistisch
Adv. / adv.	Adverb, adverbiell, adverbal	hlg.	heilig
		Imperf.	Imperfekt
ägypt.	ägyptisch	impers.	impersonal, unpersönlich
Akk.	Akkusativ		
Akt.	Aktiv	Ind.	Indikativ
allg.	allgemein	indekl.	indeklinabel
alttest.	alttestamtentarisch	Inf.	Infinitiv
Aor.	Aorist	insbes.	insbesondere
Apok.	Apokalypse	intrans.	intransitiv
apost.	apostolisch	japhet.	japhetitisch
App.	Apparat	jüd.	jüdisch
arab.	arabisch	kaiserl.	kaiserlich
Art.	Artikel	kirchl.	kirchlich
AT	Altes Testament	Komp.	Komparativ
bzw.	beziehungsweise	Konj.	Konjunktiv
cf.	confer, vergleiche	m.	mit
christl.	christlich	maked.	makedonisch
d.Gr.	der Große	masc.	masculin
d.h.	das heißt	Med.	Medium
Dat.	Dativ	n.Chr.	nach Christus
dopp.	doppelt	neutr.	neutrum
dubit.	dubitandum	Nom.	Nominativ
End.	Endungen	nom. abs.	nominativus absolutus
enkl.	enklitisch		
Ev.	Evangelium	NT	Neues Testament
fem.	feminin	opp.	oppositum
fin.	finitum	Opt.	Optativ
Epiph.	Epiphanius	Part.	Partizip
Fut.	Futur	Pass.	Passiv
fr.	fragmentum	Perf.	Perfekt
Gen.	Genitiv	pers.	personal / persönlich
gen. abs.	genitivus absolutus	Pl.	Plural
gnost.	gnostisch	Präs.	Präsens
griech.	griechisch	Präp.	Präposition

Pron.	Pronomen	subst.	substantivisch
Reflex.	Reflexivum, reflexiv	Subst.	Substantiv
Relat.	Relativum, relativ	Superl.	Superlativ
relig.	religiös	theol.	theologisch
röm.	römisch	trans.	transitiv
s.	dt.: siehe; lat: sanctus	u.a.	unter anderem
s.v.	sub verbo	usw.	und so weiter
sc.	scilicet	valentin.	valentinianisch
sem.	semitisch	verb.	verbum
sog.	sogenannt	vgl.	vergleiche
Sg.	Singular	z.B.	zum Beispiel
spez.	speziell	zw.	zwischen

Inhaltsübersicht zu Epiphanius I–III

BAND I

I. ANCORATUS

II. PANARION

Prooemium I

Anacephalaeosis I

Prooemium II

BAND II

BAND III

Anacephalaeosis V

Anacephalaeosis VI

Anacephalaeosis VII

Griechische Wörter

ἀβασάνιστος I 459,12.

ἄβατος III 160,21; 497,18.

ἀβελτερία I 264,20. II 363,11.

ἀβέλτερος I 252,29. III 10,11; 76,18.

ἀβίωτος III 487,15.

ἀβλαβής III 487,4. — ἀβλαβῶς I 320,24.

ἀβλεπτέω II 393,22. III 229,18.

ἀβρότονος, ἡ II 249,2; 250,1. 12f.

ἀβροχία III 464,25.

ἄβυσσος I 33,9; 34,15; 89,28. II 29,20.
  III 75,19; 107,16. 17; 162,9; 170,24;
  236,20. 22; 276,26. 31; 325,19. 21;
  412,3; 444,6.

ἀγαθοεργέω I 213,7.

ἀγαθοεργία I 110,13. II 365,23; 412,9.
  III 124,8.

ἀγαθοποιέω II 477,14. III 335,8.

ἀγαθοποιΐα I 316,8.

ἀγαθός I 5,11; 90,23; 96,7; 106,27;
  347,6; 381,8. II 69,14; 138,7; 159,23.
  25; 509,15. III 38,20; 439,23; 523,12;
  525,27. — ἀγαθώτατος I 5,17. —
  βελτίων II 102,12. — ἀγαθῶς II 191,5.
  III 363,14. 17.

ἀγαθότης I 7,5; 26,23; 27,7; 177,17;
  461,10. II 49,31; 66,23; 82,29; 138,7;
  185,6. 30; 401,1; 509,18; 210,29.
  III 39,17; 40,4. 26. 27; 41,16; 42,16;
  49,22; 53,7bis; 94,19; 95,2; 100,4. 5.
  24. 26; 104,13; 108,28; 129,29; 168,13;
  173,19; 204,27. 28. 31; 205,3. 7; 237,12;
  302,17; 363,12; 384,27; 385,11.

ἀγαθωσύνη III 42,17; 90,2; 228,20.

ἀγαλλίασις I 77,3. III 495,32. 33.

ἄγαλμα I 163,10. II 444,5. 7. 13. 15.
  III 479,10. 12.

ἀγαλματοποιΐα I 163,17.

ἄγαμος I 70,23.

ἄγαν I 6,3. III 467,10.

ἀγανακτέω II 164,21; 381,23; 516,7.
  III 202,7. 11; 344,14.

ἀγανάκτησις II 69,18. III 149,8.

ἀγανακτικός III 237,15.

ἀγαπάω I 122,17; 344,26. II 257,11;
  322,11. III 76,12. 19bis; 332,33;
  412,20.

ἀγάπη I 92,22; 110,18; 171,2; 280,23
  (im obszönen Sinn bei den Gnostikern).
  II 157,14. 16; 186,11; 308,6. III 412,23;
  416,25; 519,26.

ἀγάπησις I 16,29.

ἀγαπητός Synonym zu συνείσακτος
  I 25,2bis; 33,15; 59,18; 149,19; 155,9;
  246,29; 247,12; 256,6; 299,17; 314,20;
  382,3; 399,25; 427,26. II 17,17; 26,7;
  67,11; 71,14; 75,15; 76,1; 80,22; 237,14;
  244,9; 250,18; 311,8; 343,10; 347,24;
  365,17; 389,3; 400,1. III 13,5; 26,1;
  34,5; 111,5; 131,23; 136,2; 194,30;
  200,30; 229,27; 416,31; 451,21; 461,31;
  484,15; 526,12.

ἀγγεῖον I 348,10. 14. II 507,1.

ἀγγελικός I 235,9; 240,4. II 23,14; 36,15;
  170,1; 247,27 (ἀγγελικὴ βρῶσις).

ἀγγέλλω I 28,8.

ἄγγελος I 19,20; 24,21; 30,26; 31,1;
  216,24; 218,13. III 74,3. 9; 310,4. 8;
  464,4. 6. 12. III 21,6; 105,10; 482,18.

ἀγγελτικός I 88,7.

ἀγγίζω II 151,1.

ἄγγος I 50,20; 57,1; 246,20; 348,11.
  II 52,1. 5.

ἄγε II 378,9.

ἀγέλη III 361,21.

ἀγενής III 502,14.

ἀγεννησία III 356,9; 358,17. 20; 371,6;
  387,24; 399,10; 408,20.

ἀγέν(ν)ητος 1) I 165,13. III 189,20;
  221,1 (ἀγέννητος καὶ ἄκτιστος καὶ
  ἀγένητος). 13; 261,22 (ἀγεννήτως);
  279,6 (ἀγεννήτως); 286,29 (ἀγέννητον
  καὶ γεννητόν); 346,25 (ἀγέννητος

καὶ ἄκτιστος); 362,5 (ἄκτιστον καὶ ἀγένητον); 365,26 (φύσις ἀγέννητος καὶ ἄκτιστος); 369,27 (ἀγέννητος); 396,10 (ἀγέννητος); 405,9 (ἄκτιστος, ἀγέννητος, ἀδημιούργητος); 407,10. 2) bei den Gnostikern I 14,8; 257,9; 391,7 (in der valentin. Urkunde für den Allvater).

ἀγήρατος I 390,12; 392,14.

ἀγιάζω 1) I 13,16; 50,21; 81,2; 83,4; 92,19. III 131,3 (ἀγιασθεῖσα); 217,21; 440,20. 2) *verherrlichend heiligen* I 34,28; 145,26. 3) *heiligen* I 199,11. II 239,3. — ἡγιασμένος = Ναζιραῖος I 324,18; 327,12. — ἡγιασμένοι im AT I 190,29; 209,28.

ἀγίασμα III 127,14; 482,7.

ἀγιασμός I 289,18. II 329,24.

ἀγιαστεία 1) *Heiligung* I 295,18; 379,17. III 213,12. 2) *Lobpreisung* I 18,6; 33,19.

ἀγιαστικός III 231,8; 414,5.

ἄγιος 1) von einzelnen Personen; s. auch ἱερός, μακάριος, ὅσιος, πανάγιος; für τὸ ἅγιον πνεῦμα s. unter πνεῦμα; für ὁ ἅγιος θεός s. unter Gott. I 5,20; 7,13 (ὁ ἅγιος ἐκεῖνος; von Petrus). 14; 19,11 (Paulus); 22,7 (Maria); 33,22 (οἱ ἅγιοι παῖδες); 39,27; 40,12 (Irenaeus); 71,3; 108,23 (Ezechiel; ἀγιώτατος); 131,13 (οἱ ἅγιοι προφῆται); 194,20 (Matthaeus); 202,22 (Moses). 23 (ἅγιον σῶμα; vom Leib Mosis); 232,3 (ὁ ἅγιος τῶν ἀποστόλων κατάλογος); 242,3; 256,16 (Jesaja); 266,8; 267,15 (Stephanus); 269,19 (Johannes der Apostel); 279,27; 292,13 (τοῦ ἁγίου μαθητοῦ); 293,2 (Elias); 296,25 (Clemens Romanus); 297,22 (Joseph); 298,2 (David); 304,20; 315,2 (Cornelius der Hauptmann aus Akt 10). 14. 16; 316,6. 9. 25; 331,21;

363,15. 22; 364,23 (οἱ ἅγιοι προφῆται); 365,9; 366,7. 18 (Petrus). 21; 367,2. 8 (Jeremia); 371,23 (Abraham); 379,15; 380,20; 383,9; 398,13 (ἀγιώτατος); 436,19 (ἀγιώτατος; Paulus). 22 (Jakobus); 437,15. II 4,1 (Iustin); 6,4 (μακαριώτατος καὶ ἀγιώτατος). 7 (ἅγιος); 38,3; 42,4; 68,22; 83,21 (ὁ ἅγιος προφήτης; Hosea); 89,13 (ἀγιώτατος); 154,17 (Leib Christi); 158,13; 170,2f.; 188,7; 195,21; 208,9f. (Adam); 226,11 (Adam); 228,20. 23; 230,14 (ἀγιώτατος); 234,23; 249,18 (Noah). 19; 251,2. 3; 258,9 (οἱ ἅγιοι εὐαγγελισταί); 286,20 (οἱ ἅγιοι εὐαγγελισταί); 305,15; 335,15 (Lot); 393,23. III 98,9 (Paulus); 133,25 (Jesaja und Jeremia); 140,24 (Petrus); 144,20 (ἅγιος ἐπίσκοπος; Alexander); 178,10 (Jesaja); 189,24; 196,25; 203,11 (Johannes); 223,11 (ἅγιος ἄγγελος; Gabriel); 238,7 (Stephanus); 315,12 ('Αβραὰμ καὶ λοιποὶ ἅγιοι); 431,16 (ἅγιοι ἀπόστολοι); 481,8 (Jesaja); 485,16 (Paulus). 2) die Christen I 20,23. 24; 143,29. III 26,1 (ἅγιοι καὶ παρθένοι); 474,30 (οἱ ἅγιοι ἐν τιμῇ). 3) die (hlg.) Christen I 110,3; 118,29 (die Frommen des AT); 149,25. II 202,3 (ἀνὴρ ἅγιος). III 44,11. 4) von Sachen I 6,13 (ἀγία γραφή); 31,17 (ἀγία ἐκκλησία s. ἐκκλησία); 82,21 (ἀγία λειτουργία); 91,25 (ἅγιοι νόμοι); 122,26 (ἀγία ἐπιστήμη); 144,11 (ἀγία ἐπίκλησις); 148,2 (ἅγιον λουτρόν); 231,12 (ἀγία σφραγίς; von der Taufe); 289,18 (τὰ ἅγια τῶν ἁγίων = Eucharistie; 326,10 (ἡ ἀγία ἑβδομὰς τῶν Πάσχων); 339,7 (ἅγιον λουτρόν); 347,1 (ἅγιον λουτρόν). 5 (ἀγία κλῆσις καὶ σωτηρία); 353,10

(τὰ ἅγια = die Eucharistie); 359,20
(τὰ ἅγια εὐαγγέλια). II 96,10 (ἅγιον
μυστήριον = Christi Predigt, Ev.); 195,21
(τὸ ἅγιον εὐαγγέλιον); 248,11 (ἁγία
κυριακή); 250,11 (ἁγία διδασκαλία);
270,8 (τὰ ἅγια εὐαγγέλια); 520,21
(ἁγία πόλις = Jerusalem). III 76,23 (τὸ
ἅγιον εὐαγγέλιον); 107,23 (τὸ σκεῦος
τὸ ἅγιον); 188,21. 27; 212,3; 252,25 (ἅ.
λόγος); 254,20; 258,12 (ἅ. ἐκκλησία);
317,8 (ἅ. καρπόν); 329,30 (ἅ. ὄνομα);
339,15; 343,27 (ἅ. κτίσμα); 369,20;
435,15; 471,28 (ἅ. σκεῦος); 497,27 (ἅ.
βασιλεύς); 523,17 (ἅ. Πάσχα). — ἅγ.
σῶμα, ἁγία σάρξ Christi I 39,13; 59,1;
107,22. II 197,33. III 107,24; 213,14;
465,31; 518,12. — ὁ ἅγιος ἀπόστολος
= Paulus I 20,8; 22,31; 54,29; 63,13;
188,14; 254,11; 269,16; 463,17.
II 61,19; 100,19; 104,9; 149,28; 156,15;
218,2; 232,4; 306,16f.; 337,4. III 89,23;
92,17. 29; 98,9. 12; 177,22; 178,10;
187,14; 191,32; 223,12; 252,4; 269,17;
301,20; 336,18,26; 337,26; 369,21;
401,11; 447,4; 466,27; 491,1; 501,30;
518,22.
ἁγιότης als Umschreibung für Gott
I 89,20. III 515,28.
ἁγιωσύνη III 515,29.
ἀγκάλη I 133,13.
ἀγκιστροειδής II 241,6.
ἄγκυρα II 243,17.
ἀγκών II 376,22.
ἁγνεία I 209,26; 274,6; 292,12; 293,7;
295,18. 20. 28; 437,3. II 187,18;
230,27; 231,12; 402,10; 503,4; 519,9.
10. III 94,19; 101,3; 138,10; 237,10;
335,18 (von asketischer Reinigung);
474,5; 491,17; 493,23; 502,15; 519,19.
ἁγνεύω I 110,15. III 459,6; 472,7.
ἁγνίζομαι I 214,14.

ἁγνισμός I 214,19; 236,21; 352,14.
ἀγνοέω I 36,11; 42,7; 47,14; 48,14; 51,15;
66,1; 103,13; 132,14; 133,6; 136,8;
198,24; 245,2. 20; 252,22; 311,20;
370,3; 384,5; 459,23. II 81,7; 103,30;
124,24; 141,11; 509,9. III 39,15; 41,26;
51,8; 73,13; 81,18; 102,1; 118,6; 120,19;
154,22; 191,10. 23; 194,2; 213,25;
216,33; 225,1; 236,22; 243,1; 255,19;
297,22; 336,16; 350,34; 386,3; 416,21;
464,20.
ἄγνοια I 19,5; 33,27. 32; 133,14; 195,3;
241,21; 251,22; 276,5; 311,18. II 49,13;
52,28. 29; 66,12; 69,6; 261,16; 376,17.
III 82,22; 155,35; 192,10; 213,25;
226,24; 456,32.
ἁγνός I 242,8. III 371,7; 465,9; 459,13.
— ἁγνῶς lauter II 318,17.
ἀγνώμων III 166,16.
ἀγνωσία Unwissenheit I 25,19; 35,16; 48,1;
217,1; 251,22; 252,23; 253,1; 390,11
(valentin.). II 59,4. 5; 65,12; 133,24;
174,24; 209,25; 258,13; 259,7; 273,5;
377,20. III 82,23; 92,10; 117,25; 124,1;
406,15; 413,18. 21; 455,28; 486,19.
ἄγνωστος 1) I 41,21 (Jer 17,9); 48,2;
144,31. II 145,21. III 191,24; 242,13.
2) im gnost. Sinn erhaben über die
bekannten, seinem Wesen nach unerkennbar
I 248,2; 301,6; 307,16; 311,17; 312,29;
314,7. II 91,7; 92,1. — τινός unbekannt
mit, nicht wissend von II 191,11.
III 223,13.
ἀγορασία III 120,16. 18.
ἀγορασμός III 245,18.
ἀγορεύω I 186,7.
ἀγράφως III 295,9; 340,5.
ἀγρευτής III 348,32.
ἀγρεύω I 239,17. III 81,25.
ἄγριος (3 End.) I 274,14. II 62,7;
235,18. III 117,27; 228,27; 513,1.

ἀγρός I 274,12. II 318,6.

ἀγρόθεν III 334,24.

ἀγροῖκος II 518,11.

ἀγρυπνέω *eine Pannychis feiern* II 212,2; 285,15. III 247,19.

ἀγρυπνία I 108,8. II 407,2. III 247,20; 335,18; 489,21; 523,13. 23.

ἄγρυπνος I 210,19.

ἀγύρτης I 156,18; 239,21; 250,18; 256,20; 261,3; 262,8; 359,8; 369,25; 384,22; 463,22. II 38,18; 42,32; 49,18; 98,16; 102,8; 146,28; 188,18; 196,22. III 23,9; 36,5; 40,25; 43,21; 52,21; 78,30; 80,26; 91,24; 93,17; 97,29; 118,10; 253,6; 520,17.

ἀγυρτώδης I 279,17; 312,22; 361,18. II 5,5; 136,7; 198,19. III 268,9.

ἀγχιστεία III 458,7.

ἀγχόνη II 71,4.

ἄγχω III 432,6.

ἄγω 1) *hinleiten auf* (εἰς) I 7,22. II 200,8. III 462,8 2) *anführen* I 30,8. 3) *heimführen* I 181,5; 239,23. 4) intrans. *führen* von einer Straße II 145,20. — τι ἐπί τι ἀγεῖν I 253,6. — ἄγεσθαί τινι περί τινος III 344,24. — ἄξασαν I 240,13. — ἑορτὴν ἄγειν I 166,21. II 245,6. 10. — τὸ Πάσχα ἄ. III 241,19. 26. — τιμὴν ἄ. I 270,10. — ἀνάγκη ἄγεσθαι I 61,13. — μοχθηρίᾳ ἄ. I 330,2. — πλάνῃ ἄ. II 50,20. — τύπῳ ἄ. I 193,1. — πρὸς γάμον ἄγεσθαι I 355,12. II 77,9. 12 (ἄγεσθαι allein mit τὰς γαμετάς). — βαρεῖ στρήνῳ ἐν ἑαυτῷ ἀγόμενος III 19,6. — ἀφερεπόνως ἄγεσθαι III 50,14. — ἄγε II 378,9.

ἀγωγή I 133,22; 187,15; 195,22; 201,22; 203,21; 232,6. II 80,11; 205,8; 358,22; 360,12; 402,1; 418,10 (ἀγωγῇ τῆς ὀνομασίας). III 122,11; 139,10; 447,14; 455,7.

ἀγώγιμος I 277,13; 298,8; 342,8. II 8,20.

ἀγών 1) I 156,19; 169,10. II 383,5; 500,14 (κατά τινος *Auseinandersetzung im Streit*). III 434,6; 495,30bis. 2) im geistlichen Sinn I 210,14; 346,26. II 133,13; 358,18; 360,6; 402,10; 503,3. III 137,5; 341,6 (vom Todesleiden des Märtyrers).

ἀγωνίζομαι II 72,20; 92,29; 361,13; 500,9. III 459,6; 495,29.

ἀδαής I 370,3.

ἀδαμάντινος I 266,14. III 518,4.

ἀδελφή I 126,1; 457,17. II 76,26f.; 242,17. III 424,2.

ἀδελφιδοῦς II 335,15.

ἀδελφοκτονία I 126,7; 172,19. II 68,17.

ἀδελφός 1) *verwandt, ähnlich* I 106,5. III 126,13bis. 2) innerhalb der christl. Gemeinde; vom Gleichgestellten, im Unterschied zu τέκνον I 131,6 (τοῖς ἑαυτῶν τέκνοις εἴτ᾽ οὖν ἀδελφοῖς). 3) in der Trinitätslehre II 392,20 (vom Geist οὐκ ἀδελφὸν υἱοῦ).

ἀδελφότης die christl. kirchl. Gemeinde II 81,23.

ἀδέσποτος III 406,1.

ἀδεῶς I 261,11; 305,1; 357,22. II 3,12; 64,12. III 231,16; 488,6.

ἀδημιούργητος III 405,9.

ἀδημονέω III 198,13.

ἀδημονία III 518,12.

ᾅδης II 99,13; 155,11; 297,11.

ἀδηφαγέω II 381,21.

ἀδηφαγία II 79,2.

ἀδηφάγος II 218,2.

ἀδιάβλητος I 51,23.

ἀδιάθετος *unkanonisch* II 275,23.

ἀδιαίρετος III 348,23.

ἀδιακρίτως II 518,9.

ἀδιάλειπτος III 489,23. — ἀδιαλείπτως III 455,10.

ἀδιάρθρωτος III 189,6.

ἀδιάφορος I 234,6. III 235,25. — ἀδιαφόρως I 36,5; 166,26.

ἀδικέω 1) I 127,7; 142,14; 245,20; 320,26. II 39,23; 59,21; 103,8; 139,15; 146,6; 162,12; 198,30. III 182,13. 2) intrans. I 442,22. — ἀδικεῖσθαι Schaden leiden II 218,9; 511,1 (τὰς φρένας ἀδικηθείς). III 127,2; 485,1.

ἀδίκημα II 337,25.

ἀδικία I 30,21; 172,20; 262,10; 461,10. II 62,23; 175,20; 253,7. III 114,7; 124,18; 127,10; 489,29; 525,13.

ἄδικος I 456,26. II 176,6; 365,19; 507,4; 515,3. III 194,22; 506,12.

ἀδιόρθωτος I 40,11.

ἀδιχοτόμητος I 394,1 (valentin.).

ἀδόκιμος III 242,24.

‹ἀ›δοκιμασία III 162,22.

ἀδολεσχία III 96,3.

ἀδοξέω III 198,11.

ἀδοξία I 39,29. III 402,14.

ἄδουπος II 43,27.

ἀδράνεια I 26,25; 184,2. 3; 312,4. II 54,2.

ἀδρανής I 253,2; 437,29. II 74,22; 102,5; 103,13.

ἀδρύνω I 98,25; 105,1. 2; 300,8; 314,4; 341,30; 346,4. II 361,1. III 438,32; 516,11.

ἀδρυντικός III 373,26.

ἀδυναμία II 207,10. III 82,21; 261,12; 262,12.

ἀδύναμος III 255,1.

ἀδυνατέω III 85,4.

ἀδύνατον I 41,18; 98,16; 146,1; 199,11. III 192,14. 15; 240,24.

ἀδύνατος schwach I 44,3; 110,16. II 92,15; 423,8. III 239,26; 333,25; 363,8. — ἀδυνάτως I 252,5 (ἔχει). II 258,11; 481,2. III 109,6. 8.

ἄδυτον I 105,9. III 510,13; 512,18.

ᾄδω I 34,21; 46,1; 47,6; 53,19; 105,7; 106,6; 210,5; 216,21. 28; 297,25. II 94,7 (πολὺς λόγος ᾄδεται περί τινος); 125,22; 137,25; 285,15; 292,1; 329,18; 362,20; 396,3; 412,15. III 150,10; 185,5; 197,6; 208,6; 222,12; 228,32; 232,10; 234,7; 430,20; 434,8; 436,27; 448,24; 476,8; 493,28.

ἀειδής III 496,9.

ἀειμακάριστος III 242,3.

ἀειπάρθενος I 22,7; 100,3; 148,12; 284,4; 328,24. II 79,23; 394,17. III 44,9; 415,12; 431,16; 455,31; 461,24; 472,33; 473,6. 10; 515,24; 522,21 (allg. von Diakonissen).

ἀέννaoς I 27,21; 215,6. III 97,18.

ἀεργία III 490,1.

ἄεργος III 488,16.

ἀζανῖται = ὑπηρέται, διάκονοι bei den Juden I 346,16.

ἀζηλία I 333,13.

῎Αζυμα 1) als Name des Festes I 204,5 (Passah mit eingeschlossen). 23; 205,2 (τὰ ῎Αζυμα καὶ τὸ Πάσχα). 9 (τῶν τε ᾿Αζύμων καὶ Πάσχων); 378,9. 2) ungesäuertes Brot I 353,11 (die Ebionäer feiern das Abendmahl mit ungesäuertem Brot); 362,16; 378,4.

ἄζυμος III 243,22.

ἀηδής I 124,7; 210,16. II 313,18. III 72,23; 496,19; 509,25; 521,8.

ἀήρ I 63,17; 267,6; 342,23. II 311,18. III 24,13; 485,21.

ἀήττητος III 439,32.

ἀθανασία I 26,7; 92,9; 119,17; 319. 6. II 123. 8; 172,20. 22. 23; 341,25; 442,8. 15; 512,8. III 147. 5. 8. 13. 18. 23. 25; 148,9bis; 150,15; 153,22; 417,17; 519,2.

ἀθάνατος I 20,3; 24,31; 112,11; 164,8;

165,13;   184,23;   214,20;   230,12.
III 119,19; 167,10; 199,17; 462,18.

ἀθεεί I 7,7; 171,1.

ἀθεΐα I 77,12; 183,8.

ἀθεμελίωτος II 196,7.

ἀθέμιτος I 22,14; 58,15; 130,15; 155,11;
186,4; 216,5; 226,12; 300,20; 302,4;
303,13; 304,13; 305,15.   II 64,7. 12;
134,24; 206,22; 240,1; 362,10; 399,10;
401,4. III 180,8; 473,12. 14.

ἀθεμιτουργέω II 403,15.

ἀθεμιτουργία I 304,5. 7.   III 141,23;
142,5.

ἀθεμίτως I 211,23.

ἄθεος II 119,8. III 156,26; 369,9; 507.
12.

ἀθεράπευτος I 220,2.

ἀθετέω I 59,25; 87,16; 199,2; 208,1. 3;
317,17; 358,2. II 1,4; 2,4. 17; 3,2; 58,26;
82,29; 98,7; 125,8. 12; 131,2; 132,9;
144,3; 187,19; 188,13; 274,19; 359,26
(ἑαυτὸν ἀπό τινος); 366,5; 384,16;
398,23. III 184,19; 234,24.

ἀθέτησις I 171,22; 348,18. II 92,1. 27;
148,16; 158,2. III 299,12.

ἀθετητής III 163,18.

ἀθήλυντος I 388,6; 389,9.

ἀθήρα III 511,23.

ἄθικτος II 206,13.

ἀθλεύω von der sittlichen Anstrengung
II 361,17; 388,11. III 2,2.

ἄθλησις Kampf des Asketen II 402,11.

ἀθλητής   I 435,12 (Glaubenskämpfer).
II 387,19. III 178,22; 479,4.

ἄθλιος I 156,18; 272,3; 343,8.

ἄθροισμα   I 204,9; 343,20.   II 41,12;
187,5.

ἀθροισμός I 176,22.

ἀθρόως   I 346,21.   II 202,20; 428,8;
472,23.

ἀθυμία I 230,18. III 443,8.

ἄθυρμα III 511,22.

ἀθυρογλωττέω III 90,14.

ἀθυρόγλωττος   1) adj.   I 297,20.
III 345,29. 2) adv. I 288,16. II 67,6;
184,1. III 49,9; 111,22; 162,5.

ἀθῷος I 297,8. II 99,1.

αἰγεῖος II 519,6.

αἴγλη I 58,3.

αἰδέομαι   I 55,29.   II 169,26; 305,15.
III 5,21; 122,14; 162,12; 345,17; 382,15;
410,18.

αἰδέσιμος III 31,20; 434,19.

ἀϊδιάζω III 40,12; 42,25.

ἀΐδιος I 12,10; 32,30; 39,15. 18; 42,12;
60,33;   61,22;   378,24.   II 160,16.
III 36,13; 368,7; 385,17; 404,3; 409,2.
— ἀϊδίως I 61,22. II 186,14. III 382,2;
404,18.

ἀϊδιότης   I 26,8;   44,24.   II 392,4.
III 348,12; 403,18. 22.

αἰδώς I 239,19; 339,14; 345,17. II 313,28;
400,3. III 297,29; 512,2.

αἰθήρ I 187,3; 218,10.

αἴθμη II 312,30.

αἴθριος III 485,21.

αἰκία I 346,24.

αἴλουρος I 124,3.

αἷμα II 241,9.

αἱματεκχυσία II 79,2.

αἱμοβόρος I 123,20.

αἱμορροέω I 40,18.

αἱμόρροια II 241,8.

αἴνεσις I 32,17.

αἰνέω I 145,21.

αἴνιγμα I 17,25; 56,8; 155,7. 18; 325,9;
364,11; 463,29. II 152,8; 157,8; 224,12;
316,16;   331,14.   III 74,17;   463,19;
468,21. 28; 469,21.

αἰνιγματώδης   II 305,23.   —
αἰνιγματωδῶς I 52,25; 55,25; 200,22;
201,23. II 209,15; 515,26.

αἴνιξις I 323,22.

αἰνίττομαι I 103,16; 122,11; 201,4.
II 230,7; 517,26; 518,11. III 463,16.

αἶνος I 32,21.

αἴξ I 321,4; 363,23.

αἰολίζω II 168,15.

αἱρέομαι I 5,12; 105,15. II 65,13; 231,12.
III 31,6; 110,25; 441,23; 490,7.

αἱρεσιάρχης I 16,23; 265,20; 383,19;
386,19. II 91,4; 117,12; 330,12.
III 13,6; 100,21; 178,1; 512,17.

αἵρεσις I 76,20; 155,3. 9. 11. 17. 22;
156,2ff.; 214,3. 5. 9. 12; 215,13f.;
267,3ff.; 438,5. 17. 18. 25. II 133,22;
174,7; 215,9. 13; 314,25; 317,5. 7. 10;
334,8. 10. 25; 520,17; 522,10. III 2,14;
204,14; 220,19; 266,2; 286,1. 28.
30; 293,16. 18; 414,3. 11ff.; 479,24;
483,11.

αἱρεσιώτης I 131,10; 329,1.

αἱρετίζω III 109,18.

αἱρετικός I 42,17; 101,20; 219,19.
III 157,6. 9; 285,17; 286,3. 12; 291,26;
294,21; 305,29; 421,13.

αἱρετισμός III 285,5; 287,11.

αἱρετιστής II 237,11.

αἱρετός III 466,7; 484,2.

αἴρω II 96,23 (ἀρθεὶς εἰς θυμόν); 228,3.
III 3,6; 148,12; 149,8; 154,12; 249,11;
344,17; 411,17; 413,32; 428,8; 452,10.

αἰσθάνομαι I 126,5; 343,15. II 128,11
(τινός); 226,20; 227,1. 24.

αἴσθησις I 67,7; 124,8. II 226,14. 17;
364,10; 386,15. III 6,21; 76,9; 385,13;
413,9; 459,24; 479,31; 489,15.

αἰσθητήριον I 202,16.

αἰσθητικός I 67,7.

αἰσθητός I 68,1. 14. II 52,20; 161,25;
163,12 (κατὰ τὸ αἰσθητόν); 303,11.
III 135,4; 468,25. 31. — αἰσθητῶς
II 150,22. 23. 26.

αἶσχος I 133,11. II 94,18. III 21,3.

αἰσχροκερδία I 239,6.

αἰσχρολογία I 234,15; 269,13.
III 496,18.

αἰσχροποιία I 234,5; 269,15; 274,1.

αἰσχρός I 123,2; 243,2; 271,18; 277,10;
280,25; 286,18; 296,4; 342,13; 444,7.
III 72,24; 268,1; 431,10. — αἰσχρῶς
I 244,25. III 180,12; 312,23.

αἰσχρότης I 235,18; 239,24; 242,20;
279,4. 16; 281,11; 282,1. 15; 285,7. 11;
289,19; 290,13; 299,27; 300,13. II 2,17;
404,5; 410,3. III 73,6; 341,15; 488,7.

αἰσχρούργημα I 281,2; 295,24.
III 510,14.

αἰσχρουργία I 235,5. 13. 24; 237,7;
261,12; 262,24; 269,25; 274,20; 279,17;
296,25. II 64,5. 12; 213,13; 414,10.
III 510,19.

αἰσχρουργός I 290,7.

αἰσχύνη I 103,12; 124,7; 219,11; 262,23;
345,26 (Schamteil). II 41,19; 137,4;
146,17. III 33,5; 49,5; 50,23; 72,14. 23;
96,14; 142,20; 165,7.

αἰσχύνομαι I 105,6; 125,3; 218,20;
268,7; 277,1; 280,24. 26; 355,4; 361,22;
450,15. II 184,4; 251,6. III 10,4; 13,15;
40,7; 49,10. 22; 93,20; 268,21; 454,29;
455,3; 483,15.

αἰτέω, αἰτέομαι I 169,21; 196,6; 333,3;
346,12; 347,10; 382,9; 439,1; 459,11.
II 3,5; 44,8; 95,3. III 146,3; 178,18.
32; 179,12. 13; 402,32; 448,29; 511,28;
521,18.

αἴτημα II 144,26. III 146,4.

αἴτησις I 6,19; 7,7; 171,1; 353,16.
III 178,19; 481,25.

αἰτία 1) I 20,21; 22,32; 41,7; 55,30;
164,8; 261,10; 263,1; 264,7; 276,8;
325,17; 340,7; 362,7 (κατὰ ποίαν
αἰτίαν); 367,7 (ἀπὸ τῆς αἰτίας).

2) *Gegenstand* I 187,14. II 243,18;
361,3 (ἡ περὶ τούτων αἰτία); 403,4.
III 23,5; 130,8; 137,3; 233,20. — δι' ἣν
αἰτίαν I 371,10. II 59,18; 73,9; 239,11
(διὰ τὴν αἰτίαν).

αἰτίαμαι III 339,2.

αἰτιάομαι II 135,27; 158,10f.; 368,19.
III 349,5; 402,29.

αἴτιος I 78,7; 109,22; 184,16; 206,17;
251,11. 20; 271,2; 319,12; 369,27;
443,2. II 51,17; 57,3; 96,13; 103,20;
191,14. 17; 255,13. III 72,18; 74,2;
84,13; 105,29; 150,19; 178,5; 192,6;
378,22; 458,15; 495,1. — τὸ αἴτιον
I 251,10. III 199,3; 341,9; 356,17.

αἰφνιδίως I 44,4.

αἰχμαλωσία I 166,13; 183,1; 191,10;
195,6. 7; 196,12; 219,2. II 136,2.
III 20,4; 448,10.

αἰχμαλωτεύω I 194,9. III 81,21;
447,11.

αἰχμαλωτίζω I 367,5.

αἰχμάλωτος I 225,1; 367,6.

αἰών 1) *Zeit* I 92,22f.; 93,26. III 91,31;
94,13 (*Epoche*); 96,19; 251,4; 501,17.
2) *Welt* I 282,22. III 246,7. 3) *Äon*
gnost. I 383,1; 384,18. 23. 25. 27. 28;
388,5. II 204,9. 4) als göttliches Wesen
bei den Ägyptern II 286,7.

αἰώνιος I 8,18. II 118,18; 127,27.
III 251,20.

ἀκαθαρσία I 261,4; 274,7; 279,6; 281,7.
15. 25; 294,7. II 510,12. III 147,2;
338,25.

ἀκάθαρτος I 274,19. II 48,18; 235,28;
372,3; 381,5; 399,22. III 87,13; 160,24;
345,18; 473,16.

ἀκαθοσίωτος II 148,24; 366,23.

ἄκαιρος II 129,10. 17.

ἀκαιροφάγος III 488,16.

ἀκακία III 416,26; 502,15.

ἄκακος I 172,9. II 43,15; 61,13; 509,20.
III 90,17; 154,14; 184,5; 218,28; 386,12;
498,27.

ἀκακουργήτως I 65,16.

ἀκαλλώπιστος III 197,1.

ἄκανθη I 210,22; 274,11; 442,8. II 62,21.
22; 184,21; 189,19. III 12,22; 313,1.

ἀκανθώδης I 298,18; 299,21; 357,13;
383,6; 438,26. II 62,20; 264,5.
III 312,31; 372,8.

ἀκαριαῖος II 316,20. III 449,16.

ἄκαρπος II 371,13. III 5,14.

ἀκαταγνώστως III 489,24.

ἀκαταζήτητος II 510,5. — ἀκατα-
ζητήτως III 190,18.

ἀκατάληπτος I 13,8; 14,18. 19; 24,31;
39,21. 30; 41,22; 46,7. 13; 53,14; 57,7. 9;
65,6. 8; 66,20; 67,9; 74,4; 92,17; 100,29.
II 41,21; 84,12; 321,23. III 38,20; 219,17.
31; 236,18. 33; 237,5; 238,20; 239,16.
18; 240,24. 30. 31; 329,13; 330,16. 18.
19; 365,8; 381,3; 411,33; 412,19. 23.
25; 446,24; 521,15. — ἀκαταλήπτως
I 14,17; 102,14. III 165,1; 454,6.

ἀκαταληψία I 24,20; 46,8; 63,10.
III 237,5; 412,23; 413,18; 438,11.

ἀκατάλυτος II 152,7.

ἀκαταμάχητος I 23,7.

ἀκαταπολέμητος I 23,7.

ἀκατάργητος I 390,6 (valentin.).

ἀκαταστασία I 96,12; 102,26; 259,20;
260,20.

ἀκατάστατος I 460,1.

ἀκατασχέτως I 43,11.

ἀκάτιον III 117,9. 10.

ἀκατονόμαστος I 301,6; 311,17; 385,7.
II 3,19; 88,6; 92,28; 97,2; 99,11; 184,8;
199,17; 324,5.

ἀκατόρθωτος I 16,8. II 347,21.

ἀκέραιος I 399,8. 19. II 103,25;
307,3; 391,10; 420,14; 501,4; 507,25.

III 182,19; 183,7; 188,2. 3; 221,23; 268,4; 351,17; 405,27; 429,11; 433,19.

ἀκήρατος II 85,9; 503,18.

ἀκίνητος I 345,23. III 438,33; 517,27.

ἀκληρονόμητος II 158,8.

ἀκλινής III 160,30.

ἀκμάζω I 256,21; 318,16. II 72,2. III 152,16; 249,10.

ἀκμαῖος I 127,16; 342,2.

ἀκμή II 385,10.

ἀκμητί III 489,20.

ἀκοή I 81,19; 104,11; 124,8; 170,14; 202,9. 17; 221,13; 270,4; 294,19; 304,8; 345,1; 439,9; 450,12. II 51,18; 169,21; 226,21; 240,7; 312,8. III 76,9; 90,17; 92,10; 163,10; 189,6; 311,3; 333,14; 345,19; 394,10; 476,1; 514,6.

ἀκοίμητος II 511,16.

ἀκοινωνησία III 162,1.

ἀκοινώνητος II 49,7. III 363,26.

ἀκολασία I 268,5; 342,7. 22. II 436,18. III 345,31.

ἀκόλαστος I 124,4; 343,4. II 61,11.

ἀκολουθέω I 75,5; 212,2; 333,5; 345,31. II 50,16; 86,24; 192,7; 253,4. III 428,9.

ἀκολουθία 1) *Reihe, Ordnung, Aufeinanderfolge* I 38,2; 73,5; 174,9; 160,14 (κατὰ τὴν ἀπ᾽ ἀρχῆς ἀκολουθίαν τοῦ ἀριθμοῦ); 176,18; 189,16; 210,8; 310,6; 385,7; 390,2; 348,33. 34; 368,5; 459,24. II 38,7; 80,22; 93,19; 130,7; 252,21; 273,1. III 7,21; 88,7; 186,2; 189,23; 223,16; 241,23; 242,22; 340,1; 457,5; 458,31; 463,14. 2) *Gedankenfolge, die Logik* I 102,23; 107,14; 200,1. II 96,5; 163,20; 175,6; 237,8; 238,13; 244,17. III 125,1; 203,11; 336,16; 502,28. 3) *Folge, Konsequenz* I 99,6. II 351,22. III 432,10. 4) *das dazu Gehörige* I 41,1; 43,3; 51,8; 115,28; 116,25; 375,9.

II 268,4. III 517,12. 5) *das Nachfolgende* I 169,3; 203,9; 209,19; 217,6; 226,1; 233,2. II 145,19. 6) *Vorgang, Tatsache* II 228,16. 7) *Zusammenhang* (im Text), auch: *Wortlaut* I 41,9; 51,15; 64,10; 225,18; 363,2. 7. II 141,15; 144,17; 157,5; 233,20; 267,19; 268,9. 10; 500,7 (ἐν τῇ περὶ τῆς ὑποθέσεως ἀκολουθίᾳ). III 86,6; 92,29; 170,28; 187,27; 216,23; 226,32; 254,26; 347,21; 416,25; 504,11. 8) *Erzählung* I 260,7.

ἀκόλουθος I 217,9; 232,15; 326,17. II 142,16; 256,3. III 216,25; 345,35; 463,26; 516,14; 522,3. — ἀκολούθως I 147,30; 459,18. II 106,14; 171,7; 270,5; 273,7; 290,7; 351,15. III 225,13; 329,5; 367,23; 410,17; 439,3; 471,3.

ἀκόμπαστος II 43,28.

ἀκονιτί II 126,11.

ἀκοντίασις II 389,1.

ἀκοντίζω II 50,9; 288,1 (τὴν διάνοιαν ἀ. ἐπί τι); 357,17.

ἀκόντιον II 90,4; 388,24.

ἀκορεστία I 126,8.

ἀκόρεστος I 197,4. II 313,26. — ἀκορέστως III 329,28.

ἄκος III 511,28.

ἀκούσιος (3 End.) I 172,2. — ἀκουσίως I 77,13. III 73,10; 339,3.

ἀκουστικός II 226,22. III 393,29.

ἀκούω 1) I 26,17. III 21,15; 24,3. 8; 75,34; 102,26; 128,21; 259,10. 2) *heißen* II 87,26. III 391,17. 3) *auf jemanden hören* I 124,12. — τινός I 68,5; 102,31 (von jemandem *hören*). — τινά I 23,12; 37,13.

ἄκρα *Höhe* II 209,4.

ἀκραιφνής I 59,6; 209,5. III 173,13; 182,30; 233,4; 248,8; 367,3; 379,25; 384,2; 395,24; 441,3; 446,23; 473,1; 517,24; 519,3.

ἀκρασία I 268,3; 271,7.   II 479,16;
480,22; 482,11. 13; 487,3.
ἀκράτητος II 511,16. III 119,19.
ἄκρατος III 138,25; 500,20; 515,22.
ἀκρέμων, ἀκραίμων III 141,21; 145,16;
148,18; 434,14; 525,19.
ἀκρίβασμα I 198,24; 253,13. II 372,21.
III 167,16; 245,7.
ἀκρίβεια I 9,20; 126,12; 171,4; 177,9;
233,6. II 77,6; 133,29; 225,12; 229,7;
245,8; 246,5; 254,17; 257,3; 259,27;
261,15; 273,6; 396,25.   III 139,22;
163,14; 202,12; 244,19; 245,29; 246,6;
247,6; 332,21; 461,34.
ἀκριβής I 194,16; 198,22; 438,6; 459,25.
II 37,21; 367,4.   III 11,29; 175,16;
244,2; 435,25; 456,32. — ἀκριβῶς
I 63,5; 122,21; 193,8; 199,5; 211,21;
298,26; 310,10; 329,14. II 72,5; 240,14;
242,1; 273,1; 355,18.   III 31,2; 48,14;
133,4; 205,3; 309,21. — ἀκριβέστερον
I 93,19; 321,16.
ἀκριβολογέω I 364,25; 375,24; 379,7.
II 400,25.
ἀκριβολογία I 194,15. II 250,25; 256,16;
371,15; 385,15; 504,2. III 343,32.
ἀκριβόω I 101,24; 130,9; 209,17; 212,16;
219,12. II 107,10; 261,28.   III 173,8;
242,21; 259,6; 343,7; 412,13.
ἀκρίς I 103,21.
ἀκροατής II 312,15; 415,3. III 250,9. 11.
ἀκροβύστης I 175,1.
ἀκροβυστία I 119,13; 179,11; 315,11;
371,6.
ἀκροδίκαιος III 146,15.
ἀκροδικαιοσύνη III 146,9.
ἀκρόδρυον II 201,13. III 524,24.
ἀκροθιγῶς I 184,8.
ἄκρος I 104,22; 435,16.   II 105,17;
249,19. III 25,4; 98,5; 233,10; 236,20;
416,9. — ἀκροτάτως   II 347,4.

— τὸ ἄκρον II 355,5.   III 412,4.
— τὸ ἀκρότατον I 167,8. — ἔν τινι
II 212,20. III 268,13.
ἀκροστιχίς III 245,32.
ἀκρότης II 347,5. III 476,7; 513,16.
ἀκρώρεια III 240,9.
ἀκρωτηριάζω I 349,3. II 107,16; 117,17;
183,21;   359,5.   III 149,5;   196,21;
375,21.
ἀκτημοσύνη   II 380,16;   382,19;   410,1.
III 507,30.
ἀκτήμων II 383,21. III 487,15.
ἀκτίς II 38,15; 201,24; 390,5.
ἄκτιστος   (s. auch ἀγέννητος)
1) III 378,12. 16.   2) vom Vater
I 14,18; 30,32; 53,26. III 204,3; 220,28;
330,18; 398,19. 3) vom Sohn und Geist
I 11,13; 14,19; 31,1; 93,30; 101,4. 17.
III 198,20. 4) von der Trinität I 32,1;
33,8. II 38,11. III 400,13; 404,4.
ἀκώλυτος   III 487,15. — ἀκωλύτως
III 83,24.
ἄκων I 7,1. II 70,9; 237,17. III 146,27.
ἀλαζονεία II 336,15. III 108,1.
ἄλαλος III 412,31.
ἀλγέω I 279,7.
ἀλγηδών II 39,7; 240,20.
ἄλγος III 483,23.
ἀλεία II 268,9; 269,23.
ἀλείφω III 165,14.
ἀλεκτρυών II 285,16. III 523,22; 524,4.
ἀλέξημα I 215,11.
ἀλέξησις I 219,20. II 401,1.
ἀλεξητήριον I 155,13; 171,21; 184,7;
217,4; 223,15; 297,13; 320,7.
ἀλεξίκακος I 129,10.
ἀλήθεια, ἐν ἀληθείᾳ I 347,7. III 155,34;
412,20. — ἐξ ἀληθείας I 305,12;
319,8f. II 128,17. — ἐπ᾿ ἀληθείας
I 7,9;   280,24.   III 142,11;   155,34;
195,23.

ἀληθεύω I 9,10; 62,11. 15; 64,10; 65,17;
76,10. 16; 100,16; 340,22. II 59,5;
186,6; 229,5; 235,26; 254,20; 349,5;
401,25. III 79,1; 80,23; 149,10; 150,1;
223,14; 233,8; 240,6. 7. 8; 310,5;
383,16; 429,1; 436,1.

ἀληθής I 88,6; 110,21. III 90,5. —
ἀληθῶς I 11,12; 17,3; 26,4; 62,20;
91,23; 126,10; 262,13; 289,14; 294,3.
16; 355,17; 363,9; 461,12. II 53,17;
81,6; 104,3; 221,7; 226,12; 236,9; 240,8;
247,1. III 43,21; 90,16; 107,11; 238,17;
391,28.

ἀληθινός I 17,4; 18,11; 37,20. 21; 46,29.
30; 49,28; 61,25; 62,1; 99,15; 100,2;
131,21; 214,1; 230,16; 345,3; 352,6;
369,22; 370,26; 371,20. II 159,9.
III 10,6; 17,15; 74,5; 76,5; 91,5; 122,21;
159,27; 164,21; 177,2; 188,12; 192,19;
503,2. — ἀληθινῶς I 112,23; 230,8;
370,9. II 144,29; 192,13; 502,8.
III 132,4; 175,29; 181,1; 195,9; 196,8;
198,5; 431,30; 447,21.

ἀλιεύω I 17,6.

ἄλιμος I 381,1.

ἁλίσκομαι I 100,6; 246,16; 252,13.
II 88,18; 139,24; 201,1; 366,26; 400,17.
III 99,21; 100,18; 406,19; 438,18. —
ἐπί τινι II 2,16. — ἑάλως I 461,27.

ἀλιτήριος I 270,7. II 366,22. III 17,23;
33,6; 38,16; 42,30; 76,2; 82,12; 96,3;
520,17.

ἀλκή I 163,8. III 462,31.

ἀλλάσσω I 105,15; 363,2. II 106,21;
162,7; 513,6. III 20,7; 187,21.

ἀλλαχόθεν I 77,6. II 84,25.

ἀλλαχόθι I 35,17.

ἀλλαχοῦ II 87,4.

ἀλλεπάλληλος I 147,24.—ἀλλεπαλλήλως
III 455,6.

ἄλλη I 192,7. III 22,8; 192,23.

ἀλληγορέω I 57,28; 63,10; 64,10. 11;
68,2; 69,1; 73,6; 74,6; 281,19. II 214,4;
413,2. III 171,9; 196,25; 197,24. 29;
198,5. 6.

ἀλληγορία I 61,25. 29; 62,13; 69,11;
75,15. II 386,14 (opp. θεωρία); 519,20.
III 93,7; 136,11.

ἀλληγορικῶς I 240,10.

ἀλλῆλοι, -ων I 29,6; 177,10; 387,10.
II 199,11. III 37,2. 3. 6. 14; 416,24.
-οις I 82,5; 175,21. II 229,19. III 37,1.
7. -αις II 244,13. III 116,4. -ας I 62,24;
183,7. II 66,21.

ἀλληλοκτονία I 241,2.

ἀλλογενής III 383,8.

ἀλλοεθνής I 200,15; 334,16.

ἀλλόεθνος I 347,17.

ἄλλοθεν I 52,1.

ἄλλοθι I 103,1; 170,23.

ἀλλοῖος I 117,22. II 238,12. III 179,1;
182,8; 220,17; 328,26; 370,15; 401,9;
432,20. 24. 26; 440,2.

ἀλλοιοτροπία III 34,4.

ἀλλοιοφωνία I 196,23.

ἀλλοιόω 1) I 111,5; 387,1. II 105,7.
III 267,30; 312,1; 375,3; 454,18; 456,14.
2) in der Christologie I 28,1 (μὴ
ἀλλοιώσας τὴν θεότητα); 44,24 (μηδὲ
ἀλλοιωθείσης τῆς ἀιδιότητος); 50,2
(Sohn; ἠλλοιωμένος τῆς τοῦ πατρὸς
οὐσίας). III 342,16; 391,20. 3) in der
Trinität III 365,22; 389,10.

ἀλλοίωσις I 231,13 (in der Trinität).
II 66,22. III 88,25; 365,25.

ἀλλόκοτος III 38,5; 44,18; 411,17;
428,20.

ἄλλοτε I 22,30; 36,10; 170,23; 316,13;
346,27; 437,11. II 67,20; 166,17;
230,16. III 122,19; 179,18.

ἀλλοτριεπίσκοπος III 128,7.

ἀλλότριος innerhalb der Trinitätslehre I 8,5;

12,21; 13,6. 9. 20; 14,26; 15,2. 5. 20; 19,9;
20,15; 23,4; 24,20; 61,6. 29. III 168,3. 4;
169,12; 268,26; 312,22; 405,8; 438,31;
455,9. 20. 21. 23. — τινός I 8,5; 65,14;
220,20. 24; 222,19; 366,4; 439,29; 461,12.
II 3,8; 49,17; 82,29; 88,25; 91,14; 125,23;
150,1; 156,19; 234,8; 235,14; 237,1;
250,21. III 12,1; 93,7; 100,16; 102,15;
110,3. 6; 128,5; 220,17; 226,8; 251,20;
268,12; 309,19; 328,29; 331,19; 332,2.
23; 372,15; 393,15; 397,5; 409,22; 410,6;
416,5; 463,9; 492,4; 501,24. — τινί
I 181,3f.; 184,20; 189,11; 370,11. II 48,10;
235,3; 237,17. III 38,18; 498,19. — ἀπό
τινος III 37,12; 387,29. — εἰς οὐδέν
III 174,15. — ἀλλοτρία πίστις = *falscher*
Glaube I 22,20. III 121,2; 128,6; 138,26
(ἀλλότριος γάμος); 370,14 (ἀλλοτρία
οὐσία); 428,19; 461,20 (Ἰωάννης κατὰ
σάρκα ἀλλότριος); 484,7 (τὸ πᾶν
ἐστι ἀλλότριον); 499,6. — ἀλλοτρίως
II 182,19.
ἀλλοτριόω I 18,17. — ἀπό I 30,5; 361,2.
II 320,16. III 367,20.
ἀλλοτρίωσις III 207,14.
ἀλλόφυλος I 196,4; 225,13; 324,1.
ἄλλως I 22,31; 170,24; 185,4; 214,12;
371,19; 437,1; 462,23. II 102,7; 138,3.
III 6,12; 37,5; 38,6; 52,9; 109,3. 8.
ἁλμυρός II 226,19.
ἄλογος I 99,14; 184,30; 380,3. II 161,4;
188,15. 23. III 442,10. 11; 445,30.
ἀλοητός II 163,9.
ἀλουργοϋφής I 209,16.
ἅλς III 341,15.
ἁλυκός I 217,23.
ἄλυσις I 125,5; 438,9.
ἄλυτος III 340,7; 416,14.
ἀλφάβητος III 35,2.
ἅλως II 305,6.
ἅλωσις I 182,1; 223,6. 9; 335,6.

ἅμα adv. *gleichzeitig, zugleich* I 120,17;
155,13; 265,12. II 2,6; 252,10.
III 39,16; 160,33; 218,18; 226,20;
297,21; 403,26.
ἀμαθαίνω I 55,10.
ἀμαθής I 25,3; 45,16; 59,16; 61,2; 194,18.
III 128,19.
ἀμαθία I 49,1. II 300,1.
ἀμαράντινος II 500,16.
ἁμαρτάνω I 24,14; 108,6. II 79,9.
III 22,13; 53,1.
ἁμαρτάς II 216,13.
ἁμάρτημα I 30,21; 108,12; 118,11;
192,22; 212,27; 214,22; 215,2. II 74,13;
140,9; 209,19; 253,3. III 41,11; 73,11;
82,11; 204,26; 428,21; 521,20.
ἁμαρτής II 385,5; 386,23. III 199,4.
ἁμαρτητικός I 90,20. III 326,13. —
ἁμαρτητικῶς I 90,20. III 279,25. 27;
280,3. 6; 326,12.
ἁμαρτία I 109,22; 110,2; 235,24.
II 158,2. III 100,25; 199,14; 235,26;
333,8; 428,15.
ἁμαρτωλός II 140,8; 157,28.
ἀμαυρόω I 256,4. II 141,13; 196,6;
247,19. III 440,31; 441,9; 482,19.
ἀμαυρῶς I 343,24.
ἀμβλύνω III 393,9.
ἀμβλυωπέω II 316,20.
ἀμβλυωπία II 316,23.
ἀμβρόσιος II 313,19; 503,18 (3 End.).
III 450,6.
ἀμειδής I 124,5.
ἀμέλει I 303,10; 329,17; 384,20; 436,15.
II 92,3; 129,26. III 3,12; 135,5; 238,18.
ἀμελέω III 105,32; 341,17.
ἄμεμπτος III 136,32.
ἀμερής I 166,5.
ἀμέριμνος III 32,17.
ἀμέριστος III 236,26.
ἀμετάβλητος III 395,25; 396,3.

ἀμετάθετος III 7,23; 365,6.

ἀμετακίνητος I 56,3. III 428,11.

ἀμετάστατος I 440,15. II 303,1; 330,6.
 III 368,16; 501,12.

ἀμεταστρεπτί II 269,8.

ἀμέτοχος I 295,20. III 136,31.

ἀμέτρητος I 92,3.

ἀμετρία III 488,11.

ἄμετρος II 217,21. III 510,5.

ἀμητός II 305,12.

ἀμηχανία II 41,25; 243,15.

ἀμήχανος I 335,23.

ἀμιγής I 295,20; 388,5.   III 38,19;
 393,22; 398,10; 446,22.

ἀμισθί I 134,3; 135,22.

ἄμισθος I 261,14.

ἄμμος I 267,6.

ἀμνάς III 496,3.

ἀμνησίκακος II 61,14.

ἀμνηστία II 188,27; 208,13.

ἀμνός III 184,5.

ἀμοιβή I 346,5.

ἀμοιρέω III 17,12.

ἄμοιρος I 133,5. III 113,10.

ἀμόλυντος   I 319,8. — ἀμολύντως
 III 176,4; 516,9.

ἀμορφία I 298,10; 383,8.

ἄμορφος I 298,6; 333,13.   III 228,31;
 496,9.

ἄμπελος I 79,22. II 3,23; 200,4.

ἀμπεχόνη I 167,15. 18; 209,14; 211,5.

ἀμπλακέω II 411,3.

ἀμπλάκημα I 109,24. II 402,4.

ἄμπωτις I 382,1.

ἀμύθητος   I 104,3;   135,6.   III 92,9;
 331,31; 361,9; 412,6; 512,22; 521,25.
 — ἀμυθήτως III 511,5.

ἄμυνα III 164,6. 12.

ἀμύνομαι I 346,18. III 112,3.

ἀμυντήρ II 218,29.

ἀμύσσω III 13,17.

ἀμφίασις II 311,11.

ἀμφιβάλλω   I 10,9;   28,13;   119,11.
 22; 122,14; 135,25; 141,4; 194,14.
 II 100,24; 180,6; 183,7; 273,22; 310,10;
 512,27; 520,16.   III 206,10; 220,29;
 350,11; 399,3; 417,9; 429,17; 452,15.
 — τί II 262,10; 418,24.

ἀμφιβολία I 45,14; 194,18.

ἀμφίβολος I 43,20 (ἐπ᾿ ἀμφιβόλῳ).

ἀμφιέννυμι   I 42,31.   II 81,7; 156,11
 (ἀμφιάσας); 314,2; 517,23. III 469,2.

ἀμφίλεκτος I 192,8; 384,8. III 242,24.

ἀμφιλογία II 397,25.

ἀμφίον II 188,17; 314,6.

ἀμφίσβαινα II 44,6. III 131,18.

ἄμφοδος III 152,25.

ἀμφότεροι 1) beide I 55,9; 81,12; 95,18;
 110,2; 184,2; 255,3; 319,1; 370,29;
 379,5.   II 92,25; 101,16.   III 80,23;
 81,9; 106,21; 116,4; 120,19; 122,18;
 186,27. 28; 190,32; 192,13; 197,3;
 223,10; 434,21; 457,14; 472,32. 2) alle
 miteinander I 100,10. II 131,4.

ἄμφω I 177,10.   II 454,17; 483,19.
 III 316,11. — ἀμφοῖν I 85,3. III 440,4;
 445,7.

ἄμωμος I 395,6.

ἀναβαίνω 1) I 11,26; 38,16. 18; 64,5;
 195,14; 241,10; 355,10. III 489,2. 2) zum
 Himmel aufsteigen II 295,9. III 187,11.

ἀναβάλλω   I 142,25; 195,11; 209,15
 (Med., von einem Gebäude umwerfen).
 II 269,8 (aufschieben). III 24,11.

ἀναβαπτίζω III 232,7; 414,1. 3. 9;
 513,24; 514,5.

ἀνάβασις II 403,13.

ἀναβιόω I 104,7. 10; 108,22; 109,13;
 116,4.

ἀναβίωσις I 107,5.

ἀναβλέπω sehend werden II 316,21.
 III 229,18. 21.

ἀναβλυστάνω I 348,22. II 44,1.

ἀναγγέλλω I 169,4; 344,22; 351,23. III 150,12; 183,30; 224,28; 434,10.

ἀναγεννάω I 79,16.

ἀναγινώσκω 1) I 75,23; 281,17; 298,12; 299,6; 306,5; 338,11. II 256,9. III 25,13; 27,17. 2) im Gottesdienst *lesen* I 236,24; 352,8. 3) als kirchl. Leseschrift gebrauchen II 398,22.

ἀναγκάζω I 6,6; 49,28; 102,6; 106,22; 149,20; 185,3; 194,17; 218,15; 253,20; 271,26; 279,6. 27; 310,5; 313,5; 349,1; 437,5. II 137,17; 235,28; 256,24; 263,16. III 93,23; 146,23; 147,20; 150,8; 174,5; 177,4; 181,29; 191,20; 209,7; 221,5; 233,11; 259,12; 331,24; 381,30; 388,9; 433,24; 479,3; 480,26; 490,1; 491,10; 493,16; 511,17; 521,17.

ἀναγκαῖος 1) *sachgemäß* I 42,13; 46,26. III 50,2; 85,31; 188,3; 200,7; 399,7. 2) *notwendig* I 459,16. II 201,6; 414,3. III 109,2; 210,21; 227,31; 448,23; 449,24; 458,28; 466,12; 472,19. — ἀναγκαῖον ἡγεῖσθαι I 398,7. III 89,29; 156,15. — ἀναγκαίως II 255,7; 277,6; 415,2. III 177,30; 340,1.

ἀνάγκη I 156,19; 185,2. III 149,6; 233,24; 521,29. — ἀνάγκη I 61,8; 252,14; 253,4; 463,1. — ἀνάγκην ἔχειν I 190,3; 342,10. III 452,16. — δι᾽ ἀνάγκην II 236,2. — ἐξ ἀνάγκης I 342,9; 440,1. — μετὰ ἀνάγκης II 148,12; 238,1. — κατὰ ἀνάγκην III 141,24; 174,28; 226,2.

ἀνάγνωσις 1) I 94,10. 13. 14; 156,3; 187,11; 341,28; 390,3. II 406,1. III 81,4; 203,8; 411,15; 468,7; 525,2. 2) *kirchl. Vorlesung* II 212,9; 312,7. III 522,23 (*Schriftverlesung*).

ἀναγορεύω I 164,2. II 87,10; 174,8.

ἀναγράφω I 105,7; 129,15; 271,10; 321,1; 364,18 (βίβλους ἀ.); 449,11. II 79,15; 292,3. III 313,13.

ἀνάγω I 81,2; 251,8; 440,1. II 67,9; 206,9; 253,7; 281,4. III 179,5. — τις εἴς τι II 212,27. III 226,4; 514,21. — ἀνάγεσθαι ἀπό τινος *herstammen* II 333,19. III 172,25. — ἀνακτέον τὴν διάνοιαν II 92,13. III 226,28; 227,20. — τὴν συνήθειαν II 167,16.

ἀναγωγή *Deutung, Beziehung* I 283,22; 358,5. II 299,5. III 93,6; 373,1; 376,14; 503,6.

ἀναδείκνυμι I 438,5. III 142,9; 475,31; 495,28.

ἀναδέχομαι 1) I 40,6; 44,22; 189,4; 290,2; 292,13; 458,11. II 104,16; 196,3f.; 405,17; 409,21. III 209,24; 314,7; 477,17; 494,15. 2) m. Inf. I 115,3. II 104,14. 15. III 107,23; 146,9; 174,22; 199,19; 512,5; 523,2.

ἀναδιδάσκω I 131,5; 196,6. III 146,7; 149,29.

ἀναδοχή II 104,13.

ἀνάδυσις I 383,17.

ἀναζέω II 390,11.

ἀναζητέω I 127,9.

ἀναζήτησις I 388,6.

ἀναζωογονέω I 105,12. II 390,10.

ἀναζωοποιέω I 105,13.

ἀναθεματίζω I 228,19; 331,3; 357,26. II 81,21; 82,27. III 144,22; 160,29. 32; 310,2; 417,15.

ἀναθεωρέω II 355,2. III 440,4.

ἀναθωπεύω III 113,4.

ἀναιδῶς III 488,3; 511,20.

ἀναιρέω I 369,19. II 87,19; 158,5; 160,14; 161,2; 179,20; 189,11; 222,19; 364,6. III 5,11; 11,7. 24; 17,20; 39,11; 41,17; 42,5. 7. 25; 52,12; 95,27; 112,9; 121,30; 151,9; 185,9; 194,5; 382,19; 409,28; 453,26; 473,27; 474,6.

ἀναίρεσις I 379,5. II 201,26; 314,15; 510,22.

ἀναιρετικός III 406,27.

ἀναισθητέω II 514,20.

ἀναίσθητος I 67,2. II 168,23. III 184,2; 430,34.

ἀναισχυντί III 162,5.

ἀναισχυντία II 256,1. III 19,16; 31,16; 342,11; 413,23; 484,24.

ἀναίσχυντος I 435,19. III 343,30; 454,12. — ἀναισχύντως I 274,7.

ἀναίτιος I 36,3. II 189,2; 360,3. III 40,2; 199,13.

ἀνακαγχάζω III 335,21.

ἀνακαινίζω I 79,17. II 369,23; 508,1; 515,5. III 3,7; 105,14; 128,27; 451,16; 453,4; 482,14.

ἀνακαινισμός II 369,27.

ἀνακαλέομαι II 264,5. III 172,29; 414,13.

ἀνακαλύπτω I 155,12.

ἀνακάμπτω I 193,4. II 74,14; 261,5; 263,5; 268,5 (ἀνακαμπτέον); 279,2; 377,17. III 20,4; 76,20; 92,6; 172,33; 250,9 (trans.); 407,28.

ἀνακεφαλαιόω I 155,10.

ἀνακεφαλαίωσις I 159,10; 161,2. 19; 237,14.

ἀνακηρύττω I 123,6.

ἀνακλίνω III 175,23.

ἀνακοινόω I 343,15. III 148,2.

ἀνακόλουθος III 523,16.

ἀνακομίζω I 116,5; 249,15; 269,12; 398,2.

ἀνακόπτω II 47,15; 61,12 (τινός); 365,29. III 119,17; 388,6.

ἀνακοχλάζω III 511,25.

ἀνακράζω I 345,21.

ἀνακρεμάννυμι III 455,1.

ἀνακρίνω III 159,16.

ἀνάκρισις III 155,14.

ἀνακρούω I 172,1. III 391,25.

ἀνακτίζω III 153,22.

ἀνακυκλόω I 378,1. II 248,4; 304,8.

ἀνακυλίω I 116,26. II 83,27.

ἀνακύπτω I 147,24. II 219,7; 244,14. III 32,24; 174,31; 483,5.

ἀναλαμβάνομαι *zum Himmel erhoben werden* I 119,9; 231,18; 293,3. II 396,21; 503,13. III 441,31 (ἀναληφθεὶς ἐνδόξως); 448,14; 479,33.

ἀναλαμβάνω 1) I 5,22 (ζῆλον); 36,27; 50,25 (μέγεθος). III 33,6 (ζῆλον); 92,7; 96,4; 145,11 (ζῆλον); 479,5; 493,28. 2) *wieder holen* I 292,21; 299,10 (*aufnehmen*); 312,1. — οἶκτον II 185,4. — σῶμα I 60,8; 96,18; 107,22.

ἀναλέγω II 106,12; 124,27; 155,23; 159,23; 161,10; 182,27; 415,6. III 9,6; 133,16; 134,8; 138,10; 227,3; 360,9.

ἀνάλεξις II 183,1.

ἀνάληψις *Auferstehung* I 227,18; 326,14f. II 197,28; 307,12. III 47,10 (ἀπὸ ἀναλήψεως Χριστοῦ); 465,15.

ἀναλίσκω I 31,27; 126,17; 255,17; 276,24; 327,3; 347,20; 380,4. II 62,3; 501,9. III 40,22; 53,4; 81,12; 86,16; 94,25; 150,24; 351,13; 397,2; 512,15.

ἀναλλοίωτος *vom Sohn* I 11,13; 101,5. 17. II 353,14.

ἀναλογέω 1) *berechnen* I 134,11. II 274,15. 2) intrans. *sich beziehen* II 336,23. III 403,21; 406,29. — τι εἴς τι I 19,2; 98,9. III 164,25; 186,24; 251,7.

ἀναλογή *Sammlung* II 155,26. III 138,9.

ἀναλογία II 163,1.

ἀνάλογος II 223,9. — ἀναλόγως III 364,31; 378,20; 380,14; 381,32; 394,22; 396,2; 430,28; 491,3.

ἀναλύω I 133,9; 348,21. II 133,27; 193,4. III 505,3. 7.

ἀνάλωμα II 407,1.

ἀνάλωσις II 63,7; 93,14.

ἀναλωτικός I 369,10. III 40,23; 42,30.

ἀναμάρτητος I 100,13. III 210,10. —
ἀναμαρτήτως III 515,30.

ἀναμένω II 79,5.

ἀναμνημονεύω I 301,17.

ἀναμίγνυμι II 48,7.

ἀναμίξ II 90,2; 313,5. III 95,25; 487,12;
493,19; 494,5; 514,2.

ἀναμιμνήσκω II 234,2.

ἀναμοχλεύω III 441,23.

ἀναμφίβολος I 201,12; 213,5; 232,8.
III 221,3. — ἀναμφιβόλως I 10,4; 98,19;
114,6. II 105,17; 140,3; 160,23. III 6,31;
187,7; 190,19; 192,30; 205,23; 403,16.

ἀναμφίλεκτος II 161,21.

ἀνανδρία III 142,21.

ἀνανεύω I 272,12; 281,6.

ἀνανήφω II 251,22.

ἀνάνηψις I 293,21.

ἀνάντης I 368,6. II 231,3; 378,13.

ἀναντίθετος I 59,30. — ἀναντιθέτως
III 192,13.

ἀναντίρρητος II 89,9.

ἀναξαίνω III 221,23.

ἀνάξιος I 297,23. III 367,27. — ἀναξίως
II 81,3. III 364,23.

ἀναξιότης I 193,27.

ἀνάπαλιν I 10,17. — τὸ ἀνάπαλιν
I 14,3; 333,12; 440,21. III 11,4; 510,7.

ἀνάπαυλα III 128,13.

ἀναπαύομαι I 104,3. II 98,6; 376,2.

ἀνάπαυσις I 73,20; 192,21; 230,19.
II 98,4; 142,28; 143,12; 226,14; 412,10.
III 41,9; 128,13; 309,3; 474,30; 519,17.

ἀναπείθω II 387,15.

ἀναπέμπω II 58,4. III 489,25; 525,17.

ἀναπετάννυμι   ausbreiten   II 508,13
(ἀναπεπετασμένος). — ἀναπετασθείς
aufsteigen I 128,1; 260,16.

ἀναπέτομαι I 248,17; 260,14.

ἀναπηγάζω I 68,10.

ἀναπηδάω II 145,16. III 164,12. 18;
178,15; 180,1; 196,25; 216,32.

ἀνάπηρος III 74,21.

ἀναπλάττω I 57,19; 80,10; 123,17;
148,16; 265,26; 272,18; 360,27.
II 457,1. III 317,6.

ἀναπολόγητος II 68,1.

ἀναπτερόω I 123,22.

ἀναπτέρωσις I 127,11.

ἀνάπτω I 327,4.

ἀναρίθμως III 503,3.

ἀνάρμοστος III 440,1; 449,18.

ἀναρπάζω II 103,16.

ἀναρρήσσω II 359,11.

ἄναρχος II 182,19; 277,4 (ἀπὸ πατρὸς
ἀνάρχου). III 12,8; 100,1; 122,12;
487,8. — ἀνάρχως I 265,24.

ἀνασημαίνω I 128,1.

ἀνασκευάζω I 185,24. II 52,5; 508,1.
III 81,17; 87,10.

ἀνασκευή II 511,5. III 91,10.

ἀνασκολοπίζω I 260,14.

ἀνασπάω I 439,2.

ἀναστάσιμος III 524,4.

ἀνάστασις I 147,15; 149,9. II 233,4;
248,6. III 74,14; 77,1; 133,15. 21;
285,15; 423,32; 448,33.

ἀναστέφω III 510,23.

ἀναστέλλω III 95,12.

ἀναστρέφω 1) Med. wandeln I 269,15.
III 447,32 (cf. ἀνατρέφω). 2) trans.
zurückführen I 293,1. III 510,18 (τὸν
φαλλὸν ἀναστρέφοντες). 3) intrans.
zurückkehren I 274,23; 440,22. II 253,7;
268,25. III 118,3 (leben; von Tieren).

ἀναστροφή I 242,8; 363,25. III 247,31.

ἀνασφάλλω I 344,13. II 240,19.

ἀνασώζω I 396,15; 397,16. II 98,21.

ἀνατείνω I 281,3. III 345,29.

ἀνατέλλω I 103,17; 130,5; 201,25.
II 164,10; 170,6; 195,5; 247,17; 250,5.
III 127,23; 138,20. 24; 474,8.

ἀνατίθημι I 243,19. III 145,18. — τινί
τι *beichten* I 347,2. III 26,19.

ἀνατολή I 176,9; 180,15; 220,13. 15;
440,19. II 204,8; 287,9; 316,22f.
III 125,10; 153,13; 242,15.

ἀνατολικός I 177,5. III 417,14.

ἀνατρεπτικός III 360,14. —
ἀνατρεπτικῶς I 283,25. III 405,25.

ἀνατρέπω I 46,27; 184,29; 206,20;
208,7; 243,22; 246,17; 264,21; 321,6.
II 38,2; 43,5; 58,21; 102,15; 129,10;
169,5; 236,11. III 12,22; 22,3; 119,23;
251,19. — ἀνέτρεψεν I 362,11; 381,29;
437,7. II 129,13; 329,19. III 226,12;
313,6; 332,2. — ἀνατρέψῃ I 273,21.
III 431,14. — ἀνατρέψομεν II 84,10.

ἀνατρέφω I 302,12; 327,8; 328,23;
341,15. II 87,31; 268,25; 280,6; 329,19;
420,17. 20; 476,21; 493,19; 523,11.
III 16,4; 117,15. 18. 19; 461,1; 447,32
(App.); 473,27; 474,1; 516,9.

ἀνατρέχω I 105,3; 334,20. II 80,17;
184,7; 390,8. III 371,6.

ἀνατρίβω II 399,21.

ἀνατροπή I 212,12; 214,15; 216,20;
222,19; 255,18; 274,9; 359,26; 435,24;
436,1. II 58,7; 92,8; 183,15; 188,3;
198,17. III 49,6; 72,13; 140,15; 254,27;
302,15.

ἀνατροπικῶς III 375,22.

ἀνατροφή II 403,8.

ἀνατυπόω I 131,1; 271,18; 333,7. 14;
388,8. II 44,16. 18; 130,30; 195,15;
325,14; 336,23; 511,4. III 72,24.

ἀνατύπωσις II 52,11.

ἀναφαίνομαι I 320,27.

ἀναφαίρετος III 172,21; 179,26.

ἀναφανδόν I 123,6; 283,14. III 520,21.

ἀναφέρω 1) *übertragen* I 26,22; 98,17
(*bezogen werden*). II 72,10; 285,17.
III 149,16. 19; 155,2; 178,27; 184,10;
185,18; 195,12; 200,11; 201,3; 205,6;
207,12; 225,28; 227,22; 247,27; 251,14;
406,26; 441,23; 452,3; 476,1. 18; 501,1;
525,24. 2) *herauftragen* II 285,17.
3) *opfern* II 165,30; 334,11. 4) *das
Opfer darbringen* I 281,9 (Gnostiker);
286,8. 5) *berichten* II 391,8; 403,20;
409,15. III 141,14. 6) *an jemanden
bringen* I 136,7; 338,24. III 144,3.
7) *heraufbringen* I 104,10; 286,11;
288,11. II 87,31; 256,25; 257,3
(*hinaufführen*); 261,29; 262,18; 263,11;
314,16. III 85,20. 26;. — τι εἴς τι
etwas *beziehen* auf etwas II 2,15; 64,9.

ἀναφύω I 384,2 (ἀνεφύησαν); 441,6
(ἀναφῦναι). II 39,18; 248,23; 250,12
(ἀναφύει). III 255,1.

ἀναχαλάω II 387,9. 16.

ἀναχωρέω 1) I 229,7; 260,15; 266,18;
330,9; 348,23. 26; 367,7. II 268,16;
404,16. III 32,2; 149,6. 28; 233,21;
234,3; 248,25. 27; 334,1; 461,28. 2) vom
Asketen I 206,11. II 410,1. III 232,18;
487,12 (τῶν ἰδίων ἀνακεχωρηκότες);
524,12.

ἀναχώρησις Leben des Asketen II 519,8.

ἀναχωρητής II 81,8.

ἀναψηλαφάω III 366,12.

ἀναψυχή I 156,2. II 83,31.

ἀναψύχω III 498,14.

ἀνδραγαθέω II 412,9.

ἀνδραγάθημα II 403,20.

ἀνδρεία III 448,9; 514,12.

ἀνδρεῖος 1) I 299,26. III 374,8.
2) *männlich*, opp. θῆλυς II 52,26.
III 510,8. — ἀνδρείως II 340,3.

ἀνδρειότης III 142,2.

ἀνδριαντοπλασία I 177,19; 271,17.

ἀνδριάς III 297,16.
ἀνδρίζω III 72,27.
ἀνδρικός III 476,25.
ἀνδροβασία I 305,16.
ἀνδρόγυνος I 342,20. — ἀνδρογύνως I 342,25.
ἀνδροείκελος I 356,19. III 479,10.
ἀνδρόω III 117,16.
ἄνδρωσις II 299,5.
ἀνεγείρω I 347,26. II 180,17.
ἀνεγερτικός III 271,13.
ἀνείκαστος III 237,5.
ἄνειμι (zu εἶμι) I 229,2; 241,4; 334,18; 347,1. II 57,17; 94,20; 294,18. 27; 354,8. III 107,20; 251,13.
ἀνέκαθεν I 75,20; 296,14. II 38,5; 103,21; 166,15; 363,6. III 104,6; 223,24; 309,12.
ἀνεκδιήγητος I 92,17 (von der Gottheit). III 218,6; 250,3; 412,13. 24; 519,3; 521,15. — ἀνεκδιηγήτως I 14,16; 102,14. III 400,7.
ἀνεκλάλητος III 100,5.
ἀνέκλειπτος III 409,1.
ἀνέλπιστος II 501,11. III 493,7.
ἄνεμος I 176,7. III 127,24; 151,12; 341,4.
ἀνεμόφθορος II 375,12.
ἀνενδεής III 221,11; 391,28; 432,5. — ἀνενδεῶς II 162,22.
ἀνένδεκτος II 158,29. III 330,10; 368,22; 386,27; 391,30.
ἀνενδοιάστως I 6,25.
ἀνεπαίσχυντος III 516,8.
ἀνεπινόητος I 89,11.
ἀνεπιστήμων III 494,4.
ἀνεπισχέτως II 204,2.
ἀνέρειστος III 31,18.
ἀνερευνάω I 32,6; 217,8. II 38,23; 106,8. III 24,14; 202,4; 334,2; 452,30.
ἀνερεύνητος II 417,6.

ἀνερμήνευτος I 41,6; 46,23. II 379,27; 409,4.
ἀνέρχομαι 1) *hinaufgehen* I 68,12; 196,16; 274,22; 286,16; 293,5; 344,27; 463,27. II 3,5; 57,15; 134,17; 403,16. III 19,9; 21,5; 149,28; 493,29. 2) von der Himmelfahrt I 148,23. II 229,20.
ἀνετάζω I 61,1; 340,3.
ἀνέτασις III 155,14.
ἀνετοιμασία III 192,10.
ἄνευ I 197,14; 309,17. II 157,4; 382,11. 13; 508,1. 22f. III 51,7; 79,7. 9; 106,3; 207,27; 290,10; 398,23,25.
ἀνέφικτος I 170,6. III 498,19.
ἀνεχέγγυος I 271,5.
ἀνέχομαι τινός I 75,18; 193,13; 360,31; 381,21; 457,24. II 191,7. III 49,17; 50,15; 73,5; 115,17; 147,20; 161,23; 233,20; 410,31; 430,22.
ἀνήκεστος I 108,16; 269,15; 304,5. II 69,22; 158,15; 403,11. III 235,26.
ἀνθέλκυσις II 90,4.
ἀνθελκύω II 378,11.
ἀνθέλκω III 241,16.
ἀνθέριξ II 513,16.
ἀνθέω II 374,1.
ἀνθίστημι I 315,1. III 52,15; 143,1; 296,15; 343,20.
ἀνθομολογέομαι I 228,7. II 258,2.
ἄνθος II 83,31.
ἀνθρωπάριον I 258,5; 282,19. II 235,1. III 371,25; 410,7.
ἀνθρώπειος I 100,3; 102,3; 169,8; 170,9; 185,8; 228,4; 249,13; 253,3. II 52,13; 80,2; 130,9; 382,16. III 17,28; 18,5; 36,20; 41,18; 74,18; 169,4; 173,30; 197,19; 211,13; 238,4; 378,10; 416,6; 447,11.
ἀνθρώπησις III 218,4.
ἀνθρώπινος I 42,22; 94,30; 99,7; 123,10; 252,20; 279,20. II 236,14. 16. III 39,7; 198,9; 210,1. 10; 211,28; 237,17; 239,24;

241,2; 248,7; 296,5; 334,26; 375,20; 378,9; 446,13; 462,19; 472,20; 515,30. — ἀνθρωπίνως I 102,14. III 10,26; 521,16.

ἀνθρωποβορία I 282,10.

ἀνθρωποκτόνος II 68,13.

ἀνθρωποπαθής III 191,12; 209,24; 210,16. — ἀνθρωποπαθῶς I 41,7; 47,23. III 10,28.

ἀνθρωπότης 1) *die Menschen* I 33,9f.; 47,22; 187,15; 278,14; 315,12. II 167,2; 200,11; 201,13; 374,16. III 119,19; 187,10; 194,7; 381,13; 492,18; 499,25. 2) *die Menschheit* I 50,9; 80,17; 375,9. III 217,17; 494,32. 3) konkret *die Menschheit Christi* I 47,29; 54,27; 94,28; 95,5; 113,21; 148,19. III 6,21; 74,13. 4) abstrakt *die Menschheit* überhaupt II 329,24.

ἀνθυπερβάτως II 351,14. III 246,3.

ἀνθυποφέρω I 45,19. III 205,1; 436,24.

ἀνθυποφορά I 361,25. III 170,26.

ἀνίατος III 455,26; 472,33.

ἀνίημι I 196,16. II 268,23 (*heilen*); 513,27 (*heraufheben*). III 107,20.

ἀνίκανος I 149,21; 297,23. III 228,32.

ἀνικανότης I 169,21.

ἀνίκητος III 185,23.

ἀνιμάω I 80,12. 14. II 160,5; 340,11.

ἀνίπταμαι II 193,7 (ἀνέπτη).

ἄνισος I 26,8. III 11,34 (ἀνόμοιον καὶ ἄνισον); 17,28; 364,8; 375,31.

ἀνισότης III 246,5.

ἀνίστημι 1) *auftreten* I 247,15. III 132,13. 2) *aufstehen* II 253,3; 405,6 (ἀναστὰς ἐπὶ πόδας).

ἀνίσχυρα III 182,12.

ἀνοδία II 378,8.

ἄνοδος II 258,16.

ἀνοησία II 325,20; 354,1; 376,12. III 345,28; 493,24.

ἀνοητέω II 255,11; 312,1; 351,21.

ἀνόητος I 20,21; 23,29; 24,24; 318,1; 439,27. II 86,4; 147,9; 256,23. III 439,26; 473,29; 494,24. — ἀνοήτως I 103,8. II 139,21.

ἄνοια I 176,4; 200,13. 18; 312,22; 315,16; 319,21; 362,14; 364,21. II 50,21; 64,1; 70,8; 75,15; 80,10; 146,13; 153,14; 164,16; 175,21; 190,6; 221,19; 255,21; 300,1. III 8,25; 9,7; 51,6; 76,8; 222,3; 366,10.

ἀνοίγω I 29,1; 31,14; 66,16; 341,8; 345,32. II 57,14; 90,18. III 88,13.

ἀνομβρητικός III 372,21 (ἀνομβρητικὸς πνεύματος ἁγίου).

ἀνομέω III 114,3.

ἀνόμημα I 103,11.

ἀνομία II 64,17; 142,22; 190,6. III 31,16; 469,31.

ἀνομοιομερής III 376,17.

ἀνόμοιος I 37,3 (ὁ λέγων τὸν υἱὸν ἀνόμοιον τῷ πατρί). III 11,34 (ἀνόμοιον καὶ ἄνισον); 12,7; 342,13; 364,8; 375,31.

ἀνομοιούσιος III 379,24.

ἄνομος II 216,12.

ἀνονόμαστος I 390,7 (valentin.).

ἀνορθόω I 249,8.

ἀνόσιος I 342,6.

ἀνοσιουργία I 304,13.

ἀνταίρω II 339,5.

ἀντάξιος I 446,13.

ἀνταπόδομα I 305,1.

ἀνταπόδοσις II 520,10.

ἀνταποκρίνομαι I 361,27. II 509,26.

ἀνταπορέω II 509,25.

ἄνταρσις II 79,5.

ἀντεξετάζω III 499,10.

ἀντεπαπόρησις II 509,13.

ἀντερωτάω II 521,17.

ἀντέχω 1) abs. II 92,28; 102,6.

III 241,13. 2) πρός τι   II 38,15; 249,1;
522,12.   III 39,12; 52,8.
ἀντιβάλλω   I 344,27.   III 19,9; 250,23.
ἀντιβολή   III 30,28; 31,6.
ἀντίγραφον   I 39,6; 40,6; 196,6; 224,16.
II 106,19;   124,22;   137,6;   140,25;
181,24; 246,3; 260,5; 265,23.   III 256,9;
265,4; 417,23; 434,28; 475,17.
ἀντιγράφω   III 155,33.
ἀντιδιαστέλλομαι   III 223,5.
ἀντιδιαστολή   II 42,19.
ἀντιδικία   I 315,10.   II 184,9.
ἀντίδικος   I 44,16.   II 185,24.
III 211,33.
ἀντίδοτος   I 155,13; 172,4; 224,3; 256,4;
297,13.   II 59,14;   218,32;   337,19.
III 41,6; 220,7; 360,14; 525,26.
ἀντίζηλος   I 178,6.
ἀντίζυγος   II 151,24.
ἀντίθεσις   I 171,26;   200,12;   213,27;
217,15;   224,2;   226,14;   244,17;   252,6.
II 38,3; 155,21; 187,21; 188,2.   III 48,17;
136,8;   196,1;   243,21;   244,19;   255,13;
302,15;   314,9;   336,1;   362,26;   378,9;
475,18.
ἀντίθετος   I 269,18.   II 128,3;   157,22;
173,22; 233,22; 274,16; 304,1.   III 41,4;
77,21;   106,20;   122,24;   192,12;   223,13;
239,12. 30; 329,2; 372,7; 380,16; 387,5;
450,12. — ἀντιθέτως   II 163,13; 171,8;
349,27.   III 375,19; 380,28.
ἀντικαλέομαι   I 393,8 (valentin.).
ἀντικαθίστημι   III 40,6; 405,24.
ἀντικαταβάλλω   I 305,7.
ἀντικατάστασις   III 149,27.
ἀντίκειμαι   I 333,4.   II 185,21; 216,1.
III 53,2.
ἄντικρυς   I 200,18; 222,8.   II 209,7;
408,4.   III 360,15.
ἀντιλαμβάνομαι   I 169,19.   II 139,9;
226,18.   III 332,34.

ἀντιλέγω   I 41,4.   13;   59,30;   108,10;
344,28.   30.   II 96,17;   124,10;   182,8;
241,6; 255,19. 23; 262,27; 273,6; 327,5;
344,15; 519,14.   III 19,15; 21,5; 32,12;
39,10;   170,26;   181,27;   199,10;   203,24;
233,17; 240,7; 250,14; 464,21.
ἀντιλήπτωρ   II 365,22.
ἀντίληψις   I 367,21.   III 141,13; 194,2.
ἀντιλογία I 45,16; 133,28; 135,29; 156,23;
203,22;   204,2;   207,3;   247,10.   II 68,15;
155,5;   188,3;   306,21;   337,20;   371,4.
III 53,13; 160,2; 260,4; 362,21; 408,33.
ἀντιμάχομαι   II 66,20; 418,6.   III 39,10;
85,20; 102,1.
ἀντιμηχανάομαι   I 31,28.
ἀντιμιμέομαι   III 486,14.
ἀντιμίμημα   II 150,7.
ἀντινομοθετέω   II 386,7.
ἀντίπαλος   II 391,17; 503,4.
ἀντιπαράθεσις   I 15,8;   53,18;   59,16;
384,29.
ἀντιπαράθετος   I 14,24; 53,20; 58,26.
ἀντιπαράκειμαι   I 10,15.
ἀντιπαρατίθημι   II 147,11.   III 223,9;
362,28; 413,12.
ἀντιπίπτω   III 234,18;   238,3;   239,5;
252,3.
ἀντιπολεμέω   III 10,1.
ἀντιπράττω   II 517,20.   III 10,5; 31,15;
380,10.
ἀντίρρησις   I 93,12.   II 104,21;   107,12;
146,30;   275,17;   398,11.   III 48,19;
140,15; 362,29.
ἀντίρροπος   II 171,13.
ἀντιστρέφω   I 369,9.   II 176,22.
ἀντιστρόφως   III 412,31.
ἀντισυλλογίζομαι   III 392,2.
ἀντισυντάσσω   III 259,25.
ἀντιτίθημι   I 297,14.   III 233,7.
ἀντίτυπος   II 304,10; 331,14.   III 128,13;
246,1.

ἀντλέω III 128,20.

ἀντλητήρ III 128,20. 21.

ἀντωνυμία III 370,25; 472,9.

ἀντώνυμος III 363,24.

ἀντωπέω I 214,2.

ἀνύπαρκτος III 81,12; 397,24.

ἀνυπαρξία I 100,26; 106,1. III 338,29; 475,15.

ἀνυπέρβατος I 254,15.

ἀνυπέρβλητος I 393,3.

ἀνυπέρθετος I 193,6.

ἀνυπεύθυνος III 398,10.

ἀνυπόκριτος I 131,10.

ἀνυπούλως III 288,3.

ἀνυστερήτως III 432,7.

ἀνύω III 19,16; 333,32.

ἄνω I 19,17. III 112,5; 172,7. 10; 218,15; 224,24; 329,9. — ἀνωτέρω *früher* I 373,16.

ἄνωθεν III 225,14.

ἀνώνυμος III 180,8.

ἀνωτερικός I 235,19 (ἀνωτερικὰ μέρη).

ἀνωφελής I 362,3; 387,23.

ἀξία 1) *Würde* I 12,6; 26,6; 30,27; 32,11; 52,8; 347,3. II 149,11. III 187,3. 6; 376,21; 380,15. 2) *Würdigkeit* I 20,7. 3) in der Trinitätslehre I 17,21 (τὴν αὐτοῦ – sc. Christi – ἀξίαν ἐν θεότητι). III 181,25; 368,17; 375,12; 377,19. — κατ' ἀξίαν I 89,15; 107,11. II 87,10; 137,24. III 200,16; 206,12. 13.

ἀξίνη II 130,20.

ἀξιόλογος II 94,17. III 27,17; 465,6. — ἀξιολόγως II 251,24.

ἀξιομνημόνευτος I 340,5.

ἀξιόπιστος I 9,14; 19,11; 117,33; 208,7; 298,22; 324,24. III 151,14; 223,11; 404,8.

ἄξιος I 32,9; 89,22; 163,8; 277,4. II 251,11; 312,10. III 147,15; 194,5;

238,15; 446,20. — ἀξίως I 82,11; 89,22. II 251,8. III 179,15.

ἀξιόω 1) *wünschen* I 32,23; 144,27; 204,11; 339,5. 2) *bitten* I 449,13. II 224,8. III 146,1; 151,21; 250,8; 496,27; 521,7. 3) *würdigen* I 206,9; 208,4; 462,16. III 142,2; 342,28; 456,28. — οὐκ ἀξιόω II 276,1f. — ἀξιόω περί τινος III 144,11.

ἀξίωμα I 181,13; 239,18; 323,6; 324,4; 327,14; 338,16; 340,13; 346,13. 18; 347,9; 365,12. III 33,2; 42,15; 108,12; 186,13. 32; 200,22bis; 228,24; 334,28; 363,30; 364,26; 368,25; 385,6; 456,11; 482,14; 491,3; 499,20.

ἀξιωματικός I 338,20.

ἀξίωσις I 6,25.

ἄοκνος III 489,21.

ἀορασία II 312,6.

ἀόρατος I 18,2; 20,3; 41,11. 12; 49,24; 65,6; 67,1; 89,21; 92,17; 101,5; 293,13; 356,19; 371,21. II 41,21; 92,28; 97,3; 126,18 (ἀόρατος οὐσία); 194,12. III 9,3; 188,14; 212,20; 236,11. 32; 239,15. 18. 25. 27; 412,24. — ἀοράτως I 62,27; 260,13.

ἀόργητος III 386,11; 387,9.

ἀόριστος III 222,19. — ἀορίστως I 201,9.

ἀπαγγελία I 170,16.

ἀπαγγέλλω I 17,20; 146,9; 148,2; 156,5; 367,21. II 17,16. 19; 393,12. III 193,19; 222,18; 302,24; 412,30; 455,15; 489,20.

ἄπαγε III 197,31.

ἀπαγορεύω 1) *verbieten* I 156,21; 168,5; 230,23; 244,11; 281,21; 299,27; 311,29; 335,1; 359,15; 364,13. II 88,23; 140,10; 159,5; 211,6; 216,8; 217,22; 230,28. 2) *verwerfen* I 190,16; 222,16; 236,2. 23; 237,7; 329,7; 364,1. II 65,2;

91,13; 165,19; 236,25; 269,24; 370,10.
16; 373,7. III 1,18; 40,10; 123,6.
3) *aufgeben* I 344,15.
ἀπάγω I 297,7; 343,8. 19; 346,24.
III 197,31 (ἄπαγε).
ἀπαθανατισμός I 186,5.
ἀπάθεια *Leidenslosigkeit* I 44,24; 46,15;
100,11; 229,19. II 104,15; 295,18.
III 174,18; 190,9. 29; 215,25; 380,18;
393,3.
ἀπαθής 1) *leidenslos* I 44,23; 46,14; 80,17;
100,30; 112,18; 114,17; 227,24; 229,20;
260,15; 437,21. II 104,14; 292,7; 295,17.
III 174,20. 24. 27; 184,8. 28; 186,25;
190,11; 198,13; 204,25; 215,24; 445,1.
2; 517,20; 518,23. 2) *leidenschaftslos*
II 69,16. 19. 20. III 176,10. 11.
ἀπαίδευτος III 341,30; 453,4.
ἀπαίρω II 137,18; 153,4. III 22,11.
ἄπαις III 15,7.
ἀπαιτέομαι I 136,15; 141,7; 212,27;
306,2. II 102,13; 140,8; 510,9.
III 144,11; 219,11; 248,7; 370,5.
ἀπαλείφω I 112,3. II 74,9; 300,6; 504,6.
ἀπαλλαγή I 103,19; 200,11; 306,3.
II 188,29; 375,4. 8; 518,4. III 30,1. 3.
ἀπαλλάττω Akt. I 129,13; 144,14; 305,8;
441,8. III 25,1; 37,2; 89,14; 146,18;
247,19; 313,16; 521,19.
ἀπαλλοτριόω I 22,26; 23,9; 102,30;
144,26; 231,16; 364,27; 366,4 (*für fremd
erklären*); 462,11. II 135,20; 157,12;
162,9; 222,12; 237,7; 261,9; 341,2;
357,9; 417,12. III 11,20; 80,14; 102,12;
195,13; 217,24; 232,3; 331,17; 472,29.
ἀπαναίνομαι I 328,19.
ἀπανθρωπία II 376,21.
ἀπάνθρωπος I 110,19.
ἀπαντάω II 170,7. III 201,3; 411,13;
485,16.
ἀπάντησις I 135,14.

ἅπαξ II 80,19; 244,20; 518,15. III 90,9;
369,12.
ἀπαξαπλῶς I 6,18; 19,23; 92,4; 124,7.
II 299,24. III 212,20; 456,23; 475,8.
ἀπαξιόω III 410,18.
ἀπαράβατος I 193,7. III 406,2; 407,29;
481,16; 499,10.
ἀπαραίτητος II 155,15.
ἀπαρακολουθησία II 367,1. III 432,32.
ἀπαρακολούθητος II 228,6; 252,18;
299,28.
ἀπαραλείπτως III 157,22; 213,31;
342,12; 495,1; 518,13.
ἀπαράλλακτος III 12,8; 343,17; 368,17;
393,30; 406,25; 407,8.
ἀπαρασάλευτος III 188,23.
ἀπαρεμφάτως I 28,4. III 196,24;
224,27.
ἀπαριθμέω I 144,31; 233,15.
ἀπαρνέομαι I 27,5; 396,16. II 176,15;
187,18.
ἀπαρνησιθεΐα I 219,25; 262,6.
ἀπαρρησίαστος I 262,24.
ἀπαρτάω (ἀπαρτίζω) I 290,11
(ἀπαρτηθῆναι). II 358,20 (ἀπαρτίζω).
ἀπαρχή I 190,25; 211,3; 346,9.
ἀπάρχω I 7,9.
ἅπας I 6,15; 7,6; 21,1; 50,27; 79,4; 93,14;
117,16; 118,17; 131,6; 243,20; 276,12;
333,14. 20; 334,10; 347,3. II 38,11;
48,23; 62,22; 67,12; 83,18; 86,9;
186,22; 189,5; 196,5; 241,16; 273,3;
292,17; 315,14; 316,24; 335,12; 340,8;
344,5; 359,16; 366,23; 376,19. III 74,9;
97,11; 118,23; 196,1; 204,13; 223,11;
238,5; 240,17; 251,20; 328,25; 332,35;
341,13; 347,15; 349,27; 366,31; 368,12.
16; 380,35; 383,16; 384,25; 398,32;
400,11; 407,5; 408,10; 430,24; 446,22;
447,18; 453,6; 461,34; 523,14. — ἐξ
ἅπαντος I 252,12; 253,4. 20; 254,7;

265,5. II 38,17; 67,23; 101,2f.; 132,22;
158,19; 191,15; 196,6; 202,11; 270,6f.
13; 283,17f.; 333,9. III 375,30; 501,7.
— τοῖς ἅπασιν mit Art. II 91,7; 147,8.
III 40,1; 386,19.

ἀπασφαλίζομαι I 35,29.

ἀπασχόλησις II 129,13.

ἀπατάω I 37,19; 73,17; 76,7; 100,14;
105,5; 110,23; 112,24; 127,20; 138,1;
220,1. 5; 221,14; 225,17; 239,21;
242,19; 224,13 (ἀπατᾶσθαι ἐπί τινι);
245,15; 272,9; 275,20; 297,17; 361,21;
381,10; 447,14; 463,28. II 1,6; 43,1;
52,28. 30; 66,10; 68,4; 78,22; 82,12;
85,28; 212,15; 218,16; 241,4; 273,5.
III 48,12; 132,1; 162,19; 182,19; 183,7;
244,3; 250,4; 252,20; 255,4; 268,8;
301,27; 333,7; 413,17; 486,9.

ἀπατεών I 156,18; 218,20; 220,19;
242,7; 254,24; 258,10; 260,1; 271,11;
278,5; 303,1; 311,12; 440,26; 450,9.
II 42,32; 48,11; 95,5; 105,16; 135,19;
151,5; 186,16; 258,8. III 25,13; 32,24;
44,2; 105,6; 477,1; 520,18.

ἀπάτη I 60,32; 89,27; 110,24; 219,21;
245,15; 246,7; 442,20. II 41,20; 43,8;
52,20; 66,12; 155,22; 236,20. III 22,2;
131,19; 182,19; 346,16; 411,29; 469,31;
484,8.

ἀπατηλός I 218,7; 359,10 (3 End.);
389,22 (2 End.). II 51,16 (3 End.); 58,22;
96,29; 107,9; 133,11; 285,9. III 250,19;
268,6. — ἀπατηλῶς III 511,26.

ἀπαύστως III 368,4.

ἀπειθέω II 287,4. III 194,9.

ἀπεικάζω, τι ἀπό τινος I 102,2.
III 13,12; 219,18; 255,11; 481,22.
— τι εἴς τι I 19,18. II 249,8. — τινὶ
ἔν τινι Pass. I 381,11. 17. II 83,18;
146,28. III 8,31. — τι τινί I 20,3;
100,22; 375,15. II 292,4; 336,26;

337,24; 389,2; 398,20. III 83,15; 116,9;
348,14; 371,15; 413,22. — διά τινος
III 343,11. — τι III 180,7.

ἀπείκασμα III 343,4.

ἀπεικασμός III 344,3; 346,4.

ἀπεικονίζω I 163,6; 375,17. II 375,14.

ἀπεικόνισμα II 343,13; 344,4.

ἀπεικονισμός I 163,11.

ἀπειλέω III 161,23; 333,32.

ἀπειλή II 156,10; 170,17; 186,7; 224,6.
III 137,4; 390,29.

ἀπειλητικός III 417,19.

ἄπειμι (zu εἰμί) I 18,24.

ἄπειμι (zu εἶμι, s. auch ἀπέρχομαι)
II 143,17.

ἀπειραγαθέω III 312,13.

ἀπειρία I 256,16; 276,5. II 367,1.
III 124,1.

ἄπειρος 1) *unendlich* I 14,10; 57,7; 62,23;
89,5. 12; 90,18; 92,16 (von der Gottheit);
166,5; 258,3; 438,1. III 175,12;
239,28bis; 346,12; 382,12; 396,4;
496,18. 2) *unerforschlich* I 53,14 (von
der Gottheit). III 384,16. 3) *unerfahren*
I 271,1. II 523,12. III 115,10; 128,19;
129,12.

ἀπειρομεγέθως I 20,27. III 395,1.

ἀπειρώδινος I 299,25; 300,2. 11.

ἀπείρως I 56,28. II 308,24. III 198,25.

ἀπεκδέχομαι I 212,23. II 179,10; 306,1.
III 119,17.

ἀπεκδύω I 143,1.

ἀπέλασις II 253,11.

ἀπελαστικός II 249,4.

ἀπελαύνω I 131,12; 298,16. III 156,4;
248,22. 23; 334,22.

ἀπελέγχω I 144,25.

ἀπελπίζω I 109,13. II 206,27. III 131,8;
440,15; 503,7.

ἀπεμπολέω I 343,6; 444,22; 447,3.
III 40,8.

ἀπεντεῦθεν I 204,22; 261,4. III 449,25; 474,31.

ἀπέραντος I 387,14.

ἀπεργάζομαι I 79,20; 100,25; 128,5; 210,16; 282,11. II 73,15; 88,2; 94,12; 312,3; 330,6. III 107,19; 476,30; 480,4; 481,17; 493,18.

ἀπερίγραφος I 87,13. III 266,4.

ἀπερίεργος III 428,10. — ἀπεριέργως I 65,16; 81,22; 268,7.

ἀπερίληπτος III 395,26.

ἀπερινόητος I 65,6; 66,20; 87,14; 92,16; 101,5. III 236,18; 240,25. 30; 412,19.

ἀπερίσπαστος II 368,10. III 94,5.

ἀπέρχομαι (s. auch ἄπειμι) I 64,1; 342,16. II 81,16; 239,2. III 149,16.

ἀπεύχομαι III 260,2.

ἀπεχθάνομαι I 218,14. II 249,12.

ἀπέχθεια I 270,5. III 95,24; 411,18.

ἀπεχθῶς III 259,20.

ἀπέχομαι I 123,4; 166,29; 206,1; 215,3; 244,23; 339,4; 348,3; 352,15; 353,3; 442,11. II 81,16; 188,14; 200,14; 260,11; 315,14; 382,21. III 136,15; 493,23; 524,17. 19. 21. 22. 24. 29.

ἀπηνής I 129,16. III 343,30.

ἀπηνότης II 313,18. III 341,23.

ἀπίθανος I 333,13. III 51,17.

ἀπιστέω I 30,20; 67,4; 68,5; 112,12 (εἰς); 117,28; 121,31; 306,6; 318,5; 359,1. II 301,8. III 234,24; 417,3; 464,21; 481,5; 519,23.

ἀπιστία I 16,5. 6; 33,22; 81,1; 106,6; 169,3; 170,8; 175,11; 214,8. 16; 381,14. II 174,23; 520,16. III 109,28; 154,11; 178,23; 335,29; 455,26. 28; 456,4; 458,29.

ἄπιστος I 30,20; 65,3; 103,7; 104,3; 105,4; 107,15; 121,31; 144,32; 275,5; 372,8; 458,4 (τὰ ἄπιστα). II 100,23;

418,27 (*das Unglaubwürdige*). III 109,19. 20; 214,30; 238,10; 498,19.

ἀπλανῶς III 398,17.

ἄπλαστος I 375,26.

ἄπλετος III 91,31; 96,15; 368,12.

ἄπληκτος II 62,8.

ἀπλήρωτος I 381,15.

ἀπληστία II 79,2; 217,23; 218,12.

ἄπληστος II 218,2; 507,24.

ἀπλότης I 74,1.

ἁπλοῦς I 171,4; 172,9. II 43,3. III 235,9; 371,7; 437,15. — ἁπλῶς I 22,13; 98,4; 129,14 (εἰπεῖν); 201,20; 220,12; 227,17; 266,26; 270,14; 276,23; 357,25; 380,4. II 179,23; 209,26; 261,17. 22; 327,7; 341,12; 366,16. III 75,1; 161,4; 167,17; 235,9; 242,12; 439,9; 443,21; 462,7.

ἁπλόω I 56,15. III 74,21; 208,2; 216,22; 476,17; 484,25.

ἅπλωσις I 56,23.

ἄπνους II 153,11. III 431,3; 517,27.

ἀποβαίνω I 348,12. II 143,11; 191,4. III 23,3; 82,8. 26; 100,11. 15. 21.

ἀποβάλλω 1) I 103,21; 168,3; 234,6; 358,11. II 2,10; 3,23; 99,8; 172,26; 178,8; 211,5; 213,15; 214,2; 250,19; 281,1; 299,16; 366,5 (ἀποβεβλημένη ζωῆς); 383,23; 404,14. III 82,5; 117,4; 134,27; 220,7; 386,9; 446,26. 2) aus der Gemeinde *ausstoßen* II 358,12.

ἀποβλέπω II 73,13.

ἀπόβλητος III 41,13.

ἀποβλύζω II 522,21.

ἀποβολή I 342,17. II 510,12. III 389,30.

ἀπογομόω III 50,20.

ἀπογράφω (Pass.) II 260,9.

ἀπογύμνωσις III 510,14.

ἀποδείκνυμι I 29,26f.; 32,3; 37,15; 42,16; 43,11; 45,27; 73,12; 80,13; 87,7; 97,15; 101,15; 111,16; 117,28; 145,13. 17;

156,23; 231,1; 375,24; 380,30; 459,22;
461,26. II 49,26; 76,1; 132,21; 158,26;
176,24. III 17,15; 100,10; 192,19;
193,2; 222,21; 250,9; 409,21; 482,4.

ἀπόδειξις I 108,12; 131,21; 334,5.
II 158,12; 180,16; 273,8. III 7,15;
51,10; 369,14; 495,17; 498,25.

ἀποδεκατόω I 190,23; 211,2. II 246,15.

ἀποδεκάτωσις I 192,24.

ἀποδεκτός III 221,17.

ἀποδεόντως I 231,15.

ἀποδέχομαι II 434,3; 435,14. III 138,16;
241,7; 525,13.

ἀποδέω I 19,4; 56,28; 216,25. II 48,29.
III 35,11; 36,10; 395,1; 410,5; 488,8.

ἀποδημία III 339,10.

ἀποδιδράσκω I 44,2; 117,19; 181,3.
II 53,11; 94,20; 231,2; 261,5. III 20,5;
103,21; 155,22; 431,18; 483,33. —
ἀπέδρασε II 318,5. — ἀποδρᾶναι
I 280,6. II 493,2. III 94,2; 456,5.
— ἀποδράντες I 297,24; 299,5; 367,9.
III 33,7. — ἀποδρᾶσαι I 117,18;
298,13. — ἀποδράσας II 98,15; 195,4.
III 31,19; 144,16; 455,28.

ἀποδίδωμι I 18,3 (φωνήν); 103,22; 110,3;
141,14; 168,12; 170,16; 283,15. II 53,13;
101,26; 211,15; 224,2; 227,5. III 121,4;
124,18; 147,15; 160,23; 161,12; 189,7;
192,28; 194,14; 199,15; 210,27; 211,7;
339,10; 346,23; 397,16; 402,30; 410,27;
466,16; 503,16. — ἀνταπόδομα ἀποδίδ.
τινι zuteilen I 305,1. — ἔπαινον II 66,8.
— τὸ ἴδιον II 193,5; 194,1. — λόγον
II 96,5. III 189,10; 437,9. — μαρτυρίαν
II 162,24. — τιμωρίαν III 33,12. — τὸ
χρεών I 172,15; 244,4. II 79,16; 209,1.

ἀποδιώκω II 249,25; 250,6.

ἀπόδοσις I 305,18. III 183,20; 342,1.

ἀποδοχή I 316,8. III 521,31.

ἀποδύρομαι I 143,7. III 212,5.

ἀπόθεσις I 341,12 (Tod). II 518,11.

ἀποθήκη II 375,13.

ἀποθνήσκω I 103,23; 206,13; 262,1. 3. 4.
II 84,8. III 151,12.

ἀποίητος III 378,12.

ἀποικία I 141,2.

ἀποκαθίστημι I 260,17. II 167,23;
519,2. III 76,29.

ἀποκαλέω II 142,21; 355,2; 372,18;
509,15. III 40,14; 230,9; 454,30.

ἀποκαλύπτω 1) vom Menschen I 17,9;
19,19; 171,13. 24; 195,25; 207,4;
262,12; 276,17. III 343,29; 494,31;
495,27; 520,21; 521,9. 2) von Gott
I 19,6; 24,18; 25,15; 26,21; 28,20;
31,15; 35,15; 42,7; 142,24. 26; 155,22;
169,7; 254,24; 261,2; 270,11; 284,16.
19; 381,9. II 80,5; 211,18. III 53,13;
179,29; 181,7; 238,15; 415,26; 436,10;
481,22; 498,28; 502,26. 3) enthüllen
I 279,13; 296,4; 297,18; 305,10; 344,32.
II 71,15. 18; 80,20; 88,8; 90,7; 181,16;
218,31; 240,15; 250,11.

ἀποκάλυψις I 218,16; 278,2; 461,3.
II 66,9. III 74,6.

ἀποκαρπόω I 295,8. III 167,10.

ἀποκαταλείπω III 456,15.

ἀποκηρύσσω II 369,1. III 410,7; 417,23;
440,9. 11bis; 525,7. 10.

ἀποκινέω III 152,18.

ἀπόκλεισις III 127,18.

ἀποκλείω I 294,4; 331,3; 345,18. II 58,25;
226,15; 342,20; 375,5. III 226,9; 241,5;
385,23; 393,10; 501,2; 503,18.

ἀποκληρονόμος III 495,14.

ἀποκληρόομαι III 402,7 (beschenkt
werden).

ἀποκλήρωσις III 391,12.

ἀποκνέω II 181,25.

ἀποκοιμάομαι III 105,31.

ἀποκομίζω II 82,1.

ἀπόκοπος II 358,13. III 151,6.

ἀποκόπτω II 113,17; 125,9; 146,3. 7; 167,18. III 339,2; 524,15.

ἀποκρίνομαι I 265,7; 353,4; 359,4; 365,1; 371,4. II 148,5; 230,5. III 53,16; 104,29; 105,7; 144,14; 221,13.

ἀπόκρισις III 417,21; 479,4.

ἀπόκροτος III 234,16. — ἀποκρότως III 234,9.

ἀποκρούω II 210,5; 356,16; 511,26. III 440,13.

ἀποκρύπτω I 18,6; 101,19; 199,4. II 141,10. 11. III 377,5.

ἀπόκρυφος opp. ῥητός I 281,17 (ἐν ἀποκρύφοις ἀναγινώσκοντες; von der Johannes-Apok.); 338,7 (*im Geheimen*). II 4,2 (βίβλοι ἀπόκρυφοι bei dem Gnostiker Severus); 82,9; 201,16; 216,6; 250,26; 328,16 (οὔτε ἐν παραδόσεσιν οὔτε ἐν ἀποκρύφοις); 340,14 (Apokryphen bei den Bardesianiten); 391,5; 399,25; 515,25 (das Apokryphon des Ezechiel). III 316,9 (ἀπόκρυφα μυστήρια).

ἀποκτέννω I 31,13; 133,2; 291,2 (ἀπεκτάνθαι). II 2,11; 72,19 (ἀποκτανθῆναι); 259,23 (ἀποκτέννυσθαι); 319,5 (ἀποκτανθέντα). III 110,24; 114,5; 136,30; 151,11; 152,4; 486,13. 18.

ἀποκύησις III 138,23.

ἀπολαμβάνω I 107,3; 142,17; 178,7; 281,25; 300,14. II 95,4; 520,10. III 33,17; 97,3; 151,16; 312,23.

ἀπόλαυσις II 512,23; 519,4.

ἀπολαύω II 507,3.

ἀπολείπω I 38,16; 82,8; 95,11. III 409,20.

ἀπόληψις I 110,16.

ἀπόλλυμι, ἀπολλύω III 40,22; 75,22; 152,4; 167,33; 236,9; 455,27. — ἀπολέσαι I 110,9. III 75,28; 344,23.

— ἀπολεσάσῃ I 52,27; 298,28; 437,14. II 43,2. — ἀπολέσαντες III 167,33. — ἀπολέσῃς I 25,8; 28,20; 32,31. II 143,23. — ἀπολέσθαι I 249,14. II 455,17f. — ἀπόλλει II 364,13. III 474,15. — ἀπόλλουσα III 40,22; 455,27.— ἀπολλύει II 207,9. — ἀπολλύειν I 298,5. III 331,21. — ἀπολλύμενος I 116,4; 199,25; 283,23. III 39,1; 40,23; 72,18; 357,13; 360,8; 395,8; 489,6. — ἀπολλύουσιν I 272,5. — ἀπόλλυσθαι I 166,3; 298,3; 437,9. II 176,1. — ἀπολλύω, ἀπόλλυε I 23,33. III 483,33. — ἀπολομένος I 247,9. III 152,4. — ἀπόλωλεν I 437,16. II 90,14. — ἀπολωλέκασι I 288,27. — ἀπολωλεκέναι III 236,9. — ἀπολώμεθα I 10,9; 14,8. III 221,12; 330,10. — ἀπώλεσαν I 272,5; 276,12; 288,28. II 5,18; 73,22. III 341,27. — ἀπώλεσε II 82,5; 90,19. III 49,16; 235,18. 24; 453,9. — ἀπώλετο I 69,12; 73,5. II 67,20.

ἀπολογέομαι I 108,17; 156,10. II 137,19; 184,17. III 10,3; 150,2; 155,33; 221,10; 222,15; 255,15.

ἀπολογία I 48,27; 56,28; 108,17; 109,20; 156,7; 268,5; 331,16; 371,17. II 69,11; 83,8; 318,10; 400,17. III 77,26; 157,21; 167,13; 230,18; 236,11; 250,6. 11; 256,5. 7; 259,11; 267,15; 415,23; 434,26; 472,5; 495,21.

ἀπολούω I 214,13. II 385,2.

ἀπολύω I 292,20. II 138,3; 280,11. III 143,25; 524,2. 3.

ἀπομάσσω I 335,18; 386,20; 442,22. II 44,15. III 218,27; 511,27.

ἀπομερίζω II 193,4.

ἀπομερισμός I 391,12.

ἀπόμνυμι III 145,1.

ἀποναρκάω III 520,15.

ἀπονέμω I 32,6; 142,18; 264,16.
II 401,17 (συγγνώμην ἀ.). III 53,8;
194,25; 799,5.

ἀπονεύω II 259,21.

ἀποξενόω II 321,16; 341,9; 342,25;
384,9. III 389,12; 488,14.

ἀποξηραίνω Akt. II 409,14.

ἀποπηδάω II 107,23; 259,19. III 350,23;
413,26; 414,10.

ἀποπλανάω II 385,17.

ἀποπρεπέω? III 385,20.

ἀποπτύω II 52,16. III 520,15.

ἀπορέω I 450,7. II 104,7; 385,11.
III 17,14; 121,2; 185,13; 369,8; 464,20.

ἀπορία I 124,13; 184,19; 212,17; 256,16;
439,21. II 163,9; 185,15; 336,16;
386,26. III 109,10; 150,21; 175,12;
443,19.

ἄπορος II 513,19; 515,17; 518,22. —
ἀπόρως III 369,7.

ἀπορρέω I 56,15.

ἀπορρήγνυμι III 394,11.

ἀπόρριμμα II 52,3.

ἀπόρροια I 242,21; 276,22; 282,3. 16;
284,21; 285,13; 290,16; 293,8. III 50,1;
365,24.

ἀπόρρυσις I 289,13.

ἀποσβέννυμι III 12,24.

ἀποσείω I 131,20; 297,30. II 398,7.

ἀποσικχαίνω III 520,15.

ἀποσιωπάω I 129,10. II 277,6.

ἀποσκοπή? II 384,20.

ἀποσμήχομαι I 209,8.

ἀποσπάω II 208,9; 324,2; 366,22.
III 52,5; 93,10; 154,18; 155,16.

ἀπόσπασμα I 207,13. II 211,4; 317,4;
345,11; 380,13. III 161,20.

ἀποσπερματίζω II 200,3.

ἀποστασία III 207,8.

ἀποστέλλω I 11,8; 78,23; 83,2; 104,20;
143,18; 166,15; 195,9. 11. 17; 249,11;

260,19. II 256,5; 375,20. III 24,7;
49,21; 81,27; 147,7; 150,27; 151,7;
155,32; 441,7.

ἀποστερέω I 66,21; 316,10. II 519,3f.
III 165,18.

ἀποστηθίζω III 133,11.

ἀποστηθισμός III 525,2.

ἀποστίλβω II 201,24.

ἀποστολή 1) I 222,3. 13. 2) *Apostelamt*
I 346,6; 365,12.

ἀποστολικός für ἀποστολικὴ ἐκκλησία
s. auch ἐκκλησία. I 232,12 (ἀποστολικὴ
διδασκαλία); 457,14 (ἀ. παράδοσις).
II 71,12 (ἀ. ἐπισκοπή); 244,3 (ἀ.
λόγος); 384,7 (ἀ. βίος). III 119,10
(ἀ. ῥήματα); 177,9 (ἀ. πίστις); 271,1
(ἀ. χρόνοι); 283,20 (ἀ. κήρυγμα). —
τὸ ἀποστολικόν der apostolische Teil
des NT = paulinische Briefe II 117,17;
118,3; 155,27.

ἀπόστολος, ὁ ἀπόστολος = Paulus; für
ὁ ἅγιος ἀπόστολος s. unter ἅγιος.
I 65,18; 100,7; 338,21 (ἀπόστολοι bei
den Juden). II 132,13; 153,24; 175,18.
23; 322,29. III 80,16; 100,15; 240,15.
20; 381,23; 431,5.

ἀποστρέφω I 56,27 (Akt.); 304,8; 306,2
(intrans. *sich kehren*). II 152,8; 184,1;
334,18; 396,15. III 142,19; 302,20.
— ἀποστρέφεσθαι τι I 189,11; 304,4;
369,6. III 10,12; 520,20.

ἀποστροφή III 476,31.

ἀποσυλάω I 269,10. II 418,3f.

ἀποσύνακτος *exkommuniziert* III 229,20;
344,8.

ἀποσυνεθίζω III 112,21.

ἀποσχίζω II 187,5; 220,4; 369,3.
III 153,8; 302,4.

ἀποσώζω III 293,25. 30bis. -ῴζω
I 413,25. III 311,14.

ἀποταμιεύω I 120,15.

ἀποταξία   *Armut, Verzicht auf Besitz,*
Weltentsagung I 356,5.   II 82,23 (vom
Mönch); 382,18.   III 231,15; 334,20.

ἀπόταξις die *Weltabsage* des Mönchs
II 81,9; 273,27 (von den Aposteln).

ἀποτάσσομαι   1) *ablehnen* I 53,19.
III 144,6; 415,15; 503,26.   2) *absagen*
II 381,7; 383,19.   3) vom *Absagen* mit
der Taufe I 123,2.   4) *der Welt entsagen,*
vom Mönch I 179,14 (von Abraham,
Petrus, Andreas, Jakob und Johannes).
II 384,7;   401,11.   5) *zuweisen*
I 107,11.

ἀποτείνω II 187,4; 312,21.   III 148,26;
160,3; 229,5; 259,24; 332,20; 343,31;
378,1; 386,16; 392,2; 395,12; 521,15.

ἀποτελέω   I 231,10; 348,25.   II 74,8;
193,13; 299,26; 372,4. III 24,16; 82,24;
216,14; 227,10; 454,14; 477,8.

ἀποτέλεσμα III 110,18; 240,13.

ἀποτελεστικός III 39,7.

ἀποτέμνω   I 232,3;   300,6.   II 104,25;
213,11 (*entmannen*); 358,15 (τινὰ τῶν
μορίων); 361,12; 365,21 (τινά τινος);
409,12. III 492,9.

ἀποτίθημι   I 6,11;   94,11;   372,13.
II 193,18; 301,16.   III 51,16;   433,3;
518,25.   —   ἀποτίθεμαι   *ablegen*
II 316,23; 502,17. 19. III 388,21.

ἀποτιννύω   I 211,4.   II 519,11
(ἀποτῖσαι).

ἀπότομος II 68,28.

ἀποτρέπω I 204,13. II 263,14. III 111,7;
145,24; 521,8.

ἀποτρέχω III 413,26.

ἀποτρίβομαι III 342,11; 479,15; 484,26.

ἀποτροπή I 156,16. 20; 171,23; 270,6;
294,24. II 38,25.

ἀποτροπία II 400,25.

ἀποτυγχάνω I 206,9; 343,2.

ἀπουσία III 28,22.

ἀποφαίνω   1) I 18,5   (Med.);   23,25
(Med.); 26,19; 42,12; 370,11.   II 372,3;
397,27.   III 10,25; 11,27. 34; 225,13.
2) Med. *sagen* I 55,3; 97,18; 165,21;
214,23;   244,6;   254,1;   362,9;   464,1.
II 71,9; 129,1; 141,22; 176,19; 342,20;
371,3.   III 90,25; 118,19; 130,7; 172,6;
179,33; 187,6; 254,11; 350,1; 365,19;
376,29; 440,29; 499,6; 505,2. — τί τι
etwas zu etwas erklären II 61,24; 237,16.
III 165,20; 169,12.

ἀποφαντικός   III 369,14;   404,10. —
ἀποφαντικῶς II 506,21. III 406,16.

ἀπόφασις   I 193,8.   II 68,28;   162,7.
III 331,27.

ἀποφέρω   I 102,31;   106,18;   197,4;
219,19;   227,8.   II 318,2 (τὸ νῖκος
ἀπενεγκάμενοι); 361,14. 16. III 19,17;
21,3; 31,13; 145,17; 341,15.

ἀποφεύγω II 38,29; 185,17. III 348,32.

ἀποφθέγγομαι I 18,7; 123,14. III 377,8;
432,33.

ἀπόφθεγμα III 406,15.

ἀποφιμόω III 33,4.

ἀποφορά I 294,18. II 48,19.

ἀποφράττω I 291,3. 6. II 303,15.

ἀποχή II 362,14; 414,13.

ἀπόχρησις III 79,15; 343,9.

ἀποχωρίζομαι II 65,14.

ἀπράγμων III 524,30.

ἄπρακτος I 109,25.

ἀπρέπεια III 378,12; 385,11.

ἀπρεπής   II 359,20.   III 363,9; 367,27;
369,27; 373,16; 408,33. 34; 524,26. —
ἀπρεπῶς III 225,6; 241,13.

ἀπρεπώδης III 366,8.

ἀπρονοησία I 186,12.

ἅπτω I 57,11 (Akt.). — ἅπτομαι *berühren*
I 200,15; 209,28; 334,15.   III 127,16;
212,24; 441,1; 494,16.

ἄπτωτος II 511,16. III 406,27.

ἀπωθέω I 121,32; 199,2; 440,14. II 91,13; 144,19; 396,17; 155,25; 185,9.

ἀπώλεια I 243,12; 272,1; 298,28; 315,9; 319,12; 343,17. II 176,3; 184,20; 367,2; 374,14. III 21,13.

ἀραρότως III 185,22; 362,16.

ἀργαλέος III 463,9.

ἀργέω I 144,9; 185,4; 212,25; 309,8; 348,4; 379,1. 3. II 221,14; 226,22; 377,4 (ἀ. ἀπό). III 127,16. 19. 22; 225,2; 312,10.

ἀργία III 493,4.

ἀργός I 108,18; 224,10; 342,3. II 371,13; 519,13. III 17,24; 254,17; 443,21; 455,29; 486,16. 20; 490,12; 524,30. — ἀργῶς II 209,26.

ἀργότης III 259,10; 499,12.

ἀργυροκόπος I 123,18; 163,14.

ἄργυρος I 310,15. III 20,6; 24,18; 43,3; 297,17; 310,16; 343,2.

ἀργυροτεύκτων I 177,14.

ἀργυροχόος II 518,8.

ἀρδεύω I 116,19. II 160,6.

ἄρδην II 77,15.

ἀρειανίζω III 231,24; 232,1.

ἀρέσκω I 257,1. III 39,10; 524,13.

ἀρετή I 66,8. 9. 11. 12; 110,3; 358,9. II 72,10; 203,6; 230,23; 326,17. 20; 519,10. III 40,3; 73,1; 235,12. 13; 237,6; 385,4; 402,7; 469,6; 475,21; 492,24; 493,24; 511,6; 521,32; 524,26.

ἀρήγω II 314,21.

ἄρθρον I 63,25; 201,6. II 348,11.

ἀριθμέω I 9,13 (τριὰς ἐν ἑνὶ ὀνόματι ἀριθμουμένη); 13,23; 21,14; 31,21; 58,7; 135,2; 180,20; 181,5; 189,29; 190,4; 194,19. II 144,7; 291,23; 392,7 (τριὰς ἀριθμουμένη ... οὐχ ὡς ἕν τι τρισὶν ὀνόμασι κεκλημένον, ἀλλὰ ἀληθῶς τέλεια τὰ ὀνόματα, τέλειαι αἱ ὑποστάσεις); 395,1. III 2,14; 228,7;

256,3; 367,14; 372,11; 386,19; 407,4; 448,29; 499,16; 500,6; 504,22.

ἀριθμός 1) I 21,1; 22,14 (εἰς ἀριθμὸν φέρειν); 128,11; 134,11; 156,28. III 24,1; 194,6; 499,10. 27. 28. 32; 504,21. 2) in der Trinitätslehre I 13,20; 18,6. III 367,12.

ἀριστεία I 215,23; 216,12. III 491,15; 499,31.

ἀριστερός I 243,15 (ἀριστερὰ δύναμις bei Simon Magus). 20; 244,8; 273,4 (δεξιά und ἀριστερά = φῶς und σκότος bei den Nikolaiten). II 4,1 (die ἀριστερὰ δύναμις bei dem Gnostiker Severus); 85,19 (bei den Archontikern). III 168,22; 472,22.

ἀριστεύω III 31,11.

ἄριστος I 124,17. III 160,15.

ἀρκετόν m. Inf. I 224,1. — ἀρκετῶς, ἔχει m. Inf. I 223,14. III 91,26; 254,28; 311,20; 332,1. 32; 375,9; 389,27; 411,14.

ἀρκέω I 10,13; 76,28; 129,12; 133,27; 145,3; 200,17; 222,19; 245,18; 331,24. II 240,5. III 106,5; 350,6; 494,24. — ἐπί τινι I 127,7. III 336,25. — τινί I 126,6; 213,27; 217,19; 233,10; 435,20; 439,19. II 6,3f.; 38,1; 47,19; 49,19; 80,9; 163,26. III 42,14; 80,25; 139,29; 369,12; 475,17; 484,9; 490,16.

ἄρκος I 195,17.

ἄρκτος Himmelsrichtung I 220,17.

ἀρκτῶος I 440,21.

ἅρμα III 195,22.

ἁρμογή I 340,30.

ἁρμόδιος I 327,17. — ἁρμοδίως I 369,16. II 153,3; 164,25; 191,9.

ἁρμόζω I 92,8; 142,19; 462,8. 14. II 42,20; 126,16. III 456,12.

ἁρμονία I 109,9. II 96,5; 519,22.

ἁρμοττόντως III 53,11.

ἀρνέομαι   I 26,19; 38,1; 52,8; 55,25;
61,27; 103,7; 125,5; 166,18; 220,1. 23;
295,4; 334,3; 351,21; 372,11.   II 206;
60,24; 125,21; 126,21; 129,9; 138,23;
145,8; 192,14; 212,23; 250,22.   III 5,2.
3; 49,10; 90,5. 16; 105,15; 124,20;
133,21; 142,1; 187,5; 193,12; 234,26;
238,26; 253,9; 350,16. 17; 490,7.

ἀρνησιθεία   II 68,11;   69,7;   71,6.
III 251,19.

ἄρνησις   III 437,18.

ἀρνίον   III 429,21.

ἄρουρα   II 518,9.   III 510,9.

ἁρπαγή   I 195,20. 23.   II 79,2; 85,7; 88,21.

ἁρπάζω   I 128,5; 198,3; 312,1; 340,21;
342,1; 346,23.   II 87,30; 102,4; 104,5;
307,3; 358,22; 399,22.   III 52,2. 16;
94,32; 96,18; 103,27; 118,24; 341,11.

ἁρπακτικός   III 445,30.

ἅρπαξ   II 81,8; 103,14.

ἀρραβών   II 131,14; 198,14.

ἀρραγής   II 377,20.

ἀρρενοειδῶς   III 72,25.

ἀρρενόθηλυς   I 236,27;   300,8;   383,1;
384,25; 385,7; 387,7; 390,12 (valentin.).

ἄρρην   I 70,19;   71,2;   276,22;   300,3;
384,24; 389,14.   III 457,16; 510,20.

ἀρρητοποιέω   II 64,4; 213,24.

ἄρρητος   I 32,23;   389,7   (valentin.).
II 273,4.   III 42,9; 199,18; 370,11. —
ἀρρήτως   I 11,2.   III 165,1.

ἀρρητουργία   I 305,14.   II 64,21.

ἄρριζος   I 226,26.

ἄρσις   III 345,5.

ἄρτι   I 174,18; 175,14.   II 77,12.

ἀρτίπαις   I 51,5.

ἄρτος   I 286,1; 375,21.

ἀρύω   I 115,13.   III 73,7.

ἀρχάγγελος   I 19,20; 24,22.

ἀρχαΐζω   I 263,11.   II 158,6.   III 33,19;
96,10; 171,27; 361,15; 383,22.

ἀρχαιολογία   I 89,5.   III 324,27.

ἀρχαῖος   I 52,9;   54,1;   197,20;   219,1;
398,14.   II 3,13;   52,4;   74,14;   187,3.
III 95,4; 155,31; 172,6; 464,18; 480,6.

ἀρχέγονος   III 505,1.

ἀρχεῖον   das Archiv   II 140,25.

ἀρχέτυπος   I 264,28.   II 377,22.
III 137,30.

ἀρχή 1) *Anfang, Ursprung* I 68,15; 89,10;
182,13; 204,22; 235,1; 263,1.   II 80,14;
178,7.   III 17,16; 137,28; 230,17; 246,3;
253,2. 7.   2) *Herrschaft* I 71,9.   II 45,4;
404,4.   III 499,22.   3) *Prinzip* I 37,29.
30; 38,24.   II 1,4; 3,7; 91,6; 215,19;
217,4.   III 1,12; 122,12.   4) *Engelsmacht*
I 235,27.   II 199,16; 204,10.   III 52,4.
—ἀπ᾽ ἀρχῆς I 32,4; 60,3; 172,6; 273,9;
369,19.   II 73,9; 174,9; 204,5.   III 54,7;
88,19; 97,5; 172,2; 199,12; 223,14;
225,11; 226,15; 228,16; 247,5; 251,15;
253,7. — ἀρχὴν λαμβάνειν I 322,2.
— ἐξ ἀρχῆς I 332,9.   II 51,10; 52,12;
67,28; 74,15.   III 52,8; 162,6; 253,2. —
τρεῖς ἀρχαί II 97,2ff.   III 11,25ff.

ἀρχηγέτης   I 175,17; 438,14.   II 285,9.
III 478,8 (μυστηρίων ἀρχηγέται).

ἀρχηγός   I 162,8; 164,6; 183,21; 275,9.
II 67,26; 77,31; 78,7; 242,14; 273,30;
313,4 (kirchl. *Vorsteher*); 409,9.   III 83,26;
233,1; 243,5; 268,17; 340,16; 461,18;
512,17.

ἀρχιεπισκοπή   III 141,13.

ἀρχιεπίσκοπος   III 141,11   (Petrus
von Alexandria); 143,1 (Petrus von
Alexandria);   152,22   (Petrus   von
Alexandria);   154,24 (Melitius); 155,3
(Melitius). 5 (Petrus von Alexandria).

ἀρχιερατικός   I 323,6.

ἀρχιερατεύω   III 187,11.

ἀρχιερεύς   *Bischof* I 325,15.

ἀρχιερωσύνη   *Bischofsamt* I 325,15.

ἀρχιμανδρίτης I 153,7. 13.

ἀρχισυναγωγός I 346,15; 357,18 (bei den Ebionäern).

ἀρχιτεκτονία III 85,15.

ἀρχιτέκτων III 250,2.

ἀρχιτέχνας II 394,18 (ὁ ἀρχιτέχνας λόγος).

ἀρχιτέχνης I 37,15.

ἄρχομαι I 21,11; 33,3; 35,12; 89,1; 169,3; 171,5; 238,4; 247,5; 256,22; 257,3. III 6,13; 34,7; 51,16; 112,22; 147,18; 153,20; 167,4; 172,28; 245,24. — ἄρχω *herrschen* II 211,16. — τινός II 92,7; 124,27. III 36,5; 169,20.

ἀρχοντικός II 89,30; 360,18.

ἄρχων 1) I 225,15. III 486,13. 2) als gnost. Ausdruck I 240,14; 269,9; 270,12. 16; 276,11. 16. 20; 282,12 (τοῦ ἄρχοντος τῆς ἐπιθυμίας). 22; 285,24; 286,10; 288,4.

ἀρωγός I 300,17. II 71,20; 398,9; 402,27; 522,11. III 12,24.

ἄρωμα I 104,14; 282,7.

ἀρωματίζω II 388,10.

ἄσαρκος II 144,9. 28.

ἄσβεστος I 347,27. II 409,2.

ἀσβόλη II 341,3.

ἀσέβεια I 103,10; 127,7; 174,14; 175,10. 12; 183,8; 211,23; 343,12; 354,10. II 66,16; 133,14. III 92,12; 157,8; 343,29; 366,3.

ἀσεβέω I 11,24; 30,19. III 194,21; 225,3; 331,24; 410,24; 489,28.

ἀσεβής I 30,19; 108,2; 144,26; 186,5; 343,24. III 194,21; 219,17; 363,8; 379,31; 473,14; 477,7. — ἀσεβῶς III 331,22.

ἀσελγαίνω II 381,19; 519,16.

ἀσέλγεια I 261,5; 268,12; 294,16; 299,22. 23. II 79,1; 82,21; 230,28; 399,2. III 130,14; 525,8.

ἀσελγέω II 158,14.

ἄσεμνος II 314,19. III 453,13; 466,17.

ἀσεμνότης III 17,21.

ἀσθένεια I 252,10; 381,7. II 148,13; 167,2; 231,10. 17. III 6,21; 73,15; 113,3. 4; 138,17; 142,21; 207,14.

ἀσθενέω III 113,4.

ἀσθενής I 44,5; 110,15; 312,10; 435,19. II 48,29; 148,10; 248,23. III 210,28; 472,5; 494,32.

ἆσθμα II 402,25.

ἀσιτία II 414,13.

ἀσκαλαβώτης II 50,7; 243,8.

ἀσκέω 1) I 165,10 (σιωπὴν ἀσκεῖν); 209,25 (παρθενίαν ἤσκει); 292,12 (πολιτείαν ἀσκούντων); 311,15 (νοῦς ἐν ἀληθείᾳ ἠσκημένος); 329,14 (Ἑβραϊκῇ διαλέκτῳ ἠσκημένοι). II 44,13; 94,8; 187,18 (ἁγνείαν ἀσκεῖ); 231,12. III 133,3; 462,10; 521,33. 2) intrans. *Askese treiben* I 210,13. III 136,16 (ἀπὸ οἴνου); 333,19; 335,23; 525,2.

ἄσκησις II 399,16. III 133,19 (ἔκπληκτος τῇ αὐτοῦ ἀσκήσει); 136,14; 247,30; 513,6.

ἀσκητής *Mönch* I 103,1 (παρά τισι τῶν ἐν Αἰγύπτῳ ἀσκητῶν). III 133,19 (πολλοὶ τῶν ἀσκητῶν τῶν Αἰγυπτίων); 523,12.

ἀσκητικός II 414,11.

ἀσκός III 33,13.

ᾆσμα I 191,15. II 285,15. III 493,29.

ἀσμένως I 328,1.

ἀσοφία I 210,5.

ἀσπάζομαι I 149,25. II 57,20 (*küssen*). III 40,11.

ἀσπάλαξ II 311,10.

ἀσπασμός I 280,15.

ἀσπιδογοργών I 247,7; 369,17.

ἄσπιλος III 497,28.

ἀσπίς I 245,24; 246,20; 275,13; 369,11.
II 186,18.
ἄστατος I 278,3. II 161,4. III 48,16;
191,26.
ἀστήρ I 19,22; 185,3. III 7,6.
ἀστήρικτος I 304,16. II 400,27.
III 487,8.
ἀστόχημα II 245,3; 340,5.
ἀστράγαλος I 109,8.
ἀστραπή III 226,34bis.
ἀστρολογία I 177,7.
ἄστρον I 187,7. II 342,19; 508,14.
III 1,11; 7,6; 51,4; 87,18; 107,29;
131,22; 165,24; 167,5; 376,10.
ἀστρονομία I 211,13 (von den Pharisäern).
14; 212,10; 215,21. III 35,12; 133,5;
525,9.
ἀστρονόμος III 131,24.
ἄστυ II 518,6.
ἀσύγκριτος III 353,11; 357,20; 368,3;
378,17; 384,31; 385,21; 386,22; 388,28;
396,7; 411,33; 412,13; 446,23; 517,24;
519,3.
ἀσύμμετρος II 228,12.
ἀσύμπλοκος III 388,30.
ἀσύμφωνος II 234,5; 254,20.
ἀσυναρτησία III 86,5.
ἀσυνάρτητος III 86,12.
ἀσυνείκαστος II 340,6. III 15,8; 82,20;
474,33.
ἀσυνεσία III 17,20.
ἀσύνετος I 219,22. II 83,21. —
ἀσυνέτως I 31,13; 353,5. III 203,2.
ἀσυστασία I 252,13.
ἀσύστατος I 184,13; 212,9. 11; 278,14;
312,32; 318,4; 335,23; 436,4; 438,7.
II 206,1; 232,19. III 72,15; 85,7; 86,11;
88,2; 249,14; 362,24; 485,3; 493,7. —
ἀσυστάτως I 265,18. II 217,2.
ἀσφάλεια I 17,9; 33,32; 93,15; 117,29;
171,16; 372,6. II 254,15; 312,18;

323,11 (ποιεῖσθαι τινός); 385,15.
III 8,24; 9,2; 188,6; 191,10; 215,12;
253,28; 332,19; 497,2.
ἀσφαλής I 77,4; 93,16; 231,15; 361,4;
447,16. II 143,21; 179,24. III 221,19;
395,15; 468,7. — ἀσφαλῶς I 122,26.
II 167,10; 199,10; 312,20; 349,14.
III 401,4; 481,4.
ἀσφαλίζω abs. I 321,10. II 127,11.
III 177,12; 227,29; 228,6; 330,8. 22;
472,25. — τι I 315,14. II 158,21;
177,17; 182,21; 255,5; 264,3; 329,4;
350,9; 356,5; 372,20; 376,18 (festsetzen).
III 519,20. — τί κατά τινος I 34,5;
192,24. III 186,1. — τινά I 284,4;
342,29. II 93,19; 172,15; 231,5;
264,6. III 8,28. — ἔν τινι III 364,17;
383,16; 478,2. — εἴς τι III 430,10.
— ἠσφαλισμένως II 140,25; 251,24.
III 188,11; 407,11.
ἄσφαλτος II 248,2. III 220,20.
ἀσχάλλω I 341,26. II 273,25. III 77,21;
456,22.
ἄσχετος III 96,29. — ἀσχέτως
III 511,23.
ἀσχολέομαι, ἐπί τι II 129,12. — περί τι
II 49,19. III 172,23. 29; 219,8; 490,17
(ἀσχολεῖσθαι ἀπὸ πόλεως εἰς πόλιν
καὶ ἀπὸ τόπου εἰς τόπον).
ἀσχολία I 443,18. II 433,12. III 490,20.
ἀσώματος I 293,11. III 210,4; 214,1. 2;
236,33; 373,12; 392,29.
ἀσωματότης III 279,30.
ἀσωτία I 304,14. II 401,17.
ἄτακτος II 71,5; 73,18; 74,12; 80,31;
170,30; 376,17.
ἀταξία II 73,20; 74,14.
ἀτέλεστος III 512,5.
ἀτελής I 100,16. 17; 347,23. II 359,6.
III 5,13; 12,12; 373,32.
ἀτελευτήτως III 404,4.

ἄτεχνος II 376,10.

ἀτίθασσος I 123,31.

ἀτιμάζω I 19,4. II 59,20. III 117,6. 18; 233,18; 471,27.

ἀτιμία I 19,1. II 233,4; 514,17. III 364,24; 458,30.

ἄτιμος II 514,19. — ἀτίμως III 33,11.

ἀτόλμητος III 413,24; 430,22. — ἀτολμήτως III 444,14.

ἄτομον I 11,25; 61,10; 166,5; 186,13.

ἄτονος II 61,13; 65,14. III 255,1.

ἀτόπημα I 312,31. II 69,9; 78,21. III 23,5; 345,14; 438,22.

ἀτοπία I 61,4; 293,14. II 201,5; 413,10. III 4,8; 52,3; 82,11; 85,6; 89,17; 91,24; 93,19; 154,25; 362,31; 408,32; 479,15.

ἄτοπος I 276,25; 302,3. II 50,24; 201,10. III 38,17; 91,28; 386,23. — ἀτόπως III 133,17.

ἄτρεπτος 1) I 390,9 (bei den Valentinianern für den Allvater). III 95,13. 15; 96,12. 13. 15. 2) vom Sohn I 11,13; 101,4. 17. II 353,14; 511,16.

ἀτρεψία III 96,23.

ἄτροφος III 96,20.

ἄττα III 36,7.

ἀττικίζω II 168,15.

αὐθάδεια I 259,10. 11. III 455,15.

αὐθάδης I 259,9. 11.

αὐθεντέω III 224,5.

αὐθεντία 1) I 25,12. III 179,16; 393,11. 2) kajassitischer Kunstausdruck aus dem Iran II 63,1. III 331,11.

αὐθεντικός I 393,4 (valentin.). III 374,24.

αὖθις I 50,24. 25; 57,19; 93,18; 104,6; 127,21; 199,22; 207,1. II 58,3; 163,26; 286,4; 454,10; 491,4. III 33,5; 134,12; 153,22; 193,7; 205,25; 244,17; 433,6; 454,7.

αὐλέω I 272,11.

αὐλή II 405,14.

αὐλίζω III 334,25.

αὐλός I 272,6. 8. II 285,15; 286,3. III 511,30.

αὐξάνω, αὔξω 1) trans. I 79,24; 80,3. III 374,28. 2) intrans. III 127,24; 333,29; 375,3.

αὔξη III 272,21.

αὔξησις III 374,20. 33.

αὔρα III 497,1.

αὔριον III 160,12.

αὐστηρία I 340,15.

αὐστηρός III 49,8. — αὐστηρῶς III 520,6.

αὐτάρκως I 215,10; 456,12.

αὐτεξούσιος I 177,17; 213,5. II 101,28; 158,1; 188,30. III 199,15.

αὐτεξουσιότης III 40,1.

αὐτίκα I 211,13. II 238,16. III 133,19; 154,17; 333,22; 454,20.

αὐτοάγαθος III 384,28; 385,9bis.

αὐτοαγαθότης III 384,33.

αὐτοαγέννητος III 387,11.

αὐτοαΐδιος III 368,8.

αὐτοαίσθησις III 388,31.

αὐτοαόργητος III 387,10.

αὐτοαρετή III 385,15.

αὐτοδεδοξασμένος III 222,14.

αὐτοδόξα III 385,14.

αὐτοδύναμις III 262,13; 263,18; 447,16.

αὐτοθαῦμα III 385,15.

αὐτοθέλημα III 388,31.

αὐτόθεος III 368,8; 447,16; 518,24.

αὐτοθεότης III 329,16. 17.

αὐτόθι III 32,4; 140,1; 476,13.

αὐτοκατάκριτος III 127,1.

αὐτοκράτωρ I 323,18. II 448,12.

αὐτολόχευτος I 287,11 (bei den Gnostikern Bezeichnung des oberen Christus).

αὐτοματισμός I 186,14.
αὐτόματος III 127,11; 378,21. —
αὐτομάτως III 387,8.
αὐτόνους III 447,16.
αὐτοπάτωρ I 287,11 (bei den Gnostikern
Bezeichnung des höchsten Gottes);
390,10 (bei den Valentinianern); 394,1.
αὐτοπροαίρεσις III 103,28.
αὐτοπροσώπως I 297,17.
αὐτός, ἐξ αὐτῆς III 28,26; 31,4. —
ταὐτόν III 171,7. 8.
αὐτοσοφία III 442,35.
αὐτοσύνεσις III 442,34.
αὐτοσύστατος I 45,10. II 190,8; 335,24.
III 31,14; 350,11.
αὐτοτέλειος III 222,15; 447,16.
αὐτοτελής I 38,5. III 266,5.
αὐτοϋμνηγορία III 385,15.
αὐτοϋπάρχων III 139,13.
αὐτουργέω III 286,14.
αὐτοφώρατος III 411,9.
αὐτόφως III 447,17.
αὐτοψία II 72,6.
αὐχένια II 383,10.
αὐχέω I 210,5; 235,22; 236,7; 330,13;
368,8; 440,16; 448,7. II 168,15; 211,9;
220,1; 225,5; 232,18; 234,8; 245,7;
327,3; 378,15. III 205,2; 216,20;
248,14.
αὐχήν I 32,5. II 62,6.
αὐχμώδης I 123,22.
ἀφαγιάζω I 327,16.
ἀφαιρέομαι I 14,12; 40,13; 142,15;
195,2. II 137,7; 218,28 (τινός); 313,27
(ἀπό τινος). III 52,15; 389,21.
ἀφαίρεσις II 140,20; 142,8; 329,16;
358,24; 362,5.
ἀφανίζω I 41,2; 44,1; 51,8; 52,9; 62,1;
104,24; 107,4; 194,24; 195,5; 215,7;
245,28; 247,9; 256,4; 272,15; 299,28;
321,8; 363,1 (τὶ ἀπό τινος); 437,12.

II 38,24; 39,23; 43,5; 141,13; 149,5;
157,7; 185,18; 213,12; 314,16; 337,14;
507,29 (*wunderbar*). III 37,8; 41,19;
52,20. 21; 94,29; 96,1. 2; 97,18. 23. 25;
110,24; 119,17; 155,7. 20; 184,6; 215,4;
363,24; 364,7; 371,2; 385,21; 389,9;
432,10; 483,32; 494,13.
ἀφανισμός I 272,14; 300,13; 327,2.
II 337,18.
ἀφανιστής II 140,28.
ἀφαντασίαστος II 43,27.
ἀφαντόω I 248,15. II 154,24; 173,7.
III 73,4.
ἀφάντωσις II 202,15.
ἀφαρπάζω I 141,13; 346,29. II 197,3. 6.
III 52,7; 81,19; 103,26; 191,13; 433,24;
503,23.
ἄφατος I 170,4.
ἀφεδρών III 429,12.
ἀφειδής III 493,25. — ἀφειδῶς
III 268,25; 513,15.
ἀφέλεια III 310,7; 488,12.
ἀφελέω I 331,6; 346,26 (*befreien*); 462,5.
II 103,32; 135,8. 9; 335,14. III 52,7.
10.
ἀφελής I 271,17; 342,26. II 82,22;
391,10. III 164,14; 182,19; 351,16.
ἀφελότης III 297,6; 443,15.
ἀφερεπόνως III 50,14.
ἄφεσις I 318,28 (ἄφεσις ἁμαρτημάτων
durch die Taufe). II 253,9. III 258,12.
ἀφή I 40,7; 46,5; 65,7; 100,20. II 128,11;
227,1. III 236,33; 413,11; 441,1; 518,9.
— ὑπὸ ἀφὴν πίπτειν II 126,11.
5 (ὑποπ.); 396,22 (ἐμπ.); 147,25
(γίνεσθαι).
ἀφηγέομαι I 383,18. II 273,28.
ἀφηνιάζω I 22,22. II 384,14. III 145,14;
207,10; 223,30; 233,25; 247,26.
ἀφηνιασμός III 230,4.
ἀφηνιαστής I 168,4. II 378,29.

ἀφθαρσία I 57,9; 73,19. 26; 100,30;
119,17.   II 172,21; 442,11; 517,23.
III 469,6; 520,12.
ἄφθαρτος I 57,9; 73,13. 23; 92,16;
100,30; 230,11.   II 47,3.   III 328,4;
392,29; 431,6; 508.8. 23.
ἀφθονία III 385,12; 392,30.
ἄφθονος II 85,10 (ὁ ἄφθονος ἡμῶν θεός).
III 384,32; 386,12; 402,7. — ἀφθόνως
I 196,7; 381,6; 440,9. II 219,4; 232,7.
III 392,29.
ἄφθορος II 241,10; 505,5.
ἀφιερόω I 70,1; 327,13.
ἀφίημι 1) *freilassen, liegen lassen* I 57,23;
60,24. 2) *bestehen lassen*   II 504,4.
3) *verlassen*   II 282,21.   III 172,31;
455,12. 4) *zurücklassen* I 293,5; 298,3.
II 218,20. — τὸ πνεῦμα ἀφιέναι
II 39,12.
ἀφικνέομαι   I 6,5;   104,11;   309,18.
II 267,7. III 417,6; 432,3; 514,6.
ἀφιλονείκως I 81,22. III 247,11.
ἄφιξις I 135,19. 21; 343,4. II 287,10.
III 118,27.
ἀφίστημι 1) *abfallen*   I 14,7; 274,21;
301,9; 311,20; 317,2. II 52,7; 234,10;
235,13; 243,14.   III 48,11; 311,10;
392,24. 2) *weggehen* I 109,22; 370,17
(*verschwinden*). 21. II 224,14; 226,24.
3) trans. I 290,11; 367,22. II 51,10. 13.
III 406,32.
ἀφοβία III 366,3.
ἀφομοιάζω III 297,16.
ἀφομοιόω I 19,24; 388,3. III 37,11. 12;
132,2; 342,17; 344,2.
ἀφορίζω I 22,22 (*aus der Kirche entfernen*);
164,13; 167,8; 227,6; 279,23. II 71,10;
73,10; 90,15; 372,21. III 204,20; 232,1;
233,24 (ἑαυτὸν ἀφορίζει); 339,8;
349,21; 372,11; 495,12.
ἀφορισμός III 514,4.

ἀφορμή I 123,10; 247,16.
ἀφραίνω   I 258,1;   377,17;   384,19.
II 227,11; 228,10; 299,15.   III 473,6;
511,23.
ἄφραστος I 39,30; 45,13; 57,9; 61,23.
II 322,24. III 222,2.
ἀφρίζω I 345,22.
ἀφρισμός III 228,28; 496,22.
ἀφροδίσια II 200,11; 360,6.
ἀφρόνως III 366,17.
ἀφροσύνη II 155,10; 162,10; 227,15;
243,8; 275,7; 336,28. III 336,2; 484,24;
485,3; 493,25.
ἄφρων I 272,7; 311,14; 458,12. II 140,26.
III 97,27; 487,16.
ἀφυΐα I 23,19.
ἀφύλακτος II 336,19 (ἀ. ἔννοια).
ἀχαλίνωτος III 388,13.
ἀχαρακτήριστος I 394,5.
ἀχαριστέω III 166,15; 199,27.
ἀχαριστία I 39,29.
ἀχάριστος III 166,16; 199,24.
ἀχάτης II 388,16.
ἄχραντος I 57,8; 320,3; 365,27. III 176,19
(ἄχραντον τοῦ υἱοῦ γέννησιν); 199,11.
17; 365,7; 428,15. 23; 439,32; 456,16.
26 (τὴν ἄχραντον παρθένον = Maria);
461,25; 466,1 (ἡ ἁγία ἄχραντος σάρξ);
471,11 (ἄχραντον τὴν κύησιν); 522,2.
— ἀχράντως I 102,25.   II 158,16.
III 165,1; 176,4; 399,11; 454,6; 516,8.
ἀχρειώδης I 99,10.
ἄχρηστος II 58,12. 13; 513,10.
ἄχρι I 216,23 (ἄχρι τῆς δεῦρο); 223,5.
6. II 304,7. 11.   III 44,4. 5; 296,33;
452,20.
ἄχρονος   II 286,25 (Georg. Laodic.);
322,24. III 12,8; 361,17. — ἀχρόνως
I 60,33; 265,25. III 200,18.
ἄχυρα III 33,13.
ἀχυροφάγος I 125,2.

ἀχώρητος I 87,13; 376,4. III 165,5
(ἡ ἀχώρητος ἐκείνη φύσις); 368,12;
459,10.
ἀψευδής II 186,19; 329,11. III 32,9;
44,1; 137,21.
ἄψευστος III 100,4.
ἀψοφοποιός II 43,27.
ἄψυχος I 74,17. III 139,29; 365,9;
430,33; 443,7; 517,27.
ἄωρος III 137,3.

βαδίζω I 22,30; 50,14; 56,1; 109,8. 10;
131,7; 245,21; 267,4; 274,24; 299,17.
18; 377,22; 438,3; 463,24. II 50,4;
108,3; 244,9; 315,18; 377,10; 378,11.
III 172,32; 183,24; 454,2; 455,18;
472,25; 475,24; 483,21.
βαθμός III 521,32.
βάθος 1) I 62,17; 133,11; 247,21.
II 209,24; 256,25. III 240,12. 2) tiefsinnig I 36,13 (ἐν βάθει εἰρημένα).
III 99,28; 224,15 (τὸ βάθος τῶν
μυστηρίων τοῦ θεοῦ).
βαθύνω I 396,5.
βαθύς I 25,8; 35,28; 39,28; 46,25
(tiefsinnig); 121,18 (schwierig); 131,18;
447,9. III 35,5; 83,13; 336,16; 342,4;
467,27; 486,23. — βαθεῖα γλῶσσα
hebräisch, im vgl. zum Syrischen I 276,2. 4.
— βαθέως I 20,25; 24,19. III 417,6;
449,11. — βαθυτάτως II 226,10.
βαθύτης II 406,2. III 449,10.
βαίνω I 175,17; 239,7; 305,13. II 102,26;
264,1; 321,13 (ὁ ἐκτὸς βαίνων).
III 144,4; 155,7; 172,30; 189,21; 212,24;
235,2; 247,28; 437,22.
βαιών (βαίτων?) II 90,4; 248,15.
βαλανεῖον I 365,14. 17. III 524,28.
βαναυσοποιία III 511,24.
βάναυσος I 185,6. II 518,8.

βαπτίζομαι sich waschen I 167,27;
200,15; 202,20 (ganz mit gleichem Sinn
λούομαι gebraucht); 214,11. 13. 17. 21;
236,20; 334,17. 20; 353,10.
βαπτίζω 1) I 77,13. 2) taufen I 83,5;
145,14; 231,13; 318,19. II 82,28.
III 271,9. 12; 299,19; 319,15f.; 405,18.
βάπτισμα Taufe I 66,14. 15; 192,18;
214,19; 215,9; 229,13; 318,19. 21;
353,9; 373,3. II 3,10; 100,5; 270,2;
273,10. III 208,33; 235,13; 237,20f.;
329,26; 477,33; 478,1; 482,6.
βαπτισμός 1) Waschung I 334,19;
361,16. 21; 362,3; 377,19. II 315,13.
2) Taufe II 98,18.
βαπτιστής II 275,9. 11.
βάπτω III 445,19.
βάραθρον I 315,9. III 312,28; 348,7;
388,13.
βαρβαρικός I 235,15; 239,14; 243,7;
270,12; 275,20; 387,1. II 235,18.
III 132,13.
βάρβαρος I 105,5; 286,12; 235,11.
II 360,18. III 36,19; 74,7; 101,5;
509,24.
βαρβαρωνυμία I 271,2.
βαρέω III 525,1.
βάρος I 40,6. III 435,30. 35; 441,17.
βαρύνω II 156,25.
βαρύς I 156,24; 187,4. II 156,24.
III 19,6; 32,14; 94,9; 149,26; 150,3. —
βαρέως I 339,13; 342,11 (β. φέρειν).
III 472,22.
βαρυστονέω III 233,23.
βασανίζω III 90,11.
βάσανος I 110,18; 118,18. II 403,11.
III 23,6; 53,1.
βασιλεία I 21,12; 71,7; 225,11; 229,5;
347,9; 366,3. II 131,16; 139,7; 309,8.
III 342,20; 389,26; 501,18; 519,17.
βασίλειον 1) I 38,23; 187,28; 225,14;

325,6. 11. III 151,13; 153,18; 223,16.
2) *Königsherrschaft, Königtum* I 85,1.
II 261,11.

βασιλεύς I 94,22; 197,1. II 57,9
(βασιλεύς ἀπ᾽ οὐρανοῦ bei den Ophiten
die Himmelsschlange); 58,29.

βασιλεύω 1) I 71,8; 157,13; 177,1; 189,25;
201,14 (τινός); 225,13; 229,5; 325,10.
II 261,12. III 22,7; 94,13; 119,24; 151,9;
484,2. 2) trans. I 194,1. 2.

βασιλικός I 231,12; 323,5. 6; 324,2.
II 140,24; 360,18. III 23,3; 182,22;
462,32; 463,20; 464,16. 17; 499,31.
— αὐλαὶ βασιλικαί II 405,14. — ἡ
βασιλική *Hauptstraße* II 377,23. — τὰ
βασιλικά *die kaiserl. Beamten* I 347,20.

βασιλίς III 501,18.

βασιλίσκος I 279,13; 382,16. II 378,19.

βάσις I 155,19. II 237,13; 513,14.
III 31,17; 497,8.

βασκανία III 384,29.

βασταγμός III 441,1.

βαστάζω I 201,1; 228,11. 13. II 341,13.
III 50,4; 113,3; 128,2; 516,10.

βαφή III 445,19. 20.

βδέλυγμα II 206,20.

βδελυκτός I 333,12; 353,7. II 230,24.
III 93,7.

βδελυρία I 243,4; 334,3.

βδελυρός I 219,25; 333,15. II 381,5.

βδελύττομαι I 107,3; 166,17; 200,19. 21;
201,1; 202,19; 206,3; 236,11; 352,12;
363,27. II 81,23; 140,10. 11; 149,6; 178,9;
216,8; 382,18; 384,10. III 512,24.

βέβαιος 1) I 77,4; 100,12; 102,23; 103,5.
II 149,26. III 350,7; 375,21; 445,18.
2) *zuverlässig, wirklich* II 300,19. —
βεβαίως II 512,19. III 481,26.

βεβαιόω I 17,25; 571,15. 21. II 173,19.
26. 27; 512,20. III 169,16. 23; 239,10;
302,21.

βεβαίωσις I 93,17; 201,7; 265,27 (ἐν
βεβαιώσει = ἐν ἀληθείᾳ); 322,17.
II 520,18. III 116,27; 502,5; 520,12.

βέβηλος II 382,11. 12. III 466,17.

βέλος II 148,19. III 31,12; 83,28; 228,28;
334,2.

βελτιότης II 509,18.

βελτιόω I 95,19.

βελτίωσις III 396,17.

βελτιωτής I 95,23.

βέμβιξ II 93,12.

βῆμα *Richterstuhl, Richtplatz* I 328,2.

βία I 195,20. II 54,7. III 162,20; 341,10;
463,12.

βιάζω 1) *nötigen* I 170,24; 210,22; 342,8.
II 102,27; 170,1; 400,6 (*vergewaltigen*).
III 85,25; 147,20; 366,26; 375,23;
414,10; 439,6; 453,12. 14; 466,8;
472,3. 2) Med. *sich mit Gewalt bemühen*
I 197,3; 265,14. II 418,3. III 145,13;
233,20; 238,4; 432,6. — βεβιασμένως
I 53,20; 184,12. III 376,1.

βιασμός I 186,19.

βιβλιογράφος II 531.

βιβλίον I 149,27; 156,27; 159,14; 216,6;
218,4; 270,11; 284,11; 329,9; 395,14.
II 251,1 (βιβλία κηρύπτειν). III 19,18;
20,9; 53,16; 96,9.

βίβλος I 52,14; 143,16; 220,10; 275,15;
298,12; 346,22; 348,27; 459,23. II 75,9.
III 18,12; 24,14; 34,9; 36,6.

βιβρώσκω I 29,4; 74,10; 363,13; 369,10.
II 107,17. III 81,11; 86,15; 96,25;
235,17.

βίος 1) I 5,12; 107,11; 186,7 (βίον
καταστρέφει). III 33,14; 230,5.
2) *Dasein, Welt* I 16,5 (ὑπεισῆλθε
τὸν β.); 63,12 (τῷ β. συνεισφέρειν);
96,12; 110,24; 129,12; 212,10; 333,8
(ἐπανέστη τῷ β.); 383,7 (τῷ β.
ἐβλάστησαν); 384,2 (τῷ β. ἐφύησαν);

398,10. II 41,8; 76,19 (τῷ β. ῥαψῳ δήσαντες); 91,6 (κεκήρυχεν τῷ β.); 93,23 (προῆλθεν τῷ β.); 201,2; 248,23; 274,19 (τῷ β. ἐξεμέω); 373,18. III 17,25; 18,17. 18; 96,14; 175,2; 233,4; 249,7; 254,5; 513,16.

βιοφορέομαι III 52,3; 147,18; 160,11.

βιόω I 166,30; 167,8; 180,4; 209,4. III 19,12; 136,17; 233,10; 255,16; 460,20; 465,15; 472,12; 525,15. — βιώσας I 172,14; 442,7. II 79,15. 18.

βιώδης III 341,20.

βιωτικός I 123,22.

βλαβερός II 59,11; 207,27. III 188,5; 471,25; 476,5; 488,11.

βλάβη I 171,14; 268,16; 362,13; 382,6. II 38,25; 49,1; 50,8. 13; 103,20; 189,1. III 6,11; 87,20; 136,22; 137,3; 148,5; 174,15; 191,12; 437,14; 461,30; 466,14; 471,29; 473,25; 476,7; 521,9.

βλάπτω I 96,13; 106,21; 285,16. II 44,9; 50,12; 59,15; 135,20; 202,23; 398,7; 523,3. 4. III 52,17; 81,30; 171,19; 437,16; 456,6; 463,16.

βλαστάνω I 103,20; 116,21; 164,5; 275,5; 398,10 (ἐβλάστησε τῷ βίῳ κακόν); 441,8. II 200,4. III 127,24; 372,5; 373,29; 440,25.

βλάστημα I 383,5; 441,3. II 83,19; 513,9.

βλάστησις II 514,16.

βλαστός I 117,2. III 365,4.

βλασφημέω I 10,11; 15,29; 25,4; 30,13. 20. 24; 36,25; 75,22; 131,19; 144,19. 31; 145,18; 259,3; 288,16; 290,16; 304,10; 358,2; 359,5; 366,7; 377,17; 450,14. II 125,12; 142,30; 188,20; 319,11. III 1,14; 49,10. 20. 22; 79,1; 93,9. 20; 101,20; 146,30; 180,7; 198,19; 203,19; 222,8; 226,10; 231,6;

255,14; 313,19; 314,9; 331,20; 368,15; 411,20; 413,24; 453,17. — εἰς II 84,9; 133,2. III 162,16; 195,3; 313,23; 332,23; 456,19; 472,28. — κατὰ τῆς ἑαυτῶν/σαυτοῦ κεφαλῆς II 86,3; 129,23; 259,4.

βλασφημία I 10,1; 16,4; 23,14; 25,8; 26,15; 58,9; 59,23; 77,11; 94,12; 272,14; 281,4. II 79,12; 131,10; 183,27; 207,25; 336,28; 344,6. III 187,17; 249,14; 360,8; 458,29; 496,18; 525,12.

βλάσφημος I 268,16; 279,15; 289,24. II 51,14; 79,4; 88,15; 184,20; 188,28; 336,14; 366,22. III 49,17; 73,5; 78,24; 157,22; 163,17; 166,17; 203,24. 30. 31; 254,5; 348,9; 453,16. 31; 455,12; 462,24; 473,13; 474,21; 514,4.

βλέμμα I 202,17.

βλέπω I 28,27; 36,26; 65,22; 381,13; 463,4. II 131,12; 280,13; 395,18. III 76,8; 85,14; 193,12; 465,25.

βλέψις III 193,17.

βληχρός I 124,4; 333,1. II 61,13; 198,27.

βοάω I 47,10; 95,27; 145,10; 183,6; 210,6; 346,23. II 273,16; 403,18. III 90,23; 393,29; 431,30.

βοήθεια I 149,22; 204,12; 250,17; 260,19; 333,3. II 44,4; 148,5; 176,26; 189,12; 190,8; 202,22; 244,10; 248,18; 249,16. III 109,10; 128,4; 169,1; 177,7; 206,31; 229,9; 336,33; 395,5.

βοηθέω I 250,15; 344,3. II 50,15. III 313,8; 438,3; 494,27.

βοήθημα I 339,12; 340,9. II 241,1; 337,18.

βοηθός I 267,11; 382,9. II 186,22; 241,3. III 132,9; 140,14; 152,11; 229,28; 340,13; 451,2.

βόθρος III 81,24.

βολβός II 311,16.

βολή I 176,7. III 138,23 (s. auch φωτοβολή).

βόρβορος I 274,7; 294,6; 305,10.

βορβορώδης I 279,17; 296,14; 299,22. II 48,17; 83,28. III 146,18.

βόρειος I 440,21.

βορρᾶς I 137,6. III 126,5. 6.

βόσκημα I 207,2. II 107,10; 124,7; 237,15. III 24,17; 361,20.

βόσκησις I 441,13.

βοτάνη I 171,21; 383,5. II 198,23; 250,6; 409,15. III 73,20.

βότρυς I 80,21. III 90,7.

βουκολέομαι I 123,4. III 361,19.

βούλευμα I 88,7. III 218,19; 482,15; 496,15.

βουλεύομαι I 61,18. 19; 259,12. III 28,26; 82,8; 218,19; 381,8.

βουλή I 61,17. III 176,25bis. 27. 28; 218,20.

βούλημα I 162,10; 252,15. II 49,5; 78,20. III 176,24. 25; 208,22; 385,4; 402,5; 525,29.

βούλησις I 170,23; 312,1; 343,18; 460,12. 29. II 61,16; 78,6; 197,3. III 40,1; 147,16; 176,25; 208,16; 211,11; 374,30; 438,10.

βούλομαι III 51,21.

βουνός I 58,7.

βούπρηστις II 71,18 (βούπρηστος). III 340,11.

βοῦς I 363,23. III 91,30.

βραβεῖον II 230,23 (im ewigen Leben); 318,2; 387,21; 404,1; 500,15. III 31,14; 40,4; 101,11; 137,2. 5; 141,20; 475,1.

βραβεύω III 161,6.

βράκη II 376,15.

βράχος I 320,26. III 496,24.

βραχυλογία I 170,22.

βραχύς 1) *unbedeutend, bescheiden* I 7,3; 121,27. III 443,18; 451,8; 459,25. 2) *klein* II 138,17; 198,21; 402,25. III 91,18; 328,20; 361,9. 3) *wenig* I 35,23; 203,13. 19. II 50,3 (διὰ βραχέων). III 293,24; 301,18; 332,4; 362,23. 4) zeitlich *kurz* I 214,2. III 449,16; 513,12.

βραχύτης I 76,26. III 362,27.

βρέφος I 117,5; 127,10; 282,6; 296,24; 462,9. III 137,4.

βρότειος III 377,2.

βροχισμός III 74,2.

βρῶμα I 95,12; 106,19; 278,1; 279,21; 363,21. II 50,9; 83,3; 188,18; 523,17. III 49,14; 81,30; 96,27; 136,15; 450,6.

βρῶσις I 358,11. II 51,1. 8; 247,27. III 77,7; 516,28.

βρωτός II 150,6; 200,7.

βυθίζω III 117,11.

βυθός I 250,4; 279,9; 441,21. II 183,27. III 81,2; 173,24; 240,12; 366,10; 378,23.

βύλαρος II 83,26.

βυρσεύω I 74,14.

βυρσοδέψης I 74,13. II 500,20.

βύσσος II 388,15.

βῶλος III 70,2.

βωμός II 404,12.

γαγάτης II 249,3 (τοῦ λίθου τοῦ γ.). III 220,21.

γαζοφυλάκιον I 338,6. 10; 340,7; 341,8; 345,32.

γάλα III 513,1.

γαληνιάω II 374,2.

γαλήνιος III 496,21.

γαμετή I 181,6; 235,13; 268,13. II 77,12; 87,28; 231,18; 360,20. III 493,19.

γαμέω I 360,5; 363,25 (γῆμαι). III 458,25.

γάμος 1) I 206,1; 355,11 (πρὸς γάμον ἄγεσθαι). II 303,6 (γάμον συνάπτεις).

III 133,23; 134,19. 2) Beiwort immer
σεμνός, wie das spätere τίμος; s. dort.
II 401,20; 402,9.

γαργαλίζομαι III 333,14.

γαργαλισμός I 280,16.

γαστήρ I 54,19; 327,7. II 39,11.
III 109,32.

γαυρίαμα II 389,1.

γαῦρος II 90,4; 388,23.

γειτνίασις III 458,7.

γείτων I 41,17; 360,22. II 321,20.

γελάω II 42,32 (τινά).

γελοιάζω I 124,17. III 48,16.

γελοιάω III 511,23.

γελοῖος I 389,26. II 56,11; 309,4.
III 49,14; 73,21; 89,31; 150,20; 333,16;
476,1.

γελοιώδης I 340,19; 446,12. II 58,8;
376,12. III 74,3; 82,20.

γέλως I 277,7; 278,4. II 312,4. III 88,14.

γεμίζω I 57,1. III 51,11; 89,5; 335,21.

γέμω I 356,9.

γενεά I 49,19; 133,27; 147,24; 187,5;
458,29. II 77,5. III 44,4.

γενεαλογία I 174,9; 317,11; 351,11. 13.
II 107,22; 253,17; 263,12. III 172,16.
24; 464,20; 499,13; 501,10.

γενέθλιος, τὰ γενέθλια II 298,18.
III 241,25; 242,1.

γένειον I 127,16. III 492,8.

γενεσιάρχης III 205,24.

γένεσις 1) I 167,19. II 10,11; 17,19;
23,19 (γένεσις τῶν Αἰώνων).
2) *Nativität* I 184,4; 212,13. 20; 213,8.
III 172,18; 308,1.

γενετή I 381,13. II 207,6. III 413,2. 11.
22.

γένημα I 190,10. III 73,20; 74,11.

γενητός I 94,19; 165,12; 441,3. 5.
II 417,8. 17ff. (Auseinandersetzung zw.
γενητός und γεννητός).

γεννάδας I 127,6; 348,4. III 195,6;
218,15; 227,16; 250,22; 404,10; 411,27.

γενναῖος I 435,12. II 361,9 (οἱ γενναῖοι
ἀπόστολοι). III 203,25.

γεννάω I 80,21.

γέννημα 1) I 53,26; 58,11; 61,28
(λέγοντες οὐχ ὡς ἕν τι τῶν
γεννημάτων); 286,7; 319,15. II 186,1;
201,13. III 183,5. 6. 7; 218,21; 220,3
(Akt der Erzeugung); 253,15; 262,1
(Acacius von Caesarea); 268,10; 311,6;
348,21. 26; 365,9; 372,27; 398,26;
408,16. — γένημα I 103,23. III 73,20;
74,11.

γέννησις I 39,22; 134,11; 228,15; 284,7.
292,1. 3; 375,7. II 74,17; 107,22;
127,14; 257,2; 289,11; 322,16. III 12,9;
79,13. 14; 130,21; 165,19 (τῆς κατὰ
φύσιν γεννήσεως); 176,19 (τὴν
ἄχραντον τοῦ υἱοῦ γέννησιν); 187,4;
458,10; 465,25; 480,29.

γεννητή II 207,3 (ἐκ γεννητῆς).

γεννητικός I 116,25; 273,15; 458,21.
II 206,5. III 336,5; 343,12; 372,20;
516,8. — γεννητικῶς III 373,19;
375,7; 394,28.

γεννητός I 14,19. 20. II 3,1; 417,17ff.
(γεννητός und γενητός). — γεννητῶς
III 378,6.

γεννήτρια III 522,8.

γεννήτωρ I 10,4. III 365,10; 367,28;
370,18; 373,12. 16; 377,14; 380,31;
381,4; 398,23.

γένος I 117,25. II 2,13; 72,9. III 462,32;
478,18; 496,17.

γεραίρω II 212,25. III 343,1; 379,14;
407,31.

γέρας I 168,12; 346,6; 347,8. III 167,9;
226,4; 410,20.

γέρων I 70,18. 22. II 81,2. III 154,12;
156,6; 247,25; 458,31.

γεῦμα III 136,26.

γεύομαι I 190,16. III 128,22; 136,29.

γευστικός II 226,20.

γεώδης I 131,18.

γεωμετρέω III 97,5; 500,23.

γεωμέτρης I 462,12. III 348,23.

γεωμετρία I 440,15. 27. III 342,3.

γεωμετρικός III 232,5.

γεωργέω I 80,21. II 401,12. 13.

γεώργημα II 311,15.

γεωργικός I 438,27.

γεωργός I 80,24. III 99,29.

γηθέω III 497,3 (γέγηθα).

γήϊνος I 58,13; 100,27. II 227,4; 500,22; 519,15. III 411,3.

γηραλέος I 115,24. 29; 339,18. II 250,8; 263,17; 400,19; 401,19. III 136,9; 470,23.

γῆρας II 81,10. 19.

γηράσκω III 193,20.

γινώσκω I 33,17; 143,6; 254,24; 343,28; 344,3. III 33,9; 36,14. 15; 235,10. — ἔγνωσται I 65,15. II 370,15. III 77,10; 255,18; 500,30. — γνοίη I 104,13.

γλισχρώδης II 522,21.

γλίχομαι III 95,18. 24.

γλοιώδης II 131,9.

γλυκαίνω I 79,23.

γλύκιος? III 329,28. 30. — γλυκίως III 329,28.

γλυκύς II 226,20; 235,18. III 154,16.

γλυκύτης III 416,25; 433,3.

γλῶσσα I 211,7 (*Zunge* in den Schuhen). III 15,2; 221,7; 250,4; 474,22.

γλωσσόκομον III 148,11.

γνήσιος 1) I 126,10. III 167,19; 200,7; 454,17. 19. 2) υἱός in der Christologie I 10,3; 11,19; 12,13; 26,4. 9; 27,15; 31,16; 37,23; 55,5; 91,28. II 392,14; 393,14. III 197,7. — γνησίως III 202,2; 291,9. 16; 371,22.

γνησιότης 1) I 52,8. III 502,6. 2) in der Trinitätslehre I 20,20; 26,5; 39,15. 22; 145,17. III 197,7; 311,14.

γνωθεῖν II 237,12 (γνῶσιν θεοῦ).

γνώμη 1) I 32,3; 170,9; 171,13; 186,5; 195,25; 197,8. 10; 206,13; 218,7; 258,3; 278,3; 300,21; 333,16; 460,1. II 71,17; 217,12; 237,17. III 74,7; 49,19; 86,8; 118,15; 130,19; 143,5; 162,15; 479,31; 504,28. 2) *Sinnesweise* II 66,21; 67,17.

γνωρίζω I 182,8; 183,3. II 157,15; 403,6 (γνωρίζεσθαι *berühmt werden*). III 44,17; 146,2.

γνώρισμα I 230,20.

γνῶσις 1) *Erkenntnis* I 109,6. III 83,13; 92,5; 350,10. 2) *Kunde* I 177,13; 216,12; 335,13; 349,1; 458,22. 3) *Bekanntschaft* I 225,9 (ἐν γνώσει γίνεσθαί τινι); 311,19 (das *Wissen*); 340,16 (gnost. *Bekanntschaft / Bekehrung*). II 269,12. III 8,23 (ἡ θεία γνῶσις); 134,27 (οἱ τελευτῶντες πρὸ γνώσεως); 181,5; 191,11; 192,29; 202,6; 402,32. 4) im übrigen III 193,18; 470,15. 16 (οὐ κατὰ γνῶσίν τινα χρήσεως, οὐ κατὰ γνῶσιν κοινωνίας); 471,8 (ἡ περὶ τὴν παρθένον γνῶσις). — εἰς γνῶσιν ἥκειν I 170,13.

γνωστικός I 397,10; 447,2. II 5,10.

γνωστός I 345,30. II 91,8; 507,23.

γόης I 127,19; 163,7; 178,14; 219,23; 238,6; 239,24; 241,20; 244,18; 249,1; 251,3; 256,23; 259,12; 343,11; 457,23; 461,8. II 96,29; 188,18; 366,22. III 19,18; 22,13; 50,7; 81,5; 87,8.

γοητεία I 246,11. II 39,17; 57,21; 79,1. III 19,19; 31,3.

γοητεύω II 48,3.

γομόω III 51,17.

γονατίς II 513,15.

γονεύς I 126,11; 127,11; 370,3.

γονή I 80,3; 270,2; 297,2; 459,3. II 80,22;
198,25 (*Samen*); 200,3.

γόνιμος I 195,15.

γόνος III 510,18.

γόνυ II 285,20 (γονάτοις).

γονυκλισία II 150,23. III 525,17.

γράμμα 1) Sg. *Buchstabe* I 338,2.
II 253,16. III 35,3. 2) Sg. *Buch* I 297,9.
3) Pl. *Brief* I 6,25; 7,8; 170,26; 347,18;
463,28. 4) Pl. *Wissenschaft* I 185,8.
III 20,11.

γραμματεύς III 522,18.

γραμματικός I 185,5; 209,1. III 31,9;
92,9.

γράος III 478,28.

γραῦς III 20,12; 21,7; 479,27.

γραφεῖον I 290,19; 329,8 (im jüd.
Kanon γραφεῖα τὰ καλούμενα παρὰ
Ἰουδαίοις βιβλία). 15.

γραφή s. auch Bibel. I 169,21.

γραφικός I 375,30.

γράφω I 123,23 (*künstlerisch gestalten*).
III 151,14; 155,26; 448,30; 452,6.

γρηγορέω II 227,12 (ἐγρηγορότα).

γρηγόρησις I 210,22; 293,21.

γυμνάσιον I 365,18. II 107,14; 522,16.
III 153,18.

γυμνητεύω II 376,25.

γυμνός I 75,7; 345,14. II 285,18.
III 193,11.

γυμνόω III 469,1; 478,19.

γύμνωσις I 345,25. II 313,25. III 469,2.
3; 478,22.

γυναικάριον I 282,19; 286,10.

γυναικεῖος I 241,5; 281,20; 284,20;
290,3; 299,27. III 478,18; 512,2.

γυναικικός I 211,6.

γυναικωνῖτις III 478,32.

γύναιον I 239,24; 267,23; 281,4; 342,24;
459,13. III 17,19; 20,4; 72,27; 478,19.

γωνία I 247,1.

δαιμον‹ι›άω I 245,14; 134,12. II 75,28;
76,11.

δαιμονίζω I 387,26. III 74,26. 33; 75,3;
77,23; 78,3.

δαιμόνιον II 51,2; 221,22; 253,11.
III 84,8.

δαιμονιώδης I 169,16; 239,13. II 183,28.
III 178,7.

δαίμων I 123,13; 235,26 (von den
Karpokratianern); 293,4 (weiblicher
Dämon – μία δαίμων – bei den
Gnostikern); 441,13 (δαίμων *böser
Geist*). III 12,18 (τῆς τοῦ δαίμονος
ἐμβροντήσεως); 131,22 (προσκυνῶν ...
δαίμονας); 477,5; 484,7.

δάκνω, δηχθεὶς τὴν φρένα I 6,24; 128,15;
155,13; 348,8; 356,11. II 199,1 (δάκοι);
241,9; 337,13. III 13,17; 229,30.

δάκρυον, τό I 230,19. II 243,7.

δακρύω I 42,30; 48,13. III 148,26.

δακτύλιος II 376,16.

δακτυλοδεικτέω I 128,10.

δάκτυλος I 282,10; 462,11. II 239,14.

δαλματική I 167,16; 209,15.

δαμάζω II 519,9. III 40,22; 92,6.

δανείζω I 255,20.

δανειστής II 104,7. III 88,20.

δαπανάω I 186,15. III 94,29.

δάσος I 274,11.

δασύς III 511,1. 3.

δαψίλεια III 182,21.

δαψιλής I 280,18. III 335,26. — δαψιλῶς
I 361,20. III 89,28.

δέδ(οικα) (-ια) I 44,17 (δεδιέναι);
169,10; 202,23; 245,5 (δέδιεν); 305,9
(δέδια); 322,8. II 60,16; 246,8; 249,12
(δεδιότες). III 73,25; 81,2; 296,28;
348,3; 366,14.

δέησις III 146,3; 247,20.

δεῖ I 26,4; 46,3; 48,11. III 1,6; 17,12.

δείδω II 403,18 (δείσας).

δείκνυμι I 9,9; 55,20; 133,11; 293,19.
II 97,2 (ἀναδείκνυμι etwas *vorbringen,
beitragen*). III 100,8 (ἐδείξαμεν, ὅτι);
139,14; 165,9; 331,9. — δεικνύς I 82,21;
91,7; 120,6; 121,11; 199,19; 263,10;
370,26; 378,12; 462,21. II 156,15.
III 122,2. — δείκνυσθαι m. Part. =
δοκεῖν I 175,7. — δείκνυσι I 116,2;
133,1; 293,24. — δείκνυσιν ὅτι *sagt er,
daß* II 265,25. III 76,22. — δείκνυται
1) m. Part. II 273,17. 2) *es ist offenbar,
daß* I 379,6; 437,14; 460,9. III 427,13.
— ἐδείκνυε I 55,15; 75,8. III 422,11;
518,19. — ἐδείκνυον I 155,7; 195,25.
III 259,27.
δεικτέον III 181,10.
δεικτικός I 20,4. II 156,6.
δείλαιος III 17,28.
δειλιάω I 436,11. III 155,10.
δειλινός III 429,24.
δειλός I 44,3. III 402,23.
δεῖνα I 290,5. II 521,16.
δεινοποίησις III 22,5.
δεινός I 144,15; 171,17. 24; 217,20;
218,6; 257,5; 282,4. 14; 297,6;
299,24; 300,12; 320,22; 333,12;
348,1; 355,15; 356,9; 366,15 f.; 369,9.
II 43,7; 61,24; 157,23; 227,13; 240,1.
15; 249,25; 344,8. III 16,6; 18,6;
19,19; 171,19; 174,31; 195,1; 228,28;
248,1; 332,8; 467,14. — δεινῶς
I 61,5. II 118,2; 227,13. III 233,19;
344,17; 414,17.
δεινότης I 23,12. II 515,6. III 41,18;
124,22; 218,30; 417,11.
δεισιδαιμονία I 157,5; 163,3; 185,17;
188,10; 275,16. II 500,6.
δεισιδαίμων m. Gen. II 396,7
(δεισιδαίμονας τῶν εἰδώλων).
δεκαετία I 210,13.
δεκάς *die Zehnzahl* I 192,25. III 500,14.

δεκάτωσις I 211,2. II 246,13.
δελεάζω I 238,9; 298,13; 304,16.
III 109,27; 191,13; 344,23.
δέλεαρ I 298,4. III 81,23; 118,25;
297,13.
δελεασμός III 221,22.
δέμας II 411,6.
δένδρον I 116,17; 217,2. II 130,22.
III 27,4; 29,22; 99,28; 100,26ff. —
δένδρεσι I 79,19; 286,7. II 374,7.
III 116,9; 316,15. — δένδροις I 117,1.
δεξιά III 296,8.
δεξιός I 176,8; 221,1 (bei Elxai τὸ ὕδωρ
εἶναι δεξιόν); 272,12; 273,4 (δεξιά
und ἀριστερά = φῶς und σκότος bei
den Nikolaiten).
δεξιόω III 142,13.
δεξίωσις III 150,26.
δέομαι I 149,22. II 94,19. III 142,17;
332,33; 339,5; 390,15; 391,7. 10.
δέρμα I 74,14. II 504,9. III 33,11.
δερμάτινος I 74,7. 8. 9.
δεσμεύω III 124,3.
δεσμέω I 438,11.
δέσμιος II 521,2.
δεσμός I 378,12; 381,14. III 81,10;
82,10.
δεσμωτήριον III 23,4; 24,18; 81,14;
89,16; 141,9; 484,2.
δεσπόζω I 184,16. II 131,25; 134,4.
III 192,9; 204,28; 374,31; 406,2;
502,33.
δεσποτεία I 69,20. II 384,17 (*auctoritas*);
349,23 (Eigenschaft der Gottheit).
III 42,10; 97,13; 374,10.
δεσπότης 1) I 26,2; 69,19; 97,21. III 22,9;
97,13; 121,3. 2) als Höflichkeitsanrede
I 3,7 (τῷ δεσπότῃ μου τῆς ψυχῆς).
3) für Gott; für Christus s. auch
Christologie. I 56,29; 80,5; 169,6. 18;
170,6; 199,17; 265,6; 288,27. II 42,17;

49,20; 67,8; 80,18; 188,20; 364,8;
371,17; 380,5 (ὁ τῶν ὅλων δεσπότης).
III 109,16; 159,21; 191,18; 317,6;
338,30; 483,22; 489,15.
δεῦρο I 216,23 (ἄχρι τῆς δεῦρο); 238,4
(ἀπό ... καὶ δεῦρο). II 301,7 (ἄχρι τῆς
δεῦρο). III 1,7. 8; 137,7; 146,14; 152,1;
226,22.
δευτερεύω III 141,12.
δευτερογαμέω II 381,19.
δευτερόγαμος III 522,11.
δευτερολογέω III 399,30.
δεύτερος, ἐν δευτέρῳ τίθεσθαι I 6,11;
116,2. III 361,8.
δευτερόω *wiederholen* I 190,3. II 146,27.
III 215,8; 218,23.
δευτέρωσις 1) I 14,23; 206,8; 209,29.
2) Mischna I 209,29; 459,26.
δευτερωτής I 167,4; 209,1.
δέχομαι 1) I 8,16; 44,5; 80,3; 180,3;
195,10; 236,25; 281,4. III 86,8; 133,25;
134,27; 189,17; 227,18; 251,5; 254,17.
2) in die Kirchengemeinschaft *aufnehmen*
I 22,17. II 96,18. III 142,17; 155,25.
3) als gültig *anerkennen*, von kanonischen
Büchern II 250,20. 22f.; 251,1.
δέω *binden* II 358,23.
δῆγμα I 171,20. 25; 320,5; 321,6; 382,14.
II 50,8; 59,10; 208,1; 210,6. III 456,2.
δῆθεν 1) vorangestellt I 63,13; 167,9;
199,11; 207,14; 218,5; 219,20; 239,25;
246,8; 249,12; 264,11; 278,1; 280,15;
281,7; 303,19; 315,10; 329,4; 332,5;
335,3; 352,4; 364,18; 375,20. II 39,19;
212,10; 239,15; 366,25. III 4,4; 10,3;
146,5; 235,13; 255,12; 268,5. 8. 11;
433,9; 473,23; 486,21. 2) nachgestellt
I 22,23; 42,21; 74,13; 200,14; 209,3;
210,15; 220,8; 221,16; 236,21; 242,3;
256,24; 269,11; 292,11; 293,15; 326,17;
342,17; 346,14; 350,6; 351,22; 353,16;

354,12. II 44,15; 45,22; 52,21; 81,9;
82,10; 98,1. 20; 145,8; 150,5; 240,4;
410,8. III 297,4; 302,20; 344,12;
428,30; 485,10; 486,2. 3) im übrigen
III 15,3; 21,5; 35,5; 116,10; 133,9;
134,25; 231,24; 235,13.
δηλαδή I 120,15.
δηλητήριον I 155,12; 171,19; 239,16;
313,1; 320,6; 366,17; 382,14. II 44,2;
65,12; 81,27; 196,6; 337,12. III 12,24;
13,23; 154,20; 156,9; 164,14; 212,6;
254,4; 301,28; 416,7; 484,17.
δηλητήριος I 223,15; 317,16; 450,11.
δῆλον I 201,16 (ὡς). II 127,15
(= δηλονότι).
δηλονότι I 24,24; 45,5; 75,10; 101,20;
273,19. III 221,15; 225,8.
δῆλος I 213,4; 291,23 (εἰς τὸ δῆλον
καθίστημι); 366,6; 367,11; 459,22;
461,2. II 180,6; 184,15. III 84,25;
101,8; 154,2; 187,2; 254,24.
δηλόω I 22,32; 23,31; 81,21; 155,11;
171,5; 190,2 (περί τινος); 200,6;
209,19; 255,19; 280,4; 359,15. II 52,15;
107,4; 189,7; 194,11; 257,24; 259,19;
273,10 (δηλοῦται = δῆλόν ἐστιν); 282,1
(*angeben*); 512,16. III 75,1; 130,8; 171,5;
172,10; 187,6; 205,22; 216,25; 225,15;
311,5; 342,8; 350,1. 4. 10; 409,3.
δηλωτικός I 12,18. III 139,23; 222,9.
δημηγορέω II 227,9.
δημιουργέω II 48,25. 26; 49,27; 185,24;
191,12. 15. III 12,3; 49,12; 199,2;
398,21; 403,17.
δημιούργημα I 184,20.
δημιουργία I 24,6; 253,11. II 103,15;
185,21; 188,17. III 12,2; 40,8; 42,21;
253,1. 24.
δημιουργικός III 391,21; 405,14.
δημιουργός 1) II 510,30. 2) von Gott
I 131,15 (ὁ τῶν ὅλων δημιουργός);

184,14. 15. 17; 253,22. II 80,19;
88,5; 107,3; 131,24; 132,19; 165,13;
186,5; 188,17; 195,14f. III 42,17;
167,6; 199,13. 16; 384,25; 453,26.
3) gnost. I 312,26. 27. 30; 389,1 (bei
den Valentinianern: hier – nach Epiph.
– gleichgesetzt mit dem Ὑστέρημα,
dem Παντοκράτωρ und der Ὀγδοάς).
389,3 (er ist bei den Valentinianern der
Vater des Ἰησοῦς, des unteren Christus,
er steigt aber immer über ihn hinaus,
um Seelen ins Πλήρωμα zu führen).
II 46,9 (Heracleon); 48,7. 24; 91,8;
92,2; 97,5; 185,21; 187,19 (Lukian der
Marcionit).

δῆμος III 341,10.

δημοσίᾳ adv. III 31,5; 156,27; 312,20;
509,15.

δημοσιεύω III 520,21.

δημόσιος I 347,29.

δήπουθεν I 333,18. III 74,5.

δῆτα I 368,11.

διαβαίνω I 288,4. II 261,25.

διαβάλλω II 2,18; 48,20; 366,20; 372,10;
404,3.   III 231,11; 334,3; 341,12;
432,31; 433,20.

διαβαστάζω II 366,16; 368,13; 369,1.

διαβεβαιόω I 111,2; 168,10; 255,9; 330,4.
II 72,12; 80,12; 355,9; 379,19. III 1,6;
2,8; 230,15; 232,4; 268,26; 414,8; 449,3;
462,18; 515,31.

διαβίωσις I 256,21.

διαβολή I 268,13.   III 72,12; 102,24;
333,30.

διαβολικός I 262,5; 342,18. II 71,16;
216,12. III 10,2; 162,4; 348,6; 473,15;
479,8.

διάβολος, vgl. auch σατανᾶς und ὁ
πονηρός, ὁ ἐχθρός I 25,5; 30,20;
33,21; 47,17; 95,12; 267,21; 272,13;
277,17; 278,13; 279,9; 281,23; 296,9;

297,10; 298,10; 299,1; 307,10 (der
Διάβολος bei den Karpokratianern einer
der weltschöpferischen Engel); 353,14.
II 51,18; 52,21. 26; 53,6; 56,5ff.;
61,20; 66,11; 78,20; 85,15 (nach den
Archontikern Sohn des Sabaoth, der auf
der Welt aber ihm Widerstand leistet).
20 (der Teufel hat aus Eva den Abel
und Kain erzeugt; dies bewiesen aus Joh
8,44); 86,23; 97,5 (nach Marcion die
dritte ἀρχή); 199,18 (nach Severus ist er
Sohn des Jaldabaoth oder Sabaoth). 18ff.;
201,19; 215,14; 216,1 (die Enkratiten
erklären ihn für eine selbständige Macht
neben Gott). 7; 217,7; 249,18; 250,7.
III 10,2; 18,5; 39,13; 48,10; 53,2;
100,7; 101,6; 177,12; 333,6; 437,13. 33;
453,30; 456,25; 479,9.

διαγγέλλω III 116,19.

διαγινώσκω II 107,11. III 24,10.

διαγορεύω I 54,16; 96,1; 233,12; 285,18.

διαγράφω I 123,20; 155,6. 15; 163,6;
221,6. III 479,11.

διάγω I 338,23. II 170,5. III 21,14;
237,12.

διαγωγή I 195,19. II 314,19. III 230,5.

διαδέχομαι intrans. I 228,19. — ἀπό
τινος II 512,21. — τί erben I 71,9;
176,13; 189,8; 309,4. II 261,11.
III 143,12; 151,2. 13. — τινά nachfolgen
I 235,17; 321,16; 342,1; 357,25.
II 44,11; 90,9; 189,15; 215,2. III 2,13.
— καθεξῆς διαδέχεται III 140,24;
152,15.

διάδημα I 323,18; 324,2.

διαδιδράσκω I 171,17; 288,6; 340,25.
III 228,26.

διαδίδωμι I 17,22. III 22,5.

διαδοχή I 69,3. 4; 155,21; 157,20;
176,17; 178,11; 194,3; 198,2; 225,13;
244,4; 310,6; 322,5; 367,19; 439,4.

II 75,3; 276,4.   III 15,9; 20,9; 44,14;
120,2; 415,25; 501,6; 503,32.

διάδοχος   I 178,4;   264,19;   439,4.
III 22,10; 124,4; 143,11; 151,29; 152,17;
162,15; 229,16; 297,24; 413,33.

διαζεύγνυμι I 357,21.

διαζώννυμι III 215,14.

διάθεσις   II 185,25   (Verfügung).
III 416,16; 477,12; 491,9; 493,32.

διαθήκη s. auch Bibel. III 78,31; 199,24;
495,8; 501,24; 525,29.

διαίρεσις   I 161,10; 461,6.   III 81,8;
122,13; 181,5; 225,29; 233,25; 241,15;
243,9; 249,4; 251,6; 255,10; 259,28;
364,3; 368,31; 379,25; 416,24.

διαιρέτης I 462,12.

διαιρέω   I 32,26; 33,4; 37,5; 136,17;
144,26; 156,28; 157,7; 159,14; 161,22;
188,6; 231,16; 258,12; 264,5; 459,19;
461,7;   463,13.   II 42,26. 29; 75,4;
137,22; 179,22; 231,6; 241,22; 394,29;
515,12.   III 11,34; 48,17;   80,14;
99,24; 105,19; 122,13; 124,30; 125,1;
126,11; 143,6; 179,10; 249,7; 268,16;
296,11; 301,24; 302,1. 2; 404,30;
451,20; 461,33; 462,25; 467,27; 468,7;
496,17.

διαίρω III 33,5.

δίαιτα II 313,15. III 474,32.

διαιωνίζω II 160,17; 454,13.

διακάμπτω II 377,11.

διακατοχή III 126,9.

διάκειμαι   I 110,13; 209,6 (ἐπί τι).
III 235,1; 456,24.

διακονέω I 82,13. III 121,33; 478,31.

διακονία   *Diakonenamt*   I 87,2.
III 141,27.

διακόνισσα   III 478,16 (διακονισσῶν
τάγμα); 478,27; 522,18.

διάκονος I 239,3; 267,14 (von Nicolaus);
346,16.   II 367,10. 18.   III 231,20;

250,24; 265,12; 336,26 (ἄνευ διακόνου
ἐπίσκοπον ἀδύνατον εἶναι. ‹διὸ› καὶ
ἐπεμελήσατο ὁ ἅγιος ἀπόστολος
διακόνους εἶναι τῷ ἐπισκόπῳ διὰ τὴν
ὑπηρεσίαν); 478,30; 522,13.

διακορεύω I 271,9.

διακοσμέω III 311,11.

διακόσμησις II 464,14. III 374,1; 385,3;
406,6.

διακρίνω I 37,4; 187,2. II 73,10; 394,12.
III 16,11; 97,29; 259,7; 389,9.

διάκρισις   I 89,26 (διάκρισις   τῶν
πνευμάτων); 171,10; 201,6; 437,2;
439,26. II 42,27. III 40,3; 413,9. 17.

διακριτής I 96,7.

διακριτικός I 96,9.

διακυβερνητικός III 438,10.

διαλαμβάνω περί τινος   II 252,27.
III 39,13; 98,4; 136,7; 169,20; 178,9;
216,1; 235,5; 241,11; 328,23; 376,30;
386,3; 410,33; 493,8; 496,16.

διαλανθάνω I 195,22.

διαλέγομαι 1) trans. I 273,13; 339,13;
375,1.   II 400,4.   III 24,8; 268,13;
313,24; 388,8; 436,13.   2) intrans.
I 462,15.   II 147,27; 276,9; 295,5;
337,10.   III 10,27; 20,12; 21,2. 15;
32,11; 33,2; 76,2; 221,9; 350,27; 413,12;
476,20.

διαλείπω I 14,18; 146,14; 246,12; 323,8.
10. II 392,14; 413,5.   III 19,3; 95,13;
109,17; 153,14; 193,6; 201,22; 218,22;
312,26; 313,21; 333,28; 334,18; 350,14;
368,30; 407,11.

διαλεκτική III 341,33; 437,28.

διαλεκτικός   III 218,32; 351,15; 361,7;
386,1; 399,2; 410,34. — διαλεκτικῶς
III 351,14.

διάλεκτος I 7,16; 104,16; 171,4; 221,15;
277,5; 325,23; 338,4. II 286,9; 338,8.
III 216,11. 14.

διάλεξις *Auseinandersetzung* I 331,25.
III 250,15. 17; 351,20; 361,26.
διαληπτέον I 175,9. III 219,21.
διαληπτικός I 63,25. III 390,11.
διαλλαγή III 247,3.
διαλλάττω I 246,12; 313,14. II 50,18;
205,6; 235,17. III 10,14; 36,16; 103,25;
154,26; 167,21; 192,4. 17; 208,22; 210,12;
211,34; 219,14. 15; 238,21. 22; 246,4;
255,22; 334,27; 347,6; 365,2; 515,28.
διαλογή I 227,1. II 224,11; 342,11;
509,2. III 187,15; 227,10; 267,16;
332,21; 350,22; 431,11; 495,20.
διαλογισμός III 350,22.
διάλογος II 323,20.
διάλυσις III 215,23.
διαλύω I 223,13; 369,8. II 193,7. 18;
397,27. III 149,8; 178,22; 199,21;
248,16; 456,13; 467,8.
διαμαρτάνω I 323,22.
διαμάχομαι III 242,18.
διαμένω I 44,23; 347,23. III 174,24;
393,33; 437,31; 456,17; 460,23.
διαμερίζω I 134,8; 136,15; 141,6; 164,7;
180,7.
διαμφής II 200,9.
διαναπαύομαι III 525,6.
διανέμω I 176,5; 177,6. II 102,3.
III 402,6.
διάνηξις II 366,13.
διανήχομαι I 320,24. III 345,1; 496,19;
497,15.
διανίστημι I 181,14.
διανοέομαι I 22,31; 27,5; 30,13; 32,7;
51,10; 52,19; 56,17. 18; 96,21; 97,25. 28;
310,1; 339,2; 351,12; 435,26. II 56,2;
67,14; 137,20; 158,2; 228,11; 259,20;
267,24. 26; 270,2; 287,18. III 13,14;
17,26; 24,3; 25,7; 39,3; 42,26; 77,22;
82,31; 91,25; 101,5; 136,23; 173,23;
174,4. 11; 180,13; 200,17; 203,28;

211,27. 30; 225,6; 227,13; 249,13;
251,23; 259,9; 378,7; 406,14; 434,5;
439,17; 443,5; 453,3; 486,23.
διανόημα I 49,21; 77,7; 94,5; 122,1;
387,26. II 52,30; 175,20; 227,26;
256,17. III 81,2; 91,28; 100,6; 215,33;
377,2; 452,26; 456,25.
διανόησις III 176,26.
διανοητικός III 236,12.
διάνοια 1) *Gedanke, Denken, Meinung*
I 11,25. 26; 18,12; 56,5. 16; 63,4; 97,9;
105,5; 116,16; 123,10; 124,9; 172,9;
177,16; 197,15; 213,8; 216,19; 273,25;
279,7; 294,2; 384,19; 389,26. II 52,18;
78,19; 166,10; 167,4; 204,9 (διανοία
περιπεσών); 243,16; 246,5. 2) *Sinn,
Gesinnung* I 28,25; 37,19; 124,2; 184,22;
239,12; 303,20; 341,16; 355,16. 18;
449,7. II 41,24; 48,16; 61,8; 67,7; 86,22;
96,13; 124,14; 207,25; 237,8; 255,14;
276,3. 3) *Sinn, Bedeutung* I 36,16;
296,23. 4) im übrigen III 3,6; 6,16; 18,4.
7; 22,3; 38,14; 49,7; 76,1. 8; 81,16; 96,9;
99,27; 103,29; 104,13. 14; 112,16. 20.
30; 115,6; 120,2; 133,22; 136,19; 144,19;
178,20. 32; 179,24; 187,22; 188,2;
191,26; 201,2; 216,2; 219,30; 226,28;
227,14; 228,29; 250,18; 253,9; 297,15;
333,15; 351,6; 429,10; 440,14; 479,9.
διανοίγω II 173,15; 393,21.
διανύω II 407,3; 409,2.
διαπεζεύω III 497,15.
διαπέμπομαι I 343,2.
διαπεραίωσις I 135,13.
διαπερασμός III 37,5.
διαπεράω I 67,20; 237,2. II 384,21f.
III 215,32; 337,3; 496,2.
διαπίπτω I 291,24; 323,4; 460,31.
II 71,5; 134,22; 166,10; 198,4; 206,10;
230,11; 237,7; 238,18; 247,5; 248,2;
308,19; 333,11; 394,3. III 40,27; 86,19;

101,12. 22; 109,12; 119,3; 198,14;
200,29; 201,30; 219,30; 236,30. 31;
237,19. 20; 241,29; 244,3; 310,21;
332,31; 338,18; 348,24.

διαπλέω II 61,3.

διαπραγματεύομαι II 163,25.

διάπραξις I 303,5.

διαπράττομαι I 334,15.

διαπρέπω I 268,11; 342,21. II 94,24;
213,1. III 25,4.

διαρθρόω I 51,2.

διαρκέω I 162,6; 188,22; 189,17; 225,14;
316,21; 323,9; 366,3; 370,16; 372,11.
II 289,6; 338,11. III 430,14.

διαρκῶς II 72,3.

διαρπάζω III 124,26; 203,3.

διαρρήγνυμι I 345,15. III 267,21.

διαρρήδην I 95,27; 103,14; 203,1; 220,5;
253,25; 359,8. II 68,28; 201,27; 377,23.
III 90,22; 401,10; 466,27.

διασαφέω I 196,21.

διασκεδάζω II 400,21.

διασκεδάννυμι I 176,4; 227,15. II 43,5;
78,5. 19 (τί τινος). III 255,3; 476,26.

διασκέπτομαι II 522,10 (διασκέψομαι).
III 472,2 (διασκεψώμεθα).

διασκοπέω I 169,9; 171,1; 300,16;
438,22; 447,15. 21. II 44,7; 186,22;
202,21; 314,20; 323,24; 380,4 (m. Inf.).
III 39,5; 136,19; 218,10; 249,4; 267,19.
27; 338,1; 474,19; 477,4.

διασκορπίζω I 7,23; 223,13. II 256,7;
260,2. 4. III 154,10.

διασπαράττω I 195,16.

διασπάω I 129,8. III 111,5; 296,22.

διασπείρω I 204,6; 367,3. II 78,3.

διάστασις I 78,15. II 270,14. III 37,15;
179,8; 249,5; 364,7; 369,1; 370,10;
434,19. 22; 437,12.

διαστέλλω I 94,9; 181,17; 190,22.
II 247,2. III 189,10; 377,16.

διάστημα I 376,13. II 145,26f.; 261,1;
268,23; 377,12. III 84,4; 87,19; 142,13;
219,32; 489,24; 501,16.

διαστολεύς III 376,29.

διαστολή I 190,17. II 405,8. III 385,21.

διαστρέφω I 51,22; 368,6. II 103,25;
125,14; 172,4. III 76,1; 90,22; 178,20.
— διεστραμμένως II 178,21.

διαστροφεύς III 203,25.

διαστροφή II 215,8.

διαστρόφως II 182,5.

διασφαγή II 377,9.

διασώζω I 447,18. II 196,18.

διαταγή I 141,9. II 376,17.

διάταξις I 197,19. II 148,25; 384,9.
17 (θεοῦ διάταξις); 401,23; 402,16
(εὐαγγελικὴν διάταξιν). III 167,6;
242,24 (ἡ τῶν ἀποστόλων διάταξις);
243,2. 10; 244,17; 245,17; 247,6. 7.

διατάσσομαι I 189,16. II 170,29;
231,16; 368,4; 385,7. 9. III 375,5;
493,26; 494,9. 10.

διατείνω II 388,12.

διατελέω I 73,11; 104,13; 190,2;
268,13; 304,14; 326,10; 437,22.
II 207,13; 231,14; 285,6; 302,4.
III 23,8; 96,26; 132,8; 160,17; 237,10;
346,14; 459,6. 13; 466,23; 478,1;
510,21; 524,30.

διατέμνω I 68,8. III 83,27.

διατηρέω II 304,11. III 428,23; 439,32.

διατήρησις II 74,10.

διατίθημι II 358,21 (trans. διατίθεσθαί
τινά τινι). III 23,7; 115,5; 128,26;
341,11. 25; 520,20.

διατρανόω I 63,21.

διατρέφομαι III 234,2.

διατριβή I 185,4; 256,9.

διατρίβω I 181,22; 225,2; 248,1; 313,18;
330,11; 335,10; 340,14; 344,25; 345,24;
382,1. II 204,9; 264,1; 271,6; 277,14;

318,6. III 19,22; 22,7; 143,27; 144,2;
155,18; 247,27.
διατυπόω III 454,27.
διαυγάζω I 122,1.
διαυγής III 202,29.
διαφανής I 201,7; 215,23; 339,21. II 82,5;
94,13; 404,14. III 27,18; 148,19; 233,4;
467,10. — διαφανῶς I 333,11.
διαφέρομαι *sich unterscheiden* I 166,24;
173,19; 198,10; 235,7; 237,12; 301,13.
II 139,10. III 21,9; 117,10; 128,18;
160,26; 166,31; 181,27; 239,30; 296,21;
350,18; 365,1. 14; 376,6; 405,34; 408,2;
447,8. — πρός τινα/τι I 203,20;
222,18; 234,12; 329,18; 335,16; 441,10;
445,1 (πρός τινα εἴς τι). II 1,10 (πρός
τι κατά τι); 213,1. III 81,6; 230,14;
242,16; 296,4; 510,12. — τινί I 205,14;
334,11. II 92,15f.; 142,16. III 237,11;
464,15. — οὐδὲν διαφέρει I 320,19.
II 243,10. III 166,31; 181,27; 239,30;
350,18; 408,2; 447,8. — πῶς διαφέρει
II 359,15.
διαφεύγω I 219,3.
διαφημίζω I 345,9. III 230,17.
διαφθείρω II 314,17.
διαφθορά I 77,16.
διαφορά I 122,28; 165,4; 170,7; 206,20;
216,7; 382,19; 383,12; 437,3; 442,3.
II 62,18; 149,22; 182,19; 226,7; 243,15.
III 77,13; 128,20; 365,12; 376,18;
433,11; 504,26; 511,5.
διάφορος I 87,19; 167,11; 188,17
(διαφορώτερος); 190,29; 196,24; 198,6;
212,29; 241,6; 243,6; 269,11; 272,6;
280,11; 303,5; 333,10; 378,1; 381,28;
436,3. II 62,21; 75,3; 129,4; 217,4.
III 16,10; 34,9; 36,18; 73,9; 128,21;
141,27; 231,18 (διαφορώτερος); 237,7
(διαφερέστερος); 344,3; 350,34; 408,6;
413,4; 510,1. — διαφόρως I 90,23;

93,14; 275,2; 277,2; 439,18. II 168,13;
333,22 (*eigentümlich*). III 161,3; 195,2;
242,9; 296,20; 313,1; 434,9; 484,26.
διαφυλάσσω II 77,16. III 457,7.
διαφωνέω I 203,22 (πρός τινα); 255,14.
II 297,15. III 247,1.
διαφωνία I 255,24. II 50,19; 238,12;
291,24. III 78,1; 247,16; 370,26.
διαχαράσσω III 454,27.
διαχειρίζομαι III 33,7.
διαχέω II 518,22. III 17,5.
διαχράομαι III 455,6.
διάχρυσος II 285,19.
διγαμία II 372,21.
δίγαμος vgl. Sachregister Theologie s.v.
Ehe II 213,15; 366,9; 376,26.
δίδαγμα I 170,16; 172,3; 271,5; 277,1;
436,1. II 71,15; 249,26. III 477,5;
496,16; 504,20.
διδασκαλεῖον I 318,17; 374,12. II 94,1;
204,5; 206,3; 509,1. III 72,10; 139,30.
διδασκαλία 1) I 76,9; 77,7; 146,11;
155,19; 156,4. 8. 22; 157,21; 174,15;
184,10; 187,17; 208,1; 210,6; 226,11;
232,12; 233,9; 246,13; 256,4. 22; 262,23;
264,8; 267,10; 294,13; 299,16; 304,9;
313,1. 14; 319,8; 320,9; 342,27; 351,7;
359,10; 361,18; 365,27; 377,26; 381,8;
382,15; 383,20; 384,23; 386,21; 398,10.
11; 439,2; 447,18; 450,13; 459,14; 464,3.
II 37,24; 43,11; 45,6; 47,21; 50,10; 60,5;
62,2; 72,13; 80,4; 93,15; 106,5; 125,6;
129,12; 131,4; 143,21; 152,14; 162,21;
172,12; 179,24; 183,28; 195,30; 203,1;
224,10; 233,21; 250,11; 251,23; 252,2.
22; 292,18; 345,13; 367,4; 385,21; 401,6;
505,10; 522,9. III 10,5; 13,15; 19,11;
22,1; 31,11; 38,18; 42,6; 43,19; 44,18;
53,15; 72,11; 74,5; 82,12; 85,7; 89,18.
24; 102,17. 20; 105,25; 106,10; 118,19.
20; 177,8; 205,13; 268,7; 314,10; 342,5;

371,8; 407,28; 409,21; 411,4; 437,28; 452,28; 455,13; 473,16; 475,20; 497,14; 515,18. 2) von gnost. Lehre I 223,17; 262,23; 264,8; 320,20; 335,14; 436,11. II 80,11.

διδασκαλικός III 371,19.

διδάσκαλος 1) I 76,11; 91,26; 128,2. 8; 210,1; 245,11; 293,22; 448,6. II 45,5; 190,2. III 117,3. 5. 6; 308,19f. 2) vom christl. *Lehrer* I 342,27; 357,17. II 96,5 (πρεσβύτεροι καὶ διδάσκαλοι); 313,4 (ἀρχηγοὶ καὶ διδάσκαλοι). III 120,21; 138,27 (ὁ τῶν ἐθνῶν διδάσκαλος).

διδάσκω I 26,27; 31,30; 35,1; 49,29; 50,3; 82,8; 93,21; 102,17; 116,12; 122,4; 131,2; 146,13. 20; 165,11; 190,23; 192,10; 219,24; 234,5; 235,14. 24; 237,7; 261,13; 269,16; 274,1; 374,2. II 69,22; 72,12. III 50,3; 74,15; 83,6; 90,23; 94,2; 96,7; 154,3; 171,26; 205,13; 224,29; 225,8; 226,5; 251,3; 349,6; 440,24; 447,4; 461,20; 485,18; 488,21.

διδαχή I 49,27; 177,7. II 38,8. III 428,25.

δίδωμι 1) I 18,6; 61,9; 136,2. III 136,25; 195,5; 237,9. 2) *zugeben* I 99,1. II 191,10f. 3) m. Inf. II 267,24 (διανοηθῆναι ἡμῖν δίδωσιν). III 197,25.

διεγείρω I 6,1; 75,17; 92,10.

διείργω III 37,9bis. 12; 38,12.

διεκβολή I 181,10.

διελεγκτικῶς III 388,1.

διελέγχω I 27,10; 133,15; 264,20; 435,17; 441,13. II 105,17; 106,21; 186,22; 188,1; 197,7; 249,19; 251,18. 21; 308,2; 511,7. III 23,2; 98,5; 301,21; 344,8; 345,29; 351,15; 460,1; 475,23; 496,17.

διεξάγω I 364,4. III 199,6.

διέξειμι (zu εἶμι) 1) trans. I 174,9;

184,7; 319,3; 326,3; 367,17; 398,15; 435,15; 460,15. II 44,8; 164,29 (ψῆφον διεξερχ. κατά τινος); 165,4; 186,7; 240,14; 257,4; 413,6. III 78,26; 234,6; 267,18. 2) intrans. II 106,15; 366,19. III 414,18. — ἐπί τι *zu etwas übergehen* I 382,17. — κατά τινος I 363,21. — περί τινος I 320,23. II 207,27. III 135,22.

διέξοδος I 303,5. II 377,14.

διέπω II 404,4; 405,6.

διέρχομαι 1) trans. I 142,22; 156,3; 204,8; 260,17; 310,10; 346,22; 447,17; 459,7. II 50,12; 199,6; 291,20 (*im Geiste durchreisen*); 303,20. III 301,16; 521,10. 2) intrans. I 342,23. II 81,26; 198,22; 204,8; 226,25; 240,19. III 369,18; 497,13; 521,7. — εἴς τι I 383,4. III 17,8. — ἐπί τι I 267,11; 321,12. II 90,6. — κατά τινα III 143,17. — περί τινος II 262,7.

δίεσις II 102,22.

διετής II 259,19.

διετία II 288,7.

διευκρινέομαι III 286,27.

διηγέομαι I 22,14; 49,5; 54,1; 56,7; 189,4; 215,14; 237,6; 257,1; 277,12; 294,23; 315,24; 335,24; 336,4; 353,4; 360,20; 374,10. II 56,11; 77,30; 154,7; 208,6; 232,19 (*reden*). III 9,9; 74,15; 78,20; 81,23; 87,11; 91,8; 171,26; 196,23; 207,16; 210,16; 215,31; 241,12; 379,31; 411,33; 472,16; 480,20; 521,16. — περί τινος I 361,14. II 281,3; 303,19. III 77,23; 83,9; 92,13; 100,4; 102,14; 152,9; 193,27; 196,7; 204,14; 205,17; 252,21; 254,15; 311,21. — τί II 1,10; 199,11; 253,17; 254,26; 257,26; 276,12. III 78,12; 84,20; 102,16; 146,23; 186,11; 193,24; 208,29; 240,1; 255,20; 268,2; 310,12; 336,1; 345,22; 381,28.

διήγημα II 257,22. III 78,27; 97,27; 209,25; 216,27; 254,27; 412,6; 479,28.

διήγησις I 277,9; 279,16; 280,11; 322,11. II 62,14; 262,15; 275,22. III 3,1. 3; 13,18; 17,12; 97,2; 216,17; 494,30.

διημερεύω III 489,23.

διηνεκής II 329,26 (εἰς τὸ διηνεκές); 506,29. III 52,16; 167,10; 475,1; 524,10; 525,2. — διηνεκῶς II 313,24; 508,2.

διικνέομαι III 240,11.

διίστημι I 13,20. 24; 48,7; 130,6; 177,10; 248,4; 250,8. III 11,20; 182,7; 242,8; 329,24; 330,2; 495,14; 502,10.

διισχυρίζομαι I 16,29. II 128,19. III 234,22; 241,13; 244,7; 255,17; 455,11. 15.

δικάζω I 117,26; 212,23. II 140,22; 366,22. III 108,8; 114,3; 148,15. 25; 150,3.

δικαιοκρισία I 173,6. II 176,3; 520,6. III 127,10.

δικαιοπραγέω I 397,4.

δικαιοπραγία II 412,10. III 446,17.

δίκαιος I 52,5; 81,12; 92,8; 108,5; 116,9 (οἱ δίκαιοι die Heiligen); 135,23. II 69,20. 24; 101,6. 20. 21; 431,21; 481,2; 492,16. III 178,29; 194,25; 206,14; 301,27; 407,27; 479,4; 516,15. — δικαίως I 371,16; 447,2. II 50,6; 164,23; 274,20; 299,17; 312,11; 354,19. III 10,16; 11,2; 199,10; 453,25.

δικαιοσύνη I 22,23. II 72,10. III 100,24; 446,15.

δικαιόω m. Akk. II 312,10 (ἄξιον δικαιοῦν = κρίνειν). III 448,22.

δικαίωμα I 92,10. 11. 12; 167,7; 193,5. 15; 381,15. II 181,17; 330. 7; 405,9; 479,2. III 170,19; 205,3; 327,25. 26; 328,1.

δικαίωσις I 85,3. II 385,14. III 204,8; 445,5; 515,15.

δικαστήριον III 149,9. 27.

δικαστής II 101,17; 102,14. III 124,18.

δικαστικός III 404,12.

δίκεντρος II 363,6.

δικέφαλος I 226,26; 321,2. II 39,21; 44,6.

δίκη I 105,18 (δίκην δοῦναι); 178,7; 185,2 (δίκην τίνειν); 212,24; 318,20 (δίκην δοῦναι). II 366,24 (δίκην ποιεῖσθαι). III 33,17; 99,21; 128,7.

δίκην adv. I 43,24; 256,1; 274,21; 289,11; 297,13. II 307,3; 313,1. III 136,21; 485,13.

δίκταμνος II 249,1. 5.

δίκτυον III 111,4.

διοδεύω I 382,13.

διοικέω I 166,8; 184,5. II 188,25; 400,9. III 341,15.

διοίκησις kirchl. Verwaltung II 85,1. 4. III 141,17; 242,27; 245,22; 246,7; 490,21.

διόλλυμι II 71,4; 250,15. III 32,14.

διόλου cf. ὅλος III 417,23; 452,7.

διοπλίζομαι III 112,4.

διορατικός II 226,15 (ἡ διορατική sc. αἴσθησις).

διορθόω I 16,7; 117,16; 220,3. II 373,18 (Med.); 375,6. III 6,16; 191,15; 230,20; 242,7; 259,14; 267,24bis; 310,3; 334,12; 428,6; 435,20; 526,7.

διόρθωσις I 194,19; 279,14. II 207,7; 240,15; 380,7. III 94,28; 175,20; 229,30; 260,2; 365,12.

διορθωτής II 5,7.

διορίζω I 164,8; 180,14. II 102,32; 103,7. III 126,1. 6; 190,1; 222,30; 502,12.

διορισμός I 272,20.

διπλασιάζω I 34,7.

διπλόω I 192,6.

δισσολογέω I 194,28.

δισσολογία I 194,28.

διϲϲόϲ II 240,18 (διττούϲ).　III 42,29;
　343,8 (διττή). — διϲϲῶϲ I 141,1.
　II 146,28 (διττῶϲ).　III 222,22; 499,3
　(διττῶϲ).
διϲταγμόϲ I 371,22.　23;　379,14.
　III 480,25.
διϲτάζω I 32,4; 55,19; 126,11; 315,3. 25;
　345,17.　II 403,18.　III 155,10.
διϲτακτικόϲ III 268,20. — διϲτακτικῶϲ
　III 268,24.
διττόϲ s. διϲϲόϲ
διυπνίζω I 103,17.　II 129,25; 226,23.
δίφροϲ III 476,16.
διφυήϲ III 313,12.
δίχα II 384,13.
διχάζω I 187,1.　III 120,4.
διχόθεν III 97,4.
διχονοέω I 197,8.
διχόνοια I 197,9.　III 471,30.
δίψα I 42,22; 230,18.　II 39,7.　III 439,19.
διψάϲ II 38,30.
διψάω I 45,29.　II 61,2.
δίψοϲ III 497,16. 18 (ἐν δίψει).
διωγμόϲ I 22,16; 108,8; 110,18; 122,20;
　340,13; 380,12. II 60,21; 212,21; 298,17.
　III 2,4; 141,1. 5; 142,10; 151,18; 163,2;
　248,19; 334,12.
διώκτηϲ III 100,13.
διώκω I 12,9; 44,4; 102,28.　II 48,19;
　60,14; 81,15. III 100,13; 103,17; 163,17;
　226,34; 248,18; 302,25; 334,13.
διώνυμοϲ I 321,3.
δόγμα I 91,26 (εὐαγγελικῶν δογμάτων);
　166,11; 184,1; 200,17; 243,22 (Dogma);
　280,13 (von der Lehre der Gnostiker
　ξένοϲ τιϲ ... τοῦ αὐτῶν δόγματοϲ);
　320,24; 386,19; 439,16.　II 4,7; 52,14.
　25; 58,22; 143,13 (Gebot); 198,19;
　202,24; 212,8; 318,14; 344,18; 345,2.
　12; 414,8; 418,27.　III 24,8; 86,11;
　87,10; 343,29; 491,16; 494,20.

δογματίζω I 164,7. 18;　166,7;　168,10;
　184,3; 439,18.　II 2,14; 3,7; 4,8; 99,15;
　134,8;　187,7;　190,1;　194,18;　205,3;
　211,13;　213,1;　244,19;　318,14 (aktiv!
　ἐδογμάτιϲε δόγμα); 340,13; 344,11;
　414,8.　III 133,12; 231,12. 13.
δοκέω 1) I 6,24 (δοκεῖ μοι);　96,11;
　97,25;　197,10.　II 262,2 (δεδόχθαι).
　III 118,26;　133,13;　145,13;　153,15;
　155,4; 333,22; 399,30; 464,21; 472,10.
　2) glauben, meinen I 11,23.　II 124,13;
　147,8; 149,19 (Umschreibung eines verb.
　fin.). III 153,19; 297,30; 312,25; 438,13;
　462,2; 476,5. — δοκεῖν = esse II 313,8
　(εἰ δὲ δόξειε wenn es vorkommt).
δόκηϲιϲ I 51,6.　II 126,6; 128,10; 129,26;
　147,23;　151,15;　177,7;　341,16;　502,8.
　III 88,17;　197,26;　209,20;　461,22;
　471,17.
δοκήϲει I 17,4;　40,13;　42,31;　43,24;
　46,3;　94,31;　100,12;　231,6;　238,12;
　260,2;　370,9.　II 91,11;　125,22;　417,5
　(δοκηϲίϲοφοϲ).　III 1,13;　162,29;
　196,8; 199,18. — ἐν δοκήϲει I 371,13.
　II 341,12.　III 504,28.
δοκιμάζω I 7,9;　28,5;　32,22;　58,25.
　II 5,18;　84,3;　220,8;　223,15;　231,2;
　335,12.　III 12,20;　233,16;　345,31;
　413,11; 475,18.
δοκιμαϲτήϲ I 96,8.
δοκιμή I 275,4.
δοκίμιοϲ II 231,11.
δόκιμοϲ I 167,9.
δολερόϲ I 220,10.　II 90,3.
δολιεύω I 101,21; 102,6.　II 372,10.
δόλιοϲ I 354,9.　III 154,13; 297,12. —
　δολίωϲ I 101,18. 26.
δολιότηϲ II 501,2.　III 302,16.
δόλοϲ I 438,12.　II 501,9.
δόμα Abgabe II 289,14.　III 123,6; 503,5.
　7. 15.

δόξα 1) *Meinung* I 10,18; 170,7; 172,10; 189,1; 233,12. II 192,9. III 42,2; 346,11; 373,22; 504,30. 2) *Herrlichkeit (Verherrlichung), Gottheit* I 12,8; 14,12; 19,4; 34,26; 36,13; 92,3. 20; 254,24; 449,16. II 85,11; 201,11; 207,7; 392,4 (Gleichheit der δόξα in der Trinität). III 413,30; 430,19; 431,3; 468,13; 471,12; 474,31.

δοξάζω 1) *glauben* I 9,6; 75,20; 260,2. II 45,12; 213,22; 347,22. III 5,19; 412,23. 2) *meinen, als* etwas *hinstellen* I 61,7. 3) als Gott *verherrlichen* I 14,11; 18,14; 20,25; 24,19; 33,18; 34,23; 47,9; 91,23; 92,1; 269,2; 270,9. 16. II 2,1. 5. 8; 50,24; 51,3; 52,19. 26; 57,3. 10; 58,22; 72,9; 168,22; 230,26; 324,4. III 212,17; 388,22; 468,13; 476,11; 490,6. 4) nicht als Gott *verherrlichen* I 92,19. II 85,12; 230,26; 401,24.

δοξολογέω III 211,18; 241,9; 395,28; 401,5.

δοξολογία I 18,1. 12; 32,23. 24; 33,20; 47,9. 19; 231,15; 273,25; 288,21. II 85,11; 86,9; 151,6; 392,7. III 466,13.

δοξοποιέω III 90,13.

δορά I 321,5.

δορυφορέω III 441,7; 465,29.

δόσις II 65,12. III 386,32.

δοτήρ I 79,16; 88,6; 439,17.

δότης II 76,13; 218,30.

δοτικός III 386,31.

δουλεία II 502,25.

δουλεύω I 126,15; 225,5. III 180,21; 194,8 (τῶν τε αὐτῷ [sc. θεῷ] δουλευόντων).

δουλικός III 511,21.

δουλοπρεπής I 124,6.

δοῦλος 1) I 55,18; 123,30. III 74,7. 8; 408,10. 2) in der Trinitätslehre verwendet, als Gegensatz zu δεσπότης

I 37,20. III 225,31. — δοῦλος θεοῦ I 398,16 (Irenaeus). III 28,3. — θεοῦ δοῦλοι I 171,2. II 42,31; 138,31; 318,2 (= Märtyrer); 378,9 (= Christen); 509,18 (Christi). III 362,30; 378,25. — οἱ τοῦ κυρίου δοῦλοι I 149,26. — τοῦ Χριστοῦ I 30,10; 325,15; 347,6 (von Constantin); 365,23. II 158,25; 249,14; 321,27. III 411,2.

δουλόω I 55,17; 279,3. III 167,14; 441,21.

δοχεῖον I 79,10.

δράγμα II 304,25; 305,4.

δράκαινα I 382,5. II 62,9.

δρακοντοειδής I 187,7; 288,7; 366,16. II 3,23. — δρακοντοειδῶς I 186,18.

δράκων I 272,8; 313,3; 437,1. II 90,3.

δρᾶμα I 437,20. II 56,13.

δραματουργέω I 63,1; 248,18; 260,4; 444,8; 447,8; 458,30. II 48,1; 299,3. III 373,13; 382,30.

δραματούργημα I 313,1; 437,28. III 150,21.

δραματουργία I 260,4; 278,18. II 48,3; 61,18; 75,16; 193,9; 197,13; 218,14. III 267,31; 297,10; 344,12.

δράσσομαι II 305,4.

δράω I 107,11; 163,7; 185,3; 212,24. II 101,23; 366,17. III 23,5; 53,8.

δρέπανον II 305,6.

δρέπομαι I 103,18. III 345,32.

δριμύς II 311,16.

δρομαῖος III 28,24.

δρόμος II 248,8; 297,16; 365,27. III 51,19; 89,2; 243,25. 26; 245,26. 29. 30; 246,4; 522,2.

δρόσος I 80,3; 116,19.

δροῦγγος II 239,12 (μυκτήρ).

δρυΐνας III 13,6.

δρῦς I 216,23. III 13,7.

δυάς I 92,6; 384,26. III 99,24; 122,11.

δυϊκός III 365,15.

δύναμαι I 461,26; 463,11. II 128,27; 418,3; 508,9. III 164,19; 239,23. 28; 345,32.

δύναμις 1) *Sinn, Bedeutung* I 17,9; 28,12; 31,9; 41,6; 46,5. 26; 51,15; 52,15. 30; 54,14; 67,3; 155,10. II 228,9; 386,15. III 17,12; 106,10; 132,3; 138,5; 164,20; 169,19; 171,9; 174,30; 175,5; 196,14; 197,3; 225,12; 346,5. 2) *Kraft* I 241,9; 269,10. III 72,15. 3) *Macht* I 43,26; 44,5; 109,3. 5; 227,14; 245,27 (in der Trinitätslehre s. Sachregister Theologie). III 132,3. 4) *Machttat, Wundertat* I 314,8 (aus Irenaeus). 5) in der Trinität I 10,22 (τὴν μίαν ἑνότητα τῆς δυνάμεως); 15,23; 18,13; 88,22. 6) für eine göttliche Hypostase I 221,6 (Χριστόν τινα εἶναι δύναμιν). II 411,2 (δυνάμεις ἄνω). III 112,27. — κατὰ δύναμιν I 382,18. II 50,4. III 17,12; 309,21.

δυναστεία III 52,14; 162,1.

δυνάστης II 338,9.

δυνατός *mächtig* I 109,12; 117,17. 27. 28. II 148,8. III 82,2; 83,21; 103,20. 22; 238,5; 239,17. 21. 29; 387,15. 16. — δυνατόν *möglich* I 64,1. II 49,23. III 80,23; 470,25. — κατὰ τὸ δυνατόν I 76,26. III 249,8; 411,11; 491,2.

δύνω I 67,21; 68,8. 12; 103,15; 201,25. III 127,23.

δυσγενής I 184,25. III 89,6.

δυσθαλάττιος I 320,25. III 228,26; 496,22.

δύσις I 220,16; 343,8. III 126,6; 242,15.

δυσκολία III 36,7.

δυσνόητος II 124,24.

δυσοδμία I 275,11; 294,4; 305,11. II 48,18; 51,1; 83,28; 226,16. III 496,9.

δύσπλους II 62,4.

δυσσεβής III 18,9; 473,2.

δυσφημία III 332,20.

δυσφορέω III 22,1.

δυσχέρεια III 411,15.

δυσχερής I 109,15; 116,20; 121,10. II 187,9. III 12,21. — δυσχερῶς I 16,8.

δυσχωρία III 497,6.

δυσώδης I 294,7; 383,5. III 147,2; 160,23.

δυσωδία II 83,26.

δυσωπέω I 372,10.

δυσώπησις III 268,20.

δυτικός I 440,21. III 249,18.

δῶμα I 438,12. III 19,20. 21.

δωμάτιον III 21,5.

δωρεά I 13,21; 32,21; 316,7. II 148,27; 168,23; 277,4. III 32,9; 43,18; 99,3; 191,25; 204,25; 219,1; 228,24; 332,23; 385,2; 392,28; 410,31; 447,13.

δωρέομαι I 42,2; 67,9; 74,2; 169,23; 180,5; 323,7; 339,10; 370,11; 379,22. II 174,1; 227,21; 253,10; 259,8; 280,18; 330,7. III 137,29; 234,9; 235,23; 328,28; 386,31; 392,27; 480,10.

δώρημα I 64,18.

δωρητικός II 165,14.

δωρικῶς II 168,16.

δωροδοκέω I 127,20.

δῶρον I 42,3; 66,17; 89,21. II 329,26 (δῶρα προσφέρων *Opfergabe*). III 179,15; 385,7.

δωροφορία III 441,11.

ἔαρ I 214,10; 216,30.

ἐάω I 32,17; 41,5; 46,23; 118,31; 249,3. II 132,21; 138,21; 146,16; 175,31; 184,21; 268,3; 273,8 (χώραν ἐᾶν). III 38,14; 76,21; 109,2; 117,19; 362,1; 388,13; 434,17; 462,20; 466,12.

ἑβδομάς 1) I 378,1. II 248,4; 271,6; 302,3. 8. III 242,10. 11; 245,30. 2) die *Osterwoche* I 326,9 (ἑβδομάς ἡ ἁγία τῶν Πάσχων). III 245,11. 24; 523,22.

ἐγγενάω I 54,8; 131,9. III 44,17.

ἐγγίζω II 173,16. III 370,29.

ἐγγίνομαι I 96,8 (ἔν τινι).

ἔγγραπτος III 120,1.

ἔγγραφος II 77,10; 240,8. III 149,24; 150,30; 434,25. — ἐγγράφως III 149,19; 230,18; 340,5.

ἐγγύς I 54,1 (τὰ ἐγγύτερα). 2 (τοὺς ἐγγυτάτω); 109,7 (τινός); 133,7; 205,5. II 218,13. III 171,28; 458,18.

ἐγείρω I 105,9; 282,16; 369,6. II 200,12 (εἴς τι). III 95,3; 153,11; 454,19; 478,32.

ἐγκαθείργνυμι I 125,5 (ἐγκαθεῖρχθαι).

ἐγκάθετος I 195,9. 19; 197,7.

ἐγκαινισμός II 365,15.

ἐγκαλέω I 306,1; 345,10. II 43,7; 318,8. III 161,23; 221,18.

ἔγκατα III 197,28.

ἐγκαταδέω I 107,7. II 48,8.

ἐγκαταδέχομαι I 130,17.

ἐγκατάκλειστος III 81,18.

ἐγκαταλέγομαι I 191,6; 364,20. II 142,28.

ἐγκαταλείπω III 190,3; 212,28.

ἐγκαταμένω II 250,13.

ἐγκαταμίγνυμι I 282,7. II 48,9. 24; 189,6.

ἐγκαταπήγνυμι I 294,6.

ἐγκαταριθμέω I 267,20.

ἐγκατασπείρω I 282,2; 286,6.

ἐγκατατίθημι I 198,24.

ἐγκαταυγάζομαι I 124,11.

ἔγκειμαι I 157,1; 309,10. III 95,22; 106,9; 211,34; 220,24; 247,34; 362,14; 381,20; 521,2. 3.

ἐγκελεύομαι II 46,14.

ἐγκεντρισμός I 274,14.

ἐγκισσάω I 273,2; 389,23. II 51,13; 78,20; 349,3. III 10,2; 18,4; 144,12; 348,6; 467,14.

ἐγκίσσημα III 482,20.

ἐγκλείω III 81,11.

ἔγκλημα I 283,19; 342,11. II 212,23; 372,7; 375,9.

ἐγκληματικῶς I 143,7. III 102,16.

ἐγκοίλια II 383,9.

ἐγκοτέω I 346,18. II 298,17.

ἐγκράτεια I 130,13; 167,11. 19; 209,26; 210,14; 218,15; 274,6. 21; 335,1. II 133,12; 205,4; 216,8; 218,15; 231,12; 366,1 (als zweite Stufe nach der παρθενία: ὁ ἀπὸ παρθενίας παραπεσὼν δευτέραν τιμὴν τὴν ἐγκράτειαν ἔχει); 383,15; 384,9; 387,24; 503,3. III 101,3; 129,16; 138,10; 493,24; 522,1.

ἐγκρατεύομαι I 110,14; 164,7; 167,1; 206,1; 209,25; 268,1; 271,21. II 212,10; 231,14; 362,1; 367,18; 381,13. III 2,1; 432,6; 459,6; 522,10. 12. 15. 21.

ἐγκρατής (immer abgestuft gegen παρθένος) I 119,20 (οὐκ ἦν παρθένος, ἀλλ᾿ ἐγκρατὴς καὶ παιδοποιήσας τέκνα). II 313,6 (ἐγκρατεῖς ... καὶ παρθένοι). III 467,11.

ἐγκρατητικός II 205,7.

ἐγκυέω II 312,23.

ἐγκυκλεύω I 63,27.

ἐγκυκλητής I 124,11.

ἐγκύκλιος III 155,26; 159,26.

ἐγκυλινδέομαι III 131,24.

ἐγκυμονέω I 116,2; 228,1; 282,3; 300,7; 370,6. II 399,12. III 438,26; 447,24.

ἐγκυμόνησις II 399,23. III 441,5.

ἐγκυμονικός III 463,7.

ἐγκύμων II 276,14.

ἔγκυος I 56,21.

ἐγκύπτω III 81,3.

ἐγκωμιάζω I 352,11. III 78,14; 472,26; 495,29.

ἐγκώμιον I 326,3.

ἐγρήγορος III 105,32; 216,5.

ἐγρήγορσις II 227,9.

ἐγχειρέω Ι 303,21; 314,20.

ἐγχείρημα III 479,8.

ἐγχειρίζω III 144,8.

ἐγχωρέω Ι 169,8; 309,19. III 239,14. 25; 248,24; 430,6.

ἐδαφίζω II 239,1.

ἐδάφιον II 106,14; 124,23; 415,3.

ἔδαφος Ι 210,19.

ἔδεσμα Ι 106,20; 280,18. II 358,19. III 416,8.

ἔδνα III 502,5.

ἔδρα Ι 323,5.

ἑδραῖος II 190,7; 380,9. III 428,11.

ἑδραιόω Ι 111,6. II 172,4. III 188,2; 361,16.

ἑδραίωμα Ι 56,2; 76,26. II 330,6. III 340,12.

ἐδωδή Ι 290,13; 327,2; 353,1. II 84,1; 90,18; 149,4; 188,17; 503,18; 523,13. III 77,3; 96,19. 25; 136,24; 335,26.

ἐθάς Ι 342,3. III 17,24.

ἐθελοακρότης Ι 22,23.

ἐθελοδικαιοσύνη II 239,16. III 155,1.

ἐθελοδόκησις II 117,14.

ἐθελοθρησκεία Ι 166,5. II 133,11.

ἐθελοθρησκευτικός Ι 167,15.

ἐθελοθρησκεύω II 380,17.

ἐθελοπερισσοθρησκεία Ι 211,9.

ἐθελοσοφία Ι 206,11. III 178,7; 384,23.

ἐθελόσοφος Ι 184,22. II 394,24; 418,8; 420,7; 522,6. III 138,5; 254,9.

ἐθέλω Ι 171,14. III 17,11; 268,4.

ἐθίζω III 154,3.

ἐθισμός Ι 115,28; 199,22; 243,1.

ἔθμη? II 312,30.

ἐθνόμυθος Ι 179,3; 384,13; 386,21; 458,27. II 396,15; 505,10. III 19,19.

ἔθνος Ι 141,1; 164,13; 196,24; 197,2. II 329,14. III 35,5; 347,25.

ἔθος Ι 156,15; 163,3; 166,27; 167,6; 173,19; 311,8; 342,22; 345,16; 362,3.

II 167,9; 174,29; 323,22. III 161,12; 222,1; 489,22; 520,18.

εἰδήμων III 38,9.

εἴδησις Ι 28,22. 23; 28,3; 29,8f.; 185,11; 458,24; 459,25. II 300,18; 314,6. III 191,17; 192,29; 193,3. 17. 18. 24. 28. 29; 194,4; 241,7; 385,13; 386,2; 411,23; 412,15.

εἶδος 1) die eine bestimmte *Art* Ι 43,23; 45,11. 25; 69,14; 79,23; 101,25; 102,4; 103,15; 117,25; 333,16; 375,12. II 176,31; 177,1; 179,7; 515,13. III 17,4; 22,14; 91,27; 107,22; 154,13; 202,29; 215,15; 216,6; 237,8; 311,14; 412,1; 413,6; 462,31; 465,12; 472,14; 484,16; 493,15; 494,22; 496,16; 509,28; 512,14; 521,30. 2) *Erscheinungsform* Ι 230,20; 242,17 (*Gestalt*); 260,11; 375,23. II 53,12 (*die äußere Erscheinung*); 59,9; 153,17; 193,4. 3) *die Art* Ι 200,2; 202,10; 305,16. II 150,23. 26; 157,6. 7; 163,20; 217,14; 219,1; 249,4. 24; 390,4. 4) *Form* Ι 165,12. — πάντῃτε καὶ ἐν παντὶ εἴδει II 320,16.

εἰδωλολατρεία Ι 122,30; 163,2. 10; 173,19; 183,8; 185,16; 196,4; 198,20; 199,3. 9; 219,25; 305,18; 436,10; 459,3. II 51,14. III 21,2; 104,15; 130,15; 351,1; 408,4; 473,25; 525,8.

εἰδωλολατρέω Ι 108,16; 199,3. II 174,25.

εἰδωλολάτρης Ι 175,1. 4; 216,29; 372,8.

εἰδωλομανία Ι 448,19. II 51,16; 79,1.

εἴδωλον *Götzenbild* Ι 77,12; 123,6. 14; 163,4; 195,13; 198,17; 199,4; 218,17; 247,2. II 285,15; 385,17; 403,14. 16. III 20,13; 84,7; 141,23; 180,8; 486,21; 512,24. — εἰδωλεῖον II 286,9.

εἰδωλοποιία Ι 271,16.

εἰδωλοποιός Ι 264,8. III 476,22; 479,8.

εἰκάζω III 164,26; 184,27.

εἰκάς II 293,5.

εἰκότως I 56,10; 123,8; 440,16; 449,19; 461,12. II 87,8; 209,2; 249,7. III 139,14; 383,3; 454,10.

εἴκω III 115,15; 381,14.

εἰκών s. auch Bilder. I 32,5; 175,11; 177,16; 234,7; 236,4; 310,14. III 11,29.

εἰλέω II 57,19. III 108,9; 441,2.

εἴλημα II 153,18.

εἱμαρμένη I 167,20; 184,4. 27; 211,13; 212,13. 19; 215,21.

εἴργω II 375,15.

εἰρήνη I 437,3. II 37,2; 119,10; 479,6. III 38,11; 161,6; 496,25.

εἰρηνικόν *Friedensbrief* III 242,16.

εἰρηνοποιέω II 103,3.

εἱρκτή III 23,8; 143,16.

εἱρμός II 37,23; 77,30; 106,13; 108,2; 124,26; 291,23; 351,16; 500,1. III 44,13; 227,3; 504,30; 521,2.

εἰρωνεία I 12,15. III 90,6; 144,24; 146,5; 182,18; 183,17; 209,25; 230,22; 343,29; 408,23; 412,8; 434,12.

εἰρωνικῶς III 410,27.

εἷς, ὑπὸ ἕν I 305,7. III 154,18; 255,7.

εἰσάγω I 122,26; 206,5; 277,13; 301,6. II 235,16; 278,8; 351,14; 388,4 (εἰσαχθῆναι εἰς τὴν ἐκκλησίαν *in die Kirche aufgenommen werden*); 396,7 (εἰσαγηοχότας). III 1,12; 368,17.

εἰσαγωγεύς II 334,11.

εἰσαγωγή I 193,21; 198,18; 313,14. II 255,2; 312,6; 324,11. III 17,13; 36,9; 162,11; 164,14.

εἰσαῦθις I 257,17. III 52,6.

εἰσβάλλω I 300,5.

εἰσβολή II 251,17.

εἰσδεκτός II 369,19.

εἴσδεξις II 380,19.

εἰσδέχομαι II 366,11; 375,4; 384,14. III 183,19.

εἰσδύνω, εἰσδύω I 173,18. II 74,3

(εἰσέδυσαν trans.). 7 (εἰσδῦναι intrans.).

εἴσδυσις II 95,5.

εἰσέρχομαι 1) I 26,14; 38,17; 56,2; 343,25. II 313,1. III 24,13; 100,20; 146,27. 32. 2) *auftreten* II 243,3.

εἰσηγέομαι I 163,10; 186,13; 187,13; 209,3; 235,16; 262,5; 265,19; 278,19; 319,13 (τινὶ περί τινος); 438,17. II 3,7. 18; 204,10; 214,3; 391,22. III 89,9; 96,12; 249,15.

εἰσήγησις I 216,19.

εἰσηγητής I 163,17.

εἰσκομίζομαι III 40,4.

εἰσκρίνομαι III 91,15.

εἴσοδος I 56,10; 134,18. II 393,27. III 214,28; 441,5. 7; 467,3.

εἰσπορεύομαι I 202,17.

εἰσπράττω I 346,9.

εἰσύστερον III 117,15; 141,21 (Holl ἐς ὕστερον); 149,20.

εἰσφέρω I 50,5; 346,21. II 234,25; 304,25. III 151,7; 201,28; 204,15; 387,6; 393,24. 26; 444,13.

εἴσω, περιέχεσθαί τινος I 45,28. II 188,32. III 176,9; 379,31; 384,28.

εἶτα I 274,21; 276,8; 373,23. II 101,16; 148,8; 174,21. III 121,27; 173,19.

εἴτουν I 107,13; 206,18. II 58,19; 200,8. III 491,20.

εἴωθα I 46,26; 69,19. III 43,1; 75,14; 188,31; 189,6; 382,11; 446,11; 500,11. — εἴωθα I 361,12. — εἴωθεν I 95,2; 96,6; 97,20; 106,15. II 43,4. III 78,4; 437,33. — εἴωθον I 209,13. — εἰωθός I 96,24. II 210,8.

ἕκαστος I 45,11; 90,23; 268,21. III 444,20. —ἕκαστα I 310,9. II 390,10. III 327,21; 407,7.

ἑκάτερος I 10,15; 55,4. 9; 212,28; 255,23; 335,16; 353,16; 439,26; 441,10.

II 268,13; 285,19. III 31,10; 296,5; 377,23; 443,15.

ἑκατοντακέφαλος II 44,18.

ἑκατοντάχειρος II 44,18.

ἐκβαίνω I 97,10; 176,9. II 221,8.

ἐκβακχεύομαι I 295,5. II 243,16; 303,13.

ἐκβάλλω 1) I 29,4; 47,22; 116,21; 135,25; 143,19; 190,8; 284,20; 317,18; 320,11. II 170,1. 4; 404,14. III 117,4; 139,1; 145,24; 253,31; 268,11; 455,16. 2) *ausstoßen* aus der Kirche II 231,20; 232,2. III 151,6; 234,29; 238,28; 302,25.

ἐκβιβαστής II 417,6.

ἐκβλαστέω II 250,3.

ἐκβλητέος II 349,6.

ἐκβλυστάνω I 313,10. II 250,2.

ἐκβοάω I 296,4.

ἐκβολή II 233,17. III 344,27.

ἔκβρασμα I 382,2.

ἐκγαμίζω I 357,16.

ἐκγελάω III 50,2.

ἔκγονος 1) I 144,29; 145,17; 181,20; 189,29; 193,23. 27. III 477,20. 2) abgelehnt für den Geist I 14,21. II 392,20. III 330,20; 394,5.

ἐκδείρω III 33,12; 73,2.

ἐκδέχομαι I 239,1. II 170,8. III 32,19; 185,11.

ἔκδηλος II 62,1; 305,25. III 75,15.

ἐκδημέω III 76,26.

ἐκδημία II 376,5. III 474,31.

ἐκδιδάσκω I 260,7; 262,6.

ἐκδίδωμι 1) *wiedergeben, übergeben* I 54,10; 118,6; 202,7; 305,2 (νοῦν ἐκδιδόναι εἴς τι); 368,7. II 412,5. III 511,22; 512,4. 2) *überliefern* II 326,6. 3) *ausliefern, übergeben* I 397,7. II 385,18. — ἑαυτὸν ἐ. εἴς τι II 222,15; 264,5. — ἑαυτὸν ἐ. τινι III 218,31.

ἐκδιηγέομαι I 92,11.

ἐκδικέω I 136,7; 141,17; 142,15. II 126,22. III 124,27; 127,11; 434,7.

ἐκδίκησις I 30,23; 462,12.

ἐκδικητής III 111,5.

ἐκδικία II 188,24; 310,3. 9.

ἔκδοσις *Übersetzung* I 218,1. II 408,2. III 6,28. 29.

ἐκδότης III 6,26.

ἔκδοτος II 366,13; 367,2.

ἐκδύομαι I 60,16; 143,4; 236,16; 381,28. II 313,2; 316,2. III 445,31.

ἐκεῖ = ἐκεῖσε II 239,2. III 119,23.

ἐκεῖθεν zur Verstärkung von ἀπό, wie lat. inde ab II 273,18.

ἐκεῖσε = ἐκεῖ I 174,4. II 286,9. III 448,31.

ἐκζητέω I 156,13. III 296,2.

ἐκθαμβέω III 382,12.

ἐκθαμβητής III 429,20.

ἔκθαμβος III 481,6.

ἐκθειάζω I 459,1. II 2,6; 211,14. III 153,6; 309,24; 416,17.

ἔκθεσις I 338,3. III 256,3; 265,2 (ἔκθεσιν ὁμολογίας περὶ πίστεως ἀπολογουμένης); 269,6 (ἔκθεσις τῆς πίστεως); 301,26. 29; 311,34; 332,24; 334,15; 434,25.

ἐκκαίω I 289,26.

ἐκκακέω I 32,22.

ἐκκήρυκτος III 155,15 (ἐκκήρυκτον ποιεῖ ἐν τῇ πόλει). 21.

ἐκκλάω III 495,12.

ἐκκλείω II 397,14. III 469,13.

ἐκκλησία 1) I 130,9 (*Gemeinde-versammlung*); 143,29 (οἱ υἱοὶ τῆς ἐκκλησίας); 157,23 (καθολικὴ καὶ ἀποστολικὴ καὶ ὀρθόδοξος ἐκκλησία); 161,17 (ἡ ἁγία καθολικὴ καὶ ἀποστολικὴ ἐ.). 21 (ἡ καθολικὴ καὶ ὀρθόδοξος ἐ.); 174,20 (ἡ καθολικὴ καὶ ἁγία ἐ.); 298,15 (*Gemeinde*);

364,8 (ἡ ἁγία Χριστοῦ ἐ.); 437,29f. (τέκνα τῆς ἐκκλησίας). II 243,3 (*Gemeindeversammlung*); 349,10 (ἡ μόνη ἀποστολικὴ καὶ καθολικὴ ἐ.). III 129,32; 144,7; 152,21 (ἐκκλησίαι τῆς καθολικῆς ἐκκλησίας); 266,33; 498,14 (ἁγία μήτηρ ἡμῶν ἐ.); 519,13. 25. 2) allein I 49,28; 92,2; 97,26; 122,13. II 174,7. 11; 216,4; 244,16. III 47,15; 120,22; 159,2; 243,5; 274,19; 477,28; 494,9. 3) *Kirchengebäude* I 338,17; 346,10; 347,12 (Χριστοῦ ἐκκλησία). 14. II 61,5. III 142,14; 153,19. — ἁγία ἐ. I 31,17; 142,25; 144,14; 323,5. II 138,22; 205,10; 221,14; 230,26; 231,5; 235,4. III 151,16; 258,12; 434,17; 524,10. — ἡ ἁγία καθολικὴ ἐ. I 147,30; 156,8; 179,10; 297,8. II 94,9; 220,4; 231,1; 234,8. III 3,6; 140,22; 233,22; 399,13. — ἡ ἁγία τοῦ θεοῦ ἐ. I 75,20; 122,5; 304,4; 324,4f. II 96,4; 106,3; 140,27; 170,30; 220,8; 248,2; 249,24; 327,4; 338,7; 380,17; 383,13f. III 97,28; 177,19; 234,27; 416,14. 23; 434,1; 437,23; 445,26. — ἡ ἁγία τοῦ θεοῦ καθολικὴ ἐ. I 76,22. 24; 174,18; 365,25; 437,29f. — καθολικὴ ἐ. I 2,7; 76,1; 102,25; 146,15; 325,15. II 43,22; 174,13. III 140,21; 147,20; 233,30; 238,28; 257,20; 266,34; 270,19; 295,28; 299,22; 420,28; 492,5; 523,15. — ὀρθόδοξος ἐ. I 22,27. — τοῦ θεοῦ I 122,18; 304,1; 325,27. III 152,5; 258,25; 351,9; 493,1.

ἐκκλησιαζόμενοι   *Gemeindegenossen* II 368,16.

ἐκκλησιάζω II 368,16.

ἐκκλησιαστικός   II 231,16 (ὁ κανὼν ἐκκλησιαστικός); 235,4 (χάρισμα ἐκκλησιαστικόν); 248,14 (ἐκκλησιαστκὴ πραγματεία); 367,19

(κανόνες ἐκκλησιαστικοί); 387,13 (περὶ ἑκάστης ἐκκλησιαστικῆς τοῦ κηρύγματος ὑποθέσεως). III 38,18 (ἐκκλησιαστικῆς διδασκαλίας); 141,14 (τὰ ἐκκλησιαστικὰ ἀναφέρων). 17 (ἐκκλησιαστικὴ διοίκησις); 152,23 (ἐκκλησιαστικαὶ χρεῖαι); 161,1 (κανόνες ἐκκλησιαστικοί); 233,14 (ἐκκλησιαστικὸν κήρυγμα); 235,2 (ἐκκλησιαστικὴν ὑπόθεσιν); 241,20 (οἱ ἐκκλησιαστικοί *die Angehörigen der Großkirche*); 242,14 (ἐκκλησιαστικὸν κήρυγμα). 26 (ἐκκλησιαστικὴ διοίκησις); 243,23 (ἐν τῇ ψήφῳ τῇ ἐκκλησιαστικῇ); 265,26 (οἰκουμενικὴ καὶ ἐκκλησιαστικὴ πίστις die Presbyter in Ancyra); 269,4. 19 (ἐκκλησιαστικὴ πίστις syn. Anc.); 287,27 (ἐκκλησιαστικὴ πίστις syn. Anc.); 298,10 (Glaubensbekenntnis der Acacianer); 334,5 (τὰς ἐκκλησιαστικὰς χρείας); 336,21 (τὰ ἐκκλησιαστικά); 478,23 (ἐκκλησιαστικῆς εὐνομίας). 27 (τὸ ἐκκλησιαστικὸν τάγμα). 30 (ἐκκλησιαστικὴ τάξις); 490,21 (ἐκκλησιαστικὴ διοίκησις); 491,4 (ἐκκλησιαστικὴ φροντίς). 11 (ἐργασία ἐκκλησιαστική).

ἐκκλίνω 1) trans. I 156,24. III 85,13. 2) intrans. I 206,9. II 67,28; 213,1; 357,16; 405,16. III 516,3.

ἐκκομίζω III 341,19.

ἐκκόπτω I 9,7; 294,7. II 129,13; 175,5; 218,3; 382,5. III 9,27; 39,11; 40,21.

ἐκκρίνω II 241,9. III 13,18; 463,10.

ἔκκρισις III 73,6.

ἐκλαμβάνω III 341,14; 399,9.

ἐκλέγομαι   I 121,27; 122,17; 244,8; 267,14; 290,18. II 182,6; 273,30; 302,16; 327,16 (*auswählen*); 334,16; 390,15. III 24,2; 89,20; 100,20; 447,34;

456,27; 478,5. — ἐξειπεῖν I 279,6.
27; 294,3; 321,16. II 44,9. III 118,25;
241,11.

ἐκλείπω I 89,2. II 103,15.

ἐκλεκτός II 330,17; 342,28. III 124,5
(ἐκλεκτὸς παρὰ θεῷ – Josua); 305,9;
498,2; 502,32.

ἐκλήπτωρ III 128,6.

ἐκλογεύς I 91,27. II 196,11.

ἐκλογή I 354,1; 418,17. II 73,6. 10.
III 138,11.

ἐκλύω III 178,1.

ἐκμαίνω III 411,31.

ἐκούσιος (3 End.) I 172,2; 206,13.
II 237,17; 404,10. III 73,11; 81,23;
199,20; 204,24; 518,10. — ἐκουσίως
III 211,11; 339,3; 393,16; 491,9.

ἔκπαλαι II 103,15. III 40,19; 163,13;
242,8.

ἐκπέμπω III 250,11.

ἐκπετάννυμι II 93,13. III 143,3.

ἐκπίπτω τινός 1) I 14,7; 67,5; 268,6;
277,11; 437,10. II 246,8; 367,3.
III 99,17; 118,30; 130,2; 141,22;
187,15; 217, 27; 259,16; 311,16;
350,23; 432,29. 2) *dahinfallen* I 75,15;
314,13; 364,14; 460,5. II 94,17; 136,7;
229,27. III 52,21; 118,18; 204,16;
236,8. 20; 343,23. 3) *abfallen vom
Glauben* II 212,21. 4) *münden* I 68,5.
— ἐκπίπτειν τῆς ἀληθείας I 279,1;
295,6; 384,15. II 80,7; 318,9; 414,17.
III 3,6; 40,15; 49,13; 175,21; 178,7;
210,19; 238,27; 241,10; 330,8.

ἔκπληκτος II 81,6; 85,12; 262,15.
III 133,18; 393,16; 434,5; 477,32; 480,4;
481,7. — ἐκπλήκτως III 377,20.

ἔκπληξις I 234,15; 271,1. II 216,15;
508,12. III 150,21; 182,18; 462,8;
493,16.

ἐκπλήττομαι I 7,4; 17,14; 279,8; 306,6;

318,5. II 183,1; 229,1; 521,13 (trans.
ἐκπλήττω). III 17,19; 27,18; 211,8. 17;
361,25; 495,2.

ἔκπνους III 160,22.

ἐκποιέω II 131,9.

ἔκπομα II 1,5; 6,16.

ἐκπορεύομαι II 153,10.

ἐκπορθέω III 156,25.

ἐκπτύω I 95,17.

ἐκπύρωσις II 313,19.

ἔκπωμα III 510,16.

ἐκριζόω II 72,1; 311,14.

ἐκσκέπτωρ III 250,25.

ἔκστασις II 224,7; 226,6.

ἐκστατικός II 225,8; 228,6.

ἐκστρέφω trans. I 61,25.

ἐκτείνω I 203,14; 280,15; 341,4.
III 218,16; 222,13; 235,1; 453,16;
487,15.

ἐκτελέω I 235,24. 26; 305,18; 443,10.
II 69,24; 211,22; 399,4. 7. III 246,5;
510,9.

ἐκτέμνω I 103,19. II 130,21; 142,9;
184,22; 312,2. III 12,23; 247,9; 267,26;
372,8; 476,23.

ἐκτένεια beim täglichen Gebet
III 525,16.

ἐκτεφρόομαι I 104,20.

ἐκτίθημι 1) *übersetzen, wiedergeben*
I 211,21. 2) *darlegen* I 212,16; 284,12;
364,26. II 2,22; 6,6; 184,13; 273,8;
276,8; 412,2; 418,17. III 34,9; 36,20;
38,8; 98,2. 12; 120,3; 160,2; 297,4.
3) *herausgeben* II 256,4 (εὐαγγελικὴν
ἐ.); 264,1. 4) *hersetzen* (= παρατίθεσθαι)
II 6,6; 177,25. 5) *beschließen* III 242,4
(ἐκθέσθαι πίστιν); 311,1. 25. 27. 33. —
ὀνόμα ἐκτιθέναι τινί I 235,9; 243,7;
258,6. III 36,19.

ἐκτιτρώσκω I 282,6.

ἐκτοπίζω I 258,4.

ἐκτοπισμός III 429,12.

ἐκτός I 46,15; 97,13; 239,7; 348,6 (ἐκτὸς γίνεσθαι); 460,7 (οὐκ ἐκτὸς τοῦ θεοῦ). II 235,5; 321,13 (ἐκτὸς βαίνων). III 6,15; 31,8; 155,6; 222,13; 235,1; 453,16.

ἔκτοτε I 421,17. II 136,5; 157,25; 180,10; 222,7. III 97,16. 25.

ἐκτρέπω 1) Akt. I 95,14. 22; 278,14 (ἐξέτρεψε); 279,2 (ἐκτρέψαντες). III 451,18; 467,14; 514,14. 2) Med. + Pass. I 103,4; 396,3. II 220,2. III 142,5. 22 (ἐκτράπωσιν); 146,17 (ἐκτραπέντες); 189,19 (ἐκτραπῆναι); 192,14; 195,27; 454,2. 15; 474,4 (ἐκτρεπομένη); 493,3; 516,3. 3) intrans. II 325,20 (ἐξέτρεψαν).

ἔκτρωμα I 245,23. II 380,2.

ἐκτυπόω I 270,12; 458,5. II 88,8. 15; 200,6. III 11,29; 297,15; 311,12; 343,14.

ἐκτύπωμα I 311,1. 2. 5; 356,19. III 118,1; 343,14.

ἐκφαίνω III 301,21 (cf. App.). 28.

ἐκφέρω I 121,16 (äußern); 132,16; 201,19; 361,26. III 341,22.

ἐκφεύγω II 188,19. III 234,25.

ἐκφράζω I 92,10. II 257,2.

ἐκφύω I 226,27. III 311,23.

ἐκφωνέω I 220,6; 253,25. II 66,16; 86,18. III 301,21.

ἐκχέω I 50,10. II 209,20.

ἔκχυσις Samenergießung I 269,11.

ἑκών I 7,1; 43,20; 105,14. II 147,26. III 146,27.

ἐλαία I 79,21; 164,5.

ἔλαιον I 79,21. II 1,16.

ἐλαττόω I 18,25; 19,3; 45,28; 50,8. II 460,3; 506,28. III 166,17; 184,24; 195,3; 198,29; 211,30; 362,8; 379,4; 428,20; 438,29; 439,14; 483,26; 490,25.

ἐλάττωμα 1) I 243,11 (als Stichwort bei den Simonianern); 245,13; 440,6 (Secundus). II 49,9 (Heracleon). 2) als gnost. Stichwort s. Sachregister Theologie; im üblichen Sinn. I 246,15. II 52,1; 507,27. III 174,8. 16; 187,16; 205,27; 211,31. 32; 227,13; 237,1. 13; 483,27.

ἐλάττων I 18,23; 25,31. III 142,3; 200,22; 227,18; 495,14.

ἐλάττωσις I 252,15. II 208,8. III 184,23; 192,8; 207,14; 210,15; 438,6; 439,12.

ἐλαύνω 1) intrans. I 179,16 (εἰς ἔτη ἐλάσας); 263,17; 276,14; 396,5. II 77,26; 200,2. III 297,26; 337,21. 2) trans. I 184,8; 202,23; 257,18; 297,14; 436,19; 438,1. II 45,7; 104,7; 129,4; 501,6 (εἰς μάτην ἐλάσας). III 48,18; 78,27; 87,13; 154,25; 162,14; 333,33.

ἔλαφος II 249,3. III 220,21.

ἐλαφρός III 94,10.

ἐλαφρύνω II 156,24. 25.

ἐλάχιστος I 76,25. II 58,17.

ἐλεγκτικῶς II 506,22. III 80,1; 102,7; 233,6; 472,9.

ἔλεγξις II 418,29.

ἔλεγχος abs. II 221,24. — πρός I 106,4; 124,8; 132,11; 193,20; 216,8; 245,19. 21; 369,22. II 50,5. III 21,3; 48,20; 155,21; 192,26; 233,11. — τινός II 89,26. III 48,19; 73,22; 137,7. — ἔλεγχον ἐπιφέρειν τινί I 318,10.

ἐλέγχω I 27,8; 33,25; 36,31; 42,30; 48,14; 49,3; 61,2; 103,14; 106,17; 145,27; 199,14; 245,2; 265,18; 377,18. II 70,8; 232,5. III 50,7; 75,23; 92,17; 102,26; 112,28; 137,22; 193,10; 218,8; 226,33; 240,21; 250,5; 254,7; 332,17.

ἐλεεινός I 258,5; 259,15; 274,14; 441,14. II 42,5. 15; 90,13; 183,12; 202,1; 235,1; 319,10. III 15,6; 49,6; 348,7; 366,2; 371,24; 410,7.

ἐλεέω I 286,4; 297,23. II 185,8. 17; 207,15. III 137,31.

ἐλεημοσύνη I 110,15. III 101,2; 525,3.

ἐλεήμων I 169,7; 298,11 (ὁ ἐλεήμων θεός); 369,21. II 70,14 (τῷ ἐλεήμονι σωτῆρι); 152,18; 185,3; 375,22.

ἔλεος I 77,16. II 79,10; 208,14; 229,4; 364,8 (τὸν ἔλεον). III 49,21; 73,14; 100,18; 142,24; 339,5. — τὸ ἔλεος I 121,32; 437,2.

ἐλέπολις III 124,14.

ἐλευθερία III 335,14; 493,22.

ἐλευθέριος I 156,23. III 501,29.

ἐλευθεριότης I 61,13.

ἐλεύθερος I 55,17. III 24,12; 94,10; 408,11.

ἐλευθεροστομέω I 266,18. III 233,9.

ἐλευθερόω I 55,18; 79,2. III 17,22; 52,19.

ἔλευσις I 244,9 (περὶ τῆς ἐλεύσεως τοῦ Χριστοῦ). II 258,13; 281,26.

ἕλκω III 88,21.

ἐλλέβορος I 239,16.

ἐλλείπω I 57,6; 370,13. III 483,26.

ἔλλειψις I 57,10; 193,24. III 226,2.

ἐλλιπής I 34,26; 96,20; 97,27; 195,3. II 207,5; 283,8 (πρὸς τὸν πατέρα); 412,16. III 175,27; 179,3; 181,19; 182,8; 183,22; 224,18. 20. 29; 237,16; 432,16; 456,21. — ἐλλιπῶς I 381,6. III 195,8.

ἐλλογέω III 174,27.

ἔλμιγξ III 255,2.

ἕλος III 341,14.

ἔλοψ II 398,5.

ἐλπίζω I 30,23; 32,4; 149,13. III 32,8; 69,8; 99,10; 225,6; 238,16.

ἐλπίς I 103,5. II 48,1. III 253,8.

ἐμβαίνω I 64,2.

ἐμβάλλω I 109,4; 241,3; 256,16; 459,5. II 39,1; 79,12; 241,9 (θάνατον ἐ.); 246,17; 314,6; 340,7; 344,9. III 23,3; 38,9; 154,4; 344,28; 416,7.

ἐμβατεύω III 219,9; 367,22; 373,22; 455,14.

ἐμβλέπω II 90,17.

ἐμβολιμεύω III 246,17. 22. 30. 31.

ἐμβόλιμος II 297,18. III 246,16. 22. 32; 247,7.

ἐμβρέχω II 146,18.

ἐμβρίθεια III 499,31.

ἐμβριθής I 346,13. III 462,31.

ἐμβριμέομαι III 32,26; 333,32.

ἐμβρίμησις III 439,20.

ἐμβροντέω I 197,15; 258,5; 294,27; 387,22; 439,9. II 71,16; 124,6. III 15,5; 89,25; 154,10; 333,2; 335,30.

ἐμβρόντησις III 12,18; 473,8.

ἐμβρόντητος II 5,20; 133,2; 183,28. III 220,30; 249,12; 479,6.

ἔμβρυον I 285,5.

ἐμμαίνω I 288,26.

ἐμμανής I 282,14; 345,19. II 345,13. III 43,21; 216,32; 511,13. 23. — ἐμμανῶς I 235,18.

ἐμμάρτυρος II 125,17; 257,5.

ἐμμελής II 385,15.

ἐμμένω I 189,13; 203,20; 207,17 (ἐν); 223,5 (abs. *bestehen bleiben*); 344,13. III 133,9; 154,9; 205,12; 230,19; 388,9; 435,25; 482,22.

ἐμμήνια I 243,1; 288,13.

ἔμμορφος I 82,3.

ἐμπαθῶς I 58,10.

ἐμπαίζω I 127,9; 281,23; 286,10. 19. II 46,14.

ἐμπαραμένω I 106,26; 107,1; 119,21. II 72,3.

ἐμπαράμονος III 40,19.

ἐμπαροινέω I 268,13; 361,22. III 462,26; 465,31; 474,16.

ἐμπειρία I 247,18. II 39,20; 384,18.

ἔμπειρος I 271,3. II 366,14; 384,20. III 133,5.

ἐμπείρω II 246,14. III 511,9.

ἐμπερίγραφος III 39,4.

ἐμπεριέχω III 379,17; 393,20.

ἐμπερίτομος I 174,21; 315,10. III 242,20.

ἐμπίμπλημι I 248,16; 280,21; 299,23. II 74,15; 198,28; 223,6; 260,10; 417,2 (m. Gen.). III 33,13; 51,8; 88,31bis; 156,10; 157,22.

ἐμπίμπρημι I 104,18; 276,13. 15; 327,4.

ἐμπίπτω I 61,4; 65,7; 95,26; 155,14; 261,11; 299,8; 311,15; 315,9; 379,8. II 69,22; 211,22; 245,10; 258,14; 297,15; 312,2; 396,22. III 398,14; 489,27; 521,10.

ἐμπιστεύω 1) III 333,24. 2) ἐμπιστεύομαι *mir wird* etwas *anvertraut* II 361,1.

ἐμπλέκομαι III 510,6.

ἔμπλεος, ἔμπλεα I 200,13; 278,5; 291,14; 295,8; 299,22; 311,13; 313,1; 333,13; 343,12; 354,11; 355,3. II 53,16; 58,6; 64,20; 74,22; 75,12; 83,18; 100,6; 213,12; 216,14; 224,11; 243,8. III 48,16; 76,4; 89,19; 159,27; 268,1; 302,9; 336,2; 360,8; 435,24; 476,2; 485,3.

ἐμπνέω 1) I 99,27; 169,19; 283,6. II 78,6. 15 (τινά τι); 87,13; 391,17; 402,25. III 159,20; 162,4; 497,1. 2) intrans. I 102,5; 148,17. II 39,23; 373,18 (*atmen*). III 10,7.

ἐμποδίζομαι I 135,15. III 297,28.

ἐμποιέω I 239,18; 245,15; 248,12; 275,11; 280,5. 16; 382,6. II 38,31; 51,20; 52,21; 73,20; 83,14; 200,12; 311,19; 337,18; 340,9; 378,21; 404,5. III 13,11; 93,10; 242,9; 331,32; 333,16; 433,8; 453,30.

ἐμποιητικός I 333,1.

ἐμπολιτεύομαι I 166,27; 174,17. II 103,9. III 361,18; 448,34.

ἐμπορεύομαι II 372,11. III 19,19.

ἐμπορία II 81,27; 502,1. III 16,8.

ἔμπορος I 263,3. II 372,15 (vgl. II 372,11ff, das ἐμπορεύεσθαι sittlich bedenklich).

ἔμπροσθεν I 66,1. II 264,4. III 136,21; 236,34.

ἐμπτύω II 511,28.

ἐμφαίνω 1) intrans. I 174,7. III 287,3. 2) trans. I 240,12.

ἐμφανής I 270,8 (εἰς τοὐμφανὲς θριαμβεύων); 340,2. 27; 398,8 (εἰς τοὐμφανὲς ἐλθεῖν). II 346,13.

ἐμφανίζω I 92,18; 105,2; 338,19.

ἐμφαντικῶς II 256,15.

ἔμφασις I 359,15; 364,12. II 77,2; 104,20; 106,20; 124,16; 132,4; 183,24; 187,8; 217,3; 263,13; 349,5; 395,9. III 443,22; 447,20.

ἐμφέρεια II 209,4.

ἐμφέρω, ἐμφέρεται I 38,6; 42,24; 199,13; 209,12; 277,17; 337,5; 349,4; 367,14; 443,12; 459,22; 460,6. II 38,2; 117,17; 124,2. 12. 24; 161,11; 180,2; 207,21; 245,8; 292,19; 309,8; 339,4. III 209,12; 242,25; 243,10; 330,23; 378,3; 499,29. 32; 504,22; 509,26; 515,10.

ἐμφορέω I 33,30 (πνεύματι ἁγίῳ ἐμφορούμενος); 280,1 (ἀπὸ πνεύματος ἁγίου ἐμφορούμενος). II 256,10. — τινός I 95,18; 288,6. III 446,26. 28; 447,6.

ἐμφόρησις I 305,11.

ἔμφρων III 333,16.

ἐμφυσάω I 336,5. II 402,26.

ἐμφύσημα I 65,14; 171,20; 172,7. 13. II 248,15.

ἔμφυτος III 156,23; 252,25 (ἔμφυτον καὶ ἅγιον αὐτοῦ λόγον).

ἐμφωλεύω II 250,13; 311,10; 523,6. III 13,8; 456,2.

ἔμψυχος I 74,17. 19; 117,13; 164,7; 168,5;
205,15; 216,4; 250,19; 352,15; 353,4;
358,11. II 133,15; 149,4; 216,8; 315,14;
358,16; 414,13. III 73,26; 136,12.
ἐμψυχοφαγία II 211,6.
ἐμψυχόω I 200,6.
ἐναγής III 511,12.
ἐναγκαλίζω I 228,7. III 516,9.
ἔναγχος II 344,19. III 171,32.
ἐνάλιος II 162,28. III 74,9; 374,30.
ἐναλλαγή I 440,18. III 413,7.
ἐναλλάττω III 365,28.
ἐνανθρωπέω I 94,31; 96,13; 98,18; 101,5;
148,13; 191,5; 265,23. 27; 361,10;
370,28. II 42,10; 80,2; 106,25; 129,24;
195,23; 520,14. III 10,14; 431,25. 28.
30; 442,11; 516,5.
ἐνανθρώπησις 1) konkret *die Menschheit
Christi* I 22,6; 42,15; 96,11; 98,9. 15.
23; 99,13; 230,16. 20; 361,8; 372,14;
375,7. II 129,26; 193,4; 195,27;
197,20; 320,24; 353,14; 504,13; 511,13.
III 11,3. 6; 173,18. 31; 186,11. 15. 26;
190,6; 198,7; 416,2; 475,10. 2) *die
Menschwerdung* I 41,1; 93,16; 370,8. 26.
II 125,22. III 432,11. 15; 443,3.
ἐναντίας, οἱ δι' ἐναντίας I 41,4; 202,25;
342,19. II 237,15; 507,8. III 31,12;
52,10; 170,27; 182,10; 192,25; 228,29.
ἐναντίος 1) *feindlich* II 93,2. III 52,20;
202,29; 399,21. 2) *täuschend* I 266,25.
3) *verfehlt, verirrt* II 73,22; 101,6 (*irrig*).
III 53,10; 78,25; 195,26; 496,16. —
πρός τινα I 332,7. III 78,31. — τινός
I 175,12. II 148,30; 507,26. III 38,3.
— τινί II 2,23; 102,24. III 38,2; 84,11;
113,12; 197,21. — τοὐναντίον I 95,25;
107,15. II 66,17. III 73,26; 386,6;
493,17; 510,9. — ἐναντίως *irrtümlich,
fehlerhaft* I 51,10; 381,14. II 139,12.
III 344,12.

ἐναντιότης 1) *Irrtum* I 95,26; 436,11.
III 521,20. 2) *Gegensatz* II 84,13;
249,18; 270,7. III 36,7; 37,8; 440,5;
484,20.
ἐναντιόω I 166,25; 270,13. II 85,17;
96,22; 148,30; 273,9; 363,17. III 78,10;
108,30; 182,23; 239,19.
ἐναπόκειμαι I 338,7. II 209,12.
ἐναπόκρυφος I 192,9.
ἐναργής I 255,21; 438,10. II 41,25;
151,17; 161,23; 162,2; 180,16; 227,6.
III 375,21. — ἐναργῶς I 315,25.
II 179,23. III 188,2; 345,13.
ἐνάρετος I 5,22. II 372,8; 383,18;
401,25. III 465,5.
ἐναρθρόω I 40,28.
ἐναριθμέω III 225,4.
ἐναρίθμιος I 338,21.
ἐνάρχομαι I 163,1. 4; 234,12; 257,4;
261,5; 263,12. II 81,17; 252,23; 262,19;
335,1.
ἐνάς I 393,13f.
ἐνασκέω I 197,11.
ἔνατος II 91,1–3; 94,18ff.; 96,6ff.;
171,21ff.
ἐνδεής I 98,14. III 402,17; 490,1.
ἔνδεια I 206,13. III 118,3.
ἐνδείκνυμι I 19,23; 48,10; 259,17;
272,14. II 68,20 (Med.); 141,1; 185,6;
203,6; 231,11; 243,5; 372,23. III 95,16;
109,11; 151,26; 493,18; 499,24.
ἐνδελέχεια III 491,4.
ἐνδελεχής I 167,14; 222,23; 379,1.
III 50,14; 490,21. — ἐνδελεχῶς
I 215,4. III 342,2; 489,22; 525,16.
ἐνδέξιος II 183,9.
ἐνδέομαι I 50,7; 56,29. II 80,8; 229,4.
III 112,13. 17; 222,14; 373,17; 385,14;
491,7.
ἐνδέχομαι I 11,26; 226,13. II 130,25
(Akt.); 194,15; 281,13; 402,5 (Akt.);

503,20. III 216,29; 368,22; 378,13; 386,4; 394,28; 397,19; 455,21.

ἐνδημέω II 99,17; 150,24; 178,6; 236,15; 311,3. II 150,24; 178,6. III 119,9; 175,22; 338,13; 383,19; 447,25; 465,9.

ἐνδημία I 168,15 (Χριστοῦ ἐνδημία); 227,10. II 105,21; 136,5; 166,4; 198,12; 210,7; 295,13 (ἔνσαρκος ἐνδημία); 367,13. III 134,1; 186,6. 12; 215,16; 437,8; 471,19; 495,22.

ἐνδιάθετος kanonisch II 326,1 (κατὰ τὰς ῥητὰς γραφὰς καὶ ἐνδιαθέτους). III 252,24 (λόγος ἐνδιάθετος); 253,13 (λόγος ἐνδιάθετος).

ἐνδιάστροφος III 268,7.—ἐνδιαστρόφως II 182,2.

ἐνδιδύσκω cf. ἐνδύω, ἐνδύομαι I 60,14 (ἐνδεδυμένος); 114,20 (ἐνδεδυμένος); 143,5 (ἐνεδίδυσκεν); 245,23 (ἐνδυσαμένου); 345,15 (ἐνδιδυσκόμενος). 27 (ἐνδυθείς). III 43,8; 154,15; 195,23; 218,31.

ἐνδίδωμι I 99,11. III 195,22; 432,9.

ἔνδοθεν III 268,1.

ἐνδοιάζω III 32,24.

ἐνδοιασμός I 245,18.

ἐνδομυχέω I 94,3.

ἔνδον I 345,18. II 358,23. III 116,22; 463,1.

ἐνδοξάζω III 521,34.

ἔνδοξος II 325,11. 19; 401,25. III 38,10; 191,1; 222,2 (ἔνδοξος θεότης). 13; 364,29. 30; 430,24; 499,5; 515,28. — ἐνδόξως I 148,24. III 187,12; 396,26; 441,31.

ἐνδότερος I 397,20.

ἔνδυμα I 75,11. 12; 119,3; 333,11. II 81,6; 140,28. III 215,9; 469,6.

ἐνδυμενία I 167,15.

ἐνδυναμία III 83,21.

ἐνδυναμόω I 17,25; 230,10; 302,1. III 95,21; 239,29; 240,17; 516,18.

ἔνδυσις I 143,5. II 201,7.

ἐνδύω, ἐνδύομαι cf. ἐνδιδύσκω I 236,16. 20; 381,28. II 205,8; 316,3. III 13,13; 123,15; 267,29; 445,31; 476,25; 483,15.

ἐνειλέω I 255,18 (περί τι); 464,1. II 57,17 (τινί); 58,3; 60,18; 153,25. III 517,28.

ἔνειμι (zu εἰμί; vgl. auch ἔνι) I 233,6; 234,1; 263,8; 272,4; 382,16. II 62,23; 78,8. III 38,14; 40,27; 401,20.

ἐνέργεια I 11,8; 28,23; 88,16. 20; 348,19. II 58,1; 70,27; 226,10. III 10,2; 21,7; 39,7; 42,30; 48,10; 53,2; 83,26; 100,6; 102,17; 121,31; 162,4; 194,1; 274,22; 360,12; 381,26; 516,30.

ἐνεργέω 1) I 30,20; 67,8; 95,3; 144,10; 148,17; 251,14; 317,1; 346,2; 462,1. II 52,23; 55,17; 132,12; 512,17. III 18,9; 22,11; 112,5; 224,32; 393,10; 486,28. 2) intrans. I 175,10; 219,20; 381,19. II 65,17 (Med.); 154,16. III 4,7; 225,4.

ἐνέργημα I 251,14. II 184,21. III 49,14; 473,16.

ἐνεργής III 194,2.

ἐνεργητικός I 376,17. III 40,21; 236,12.

ἐνεργός I 82,3.

ἐνέχω I 332,5 (τινί).

ἐνζώγραφος I 310,14.

ἐνηχέω I 11,7; 297,17. II 379,11. III 83,24; 96,12; 144,3; 155,9; 309,7; 341,26; 413,5; 417,2; 448,22; 473,3; 494,33.

ἐνήχησις I 202,12; 298,21; 340,5; 384,7. II 344,4. III 43,19.

ἔνθα I 106,23; 197,19; 216,24; 271,20; 342,18; 343,19; 344,6; 347,13. II 71,11; 81,16; 85,1; 141,12; 194,21; 208,17;

250,3; 280,6. III 339,24; 465,28; 485,16.
— που I 175,19; 181,10. III 16,12;
24,15; 28,9; 465,9.
ἐνθάδε	I 410,28;	421,18.	II 48,23;
447,13; 479,26. III 264,33.
ἐνθάπτω III 369,7.
ἐνθεματίζω III 374,19.
ἔνθεν	I 123,11; 178,13;	179,2; 260,9;
354,11.	II 57,9;	255,16	(deshalb).
III 17,13; 105,27; 167,16; 464,13.
ἔνθεος I 218,5; 231,20. II 131,4; 252,2.
III 163,18 (ἔνθεος τελειότης); 191,10;
223,1	(ἔνθεος	τελείωσις);	363,11;
491,13.
ἔνθεσμος III 489,23; 495,7.
ἐνθήκη II 384,21.
ἐνθουσίασις III 511,17.
ἐνθουσιασμός I 258,2. II 243,5. 16.
ἐνθουσιάω I 387,22; 436,18. II 221,23.
ἐνθυμέομαι I 248,7. II 73,2. III 254,5.
ἐνθύμημα III 366,14.
ἐνθύμησις	I 136,6 (Erinnerung); 391,3.
II 48,17.
ἐνθυσιασμός II 243,5. 16.
ἔνι (vgl. auch ἔνειμι) I 25,19; 45,14;
68,15ff. II 144,25; 502,13. III 88,23;
108,19;	130,26;	164,15.	26; 175,8;
179,8bis; 346,24; 452,30.
ἐνιαυτός III 241,28.
ἑνικός I 18,4. 5. II 92,21. III 78,19;
217,30; 329,6 (πνεῦμα ἅγιον ἑνικόν ...
ἀλλ' ἑνικόν). — ἑνικῶς I 18,7; 120,26.
ἐνίστημι	1) das Gegenwärtige	I 92,22
(ἐνεστῶτα bestehen). II 78,7; 165,20;
181,20; 317,14; 379,14. III 18,7; 94,31;
98,14; 343,1; 495,30.	2) unmittelbar
bevorstehen	I 104,14.	— ἐνεστῶτα
Med. trans. I 210,15; 255,24; 389,17.
ἐνισχύω III 152,7; 163,9; 239,26; 497,2.
ἐνναμηνιαῖος I 116,27.
ἐννοέω I 448,13. II 79,5. III 369,29.

ἐννοητικός I 98,4.
ἔννοια	I 88,22;	170,19;	253,13;	294,6.
II 41,12; 53,5; 240,9.   III 2,17; 39,9;
108,1; 136,23; 193,18. 24. 28; 218,25;
234,18. 26; 239,4. 9; 250,18; 251,17.
18; 252,1. 20; 255,18. 19; 333,2; 335,29;
338,19; 339,10; 365,4; 373,23; 437,14;
451,8; 455,30; 463,15; 514,10.
ἐννόμως II 369,3.
ἐνοικέω II 234,19; 307,2. III 4,1; 48,10;
99,3; 431,6.
ἐνοποιέω I 92,20.
ἐνορία II 81,4.
ἑνότης 1) I 7,24; 10,22 (τὴν μίαν ἑνότητα
τῆς δυνάμεως); 18,17; 34,24. 30; 146,3;
231,10. 13; 251,8. III 201,2; 218,6; 226,4.
2) von der Einheit im geschichtlichen
Christus I 148,16; 230,10.
ἐνοχλέω I 341,16. II 39,19.
ἔνοχος II 133,15 (τινί). III 73,29.
ἑνόω 1) II 329,14. 2) in der Christologie
I 100,27; 101,8; 230,10. II 197,32.
ἔνσαρκος (ἔνσαρκος παρουσία s. auch
παρουσία). I 46,7 (ἔνσαρκος φύσις);
51,7 (ἔ. κύησις); 53,29 (ἔ. οἰκονομία);
67,1 (ἔ. εἰκών); 201,5 (ἔ. πάθος); 292,3
(ἔ. γέννησις); 317,11 (ἔ. γενεαλογία);
370,7 (ἔ. ἐνανθρώπησις); 371,5 (ἔ.
περιτομή); 372,9 (ἔ.	περιτομή);
379,24 (ἔ. περιτομή). II 151,15 (ἔ.
ὑπόστασις); 193,7 (ἔ. σῶμα); 254,29
(ἔ. θεοφάνεια); 263,14 (ἔ. οἰκονομία);
301,5 (ἔ. γέννησις).	III 88,16 (ἔ.
παρουσία); 172,24 (ἔ.	γενεαλογία);
173,16 (ἔ.	οἰκονομία); 175,25 (ἔ.
γέννησις); 184,12 (ἔ.	δοξολογία);
198,11 (ἔ. ἐνανθρώπησις); 215,16 (ἔ.
ἐνδημία); 223,18 (ἔ. παρουσία); 224,30
(ἔ. δόξα); 501,18 (ἔ. βασιλεία).
ἐνσκήπτω II 401,21; 410,5. III 174,16;
176,18; 182,15; 183,21; 375,1; 402,19;

440,31; 441,13; 445,21; 455,32; 462,23; 492,21; 520,25.

ἐνσπείρω I 217,15.

ἔνστασις I 197,2. III 302,19; 433,4; 434,6.

ἐνστέλλομαι III 462,5.

ἐνσώματος III 214,2.

ἔνταλμα III 237,7; 344,24; 522,4.

ἐντάττω I 14,3; 141,1. II 117,16; 124,12; 146,28. III 156,14; 369,26.

ἐνταῦθα I 37,30; 38,5; 73,26; 176,16; 188,7; 217,15; 236,1; 274,9; 276,24; 285,18; 329,1; 369,4. II 6,6; 42,8; 44,3; 49,7; 96,15; 226,3; 321,20. III 75,16; 118,13. 14; 124,21; 128,14; 156,15; 177,30; 181,10. 11; 186,11; 188,23; 190,24; 193,24; 197,11; 212,17; 217,19; 222,21; 225,11; 265,4; 268,27; 467,3; 476,15; 516,26.

ἐνταυθοῖ II 86,10; 414,20.

ἐνταφιάζω I 202,18.

ἐντελής I 252,1; 331,16; 462,23. II 149,27; 159,16; 161,23; 167,23; 179,10; 330,1; 510,28. III 77,14; 117,8; 122,2; 163,14; 339,4; 499,30.

ἐντέλλομαι I 116,4; 199,25; 251,25; 288,1; 314,17; 371,19. III 147,7.

ἐντεριώνη III 255,3.

ἐντεῦθεν I 103,19; 172,17; 177,6. 19; 187,12; 195,6; 196,20; 204,9; 264,14; 267,4; 268,18; 280,17; 288,4; 330,11f.; 343,5; 347,26. II 73,10; 77,15; 108,1; 188,29; 270,9; 283,3 (ἀπ᾽ ἐντεῦθεν). III 24,16; 31,19; 34,5; 126,5; 142,25; 147,18; 150,5. 20; 204,21; 333,21.

ἐντίθημι I 96,19. II 59,2.

ἔντιμος III 502,33.

ἐντολή I 87,17; 103,13; 149,13. 15. 16; 462,1. II 177,14. 17. 19. 21ff.; 377,4; 434,17. 23. III 106,1; 147,17; 345,8; 519,20.

ἐντόσθια III 197,30.

ἐντρέπομαι I 259,15. II 184,2. III 179,29.

ἐντρίβομαι II 102,23.

ἐντυγχάνω lesen I 93,19; 156,6. 17; 170,1. 13; 171,14; 212,8; 215,12; 221,13; 245,18; 270,5; 274,9; 297,9; 320,7; 326,1; 437,8; 450,12. II 38,25; 107,11; 183,14; 218,2; 234,7. III 17,11; 145,18. 23. 26; 156,16; 229,29; 259,9; 314,10; 332,1; 336,17; 362,31; 381,29; 411,1; 433,1. 26; 520,13. 30; 521,7.

ἐντυχία III 145,18.

ἐνυβρίζω III 465,31.

ἔνυδρος I 123,30.

ἐνύπαρκτος III 404,14.

ἐνυπάρχω III 380,26.

ἐνυπνιάζω I 293,7.

ἐνυπνίασις I 293,26.

ἐνύπνιος I 293,7; 345,8.

ἐνυποστατικός als Hypostase existierend I 271,16.

ἐνυπόστατος als (eigene) Hypostase existierend I 12,19. 20; 18,10ff.; 27,14; 82,4; 91,6; 94,22; 95,6; 97,3; 99,18; 101,15. 16; 115,18; 263,6. II 79,24; 348,20; 392,2.

ἐνώμοτος III 414,10 (ἐνωμότως).

ἐνώπιον I 47,14.

ἔνωσις Einheit I 22,27. II 356,13. III 161,1; 184,5.

ἐξαγοράζω III 128,7.

ἐξάγω I 259,9. III 487,3.

ἐξαγωγή I 294,25.

ἐξαγωνιαῖος III 500,22.

ἐξαιρέομαι III 452,8; 500,12.

ἐξαίρετος I 113,2. III 208,15; 367,8; 371,15; 387,3. 16; 394,31; 397,16; 408,7; 469,26; 479,30; 524,16. — ἐξαιρέτως II 85,5. III 377,19.

ἐξαλείφω I 173,7. III 482,18.

ἐξαμηνιαῖος II 127,14.

ἐξάμηνος I 104,5; 284,7.

ἐξανθίζω II 106,12.

ἐξαπατάω I 238,9; 267,21; 303,19. II 93,24; 94,10; 99,2; 103,25; 285,9; 505,16; 509,9. III 68,12; 69,7; 90,23; 91,3.

ἐξαπίνης II 368,7.

ἐξαποστέλλω III 48,9.

ἐξάπτω I 57,5; 326,20. III 153,11.

ἐξαριθμέω I 135,25.

ἐξαρκέω II 509,2.

ἐξαρνέομαι I 107,16. II 413,1.

ἐξαρτάω I 226,27.

ἐξαρτύω I 49,17; 133,25.

ἔξαρχος I 441,16; 449,14.

ἐξασκέομαι *ein asketisches Leben führen* II 202,6 (μεγάλως ἐξασκηθείς).

ἐξασκέω I 170,3; 206,5. III 73,24; 362,21; 437,27.

ἐξαστράπτω III 114,24.

ἐξαφανίζω III 136,20.

ἐξεγείρω I 60,20.

ἔξειμι (zu εἰμί) II 98,10. III 124,9; 220,26; 430,26; 522,11.

ἔξειμι (zu εἶμι, s. auch ἐξέρχομαι) I 190,18; 229,6; 343,22.

ἐξελέγχω I 132,15. II 387,25; 510,2. III 6,16; 48,13; 53,9; 80,26; 81,5; 191,15.

ἐξελκύω III 333,13.

ἐξέμεσις III 342,12.

ἐξεμέω I 310,12; 353,8; 450,1. II 5,4; 52,16; 79,12; 274,19; 344,7; 413,13; 523,16. III 72,11; 133,22; 155,11; 160,23; 249,14; 259,11; 267,23; 313,4. 17; 335,28; 476,14; 493,6.

ἐξεόω (vgl. ἐξωθέω) III 144,14 (ἐξεοῖ). 15 (-οῦται); 155,15; 233,19 (-οῦσι); 234,2 (ἐξεωθῆναι); 235,18 (-ώθη); 309,5.

ἐξεργάζομαι I 300,13. II 39,13; 51,12;

397,1. III 365,26; 437,13; 447,19; 510,15.

ἐξερευνάω I 387,25.

ἐξέρευξις I 271,7.

ἐξέρπω trans. I 206,15.

ἐξέρχομαι (s. auch ἔξειμι) I 60,22; 108,14; 217,10; 288,4; 326,16; 134,13. II 198,26. III 432,33.

ἐξετάζω 1) I 143,29. III 219,12; 386,17; 429,26. 2) *gerichtlich befragen* II 318,1; 344,8 (περί τινος). — ἐξετάζεσθαι ἔν τινι *zu einer Gruppe gezählt werden* I 267,19; 291,18. 19. II 81,12. III 131,4; 229,30.

ἐξέτασις III 155,12; 167,14.

ἐξευμαρέω (-ίζω) I 109,15 (ἐξευμαρίσαι).

ἐξεύρεσις I 383,12.

ἐξευρίσκω I 387,26; 389,23; 448,10.

ἐξηγέομαι 1) I 313,11; 355,1; 439,8 (*ausführend behaupten*). II 41,19. III 133,12; 328,21; 440,25. 2) *in der Predigt auslegen* III 154,6; 303,4.

ἐξήγησις 1) II 414,18. III 133,6; 192,15; 253,2; 312,28. 2) *Predigt* III 144,4 (τὸν Ἄρειον ἐν ταῖς αὐτοῦ ἐξηγήσεσιν ἔξω τοῦ προκειμένου τῆς πίστεως βεβηκότα); 154,4 (ἐν ταῖς ἐξηγήσεσιν); 303,5; 310,6. 9.

ἐξηγητής 1) I 91,25. II 405,2. III 1,17. 2) *kirchl. Schriftsteller, Prediger* III 437,25.

ἐξῆς I 214,23; 215,1; 435,16. II 50,16 (τινι). III 137,16; 475,28; 522,22.

ἐξηχέω I 439,9. III 452,14.

ἐξίημι intrans. II 376,2 (ἐξῆκαν).

ἐξιλεόω III 486,9.

ἕξις I 386,21. II 219,14; 497,1.

ἐξισάζω III 165,22.

ἐξισόω I 15,8; 58,2. 28; 214,7; 368,10. III 37,13; 89,5; 167,28; 234,21; 329,7; 339,10; 373,27; 376,6; 383,9; 394,31.

ἐξίστημι intrans. I 396,2. II 224,1. 2;
225,1 (trans. ἐξιστάνω); 227,3 (ἀπό
τινος). III 154,12.

ἐξισχύω III 52,14; 122,20; 177,7.

ἐξιχνεύω I 252,21. II 217,20.

ἐξοδεύω III 341,17.

ἔξοδος 1) I 142,9; 190,19; 343,25.
II 315,18. III 464,17. 2) *Tod* I 339,7.
II 45,20.

ἐξοικειόομαι II 338,10 (τινι).

ἐξοιστρέω III 511,26.

ἐξοκέλλω I 127,2. II 376,8. III 2,17;
78,7; 133,10; 493,3.

ἐξολοθρεύω I 141,9; 142,16. II 185,23.
III 52,20. 21.

ἐξομαλίζω I 28,24.

ἐξομολογέομαι *Sünden bekennen*
III 78,24; 100,19.

ἐξομοιόω III 343,4.

ἐξοπλίζω I 463,8. II 305,16. III 333,12;
387,30; 474,21; 479,4.

ἐξορία III 150,5. 13; 151,3; 161,25;
247,25; 342,9; 414,13; 437,31.

ἐξορίζω I 339,23. III 152,1; 232,1;
247,26; 312,27.

ἐξορισμός III 143,14.

ἐξορμέω (-άω) II 317,2.

ἐξότε I 170,10; 178,5; 323,14. II 157,27;
160,22; 262,11; 264,10; 288,23; 299,10;
510,6. III 225,22; 252,9; 432,21.

ἐξότου II 261,1.

ἐξουσία I 25,21; 32,11; 121,6; 235,27
(*Engelsmacht*); 239,4. 7; 318,22; 338,16;
347,18. II 48,11; 102,1; 148,27; 233,1;
236,26. III 121,6; 194,15; 225,31;
228,18; 312,25; 337,30; 455,22;
490,28.

ἐξουσιάζω m. Inf. II 102,4. III 224,6.

ἐξουσιαστής III 481,30.

ἐξουσιαστικός II 180,11; 404,4.
III 207,24.

ἐξοχή III 312,24.

ἔξοχος I 190,28; 347,3. II 367,7; 378,20;
379,18; 404,2. III 42,8; 462,20.

ἐξυβρίζω I 343,3. III 368,13; 472,34;
474,16; 493,24.

ἐξυδαρεύω II 365,27.

ἐξυμνέω II 286,9. III 188,15; 502,27.

ἐξυπηρετέω I 105,2; 339,11; 378,24.
II 128,2; 159,8; 164,23f.; 218,17; 400,9.
III 20,2; 482,11.

ἔξω I 92,10; 305,13 (ἔξω βαίνειν).
II 49,4; 129,16; 218,18; 450,20.
III 121,6; 144,4; 248,31; 386,1; 437,21;
479,2; 512,2.

ἔξωθεν I 20,28; 143,1. II 81,6. III 6,24;
26,15; 262,6; 373,8. 16; 500,22.

ἐξωθέω II 3,4 (ἐξεῶσθαι); 94,12
(ἐξεοῦται); 313,11 (ἐξεοῦσθαι); 344,18;
404,14 (ἐξεώθη). III 151,5. 25.

ἐξώλης I 290,1. III 17,19; 511,14.

ἔοικα τινί *ähnlich sein* I 300,14; 447,20.
II 38,30 (*scheinen*); 50,7; 71,18; 89,30;
176,21; 241,8. III 78,1; 116,15; 413,2.

ἑορτάζω I 204,9.

ἑορτή I 166,21. 23; 204,16; 205,8; 378,3.
II 240,2. III 242,14.

ἐπαγγελία I 169,20; 170,21; 313,5;
360,16; 382,10; 383,21; 459,10.
II 48,1; 189,12; 193,10; 237,11; 243,10.
III 43,22; 92,11; 313,8; 436,4; 474,14;
480,11; 481,21. 27; 483,20; 496,6.

ἐπαγγέλλομαι 1) I 184,23; 209,27;
278,8; 344,13; 345,11; 382,13; 386,20.
II 50,15; 88,8; 170,20 (*ankündigen*);
173,25; 183,17; 224,19; 233,9; 240,6;
370,9; 378,14; 503,3 (*geloben*). III 22,12;
32,9; 43,5; 132,10; 250,22; 467,27;
490,30; 493,16; 494,29. 2) *zu lehren
versprechen* I 186,2; 436,4; 458,9.

ἐπάγγελμα I 170,7; 196,20. II 337,26.
III 23,2; 332,35; 414,26.

ἐπάγω 1) I 44,17; 52,7 (intrans. *fortfahren*); 133,14 (τὸ ἐπαγόμενον *das Folgende*); 293,16 (*beziehen auf*). II 149,2 (*herbeiziehen*). III 414,21; 462,6. 2) *verführen* I 251,1. II 276,13; 344,10. 3) Med. *herbeiziehen* II 142,17; 378,23.

ἐπαγωγή II 409,5 (εἰς -ήν). III 521,10.

ἐπαγωγός I 258,1. II 450,11.

ἐπᾴδω II 57,21.

ἐπαινετός I 290,8; 292,11. II 58,13; 61,25; 63,3; 159,28. III 73,23; 85,21; 90,15; 118,16; 437,11; 492,23; 504,25; 509,27.

ἐπαινέω I 129,11; 298,20. II 61,11; 62,17; 66,7. 11; 70,8; 143,2; 230,27; 313,28; 319,18; 383,16. III 123,4; 131,25; 510,10.

ἔπαινος I 209,9. II 66,8; 127,2 (ἔπαινον ποιεῖσθαί τινος); 168,23. III 85,21; 100,25; 154,7; 334,9; 385,12; 416,9; 428,14; 438,13; 491,15.

ἐπαίρω I 259,15 (ἐπάρας τὴν γλῶτταν). II 54,7 (ἑαυτόν); 251,21; 261,18 (τὸ στόμα); 308,23 (ἐπαίρεσθαι); 379,28. III 2,15; 84,19; 146,29; 162,5; 362,22; 462,24; 464,25. — ἐπαρθείς II 3,6; 5,6; 48,2; 95,4; 143,25. III 17,16; 159,25; 333,3; 361,20.

ἐπακολουθέω m. Part. II 162,16; 201,2.

ἐπακούω II 226,24.

ἐπακτή III 246,14. 20. 24. 28.

ἐπαλείφω I 435,12.

ἐπάλληλος I 304,6.

ἐπαμάω I 343,27. II 514,20.

ἐπαμφιβόλως III 208,29.

ἐπαμφοτερίζω III 301,29.

ἐπαναβαίνω III 388,21.

ἐπάναγκες II 381,12. 15. 16. III 348,20.

ἐπαναιρέομαι I 290,15. II 235,11; 414,11. III 13,13.

ἐπανακάμπτω II 256,10; 319,12.

ἐπαναλαμβάνω I 460,7. III 234,5.

ἐπανάστασις II 62,19.

ἐπάνειμι (zu εἶμι) I 159,14; 207,1; 228,18; 340,26; 348,32. II 81,1. 19; 82,2; 270,6; 329,5. III 97,30.

ἐπανίστημί τινι 1) I 144,15; 275,10. II 85,22; 357,1. III 14,2; 178,23; 194,23; 313,14; 485,3. 2) intrans. I 259,21; 333,8 (τῷ βίῳ). II 235,10; 319,14. III 454,31.

ἐπάνοδος I 191,10; 204,11. II 136,2; 263,19; 266,22; 277,19; 364,14.

ἐπανότης III 86,17.

ἐπάνω I 33,6. II 250,2; 413,3. III 165,21; 374,32.

ἐπαοιδή I 342,8. II 1,5. III 525,10.

ἐπαοιδός III 512,20.

ἐπαπειλέω I 212,23. III 23,7; 157,9.

ἐπαπορητικός II 420,7.

ἐπαράομαι I 118,1; 332,3. II 218,3. III 109,30. 32.

ἐπαρκέω II 382,21; 406,8. III 25,6; 491,6.

ἔπαρμα II 213,4; 343,17; 364,1. III 154,12.

ἐπαρνησιθεΐα II 247,26; 384,16. III 12,19; 102,24; 104,15; 142,5; 372,13; 454,1.

ἐπαρνησίθεος II 322,20. III 5,4; 11,28.

ἔπαρσις III 108,2; 178,25; 205,1; 333,4; 477,2.

ἐπαρτάω II 313,19.

ἐπαρχία I 346,9. II 80,26.

ἔπαρχος III 141,8; 167,2; 250,25.

ἐπασφαλίζομαι I 193,12. II 143,22; 172,1; 233,20; 249,22; 280,13; 319,16; 369,26. III 209,23; 217,25; 220,27; 376,21; 470,24; 479,20.

ἔπαυλις III 180,13.

ἐπάχθεια II 83,28. III 309,3.

ἐπαχθής III 233,17.

ἐπεγείρω 1) I 122,19. II 190,7; 201,27;

303,16; 308,20; 388,21; 401,22.
III 453,31. 2) intrans. II 323,6; 522,13.
III 433,19.

ἐπείγομαι   II 192,7; 280,8 (m. Inf.);
385,5. III 88,19; 160,20.

ἔπειμι (zu εἰμί) I 316,28 (θαυμάσαι
ἔπεστι).

ἔπειμι (zu εἶμι, s. auch ἐπέρχομαι)
I 105,4; 196,17. III 96,26.

ἐπείσακτος, τὸ ἐπείσακτον I 217,13;
263,7.

ἐπεισάκτως II 49,24.

ἐπεισέρχομαι III 147,23.

ἐπεισφέρω III 96,3; 175,2.

ἔπειτα I 123,14; 296,1; 371,13. II 43,20;
366,7; 413,15. III 254,1; 374,3.

ἐπέκεινα I 64,3; 162,16; 172,20; 188,8;
215,16; 226,21. II 81,4; 98,10; 257,27;
270,9; 508,10.   III 9,6. 21; 162,16;
248,31; 333,11; 339,11; 379,15; 393,12;
432,30; 487,16; 515,9.

ἐπέκτασις I 62,18. II 139,23. III 239,29;
240,7.

ἐπεκτείνω   I 6,3; 50,28 (Akt. trans.);
121,28.   II 80,8.   III 97,2.   —
ἐπεκτείνεσθαι I 99,14; 149,22; 175,17.
II 77,6; 518,5.   III 241,8; 379,16. 19;
380,12; 384,16; 387,16; 395,27; 396,4.

ἐπεμβαίνω I 141,8. II 196,18. III 97,7.

ἐπεντριβή I 275,11. II 389,2.

ἐπεντρίβομαι I 170,21; 277,2. II 361,5.
III 95,17.

ἐπεργάζομαι I 331,15. II 258,4; 379,3.
III 155,1; 499,7.

ἐπερείδομαι I 380,5. II 380,3. III 342,15.
29; 348,11; 415,8; 491,22.

ἐπέρχομαι (s. auch ἔπειμι) I 51,14; 61,24.
III 27,7.—τινί I 141,12; 247,3. II 102,23;
310,7. III 117,27; 118,5; 217,1.

ἐπερωτάω I 25,25; 132,8. 11. III 53,14;
487,16.

ἐπέχω 1) zurückhalten I 99,10; 100,21.
II 310,1.   III 119,23; 366,2; 372,10
(τάξιν);   434,24;   441,15;   466,19.
2) τρόπον festhalten I 131,3; 175,11.
12. II 107,18; 403,16.

ἐπήλυτος III 28,6.

ἐπήρεια I 339,4.

ἐπιβαίνω III 126,12; 131,17; 189,15.

ἐπιβάλλω, ἐπιβάλλομαί τινι I 169,10.
15; 170,20. II 71,20 (τ. νοῦν ἐ. εἰς);
257,1. III 17,12; 99,17; 171,27; 459,3.
— Med. m. Inf. I 215,14; 270,3; 464,6.
II 102,26; 186,22; 224,7 (sich etwas
nähern). — ἀνάγκην ἐ. II 238,5. —
χεῖρας ἐ. I 201,23.

ἐπίβασις III 31,18; 188,33; 189,3.

ἐπιβάτης II 340,8; 384,13.

ἐπιβεβαιόω   II 128,16; 139,15; 183,3.
III 9,5; 471,11.

ἐπιβλαβής II 71,19; 124,6. III 191,27.

ἐπιβλαστάνω II 93,10.

ἐπιβλέπω II 56,6.

ἐπιβοηθέω I 333,6.

ἐπιβολή II 251,12. III 361,23. 25.

ἐπιβουλεύομαι   ich werde angegriffen
I 171,20. II 65,12 (Akt.).

ἐπιβουλή I 270,15; 343,28. II 52,12;
53,11; 59,21; 71,6; 362,18. III 348,31.
32; 360,10; 375,1; 406,30.

ἐπίβουλος   II 61,20.   III 41,18; 164,7;
348,33.

ἐπίγειος II 236,9; 249,12.

ἐπιγενητός I 14,12. III 330,11; 400,7.

ἐπιγίνομαι I 186,16; 448,14.

ἐπιγινώσκω   I 17,26; 121,8; 198,21;
280,17; 299,19. II 52,24; 53,3; 58,16;
88,5; 127,22; 133,27; 142,30; 227,26;
248,12; 521,13. III 18,6; 92,11; 112,17;
117,16; 128,3; 163,15; 193,15; 254,26;
310,15; 374,32; 383,4; 417,5; 431,25;
433,27; 449,25; 451,6.

ἐπίγνωσις I 394,9; 405,6. II 20,9. 19; 37,12. 19; 286,23. III 503,16.

ἐπιγραφή I 155,6; 161,19. II 124,25.

ἐπιγράφω 1) I 326,2; 359,4. II 43,19 (ἑαυτῷ ἐπιγράφεσθαι ὄνομα). III 143,19. 2) *hinzuschreiben* I 363,10. II 106,15.

ἐπιδεής III 442,34; 489,26.

ἐπιδεικνύω I 117,9; 239,15. II 38,25; 156,18; 380,6. III 24,13; 109,12; 142,12; 148,10; 440,20; 475,23.

ἐπίδειξις I 209,9. II 38,18. III 109,9.

ἐπιδέκατα I 346,8.

ἐπίδεμα II 388,5.

ἐπιδέξιος II 374,24.

ἐπιδέομαι I 12,8; 47,3; 215,2; 318,27. II 167,1; 201,3; 231,17; 313,22; 324,11; 382,21; 503,14. III 84,32; 96,20bis; 121,3; 169,1. 9; 176,27; 179,3; 197,3; 206,31; 209,16; 210,26; 218,20; 220,5; 254,26; 373,16. 26. 28; 374,7; 375,7; 388,30; 391,22; 442,34; 478,21; 516,14. 18.

ἐπιδευτερόω III 215,9.

ἐπιδέχομαι I 98,22. II 217,3. III 83,6; 364,3; 377,18; 394,8; 397,19. 23.

ἐπιδημέω I 227,12. II 80,29; 103,11; 278,13 (von dem Kommen Christi). III 109,11; 116,14; 254,8; 457,9.

ἐπιδημία I 157,4; 227,15.

ἐπιδίδωμι 1) *nachgeben* I 230,15. III 85,10; 185,5; 204,18; 434,27; 473,4; 512,3. 2) *hinzugeben* II 417,23. 3) *austeilen* II 57,19; 403,15. 4) *zuteilen* II 229,5. 5) *zurückgeben, übergeben* I 341,4. II 405,11. — ἑαυτὸν ἐπί τι *sich begeben* I 382,9. II 6,3 (εἰς); 101,14; 241,5 (m. Inf.); 243,17; 377,7.

ἐπιδικάζομαι II 102,12.

ἐπιδιορθόω II 303,14.

ἐπιδογματίζω II 389,8.

ἐπίδοσις II 375,9. III 373,25; 374,8. 12. 19. 33; 375,7.

ἐπιδρομή II 310,5.

ἐπιείκεια I 437,4. II 96,6.

ἐπιεικής I 122,21; 133,26; 341,13. II 96,4; 103,1. III 32,3; 38,10; 97,4. — ἐπιεικῶς III 49,9.

ἐπιζήμιος II 141,17; 385,24.

ἐπιζητέω I 6,12; 217,8. II 58,7; 510,21; 514,3; 518,7. III 88,22; 96,21bis; 333,12; 397,15; 463,14.

ἐπιθανάτιος II 377,1.

ἐπιθερμαίνω II 218,10.

ἐπίθεσις I 239,8.

ἐπίθετος I 244,2. II 174,18. III 248,5; 456,10.

ἐπιθυμέω I 20,22; 355,11. II 196,22 (τι); 401,1. III 333,21; 439,8.

ἐπιθυμητής III 439,8.

ἐπιθυμητικός I 165,14.

ἐπιθυμία I 99,14; 126,8; 202,11; 241,3; 244,26; 283,1; 288,13; 295,9; 297,7; 299,3; 443,10. II 53,1; 61,8; 200,22; 218,3; 360,9; 399,4. 7. III 89,10; 95,17; 109,33; 333,5; 440,25; 497,17.

ἐπικαθιζάνω I 276,13. III 17,21.

ἐπικαλέομαι 1) *benennen* I 164,19; 181,7; 195,1; 229,12; 325,21. II 174,20; 204,7; 209,12. III 44,7; 126,15; 167,23; 457,19bis; 461,31; 495,16. 2) *anrufen* I 169,11. 16. 18; 256,5; 267,11; 286,17; 297,23; 300,17; 348,15; 356,11; 381,18; 438,3; 459,8; 463,24. II 71,20; 186,23; 218,29; 241,15; 243,9; 248,17. III 13,1; 132,9; 140,14; 152,10; 207,6; 229,28; 255,5; 313,8; 340,13; 484,19; 496,5; 510,24.

ἐπικάλυμμα III 441,13.

ἐπικαρπία I 346,6.

ἐπικατάρατος III 511,21.

ἐπίκειμαι I 201,20. II 397,24. III 331,23.

ἐπικεράννυμι II 513,24.

ἐπικερδαίνω I 239,11. III 521,8.

ἐπικηρυκεύομαι II 66,16; 264,6; 388,11; 512,25. III 89,23.

ἐπικίνδυνος II 358,18 (εἴς τι).

ἐπίκλην I 178,19; 304,2 (ἐπίκλην ἐπιτίθεσθαι). III 457,13. 14.

ἐπίκλησις I 144,11 (bei der Taufe); 172,10 (*Benennung*); 176,2; 177,11; 207,15; 231,15 (bei der Taufe). II 1,17 (*Anrufung, Beschwörung*); 46,1. 2 (beim Totensakrament der Herakleoniten); 144,13 (*Anrufung*); 235,11.

ἐπικλύζω I 68,4. 13; 382,2.

ἐπικοινωνέω I 441,9. 12. III 370,26; 371,17; 376,4; 384,33; 397,13; 405,16; 443,22.

ἐπικοινωνία III 365,3; 371,4; 383,18.

ἐπικουρέω I 463,24. II 163,8.

ἐπικουρία II 207,20.

ἐπίκουρος I 438,4; 459,8. II 218,30.

ἐπικράτεια I 212,22.

ἐπικρατέω I 185,1.

ἐπικραυγάζω II 522,20.

ἐπίκρισις I 460,9. III 513,23; 514,1.

ἐπικρύπτω, ἐπικρύβω III 267,31; 312,27.

ἐπικτάομαι III 228,14.

ἐπιλαμβάνω τινός 1) II 217,13 (κατά τινος); 252,2. 22; 306,23; 378,16. III 191,3. 2) Med. I 176,18. II 331,5; 377,12; 418,25. III 103,16; 104,24; 106,8; 110,25; 111,8; 117,17; 118,11; 122,10; 176,33; 189,17. 23; 211,33; 222,1; 234,5; 340,1; 411,21; 433,6.

ἐπιλανθάνω I 128,15; 136,7; 245,1; 372,8. III 81,16. 17; 94,23; 212,11.

ἐπιλέγομαι 1) I 175,19; 179,10; 195,14; 354,1. III 517,12. 2) Akt. *darüber sagen* I 1,17. II 405,8; 518,10 (ἐπειποῦσα). III 268,10; 365,15.

ἐπιλησμονή II 184,18; 275,14.

ἐπιληψία III 112,2.

ἐπιλήψιμος III 259,24; 310,8; 401,30.

ἐπίλυσις I 202,24; 208,9; 307,1. II 224,14; 337,4. III 33,4; 169,18; 189,22; 205,26.

ἐπιλύω (-ομαι) I 122,27; 436,15. II 124,26; 224,13. III 105,6; 496,20.

ἐπιμαρτυρέω I 188,13; 200,23; 201,27; 460,27. II 144,20; 201,21; 259,13; 294,7; 309,11. III 11,2; 90,1; 243,19; 429,18.

ἐπιμέλεια I 116,8; 198,21; 267,20; 315,12; 347,27. II 51,25; 67,12; 103,19. III 74,14; 75,25; 80,1; 229,28; 243,15; 246,9; 247,7; 461,24; 480,11.

ἐπιμελέομαι II 140,31; 162,19. III 32,25; 79,31; 144,20; 190,25; 478,21; 415,2 (m. Inf.); 506,28. — ἐπεμελεῖτο I 116,3. II 162,8. III 80,2. — ἐπιμέλεσθαι II 102,25; 163,9; 275,20. — ἐπεμελήσατο II 196,16. III 242,1; 336,26. — ἐπιμελόμενος I 122,27; 135,28; 196,5; 199,24. II 51,27; 70,1; 81,24; 94,14; 132,30; 134,3; 138,5. 24; 188,20; 225,3; 365,17; 517,17.

ἐπιμελής III 20,11; 342,24. — ἐπιμελῶς I 382,8. II 62,5.

ἐπιμέμφομαι I 35,16. III 381,28; 417,19.

ἐπιμένω 1) I 93,20; 223,9 (*bestehen bleiben*); 292,1 (*leben bleiben*); 367,2. II 108,2; 188,27 (τινί); 242,9; 327,13; 371,10 (ἐν). III 52,11; 97,21; 372,7; 417,10. 2) m. Part. I 346,1; 441,18. III 23,8; 141,19; 328,21; 428,8.

ἐπιμετρέω II 381,18. III 499,12; 502,15.

ἐπιμηκύνω I 226,13. III 331,32.

ἐπιμίγνυμι II 195,31.

ἐπιμιμνήσκω I 325,26; 348,28. II 183,24; 334,8; 380,2. III 53,14; 78,9; 180,10.

ἐπιμιξία I 190,15; 353,5. 7. II 73,18.
ἐπίμιξις II 197,13.
ἐπιμνημονεύω I 309,2. II 379,25. III 3,1;
177,31; 520,29.
ἐπιμολύνω II 399,20.
ἐπινίκιος I 34,21 (ἐπινίκιος ὕμνος für
Jes 6,3). III 228,32; 441,8.
ἐπινοέω I 34,6; 182,15; 264,17; 268,5;
269,1; 294,14; 303,15; 449,17; 459,9.
II 39,19; 43,8; 47,16; 95,5; 98,18;
106,9; 107,15; 131,1; 182,19; 212,22;
218,14; 255,16; 308,20; 318,10; 342,23.
III 9,28; 17,25; 22,4; 23,6; 41,19; 42,5;
97,30; 163,25; 169,15; 182,18; 191,3;
200,29; 202,30; 226,12. 19; 341,15.
31; 378,3. 22; 379,24; 380,31; 384,31;
391,13; 395,25; 396,18; 417,1; 452,30;
455,25; 461,32.
ἐπινόημα I 354,9. III 226,10.
ἐπίνοια I 217,20. II 38,15; 52,17; 60,6;
107,9; 238,20; 401,4. III 48,15; 51,21;
177,12; 221,23; 375,20; 379,2; 406,31.
ἐπινύττω II 256,24.
ἐπιξενόω I 49,20. II 213,10; 358,21.
ἐπιξέω III 72,13.
ἐπιορκισμός I 343,12.
ἐπίπεμπτος III 48,9.
ἐπιπέμπω II 513,23.
ἐπιπλάσσω I 446,15. II 412,4. III 91,10;
267,29; 311,7.
ἐπίπλαστος I 264,8; 271,1; 277,13;
304,18; 355,4; 386,21. II 43,13; 71,16;
75,17; 107,10; 124,14; 324,15; 413,15;
500,6. III 24,17; 96,8.
ἐπιπλατύνω III 245,12.
ἐπιπλοκή I 461,26.
ἐπίπνοια I 316,28; 336,6. II 71,16;
496,2; 501,1.
ἐπιποθέω I 110,15; 312,12. III 491,13.
ἐπιπόθητος I 129,16; 297,15. III 309,24;
329,7.

ἐπιποιήτως II 124,4.
ἐπιπολάζω I 187,3.
ἐπίπονος III 416,4; 489,25.
ἐπιρρέω II 260,9.
ἐπίρρημα I 363,9; 397,11.
ἐπισείω I 259,20; 275,9. III 142,21;
153,10.
ἐπισημαίνομαι I 178,11; 181,12; 190,18.
II 412,12.
ἐπίσημος III 434,19.
ἐπισινής II 359,20.
ἐπισκέπτομαι I 309,19; 340,19. III 23,9;
147,21; 334,18; 471,32.
ἐπισκευάζω I 347,24.
ἐπίσκεψις I 206,14; 339,24. III 478,19;
522,20.
ἐπισκήπτω III 405,25.
ἐπισκοπεύω Bischof sein I 310,2.
III 44,6; 46,1 (ἐπεσκόπευσαν τῆς
Ἱερουσαλήμ).
ἐπισκοπή 1) II 384,20. III 161,12.
2) Bischofsamt I 309,4. 7; 310,5. II 94,14;
243,19. III 156,8; 333,21 (ἦλθεν εἰς τὴν
ἐπισκοπήν); 336,22. 23; 341,10; 414,14;
457,21 (καθέδρα τῆς ἐπισκοπῆς);
513,18 (ὡς ἐπισκοπῆς δεξάμενοι
χειροθεσίαν).
ἐπίσκοπος I 269,21 (τῷ ἐπισκόπῳ τῷ
ἐκεῖσε κατασταθέντι der Engel der
Gemeinde in der Apok. = der Bischof);
298,14 (τοῖς ἐπισκόποις τοῖς ἐν τῷ
τόπῳ ἐκείνῳ). II 94,9; 243,8. III 3,6;
28,1 (τὸν τῆς πόλεως ἐπίσκοπον);
143,7; 231,12. 19. 21; 233,6. 12; 234,1.
3; 242,6; 247,17. 27; 256,4; 259,17;
265,7; 339,7 (ἐπίσκοποι); 452,21;
478,10 (διαδοχαὶ ἐπισκόπων καὶ
πρεσβυτέρων); 490,25; 522,13.
ἐπισκωμματίζω I 156,16.
ἐπισκωμματικῶς I 124,13. III 412,25.
ἐπισκώπτω I 156,15; 298,1. II 500,19.

ἐπισοφίζομαι III 444,17.

ἐπισπάω I 208,8; 269,1; 271,27; 303,17. II 90,22; 256,1; 275,7. III 2,15; 15,1; 95,19; 188,4; 195,1; 205,8; 372,4; 513,23.

ἐπισπείρω I 438,8.

ἐπισπορά I 441,13. III 456,25.

ἐπίσταμαι I 62,19; 273,20; 277,8; 342,4. II 49,16; 134,25; 169,23; 227,29; 312,20; 330,16. III 51,19; 91,33; 120,18; 131,24; 163,16; 191,6; 213,12; 236,22; 238,19; 247,6; 259,7; 338,12.

ἐπιστάτης I 207,17; 441,4. II 188,2; 194,17; 346,17. III 389,23; 397,31.

ἐπιστέλλω I 459,13. II 168,17.

ἐπιστήμη *Wissen* überhaupt I 342,14; 458,11 (*Belehrung*). III 38,10; 493,22. — ἡ ἁγία ἐ. christl. *Wissen* I 122,26. — κεραμικὴ ἐ. *Kunst* I 162,12; 177,20; 185,6. 7; 209,1. II 366,15.

ἐπιστήμων II 103,2; 384,19. — ἐπιστημόνως III 478,23.

ἐπιστολή I 7,3; 293,15; 296,8; 347,19. II 89,19; 155,25; 175,24; 324,14; 330,11; 494,21. III 144,18; 150,30; 155,12. 26; 159,25; 268,28; 417,18; 448,30.

ἐπιστομίζω I 131,12; 283,13.

ἐπιστρατεύομαι II 300,2. III 52,12; 182,15.

ἐπιστρεφής III 472,9.

ἐπιστρέφω I 232,14; 288,10 (Akt.). II 133,26 (intrans.); 134,18; 195,4; 253,3; 261,7; 305,11 (ἐπιστρεπτέον); 372,26; 412,9. III 6,15; 76,18; 93,28; 94,31; 334,19; 376,2; 433,4; 482,20; 483,15.

ἐπιστροφή II 79,11; 353,12; 373,15. III 503,9. 14.

ἐπιστύφω II 303,13.

ἐπισυνάγω I 460,10. II 83,19. III 165,8; 405,25.

ἐπισυνάπτομαι III 448,27.

ἐπισυνεισφέρομαι II 82,12.

ἐπισυνεισφορά III 391,16.

ἐπισυνίστημι III 83,27.

ἐπισφαλής III 384,15.

ἐπισφίγγω II 388,11. III 184,4; 215,14.

ἐπισφραγίζομαι II 248,16.

ἐπισφραγίζω III 42,21; 254,10; 501,2.

ἐπισφραγίς I 13,19. III 329,23.

ἐπισωρεύω I 10,11; 59,22; 239,10. II 82,11; 225,12; 318,18. III 133,17; 134,25; 136,22; 200,5.

ἐπιταγή I 77,12. II 152,13.

ἐπιτάσσω I 339,13; 348,7. II 164,25. III 141,7; 152,23; 184,17; 341,18; 478,21.

ἐπιτείνω III 150,3; 252,24.

ἐπιτελέω I 99,5; 117,13; 121,11; 149,13; 196,3; 204,22; 205,1; 235,14; 236,17; 251,23. 26; 252,23; 261,6. 11; 270,1; 281,24; 286,19; 289,11; 299,27; 311,6; 332,2; 334,13; 342,8; 348,19; 363,13. II 5,17. 20; 48,27; 50,5; 58,5; 64,5; 69,9; 70,12; 87,11; 100,6; 101,10; 103,21; 135,27; 139,31; 148,21; 149,7; 150,22; 212,10; 241,10; 245,7; 247,11; 257,29; 270,13; 280,13; 368,4; 387,1; 404,10; 410,3. III 73,11; 82,24; 84,10; 89,16; 91,24; 93,24; 94,2; 105,28; 112,18; 138,25; 143,10; 161,4; 171,2; 194,30; 195,22; 198,10; 204,26; 228,8; 242,12; 243,11; 244,15; 245,10; 247,5; 335,3; 439,18; 441,16; 448,34; 486,20; 511,17; 522,26.

ἐπιτήδειος I 89,27.

ἐπίτηδες I 241,20.

ἐπιτήδευμα I 49,3; 207,4; 215,5; 219,10; 235,24; 291,14; 343,12. 26. II 477,16; 492,17. III 20,10; 25,13; 133,3; 479,8.

ἐπιτήδευσις I 239,7; 261,5; 308,3; 342,6.

II 49,2; 56,12; 202,12; 240,4; 378,12; 413,10. III 392,8; 440,2.

ἐπιτηδεύω I 264,5. II 406,5. III 19,17. 20; 21,6; 310,17. 22; 415,18.

ἐπιτίθημι 1) I 185,2; 200,10; 209,10; 277,14; 299,24; 304,2; 321,18; 323,18; 324,2; 327,11; 345,26; 348,14; 369,16; 372,9; 378,16; 382,18.   II 174,11; 208,2; 218,8; 231,22; 238,6. III 90,1. 2) *auflegen* im Abendmahl II 243,12. — ἐπιτίθεσθαί τινι   II 227,2; 250,16 (ἐπωνυμία); 312,7. — ὄνομα ἐπιτίθεσθαί τινι III 15,3; 20,8; 35,8; 177,6; 414,16. — πέρας ἐπιτιθέναι I 438,2.

ἐπιτιμάω   I 145,28;   165,1;   379,15. II 51,24; 139,29.   III 86,21; 393,11. — ἐπιτιμῶμαι   *ich werde gescholten* II 144,27.

ἐπιτίμησις I 193,27; 372,4. II 254,12.

ἐπιτιμία   II 101,25;   129,16.   III 58,4; 142,4.

ἐπιτίμιον II 229,5.

ἐπιτομή I 156,4; 161,17; 184,28; 202,26; 245,17. II 146,2.

ἐπιτρέπω 1) *erlauben* I 261,5; 347,11 (ἐπιτρέπομαι *es wird mir erlaubt*); 357,20. II 3,12; 507,7. III 94,16bis. 18; 145,6; 478,17. 24; 479,29; 482,6. 2) *aussenden* I 296,1. II 249,21 (*beauftragen*); 252,24; 256,4; 263,3. 5; 310,2; 381,25.

ἐπιτρέχω II 377,13. III 73,4.

ἐπιτριβή III 94,31.

ἐπιτρίβομαι I 348,4. III 95,1. 15.

ἐπιτροπεύω I 225,9.

ἐπιτροπή   I 357,13.   II 96,20;   100,4; 382,1 (*Zulassung*).

ἐπίτροπος I 225,8. II 288,25.

ἐπιτυγχάνω I 298,28; 344,5. II 62,11.

ἐπιτωθάζω II 376,24. III 19,5; 32,7.

ἐπιφαίνομαι I 157,20.

ἐπιφαίνω I 347,4. II 202,14. III 494,27.

ἐπιφάνεια II 288,11.

ἐπίφαυσις III 245,28.

ἐπιφέρω 1) trans. *beibringen* I 24,14. II 226,5.   III 23,5;   41,16;   148,10; 268,22;   456,10;   481,8.   2) *zufügen* I 380,20. II 147,6 (*hinzufügen*); 201,25; 224,15; 365,16; 388,7; 518,18. III 80,9; 120,21; 134,12; 137,16; 190,14; 205,27; 208,14; 209,11. 16; 234,12; 391,27; 434,23;.   3) *beziehen auf* I 283,20. 4) *herbeiführen* I 173,6. — διαβολὰς ἐπιφέρειν   I 268,14. — ἔλεγχον ἐπιφέρειν τινί I 318,10; 328,1; 346,24. II 172,29; 188,31. III 92,21.

ἐπιφημίζω   I 21,13;   279,18;   298,5. II 58,2.   III 373,26; 382,14; 406,19; 410,23; 413,19.

ἐπιφοιτάω   I 16,9.   II 74,18;   395,2. III 86,7; 89,25.

ἐπιφύομαι I 233,11; 268,19. II 47,17; 250,2; 212,1; 440,13.

ἐπιφωνέω I 18,2; 213,9. III 77,29; 493,31; 497,19.

ἐπιφώσκω II 247,11; 293,2. III 146,28; 244,13; 246,2; 522,28; 523,23. 26; 524,3.

ἐπίχειρα I 126,16. II 515,12. III 82,21 (wohl ἐπιχειρήματον Holl).

ἐπιχειρέω 1) I 251,17; 252,4. 23 (πρός τι);   282,5;   297,16;   298,29;   303,13; 342,7; 343,6; 348,13. II 170,3; 518,7. III 21,7; 73,21; 145,16; 149,12; 163,20; 182,14; 260,3; 342,1; 473,13; 478,17. 2) m. Inf. I 297,21. II 152,23; 311,20. III 32,15. 26; 162,17; 195,3; 467,28; 479,3; 484,6; 513,15.

ἐπιχείρημα   I 185,3;   251,26;   252,25; 271,8; 294,14; 343,1; 348,1. II 478,4. III 40,2;   182,14;   297,28;   301,17; 477,5.

ἐπιχείρησις I 303,13.

ἐπιχειρητής II 257,6.

ἐπιχορηγέω III 32,9; 333,26; 381,10.

ἐπιχορηγία III 375,4.

ἐπιχορηγός III 374,21.

ἐπίχυσις II 201,12.

ἐπιχώριος I 348,10. II 358,8. III 125,3.
— ἐπιχωρίως I 348,1. III 152,25.

ἐπιψηφίζομαι II 186,26.

ἐποδύρομαι II 243,8.

ἕπομαι I 6,20; 69,15; 321,14. II 39,16;
41,12; 80,25; 199,9; 364,1. III 257,21.

ἐπονομάζω I 142,10; 149,27; 176,1;
181,14; 207,14; 279,24; 329,4. II 325,10;
351,19. III 14,8; 21,14; 486,21.

ἐπορκιστής als kirchl. Amt III 522,22.

ἔπος, πρός I 390,2. II 6,6; 38,2; 124,23.
III 32,23.

ἐποτρύνω I 297,7. II 358,18.

ἐπουράνιος I 15,17; 19,21; 36,9; 89,26;
94,22; 144,10; 242,9; 260,14; 272,14;
286,3; 435,13; 458,9. 22. II 66,3; 96,10;
158,8; 192,5; 247,27; 249,12. III 10,11;
107,12;   128,14;   179,30;   228,15;
348,22; 446,30; 455,14; 459,11; 491,14
(πλούτου ἐπουρανίου); 526,1.

ἑπτακέφαλος III 229,26.

ἑπτάκις II 286,2.

ἐπῳδή I 343,11. II 5,23. III 36,1.

ἐπωνυμία   I 211,21; 214,11; 325,25;
329,5; 356,11; 458,29. II 62,16; 165,2;
209,10; 250,17; 287,13; 360,1; 378,20.
III 43,22; 363,24; 454,11; 468,3. 25.

ἐπώνυμος   I 157,14; 173,25; 179,22;
181,10; 187,19; 271,8; 333,17. II 209,2.
III 15,5. — ἐπωνύμως I 188,22.

ἐπωφελής III 474,23. 26.

ἐρανίζομαι   I 179,3; 255,24; 383,10.
III 91,14; 374,18.

ἔρανος I 184,19. II 39,17.

ἐρασμιότης I 248,17.

ἐραστής   I 263,4; 313,14.   II 42,32;
66,17.

ἐράω I 126,3; 248,14. II 85,25; 138,10.
III 119,1.

ἐργάζομαι 1) I 33,5; 36,8; 66,9; 74,14.
17;   82,7;   87,12   (hervorbringen);
95,10; 104,14; 108,16; 114,8; 116,21;
121,1; 130,15; 134,3; 190,16; 222,17;
235,18; 238,6; 241,2. 9; 246,7; 266,25;
267,7; 270,6; 275,21; 281,2; 286,17;
296,5; 304,14; 305,11; 321,5; 438,13.
II 50,10; 51,23; 59,14; 98,7; 101,6;
102,2; 131,33; 157,15; 196,14; 243,6;
254,24; 268,7 (τέχνην ἐ.); 298,9;
312,1.   III 40,21;   76,19;   121,33;
159,18;   192,31;   206,13;   233,25;
296,19; 411,16. 2) intrans. I 135,22.
II 48,7. III 192,30; 226,18.

ἐργαλεῖον I 251,13. 14.   III 173,23;
411,27.

ἐργασία I 156,22; 270,6; 274,19; 278,19;
280,3; 282,17; 305,18; 319,2. II 48,16;
83,27; 185,27; 195,28; 202,17; 241,5;
269,21; 388,9; 399,10; 401,4; 501,10;
502,3; 508,23.   III 41,7; 43,3; 81,7;
253,22; 333,8; 440,5; 488,21; 489,6;
491,11; 493,25; 509,31.

ἐργαστήριον   I 50,9; 94,24; 312,22.
II 193,10. III 163,9; 196,17; 414,6. 8.

ἐργαστής (ἐργάτης) II 80,3; 404,5.

ἔργον I 31,28; 116,29; 306,2; 365,18.
II 101,10.   III 81,7;   110,19;   112,1;
182,18; 302,9; 465,8.

ἐρέβινθος III 73,23.

ἐρεθίζω II 39,8; 51,9. III 81,25; 439,8;
479,15; 483,19.

ἐρεθισμός I 248,12. III 516,3.

ἐρεθιστικός III 476,28.

ἔρεισμα III 382,18; 501,12; 520,11.

ἐρεός, ἐρεοῦς II 310,12. 13. III 430,32;
464,26; 510,15.

ἐρεσχελέω III 296,5.

ἐρεσχελία I 22,29. II 215,4; 246,17. III 216,3; 254,24; 255,15; 310,1; 336,10; 346,3; 439,9; 475,6.

ἐρεύγομαι II 51,1.

ἔρευνα II 37,22; 71,20; 187,10.

ἐρευνάω I 28,18; 97,6; 118,28; 199,6 (Med. = Akt.). II 160,11. III 331,19. 20. 22. 23. 25. 27; 373,22; 458,27.

ἐρευνητής II 417,6.

ἐρημία 1) II 312,1. III 25,3. 2) als Aufenthaltsort des Mönchs: *Einsiedelei* II 402,13; 410,1. III 232,18.

ἔρημος I 40,2; 47,6; 56,29 (ή); 182,3 (ή). II 238,20. III 477,35; 497,6. 15. 18.

ἐρημόω I 195,10.

ἐρημωτικός II 311,14.

ἐρίζω II 65,8.

ἔριον II 388,14.

ἔρις III 154,4; 312,10.

ἐριστικῶς I 98,4.

ἔριφος III 81,24; 82,5.

ἑρμαφρόδιτος III 89,8.

ἑρμηνεία I 54,14; 155,16; 167,8; 196,6 (*Erklärung, Darlegung*); 222,8; 275,21; 348,29; 355,17; 385,12. II 86,6 (*Wortbedeutung, Übersetzung*). III 449,21.

ἑρμηνεύς II 406,5.

ἑρμηνευτής I 54,10. II 196,10. III 522,22 (als kirchl. Amt).

ἑρμηνεύω 1) *übersetzen* I 7,16; 54,12; 104,16; 118,5; 167,21; 168,1; 218,1; 271,14; 277,4; 327,12. III 6,25; 125,3; 175,5; 229,13; 485,5; 500,10. 2) *erläutern* I 44,20; 256,19; 318,25. II 87,3; 146,1; 163,26; 309,13. III 110,28; 162,7; 185,22; 189,28; 191,1; 199,29. 30; 218,15; 230,11; 413,6; 443,29; 481,13; 503,3.

ἔρομαι I 195,21; 365,11. III 259,18; 472,11.

ἑρπετόμορφος II 44,1.

ἑρπετόν I 155,18; 171,22. 25; 184,24; 207,5; 226,26; 247,7; 255,3; 274,22; 299,8. 24; 321,5; 356,10; 369,9; 382,14. 16. II 2,2; 39,23; 44,5; 50,7; 90,1; 162,27; 173,16; 248,23; 249,5; 311,5. III 74,10; 136,20; 152,11; 191,12; 228,30; 313,5; 374,29; 414,19; 475,19.

ἑρπετοφάγος I 124,4.

ἑρπετώδης I 172,3; 245,24; 320,22; 442,22. II 38,29; 80,21; 249,25; 250,14. III 132,14; 163,9; 475,23.

ἕρπω I 249,8. II 508,22.

ἐρυγή III 157,7.

ἐρυθριάω III 454,30.

ἐρυθρός I 321,4.

ἐρυθρυδανόω (Pass.) II 388,15.

ἔρχομαι, ἐπί τι *an etwas gehen* I 383,19. — εἴς τι I 172,16; 177,13; 202,21; 206,19; 215,7; 217,21; 308,6; 318,17. 22; 320,12; 335,13; 349,1; 384,6f. II 47,20; 187,8; 199,11; 204,4; 317,10f.; 336,14; 358,9f. III 142,19; 150,14; 156,14; 259,8. 18; 351,18; 360,5; 414,15; 417,9; 504,31; 509,23. — εἰς πεῖναν ἔρχεσθαι I 369,14. — ἐλεύσομαι I 176,16; 246,19. II 101,5; 104,22; 460,21. III 80,26; 94,20; 336,1.

ἐρωτάω I 36,27; 40,17; 48,14; 49,24; 52,3; 122,21; 252,18; 254,1; 322,28. II 132,29; 254,16; 286,4. III 96,10; 155,9; 164,19; 172,2; 180,3; 186,33; 224,14; 250,14; 251,3; 406,17; 411,32.

ἐρώτημα III 75,16; 406,18.

ἐρωτητικῶς III 386,17; 406,16. 17.

ἐρωτικός I 271,10; 277,12.

ἐσθής I 333,11; 345,15. III 511,8.

ἐσθίω I 247,5; 279,5. 20; 281,16; 282,2; 285,15; 286,1; 289,1; 362,15. 17; 363,27. III 74,1; 90,7; 117,28; 118,7bis; 525,1.

ἑσπέρα I 210,18; 343,23. III 486,5; 523,21.

ἑσπερινός II 293,13.
ἑστίασις I 280,18.
ἔσχατος I 212,17. III 171,28; 251,19.
 — ἐπ᾽ ἐσχάτων τῶν ἡμερῶν I 250,16;
 265,25. III 94,21; 258,4.
ἐσχηματισμένως III 234,21.
ἔσω II 37,18; 46,7. 11; 141,26. III 247,28;
 315,4.
ἔσωθεν II 415,19. III 159,17; 345,26;
 369,16.
ἑταῖρος I 257,2. II 270,3; 339,5. III 102,26;
 492,12.
ἑτεροδιδασκαλία III 494,5.
ἑτεροδοξία I 169,3; 173,18.
ἑτεροζυγέω II 379,2.
ἑτεροουσία III 400,6.
ἑτεροούσιος III 11,9. 10.
ἕτερος III 456,20.
ἑτερωνυμία I 446,13.
ἑτερωνύμως I 440,22. III 201,9.
ἑτέρως I 102,12; 116,14; 257,6; 291,16.
 II 130,6; 201,18. III 91,33; 106,9;
 480,12; 519,24.
ἔτι I 129,16; 200,24; 219,12; 406,21;
 407,15. II 139,4. 15; 281,13; 466,16.
 III 42,15; 142,3; 225,27; 372,21; 405,32;
 476,27; 477,7.
ἑτοιμάζω I 274,13; 339,11. II 5,22.
 III 32,8; 106,2; 147,16; 161,16; 189,11;
 218,19; 250,21; 454,21; 477,33; 510,7.
ἑτοιμασία I 216,25. II 394,2; 518,2. 9.
 III 218,20.
ἑτοιμαστικός III 189,5. 13.
ἑτοιμολογία III 250,5. 19.
ἕτοιμος I 61,18; 219,21; 380,19.
 II 180,14. III 30,28; 91,16; 466,25.
 — ἐν ἑτοίμῳ I 121,20. III 302,30.
 — ἑτοίμως III 372,17.
ἔτος, κατ᾽ ἔτος I 342,16. III 241,26.
ἐτυμολογία I 325,12.
εὖ I 212,28; 254,23; 453,18. II 26,7;

33,10; 280,23; 313,19; 368,4. III 230,5;
 236,23; 501,7.
εὐάζω III 510,23.
εὐαγγελίζομαι 1) *ein Ev. verfassen*
 II 252,24; 256,10; 263,16; 276,7. 2) *das*
 Ev. verkünden II 257,27.
εὐαγγελίζω m. Inf. II 511,20. —
 τινά Med. I 227,16; 254,19; 373,7.
 III 172,28; 187,32. — τινί I 361,3.
εὐαγγελικός I 91,26 (εὐαγγελικὰ
 δόγματα); 157,20 (ε. διδασκαλία);
 179,12 (ε. ἀναστροφή); 233,2 (ε.
 φωταγωγία). 9. II 107,5 (ε. κήρυγμα);
 253,6f.; 258,8 (ε. πραγματεία); 273,4
 (ε. θαυματουργία); 321,5 (ε. φωνή);
 390,6 (ε. οἰκονομία); 402,16 (ε.
 διάταξις). III 327,14 (ε. δόγματα);
 364,10 (ε. μαρτυρία); 480,28 (ε.
 εἰσόδος); 515,18 (ε. διδασκαλία).
εὐαγγέλιον I 292,14; 337,10; 338,3. 5;
 348,29; 349,2. II 63,13; 205,1; 250,23;
 252,25; 253,16; 256,4; 264,2; 270,8;
 391,6. III 78,8. 12; 121,25; 171,6;
 203,5; 212,3; 290,20; 457,17; 460,20;
 479,20; 517,16.
εὐαγγελιστής *Evangelist*, d.h. Verfasser
 eines Ev. I 374,4; 436,7; 458,26.
 II 128,25; 245,1; 249,18; 252,15;
 256,14; 259,8; 273,14. 15. III 6,5; 8,10;
 77,24; 227,28; 228,1. 6; 525,26.
εὐαγῶς I 238,5.
εὐαίσθητος III 78,16.
εὐάλωτος I 208,23; 331,25. II 202,16.
 III 36,11; 254,27; 301,25.
εὐαπολόγητος II 519,17.
εὐαρεστέω II 141,1. III 79,19; 131,3;
 490,29; 502,25.
εὐαρέστησις III 247,23.
εὐάρεστος II 200,8.
εὐγένεια I 368,4. III 364,1; 483,32.
εὐγενής I 127,11. III 467,10; 490,12.

εὐγνωμονέω I 194,17.

εὐγνωμοσύνη III 78,17.

εὐγνώμων II 193,19. III 477,12.

εὐδαιμονία I 166,6.

εὔδηλος I 25,30; 60,15; 278,17. III 74,5.

εὐδιήγητος II 322,15.

εὔδιος II 62,10. III 497,2; 515,20.

εὐδοκέω 1) I 7,5; 170,23; 176,3 (ἐπί τινι). II 92,24. III 477,33; 517,6. 2) m. Inf. I 227,18; 372,11. II 341,21. III 349,4. 3) von Christus bei der Übernahme des Leidens I 46,15; 114,18. 4) bei der Menschwerdung II 79,23. 5) von Gott (der Trinität) bei der Schöpfung II 49,31.

εὐδόκησις III 243,17.

εὐδοκητής III 517,7.

εὐδοκία 1) I 251,23; 311,23. II 59,13; 140,13. 2) von Christus als Gott I 369,25; 376,5. II 144,10. 3) Gottes bei der Menschwerdung I 42,4; 115,15; 265,22. II 277,5. III 174,19. 4) bei der Schöpfung I 253,8. 5) *Willensmeinung* II 139,10.

εὐδοκίμησις III 150,25.

εὐδοξία I 169,3 (*richtiger Glaube, Rechtgläubigkeit*).

εὐειδής III 467,9.

εὐέπεια III 17,14.

εὐεργεσία II 69,30; 89,12; 172,31; 195,32. III 74,21.

εὐεργετέω III 374,11; 383,1.

εὐεργέτης I 94,23. II 280,19; 372,24 (als Name für Gott).

εὐζωΐα II 313,20.

εὐήθεια I 291,14. III 451,8; 476,3; 486,24.

εὐήθης I 42,24; 74,12; 106,12; 107,13; 108,3. III 412,12; 449,20.

εὐθεμελίωτος II 373,16.

εὔθετος I 122,5.

εὐθηνία II 187,20 (Lukian).

εὐθυέλεγκτος I 200,18; 245,6; 258,2; 271,4; 291,14; 331,25. II 188,16; 347,12; 508,27.

εὐθύνω III 472,20.

εὐθύς 1) adj. I 283,17. II 218,24 (*unzweideutig*); 264,16. III 171,7; 172,31. 2) adv. εὐθύς I 33,24; 34,18; 36,6; 42,1. 17; 43,5; 47,10; 49,2. 26; 51,5; 57,4; 120,7; 123,12; 125,2; 126,2; 131,4. 20; 169,9; 194,17; 203,1; 223,17; 254,6; 280,18; 282,13; 293,19; 294,28; 299,10. 12; 315,26; 324,11; 361,3; 362,14; 363,24; 364,27; 365,20. 26; 367,26; 371,4; 372,1; 373,1. 14; 374,1; 376,23; 380,11; 436,15; 437,28. II 38,4; 50,9; 58,9; 61,19; 67,11; 84,5; 86,19; 88,19; 101,1; 107,18; 125,27; 145,16; 158,3; 164,26; 171,4; 172,15; 188,11; 224,15. 22; 227,26; 230,16; 232,4; 235,19; 247,23; 251,12; 256,3; 259,28; 267,6; 273,18; 306,21; 365,15; 374,9; 511,7. III 23,4; 31,4; 32,26; 49,10; 76,22; 80,9; 92,26; 105,29; 120,21; 134,12; 136,30; 154,10. 20; 155,18. 28; 164,18; 171,27; 173,6. 19; 196,25; 209,15; 215,7; 217,8; 252,2; 332,24; 336,19. 31; 341,27; 346,7; 375,6; 411,2; 412,12; 413,26; 429,2. 11; 431,16; 435,22; 436,8; 456,10; 459,14; 464,26; 471,2; 477,3. — εὐθέως I 200,19. III 171,32.

εὐθύτης III 416,26.

εὐθυφλόγιστος I 57,2.

εὐκαθοσίωτος II 148,25.

εὔκαιρος III 497,9.

εὐκατάλυτος III 36,12.

εὐκοσμία II 510,27. III 17,14.

εὐκρασία II 313,17.

εὐκτήριον *Gebetsort* III 486,4.

εὐλάβεια I 136,13. II 94,13; 263,17. III 237,12; 465,1.

εὐλαβής I 23,21; 122,12; 136,11. II 335,11; 369,5; 383,20. III 160,13; 163,11; 434,15; 435,33; 438,23; 452,5; 465,12.

εὔληπτος II 418,18.

εὐλογέω I 118,1; 200,7. III 138,15; 176,34; 210,29; 211,6; 448,12; 482,6.

εὐλογία I 181,13; 200,10. II 104,3; 156,12; 183,10; 279,9; 381,15. III 211,1. 5.

εὐλόγιστος III 523,3.

εὔλογος I 99,5. 11; 108,17; 195,25; 230,16; 449,16; 458,16. II 38,5; 104,20; 195,7; 312,18; 347,16; 418,1. III 36,13; 142,6; 156,22; 195,23; 196,19; 223,15; 384,2; 393,13; 406,27. 28; 432,9; 472,5. — εὐλόγως I 41,9; 69,22; 372,17. II 53,2; 517,29; 520,6. III 36,14; 195,22; 198,9; 204,19; 209,21; 452,7; 472,12.

εὐμορφία I 269,10; 342,22.

εὔμορφος I 267,23; 298,4. III 61,2.

εὐνοέω II 361,4.

εὔνοια I 129,19; 136,15. III 20,2; 36,14.

εὐνομία II 77,10; 85,2; 371,10. 18. III 478,23; 479,16.

εὔνους II 368,6.

εὐνουχία II 360,4. 13.

εὐνουχίζω entmannen 1) Akt. ἑαυτόν I 244,22; 273,29; 443,14. 16. II 213,10; 361,8; 362,2. 9; 402,17. III 134,21; 513,20. trans. II 361,1 (τινες τῶν βαρβάρων βασιλεῖς ἢ καὶ τύραννοι ... νέους τοὺς παῖδας ... εὐ-ουσι). 2) Pass. I 273,27 (ὑπὸ τῶν ἀνθρώπων); 443,13 (ἐξ ἀ.). II 360,15 (ὑπὸ τ. ἀ.). 17 (ὑπὸ ἀ.); 362,8 (ὑπὸ τ. ἀ.). 11 (ὑπὸ ἄλλων). 12 (ὑπὸ ἀνθρ.).

εὐνουχισμός III 118,20.

εὐνοῦχος II 213,11; 361,3f. (Etymologie des Epiph.).

εὐοδμία II 83,31; 84,8; 226,17. III 475,20.

εὔοδμος II 374,8.

εὐόλισθος III 476,12.

εὐπάθεια I 304,15. II 375,12.

εὐποιΐα II 371,11.

εὐπορέω I 247,4; 334,17. II 185,18; 314,3; 376,3; 385,22 (m. Inf.). III 96,24; 369,9.

εὐπορία I 123,15. III 369,8.

εὐπόριστος II 515,17.

εὐπρόσδεκτος II 166,26.

εὐπρόσωπος I 298,9.

εὕρεσις I 93,12. II 374,14. III 7,20; 78,10.

εὑρετής II 88,17. 19. 23.

εὐρίπιστος II 364,8.

εὑρίσκω I 10,1; 74,1 (πιστοὶ εὑρίσκεσθαι). II 42,19 (εὑρέ). III 17,27.

εὔροια III 91,19.

εὖρος III 236,23.

εὐρυχωρία I 52,20.

εὐρύχωρος I 299,21.

εὐρωστία I 163,8.

εὐσέβεια I 156,14; 174,14; 175,10; 179,11; 396,3. II 38,5; 167,5; 340,2; 418,2. III 94,19; 123,16; 145,17; 220,18. 26; 221,4; 237,11; 298,2 (in der Anrede: τῆς εὐσεβείας τοῦ θεοσεβεστάτου βασιλέως ἡμῶν); 329,6.

εὐσεβέω I 11,24; 49,14. III 335,7; 344,12; 380,4.

εὐσεβής I 256,15; 369,5. II 104,20; 171,13. III 89,29; 142,26; 173,30; 174,7; 329,3; 348,5; 362,15; 369,27; 382,30; 396,13; 407,27; 410,24. — εὐσεβῶς I 10,8; 14,8. III 171,14; 173,15; 174,4; 221,5. 11; 241,9; 362,16; 378,3; 428,17; 442,9.

εὐσπλαγχνία I 134,8.

εὔσπλαγχνος II 184,5; 185,3. III 142,16.

εὐστάθεια II 222,13.

εὐσταθέω II 224,19; 230,6. III 378,24.

εὐσταθής II 102,25; 237,13. —εὐσταθῶς II 310,17.

εὐσχημοσύνη III 493,21.

εὔτακτος II 85,3. III 493,31. — εὐτάκτως II 231,16; 313,17.

εὐταξία I 369,3. II 85,1; 170,30. 31; 171,13; 331,9. III 478,23; 493,32; 522,25.

εὐτέλεια I 169,13.

εὐτελής III 214,30; 362,22. 25; 430,27. —εὐτελῶς I 20,27.

εὔτολμος I 348,2. II 359,25. III 195,6.

εὔτονος I 301,14.

εὐτρεπίζω III 206,25.

εὔτρωτος II 80,9.

εὐφημέω III 211,18; 486,27.

εὐφημία III 486,7. 8.

εὔφημος III 486,20.

εὐφραίνω III 78,28; 227,24.

εὐφρασία I 76,29. II 303,14. 18. III 314,10; 500,21; 515,20.

εὐφρόνως I 133,9.

εὐχαριστέω I 320,23; 382,7; 464,5. II 43,2; 241,17. III 132,10; 199,25. 26; 332,36; 494,28.

εὐχαριστήριος III 477,11.

εὐχαριστία Abendmahl I 345,28. II 5,23; 58,2 (bei den Ophiten).

εὐχάριστος I 32,3. III 132,8.

εὐχέρεια II 180,11.

εὐχερής I 74,15; 116,20; 121,11; 132,10. II 180,12. III 196,1; 472,18. — εὐχερῶς, εὐχερέστερον I 121,16. 20. II 519,2.

εὐχή Gebet I 167,14; 210,19; 211,4; 332,2. II 61,6; 44,8; 212,10. III 124,5; 146,31; 335,6. 18; 480,10; 481,25; 488,5; 489,21. 24; 492,15; 496,26; 525,1. 15.

εὔχομαι beten I 25,7; 44,12; 149,15;

210,14; 220,14; 281,7; 282,11; 294,5 (τινί); 320,25. II 213,20 (καθ' ἑαυτοὺς εὔχεσθαι für sich Gottesdienst abhalten); 239,14. III 1,12; 89,31; 143,9; 146,24; 248,1; 335,5; 428,6; 433,2; 454,22; 487,3; 521,11.

εὐωδία II 84,6; 250,1.

εὐώνυμος I 176,8; 272,12; 439,22. 24.

εὐωχέομαι I 442,16.

εὐωχία I 77,3. II 248,6.

ἐφαπλόω II 385,4.

ἐφάπτομαι I 51,15. II 313,14. III 37,6; 141,24.

ἐφαρμόζω I 155,13.

ἐφέλκομαι II 353,18. III 112,4.

ἐφεξῆς I 224,5; 233,11; 299,17. III 199,29.

ἐφέστιον I 346,21.

ἐφεύρεμα I 170,2.

ἐφευρετής I 177,7. III 399,2.

ἐφευρίσκω I 177,16 (ἐφηύρατο); 244,2; 303,15; 440,26. II 117,14; 240,10; 366,8. III 39,9. 15; 218,11. 26; 333,15; 395,22.

ἐφήμερος II 162,21. III 490,1. 25.

ἐφιζάνω II 83,19.

ἐφίημι Med. I 213,7; 357,23. II 98,12 (hoffen τι); 101,13 (streben nach τινός); 196,21 (τινός). III 108,20; 522,6.

ἔφιππος III 116,16. 20.

ἐφίστημι I 174,2; 200,18 (ἐπίστησον); 298,12 (ἐπιστῆσαι τὸν νοῦν); 346,26 (intrans. dazu kommen). II 198,29 (Med. τινί); 249,19 (widerstehen). III 131,14; 133,4.

ἐχέγγυος I 184,8; 283,15.

ἔχθρα I 78,15. II 61,8. III 171,20; 211,26; 222,1; 226,11; 433,22.

ἐχθραίνω I 59,31. III 416,11.

ἐχθρία II 53,8. III 296,29. 32; 312,16; 452,9.

ἐχθρός (Adj.) verhaßt I 331,26. III 111,5.

9; 117,4; 164,6. 12; 174,31; 211,27; 329,2; 334,2.

ἐχθρός (Subst.) Feind = *Teufel* II 51,22; 53,6.

ἔχιδνα I 245,25; 256,1; 299,25; 395,17; 447,19. 20; 463,27. II 38,30; 44,6; 241,8.

ἔχις III 13,6. 7.

ἔχω I 7,10 (περί τινος *glauben an etwas*); 102,14; 299,15 (ἔχεσθαί τινι *von etwas festgehalten werden*). II 227,4 (intrans. περί τι); 280,6. III 115,3; 162,2; 205,5; 223,15; 231,5; 302,9; 313,20; 438,12; 448,21; 475,30. — ἔχεσθαί τινος I 48,1; 438,17; 447,13. II 224,21; 269,24. III 200,19.

ἔψεμα II 218,5. III 524,24.

ἑψέω II 218,8 (ἑψημένον).

ἑωθινός III 524,9. 10.

ἕωλος I 215,5; 359,25; 437,29. II 349,5. III 496,17; 499,12.

ἕως *Morgen* II 139,23. III 486,5. — ἕωθεν III 335,20; 523,15.

ζάλη II 62,4. III 496,22.

ζάω I 123,8. III 479,12. 13.

ζεύγνυμι III 457,6.

ζεῦγος I 300,8; 384,26.

ζέω II 390,3.

ζῆλος I 5,11 (ζῆλον ζηλόω). 21 (ζ. ἀναλαμβάνειν); 6,7; 131,9; 156,9. 16; 235,13; 347,7. II 85,22 (*Eifersucht*). III 33,6; 142,15. 25; 145,11; 148,12. 14; 161,24; 233,5; 248,20; 296,5. 15; 333,5. 29; 336,10; 433,27; 485,8. — ζήλῳ ἀρθείς I 348,8. II 69,7; 95,4. III 159,25. — ζήλῳ ἐνεχθείς III 154,25.

ζηλοτυπέω I 268,11.

ζηλοτυπία II 360,19.

ζηλόω I 5,11; 6,8. II 96,23. III 494,19.

ζηλωτής III 148,22; 161,19.

ζηλωτικός III 28,26.

ζημία *Verlust* I 118,19. II 370,15. III 416,24.

ζημιόω II 83,20; 146,7; 247,13. III 82,1; 428,7.

ζητέω I 16,26; 40,19; 94,2; 109,9; 201,13. II 510,4. III 38,16; 112,30; 144,11; 172,1; 177,30; 232,12; 245,10. — τὸ ζητούμενον II 253,21; 268,5. III 17,15; 167,16.

ζήτημα I 42,16; 120,7; 170,2; 201,20; 202,24; 208,8. II 95,8; 337,4. III 7,20; 13,5; 30,28; 31,6; 77,20; 234,19; 242,14; 371,7; 496,20.

ζήτησις II 247,12. III 103,8; 176,32; 219,8; 244,4. 5; 255,17; 332,18; 351,13; 441,11; 449,19.

ζιζάνιον II 80,28.

ζιζανιώδης I 298,17; 459,17. II 340,11. III 72,10.

ζόφος III 467,14.

ζοφόω I 122,1 (ζεζοφωμένα). II 170,5.

ζοφώδης II 373,23; 513,24.

ζύγωμα II 383,10.

ζύμη II 157,5.

ζυμόω II 157,6.

ζῴδια I 211,23.

ζωή I 299,20; 300,16; 386,1. 9. II 144,19f.; 343,8. III 8,10; 82,28; 139,29; 179,10; 503,15.

ζῶμα III 510,8.

ζώνη I 186,19.

ζώννυμι III 510,8.

ζωογονέω I 172,7. II 253,15.

ζωογόνησις III 516,29.

ζῷον I 18,3; 32,14; 45,24; 47,10; 124,2; 164,10; 222,24; 286,5. II 39,2; 58,1; 133,18. 19; 166,3. III 13,11; 73,26; 75,26; 91,22; 97,14; 118,6; 374,29; 445,29; 463,5.

ζωοποιέω   I 81,8;   410,17.   II 425,18;
480,4; 485,18; 498,21.   III 306,3. 5;
317,25; 318,1; 425,30. 31; 444,29.
ζωοποιός   III 374,3.
ζώπυρος   II 198,16. 20; 199,3.
ζωτικός   I 244,18.   II 143,18;   183,24;
248,13.   III 6,10; 85,28; 181,5; 187,16;
188,4; 223,13; 384,17; 405,26; 521,13.

ἡβηδόν   III 511,19.
ἡγεμονεύω   I 180,17.
ἡγεμονία   III 501,17.
ἡγεμονικός   II 227,7.   III 305,23.
ἡγεμών   I 96,7;   180,18.   II 366,17.
III 141,7.
ἡγέομαι   I 7,8; 106,11; 213,27; 215,10;
224,10.   II 162,24;   257,2;   345,5.
III 76,10; 89,15; 110,15; 133,26; 140,1.
ἡγιασμένοι   I 190,29 (προφήταις καὶ
ἡγιασμένοις).
ἤδη   I 233,12; 400,11; 460,31. II 77,29;
186,8; 341,5; 476,17.   III 194,14; 414,1;
435,30; 511,16. 18.
ἡδονή   sinnliche Lust   I 100,6;   123,10;
128,1; 166,7; 261,11; 269,10; 280,11;
281,22. 24; 290,11; 294,14; 295,8;
297,7; 305,2; 361,1.   II 52,30; 61,8;
200,22; 358,19.   III 440,25; 516,4.
ἡδυπάθεια   I 261,10;   271,6;   272,4.
III 19,5; 479,1.
ἡδύς   I 79,22.   III 41,13; 85,30; 136,26.
ἥδυσμα   II 83,14.   III 17,17.
ἦθος   II 50,18; 205,7; 414,6.   III 268,5.
ἥκω   I 6,10. 23; 44,12; 170,6 (ὅσον εἰς
ἀνθρόπους ἧκεν). 13; 196,14; 241,1
(εἰς πόλεμον ἥκειν); 313,5; 354,1;
359,26;   365,21;   369,23;   445,20.
II 39,20; 41,20 (ἧκεν φέρων); 42,15.
31; 72,18; 149,15 (ἧκεν ἐπί τι);
191,19; 193,8; 260,7; 261,23; 277,20;

358,19 (εἰς ἡδονὴν ἥκειν). 25 (εἰς
ἡμᾶς ἧκεν); 377,21; 517,19.   III 32,22;
43,4; 78,20; 96,10; 119,3; 259,12;
381,19; 392,1; 402,1; 413,19; 455,15;
457,3; 463,8; 501,29.
ἡλιακός   III 243,25; 245,29.
ἡλίθιος   I 75,4; 217,13; 253,1.   II 93,1;
103,30; 133,16; 141,27; 153,15; 366,11.
III 116,11;   182,28;   191,26;   192,11;
196,17; 203,23; 346,9; 373,21; 406,14;
429,25;   484,7. — ἡλιθίως   I 37,28.
II 106,16; 183,14.
ἡλιθιότης   I 23,17; 212,18.   III 212,17.
ἡλικία 1) Zeit, Zeitalter I 162,15; 163,18;
208,28.   III 200,16.   2) Lebensalter
I 297,21; 339,19; 462,8. II 144,8; 203,9;
250,8; 263,18; 273,26; 299,5; 400,19.
III 2,2; 117,3; 137,28; 154,13; 341,31;
458,22; 459,32; 463,3; 511,16; 516,11.
3) Größe II 311,13.
ἧλιξ   I 342,3.
ἥλιος   I 56,4.   II 164,11.   III 30,20.
ἧλος   I 112,3.
ἡλόω   II 511,24.
ἡμερινός   II 139,21.
ἥμερος   II 43,15.
ἡμερότης   II 57,21.   III 502,15.
ἡμιάγιος   I 34,28.
ἡμιαρει‹ανί›ζω   III 267,28.
ἡμίπλαστος   III 313,12.
ἥμισυ   I 247,7.   II 142,10;   200,19.
III 501,28.
ἡμισφαίριον   I 187,1.
ἡμιτελής   III 374,4.
ἡμίτομος   I 226,27.
ἡμιφόριον   III 154,15.
ἡνίοχος   I 96,7.   III 195,22.
ἧπαρ   I 45,21.   III 197,28.
ἧπερ   III 180,21.
ἠρέμα   I 365,26.   III 32,24.
ἠρεμέω   III 474,4.

ἥσσων I 18,25; 28,13. II 65,14; 103,14; 124,5. III 191,23. 27; 195,3; 201,25; 402,16. — ἧττον II 44,12. III 19,17; 31,13.

ἡσυχάζω II 226,15f. III 403,1; 498,13.

ἡσυχῇ I 6,2.

ἡσύχος II 102,25.

ἧττα I 268,7. II 69,23. III 73,15; 363,15.

ἡττάω I 47,17; 95,24. 25; 464,3. II 522,13. III 99,19; 104,23; 197,2; 520,26. — ἡττᾶσθαί τινι I 294,14. II 69,18; 401,9 (*etwas unterbringen*). III 73,8; 366,4.

ἠχέω II 222,10.

ἠχήεις III 189,7. 10.

ἧχος I 439,9. II 312,15.

θᾶκος III 146,32.

θαλαμεύω I 127,18.

θάλασσα I 62,14; 217,24; 411,10. 15; 431,22. II 62,12; 135,16; 513,20. III 74,31; 75,10,21; 212,16; 240,9f.; 337,4.

θαλάττιος II 62,5.

θαλλός II 403,14.

θάλλω I 104,1.

θάλπω I 116,18. II 390,2.

θάλψις II 312,30.

θάμνος II 198,23; 250,6.

θανάσιμος I 130,9. II 131,9; 409,5.

θανατηφόρος II 39,9.

θανατικός III 23,6.

θανατοποιός II 38,18. III 114,28.

θάνατος I 20,4; 118,14. 17 (θάνατος δεύτερος = ὁ διὰ καταδίκης); 277,15. II 241,9 (θάνατον ἐμβάλλειν). III 13,11; 202,29.

θανατόω II 189,11. III 517,25.

θανατώδης I 280,10.

θάπτω I 103,20. 21; 106,13; 113,14;

130,5; 230,3; 294,7. II 101,4. III 20,3; 341,21; 392,5; 462,4. 5; 486,19.

θαρραλέος I 55,20; 378,28 (θαρσαλέως). — θαρραλεωτέρως I 374,2.

θαρρέω I 214,20.

θάρσος s. auch θράσος. I 44,3 (θ. λαμβ.).

θάτερος I 212,20. II 356,16. III 223,5. 6. — θατέρως II 382,1.

θαῦμα I 48,14; 51,14; 61,24; 121,10; 328,6; 342,19; 376,7. II 131,13; 148,11; 226,7; 520,16. III 31,14; 396,12; 408,7; 430,15; 462,8; 465,30; 468,18bis. 24; 502,10.

θαυμάζω I 7,4; 47,15; 50,1; 55,15; 73,11; 75,21; 104,4; 109,3; 132,23; 141,4; 178,8; 194,14; 195,18; 306,6; 309,4; 316,27; 365,14; 366,1. II 43,16; 58,17; 83,17; 146,13; 216,15; 269,20 (θ. ἐπί τινι). III 27,18; 211,8. 17; 334,10; 350,14; 416,9; 443,18; 448,28; 452,23. 24; 456,31; 458,26; 459,22; 479,25.

θαυμάσιος I 74,17; 200,19; 277,9; 343,1; 365,11. II 67,10; 383,15. III 25,6; 338,28; 340,9; 416,7; 467,12. — θαυμασίως II 353,10; 361,13. III 211,24.

θαυμασιότης *Verwunderung* I 47,19.

θαυμασμός I 189,26. II 228,13. III 370,4; 430,7; 495,2.

θαυμαστός I 386,19. II 230,7; 273,3; 321,21. III 32,6; 43,19; 75,17; 92,8; 185,24; 221,14; 233,31; 247,32; 413,28; 433,10; 435,23; 444,18; 461,26; 469,7; 471,7; 494,22; 498,16. — θαυμαστῶς I 264,19; 375,19; 435,24. II 74,17; 385,15. III 48,19; 233,30; 302,29; 346,24; 350,1; 444,30.

θαυματουργία I 132,23. II 273,4; 508,12. III 124,13.

θεά I 126,5; 181,11; 348,12. II 315,6. III 72,21.

θεάομαι I 181,11; 209,9; 326,1. 19;

327,5; 345,24; 458,23. II 59,12; 224,13;
227,11; 366,12. 21; 522,1. III 49,15;
104,7; 233,5; 240,2. 9; 455,13; 478,20;
496,24.

θεατροειδής III 485,21.

θέατρον III 178,22; 525,11.

θεήλατος I 23,18; 63,11; 266,17.
II 129,23; 418,5; 504,7.

θεϊκός I 156,10; 197,13. 14. III 136,20
(λόγου θεϊκοῦ); 143,2; 148,13; 169,17;
215,22; 377,7; 381,12; 518,23; 520,3.

θεῖον, τό *Gottheit* I 12,6; 20,13; 26,10;
32,29; 37,29; 56,20; 57,14; 61,8. 13;
102,2; 322,16. II 69,17; 410,5. III 39,11;
75,14; 113,3; 176,18; 184,27; 200,19.
27; 241,9; 379,3. 32; 508,17. 19.

θεῖος wie von Personen; für θεῖα βιβλία,
θεῖον γράμμα und θεῖος λόγος u.ä.
s. Sachregister Theologie. I 6,13 (θεία
γραφή); 15,6 (πνεῦμα θεῖον); 61,16 (ἡ
θεία φύσις); 165,14. II 261,15 (θεῖα
εὐαγγέλια); 281,1 (θεῖα εὐαγγέλια);
291,21 (θεῖον δόγμα); 374,15 (θεῖον
λόγιον); 406,1 (θεῖαι ἀναγνώσεις).
2 (θεῖαι βίβλοι). III 191,24 (θεῖα
ῥήματα); 203,5 (θεῖον εὐαγγέλιον);
258,17 (θεία διδασκαλία); 365,8
(ἐνυπόστατον θεῖον γέννημα); 401,15
(θεῖον πνεῦμα); 507,5 (θεία ψυχή);
508,6 (θεία πρόνοια).

θέλγη‹σ›τρον III 511,30.

θέλγομαι I 223,1; 272,16; 300,2; 342,22.

θέλημα I 29,26; 79,12. 14; 174,15; 197,3.
11; 235,25; 251,23. II 252,21. III 124,13;
207,27; 223,31; 518,10; 525,27.

θέλησις I 43,14. III 82,27.

θέλξις II 200,11; 313,27.

θέλω I 8,19; 32,3; 391,3; 392,13.
III 213,25; 235,16.

θεμέλιος, ὁ I 6,14; 35,7; 247,1. II 329,2;
373,12. III 361,16.

θεμελιόω I 17,10; 56,4; 110,17. II 167,4.
III 238,16.

θέμις I 252,15; 269,14. II 490,18.
III 390,14.

θεμιτός I 305,15.

θεοδίδακτος III 383,28.

θεόθεν I 6,7. III 161,24.

θεοκτόνος III 5,3.

θεολογέω 1) III 184,19. 2) *für Gott
erklären* I 87,16; 143,24. II 417,23.
III 180,16; 323,15; 401,4; 405,31.

θεοποιέω I 124,2; 126,15; 163,5; 178,13.
II 325,18; 342,19. III 479,10.

θεοποιία III 109,31.

θεοπτία I 347,4. II 257,27.

θεοσέβεια 1) I 156,10; 164,11; 180,1.
4; 188,12; 189,8. 13; 190,13; 193,11;
197,9; 215,23; 244,7. II 231,11; 381,16.
17. III 25,4; 32,6; 163,14; 408,4; 446,29.
2) als Ehrenanrede I 2,24; 4,6.

θεοσεβής 1) I 180,13; 187,19. 22; 189,13;
193,22. II 344,21; 418,5. III 27,18;
433,26. 2) als Ehrenbezeichnung
I 2,20. II 344,21. III 163,11; 298,2
(τοῦ θεοσεβεστάτου βασιλέως ἡμῶν
Κωνσταντίου); 446,13; 449,7. 13.

θεοσημεία I 36,8.

θεοσημεῖον I 182,3; 327,5; 345,13;
381,18. II 131,32; 151,8; 270,12; 301,8.
III 138,24; 517,14.

θεότης 1) *das göttliche Wesen* I 12,21;
13,4. 11. 12; 14,5; 15,21; 16,1; 18,11;
26,6; 33,17f.; 37,7. 9. 12; 50,5; 31,6.
II 349,16. 22. III 11,17; 111,2; 176,20;
179,15; 182,6. 9; 190,32; 327,21; 346,19.
22; 520,6. 8. 2) konkret *die Gottheit, Gott*
I 37,30; 43,22 (ἡ αὐτοῦ θεότης); 44,22;
45,28; 51,17; 73,8; 87,12; 94,27; 95,5. 6;
98,22; 99,12; 101,23; 148,19. II 511,15.
III 169,11; 173,17; 174,19. 20. 23;
210,10; 222,24; 323,12; 396,7; 444,28.

θεοτίμητος als Ehrenbezeichnung I 2,6; 3,7.

θεοτόκος I 39,13; 95,2.

θεοφάνεια *Menschwerdung* II 254,29; 300,15 (*Epiphanien*).

θεοφιλής III 163,11; 242,3 (θεοφιλέστατος, von Constantin); 298,8 (ὁ θεοφιλέστατος βασιλεὺς ἡμῶν Κωνστάντιος).

θεόφιλος II 257,10.

θεραπεία II 59,15; 185,25; 219,2; 376,6. III 74,14; 167,10; 486,28.

θεραπευτής I 325,23.

θεραπεύω I 377,20f. II 125,7; 134,3. III 78,6; 94,13; 165,14; 211,10; 229,21; 483,22.

θεράπων I 181,6. III 211,22 (Χριστοῦ θεράποντες).

θερισμός II 375,11.

θερμαίνω II 390,11.

θερμός II 390,3.

θέρος I 214,10; 236,21. III 487,14.

θέσις, insbes. θέσει I 12,15; 88,21; 89,6; 90,19. II 153,17. III 197,20; 198,3; 441,2; 487,9.

θεσμός I 163,4. II 77,11; 244,17; 385,13. III 31,16; 233,15; 373,25; 396,16; 428,10; 487,9; 492,29; 494,13; 513,6; 514,9 (παρὰ τὸν θεσμὸν τῆς ἐκκλησίας); 521,28.

θεσμοφορι‹ά›ζω III 510,12.

θεσπέσιος III 50,6; 208,15.

θεσπίζω I 223,23. III 96,7.

θέσπισμα I 189,14.

θέτης III 129,28.

θετικός III 390,25.

θετός I 8,14; 12,13. II 86,10.

θεωρέω I 62,18; 328,19; 371,7. II 146,1 (*auslegend betrachten*); 242,10; 334,21. III 105,13; 123,2; 210,20; 364,31; 377,6; 403,26; 448,14.

θεώρημα I 264,6.

θεωρία 1) *Anblick* I 171,20. II 59,12. III 9,8; 137,6; 344,4. 2) Auffassung einer Bibelstelle, *Sinn* I 41,6; 57,28 (ernstgemeinte *Lehre*);73,14(*Betrachtungsweise*); 74,5; 447,19 (*Lehre*); 322,10 (τὰς ἐν αὐτῇ τῇ λέξει θεωρίας). II 127,8 (ἔχει μείζονα θεωρίαν); 132,5; 414,9. 3) *Schau(ung)* I 62,23; 63,2. 5) tiefere *Auslegung* (opp. ἀλληγορία) II 386,14; 414,15.

θήκη I 57,25; 107,13. II 513,16.

θηλιεύω III 72,26; 510,7.

θηλυκός I 241,5; 385,1. II 52,30; 316,4.

θηλύνω I 123,23; 391,5 (valentin.). II 53,1.

θῆλυς I 71,2; 276,22; 300,3. 4; 384,25; 389,15. II 52,28. III 82,30. 31; 457,17; 468,14.

θῆξις I 116,29; 117,3; 248,17; 383,8. II 93,13; 508,17; 513,22. III 431,3.

θήρ I 195,20. 23; 382,14. II 522,14. III 74,10; 81,25. 26; 82,1; 111,4; 118,2. 5; 131,18; 226,33; 456,2; 476,28.

θηράομαι I 34,3; 51,9; 206,8; 268,4; 304,19; 315,11. II 255,28; 401,1; 523,8. III 77,22; 101,17; 176,30; 197,1; 458,26.

θηρευτής III 191,13; 297,12.

θηρεύω II 311,18. III 81,26. 28; 82,1.

θηριοβολία I 195,23. III 132,14; 215,32; 228,27.

θηριόβολος III 496,24.

θηριόδηκτος I 155,16.

θηριομαχέω III 152,3.

θηριομορφία I 438,28.

θηριόμορφος I 313,4.

θηρίον I 123,30; 155,18; 171,25; 173,13; 184,24; 195,16. II 62,8. III 117,24; 118,5.

θηριώδης I 245,19; 313,8; 320,26. II 71,14; 323,24.

θηρολεκτέω II 217,13.

θησαύρισμα I 391,2.

θησαυρός I 110,12.

θιασώτης I 282,9 (Gnostiker).

θιγγάνω   I 200,16   (θιγεῖν);   206,3
    (θιγγάνειν).

θλῖψις III 93,10; 163,4; 178,8; 334,12.

θνῄσκω I 44,18; 122,19. II 39,5. III 23,1.

θνητός   I 80,13;   112,11;   164,9;   230,12.
    II 172,23ff.;   445,5;   452,2.   III 167,4;
    479,10.

θοινάζω I 282,20.

θολόω   I 187,15.   II 200,11.   III 104,14;
    373,14; 456,23.

θόλωσις III 103,30; 453,31.

θορυβέω II 298,6. III 416,15; 467,31.

θόρυβος III 242,13; 496,27.

θράσος   I 32,5;   269,6.   II 344,10.
    III 108,1. 10. 13.

θρασύς II 90,3.

θραύω I 47,19. III 108,5.

θρέμμα I 122,9. III 32,18; 429,21.

θρηνῳδέω I 124,19.

θρησκεία I 163,16; 166,12; 187,19; 189,1;
    197,6; 280,17; 296,18; 321,7. II 285,9.
    III 141,23; 473,29.

θρησκεύω I 130,1.

θριαμβεύω I 270,8; 435,18. III 13,15.

θρίξ I 288,18; 321,4.

θροέω III 483,2.

θρόνος *der Bischofsstuhl* I 324,4. III 143,13;
    147,15; 151,2. 16. 19. 24; 161,16; 296,34;
    302,26; 334,31; 457,21.

θρυλέω   I 183,21.   II 358,22 (πολὺς
    θρυλεῖται λόγος).

θρύλλος I 345,31.

θρύπτω I 100,5. II 514,20.

θυγάτηρ I 126,12; 182,8; 296,24; 355,11.
    II 18,16; 27,22; 76,20. 23. 29; 217,15;
    385,22.   III 207,5; 319,8; 473,24. 26.
    30; 490,12; 509,3.

θυΐσκη III 337,12.

θῦμα II 149,4; 330,2. III 245,20.

θυμέλη III 414,6.

θυμηδία II 313,20.

θυμίαμα II 249,2. 27. III 220,21.

θυμιάω I 236,5. II 249,26.

θυμικός I 165,14.

θυμός   II 188,31;   198,28.   III 148,12;
    182,23.

θυμόω II 198,26.

θύρα I 340,30.

θυρεός   II 95,7 (ὡς ἀπὸ θυρῶν τῶν
    ζητημάτων). III 228,28.

θυρίς I 252,18.

θυρωρός III 522,24.

θυσία   I 32,14;   190,29;   211,4;   216,4;
    219,25;   220,20. 22;   226,12;   243,9
    (von den Mysterien der Simonianer);
    286,8   (von   den   geschlechtlichen
    Darbringungen der Gnostiker); 296,14;
    311,8;   379,1.   II 57,18 (die τελεία
    θυσία der Ophiten); 240,4 (für die
    Abendmahlsfeier   der   Montanisten –
    Zerstechen des Kindes). III 84,7; 93,26;
    127,22; 141,24; 473,22.

θυσιάζω I 208,5; 216,5.

θυσιαστήριον   I 217,9;   220,22. 24.
    II 330,2. III 127,19; 146,26.

θύω I 164,6; 216,4. II 404,9. III 141,24.

θωπεία III 118,24; 155,24; 268,9; 312,26.

θωπεύω III 118,8; 122,8; 154,16; 333,31.

θωρακισμός III 83,20; 84,14.

θώραξ II 414,12.

ἴαμα II 59,8; 253,11. III 22,11.

ἰάομαι   I 48,19;   83,3;   89,14;   377,21.
    II 208,2.   III 94,1;   142,22;   360,14;
    517,13.

ἴασις I 89,15; 245,18; 297,13; 320,6.
    II 59,22; 129,12; 185,25; 219,2; 315,19;

365,16; 374,16; 388,9; 522,17. III 74,13;
204,26; 229,29.

ἰατικός   II 59,11;   240,17.   III 78,29;
220,6; 360,13.

ἰατρεία III 74,22.

ἰατρεύω I 224,3; 377,22. II 365,16.

ἰατρικός I 155,16; 339,7.   II 218,32;
409,16. III 13,17.

ἰατρός   I 133,2 (καὶ   σωτήρ);   185,5;
325,24 (καὶ σωτήρ); 339,9.

ἰατροσοφιστής III 31,8.

ἰατροσοφιστικός II 510,1. III 133,3.

ἶβις I 124,5.

ἰδέα   I 100,12; 249,10; 248,18; 321,1.
II 211,18. III 88,16; 213,24.

ἰδίᾳ   I 383,18.   II 228,24.   III 145,12;
507,7.

ἰδιαζόντως I 58,7; 205,11.   II 42,26.
III 230,9; 387,8.

ἰδιάζω   I 295,18 (allein, ehelos leben);
375,29. II 352,18. III 170,2; 223,31;
448,32.

ἴδιος 1) in der Trinitätslehre (nur beim
Vater) I 26,4 (τὸν ἴδιον πατέρα). 22.
2) beim Sohn (sonst immer γνήσιος)
II 195,11 (τοῦ αὐτοῦ ἰδίου υἱοῦ).
— κατ᾽ ἰδίαν I 279,21.   II 167,29.
III 105,21; 143,9. 10; 213,9. — ἰδίᾳ s.o.

ἰδιότης I 14,12.

ἰδίωμα III 270,15.

ἰδιωτεία II 522,11. III 432,32.

ἰδιώτης I 93,9; 121,27; 342,26. II 366,21;
395,20. III 124,26; 362,22; 443,16.

ἰδιωτικός III 19,5; 230,10; 234,7. 16;
241,12; 247,34; 411,12. — ἰδιωτικῶς
I 22,21; 400,18.

ἰδού I 26,26; 45,20; 253,27.   II 7,12;
93,5; 142,31; 251,5.   III 42,19. 23;
205,17.

ἰδρύνω   I 311,6 (ἰδρύσαντες);   324,4
(ἴδρυται); 338,17.

ἰδρώς I 156,20. II 207,13. III 73,13.

ἱέραξ I 124,6.

ἱερατεία   III 477,29   (ἱερατείαν
ἐπιτελέσαι); 478,13.

ἱερατεῖον   Priesterschaft   II 405,2 (zur
Bedeutung vgl. II 405,6: οἱ   τὴν
ἱερωσύνην   διέποντες).   III 310,1
(Klerus?).

ἱερατεύω I 291,11; 324,19. II 211,16;
327,21; 337,1.   III 477,6. 26. 27;
478,17.

ἱερατικός I 323,15. II 327,13. III 464,16;
477,18.

ἱερεία III 482,4.

ἱερεῖον II 330,2. III 187,10.

ἱερεύς 1) jüd. Priester I 196,7; 219,1.
2) für einen alttest. Priester I 118,10;
207,17; 346,16 (jüd. Priester).   3) der
christl. Priester II 231,19. 4) III 20,13
(ἱερεῖς τοῦ Μίθρα); 511,19 (ἱ. τοῦ
Ὥρου).

ἱέρισσα III 478,29.

ἱερομηνία III 511,16.

ἱερός I 2,28 (ἱερά σου γράμματα); 4,11
(ἱερὰ συγγράμματα); 130,14 (ὁ ἱερὸς
ἀπόστολος); 192,10 (ἱεραὶ βίβλοι, vom
AT); 445,18 (ὁ ἱερὸς Εἰρηναῖος). — τὸ
ἱερόν   der Tempel   II 145,25; 166,11
(εἴδωλον). III 512,19.

ἱερουργέω I 291,15 (ὁ ἱερουργούμενος).
II 326,15; 330,2.   III 473,13; 477,9.
13. 20; 478,6 (ἱερουργοῦντες   τὸ
εὐαγγέλιον: Röm 15,16). 12. 20.

ἱερουργία   I 220,20.   II 367,8.
III 143,10.

ἱεροφάντης III 512,21.

ἱεροφαντία III 511,13.

ἱεροφάντωρ III 477,19.

ἱερωσύνη 1) Priesteramt, Priesterschaft
I 118,10;   323,6;   324,19;   325,3.
II 125,8; 231,6; 327,1. 3; 367,7; 405,6.

2) *Priesterschaft, die Priester* II 371,15.
3) im übrigen III 464,13. 15; 466,25.

ἱκανός I 5,21; 107,18; 341,3. II 146,8;
400,8; 458,15. III 19,22; 142,10;
233,18; 388,10; 432,2; 451,20; 522,10.
— ἱκανῶς I 76,28; 110,6; 245,21;
459,6; 463,22. II 71,13 (ἱκανῶς ἔχειν);
89,28; 155,21; 311,4; 337,10. III 195,4;
202,31; 216,1; 247,23; 249,3; 411,11.
13; 475,18; 484,15; 500,27.

ἱκανοῦσθαί τινι *sich begnügen* I 435,25.

ἱκεσία II 62,11; 375,22; 513,27.

ἱκετεύω III 495,19.

ἰκμάς I 104,9. II 83,5; 208,1.

ἰκτίς I 124,5.

ἱλασμός II 165,5.

ἱλαστήριον I 79,4; 92,13.

ἴλιγξ III 496,23.

ἱμάς I 462,12.

ἱμάτιον I 46,17; 75,2. 10; 114,20; 119,3;
143,2; 209,10; 211,6; 334,20; 345,26;
365,16. II 107,17; 314,2. III 143,3;
445,19. 20; 468,31.

ἱματισμός III 503,18.

ἱματιοφύλαξ II 313,1.

ἰνδάλλομαι III 32,22; 89,9; 103,22;
297,29.

ἰνδαλμός II 216,9.

ἰνδαλτικός I 291,13.

ἰνδικτιών I 73,3.

ἰοβολία I 207,5; 245,21; 442,22. II 52,15;
81,19; 90,2; 402,25. III 157,21; 218,27;
360,15.

ἰοβόλος I 382,4. II 62,8; 71,15; 198,20;
337,12; 522,17. III 131,20; 132,13;
136,20; 456,2; 484,17.

ἰοβόρος I 124,5.

ἰός I 155,12; 171,25; 172,1; 223,15;
256,3; 279,13; 299,8; 300,7; 313,8;
321,10; 333,1; 382,14; 439,17. II 39,1;
44,1; 50,11; 80,21. 27; 200,8; 241,6.

III 12,23; 13,18; 132,1; 475,23;
520,14.

ἰουδαΐζω I 215,18; 226,22.

ἴουλος II 311,4. III 414,19.

ἱππικός III 525,11.

ἰσάζω III 387,14.

ἰσάριθμος III 34,9.

ἰσημερία I 216,30. II 248,10; 298,25.
III 244,2. 19. 27; 245,29.

ἰσόζυγος III 18,14; 181,25.

ἰσονυκτία II 298,25.

ἰσορροπής III 163,25.

ἰσόρροπος I 10,16; 119,7. III 18,15;
40,8; 107,18; 181,24. 26. — ἰσορρόπως
I 383,2. II 157,14.

ἴσος 1) für das Verhältnis von Vater
und Sohn und Geist II 392,15. 26
(Geist ἴσον τῇ θεότητι). III 10,19.
20; 202,2. 2) abs. I 278,3; 443,2.
II 146,14. III 336,4; 494,16.— ἐπ᾽
ἴσης II 92,26.— πρός τινα I 132,16.
— τινός I 58,26; 214,6. III 387,29;
391,30. — τινί I 66,27; 203,17; 205,6;
208,4; 313,10; 334,10. II 158,27;
251,19. III 40,6; 178,17; 200,21;
311,12. — adv. ἴσα I 99,14.

ἰσότης 1) I 66,19; 82,7; 379,16. 2) für
das Verhältnis von Vater und Sohn
I 145,16. II 393,15. III 297,18; 398,10.
3) in der Trinität III 376,18; 389,3.

ἰσότυπος I 375,23. — ἰσοτύπως
II 38,18; 144,2.

ἰσόω III 364,2.

ἰστέον I 312,21.

ἵστημι 1) Akt. trans. *stehen machen*
II 135,18. 2) Med./Pass. *aufstellen*
I 57,2. III 51,19; 97,24; 106,4; 118,20;
191,14; 238,11; 241,14; 244,20; 372,27;
386,7. 3) Pass. Fut. *bestehen* II 72,2;
184,27; 194,22. 4) Med. intrans.
hintreten I 281,6. 5) Med. intrans. Perf.

bestehen III 17,20. — ἵστασθαι ἔν τινι
stehen bleiben II 261,25.

ἱστίον II 383,10.

ἱστορέω I 246,19; 324,22; 326,4; 365,10;
369,15. II 38,30; 145,22.

ἱστορία 1) II 72,6. III 34,7; 456,33.
2) *Erzählung* I 348,31; 367,18.
III 17,10. 15; 336,16; 430,13; 480,14.

ἱστοριογράφος I 179,3; 187,13; 338,13.
III 501,5.

ἱστός II 510,7.

ἱστουργία II 510,6.

ἰσχυροποιέω I 121,14. III 183,27;
516,26; 517,15.

ἰσχυρός I 40,15; 247,3; 252,11; 282,23.
II 102,3; 138,6; 148,10; 197,4. III 32,25;
52,5; 85,3; 215,1; 297,9; 362,20;
463,21; 486,25. — ἰσχυρῶς II 167,4.
III 455,15.

ἰσχύς I 43,26; 47,6.

ἰσχύω 1) I 47,9; 184,6; 298,8; 302,15;
340,15; 344,6; 348,4; 379,24. II 92,25;
101,17; 194,21; 216,2; 218,13; 249,21
(ἔν τινι); 512,14. III 19,21; 52,10;
82,2; 93,13; 160,8; 296,11; 332,12;
344,6. 2) m. Inf. I 347,13. II 103,13;
249,26. III 19,16; 24,8; 32,7; 228,32;
333,7; 351,4.

ἴσως 1) *gleichmäßig* I 34,29; 145,26;
184,3; 185,17; 462,8. II 45,12; 138,12;
147,8; 254,24; 298,12; 367,8. III 3,13;
127,16; 230,19; 268,19. 2) *vielleicht,*
gewissermaßen I 125,10; 322,23.
II 215,6; 261,17.

ἰταμός I 168,1; 259,10; 369,13. III 463,20.

ἰχθύς I 286,5; 382,2. III 524,17.

ἰχνηλατέω I 346,19. II 241,15. III 457,2;
484,20.

ἴχνος II 141,9. III 462,3. 10.

ἰχώρ II 194,4.

ἰώδης I 313,1. II 52,17.

καθά (entspricht καθ' ἅ) I 109,19; 259,7;
321,16.

καθαίρεσις 1) II 188,12; 518,18.
III 150,7. 2) *Absetzung* III 259,16.

καθαιρέω 1) I 26,15; 226,18. II 73,6;
153,25; 168,20; 198,23; 236,1.
III 31,12; 152,17; 205,1. 10; 233,3;
448,6. 2) *absetzen* I 346,17. II 81,14.
III 233,3; 242,6; 249,18; 250,9. 10.

καθαίρω I 226,11; 298,18. II 133,27.

καθάπαξ I 89,20. III 93,11.

καθάπερ I 17,13; 20,27; 39,10; 42,10;
45,27; 46,17; 111,1; 171,14; 237,11;
263,8; 359,20; 367,8; 369,9. II 51,4;
59,22; 67,28; 93,5; 261,12. III 5,5;
160,23; 202,8; 227,15; 457,17; 458,1.

καθαρεύω I 346,14. III 146,14.

καθαρίζω I 202,20; 214,22; 215,3. 9;
381,12. II 99,1; 134,12. III 75,27;
76,16; 93,23.

καθαρισμός I 201,25; 215,2; 374,22.
III 106,4.

καθαρμός II 209,19.

καθαροποιέω I 93,2; 144,13.

καθαρός I 142,21; 145,13. II 2,11
(καθαρὸν σπέρμα); 43,15; 73,14;
74,1; 158,26; 250,22 (τὸ καθαρὸν
τοῦ κηρύγματος); 254,17 (καθαρὰ
ὑφήγησις); 510,4. III 242,6. —
καθαρῶς I 51,5. III 271,24; 272,7;
288,3; 289,5.

καθαρότης II 73,17; 372,1.

καθάρσιον I 226,10. III 520,1.

κάθαρσις I 79,4; 143,5; 243,13; 361,21.
II 253,10.

καθέδρα 1) I 324,2 (τῆς βασιλικῆς
καθέδρας). III 309,5. 2) *Bischofssitz*
III 309,5; 457,21 (καθέδρα τῆς
ἐπισκοπῆς).

καθέζομαι I 60,18; 196,1. 9; 197,19;
322,25. II 81,8; 285,18; 309,5. 6.

III 89,22; 148,25; 151,1; 160,21; 342,2; 448,15; 510,6; 513,8; 524,12.

καθείργνυμι III 24,7; 141,9. 19; 511,7.

κάθειρξις I 125,6. 7.

καθελκύω II 167,16. III 33,11.

καθεξῆς I 157,4; 164,2; 186,12; 187,26; 189,19; 196,1; 203,11; 245,3; 274,10; 378,3; 450,9. II 62,13; 71,13; 77,7; 199,9; 248,21 (κ. τούτων). III 41,23; 44,13; 48,1; 53,11; 140,23; 152,15; 187,14; 201,9; 221,28; 236,2; 416,4; 448,32; 477,17.

κάθεξις I 195,22. II 103,22. III 21,8; 28,22; 86,18.

καθεύδω II 242,2. III 487,13; 517,13.

καθηγητής I 91,26.

καθήκω, εἰς καθῆκον τινός I 222,6. II 100,3; 406,6. — τὸ καθῆκον II 98,6. III 241,23; 380,5.

κάθημαι I 325,13.

καθημερινός II 228,16.

καθίζω I 148,24 (καθίσαντα). II 81,22 (ἐκάθισεν); 403,14 (Akt.); 405,11 (intrans.). III 126,16.

καθίημι II 404,12.

καθικετεία II 378,23.

καθικετεύω II 94,15. III 142,17.

καθίστημι I 112,2; 136,12. 16; 291,24 (εἰς τὸ δῆλον καθίστημι); 309,12. 14. 19; 340,22; 347,9. II 53,8; 71,8; 80,3; 81,14; 160,5. 25; 203,9 (καθεστῶσα ἡλικία). III 3,5; 21,3; 33,5; 84,21; 87,13; 143,17; 147,8. 11; 151,29; 161,13. 18; 192,19; 231,11; 248,12; 296,18; 311,27; 384,22; 395,15; 417,15; 435,30; 478,10; 490,11; 495,15; 522,18 (aufstellen zu einem kirchl. Amt). — καθίστασθαι intrans. καταστῆναι I 164,10; 166,10; 169,10; 170,5; 190,5; 225,8 (eingesetzt); 243,14; 323,21; 324,10. II 45,18; 77,10; 176,7; 243,1 (eingesetzt); 288,25; 325,3.

καθό (entspricht καθ' ὅ) I 18,18. 19; 26,8; 62,21.

καθοδηγέω I 192,23. II 513,26. III 104,8; 117,5. 7.

καθοδηγός II 165,14.

κάθοδος I 135,4; 181,19. III 171,17; 469,17.

καθολικός 1) καθολικὴ ἐκκλησία s. auch ἐκκλησία und Sachregister Theologie. I 289,6 (κ. ἐπιστολή). II 251,4 (κ. ἐπιστολή). III 369,23; 496,13 (κ. πίστις). 2) allgemein I 113,15; 119,15; 121,1. II 180,19. III 287,25 (ὡς οἱ καθολικοὶ πεπιστεύκαμεν). — καθολικῶς I 394,6. II 173,7.

καθόλου I 82,1; 93,2; 318,3. II 457,15. III 318,15; 328,12; 359,14; 409,12.

καθομολογέω II 404,11.

καθοράω III 454,22.

καθότι I 367,4. III 157,17.

καθύπερθεν II 212,14.

καθυποτάσσω I 259,12. II 171,1. III 434,30; 448,32.

καθώς I 7,13; 26,1; 80,15; 82,12; 173,22; 193,9; 197,10. II 32,16; 92,14; 146,11; 155,8; 469,10; 514,12. III 107,2; 200,13; 203,3; 212,3; 239,28; 309,11; 480,12.

καινός I 16,5; 31,28 (zauberisch); 272,18. III 17,25; 399,1; 453,16; 455,31; 478,32.

καινοτομέω II 508,7. III 361,27; 396,14.

καινοτόμημα III 437,16.

καινοτομία III 22,2.

καίριος I 15,17; 46,28. III 338,28. — καιρίως I 459,15.

καιρός I 1,24; 26,6; 36,28; 141,2; 209,26; 216,29; 356,16 (μετὰ καιρόν nach einiger Zeit); 383,6f. (ἐξ ἑνὸς καιροῦ). III 242,13; 484,1.

καίω I 128,15. II 215,8 (κεκαῦσθαι). III 151,11; 153,21; 341,2.

κακεργάτης I 127,15.

κακία I 177,16; 219,21; 239,14; 255,24; 263,6; 269,2; 278,6; 294,8; 304,19; 369,4; 459,2; 461,10. II 61,7; 66,22; 73,13; 74,13; 75,12; 145,14; 158,6. 7; 186,1. III 6,11; 22,8; 38,16. 19; 40,5; 41,5; 50,23; 90,1; 95,4; 105,28; 122,8; 178,2; 226,19; 472,24.

κακίζω II 3,17; 59,16; 184,2. III 40,6. 27; 41,4. 9.

κακόβλαστος I 383,17.

κακοβουλία III 333,4; 453,10.

κακόβουλος III 42,2; 455,29. — κακοβούλως III 6,10.

κακοδαιμονία I 187,16.

κακοδαίμων I 123,10; 178,13.

κακοδιδασκαλία I 280,12; 304,16. II 80,31; 81,27. III 15,6; 32,16; 111,7; 342,10. 12; 345,33; 469,30.

κακοδιδάσκαλος II 345,3.

κακοδοξέω I 36,15.

κακοδοξία III 8,25; 144,12. 18; 152,7; 155,11; 267,29; 268,5; 297,26; 301,28; 311,23; 334,17; 520,23.

κακόδοξος I 33,25; 121,31; 170,9. III 34,4; 156,11; 302,20; 313,3; 368,13.

κακοήθεια I 265,15. II 90,1; 500,7. III 179,25.

κακολογία I 202,12; 380,19. III 525,12.

κακομηχανία I 172,17; 261,5; 269,14; 297,10. II 51,3; 401,7. III 8,27; 22,3; 36,6; 105,26; 109,28; 459,16.

κακομήχανος I 239,17. III 335,30; 461,32.

κακόνοια I 37,20; 279,17; 328,1; 335,17; 383,18. II 52,17. III 301,21; 313,2; 455,27; 456,7.

κακοπάθεια I 438,27. III 335,18.

κακοπιστία I 16,6; 25,6; 61,4; 381,16. II 342,8; 500,3; 508,27. III 146,16; 154,11; 160,24; 163,8; 250,8; 254,28; 296,35; 456,25.

κακόπιστος I 30,20; 93,12; 103,7; 111,24. II 510,1.

κακοποιός I 313,10. II 66,18; 88,19.

κακοπραγία I 296,5; 304,6.

κακόρρεκτος I 383,5.

κακός I 8,18; 108,16; 124,10; 127,5; 320,24; 383,10. 12. II 5,21; 196,14; 204,9; 318,10. 16. III 14,2; 97,12. 15; 159,29; 333,1. — τὸ κακόν I 142,23; 171,15; 263,6ff. II 61,18; 157,26. 29; 400,26; 450,23. III 26,12; 38,21f.; 95,13. 17. — κακῶς I 41,5; 182,15; 268,19; 285,18. II 137,22; 191,12. 15; 195,29; 417,2. III 97,30; 169,14. 20; 185,11; 199,30; 203,3; 207,3; 221,25; 226,11; 242,28; 431,13; 482,19; 519,23.

κακοτροπία I 258,3; 268,16; 290,14; 333,17; 351,23. II 87,2. 25; 133,14; 135,3; 152,24; 202,24; 400,13. 20; 520,23. III 351,1.

κακότροπος III 42,6; 162,15.

κακούβιον I 348,10.

κακουργέω I 344,1.

κακουργία I 123,13; 355,4. II 420,21. III 8,26; 100,18.

κακοῦργος I 125,7.

κακουχέω II 519,6.

κακοφημία II 400,15.

κακόφημος III 85,13.

κακόω I 348,24. III 381,7.

κάκωσις III 41,7; 43,4 (cf. App.); 494,18.

κάλαθος I 510,15.

κάλαμος II 513,15. III 33,11. 13; 341,14.

καλέω I 7,15; 81,5; 164,3; 328,20 (τινά τι). II 43,17 (ἑαυτὸν καλεῖν ἐπὶ τῷ ὀνόματί τινος). III 161,17; 250,7; 400,4; 468,29. — οὕτω καλούμενος I 104,15; 197,20. II 235,20; 248,22.

καλιά II 198,23.

καλλαΐνη II 310,13.

καλλιγραφέω III 136,17.
καλλιγράφος III 136,17.
κάλλος I 240,12; 268,11; 271,11; 342,21.
   III 17,19; 385,3.
καλλωπίζω II 43,5. III 397,30.
καλλωπισμός III 197,2.
καλοκἀγαθία I 149,20.
καλός 1) I 274,2; 314,16; 341,12; 422,11.
   15; 457,19. II 159,14f.; 255,15; 388,10;
   495,4; 520,10. III 267,14; 489,6; 526,7.
   2) als Höflichkeitsbezeichnung II 96,22
   (τῷ καλῷ συλλειτουργῷ). — καλῶς
   I 66,11; 271,13; 318,24; 329,11; 364,25;
   440,15; 445,16. II 60,5; 85,4; 86,22;
   139,12; 140,22; 153,3; 231,7; 233,20;
   235,27; 255,22; 276,7. III 231,5; 313,5;
   363,19bis; 475,17.
καλύπτω I 305,10. III 192,2.
κάματος I 42,22; 49,15; 93,18; 110,8;
   116,17; 129,12; 133,22; 156,3; 189,3;
   230,19; 292,12; 387,23; 435,25; 438,27.
   II 6,3; 139,6; 193,17; 201,3; 207,13;
   383,5; 406,7; 501,9. III 81,4; 94,27;
   190,23; 242,12; 314,7; 331,32; 399,28;
   439,19; 450,10; 452,16; 469,1; 489,7;
   495,30; 512,5; 513,9; 521,11; 526,6.
καματουργία II 502,1. III 489,8.
κάμινος I 31,26; 347,28.
κάμνω 1) *arbeiten* I 108,8; 110,9; 130,17.
   II 420,20; 502,4; 519,4. III 184,30.
   31; 206,26; 397,1; 489,10. 12; 495,34.
   2) *ermüden* I 58,10; 59,22. III 50,4;
   53,7; 78,27; 131,3; 176,16.
κάμπτω I 343,4. II 357,15.
καμψάριος II 313,2.
κανδήλα III 147,24; 148,6.
κανθαρίς III 340,11; 484,16.
κάνθαρος I 104,7. II 71,18; 83,25.
   III 340,11.
κανονικός III 242,25 (κανονικὴ τάξις);
   309,28 (κανονικὰ πράγματα);

477,28 (κανονικόν τι ἐργάζεσθαι ἐν
   ἐκκλησίᾳ).
κανών 1) III 147,8; 242,27; 298,13.
   2) *Richtschnur* I 110,17 (κανὼν τῆς
   πίστεως). II 38,5f. (ὁ τῆς εὐσεβείας
   κανών). 3) *Vorschrift* II 231,16 (κανὼν
   ἐκκλησιαστικός). 18 (κανὼν τῆς
   ἀληθείας); 368,1; 369,21. III 437,22.
κάπνισμα III 220,22.
κάρα III 511,20.
καραδοκέω I 226,3. II 513,12; 517,28.
καραδοκία III 22,14; 93,13.
καρδία I 27,8 (στόματι καὶ οὐ καρδίᾳ);
   45,21; 96,6; 239,5. II 96,7; 225,1;
   311,21; 359,12; 370,7. III 3,11; 104,13;
   171,19; 388,21.
καρηβαρέω III 187,21; 212,7.
καρόω II 401,18.
καρπός I 103,18. II 376,23 (καρπὸς
   χειρός *Handwurzel*). III 142,12; 218,32.
καρποφορέω III 491,6.
κάρπωσις III 484,7.
καρτερέω I 6,2; 268,2.
κάρυον I 116,1.
κάρφος III 345,19.
καρχαρίας I 382,5; 463,27. II 62,9.
κασσίτηρος (κασσίτερος) III 310,16;
   343,2.
κάστελλος III 25,12; 33,8.
καταβαίνω I 264,21.
καταβάλλω I 31,27; 116,24; 282,1;
   293,3. II 57,8; 73,3; 198,26. III 189,16;
   333,32; 374,17; 462,33.
κατάβασις III 516,22.
καταβιβρώσκω III 81,29.
καταβολή I 115,29; 164,18; 169,4;
   179,19; 199,22; 282,3; 290,10; 299,28.
   II 73,5; 399,7.
κατάβρωμα II 222,15.
καταγγέλλω I 81,21; 92,6; 135,32;
   190,27; 198,19; 236,1; 244,14; 248,2;

264,29; 396,6; 436,12; 460,30. II 59,1;
79,7; 159,6; 230,10; 234,24; 254,19;
322,24; 346,13.   III 40,12; 103,27;
116,12; 118,18; 150,11; 188,15; 395,29;
410,16; 416,10; 431,15; 454,27.

καταγγίζω I 307,8.

καταγέλαστος I 274,8; 275,6; 383,22.
II 52,24; 331,8. III 73,8; 84,24.

καταγελάω I 124,16; 260,13; 271,13;
292,11; 296,25; 298,1; 445,19; 458,16.
II 47,14;   155,10;   191,7;   401,20.
III 97,29; 362,31; 412,12.

καταγινώσκω I 223,16; 320,10; 383,22.
II 75,16;   225,4.   III 48,14;   345,14;
369,26; 376,22.

καταγλύφω III 455,3.

κατάγνυμι III 147,24.

κατάγνωσις I 275,9; 288,6. II 379,23.

καταγνωστέος II 283,7.

καταγνωστικός I 383,21.

κατάγνωστος I 76,12; 274,18; 301,3.

κατάγω   1) I 119,23;   127,3;   178,18;
441,21.   II 72,9 (γένος κ.); 75,7.
III 21,6; 172,25; 227,21; 256,9. 2) *sich*
ableiten   II 2,12;   73,10.   3) Med.
einkehren bei I 326,7; 339,20; 346,10.
II 81,25. III 20,12. — ἔτος κατάγων
I 134,14; 189,10. 23. — ἡλικίαν κ.
I 268,28. III 458,22.

καταγωγή I 135,9. II 256,14.

καταγωνίζομαι I 435,14.

καταδαμάζω III 90,10.

καταδαπανάω I 104,21; 369,2. III 90,12.

καταδείκνυμι I 116,25. III 493,21.

καταδέχομαι   I 267,17;   328,1.   15.
II 156,26; 509,1.   III 102,23; 174,14;
195,30;   250,15;   297,21;   431,26;
474,22.

καταδέω   I 209,24;   348,3 (magisch).
II 48,12.

κατάδηλος III 100,9.

καταδικάζω II 216,9f.

καταδίκη   I 107,7;   118,14;   200,9.   12.
II 189,4; 319,12.

καταδιώκω I 74,19.

καταδουλόω I 372,7.

καταδυναστεύω III 52,4.

κατάδυσις I 334,19.

καταδυσωπέω III 32,1.

καταθλάω   I 333,1.   II 71,19;   241,7.
III 132,7; 140,12; 340,11.

καταίρω III 496,26.

καταισχύνομαι   1) I 368,15.   II 76,18;
149,10;   356,12;   387,8.   2) I 312,22.
III 179,27.

κατακαίω III 228,28.

κατάκαυσις I 274,13.

κατάκειμαι II 128,9.

κατακεντάω   (-τόω)   II 211,16;   240,3;
241,11 (κατακεντᾷ); 523,10.

κατακλάω II 44,7.

κατακλείω II 100,17; 411,5.

κατακλυσμός   I 69,11;   173,6;   276,12.
II 74,15. III 124,28.

κατακόπτω I 282,10.

κατακόρως III 230,7; 490,29.

κατακοσμέω II 500,17. III 268,7; 447,15.

κατακούω II 47,13.

κατάκριμα III 89,20.

κατακρίνω   II 165,22   (m. Gen.).   23
(m. Akk.);   372,4   (m. dopp.   Akk.).
III 311,8; 448,2; 491,10.

κατάκρισις I 222,1. 2. 10. 12. II 148,15.
III 472,11.

κατακροάομαι I 343,22.

κατακυριεύω I 246,10.

κατακωχή III 185,22; 214,11.

καταλαλία III 525,12.

καταλαμβάνω   1) *begreifen, vernehmen*
I 11,26; 14,9; 23,15; 115,14; 170,3.
14;   176,11;   194,16;   198,24;   220,9.
12; 221,16; 232,6; 449,17.   II 240,9.

III 77,20; 98,15 (‹προ›καταλαμβάνω);
219,16; 236,23; 365,4; 375,20; 412,1.
2) *erreichen, erhalten* I 35,30; 176,10;
227,13; 343,25; 346,22. 27; 367,7;
371,8; 437,28; 441,1. II 181,19; 243,11
(*durch Übereinstimmung erhalten*); 328,2
(*in Übereinstimmung gefunden werden*).
III 24,12; 32,5; 117,3; 121,16; 153,12;
160,22; 192,7; 476,7. — vgl. auch
καταληπτέος, -τός.
καταλεγμάτιον III 486,6. 8.
καταλέγω II 225,5 (καταλέγεσθαι ἔν
τινι). III 362,3; 440,28.
καταλείπω s. auch καταλιμπάνω. I 22,30
(καταλείψαντες); 75,6; 97,9; 143,1;
330,9 (καταλεῖψαι); 360,3; 368,5.
II 90,14 (καταλείψασα); 193,14;
239,7. III 25,1; 33,16; 49,13; 112,19;
126,15; 143,12; 196,18; 229,26; 255,3;
265,2; 313,7; 350,20; 361,29; 371,7. —
καταλειφθεῖσα I 116,16; 118,30; 256,5
(καταλελείφθω). 24; 459,17. II 147,9;
255,7; 505,1. — καταλέλοιπεν II 146,17;
189,11. III 195,26; 241,22. — κατέλιπον
I 32,28; 365,22. III 21,11; 218,27.
καταληπτέος II 272,7.
καταληπτός I 65,7; 403,3; 405,10.
κατάληψις I 449,18. II 380,1. III 52,16;
90,8; 414,23; 512,6.
καταλιθάζω I 280,6.
καταλιμπάνω I 119,6; 178,2; 249,16;
299,21. II 61,4; 196,10; 197,15
(καταλέλοιπεν); 314,16. III 437,22;
452,27; 454,14; 480,6.
καταλλαγή I 79,4.
κατάλληλος III 413,8.
καταλογάδην I 129,15. III 499,27.
καταλογίζομαι III 202,23.
κατάλογος I 232,3; 310,9. II 334,8.
III 499,32.
κατάλοιπος I 447,8.

κατάλυσις I 250,10. 17. II 260,17
(κατάλυμα *Herberge*); 316,10. III 222,8.
καταλύτης III 138,16.
καταλύω I 436,4. II 92,27; 312,19;
379,14. III 72,16; 87,10; 213,27;
333,26; 340,8; 476,23.
καταμανθάνω I 440,4. II 41,9. III 111,7;
402,30; 474,20.
καταμένω I 348,26; 366,2. II 46,10.
III 484,3.
καταμήνια I 270,2; 281,15; 285,21. 24.
καταμονή II 260,12; 282,2; 358,26.
καταμωκάομαι III 511,8.
καταναγκάζω I 223,26; 305,14. II 404,5.
III 174,14.
καταναλίσκω I 135,13; 369,12.
κατανεύω I 272,12.
κατανοέω I 124,8; 219,12; 304,6; 316,27;
341,1. II 132,23; 251,22; 268,5; 316,23;
337,3; 393,21. III 97,28; 104,9; 111,23;
362,31; 366,2; 517,21.
καταντάω II 304,17. III 87,23.
κατάντικρυς I 260,12. II 184,18.
III 447,8.
κατανύσσω I 202,2. II 522,3.
καταξηραίνω I 274,12; 382,2.
καταξιόω 1) trans. *würdigen* I 5,22; 8,11;
16,17; 18,13; 19,13; 20,23; 31,26; 35,13;
36,8; 62,22; 76,24; 122,5. 6; 169,8;
171,3; 190,20; 294,17; 315,3; 339,15;
340,9; 346,3; 379,16. II 135,14; 142,29;
203,7; 224,18; 253,1; 256,10; 278,18;
324,8; 390,10; 405,3. III 98,12; 99,3;
117,21; 167,12; 216,20; 218,33; 239,26;
314,11; 389,25; 454,11; 456,27; 459,4;
467,7; 471,15; 477,29; 482,7. 10; 494,29;
499,23; 526,7. 2) intrans. *geruhen*
I 76,3; 94,25; 121,13; 265,26. III 32,17;
417,20; 514,26; 521,11; 526,9.
καταξίωσις III 218,5.
καταπαλαίω I 435,14.

καταπατέω I 438,21; 447,21. II 90,5;
186,19. III 13,16; 229,22; 332,7. 12;
414,20; 496,8.

καταπάτημα I 222,1. 2. 11.

καταπαύω II 500,14. III 128,28.

καταπέμπω I 246,6. II 49,9.

καταπέτασμα III 143,2.

καταπίνω I 127,9; 288,8; 296,24; 308,7.

καταπίπτω I 210,18; 244,5. II 39,5.
III 19,21; 21,6; 124,15.

καταπλέω III 389,30; 409,3.

καταπληκτικός III 405,33. —
καταπληκτικῶς III 405,24.

καταπλήττω III 405,27.

καταπολεμέω I 15,20. III 96,18.

καταπονέω II 102,27. III 84,16; 148,25.

καταποντόω II 384,22.

καταπραΰνω II 381,23.

καταπτύω I 46,13.

κατάρα II 156,12; 246,12. III 90,1.

καταράομαι I 282,21. II 374,6.

καταργέω I 193,5. II 247,21. III 94,17;
128,27; 215,2.

καταριθμέω II 63,12. III 124,5; 499,28.

καταρτίζω III 336,30.

κατάρχω III 25,8.

κατασβέννυμι I 104,21. II 187,9; 206,2.

κατασκευάζω I 191,2; 209,16; 223,16;
243,11; 251,25; 252,7; 257,17; 272,10;
311,20; 327,2; 343,7. 10; 458,7; 462,3.
II 44,2; 52,11; 66,8; 77,18; 193,12;
201,2; 219,1; 240,18; 305,27. III 41,3;
77,3; 81,17; 83,17; 84,3; 254,4; 286,3;
311,12; 333,25; 360,14; 390,12; 430,30;
485,12. 21; 510,16; 525,27.

κατασκεύασμα III 486,11.

κατασκευή I 251,24; 252,30; 276,15.
II 48,15; 133,29; 388,9. III 82,17;
84,14; 85,15; 91,10; 250,20; 311,12.

κατασκηνόω II 306,5.

κατασπάω I 268,14; 282,4; 297,20f.

II 78,22; 94,11; 155,11; 385,8. III 140,2.
12; 463,7.

κατάστασις 1) *das Bestehen, Bestand*
I 183,5; 226,10. II 519,2. III 96,24;
147,15; 212,11; 302,21; 312,5. 6; 334,26;
434,15; 453,11; 512,2. 2) *Zustand*
I 345,27. II 224,15. 3) *Ruhe* II 223,16.
4) *Herstellung* I 346,14.

κατάστημα III 228,31.

καταστρέφω I 176,7; 186,7; 206,16.
III 348,7; 351,3; 483,18. — τὸν βίον
I 229,4; 442,7. III 33,14.

καταστροφή I 36,21; 38,17; 366,25.
II 420,16. III 176,33.

καταταρταρόω I 105,17.

κατατάττω I 130,3; 212,8. II 84,4.
III 302,29; 344,14; 351,19; 362,28;
497,16; 501,1.

κατατέμνω I 369,19.

κατατίθημι I 107,13; 247,1; 445,2.
II 73,17; 100,18 (κατατιθέαμεν).
III 108,24; 517,28.

κατατιτρώσκω I 267,22. II 388,6.
III 344,17.

κατατρέχω I 418,16; 430,2. III 72,20.

κατατρίβομαι I 219,23; 341,30; 380,4
(εἴς τι); 447,11. II 49,18; 198,16 (περί
τινος). III 93,19; 207,2; 215,29; 302,14;
342,6; 351,13; 388,3. 10.

καταυγάζω I 56,4; 57,3; 169,13. II 189,8;
247,20; 347,12. III 104,3; 106,14;
189,18; 188,6; 345,24.

καταφαγέω I 247,4; 365,7. II 523,9.
III 80,11; 81,10; 436,2.

καταφαίνομαι II 476,18; 496,12.
III 99,21.

καταφαίρετος III 199,22.

καταφέρω 1) *hinabtragen* I 132,2;
371,15; 447,9. II 88,1; 208,8; 233,17;
286,4. III 417,10. 2) Med. II 204,2. 3.
— ψόγον καταφέρειν I 135,30.

καταφεύγω II 422,12. III 334,25; 486,26.

καταφθέγγομαι I 131,14.

καταφλέγω I 217,3.

καταφρονέω I 259,18; 311,11. II 192,14; 383,16. III 110,26. 27; 492,24.

καταφρόνησις I 303,8.

καταφυγή II 314,18. III 33,9.

κατάφωρος I 399,12. III 20,7.

καταχθόνιος I 100,20; 124,19; 230,4; 266,14; 432,5. II 150,25f.; 207,16. III 213,18; 223,22; 328,9; 518,2.

καταχλευάζω I 281,23.

καταχλεύαστος I 320,8.

καταχρηστικός III 102,11; 363,27; 370,13. — καταχρηστικῶς I 99,18. 19. II 166,7. III 169,26. 27; 170,3; 171,1; 183,14. 21; 184,2; 200,24; 231,7; 252,8; 375,11; 446,11.

καταχώννυμι I 104,9. II 100,18.

καταψεύδομαι I 33,22 (τί τινος); 62,6; 352,13 (τινός). II 127,16; 314,8 (belügen). III 44,3. — τί κατά τινος I 219,24; 361,15.

καταψηφίζομαι I 251,21; 265,12 (τί τινος). II 102,5. III 287,7; 307,30.

καταψύχω II 146,19.

κάτειμι (zu εἶμι, s. auch κατέρχομαι) I 134,17; 181,20; 189,22. 27; 229,1; 245,5; 286,18; 356,11. II 239,2; 242,7. III 394,10; 460,13.

κατελεέω II 371,17.

κατεμπτύω III 108,8.

κατέναντι I 68,7. II 207,13; 208,18. III 494,6.

κατεπαίρομαι II 382,19.

κατεπιτίθημι Med. I 44,3 (τινός).

κατεργάζομαι I 296,7; 419,19. II 186,17; 453,20; 490,1. 17. III 129,7.

κατέρχομαι (s. auch κάτειμι) I 94,24; 227,19. 25; 240,2; 286,16; 314,5. II 21,10; 273,20; 285,16; 394,9.

III 193,4; 319,23; 447,31; 448,8; 516,17; 517,2.

κατευτελίζω III 452,10; 476,10; 483,32.

κατέχω 1) I 19,10 (μανία κατέχεσθαι); 203,11; 248,15; 345,17; 381,14. II 259,7. III 89,16; 177,11; 216,32; 297,29; 350,33. 2) Akt. *festhalten, im Zaum halten, beherrschen* I 100,5; 192,20; 248,9; 288,8; 292,21; 310,5. II 90,16; 183,22. 23; 198,13; 208,13; 243,17; 385,13. III 107,1; 121,31; 124,5; 126,14; 154,2; 214,14; 401,1. 3) *denkend festhalten* II 255,17; 343,16 (ein Dogma). III 204,19; 297,25; 334,12; 338,18; 446,18. 4) *bekennen, erhalten* II 277,11.

κατηγορέω I 314,18; 327,21; 355,3. II 81,13; 151,27; 185,14; 258,9; 283,20; 399,27. III 147,26; 148,7. 21; 150,1. 22; 230,19; 342,8; 345,14; 387,15; 409,4.

κατηγόρησις III 248,2.

κατηγορία I 253,24. III 337,31f.

κατήγορος III 148,5; 149,10; 150,19.

κατήφεια II 239,15.

κατηφής III 154,13.

κατηχέω I 82,1; 130,14; 146,14. II 405,16. III 247,29; 255,19.

κατήχησις I 344,6 (*göttliche Unterweisung*). II 257,12 (*kirchl. Unterweisung*).

κατηχούμενος I 146,17; 318,25. II 3,11; 98,3. III 65,2. 8; 89,28; 318,16; 452,20.

κατισχύω I 298,27; 303,21; 344,1. 2. II 83,3; 88,3; 94,5; 102,2. 27; 250,14; 317,1; 343,1. III 52,12; 332,14; 496,5.

κατοικέω I 81,12; 92,15; 95,3; 164,4; 195,14. 19; 198,1; 229,8; 247,17; 335,7; 367,7. 19. II 81,3. 16; 212,13; 213,8; 260,5; 338,5 (κατά τι). III 25,4; 126,15; 153,1; 230,7; 503,31; 513,1.

κατοίκησις I 92,14; 174,4; 335,11. II 260,12. III 232,18; 328,2.

κατοικητήριον II 250,14. III 477,31.

κατοικίζω I 16,16; 20,24; 328,26. III 465,31.

κατοκνέω II 107,11.

κατόπιν I 66,1. II 264,3. III 136,21; 172,28. 30; 236,34.

κατοπτευτής III 173,22.

κατοπτεύω I 228,16; 252,21; 264,22. II 62,7; 312,4. III 77,20.

κατορθόω I 144,4. II 477,13. III 134,4. 7; 242,2; 245,6; 308,28; 309,8.

κατόρθωμα III 161,5.

κατορύσσω I 129,17.

κατοχή III 441,14.

καττύω I 443,5; 458,1. II 38,19. III 35,10; 75,34; 147,3.

κάτω I 187,4; 272,12; 317,7. II 12,3; 45,11; 56,6; 184,6; 263,12; 450,5. III 82,18; 84,17; 85,23. 29; 131,20; 172,30; 503,11; 508,8f.

κάτωθεν I 249,15. II 261,29; 311,14; 312,1. 3. 29; 354,3; 452,4. III 10,9; 500,13; 508,6.

κατωτέρω I 164,10; 439,15. II 259,16. 24; 287,12.

καυματινός III 126,16.

καυστικός I 327,3; 348,6. II 39,6; 475,19.

καύσων II 313,19. 21.

καυτήρ I 308,3.

καυχάομαι I 9,7; 379,24. II 319,2 (τινί); 399,26 (m. Inf.). III 32,5; 115,15; 122,20; 397,29; 488,21.

καύχημα III 35,12; 138,12.

καύχησις I 9,7. III 250,21.

καψάκης I 348,10.

κεγχρῖτις III 131,19; 132,1.

κεῖμαι I 40,10; 175,21; 180,15; 249,8; 295,2; 388,10. II 25,12; 33,20; 178,23; 324,11; 511,24. III 171,7; 305,30; 340,7; 382,9; 387,12; 506,10.

κειρία I 119,2.

κέλευσις III 167,14.

κέλευσμα II 260,7; 513,21. III 404,10; 514,6.

κελεύω I 78,21; 120,16; 204,3; 348,9. II 8,5. 10. 12f. 14. 16; 33,16; 134,13; 178,15; 259,23; 444,1; 514,7. III 33,11; 145,6; 148,14. 15; 227,17; 250,24; 349,9; 455,22; 482,7.

κελεφία II 337,14.

κενοδοξέω I 224,14. II 41,11. III 182,25.

κενοδοξία III 178,6; 333,4. 16; 375,2.

κενόδοξος I 23,5; 44,25; 52,13; 56,12; 61,14; 93,12; 110,23; 118,24; 121,32. II 196,19.

κενολατρεία III 473,25.

κενολεκτέω III 404,20.

κενολεξία II 342,24.

κενός I 73,17; 100,14; 123,8; 131,14 (ἀπό τινος); 447,14. II 52,14. III 296,2; 297,30. — κενῶς II 7,19. III 99,24.

κενοφρόνημα III 36,12.

κενοφωνέω I 435,15. II 185,31. III 84,5.

κενοφώνημα II 184,20. III 473,10; 494,24.

κενοφωνία I 221,13; 275,14; 321,1; 355,3; 366,16; 386,16; 389,23; 438,7; 442,4. II 41,9. 20. 26; 44,12; 51,14; 52,13; 55,13; 58,9; 74,22; 100,11; 192,8; 202,27; 315,22; 350,7; 508,7; 512,14. III 29,4; 133,12; 411,3; 449,18; 483,15.

κενόφωνος II 43,13. III 125,2.

κενόω I 222,4; 266,15; 293,8 (von der Samenentleerung); 437,17. II 55,16; 58,15. 16. 17; 66,4; 307,8; 376,1.

κέντρον I 47,17. 22; 266,13. II 39,19; 43,29; 198,18. 20. III 119,21f.

κεντρώδης II 62,23. III 131,20.

κεπφόω II 48,2; 200,13. III 22,4; 477,2.

κεραμεύς I 123,17. II 456,15; 457,1. 4; 507,1. 28.

κεραμικός I 163,12; 177,20.

κέραμος III 344,28.

κεράννυμι I 100,26 (von der Verbindung der zwei Naturen). II 168,4. 7.

κέρας I 267,6. II 249,3; 363,6. III 260,8.

κεράστης I 267,5. III 332,8.

κεράτινος III 124,14; 337,17.

κεραυνοβολέω III 486,10.

κερδαίνω I 194,18. II 83,21. III 156,1; 288,6; 416,22.

κέρδος III 108,29; 341,16. 22.

κέρκος I 247,5; 288,9 (ἡ κέρκος); 369,10. 14. III 454,20.

κεφάλαιον 1) *Kapitel* I 60,2f. II 105,7; 106,14; 124,26; 144,16; 145,10. III 360,7. 2) *Sätze, Hauptstücke* II 349,28; 350,1; 352,4. 5. III 171,27; 362,27; 409,24. 3) *Bibelabschnitt* II 165,5.

κεφαλαιωτής I 175,17. II 77,31.

κεφαλή I 103,27; 109,7; 299,11; 300,6. II 45,5. 24; 60,24. III 13,4; 132,6. 7; 229,2. 23; 492,16. 19.

κεφαλικός III 152,2.

κεφαλίς II 513,15.

κηδεία II 130,25.

κηδεύω I 124,19; 130,2. II 511,19; 514,12. III 20,3.

κηρίον II 198,23.

κηροπλαστεῖον I 251,18. 19.

κηρός III 489,13.

κήρυγμα 1) von christl. (orthodoxer) *Predigt* I 115,17; 156,1; 157,20; 267,18; 309,16; 319,8; 320,11; 329,10 (τὸ κήρυγμα τοῦ νόμου); 338,3; 366,5. II 96,8. 11; 100,19; 107,5; 127,6; 161,12; 177,7; 180,10; 216,4; 249,11; 273,3 (κήρυγμα διδάσκειν); 280,12; 364,7. III 5,20; 87,22; 233,15; 242,14; 275,19; 276,3; 280,22; 283,20; 336,17; 338,31;

361,28; 483,20; 490,32; 492,6; 515,18. 2) von gnost. *Lehren* I 223,15; 314,1; 315,8; 333,12; 357,12; 395,16. II 2,22; 74,22; 91,3; 204,11. 3) *das Verkündigen* I 229,13. II 144,9.

κῆρυξ I 82,1; 154,10; 232,12. II 9,18; 23,6; 177,3. III 92,29; 116,18. 20; 318,15; 488,19.

κήρυξις II 160,25.

κηρύττω I 35,2; 41,24; 49,28; 81,20; 92,6; 103,27; 116,2; 144,9; 193,2; 231,7; 235,1; 247,21; 256,23; 314,2; 315,8; 333,9; 365,9; 370,15. II 2,23; 80,2; 97,8; 106,1; 217,6; 232,3; 251,2 (βιβλία κηρύττειν). III 8,23; 11,21; 91,5; 169,16; 196,24; 207,8; 231,15; 238,17; 242,6; 297,28; 399,14; 434,22; 494,10; 519,14.

κηφήν II 489,19. III 89,22; 488,17.

κιβώτιον I 155,16.

κιβωτός I 217,10; 276,10. II 74,4; 249,21. III 202,18; 337,14; 477,11.

κικλήσκω II 316,18. III 364,31; 376,15; 387,3; 502,8; 511,2.

κινδυνεύω I 127,12; 453,5. 8. III 84,31bis; 85,1. 9.

κίνδυνος II 414,20. 28; 459,16; 465,5. III 341,21; 456,24; 497,7.

κινδυνώδης II 152,5. III 131,18.

κινέω I 33,22; 67,8; 108,23; 187,5; 272,7; 289,4. II 449,8; 519,26. III 144,20; 161,24; 213,14; 242,13; 297,1; 398,2; 437,15.

κίνημα III 6,1; 291,4.

κίνησις I 7,8; 272,6. II 409,12. III 141,28; 152,17; 213,19; 309,27; 463,6; 484,8.

κινητικός III 236,12.

κίσσησις I 271,25.

κίστη II 2,2; 57,12.

κλαγγή II 285,16. III 523,23; 524,4.

κλάδος II 131,8. III 29,22; 495,12.

κλαίω I 17,5; 410,24. II 17,3; 243,6; 405,12; 415,23f.

κλάσμα I 57,25. 27; 58,2. II 516,10.

κλαυθμός I 42,22; 230,18; 278,4. II 405,11. III 439,20.

κλάω II 57,19 (vom Brechen des Abendmahlbrots); 388,5. III 119,20.

κλείς I 19,13 (τὴν κλεῖν).

κλείω II 375,2.

κλέμμα II 137,5.

κλέος I 122,15. II 361,13. 16; 409,2. III 452,10; 474,8. 33; 491,15.

κλέπτω I 108,15; 210,15.

κλεψιγαμέω I 129,12.

κλεψιγαμία II 371,10.

κλεψίγαμος I 127,14.

κληδονισμός III 525,9.

κληρικός I 340,22. III 141,26; 143,17; 144,16; 151,27; 155,16.

κληρονομέω I 379,20. II 114,6; 144,12. 19. 21; 158,13. 16; 424,7. 19. III 134,2; 495,9.

κληρονόμημα III 341,12.

κληρονομία I 73,24; 379,17. II 142,23. III 15,9; 20,9; 21,12; 117,18; 128,29; 137,29; 229,4; 498,23; 501,24; 519,18; 525,29.

κληρονόμος I 136,15. II 303,7. III 498,22.

κλῆρος 1) *Los, Losteile* I 70,22; 136,17. 18; 141,1; 149,14. 15; 176,12. III 74,25; 125,1; 126,12; 457,3; 458,17. 2) *Erbe* I 225,11. III 474,31; 498,23. 3) *das kirchl. Amt* I 22,18. II 400,8 (τὸν τοῦ ἐπισκόπου κλῆρον ... διοικήσαντος). 4) *der Klerus* II 243,2.

κληρουχία I 141,15.

κληρόω I 157,14; 164,21; 248,6; 356,8. II 102,22. III 398,16. 27; 502,12.

κλήρωσις III 398,23. 25.

κλῆσις 1) *Benennung* I 55,11. II 107,3. III 24,15. 2) *Berufung* I 347,5; 364,10. II 90,15; 180,16; 267,12; 269,24; 276,5. III 218,5; 503,7. — κλήσει I 88,12; 89,19.

κλητός I 81,2. II 32,7. III 317,21; 384,18.

κλίμα I 103,2; 162,14; 175,22; 440,20. II 9,24; 28,16f. III 25,9; 338,6; 509,25.

κλίνη I 121,15. III 341,17.

κλίνω 1) I 32,5; 176,1; 440,24. III 76,27 (Pass.); 124,15 (Pass.); 146,25; 172,31; 334,4. 2) intrans. I 272,12. II 378,6. III 228,4; 443,16; 472,21; 476,7.

κλίσις II 273,29.

κλοιός II 238,6; 376,14. III 511,7; 524,8. 28.

κλονέω II 521,19.

κλοπή I 123,1.

κλύδων II 62,20; 222,18. III 393,11; 441,14; 496,19.

κλυδωνίζω III 233,18.

κλυδωνισμός III 177,13.

κλύζω I 200,13.

κλώθω I 185,11.

κλών II 374,7; 495,22.

κναφεύς II 510,8.

κνήθομαι III 345,17. 19.

κνησμονή III 345,19.

κνίζω III 202,6.

κνίση I 226,12.

κνισμός I 275,11.

κνώδαλον I 165,10; 184,24; 275,10; 286,5. II 93,13; 162,28; 218,28; 226,25; 310,19. III 74,11; 255,1; 340,11; 366,22.

κοιλάς I 217,23.

κοιλία I 51,4; 116,5; 300,8. II 218,4; 305,5; 394,1. III 463,5; 516,12.

κοιμάομαι 1) *entschlafen* III 141,20 (vom Tode der Märtyrer); 214,21 (τὸ κοιμηθέν vom Leichnam Christi).

2) *sterben* I 111,24; 116,11; 341,12. III 76,27.

κοίμησις *natürlicher Tod* II 308,15; 511,15. III 474,5; 480,4.

κοιμισμός I 103,16.

κοινός I 141,2; 280,12. II 353,15. — κοινῇ I 248,7; 281,16. III 488,8.

κοινότης III 405,13.

κοινόω I 202,22; 374,22. II 331,17.

κοινωνέω *Kirchengemeinschaft haben* II 364,1; 366,10. — ἐπί τι III 81,6. — τινός I 110,2. III 217,10. — τινί II 516,1; 519,9. III 371,17.

κοινωνία 1) I 290,12. II 48,3; 502,3. III 40,11; 81,1; 108,27; 458,9; 470,16. 20. 2) *Kirchengemeinschaft* III 47,15; 142,14; 146,4. 19; 149,23; 160,10. 18; 434,25; 475,5; 525,7.

κοινωνικός II 270,5. III 265,22 (γράμματα κοινωνικά).

κοινωνός II 384,11 (*Kirchengenosse*). III 162,21.

κοίνωσις *Beschmutzung* II 209,18.

κοιτάζω III 488,8.

κοίτη I 295,23. III 33,15; 290,6; 466,17f.

κοκκηρός III 413,13.

κόκκινος II 310,13.

κόκκος I 375,20. II 6,22; 426,20; 511,8. 9. 10. 17. 18. III 73,22; 74,1; 90,10.

κολάζω II 401,21; 425,22; 426,5; 437,28; 440,5; 445,21.

κολακεία II 94,19. III 118,26; 155,24; 182,21; 268,6.

κολακευτικός III 486,27.

κολακεύω I 283,22; 340,22. II 7,5.

κόλαξ II 196,19. III 108,22.

κόλασις I 110,19; 444,14. II 342,2. III 64,9.

κολαφίζω III 108,9.

κολλυρίς I 159,11. III 473,11; 484,5.

κολοβίων I 167,16; 209,15. III 154,15.

κολόκυνθα I 446,14.

κόλπος I 54,5; 227,20. II 142,26. 29. III 107,25; 477,30.

κομάω I 75,3; 321,3. III 430,1.

κόμη II 167,28. III 513,6; 524,13.

κόμης I 338,16; 340,12; 347,9. III 251,1.

κομιδῇ I 341,13. II 240,2; 360,20.

κομίζω, κομίζεσθαι 1) I 20,7; 339,6. II 144,26; 510,10. III 137,5; 341,23. 2) II 166,27. III 163,12; 481,24; 495,31.

κομιτᾶτον I 347,2. III 145,18; 147,7; 148,10; 149,29; 161,11.

κομπάζω I 459,13. II 313,6. III 118,27.

κομπεία III 361,7.

κομποποιέω III 91,6.

κόμπος I 209,9. II 96,15; 169,22.

κομπώδης I 185,12. II 168,14. 19; 417,5. III 2,16; 136,11; 381,26.

κονιορτός III 153,11.

κόνις I 343,27. II 510,19; 514,19.

κοπή II 332,17.

κοπιάτης im kirchl. Dienst III 522,24.

κοπιάω I 40,3; 45,29.

κόπος III 206,14.

κοπρία I 275,3. II 112,11; 140,19..

κόπρος, ἡ I 104,7. II 83,26. 29; 224,4. III 430,12.

κόπτω I 282,6.

κόραξ I 124,6. III 49,14; 429,24; 503,15.

κορβωνᾶς III 123,5.

κορέννυμι II 39,3 (κορεσθέν τινος).

κόρη I 355,13. II 313,27.

κόρος I 280,21; 289,25; 290,6. II 523,9. III 484,24.

κορυφαῖος I 16,17; 19,12; 44,20; 231,7. II 188,6f.; 372,28; 493,1.

κορωνίς II 34,12. III 173,13.

κοσμέω   I 24,24   (κεκοσμημένοι
πνεύματι ἁγίῳ); 92,10; 112,6; 328,15;
333,11; 435,11. II 340,5; 383,18; 385,2.
III 259,15;   344,3;   351,17;   361,19;
446,29; 476,16.
κόσμησις III 43,1.
κοσμήτρια III 397,32.
κοσμήτωρ I 95,23.
κοσμικός I 290,9; 387,21.   II 84,24.
III 341,30; 433,27.
κοσμοποιΐα II 157,24; 304,7. III 50,27;
87,20; 226,20.
κοσμοποιός I 318,22. II 88,4; 92,2.
κόσμος 1) I 80,24; 173,14. 18; 186,12.
14; 248,4. 5; 397,14. II 48,23; 101,12;
361,15; 461,1. 3. 10; 508,16. III 41,15;
48,10; 124,30. 2) Schmuck II 376,11.
— τῷ κόσμῳ II 244,15; 250,6.
κουρεύω III 510,8.
κουρικός III 476,16.
κουφίζω I 118,15.
κοῦφος   I 131,14;   187,2.   II 350,27;
383,18. III 168,16.
κόχλαξ I 210,20.
κράζω I 17,29; 85,22; 363,7. III 121,11.
κρανίον II 60,19; 209,11.
κράσπεδον I 167,17.
κραταιός II 218,27; 459,12.
κρατέω 1) I 30,21; 268,2; 269,5; 293,4.
II 62,6; 69,18; 289,21.   III 341,24;
470,19.   2) intrans. siegen II 72,22;
73,1.
κρατητός III 119,19.
κράτος I 47,13; 89,11; 300,17. II 49,32;
343,5; 398,3; 446,20. III 119,21; 211,1.
2. 16. 20, 215,2; 229,24; 325,5; 328,16;
526,2.
κρατύνω   I 107,17;   182,20;   234,15.
II 204,13 (intrans.); 345,2. III 24,17;
192,30; 296,6; 337,3; 519,26.
κραυγάζω I 348,22. II 395,5.

κρέας, κρεῶν I 216,5. 25; 353,1; 359,17;
364,6.   II 149,4.   III 524,17. — κρέα
I 286,1.   II 133,17. — κρέας Akk.
I 359,16.
κρεμάννυμι III 100,18.
κρείττων   I 442,9.   II 196,19; 365,18;
423,23. III 294,9; 353,2; 379,7; 404,25;
507,19.
κρεοφαγία   I 280,19; 362,14; 363,27.
III 335,24.
κρεωνομέω I 105,10.
κρεωνομία I 129,9. III 510,23.
κρεωφαγέω III 73,24.
κρημνός II 152,3; 204,1.
κρηπίς I 110,12; 211,7. III 521,32.
κριθή II 513,6.
κρίκος III 511,9.
κρίμα I 289,23; 294,10; 433,26. II 232,7.
8. 9. 10; 387,17. 21. III 77,27; 466,10.
κρίνον II 311,17.
κρίνω   I 89,15; 108,6; 312,10 (τινά τι
einen als etwas beurteilen).   II 313,11
(m. Inf. verurteilen).   III 108,6; 180,12;
476,3.
κριός III 124,14.
κρίσις I 89,17; 108,5; 117,25. II 519,3
(Urteil κρίσιν ὁρίζειν). III 106,5; 171,7.
κριτήριον II 101,18.
κριτής I 109,27. II 176,2. III 112,12;
250,11.
κροκόδειλος I 124,4.
κρόμμυον II 311,16.
κροσσός I 209,19.
κρούω I 277,3.
κρύβδην I 311,3. II 81,19; 312,12.
κρύβω s. auch κρύπτω.   I 104,8
(κρύβουσι).
κρύος II 313,14.
κρυπτάζω I 101,25. II 52,14. III 344,10.
11.
κρύπτω I 24,15; 102,2; 262,10; 266,25;

291,12; 342,13; 345,25. II 51,5; 60,19; 63,8; 127,19; 135,9; 151,5. III 131,20; 132,1; 151,8; 257,9; 418,2.

κρυφῇ I 236,4. II 387,23. III 93,16; 296,24; 311,30. — ἐν κρυφῇ II 127,15. III 312,13.

κρύφιος II 42,19; 388,6. III 255,18. — κρυφίως I 340,18. III 492,2.

κτάομαι I 10,1; 30,28; 97,7; 339,21. II 143,14; 242,12. III 16,9; 49,17; 122,25; 197,16; 369,12; 491,14.

κτείνω I 241,8. II 513,25. III 53,1.

κτῆμα III 17,17; 487,14; 488,14.

κτῆνος I 190,25; 289,8. II 162,27. III 74,9; 75,26; 77,16; 92,1; 175,19; 341,3; 374,29; 386,10; 493,15.

κτηνώδης I 74,15; 124,2; 251,7; 380,9. II 124,13; 139,20; 146,22; 150,6; 183,14; 322,4. III 76,3; 85,20; 89,13; 94,23.

κτῆσις I 339,21. II 382,19. III 334,4.

κτίζω I 16,3; 58,3; 61,28; 176,2. 21; 347,20 (bauen). II 191,13; 446,8. III 39,14 (ἀπὸ κτίσεως); 41,15; 83,4; 176,18; 186,29ff.; 378,12f.

κτίσις 1) I 19,19; 145,22. II 77,27. III 39,13; 188,30. 33. 2) das Geschöpf, das Geschaffene I 87,12. 15; 258,11; 286,2. II 59,16; 163,7; 188,6; 191,17 (αἱ κτίσεις). III 18,1; 40,15; 184,18; 211,31; 226,5.

κτίσμα I 11,9; 56,6f.; 58,10; 89,14; 94,7. II 214,3; 316,1; 415,4. III 19,9; 40,27; 162,12; 165,10; 182,27; 186,32; 198,24; 230,22. 23; 231,2; 240,14; 268,7. 10. 23; 329,7; 348,21. 27; 453,25; 455,9. 23.

κτίστης I 388,1; 253,22; 312,27. II 80,19; 97,4; 162,26. III 167,7; 253,3; 349,28. 30; 372,22; 453,26.

κτιστικός III 274,22. — κτιστικῶς III 397,28.

κτιστός I 11,10; 14,13; 15,24; 31,31; 33,6. 7. 12; 34,8; 59,26; 65,17; 87,12; 88,19; 92,4; 94,18. 19; 441,3. II 410,13; 417,24; 418,7. III 168,6 (οὔτε γεννητὸν οὔτε κτιστόν); 180,15; 182,33; 203,6; 204,6; 231,1. 6; 312,21; 330,10. 19; 362,5.

κτύπος I 291,12. 19.

κυάνεος II 1,5. III 413,4. 13.

κυβεία I 246,7; 260,9; 265,15. 16; 266,19; 352,1. II 79,2. III 48,13; 302,8; 414,6.

κυβερνήτης II 384,19; 432,11. 14. 16. III 71,2.

κυβευτικός II 38,15; 205,7. III 89,18; 350,32.

κῦδος III 108,14.

κύημα I 103,22; 412,21; 415,23; 436,27.

κύησις I 41,26; 51,7. III 431,17; 459,14; 463,23; 474,17bis.

κυΐσκω I 50,12; 113,30; 116,28; 180,6; 199,23; 245,24; 293,12. II 401,8; 518,16. III 457,16; 461,23; 463,13; 468,12; 480,24.

κυκάω I 458,1. II 522,20. III 32,5; 178,15.

κυκεών III 510,16.

κυκλοδράκων III 482,14.

κυκλοειδής II 27,16; 200,9.

κυκλόω II 286,2. III 124,8.

κύκνος I 127,21.

κυλλός III 74,20.

κῦμα I 369,2. 6. 7. II 62,7. 19. III 228,27; 496,23.

κύμβαλον III 180,19; 510,16.

κυνηγέτρια I 123,25.

κυνηγία III 525,11.

κυνοδών III 463,4.

κυοφορέω III 516,7. 12.

κυοφορία III 175,23.

κυοφορικός III 463,9.

κυπρίζω II 373,27; 374,8.

κυριακός Ι 43,8 (ὁ κυριακὸς ἄνθρωπος);
46,29; 54,20; 98,14. 15; 114,22; 115,3;
231,11 (κυριακὴ ὀνομασία *vom Herrn
herrührend*). ΙΙ 212,1 (κυριακή *Sonntag*);
248,11 (item); 304,16 (item). ΙΙΙ 213,15
(ὁ κυριακὸς ἄνθρωπος); 243,25; 244,13
(κυριακὴ ἡμέρα); 335,15; 419,17 (τὸ
κυριακὸν σῶμα); 522,27; 523,8.
κυριεύω Ι 43,13; 69,21. ΙΙΙ 87,21; 97,15;
106,24; 480,6.
κυριοκτόνος Ι 144,1. 25. ΙΙΙ 5,4; 163,18.
κυριολεκτέω ΙΙΙ 314,2.
κύριος 1) für Gott Ι 120,16 (Einwirkung
des Geistes); 213,1; 217,11 (κυρίῳ τῷ
θεῷ); 253,21; 259,3; 263,9; 322,6. 11;
375,2. ΙΙ 87,7; 106,26. ΙΙΙ 219,25;
237,32; 253,27; 346,19. 22; 428,13. 22;
475,13; 519,20. 2) als Höflichkeitsanrede;
für Christus s. Sachregister Theologie.
Ι 2,6; 5,8. ΙΙΙ 183,11. — κυρίως
Ι 360,5. ΙΙ 450,12. ΙΙΙ 273,3. 12; 287,4.
— κυριώτερον ΙΙΙ 200,6; 210,21.
κυριότης Ι 146,4; 273,25. ΙΙ 349,16;
392,6. ΙΙΙ 262,30; 332,30; 393,19;
436,20.
κυρόω Ι 123,12.
κύρτωμα ΙΙΙ 228,27.
κύρτωσις ΙΙ 62,7. ΙΙΙ 496,23.
κύτος Ι 62,18; 166,1; 183,13. ΙΙ 64,1.
ΙΙΙ 18,1; 49,11; 500,24.
κύων Ι 124,3; 289,10. ΙΙ 90,16; 311,13.
ΙΙΙ 164,12; 216,32; 268,25.
κῴδιον ΙΙ 81,6; 205,8. ΙΙΙ 369,16.
κώδων Ι 291,11. 19.
κώκυμα Ι 366,16.
κωλύω Ι 65,1; 119,13; 165,6; 220,13;
252,5; 340,13. ΙΙ 102,13. ΙΙΙ 84,8. 9;
192,23; 231,15.
κωμάζω ΙΙ 286,3.
κώμη Ι 238,7; 328,23; 335,12. ΙΙ 81,5;
260,6. ΙΙΙ 32,2. 20; 248,30.

κωμικός Ι 124,21; 125,1. ΙΙ 56,13.
κωμῳδία ΙΙΙ 268,1.
κωμῳδοποιός ΙΙΙ 84,19.
κώνειον ΙΙ 131,9.
κώνωψ ΙΙ 207,27; 210,5; 508,18.
κωτίλος ΙΙΙ 412,25 (κωτίλως).
κωφός ΙΙΙ 74,20; 412,28; 413,20.
κωφόω ΙΙΙ 5,20.

λαβή ΙΙ 82,14. ΙΙΙ 105,7.
λαγνεία Ι 271,7; 273,31; 286,17; 289,7;
342,6. ΙΙ 84,6; 398,24. ΙΙΙ 488,7.
λαγνεύω Ι 268,9; 296,12.
λάγνος Ι 239,19; 305,16; 361,19
(λαγνιστέρως). ΙΙ 61,12. ΙΙΙ 472,3.
λαγχάνω Ι 176,12. ΙΙΙ 402,6.
λαϊκός ΙΙΙ 452,20; 513,15.
λαίμαργος ΙΙ 218,3.
λακίζω Ι 313,4. ΙΙ 340,7; 514,20.
λαλέω Ι 51,5; 60,4; 80,10; 83,3; 437,2.
ΙΙ 7,19; 131,23; 236,18; 516,9. ΙΙΙ 1,14;
113,9. 14; 128,24; 233,11; 297,9.
λαλιά Ι 40,28; 155,6; 223,17; 297,18.
ΙΙ 78,7. ΙΙΙ 92,9.
λάλος ΙΙΙ 250,3.
λαμβάνω Ι 61,26 (τι εἴς τι). ΙΙ 69,18
(πάθει ληφθέν). ΙΙΙ 100,7; 442,35;
524,20. 21. 22. 23. — τι ἐπί τινι *auf
etwas beziehen* Ι 380,26; 449,8 (ἐπί
τινος). ΙΙΙ 386,16; 468,9; 469,21. —
λαμβάνεσθαί τινος Ι 343,19. ΙΙ 158,9.
— λαμβάνεσθαι περί τινος ΙΙΙ 171,6.
λαμπαδηφορέω ΙΙ 243,3.
λαμπαδηφόρος ΙΙ 285,17.
λαμπάς Ι 57,13; 372,3. ΙΙ 341,3.
ΙΙΙ 158,14; 191,30.
λαμπρός Ι 73,3 (λαμπρότατος).
ΙΙ 197,23; 242,5. ΙΙΙ 298,15.
λαμπρύνω ΙΙΙ 95,21.
λάμπω ΙΙΙ 208,3.

λανθάνω I 49,21; 245,4. II 74,3; 135,8;
243,2; 308,13. III 99,20; 441,6; 455,30;
456,4. 5. — λεληθότως I 346,11.
III 150,14.

λαός *Gemeinde* I 122,8. II 162,22; 243,6
(λαοί); 368,8; 371,16 (*Laien*); 372,3.
III 33,6; 147,24; 151,27; 328,2; 430,12.

λάρναξ I 217,7; 276,13. 15.

λατρεία I 33,20; 190,29; 191,1; 218,11.
II 368,4. III 247,21; 334,30; 524,9.

λατρευτός I 87,14; 89,14.

λατρεύω I 89,13. II 88,5. 6. III 325,6;
407,30; 492,2.

λαύρα einheimisch alexandrinischer
Ausdruck für die um eine Klosterkirche
herum sich bildende *Ansiedlung*, von
Epiph. erläutert mit ἄμφοδος III 152,25.

λαφυραγωγία II 335,16.

λάχανον I 286,1. III 64,3; 235,25.

λέαινα III 118,4; 462,29; 463,22. 23.

λέβης III 511,25.

λέγω, λέξω I 52,4; 439,21. II 187,3.
III 7,13; 83,14; 348,25; 411,21; 468,29.
— ἐρῶ I 110,26. II 191,10. — λέλεκται
I 279,25.

λεῖμμα I 226,22. II 511,17. 24. 26.

λεῖος I 61,21; 447,16. II 262,16. III 78,2;
186,9.

λείπω II 207,6. 7; 510,29. III 176,29;
248,22. — λείπεσθαί τινος I 20,21;
25,20. 33; 53,13. III 212,8. — λείπεταί
τινι I 30,28. III 246,12. — λείπεταί
τι ἔκ τινος I 30,26. — τὸ λεῖπον
III 216,16.

λειτουργία I 82,21 (*Gottesdienst*). II 94,15
(*Verwaltung des Bischofsamts*); 368,7.
III 319,9; 490,21.

λείψανον *Märtyrer- und Heiligengebeine*
I 104,10. 23; 106,24; 107,8; 119,2; 136,9;
173,18; 217,6; 219,6; 374,22; 395,17;
438,28. II 77,23; 105,19; 132,20;

146,16; 182,8; 209,12 (*Leichnam*); 218,8.
III 339,14 (τὰ λείψανα); 360,10.

λεκτικός III 285,21. 22.

λεξίδιον I 459,12. II 420,18.

λεξίθηρ III 209,15; 224,26.

λεξιθηρέω I 366,24. II 201,17; 308,23.
III 196,20.

λεξικῶς I 61,2.

λέξις 1) *das Wort, der Ausdruck* I 10,13;
23,20; 38,6. 19; 54,11; 59,15; 61,2. 5;
201,20; 214,1; 217,14; 271,9. 13; 283,14.
17; 297,14; 322,8; 323,4; 363,3; 390,2
(κατὰ λέξιν); 459,15; 463,22. II 1,17;
2,19; 106,17. 23; 124,4 (*Leswort*); 149,21;
166,5. 8; 168,14; 175,6; 322,5; 417,10
(*der Ausspruch*). III 8,28; 48,17; 53,11;
72,13; 93,19; 98,3; 174,29; 177,30;
178,9; 195,5; 199,29; 204,18; 216,1;
218,10. 11; 220,18; 228,26; 239,30;
339,22; 348,13; 350,22; 360,6; 372,13;
401,30; 410,19; 416,5. 27; 433,13. 18;
470,3. 2) *Schriftwort* I 359,9; 460,31.
II 124,27; 128,26; 218,13; 320,3; 321,17.
III 80,23; 101,17; 103,16; 106,19; 112,4;
120,14; 129,1; 162,7; 163,23; 169,18.
23; 170,26; 176,30; 187,14. 21; 226,33;
239,4; 443,13.

λέπρα I 274,15. II 253,11. III 93,26.

λεπρός II 113,17; 125,7. III 78,12.

λεπτολογέω I 45,24; 63,21; 264,20;
276,25. II 264,3.

λεπτολόγημα I 16,26. III 265,3.

λεπτολογία I 222,5; 398,12. II 268,13;
297,14. III 211,2.

λεπτολόγως I 222,7.

λεπτομερής I 112,11; 230,12; 231,1.
II 257,3. III 215,24; 441,28. —
λεπτομερῶς I 45,23. III 374,18;
414,18.

λεπτός I 65,15; 187,2; 189,4; 375,22.
II 513,13. III 162,3; 341,16; 489,19;

524,29. — κατὰ τὸ λεπτόν II 261,27;
303,22. III 152,8.

λεπτότης I 112,7; 270,4; 319,3.
II 503,22. — κατὰ λεπτότητα I 319,13;
338,8; 340,27; 343,7; 359,24. II 183,24.
III 144,9.

λευκός II 200,7. III 18,1; 413,3. 13.

λευχείμων II 243,4.

λέων I 195,16. II 351,17 (als Hundename).

λεωφόρος II 145,20; 377,9.

ληγάτον III 503,6.

λήγω intrans. I 186,16; 246,17; 323,12.
II 103,18. 19; 160,15; 206,2; 247,15;
289,3. 5; 379,14; 380,1. III 39,1;
372,26. — ἀπό τινος I 226,25. — τινός
I 133,3. II 363,11. III 40,13; 368,23.

λήθη I 109,8; 357,10. II 45,16; 74,12;
132,20; 147,8. III 87,9bis; 204,32;
311,32; 380,33; 409,26.

λῆξις III 226,2.

ληρέω I 45,4; 59,14. II 80,6. III 91,10.

ληρολόγημα III 85,7; 479,26.

ληρολογία I 294,1; 389,8; 440,27.
II 75,17.

ληρολόγος I 245,5; 447,3. 9.

λῆρος II 155,10; 194,20.

ληρώδης I 58,18; 106,9; 253,1; 258,2;
264,13; 291,26; 293,2; 364,14; 368,13;
387,15; 397,1; 435,15. II 55,7; 57,2;
58,9; 106,9; 332,19; 333,17. III 86,19;
87,8; 207,3. — ληρωδῶς I 353,8.

ληρωδία I 16,4; 220,11; 245,1; 252,19;
380,5; 383,21; 389,5; 446,13; 449,7;
458,16. II 49,20; 200,5; 314,20.
III 48,16; 97,2. 30; 453,29.

ληστεία III 93,16.

ληστής II 333,20; 384,13. III 100,18;
191,31.

ληψοδοσία I 304,12.

λίβανος II 404,12.

λιβανωτίς II 249,1; 250,1.

λιβάς II 38,32.

λίβελλος III 149,21; 256,6; 259,5. 9. 14.
15.

λίβυς II 398,5.

λιγυρῶς I 124,19.

λιθοβολέω III 31,20.

λίθος I 162,13; 333,10 (λίθοι τίμιοι);
347,26. II 249,3; 337,11; 372,13; 452,9.
11. 12. III 123,19; 165,23; 183,12;
184,2. 4; 337,11; 343,3; 448,7.

λικμάω III 341,4.

λιμήν II 62,10; 340,7. III 496,25; 497,2;
515,20.

λίμνη II 274,16; 302,15. III 341,14.

λιμός III 118,1.

λίνον I 57,2. III 430,33.

λινουργός II 518,8.

λιτῶς III 297,9.

λιχανός II 239,14.

λίχνος II 51,7; 52,13. III 96,30.

λογίδιον III 352,7; 368,26; 405,25.

λογίζομαι 1) *rechnen* I 229,10.
III 516,12. 2) *denken* I 40,6; 99,15;
119,6; 239,9. III 40,17; 130,24; 219,13;
247,11; 451,20. — εἰς οὐδὲν λογίζεται
II 50,8. — ἀπό τινος *zu etwas gerechnet
werden* II 510,20. — περί τινος τι λ.
nachdenken über etwas I 30,14; 192,8;
219,14. 26; 225,2. — τι εἴς τι λ. *etwas
für etwas halten* I 39,29; 42,25; 378,10.
III 174,25. — τι(νὰ) εἴς τινα λ. *etwas
/ j-n für j-n halten* I 46,16; 58,15; 114,16.
III 175,21; 227,13; 363,8; 430,7; 445,22.
— τί τινί λ. *etwas j-m zuschreiben*
I 114,21; 115,1. III 215,1; 445,22. 26.
— θανάτῳ I 81,4.

λογικός I 98,1; 184,30. II 444,15.
III 219,13; 266,19; 362,30; 379,12. 13;
385,7; 443,3; 453,11; 507,5.

λόγιον I 90,18. II 374,15. III 491,16
(λόγια θεοῦ).

λόγιος   II 338,8; 403,5; 405,2; 500,8; 518,6. III 160,2; 417,7; 437,26; 491,16. — λογίως II 169,6.

λογιότης I 177,17. II 404,2. III 92,10.

λογισμός I 6,24; 94,4; 110,12; 169,6; 197,15; 239,5; 242,8; 278,17; 293,21; 369,5; 458,16. II 38,5; 48,17; 52,29; 104,20; 166,7; 194,20; 195,7; 223,16; 228,11; 229,15; 240,17; 347,15. III 7,20; 17,27; 36,13; 82,30; 83,4; 165,7; 174,8; 218,12; 221,21; 227,22; 228,29; 406,15; 436,9; 438,5; 449,18; 484,25.

λογιστικός III 236,12. 14.

λογογράφος I 169,15; 187,12. II 518,8. III 501,4.

λογομαχία III 176,32.

λόγος 1) *Wort, Rede* I 23,2; 183,21; 185,12; 209,13 (ὁ λόγος ἔχει περί τινος *es handelt sich um*); 221,13; 263,9; 436,1; 457,16. II 13,1; 34,4; 105,2; 219,1 (ὁ λόγος τῆς ἀληθείας); 228,16; 338,10 (λόγος ἔχει *es heißt*); 341,7; 406,6; 431,1f. III 19,8; 83,12; 100,8. 11; 107,15; 133,7; 209,4; 226,27; 238,11. 19. 24; 250,7; 256,8; 386,5 (οἱ τῶν διαλεκτικῶν λόγοι). 2) *Satz, Ausspruch, Bibelstelle* I 16,13; 245,9; 437,27; 460,3. II 123,9; 129,8; 154,21; 161,1; 182,9; 216,7 (λόγοι τῆς παλαιᾶς διαθήκης); 218,24; 244,3 (ἀποστολικὸς λόγος); 261,17; 346,21; 425,8. III 139,9; 169,21; 252,9; 389,13. 3) *Lehre* I 58,11; 422,6 (λόγοι ἀποστολικοί); 439,2 (σέμνος λόγος). II 104,18 (τοῦ Μαρκίωνος ὁ λόγος); 134,22; 208,2 (οἱ Τατιανοῦ λόγοι); 351,15. III 83,6; 118,21 (τοῦ Μάνη ὁ λόγος); 133,6. 4) *Grund, Zweck* I 15,24; 311,25. II 15,5. III 17,28; 461,14. 5) *Vernunft* II 418,6 (τὸ φρόνημα καὶ ὁ λόγος). III 173,26. 6) *Logos = Sohn Gottes* I 23,9; 43,4; 46,12.

14; 93,25; 227,22; 257,7. 9. 10; 360,6. 24. 29; 376,22; 392,6. 11; 401,16ff.; 406,5; 426,6ff. II 17,2; 22,11. 14. 18; 60,8; 144,9; 231,9; 250,20; 278,14; 317,6; 329,11. 21; 349,12f.; 352,15. 19; 418,12. III 13,13; 88,20; 107,24; 208,4; 217,19; 278,13. 24; 281,18; 323,20; 373,27; 426,28; 427,14f.; 445,8. — δοῦναι λόγον III 162,28; 163,1; 250,7. — ἐκ παντὸς λόγου I 441,12. III 88,26. — λόγος τοῦ κυρίου (τοῦ σωτῆρος) I 452,8. 13. II 422,20. III 345,24. — ὁ σπερματικὸς λόγος II 426,19. — ὀρθὸς λόγος III 26,6; 256,8.

λόγχη II 504,4.

λοιδορέω II 372,9; 381,22; 477,1. III 525,20.

λοίδορος III 237,14.

λοιμώδης I 294,18; 305,12. II 48,19.

λοιπόν 1) I 69,1; 94,3. II 270,10. 12; 273,1. III 34,5; 38,1. 23; 143,9; 150,19; 156,4; 162,14; 163,24; 196,20; 202,32; 518,12. 2) *fortan* I 179,2; 187,1. II 77,15; 81,23; 95,4; 99,1. III 17,25; 24,16.

λοιπός 1) ohne Art. I 78,13; 89,21; 92,12; 164,11. III 334,13. 2) mit Art. I 88,26; 89,6. 8; 398,12. II 71,15. III 44,8; 234,2; 269,1; 286,20; 324,23.

λοξός I 351,8. II 224,20; 351,14. III 48,16. — λοξῶς III 378,7.

λουσόριος I 130,3.

λουτρόν 1) *Taufe* I 142,21. 24. 26; 146,18; 148,2; 318,26; 339,7. 15; 341,17; 347,1. II 3,12; 82,27; 84,8; 98,9ff.; 278,19; 364,5. III 334,29; 336,6; 503,15; 522,20. 2) *Bad* I 342,21; 347,24; 365,15. 3) *Waschung* I 209,7.

λούω I 202,20; 214,23; 282,20; 342,17. 20 (ἀνδρόγυνα λούεσθαι). 25 (*baden*); 365,12. 16.

λύκος II 307,3. III 28,27; 32,14; 118,5.

λυμαίνω Med. I 272,16; 294,19; 310,13; 369,9. II 44,3; 105,1; 173,16; 362,17. III 405,26; 484,25.

λυμαντικός II 50,5; 346,19.

λυμεών II 90,12. III 342,5.

λύμη I 34,6; 195,23; 245,28; 279,14; 310,12; 321,5; 438,13. II 38,30; 71,16; 241,8; 312,3; 402,26. III 144,12; 191,13; 312,17; 313,3; 348,28.

λυπέω I 404,2; 410,24. II 252,26 (οὐδὲν λυπήσει); 341,6. III 49,5; 100,10; 124,21; 147,18; 150,8; 310,13.

λύπη I 42,23; 404,9; 410,21. 23; 423,19. II 401,18; 436,18. III 148,26; 150,1; 416,24; 437,33; 439,20; 450,10; 494,18.

λυπηρός II 217,21. III 437,10.

λυσίπονος II 303,15. III 515,21.

λύσις II 20,9; 104,3; 172,29; 468,17. III 352,11; 361,3 (λύσις λύσεως).

λύσσα II 344,9. III 216,32. 33; 296,35; 454,15; 476,23.

λυσσάω III 118,6; 454,13.

λυσσητήρ III 164,12; 268,25; 454,8.

λύτρα II 59,23; 494,4. III 470,14.

λύτρον I 225,4.

λυτροῦμαι die Erlösung durch ein Sakrament vollziehen II 1,16; 45,21. 22.

λυτρόω I 81,18.

λύτρωσις I 16,2. II 36,12. 15; 37,18. 20; 79,8.

λυχναψία III 486,6.

λυχνία III 127,14; 337,10.

λυχνικός III 524,10 (λυχνικοί τε ἅμα ψαλμοὶ καὶ προσευχαί).

λύχνος I 57,11. 13. III 127,14.

λύω I 12,17; 42,17; 57,19; 79,1; 109,22; 120,7 (τὸ ζήτημα). II 61,18 (vom Auflösen eines Dramas). III 103,7; 113,12; 127,12; 301,24; 409,23.

λωβέω II 183,20. III 149,4; 174,32; 333,25.

λώβησις II 337,14; 359,19.

λωδίκιον III 143,4.

λωφάω III 498,12.

μαγγανεία I 239,15; 246,12; 303,17; 342,6; 343,7. 20; 348,2. II 510,1. III 20,10; 36,1; 410,34; 525,9.

μαγγανικός I 258,9.

μάγγανον III 124,13.

μαγεία I 172,20; 177,7; 179,4; 238,8; 239,13; 303,14; 305,17; 311,17; 348,3. 18. II 5,19. III 20,10; 133,5 (ἀστρονομίας καὶ μαγείας); 525,9.

μαγεύω II 5,14. III 21,5.

μαγικός I 342,7. III 19,17.

μάγος I 228,16; 238,3 (Σίμων ὁ μάγος); 372,22. 24. II 8,7 (Μάρκος ὁ μάγος). 27; 13,4 (ὁ μάγος Ἀληθείας); 259,13. 14. 15. 21. 25. 26. III 512,19.

μάθημα I 413,5. III 8,10; 117,8; 122,2; 133,4.

μαθηματικός I 264,5.

μάθησις I 185,8. III 509,18.

μαθητεία II 268,7; 358,15.

μαθητεύω I 131,8; 235,6f.; 246,4; 261,6; 438,15. II 4,7; 344,19. III 192,9; 361,14; 369,18; 411,19; 413,23. 32; 417,2; 434,3; 452,15.

μαθητής 1) Apostel Jesu I 7,17; 284,14; 292,13. II 241,2. III 43,20; 105,4; 176,34. 2) Sg. II 189,18 (τοῦ Μαρκίωνος). III 19,22 (τοῦ Μάνη, i.e. Τέρβινθος). Pl. I 76,10 (τοῦ Ὠριγένους); 237,9 (Οὐαλεντίνου); 239,25 (τοῦ γόητος Σίμωνος). III 1,10 (τοῦ Μάνη τοῦ Πέρσου); 9,9 (sc. τοῦ Παύλου Σαμοσατέως); 24,1; 136,15 (τοῦ Ἱερακᾶ); 162,12 (τοῦ Ἀρείου); 221,13 (item).

μαίνομαι I 9,23; 60,21; 345,13; 374,19.

III 121,9; 192,8; 369,28; 411,31; 454,8.
31; 455,10.
μαίωσις I 458,21.
μαιωτικός I 458,10.
μακαρίζω I 5,20; 7,13. 14; 16,18. 19;
49,26; 290,1. II 127,6; 142,27; 144,28.
III 122,19; 123,16.
μακάριος, μακαρίτης, μακαριστός
als Ehrenbezeichnung I 2,20 (von
Athanasius); 5,12 (μακάριος βίος); 7,12
(μακαριώτατος); 12,24 (Moses); 16,9
(Petrus); 49,17 (Sara); 123,2 (μακάριαι
ἐλπίδες); 149,12 (μακαριώτατοι als
Höflichkeitsanrede); 264,19 (Irenaeus);
289,21 (Paulus); 338,15 (Constantin);
339,22 (Eusebius von Vercelli); 366,2
(Apostel Johannes); 446,1 (Irenaeus).
II 6,4 (μακαριώτατος καὶ ἁγιώτατος);
37,22 (Irenaeus); 48,19 (David); 276,5
(Johannes); 323,1 (Stephanus); 395,18
(Stephanus); 344,4 (οἱ μακάριοι
πρεσβύτεροι); 403,3 (Leonidas; ἁγίου
καὶ μακαρίτου); 420,23 (Methodius;
μακαρίτης); 500,2 (Methodius); 510,3
(μακαριστός); 515,10 (Methodius).
III 93,21 (μακάριαι ἐλπίδες); 144,21
(Constantin); 145,16 (Alexander);
149,21 (Ἰουλίος ἐπίσκοπος Ῥώμης);
151,18 (Athanasius); 274,24 (Παῦλος);
275,21 (Παῦλος); 276,23 (Παῦλος);
281,6 (Παῦλος); 307,31 (Zacharias).
μακαριότης II 143,18.
μακαρισμός I 283,24. III 122,23. 24;
474,8.
μακράν II 268,22; 326,10. III 145,3;
146,31; 259,22.
μακροδία II 377,19.
μακροείκελος II 311,6.
μακροθυμέω I 141,13. II 188,25.
III 417,4; 521,7.
μακροθυμία II 104,12. III 372,7.

μακρόθυμος II 61,14.
μακρός I 278,9. II 303,19 (μακρότερον
ausführlicher); 312,20; 432,18; 495,1. 8.
μακρύνω III 371,1.
μάλα II 313,19. III 154,17; 501,7.
— μάλιστα I 92,6; 223,17. II 199,1;
231,13; 391,5. III 148,21; 233,27.
μαλάσσω II 52,10.
μάνδρα 1) Mönchsgemeinde I 153,14;
154,30. III 233,1; 491,20 (ἐν
μοναστηρίοις ... εἴτουν μάνδραις
καλουμέναις). 2) die christl. Gemeinde
I 131,11 (τοῦ θεοῦ μάνδρας). III 32,14.
17. 3) II 222,15.
μανθάνω I 19,11; 22,28; 25,3; 28,18;
58,18; 167,6; 185,9. II 33,14; 218,31;
428,2; 435,1. III 31,2; 115,18.
μανία I 10,11; 19,10 (μανίᾳ κατέχεσθαι);
288,29. II 216,14; 226,8; 344,1; 346,19.
III 15,5; 80,13; 118,5; 212,7; 249,11;
345,35; 346,10; 413,32; 454,18; 455,1;
456,17; 476,26; 478,32; 494,20.
μανιώδης I 258,2; 314,20. II 45,6.
III 15,1; 40,5; 144,18; 168,11; 296,35;
334,26; 342,5; 366,10.
μάννα II 135,17; 247,28. III 183,26.
μαντεία III 174,7.
μαντεῖον III 118,30; 119,3.
μαντεύομαι III 118,29. 30; 119,2.
μάντις III 43,5; 118,29.
μαργαρίτης II 388,16.
μαρμαρυγή I 57,3.
μαρτυρέω 1) etwas bezeugen I 55,18; 103,26;
324,25. II 195,20. III 42,2. 28; 80,15;
187,14; 456,8; 489,16. 2) das Martyrium
erleiden I 261,13. 14. 15. II 203,7; 212,21;
318,3. III 486,21. — μαρτυροῦμαι es
wird von mir bezeugt I 99,27. II 143,12.
III 204,6; 447,5; 457,9. — τινί I 145,10.
II 131,25; 136,14; 142,23; 156,19.
III 41,17; 442,30.

μαρτυρία 1) I 9,10; 110,21. II 400,23.
III 40,16; 81,5; 169,14; 204,14; 221,20;
250,21. 2) *Schriftzeugnis, Schriftstelle*
I 40,12; 41,3; 43,12; 59,30; 77,2; 93,11;
110,26; 118,22; 121,26; 122,3; 145,1.
18; 193,6. 7; 200,20; 285,16; 289,1. 23;
293,14; 317,12; 319,3; 322,21; 360,30;
364,24; 380,30; 460,10. II 59,7; 70,5.
30; 84,10; 93,9; 99,2; 146,8; 161,13;
182,16; 187,14; 242,15; 270,6; 412,3.
III 4,4; 42,3; 80,26; 99,23; 196,22;
237,27; 254,23; 328,22. 3) *Zeugnis*
(Gottes), *Befehl* I 116,10; 278,7
(*Offenbarung* Gottes). 4) *Zeugnis* von
Menschen I 264,3; 298,22. II 124,17;
177,17; 285,7. III 147,17.

μαρτύριον I 110,18 (*Martyrium, der
Märtyrertod*); 365,27. II 301,8. 14
(*Märtyrerkapelle*); 404,13 (*die Stellung als
Märtyrer*). III 127,15; 141,18; 305,11;
457,8.

μάρτυς 1) I 9,14; 31,25. 2) *Zeuge*
I 117,33. 3) *Märtyrer* I 92,18. II 4,5.
6; 186,26; 197,28 (ὁ ἅγιος τοῦ θεοῦ
μάρτυς); 404,13. III 141,5. 6. 10. 25.
28; 339,7.

μασάομαι III 77,3; 90,12.

μασητήρ III 90,10.

μαστίζω I 46,12; 104,17; 346,25.
II 387,19. III 372,18.

μαστίξ III 215,18; 423,15.

ματαιοεργία I 343,4.

ματαιολογία I 389,6. III 97,27; 196,1;
378,23.

ματαιοπονία I 387,23; 458,19. II 45,6;
191,8. III 361,8.

ματαιοπόνος I 151,24. II 501,8.

μάταιος 1) 3 End. oder unbestimmt
I 40,5; 51,9; 123,8; 133,28; 134,1; 136,4;
219,4; 264,6. II 100,11; 242,15. III 16,7;
23,2; 36,11; 73,28; 253,8bis. 2) 2 End.

I 119,5; 135,29; 216,19; 320,8. II 41,8.
— εἰς μάταιον II 145,9. — ματαίως
I 124,9; 206,12. 16; 211,22; 279,8;
284,9. II 522,7. III 140,15; 225,7.

ματαιότης II 363,1; 501,9.

ματαιοφρονέω I 380,27.

ματαιοφροσύνη I 374,11. 12; 435,20.
II 50,17; 53,16; 75,17; 102,8; 165,26;
186,21; 188,28; 207,10; 376,6. III 34,6;
218,12; 219,8; 378,10.

ματαιόφρων I 23,13; 132,1; 369,18;
377,18; 449,7. II 146,13.

μάτην 1) I 59,22; 118,25; 131,19; 245,12.
II 300,2; 380,17. III 73,15; 91,6;
139,28; 167,33; 192,15; 195,1; 250,9;
332,4; 404,20; 474,20; 504,18. 2) *ohne
Erfolg* I 379,5; 460,6. 3) *grundlos*
I 212,2; 296,20; 376,16; 387,22; 436,18.
II 125,22; 133,22. — εἰς μάτην
I 292,12. II 331,10; 500,6. III 259,10.

μάχαιρα I 251,16; 462,13. II 60,22;
366,22. III 112,1; 312,16.

μάχη I 204,17; 240,8. II 235,12.
III 147,24; 149,16; 152,11; 525,12.

μάχομαι I 135,15; 331,12; 344,4.
II 66,21; 434,26; 494,6. III 285,29;
387,29.

μεγαλαυχέω II 378,13.

μεγαλειότης III 200,19; 408,35.

μεγαλόδωρος II 183,1.

μεγαλύνω III 107,15; 309,26.

μεγαρίζω III 510,11.

μέγας 1) II 138,1. III 459,32. 2) als
Ehrenprädikat III 150,28 (τοῦ μεγάλου
Κωνσταντίνου); 153,2 (Κωνσταντίνου
τοῦ μεγάλου καὶ μακαρίτου
βασιλέως). 3) im relig. Sinn *mächtig*
I 220,9. II 138,1; 334,20. — μεγάλως
II 94,4; 203,6; 315,20; 340,5. III 156,24;
366,17; 425,4.

μέγεθος I 132,23.

μέθη II 80,6; 401,18. III 84,20; 87,8; 90,8; 267,23; 268,1.

μεθίστημι 1) intrans. I 187,28; 225,15; 227,6; 324,4; 370,17. II 133,28; 226,13. 2) trans. I 325,9. II 227,6.

μεθοδεύω I 244,26; 362,25. II 2,19. III 101,17.

μέθοδος II 509,22; 520,23.

μέθυσος I 123,25.

μεθυστής II 217,11.

μεθύω I 278,3. III 85,22.

μειδιάω III 259,21.

μεῖζον, τό für eine Gottheit I 284,2; 324,9. II 76,26; 127,8. 9. 10; 387,8; 440,14. III 250,2; 451,3; 466,19.

μείουρος II 200,9.

μειόω I 57,6. 7.

μειράκιον I 343,2; 462,9. III 23,2.

μείων II 510,11 (μεῖον).

μείωσις I 56,22; 241,8. III 184,25; 380,24.

μελάνθιον II 513,7.

μελανόω I 296,19.

μέλας II 200,7; 513,24. III 18,1; 413,3.

μελετάω II 252,18 (μεμελέτηταί μοι).

μελέτη III 491,16.

μελέτημα III 510,19.

μέλι I 239,16; 282,7. II 351,19 (als euphemistischer Name für ὄξος). III 136,24.

μέλιττα III 489,13.

μελλητικός II 104,11. III 218,17; 224,20. — μελλητικῶς II 141,22. III 385,8; 402,9.

μέλος I 67,2; 144,9; 305,17; 381,2. II 42,23; 183,20. III 432,16.

μέλω I 384,6 (μεμέληται); 437,7 (μέλει μοί τινος). II 162,28; 190,13 (μεμέληται).

μεμοράδιος III 250,26.

μεμπτός III 136,23.

μέμφομαι I 20,16; 362,7. II 506,23. III 155,32.

μέμψις II 381,15; 417,22. III 248,3.

μένω I 27,12 (ἐν); 142,23; 190,3; 247,4. II 344,17. III 136,18.

μερίζω 1) I 38,24 (μερίζομαι εἰς zugerechnet werden zu). II 330,7 (Akt. zuteilen). 2) Akt. zerteilen I 100,19; 164,9; 176,6. 7; 183,14; 184,14; 187,17; 258,15. II 102,27; 197,15. III 376,19; 440,1; 445,3. 3) Med. sich zerteilen, sich verlieren I 100,5; 230,13. III 433,2 (μερισθῆναι ἀπὸ τῆς ἐκκλησίας). 4) sich teilen in I 207,7; 438,18. III 209,9 (sich teilen zwischen).

μερικός I 183,15. — μερικῶς I 26,12. II 138,9. 13.

μέριμνα II 227,21. III 160,25.

μεριμνάω I 122,9; 171,21. II 276,7 (m. Inf.). III 143,29; 471,32.

μερίς I 149,14. III 97,7; 100,16; 410,9; 521,19.

μερισμός I 65,20. II 184,23. III 147,19; 227,21; 236,25.

μεριστικός I 408,15. III 380,1.

μεριστής III 348,23.

μεριτεία I 248,5.

μέρος I 19,19; 42,29; 220,15; 381,3; 461,21 (Seite). III 37,11; 81,30; 100,12; 296,6; 453,6. — ἀνὰ μέρος teilweise I 118,25. 26. III 84,4; 97,9. — ἀπὸ μέρους I 20,6; 52,19; 76,27; 93,13; 187,9; 221,16; 274,16; 313,15; 317,10; 395,14; 398,11. II 187,11; 500,1. III 91,8; 128,14; 163,15; 515,7. — ἐκ μέρους I 62,14. III 159,19; 476,20. —ἐν μέρει teilweise I 193,18; 216,14f.; 279,25; 280,9; 334,5. III 167,5.—κατὰ μέρος I 126,17. III 150,23. — κατὰ τοῦτο τὸ μέρος II 72,16.

μεσάζω III 161,3; 242,11; 245,26.

μεσημβρία I 180,15; 220,17; 440,20.
μεσημβρινός I 440,23.
μεσιτεύω I 55,4. 9; 79,11. III 38,7.
μεσολαβέω I 439,26.
μέσον, εἰς μέσον φέρειν I 444,1;
    445,20. II 101,18; 106,8; 221,26;
    345,5; 400,7. 24. III 25,2; 74,26;
    106,8; 221,26; 228,8; 345,5; 476,29. —
    εἰς μέσον παράγειν II 356,13. — εἰς
    μέσον παρέρχεσθαι I 239,15. — ἐν
    μέσῳ εἶναι *daran beteiligt sein* I 311,30;
    312,2. — ἐν μέσῳ φέρειν I 285,16.
    — ἐπὶ τὸ μέσον φέρειν III 493,22.
    — κατὰ μέσον I 68,9.
μέσος, μεσαίτατος I 439,28; 461,11.
    II 224,11; 286,2. III 178,21; 192,27;
    224,11. — τινός I 333,20. — μέσος
    χωρεῖν I 318,30. — μέσως III 230,21.
μεσότης II 276,12.
μεστόω I 313,2; 352,1.
μεταβαίνω I 50,13. III 92,4; 224,8;
    383,23.
μεταβάλλω I 32,13; 73,19; 117,30;
    148,19; 231,9; 284,10; 289,19; 440,24.
    26; 462,22. II 1,6; 52,4; 102,7; 104,27;
    154,23; 156,12; 184,28. 29; 233,3.
    III 79,18; 85,30; 91,25; 92,4; 95,6;
    129,16; 130,19; 136,29; 138,25; 216,17;
    383,24; 406,2; 500,20.
μεταβατικός III 501,13.
μεταβολή I 245,22. II 272,6. III 91,29;
    100,5; 130,24; 227,23 (εἰς τὴν τῆς
    ἐνσάρκου παρουσίας μεταβολὴν δόξης
    καὶ συνένωσιν τῆς αὐτοῦ θεότητος);
    378,17; 394,7.
μετάβολος III 391,20.
μεταγγίζομαι I 166,3; 241,6. III 91,20.
μεταγγισμός I 165,9. 16; 183,16;
    184,21; 185,16; 306,4. II 100,8; 133,23.
    III 91,12; 165,9. 16f.
μεταγενής II 158,7. III 390,26.

μεταγινώσκω III 438,21; 451,2; 465,8.
μεταγραφή III 526,8.
μετάγω I 189,27; 323,8; 325,2. II 41,24.
    III 85,31.
μεταδίδωμι I 80,24; 256,2; 335,16;
    444,22. II 92,4; 241,1; 310,21. III 87,9;
    373,18; 387,15; 488,15; 491,9; 511,27.
μετάθεσις I 425,14. II 329,12; 503,11.
    III 451,15.
μεταθετικός I 63,26 (App.).
μεταιτέω III 487,15.
μετακαλέομαι I 339,11. II 344,4.
    III 333,31; 434,20.
μετακενόω I 50,9. II 6,18.
μετακινέω I 346,17. III 151,19.
μετακομίζω II 170,31.
μεταλαμβάνω 1) I 165,7; 168,5; 216,5;
    281,10; 284,21. II 50,9; 150,8; 216,11.
    III 73,25; 450,10. 11. 2) *übersetzen*
    I 338,5. 10. 24. — τινός I 286,3; 353,4;
    359,18f.; 361,16. II 39,3; 81,26; 133,15;
    358,16. — τί *aufnehmen* I 294,6.
    II 81,1. — ἀπό τινος I 282,9; 293,8.
    III 476,19.
μεταλήπτωρ II 133,16.
μετάληψις II 149,4; 165,25; 216,10;
    241,11. III 74,2; 450,5; 511,28.
μεταλλαγή II 463,3. III 516,24.
μεταλλάσσω I 112,13; 173,1. II 167,9.
    III 91,33; 95,4; 137,4; 140,21;
    141,4; 241,23; 249,6; 408,20. —
    μετηλλαγμένως II 162,4; 173,9.
μεταλλεύω II 167,16.
μέταλλον III 143,14. 27.
μεταμέλεια (abgestuft gegenüber
    μετάνοια) II 364,14 (καὶ μετὰ τὴν
    μετάνοιαν τὴν μεταμέλειαν).
μεταμέλομαι II 2,9; 269,21. III 371,5.
    — μεταμεμελημένως III 402,9.
μετάμελον III 85,2; 385,8.
μεταμορφόω I 245,3; 260,10.

μετανάστης II 90,11.

μετανίστημι I 328,26; 335,9; 339,20. II 2,22.

μετανοέω 1) I 141,14. III 100,17. 2) II 52,7; 69,25; 79,9 (τῶν ... διὰ Χριστοῦ μετανοούντων *durch Christus Vergebung erlangen*). 3) *bereuen, Buße tun* II 101,26; 188,26; 209,18. III 142,17; 146,5.

μετάνοια 1) *Kirchenbuße*, vgl. auch im Sachregister Theologie s.v. Buße I 22,18. II 207,15; 208,14; 213,15 (μετάνοιαν μὴ δεχόμενοι). III 141,26; 142,12; 499,24. 2) *Taufbuße* I 215,8. 3) *erfolgreiche Buße = Vergebung* II 3,6; 94,16 (αἰτήσας μετάνοιαν); 364,14 (μετάνοια unterschieden von μεταμέλεια: μετὰ τὴν μετάνοιαν τὴν μεταμέλειαν); 369,14 (δίδωσι μετάνοιαν).

μεταξύ I 176,20. II 154,2. III 143,25 (*darauf*).

μεταπηδάω III 212,10.

μεταπίπτω I 188,3; 197,5; 324,2; 348,30. II 196,28.

μεταπλάζω III 389,32.

μεταποιέω I 242,4; 272,1; 275,16. 20; 296,22; 384,16; 387,1; 458,29. II 196,12; 211,19; 402,11. III 241,25.

μεταρσιολεκτέω III 392,1.

μετάρσιος I 458,13.

μετασκευάζω I 283,2. III 87,10; 406,6; 431,4.

μετασπάω III 85,27.

μετάστασις I 330,8. III 85,26.

μεταστατικός I 63,26.

μεταστέλλομαι I 195,21; 315,2; 339,8. III 150,14; 151,15; 155,8.

μεταστρέφω I 242,10; 350,6. II 139,20.

μετασχηματίζω I 143,3; 317,9.

μετατάττω III 296,1.

μετατίθημι I 23,13; 198,20; 204,15;

340,7 (*übersetzen*). II 185,5; 327,13. III 451,14. 17.

μετατρέπω III 95,4; 166,15; 199,25.

μεταφέρω I 163,18; 179,4; 182,15; 221,16; 264,8; 268,10; 285,2; 342,5; 352,13. II 80,26; 167,3; 227,21; 307,3. III 15,4; 50,5; 309,1; 405,26; 447,32.

μεταφραστικῶς II 169,8.

μεταχειρίζω I 257,7; 361,1. II 45,21; 201,18; 227,13; 401,28.

μετενσωματόω I 305,6. II 133,26. III 30,1; 65,2.

μετενσωμάτωσις I 183,17; 185,15; 186,6; 306,3. II 100,9; 133,24.

μετέπειτα I 48,22; 156,7; 157,19; 218,2. II 38,27; 158,5. III 139,10; 150,10; 155,25; 156,3; 161,4; 171,32; 242,12; 341,3.

μετέρχομαι I 225,6; 340,4; 356,5; 382,3. II 81,13; 188,18. III 218,32; 243,5.

μετέχω I 8,15; 39,12. 14; 216,4; 220,1; 255,20; 256,1; 379,23. II 55,17; 91,4; 197,12; 204,14; 206,14; 223,1; 519,5. III 2,2; 30,26; 136,13. 32; 222,11; 301,18; 342,21; 377,7; 385,1; 432,10; 447,10bis; 449,2; 490,2; 499,32.

μετέωρος I 11,26. II 50,19; 508,13. III 219,9; 462,20; 467,27.

μετοικέω I 328,25.

μετοίκησις I 367,18.

μέτοικος I 166,14.

μετονομάζω I 209,17; 211,16; 212,3. III 16,1.

μετόπωρον I 204,20. 23; 214,10.

μετουσία I 441,5. III 358,21. 23; 403,9. 11.

μετοχή I 57,5; 216,26. II 82,29; 227,19. III 229,4.

μέτοχος II 269,25; 270,3. III 37,15; 79,8; 136,32.

μετρέω I 92,5. II 313,18. III 443,10.

μέτρησις I 357,3.

μέτριος II 196,21. — μετρίως I 233,15. II 416,9.

μετριότης I 400,7; 459,9; 463,25. II 413,16. III 150,5; 177,4; 328,20; 351,4.

μέτρον I 87,13; 221,7; 325,9; 458,9. 21. II 128,8; 144,8. III 87,19; 124,9; 237,16; 241,3; 337,21; 412,4; 443,10.

μέτωπον II 256,1 (παρατρίβειν τὸ μ.); 285,19; 344,14. III 155,11; 207,4.

μηδαμινός I 110,10.

μηδέπω I 61,20; 262,20; 318,29. II 76,15; 500,21. III 156,12; 223,25.

μήκοθεν, ἀπὸ μ. I 299,18. II 516,9. III 189,7; 495,13; 524,12.

μῆκος I 62,17; 135,15; 253,14 (διὰ μήκους). III 240,12. — εἰς μῆκος ἐλαύνειν I 202,23; 438,1. II 45,7.

μηκύνω I 179,16; 266,27. II 246,9; 250,12. III 80,25; 205,24; 332,32; 500,27.

μήλινος II 310,12.

μηλωτή II 503,15; 519,6.

μήν I 153,9; 199,24; 200,2; 204,19. 20; 205,3; 215,21; 219,20; 220,9; 256,10; 258,8; 268,2; 289,12; 302,8; 303,16; 328,16; 338,8; 341,25; 344,7; 427,10; 436,7; 456,17. II 11,4; 28,11. 16; 30,3; 31,8; 61,19; 72,11; 94,3; 103,21; 107,3; 126,4; 168,19; 194,3; 198,30; 227,11; 256,16; 258,5; 293,15. 18; 298,2. 4; 300,20. 21; 312,9; 316,25; 375,17; 318,6; 404,10; 410,10; 418,3; 436,18; 446,11; 453,9; 460,21; 463,7; 470,10; 492,13. III 27,4; 141,4; 142,12; 144,13; 146,18; 148,13; 151,19; 187,30; 221,18; 243,25; 246,24. 33; 257,17; 269,7; 297,1; 303,26; 305,20; 306,29; 313,16; 336,7; 398,1; 400,16; 413,5. 9; 423,33; 463,12; 478,12; 479,3. 16. 17. 29;

480,11; 482,2; 505,20; 508,23; 510,21; 514,11; 525,21.

μήνη I 211,17.

μῆνις I 181,4; 204,15. III 151,11; 302,11; 333,28; 341,24.

μήνυμα II 394,2.

μηνυτής II 237,12.

μηνύω I 399,25; 400,10; 402,19. 23. II 10,10; 27,20; 29. 12. 17. 24. III 22,12.

μηρός I 124,3.

μήτηρ I 21,1. 2 (μητέρες); 149,8 (ἐκκλησία, ἡ μήτηρ ὑμῶν); 410,15 (ἡ πρώτη Σοφία Αἰών); 420,11 (ἡ Μήτηρ τὸν τύπον τοῦ ἄνω Χριστοῦ). II 47,3 (Σοφία, μήτηρ τῆς Μητρός); 55,16 (ἡ ἄνω Μήτηρ ἡ καλουμένη Προύνικος); 279,10 (ἡ μήτηρ τοῦ Ἰησοῦ). III 175,32; 176,3; 321,3; 463,31 (Μαρία ἡ μήτηρ); 468,22. 28. 29 (Μαρία μήτηρ ζώντων); 498,14 (ἁγία μήτηρ ἡμῶν ἐκκλησία).

μήτρα I 116,26; 227,19; 265,25; 370,6. 28; 375,16; 396,11. II 42,9; 80,1. III 374,15; 432,27; 440,32; 447,27; 463,7; 516,7.

μητραλοίας (μητρολοίας App.) III 113,25 (μητραλοίας); 335,13 (μητρολῴας).

μητροκωμία II 213,9. III 511,11.

μητρόπολις II 286,7.

μηχανάομαι I 241,19; 264,6. II 38,19 (erkünsteln); 39,20; 42,23; 55,13; 134,16; 152,24. III 76,5; 82,3; 133,17; 344,23; 414,11; 471,25.

μηχανεύομαι II 118,2.

μηχανή 1) I 178,12; 303,15. II 43,5. III 341,16; 350,34. 2) Künstelei, Erfindung II 49,18; 104,19; 107,10. III 124,13.

μηχάνησις III 95,9.

μηχανία I 258,9. III 483,30.

μηχανικός III 173,22.

μηχανοποιΐα I 252,22.

μιαίνω I 200,14 (μεμιασμένος); 279,10. 21 (μεμιαμμένος); 361,18.

μιασμός I 200,15; 292,8.

μίγνυμι s. auch μίσγω. I 273,6 (μεμεῖχθαι); 280,23 (μιγέντες); 281,3 (μιγῆναι); 286,11; 290,10. II 73,13 (μιχθέντων); 165,27 (μεμίχθαι); 244,13 (μιχθεισῶν); 361,17 (ἐμίγησαν). III 296,27 (μεμιγμένους). 32 (ἐμίγη); 464,13.

μικρός 1) I 121,27. III 107,13;133,2;240,2 (μικρότατος); 249,12 (μικρότατος); 250,15; 254,18 (μικρότερος). 2) jung II 273,26 (μικρότερος). III 109,1. — μικρῶς III 133,8; 314,1.

μίλιον II 377,14.

μίλτις I 216,30.

μιμέομαι I 126,2; 162,13; 206,18; 248,9; 327,4; 450,8. II 44,19; 61,5; 68,21; 87,9. 10; 158,26; 235,12; 366,25. III 102,23; 115,11; 140,4; 485,22; 490,32; 494,19.

μιμηλός I 458,3. II 233,22. III 115,12; 485,8.

μίμημα I 272,8; 384,12. II 87,25; 442,4.

μίμησις I 268,1; 272,10; 353,10; 380,9. 20. II 68,14; 205,10; 218,23. III 103,1; 344,4.

μιμητής II 66,18; 68,3.

μιμνήσκω, μέμνημαι nachahmen I 46,22; 143,27. II 72,5; 126,21; 275,6. III 3,2; 169,23; 187,18; 309,9; 334,16; 387,31; 411,4; 443,2. — μνησθήσομαι I 169,4. II 413,6.

μιμολόγημα II 53,16.

μιμολογία I 242,7; 258,14; 273,9. II 47,13. III 50,3; 82,20.

μιμολόγος I 260,5. III 72,12.

μῖμος II 193,10. III 414,8.

μῖξις I 234,6; 290,9. 16; 375,4. II 49,3; 73,19; 361,5. III 91,21.

μίσγω I 281,21; 292,9. 10.

μισέω I 25,5; 103,11; 131,17; 218,15. II 48,12; 53,12; 101,31. III 220,20; 233,17; 475,5.

μισθαποδοσία I 110,3. II 519,12.

μισθός I 262,1. II 69,4; 101,26; 219,4. III 79,27; 492,4.

μῖσος I 332,1. II 51,25; 68,15. III 40,10; 296,15; 309,25; 433,1; 437,16.

μίτος I 185,11.

μνῆμα I 50,18; 75,7; 100,19; 106,19; 107,10; 119,2; 128,8; 178,14; 343,20. II 100,17; 131,13; 153,16; 193,18; 305,1; 511,19. III 199,22; 214,6; 441,2; 517,28.

μνημεῖον I 106,14; 110,18; 381,11. II 134,13. III 75,4; 76,17; 423,5.

μνήμη I 163,8; 365,22. II 46,15; 260,13; 337,24. III 524,8.

μνημονεύω I 193,18; 298,19; 398,12; 437,6. II 183,29; 207,14. III 78,5. 17. 18; 171,5.

μνηστεύομαι III 498,1.

μοῖρα I 277,6; 423,8. II 28,14.

μοιχάς I 123,21.

μοιχεία I 122,31; 130,11; 172,20. II 79,1; 230,28. III 100,25; 104,16; 130,14; 248,3; 525,8.

μοιχεύω I 108,15; 314,16. II 158,15. III 479,13.

μοιχός I 123,21; 185,1; 278,18. III 84,20.

μόλιβδος III 310,17; 343,2.

μόλις III 228,26; 496,19.

μόλουρος II 398,5.

μολύνω I 114,20; 201,2. II 399,1. 18. III 130,9; 235,25. — μεμολυσμένος I 226,12; 282,16. II 401,26.

μολυσμός I 234,6; 279,22.

μονάζω 1) II 82,23 (μονάζοντες Mönche). III 135,8. 2) ehrlos sein II 94,8; 212,10; 361,10. 15 (hier unterschieden

ἐν τῷ κόσμῳ μονάζοντες von οἱ
ἀπὸ μοναστηρίων καὶ παρθενώνων);
399,2f. III 522,1. 9. 10. 15; 524,11.

μοναρχία in der Trinität I 7,21; 190,26.
27; 198,18. 19; 251,8; 252,5. II 206,9;
391,22. III 19,8.

μόναρχος III 19,3 (περὶ τοῦ ἑνὸς καὶ
μονάρχου τοῦ ἀεὶ ὄντος).

μονάς 1) I 164,5. 2) die Einheit in der
Trinität I 8,5. 9; 14,1; 31,22. II 391,23
(μονάδα ἐν τριάδι καὶ τριάδα ἐν
μονάδι). III 158,30; 168,1; 405,1.

μοναστήριον I 1,5; 153,4. 7; 326,4 (bei
den Jessaeern). II 361,15. III 230,6
(Audianer leben meist in Klöstern);
232,17; 247,29. 32; 248,28. 30; 489,11;
491,20; 513,17; 524,12.

μοναστής I 1,2.

μοναχός I 131,8 (μοναχῶν ζῆλον).
III 143,7 (μοναχοί mit Melitius im
Gefängnis).

μονή III 232,19 (als Aufenthalt eines
Mönchs); 474,32.

μονήρης II 409,21 (μονήρης βίος).

μονοβόλως II 383,8.

μονογαμία II 231,13. 14. III 522,4. 11.
21.

μονόγαμος III 522,20.

μονογενής I 15,1; 386,5. II 130,20;
349,12. III 8,4; 262,28. — μονογενῶς
III 274,23.

μονοειδής I 53,17. III 519,4. —
μονοειδῶς I 18,7; 31,23. III 175,25.
32; 371,14.

μονοκέρως III 332,8.

μονοκώλως II 347,3 (stammt aus
Hippolyt).

μονομάχος I 128,14.

μονομερῶς I 270,3.

μονονουχί I 63,4.

μονόξυλος II 383,12.

μόνος I 402,29; 452,4. II 372,1; 394,16.
III 133,15; 439,26; 469,26.

μονότης II 230,26; 387,23 (Mönchtum);
402,5. III 521,34.

μονοτύπως II 347,5.

μονόω II 81,23.

μονώνυμος I 14,23. 27. — μονωνύμως
I 15,8; 31,23.

μόριον I 127,4; 284,20. II 358,15;
409,14. III 510,21.

μόρος I 124,10.

μορφή I 171,25; 245,23; 248,7; 271,16;
288,1 (χοίρου μ.); 291,13; 298,9;
333,7; 352,1; 382,14. II 52,22; 62,8.
III 454,26; 492,8.

μορφοεμφερεία I 123,19.

μορφόω II 235,11.

μόσχος I 125,2; 216,24. II 32,3.
III 183,10; 489,8.

μουσεῖον I 442,13. 14.

μουσικός I 272,17. III 525,11.

μοχθέω I 438,25. II 500,6.

μοχθηρία I 156,2; 171,22; 274,20;
298,10. 11; 299,8; 320,22; 330,2;
335,16; 356,9; 382,13; 396,6; 438,3;
443,2; 447,16. II 38,3. 21; 50,6; 340,11;
415,1. III 25,13; 178,8; 259,21; 409,21;
473,2; 475,23; 496,20.

μοχθηρός I 184,26; 239,6; 297,20;
384,22; 464,2. II 52,17; 62,22; 410,2;
420,15. III 18,10; 72,23; 132,13;
176,31; 204,23; 497,3. 14.

μοχλός I 266,14.

μῦα s. μυῖα

μύαγρος I 447,19. II 388,24.

μυέομαι II 211,16.

μυέω I 129,9. II 242,8; 360,8 (μεμυῆσθαί
τινος). III 510,23.

μυθεύομαι I 276,6; 333,7; 437,25.
II 44,19; 138,9.

μυθολογέω II 3,24; 200,4; 211,18.

μυθολόγημα I 221,5; 257,7. II 199,14.

μυθολογία   I 221,12; 236,26; 271,25.
II 1,13; 55,7; 217,12; 221,9. III 135,7;
389,21.

μυθολόγος I 252,1.

μυθοπλαστία III 310,18.

μυθοποιέω   I 441,17. II 88,15; 196,28.
III 29,16; 30,24; 50,3.

μυθοποίημα I 436,5.

μυθοποιΐα I 184,29; 257,3; 261,3; 264,3;
384,22; 386,14. II 75,8; 78,18; 87,20;
133,25; 292,5. III 22,2; 73,21; 91,17;
235,19.

μυθοποιός   (2 End.)   I 265,8; 275,12;
303,21.

μῦθος   I 69,1; 73,17; 95,14; 100,14;
105,6; 108,6; 110,23; 240,9; 246,19;
267,3; 271,5. 10; 295,24; 298,8; 306,18;
312,5; 387,14; 389,23; 447,14; 458,4.
II 47,22; 53,17; 76,19; 160,11; 172,11.
III 118,28;   136,10;   234,29;   268,3;
313,13; 429,2; 478,32; 479,27.

μυθώδης   I 57,20; 74,5; 95,14; 169,15;
239,25;   251,27;   271,18;   273,23;
275,16; 293,2. 26; 396,16.   II 58,14;
65,11; 75,16; 185,31; 218,14; 412,1;
511,5. III 31,10; 36,9; 137,31; 139,28;
237,14; 333,16; 361,29; 416,27; 453,28.
— μυθωδῶς I 95,14; 269,24. II 53,15;
257,2; 292,3. III 235,5.

μυῖα I 206,15. II 140,28 (μύας).

μύκης I 383,4.

μυκτήρ II 239,13. 14. III 511,9.

μύλη III 463,4.

μυλοστομίς II 43,29.

μυογαλίδιον II 337,11.

μυρεψικός II 83,14; 219,1; 388,9.

μυριάς I 187,14; 269,1; 270,12. II 361,14.
III 163,4; 456,28.

μυρίζω I 50,20; 282,20. III 510,6.

μυριονταπλάσιον   III 165,21; 236,17.

— μυριονταπλασίως I 14,10; 56,28.

μυρίος I 254,18; 269,1; 270,12; 290,19;
389,21.   III 162,16; 169,18; 339,11;
515,8. — μυρίως II 183,24.

μύρον I 282,7. II 83,31. III 525,26.

μῦς III 89,5.

μυσαρός I 296,18. II 399,17. III 509,29.

μύσος II 206,17.

μυσταγωγέω II 1,6.

μυσταγωγία   I 243,9. 14;   341,29.
II 241,12; 248,2. III 213,31 (τὰ τῆς
μεγάλης ταύτης μυσταγωγίας vom
Tod Christi); 481,16.

μυστήριον 1) Geheimnis (τοῦ θεοῦ
μυστήρια) I 24,19;   35,14;   43,12;
81,18; 316,4; 462,16. II 57,6; 80,3
(ζωῆς τὰ μυστήρια); 96,10; 157,22;
251,11;   262,15;   305,8;   321,29.
III 199,18 (μυστηριόν τι σοφίας);
503,18. 2) Sakrament = von der Taufe
I 144,14; 215,9; 381,1. II 83,15.
3) Sakrament = von Handlungen der
Gnostiker   I 156,22; 242,20; 243,2;
245,9; 269,13. II 239,3. 4) Sakrament
= griech. Mysterien I 163,17; 181,13;
311,7 (in I 311,8 erklärt mit θυσίαι καὶ
τὰ ἄλλα). II 53,16; 286,5. III 512,16.
5) Sakrament = Abendmahl I 339,15;
353,10. II 57,13; 58,5; 61,7; 82,27;
98,1; 149,8; 205,9; 216,10; 218,21;
243,12; 245,7; 380,16.

μυστηριωδῶς I 343,16; 386,19. II 353,9;
391,7. III 383,15.

μύστης II 334,23. III 508,28.

μυστικός I 341,17 (τὰ μυστικά bei
der Erteilung der Taufe).   II 23,20
(μυστικώτερον). III 508,26 (μυστικὰ
σχήματα). — μυστικῶς I 193,12.
II 353,16. III 191,10.

μυχός   II 311,11   (μυχαίτατος).
III 240,12.

μυωξός I 104,5. II 523,6.
μυωπάζω II 376,9. III 196,18.
μῶμος II 176,20.
μωρία I 263,17; 293,10; 311,13. II 56,11;
57,16; 58,6; 75,13. III 184,27.
μωρολογία I 212,10; 265,17; 278,18;
293,14; 312,5. II 89,17. III 50,15.
μωρός I 57,16; 59,24; 87,16; 272,3;
278,7. 14; 311,13. II 74,21; 206,11;
251,17; 510,25 (μωρῶς). III 184,19;
204,1; 362,2; 411,29; 458,28; 485,2.

ναί I 56,12. II 264,8. III 104,29; 112,12;
349,2; 436,6.
ναός I 60,18. 19. 21; 71,1; 92,10; 347,21.
II 285,13. III 477,31.
νάρδος II 84,4.
ναυάγιον I 396,2. II 222,17.
ναύκληρος I 130,7.
ναῦς I 17,10 (νηΐ); 40,5; 340,6 (νηός);
383,6. III 117,9; 344,27.
ναυτίασις III 496,27.
ναυτιάω I 282,8. III 520,15.
ναυτικός II 384,18.
νεανίας I 462,10. III 511,18.
νεανίευμα III 513,21.
νεανιεύομαι III 513,12. 18.
νεανίζω III 514,11.
νεανιότης III 504,28; 513,9.
νεανίσκος I 298,2; 462,9.
νεκρός I 103,16; 106,15; 294,18.
II 183,20. III 32,1; 150,20; 479,12.
νεκρότης II 374,10.
νεκρόω I 202,12. II 154,4; 183,23.
III 229,26.
νέκρωσις I 201,5.
νέμω II 137,23. III 288,2; 391,5; 398,12;
408,3; 410,20; 485,11; 490,26.
νεοκατήχητος I 154,14.
νεομηνία I 378,3. III 51,16.

νέος I 80,24; 89,6. 7; 127,7; 297,21.
III 137,17; 212,1.
νεοττός I 105,1.
νεῦμα III 108,9.
νεῦρον I 45,22; 231,3. II 409,11.
III 175,29; 515,27.
νεύω I 162,14 (ἐπί τι); 187,4 (κάτω
νεύειν).
νεφέλη I 55,26; 221,11. II 130,22;
508,17. III 62,2; 183,9. 25; 448,14.
νέφος I 104,20; 206,15. II 148,19.
νεωκόρος III 20,13; 512,21.
νηδύς III 463,1.
νηπιάζω I 341,15; 370,3; 373,16.
νήπιος I 373,25. II 221,13; 240,2.
νηπιότης III 117,7.
νησιώτης I 183,23.
νῆσος I 141,1.
νηστεία I 108,7; 166,30; 205,10; 206,4.
12. II 97,8. III 237,12; 247,21; 335,19;
344,24; 488,4; 491,17; 513,9; 522,28;
523,7.
νηστεύω I 211,1; 282,21. II 98,3. 6;
212,1; 245,6. III 231,14 (νηστεύειν
τετράδα; s. III 335,16). 17; 335,13–16.
νήχομαι II 366,12.
νικάω II 415,24; 427,1; 474,6; 499,14.
III 101,12; 199,9; 463,17.
νίκη III 52,9.
νικοποιός II 500,15.
νῖκος II 123,9; 171,20; 173,2. 6; 318,2;
395,8; 456,19; 474,6; 484,6. III 119,23;
120,5; 199,8. 9.
νίτρος III 341,13.
νίφομαι III 334,24.
νοέμβριος II 270,15.
νοερός I 92,3; 235,28; 419,13. III 226,19;
327,19.
νοέω 1) Akt. I 10,8. 14; 12,1. 2; 14,8;
20,13; 23,33; 28,6; 31,9; 34,14. 16;
37,29; 39,28; 40,14; 41,5; 43,10; 45,4.

22; 46,27; 56,26; 59,15; 65,13; 82,12;
88,15; 95,20; 225,20 (νοητέον εἶναι);
247,8; 326,20.   II 48,27. 31; 53,2;
102,8; 103,24; 251,18; 255,13; 258,10;
263,15; 306,10.   III 85,20; 98,2; 106,9;
112,4; 121,9; 137,27; 174,1; 188,23;
206,7; 210,19; 212,18; 226,15; 243,9;
250,19; 330,10; 390,15; 417,6; 434,3;
436,22; 519,23.   2) m. dopp. Akk. etwas
nach etwas *(hin)übertragen* I 122,18.
III 204,13 (μία νοηθῇ ἡ τρίας).
3) m. Inf. I 94,9.   III 267,14; 432,20.
— νοεῖν περί τινος intrans. I 103,9.
νόημα   I 7,23; 98,2; 318,5.   II 406,3.
III 112,19; 207,3; 244,20; 378,23.
νοηματικός III 6,20. — νοηματικῶς *im
tieferen Sinn* I 28,11; 97,9.
νόησις   *sicheres, tieferes Nachdenken*
I 62,13. 416,29.
νοητός II 314,10 (νοητός ὄφις). III 12,14
(πατέρα οἴδαμεν νοητὸν σὺν υἱῷ).
νοθεῖς I 299,16.
νοθεύω I 349,3; 352,5. II 118,2; 123,18.
III 153,8.
νόθος I 144,17; 233,7; 264,17. II 107,9;
186,3.   III 164,20; 173,27; 187,1;
301,25; 457,8. — νόθως II 186,2.
νοϊκός I 394,5. 11 (valentin.).
νομή III 361,21.
νομίζω 1) I 24,24; 25,3; 36,12; 49,24;
65,5; 97,1; 106,9; 107,10; 224,12;
268,12; 273,23; 284,2; 296,20; 458,12.
II 5,23; 90,17.   III 18,8; 48,15; 98,8;
191,2; 196,31; 344,13.   2) m. Inf. *für
möglich halten, für gut halten* II 292,3.
3) Pass. *üblich sein* I 210,4; 211,9. 22.
II 53,15 (τὰ παρ᾽ αὐτοῖς νομιζόμενα).
III 134,28 (ἡ νομιζομένη ἐλπίς);
232,12 (ἡ αὐτῶν νομιζομένη πίστις).
νομικός I 167,4; 210,11. II 110,13.
νομι(σ)τεύω   *im Schwange gehen, sein*

I 205,10; 224,6.   II 398,20.   III 72,14;
297,15.
νομοδιδάσκαλος I 210,10; 407,3.
νομοθεσία   I 167,8; 190,10. 19; 195,24;
216,2; 325,3; 329,8; 355,14; 460,2. 31.
II 148,28; 157,12; 171,2.   III 19,10;
487,9.
νομοθετέω   I 291,10; 443,7; 460,30.
II 47,15; 67,10; 88,21; 184,11; 231,7.
III 129,26.
νομοθέτης II 171,10; 246,10.
νομομαθής I 344,17.
νόμος   I 91,25; 162,9; 164,12; 256,12.
II 83,7; 123,2; 150,1; 175,31; 377,23;
496,11.   III 120,3; 244,1; 315,17;
396,14; 451,7.
νοσέω I 339,13. III 176,32.
νοσηλεύομαι III 22,14.
νόσημα   I 219,20; 342,17.   II 510,16.
III 476,27.
νόσος   I 339,12; 356,10.   II 240,19.
III 185,10; 493,3.
νοσσεύω I 54,16. III 175,16.
νοσσός III 175,16.
νοτάριος III 250,26.
νότιος I 440,23.
νοτίς II 522,19.
νότος I 440,20. III 125,9.
νουθεσία I 122,31. II 518,5.
νουθετέω II 143,24; 233,21. III 161,23.
νουνεχής I 223,16. III 131,13; 301,16. —
νουνεχῶς II 234,7; 522,16. III 411,1.
νοῦς 1) I 6,1; 41,9; 52,19; 53,12; 262,12;
278,15; 283,2; 311,15.   III 48,13;
105,32; 136,7; 222,10 (νοῦς ἀληθείας);
241,4; 243,9 (ὁ νοῦς τῶν ἀποστόλων
καὶ τοῦ λόγου); 332,8; 351,4; 440,2.
3; 447,11; 462,19; 513,2. 11; 520,14;
521,8.   2) *Sinn* einer Schriftstelle
I 282,27.   III 193,10; 450,4.   3) *Sinn*
eines Schriftstellers II 41,18. III 103,25;

221,25. — νοός I 95,25; 98,16. — νοῦ
I 95,23. 27; 96,4; 177,17; 230,14. — νοῦν
I 369,5; 458,7. II 58,8; 196,11; 261,16.
— νῷ I 95,18; 99,16; 231,19; 298,9.
II 223,5; 310,18; 380,6. III 239,1. 5.
— ἀπ' ἰδίου νοός III 457,1; 513,5;
524,14. — εἰς νοῦν ἔρχεται I 343,14.
— εἰς νοῦν λαμβανεῖν *zur Kenntnis
kommen* I 341,2; 384,14. — κατὰ τὸν
νοῦν II 196,11. 12; 201,18; 496,5.
III 17,25; 40,17; 42,30; 98,4; 310,2;
346,5. — τὸν ν. διδόναι τοῦ ἀκούειν
III 189,9. — τὸν ν. διδόναι ἐπ' ἄλλας
λέξεις III 195,5. — τὸν ν. ἐκδιδόναι
I 305,2; 368,7. — ἐκτρέπεσθαι τὸν
νοῦν II 220,2. III 350,23. — τὸν ν.
ἐπιβάλλεσθαι εἴς τι II 71,20. — τὸν
ν. κατάγειν εἴς τι II 75,16. — τὸν ν.
πυθέσθαι III 207,30.
νυκτερινός II 139,22; 297,3. 4. 5. 9.
νύκτωρ I 282,19. III 149,28; 309,6;
525,17.
νύμφη I 419,11. II 7,9; 43,14. 22. 28.
III 124,29; 217,18 (*Kirche*); 497,8. 9. 23.
28; 501,19.
νυμφίος 1) I 122,21. II 7,9. III 497,23;
498,22; 502,12. 2) für Christen
III 513,10; 526,1. 3) II 43,25 (*Erlöser*);
343,4 (Λόγος).
νυμφών I 419,11. II 7,10; 36,1.
III 339,14.
νυνί I 175,20; 226,24. II 179,3; 186,18;
327,15; 396,23; 495,4. III 363,3;
485,20; 486,2.
νύσσω (νύττω) I 170,24; 210,21; 231,3.
II 135,17; 198,26; 511,27; 513,18.
III 73,15; 470,13.
νυστάζω I 46,5.
νωδός II 243,8. III 454,13.
νῶτον I 44,2 (νῶτα διδόναι). II 472,5.
13.

ξενίζω I 339,24.
ξενοδοχεῖον III 333,23 (τό τε ξενοδοχεῖον ... ὅπερ ἐν τῷ Πόντῳ καλεῖται
πτωχοτροφεῖον).
ξενοδοχία III 101,1; 525,3.
ξενολεκτέω I 439,19. III 22,1; 111,6.
ξενολεξία II 107,15; 124,6; 357,19.
III 9,28.
ξενολογία III 200,29; 417,11.
ξένος 1) I 13,21; 49,15; 167,2; 200,14;
280,13. II 358,21. III 151,22;
174,15; 397,2; 434,2; 449,19; 495,15.
2) innerhalb der Trinitätslehre verwendet
III 169,12; 367,32.
ξεστός I 167,12.
ξέω I 163,14. III 372,18; 463,7.
ξηραίνω I 81,1 (Akt.); 199,22 (Med.).
ξηρός I 19,22; 74,18; 109,4; 116,15;
187,5. III 18,2; 230,11.
ξηροφαγία III 245,24 (ἑβδομὰς τῆς
ξηροφαγίας *Osterwoche*); 247,21;
335,18; 523,20 (*Osterwoche* genau
beschrieben: ἄρτῳ καὶ ἁλὶ καὶ ὕδατι
χρᾶσθαι πρὸς ἑσπέραν).
ξίφος I 125,3.
ξόανον I 175,3; 177,14. II 285,17.
ξύλινος I 74,19; 124,13. II 285,18.
ξύλον I 123,18; 124,13; 274,12; 327,3.
III 43,2; 132,3.
ξύριον I 308,4.
ξύρω I 403,12. III 511,20.

ὀγδοάς s. auch Personen-, Orts- und
Namenregister. I 383,1; 388,2ff.;
393,3ff.; 394,11. 13; 395,1. 3. 4; 402,14;
408,6; 413,25f.; 428,3. 7; 429,3. 17. 24.
26. II 19,1. 2. 5. 17; 24,3. 16; 25,6. 9;
40,1. 12.
ὀγκηρός I 112,8. II 128,9; 154,16.
ὄγκος I 26,6. 9; 56,20; 62,17; 184,7;

233,9; 257,7; 279,8; 297,14; 322,22; 361,12. II 70,30; 414,3. III 6,20; 48,18; 81,2; 200,15; 331,32; 348,4; 380,24; 441,16; 442,1; 497,14; 512,3.

ὀγκόω I 56,15. III 164,23.

ὀδεύω II 273,2. III 162,27.

ὀδηγέω I 17,19; 372,25. II 43,4; 167,23; 396,25. III 490,28.

ὀδηγία I 365,20.

ὀδηγός I 91,24; 438,4. II 218,29. III 110,19; 327,13.

ὀδοιπορέω II 130,6. III 516,10; 517,14.

ὀδοιπορία I 40,3; 44,17; 48,7; 63,29; 204,8; 346,27. II 132,24; 145,19; 152,5; 376,16. III 143,16; 195,10; 439,20.

ὀδοποιέω I 77,28; 146,14. III 14,23.

ὀδός I 135,15; 269,1. II 237,14 (ὁ. τοῦ φωτός); 250,9.

ὀδούς I 226,11; 321,11. III 463,2.

ὀδύνη I 333,1; 343,5. II 199,1.

ὀδυνηρός II 198,19; 218,28. III 13,10.

ὀδυνοποιός II 93,12.

ὀδώνιον ? II 376,15 (*Hosen?*).

ὄζω, ὀδωδός I 206,15; 294,18.

ὅθεν   *weshalb*   I 276,14.   II 127,12. III 109,29; 145,6; 161,23; 169,20.

ὀθόνη I 75,6. III 476,17.

οἴαξ II 383,11.

οἶδα m. Inf. *pflegen* II 84,12. — εἴσεται I 458,18. II 41,9. III 202,5. — εἴση I 200,19. — ἤδει I 118,16; 175,1. III 8,25. — ἤδεισαν I 29,3. III 145,30; 465,7. — ἴσασιν I 59,16; 136,9; 208,3. II 261,17; 378,14. III 153,6; 178,20; 188,12; 195,26; 204,32; 209,18; 212,6; 222,10; 235,7. — ἴσμεν I 170,14; 309,12; 320,14. II 240,6; 379,13. 15. — οἶδεν III 129,12. — οἴδαμεν I 10,8; 52,30; 55,30; 67,7; 73,22; 108,20; 146,2. II 48,28. 32; 150,8. III 168,14; 171,25; 237,8; 309,25; 411,27. 28;

412,10; 459,20; 467,26; 483,3. — οἴδασιν I 28,10; 30,28; 31,1. 2; 55,11; 133,31; 370,4. II 238,17; 252,17; 259,7. III 165,7. — τινά II 318,8 (αὐτὸν εἰδότων).

οἴησις I 210,5. II 308,11; 505,22. III 5,1; 178,7. 25; 205,11; 486,10.

οἴκαδε I 346,21. III 28,1; 510,6; 513,8.

οἰκειακός III 455,4.

οἰκεῖος I 41,17; 75,14; 135,25; 179,12. II 124,12. III 454,16. — τὰ οἰκεῖα *die Heimat* I 225,6. II 81,1; 280,6. — οἰκείως I 391,1. 6. 10.

οἰκέτης I 133,25. II 321,20.

οἰκέω I 204,6; 330,9. 11. III 338,26.

οἴκησις II 311,12; 403,8.

οἰκητήριον III 12,16; 456,26. 28.

οἰκήτωρ II 215,8. III 152,24.

οἰκία I 339,22; 340,1; 349,6. II 469,11f. III 493,14.

οἰκίσκος II 312,30.

οἰκιστής I 174,6; 177,5.

οἰκοδεσπότης II 164,25. III 32,25; 454,17.

οἰκοδομέω I 35,4; 164,7; 176,2; 204,10; 247,2; 347,12; 376,25. III 87,12; 143,18; 153,19; 458,32.

οἰκοδομή I 35,4; 36,22; 162,12; 340,6. III 493,7.

οἰκοδόμος I 162,13.

οἴκοθεν III 384,27.

οἴκοι I 179,12.

οἰκονομέω 1) *veranstalten* (von Gott gesagt; insbes. mit Bezug auf die Menschwerdung) I 41,1; 42,14; 370,8. 22. II 84,5; 251,19; 255,12; 277,5; 284,20; 305,23 (m. Inf.). III 215,6. 28; 216,30; 337,23; 470,20. 2) von Christus I 372,15. III 436,15.

οἰκονομία 1) allg. *Veranstaltung* u.ä. I 7,5; 41,25; 104,20; 109,1; 189,26. II 70,29

(οἰκονομία τοῦ σταυροῦ); 89,9; 156,15;
183,2; 215,7; 262,6; 275,22; 295,7 (οἱ.
τοῦ πάθους); 298,8; 390,6 (Heilsplan).
III 168,15 (οἱ. τῆς τοῦ θεοῦ σοφίας);
207,28 (οἱ. τῆς σωτηρίας); 209,5. 10
(Heilsplan); 215,3. 2) Liturgie III 334,30;
491,7; 524,1. 3. 9.   3) Menschwerdung
I 36,15. 20. 27; 39,24; 42,14; 47,15;
53,29; 54,7; 94,29; 115,14. 16; 133,4;
144,6; 157,20; 370,18.   4) Menschheit
I 38,29 (οἱ. τῆς σαρκός); 42,27; 44,28;
59,8 (οἱ. τῆς σαρκός); 96,21; 98,20.
II 135,9; 263,14 (ἔνσαρκος οἱ.). III 13,3;
173,16; 190,11. 20; 204,8. 10; 477,32.
οἰκονομικός III 438,11. — οἰκονομικῶς
III 204,12; 209,24; 216,7.
οἶκος 1) Familie I 39,3; 173,18. II 167,12;
517,27. III 461,28; 477,24. 2) Gemach
I 341,18. 3) Kirche I 348,20 (κυρίου).
II 140,26. III 478,10.
οἰκουμένη I 50,27. 29; 173,7; 178,14;
217,4; 272,15; 436,8; 442,9. II 230,11;
189,8.   III 114,26;   138,21;   175,3;
236,23; 338,6; 483,2; 509,25.
οἰκουμενικός   III 160,27 (οἰκουμενικὴ
σύνοδος); 242,4; 265,25 (οἰκουμενικὴ
καὶ ἐκκλησιαστικὴ πίστις, Presbyter
aus Ancyra); 513,24.
οἰκτείρω II 185,7.
οἰκτίρμων II 370,11.
οἶκτος I 249,11; 437,2. II 141,1; 185,4;
243,7.
οἰκτρός I 184,24. III 366,21. — οἰκτρῶς
III 212,5. 27.
οἶμαι I 172,7; 197,10; 336,1; 347,22;
459,21.   II 145,15;   218,7;   255,22;
259,21;   318,17   (ἀγνῶς);   398,15.
III 78,27; 133,20; 500,12.
οἰμωγή III 489,25.
οἰμώζω I 365,26.
οἰνοποσία I 280,19. III 335,24. 27.

οἶνος I 79,22; 164,7; 359,17f. II 6,10;
200,10. 13. 14; 217,12. 14. 19; 218,10.
12; 303,11. 15. 18. III 136,16; 335,20;
500,20; 505,20.
οἷος, οἷον wie z.B. I 98,2 (οἷον εἰπεῖν);
211,16; 256,18; 346,12 (οἷα); 378,3.
II 90,3. III 91,15; 117,28; 445,28.
οἰστρέω III 73,3.
οἶστρος I 240,13; 280,21; 305,2. II 200,2.
οἰωνός II 518,24.
ὀκνέω I 77,3; 131,20; 202,26; 222,6;
380,10; 412,1. II 24,14. III 289,20.
ὄκνος I 6,10.
ὀκταετηρίς III 246,31.
ὀκταετία I 210,13.
ὀκταήμερος I 189,14; 369,24. 28. II 31,8;
258,15; 259,2. III 422,24.
ὀλεάριος zugleich Kleideraufseher im Bad
I 365,17.
ὀλέθριος I 256,2; 291,1. II 522,9 (3 End.).
ὄλεθρος I 219,3; 258,8; 267,7; 271,27;
313,4. II 90,22; 134,16; 372,3; 458,29.
III 129. 9. 10; 134,20; 372,3; 458,29.
ὀλετήριος I 171,17. 25; 207,5; 257,5;
297,20. 24; 303,14; 333,12; 342,20.
II 202,23; 249,25; 344,8.   III 19,19;
131,18.
ὀλίγος I 6,19; 107,19; 280,9; 463,14.
III 49,5; 237,17;   334,10;   474,19.
— ὀλίγως II 509,6. — ὀλίγον (Adv.)
I 93,18.   III 254,25. — εἰς ὀλίγον
III 248,16; 249,2. — ἐν ὀλίγῳ räumlich
in kurzem I 155,10. III 521,28. — πρὸς
ὀλίγον I 274,21. III 151,17.
ὀλισθαίνω II 414,2. III 133,10; 191,27.
ὀλισθηρός III 472,19.
ὁλκή I 341,3. II 341,15.
ὄλλυμι   I 129,14 (ὠλώλει);   274,24
(ὀλέσαντες); 346,29 (ὄλωλεν).
ὅλμος I 282,6.
ὁλοκαυτόω I 104,19; 106,20.

ὁλοκαύτωμα I 32,15.

ὁλοκαύτωσις II 32,2. III 93,27.

ὅλος cf. διόλου I 19,19; 45,25; 69,14;
99,16; 186,14; 201,1. II 188,32; 337,15;
381,5 (ὅλοι *alle*). III 171,7; 192,11;
412,12. — ὅλως I 98,16; 255,14.
II 53,8; 100,24; 101,19; 202,3; 236,12.
III 40,25; 76,10; 83,1; 89,14; 129,23;
130,2; 173,23; 432,18; 439,11.

ὁλοσφύρητος I 45,23.

ὁλοσχερής II 515,21. III 130,6. —
ὁλοσχερῶς I 398,16. II 182,2.

ὁλοτελής I 381,7. III 50,12.

ὀλυμπιάς III 501,16.

ὄλυνθος II 374,6.

ὁμάς I 195,4.

ὄμβρος I 441,15. III 49,21; 50,1.

ὀμβροτόκος I 215,7.

ὁμιλία I 305,16. II 342,3 (*Anrede*).
III 160,6 (ἡ τῆς Ἀφροδίτης ὁμιλία);
303,7; 308,32 (Predigt des Melitius).

ὄμμα I 451,19 (τὸ τῆς ψυχῆς ὄμμα).
II 226,15; 393,21 (τὰ ὄμματα τῆς
καρδίας). III 88,14.

ὄμνυμι I 213,15. 17; 223,20. 24. 25. 27
(ἔν τινι); 322,12. 15. 18. II 170,19;
377,25. III 124,20; 145,2; 159,22;
237,14; 525,19.

ὁμογνωμονέω I 329,20.

ὁμογνώμων II 385,19.

ὁμοδίαιτος III 464,9.

ὁμόδοξος 1) I 6,7; 34,22 (ὁμοδόξως).
II 385,19. 2) *gleichen Glaubens*
II 385,19. III 296,20.

ὁμοεργής II 267,28.

ὁμοιογνώμων II 39,21.

ὁμοιομέρεια III 505,10.

ὁμοιομερής I 166,5.

ὁμοιοπαθής III 167,3; 217,17; 430,4.

ὅμοιος 1) allg. I 28,23; 56,26. 27; 67,1;
88,21. II 86,21. III 122,13; 176,6.

2) von der Trinität I 82,6 (ὁμοία ἐξ
ὁμοίου). — τινί I 103,2; 146,12; 172,12;
178,7; 208,1; 236,1; 237,5; 245,11;
320,18; 321,17; 333,6; 335,2. II 104,8;
158,19; 176,21; 225,6; 251,3; 257,20;
513,17. III 21,4; 37,9; 90,11; 107,18;
163,28; 164,8; 182,29bis; 200,31;
218,26; 288,7f.; 372,28; 413,1; 471,19;
476,4. 3) nicht von der Trinität I 131,11;
261,8; 299,23. 26. III 37,15; 78,11;
98,13; 137,28; 140,6; 249,13; 251,17;
428,13. — ὅμοιον adv. I 83,7ff.

ὁμοιότης I 89,4. II 22,14 (ὁμοιότης τοῦ
Λόγου); 202,4 (ὁμοιότητα ποιεῖσθαί
τινος εἴς τι). III 218,3; 274,27 (καθ᾽
ὁμοιότητα τῶν οἰκείων οὐσιῶν); 278,2
(ὁμοιότης τοῦ υἱοῦ πρὸς πατέρα).
23. 28; 279,14; 280,23; 282,21 (κατ᾽
ἐνέργειαν ὁμοιότης); 288,16 (υἱὸς ἐκ
τοῦ πατρὸς ὁμοιότητος ἐγεννήθη);
366,21 (ὁμοιότης τοῦ λόγου).

ὁμοιότροπος II 37,6. III 360,7.

ὁμοιόω I 304,17; 380,19. II 362,2.
III 202,24.

ὁμοίωμα 1) I 248,13; 461,9. II 15,6.
III 24,16; 93,1; 131,19; 193,4; 225,12;
226,18; 401,31; 447,8. 2) *Ähnlichkeit*
zwischen Vater und Sohn III 342,15.

ὁμοίως (vgl. ὅμοιος) I 132,8; 200,5;
206,4; 210,13; 221,9; 233,12; 246,5;
260,2; 304,10; 313,13; 357,27; 437,12;
464,5. II 77,22; 82,8; 87,17; 100,9;
143,14; 163,12; 175,12; 178,17; 219,14;
229,18; 242,14. III 133,25; 504,19;
520,29. — τινί I 222,17; 248,1; 272,12;
334,14. II 1,8; 3,17; 45,10; 220,3.
III 262,7; 279,19; 427,3.

ὁμοίωσις I 37,4; 77,12; 82,13; 236,25;
282,28. III 38,5; 92,15. 17; 98,1;
342,18. 22 (*Ähnlichkeit* zwischen Vater
und Sohn).

ὁμολεξία II 417,8.

ὁμολογέω 1) I 10,22; 20,26; 45,12; 49,23; 55,24; 65,2; 107,15; 129,15; 144,2; 184,13; 189,15. II 70,14 (χάριν ὁ.). III 38,17; 80,15; 92,27; 108,31; 117,7; 120,19; 129,27; 182,26; 187,5; 188,23; 191,5; 193,13; 210,28; 211,1. 7; 239,16; 252,7; 477,13. 2) vom *Bekennen* der Synode III 160,30; 242,5. 3) vom *Bekennen* des Glaubens III 221,20; 233,29; 234,23; 255,20; 514,15.

ὁμολογητής *Bekenner* II 400,10; 404,13. III 141,25; 142,6. 8; 143,15; 145,11; 148,20; 155,19 (ὁμολογητὴς καὶ μάρτυς); 237,9; 265,1; 267,13; 296,31 (ὁμολογητοῦ ἐπισκόπου); 339,7 (μαρτύρων καὶ ὁμολογητῶν).

ὁμολογητικός III 395,23.

ὁμολογήτρια III 145,20.

ὁμολογία 1) I 52,5; 253,14. III 132,5; 350,7. 2) *Glaubensbekenntnis* I 93,16; 102,23. 3) *Bekennerschaft* II 340,1. 4) *Enthaltsamkeitsgelübde* II 387,24.

ὁμόνοια I 31,17. II 96,21; 383,3. III 161,2; 162,17; 242,22; 243,18. 19; 244,6. 8. 22; 247,10. 18. 21.

ὁμοούσιος I 12,14. 17. 18ff. (ὅπου γὰρ ὁμοούσιον, μιᾶς ὑποστάσεώς ἐστι δηλωτικόν· ἀλλὰ καὶ ἐνυπόστατον σημαίνει τὸν πατέρα καὶ ἐνυπόστατον τὸν υἱὸν καὶ ἐνυπόστατον τὸ πνεῦμα τὸ ἅγιον); 34,23 (ὁμοουσίως); 77,6; 227,23; 371,14. II 49,30; 349,24 (τρίας ὁμοούσιος); 514,17. III 11,9 (ὁ υἱὸς ὁμοούσιος τῷ πατρί). 11 (οὐδὲ ταυτοούσιος, ἀλλὰ ὁμοούσιος). 18ff.; 190,27 (ὁμοούσιος ἡ σὰρξ τῇ ἄνω θεότητι); 220,9ff.; 421,11. 16ff.; 425,6. 12ff. — ὁμοουσίως III 343,18; 365,8; 378,32; 475,6.

ὁμοουσιότης I 93,8. III 331,5; 332,29; 343,12. 14; 364,32; 367,8; 383,24; 405,16; 521,26 (περί τε πατρὸς καὶ υἱοῦ καὶ ἁγίου πνεύματος ὁμοουσιότητος φάναι).

ὁμόπιστος III 452,20.

ὁμόρροπος III 388,11.

ὁμόστοιχος gleichwertig mit ὁμοούσιος I 34,22 (ὁμοστοίχως); 77,6 (ὁμόστοιχος καὶ ὁμοούσιος ... ἡ ἁγία τριάς); 183,7. II 393,9 (ὁμόστοιχος ἡ τριάς). — ὁμοστοίχως I 34,22. III 94,11; 118,1. 7.

ὁμότεχνος II 267,28.

ὁμοτιμία III 408,7.

ὁμότιμος 1) I 144,27 (οὐκ ἀξιοῦσι τὸν υἱὸν ὁμότιμον εἶναι τῷ πατρί). II 388,17 (*gleichwertig* mit Edelsteinen). 2) *gleichartig* II 388,17.

ὁμότροπος II 87,25. III 494,3; 511,19.

ὁμότροφος III 458,4.

ὁμοῦ 1) von der Summe *zusammen*, I 21,1. 9; 57,25; 157,1; 272,15. III 94,25; 297,22; 415,21; 487,12; 493,30. 2) *miteinander, gleichzeitig* I 34,30; 147,22; 232,15; 236,27; 255,22; 320,21. II 2,6; 73,12; 101,5; 242,12; 367,3. III 40,6; 47,10; 150,16; 159,25; 186,28; 203,30; 333,19; 487,1; 496,5.

ὁμοφρόνως III 434,1.

ὁμόφωνος I 6,23.

ὁμόχωρος II 267,27.

ὁμόψυχος III 268,31; 270,9.

ὀμφαλός II 200,19.

ὁμωνυμία II 417,9. III 41,12.

ὁμωνυμικῶς II 42,29.

ὁμώνυμος I 15,10; 182,12; 242,13; 384,21. III 145,8; 160,15; 183,28; 365,15; 367,2; 384,2; 388,11; 408,7. — ὁμωνύμως I 328,11. III 188,31; 362,7; 433,13.

ὅμως   I 256,2.   II 137,22;   182,1.
III 73,28.

ὄναρ   I 210,16 (ὀνειράτων);   265,14;
293,20; 345,10 (κατ' ὄναρ). II 224,13.
III 334,17.

ὀνειδίζω   I 297,28.   II 126,22; 136,11;
212,22; 318,5; 403,11; 404,15. III 79,25;
304,18.

ὄνειδος   I 298,6;   304,1.   II 318,7.
III 82,26.

ὀνειροπολέω II 78,18. III 175,1; 196,18.

ὀνειροπολία I 382,19; 438,8; 447,10.

ὄνειρος s. ὄναρ

ὀνειρώττω I 389,17.

ὀνέομαι s. ὀνίνημι III 121,2.

ὀνίνημι   II 126,9.   III 24,11;   335,6;
437,15.

ὄνομα   1) I 22,14; 87,19; 97,7; 369,16.
III 18,13;   41,11;   78,32;   167,22;
177,6. 2) *Person* I 298,16. 3) in der
Trinitätslehre   I 9,13 (τριὰς ἐν ἑνὶ
ὀνόματι ἀριθμουμένη); 31,21; 190,27.
II 392,8 (οὐχ ὡς ἕν τι τρισὶν ὀνόμασι
κεκλημένον, ἀλλὰ ἀληθῶς τέλεια τὰ
ὀνόματα, τέλειαι αἱ ὑποστάσεις);
393,9 (ἐν ἑνὶ ὀνόματι τριὰς
καλουμένη). III 164,20; 166,30. 4) für
die einzelnen Personen I 10,16; 13,3 (διὰ
τῶν τριῶν ὀνομάτων); 14,23 (ἕκαστον
τῶν ὀνομάτων μονώνυμον); 15,1. 9.
5) im Zauberbrauch I 343,13 (ἐπῳδάς
... εἰς αὐτὸν ἐποιοῦντο καὶ ὄνομα
τῆς ... γυναικός); 344,7 (das ὄνομα
Χριστοῦ macht den Zauber unwirksam);
345,20 (ein Wunder εἰς ὄνομα Ἰησοῦ
τοῦ Ναζωραίου). 21 (Wunder dadurch,
daß man den jüd. Gottesnamen gelesen
hat). — ἐξ ὀνόματος I 106,24; 364,17.
II 75,9. 10. 11. III 76,27. — ὀνόματι
I 234,8; 320,15. III 31,7; 133,1; 147,12.
— ὄνομα τίθημί τινι II 199,19.

— τοὔνομα   I 173,3;   239,22;   338,25.
III 25,4.

ὀνομάζω I 14,16; 15,9; 18,8. 12. 22; 92,1;
126,10; 165,11; 209,11; 276,1; 286,12;
349,2;   383,13;   389,14. 21;   440,16;
448,2. II 42,2; 45,5; 62,16; 72,12; 80,5;
87,1; 106,2; 132,23; 262,11 (τινί τι).
III 81,28; 154,8; 203,18; 443,27; 499,3;
500,8.

ὀνομασία   1) I 157,2;   159,20;   162,4;
209,19; 216,12; 270,12; 271,3; 272,1;
389,13.   II 42,16; 86,7. 9; 89,30;
117,16; 209,3; 350,8; 380,2; 418,10
(ἀγωγῇ τῆς ὀνομασίας). 2) *der Geist*
I 13,17 (τρίτον τῇ ὀνομασίᾳ). 21;
15,2. 9. 14; 34,26; 231,11. II 392,26.
3) als sabellianisch II 389,13 (ἐν μιᾷ
ὑποστάσει τρεῖς ὀνομασίας); 397,14
(τὴν τῆς τριάδος ὀνομασίαν). 4) im
übrigen   III 42,29;   138,5;   364,31;
367,16; 370,7. 29; 372,27; 373,3. 4;
375,19; 378,30; 383,8; 387,3; 388,4;
393,33; 402,1; 444,4; 453,20; 456,11;
494,34; 499,5; 502,5. 13.

ὀνομαστί I 212,17. III 362,14; 460,2.

ὀνομα‹σ›τικῶς II 75,18.

ὀνοματοποιέω I 258,14.

ὀνοματοποιία I 387,2. III 361,27.

ὄνος I 287,15; 291,5.

ὄντως I 8,17. 18; 52,30; 351,17. II 51,27;
153,25; 235,8. III 135,10. — τῷ ὄντι
I 246,16; 356,6; 463,16. III 5,7; 89,20;
109,14; 128,4; 130,13; 195,25.

ὄνυξ I 103,26. III 429,3; 463,3.

ὄξος II 351,19.

ὀξυγράφος II 406,8; 531.

ὀξύνω III 250,4; 333,12; 342,7.

ὀξύς III 133,9.

ὀξύτης I 127,1; 156,23. II 107,14.

ὀπή   I 62,18.   21;   112,8.   III 240,2;
475,19.

ὅπη I 311,13 (ἔσθ' ὅπη).

ὀπίσω I 285,8; 313,2. II 6,26; 109,2; 346,9; 358,23. III 188,8. 18. 24. — εἰς τοὐπίσω τρέπειν I 382,7. III 132,7.

ὁπλίζω 1) Akt. I 273,11; 354,11. 2) Med. I 441,7; 458,19. II 62,5; 129,8; 190,2; 305,17. III 112,2. 4; 474,21.

ὁπλίτης III 31,12.

ὅπλον II 314,15. III 84,14.

ὀποβάλσαμον II 1,16; 84,4.

ὅποι II 260,12.

ὁποῖος II 168,12. III 5,3; 156,13; 219,22; 240,26; 296,25; 311,11; 429,4. — ὁποῖα adv. I 384,19. III 241,1; 476,32.

ὀπός II 131,10.

ὁπόσος II 188,3; 428,14. 15; 443,1; 444,1. III 241,4.

ὁπότερος I 41,13; 166,25. II 92,11; 304,1; 359,7. 10. III 94,12; 359,6; 379,1; 397,17; 405,34bis.

ὅπου örtlich I 216,22. 23; 217,10; 220,22; 231,13. II 86,17; 260,20. III 103,11; 181,17; 210,23; 336,18; 498,21.

ὀπτάνομαι (ὀπταίνω) I 250,1; 291,20; 344,12. II 349,1. III 72,25; 239,19.

ὀπτασία I 181,9; 278,7; 291,2. 3. 24. II 254,11; 469,2. III 171,32; 478,2; 514,26.

ὀπτάω I 104,22.

ὀπτός I 362,17; 363,1.

ὅραμα I 315,4; 345,8. 17; 363,14. II 229,10.

ὅρασις I 29,7. 12; 82,13. II 311,14 (Sehvermögen). III 193,17. 29; 454,18; 476,31; 480,26.

ὁρατικός III 413,9.

ὁρατός I 20,3; 41,11. 12; 65,7; 291,15. 18. 19. II 91,9. III 83,23; 167,8; 188,19; 212,20; 234,20; 236,32. — ὁρατῶς II 150,22; 194,12.

ὁράω I 6,23; 27,7; 68,1. III 10,5; 89,30; 115,11; 123,10; 131,10; 176,1; 213,13; 233,10; 234,14; 240,20; 494,20. — ἴδωμεν περί τινος II 66,25. III 76,17. — ὅρα πῶς II 234,19. III 129,27. — ὀφθέντων I 254,27. — ὀφθήσεται m. Part II 196,29.

ὄργανον 1) Körper I 230,13. II 227,2. III 241,6. 2) Werkzeug I 272,17. II 360,7.

ὀργή I 204,15. 16. II 188,31; 200,12. III 62,3; 219,29.

ὀργυιάω III 72,21; 511,13. 29.

ὀργίζω I 355,13; 455,27. II 57,7. III 386,13. 14; 387,10.

ὄργιον II 243,16.

ὀρέγω I 77,28; 297,21. II 49,15; 71,17; 84,7; 102,12; 201,7; 374,24. III 109,28; 463,11.

ὀρεινή III 513,12.

ὄρεξις II 39,7; 201,5. III 333,5.

ὀρθοδοξέω III 302,27.

ὀρθοδοξία I 6,8; 339,24. II 470,19. III 144,25; 148,2. 14. 22; 153,21 (Athanasius πατήρ τῆς ὀρθοδοξίας); 163,6 (πίστιν τῆς ὀρθοδοξίας); 296,32; 309,27; 311,2; 334,16 (ὁμολογίας τῆς ὀρθοδοξίας); 416,9.

ὀρθόδοξος für ὀρθόδοξος ἐκκλησία s. auch ἐκκλησία. — ὀρθόδοξοι I 40,13; 122,12; 146,15; 147,29; 340,11. III 265,1; 313,11; 452,20. — ὀ. πίστις I 5,12; 122,4; 149,24. III 160,30; 162,18; 177,20; 434,22. — ὀρθοδόξων σύνοδος III 147,14. — ὀρθοδόξως I 7,10. II 494,21. III 296,33.

ὀρθοποδέω II 145,6. III 193,10.

ὀρθός I 31,29 (ὀρθὴ πίστις); 161,16; 239,5; 278,17; 283,16. II 175,25; 240,10. 17; 243,15; 347,15; 405,18 (ὀ. πίστις); 417,11. III 90,22; 140,21 (ὀ.

πίστις); 155,8; 163,15; 228,29; 233,26; 256,8; 267,16; 301,18; 362,10. — ὀρθῶς I 95,19; 96,22; 238,4. II 103,24; 108,3. III 255,16. 17; 334,11; 412,22; 513,11.

ὀρθότης I 351,8. II 224,21; 305,22.

ὀρθρίζω III 342,2.

ὄρθριος III 32,20.

ὀρθωτής I 95,23.

ὁρίζω 1) I 30,8. 16. 28; 103,19; 106,12; 107,7; 118,8; 164,21. II 100,8; 126,10 (ὁρίζειν τινά τι). 2) *festsetzen* I 120,6; 134,5; 209,25; 210,13; 218,12; 243,17; 258,4; 273,9; 274,7; 310,1; 331,6; 378,2. 8. 9; 441,4. II 61,20; 68,29; 134,9; 170,17; 188,24; 216,8; 304,6; 319,12; 385,8; 404,6; 507,13. 3) *dogmatisch festsetzen* I 335,22; 360,18. II 44,13; 59,10; 167,27. 30. 4) *fest umschreiben, bestimmen* I 201,7. 10; 220,12. II 69,23; 102,18. 5) *behaupten* II 359,16; 420,13. 5) im übrigen III 1,15; 8,14; 37,4; 43,10; 51,14; 73,6; 81,19. 20; 82,22; 124,10; 126,12; 138,17; 161,1. 18; 174,3; 231,2. 6; 234,9. 16. 22; 235,3; 237,25; 241,24. 27; 242,21; 243,1; 246,2. 6; 268,25; 313,15; 343,26; 368,16; 373,29; 378,5; 462,18; 493,11; 514,5.

ὁριογνώμων II 103,2. III 348,22.

ὅριον I 141,2; 175,18. III 37,5.

ὁρισμός II 102,17; 188,24. III 221,2; 246,7.

ὅρκος I 136,14; 141,7; 223,24. III 124,20. 28; 126,12; 144,24.

ὁρμάζω III 458,5; 464,11.

ὁρμαστής III 173,3.

ὁρμαστός III 467,8.

ὁρμάω I 6,25; 58,14; 197,8. II 64,12 (ἐπί τι); 198,29; 378,22. III 22,12; 268,24; 313,7; 416,16; 437,28; 520,26. — ἀπό τινος I 169,6; 206,6; 207,15; 215,17; 217,20; 218,8; 234,5; 238,7; 239,22;

246,4; 256,3; 267,17; 334,8; 398,9. II 62,19; 69,16; 82,2; 95,2; 134,23; 180,3; 317,12. III 231,9; 233,3; 249,15. — ὁρμώμενος ἔκ τινος I 106,5; 197,14. II 44,14; 104,20.

ὁρμή I 104,21; 410,9. II 73,18; 266,22; 279,21; 280,6; 380,4 (τὴν ὁ. ποιεῖσθαι). III 454,12; 495,1.

ὅρμημα I 27,21. II 480,22. III 388,6. 13.

ὅρμος II 499,22. III 16,9.

ὄρνεον I 104,4. III 524,17.

ὄρνις I 363,23 (ὄρνεις). III 91,31; 93,26.

ὁροθεσία II 102,21.

ὁροθετέω I 458,10. III 38,12.

ὁροθέτης III 38,8; 376,29.

ὅρος I 63,26. 27. 28; 175,18; 217,10. II 15,7; 31,27; 279,18 (Θαβὼρ ὄρος). III 126,22; 240,9.

ὅρος I 369,4; 379,12. II 102,32; 221,21. III 37,8; 38,7. 8; 91,33; 97,4; 124,28; 369,13; 449,14.

ὀρόφωσις III 500,26.

ὀρυκτός I 343,10.

ὁσάκις II 39,9.

ὁσημέραι III 310,3; 452,25.

ὅσιος I 43,10 (τὴν σάρκα ὁσίαν); 209,6 (ἐπὶ τὸ ἀκραιφνὲς καὶ ὅσιον); 432,9 (δικαιοὶ καὶ ὅσιοι). II 338,10 (ἀνδρὶ ὁσιωτάτῳ); 505,5 (ὅσιον σῶμα). III 500,16. — ὁσίως II 176,3; 231,16. III 292,21; 366,15.

ὁσιότης II 481,13; 492,12; 520,9f. III 265,17. 22.

ὀσμή II 249,1. III 220,20.

ὅσος I 290,7; 403,2. II 203,11; 358,15; 436,5. III 20,5; 171,26.

ὅσπερ I 285,25; 333,5. II 197,19; 226,21; 247,27; 329,6 (ἅπερ); 347,18. III 239,22; 478,9.

ὄσπριον III 73,20.

ὀστέον　II 505,20.　　III 197,28;　341,3;
360,10;　515,27. — ὀστέα　I 109,7;
231,3.　II 152,28. — ὀστέων　I 109,4;
116,2;　395,17.　II 128,20. — ὀστέοις
I 104,20;　231,1. — ὀστᾶ　I 75,9;　109,6.
ὅστις　I 156,27;　289,20;　404,4.　II 86,10;
156,6.　III 83,6;　226,27;　439,27.
ὅτῳ　II 107,9 (ὅτω App.).
ὀστράκινος　I 246,20.
ὀστρακίτης　II 90,5;　357,14.
ὀσφραντικός　II 226,17.
ὀσφύς　I 350,5.　III 215,14.
ὅτε　I 216,29. 30;　217,11;　373,13;　378,4. 5.
6.　II 10,12;　40,7;　113,17;　203,12;　431,2.
III 10,28;　104,16;　297,26;　325,1;　478,19.
ὁτέ ... ὁτέ　III 72,17.
ὁτιοῦν　I 439,24.　　II 212,10;　243,18.
III 117,26;　308,29;　389,7.
ὅτου　II 264,12;　289,2.　III 367,25. 32.
οὐδαμινός　I 110,10.
οὐδαμόθεν　I 461,14.　II 83,20;　181,12.
οὐδαμοῦ　I 37,30;　38,4;　59,4;　460,19.
II 157,3.　III 42,1;　74,22;　178,5;　189,17;
191,14;　202,12.
οὐδαμῶς　I 26,1;　52,9;　239,7.　III 28,19;
477,6.
οὐδέπω　I 31,7;　39,8.　II 434,26;　454,5.
III 287,1;　292,1.
οὐδέτερος　II 48,13.
οὐέτρανος　III 13,21.
οὐλή　II 504,4. 6.
οὔπω　I 30,18;　66,13;　96,10;　173,18;
178,11.　II 222,6. 10;　385,20.　III 83,8;
194,21. 27ff.;　331,20;　494,11.
οὐρά　I 200,13;　343,27.
οὐρανόθεν　I 184,11.
οὐρανομέτρης　III 250,3.
οὐρανός　I 127,3. 4;　146,22;　147,6. 9;
281,4. 6;　389,19.　II 55,1;　56,4;　199,17;
354,10ff.　　III 208,2;　237,31;　459,4;
464,26;　498,21f.

οὔριος　I 245,24;　275,13.
οὖρος　I 200,13;　343,27.
οὖς　I 279,15.　II 81,20;　509,3.　III 155,3.
26.
οὐσία　1) I 13,10 (τριὰς ἀεὶ οὖσα τῆς
αὐτῆς οὐσίας· οὐχ ἑτέρα οὐσία παρὰ
τὴν θεότητα οὐδὲ ἑτέρα θεότης παρὰ
τὴν οὐσίαν, ἀλλ᾽ ἡ θεότης καὶ ἐκ τῆς
αὐτῆς θεότητος ὁ υἱὸς καὶ τὸ ἅγιον
πνεῦμα); 14,21; 18,12; 37,7; 45,28; 46,1;
50,2;　57,20;　82,6;　101,22. 24;　102,11
(τῆς αὐτῆς οὐσίας, ὑπόστασις ἐξ
ὑποστάσεως τῆς αὐτῆς); 144,26 (τῆς
πατρῴας οὐσίας). 28 (ἐκ τῆς οὐσίας
τοῦ πατρός); 146,1 (ἐκ τῆς οὐσίας τοῦ
θεοῦ). 4 (μία οὐσία); 463,11 (τῆς τοῦ
πατρὸς οὐσίας).　II 126,18 (ἀόρατος
οὐσία); 392,22 (οὐκ ἀλλότριον πατρὸς
καὶ υἱοῦ, ἀλλὰ ἐκ τῆς αὐτῆς οὐσίας);
410,12 (nach Origenes der Sohn nicht ἐκ
τῆς οὐσίας τοῦ πατρός). III 11,11ff.;
165,9;　176,20 (μία θεότης);　278,28;
280,23;　281,12ff.;　386,22;　419,25.
2) außerhalb der Trinitätslehre I 57,6.
13;　107,6;　117,14;　183,15;　184,26;
187,6; 388,2 (οὐσίαι valentin.); 461,11.
II 66,23;　423,15.　　III 85,29;　219,18
(κατὰ τὴν ὑμῶν οὐσίαν);　285,21;
384,5ff. (ἡ ἀγέννητος οὐσία κρείττων
ἐστὶ γενέσεως).
οὐσιότης　　III 183,22 (τῆς　αὐτοῦ
οὐσιότητος).
οὐσιόω　III 262,16 (οὐσιωμένη Acacius
von Caesarea).
οὐσιώδης　I 79,22.　III 365,8. — οὐσιωδῶς
III 353,20ff.; 370,14; 371,10. 26; 400,1;
408,16.
οὐχί　I 158,1;　311,9.　II 51,21;　166,3. 13;
480,9.　III 4,2. 12;　99,16;　194,7;　429,18;
436,8.
ὀφείλω　I 146,19.　　II 181,14;　185,26;

254,23; 298,3.   III 89,13; 156,22;
198,30; 202,24; 203,28; 233,7; 461,34;
493,20. — ὀφειλομένως III 396,24.
ὀφθαλμός   I 11,25; 29,1; 98,3; 123,5.
II 45,2; 126,13. 15; 173,13. 15; 428,14;
523,10. III 148,24; 236,34; 479,10.
ὀφιείκελος II 200,1. 5.
ὀφιόμορφος II 56,7; 249,20.
ὄφις I 124,6; 226,26; 278,2; 280,7; 286,6;
294,13; 299,12; 321,2; 355,15.   II 2,1.
2; 248,16; 314,10.   III 31,18; 140,3;
154,14; 229,23; 476,27; 510,23.
ὀφιώδης I 299,9; 333,7.
ὀφλισκάνω II 41,19; 438,4.   III 82,26;
96,14.
ὄφλημα I 306,1.
ὀχετός I 305,10.
ὄχθη   I 130,5;   382,3.   II 340,7.
III 117,10.
ὀχλέω I 275,10. II 409,12. III 146,8.
ὄχλησις I 275,10.
ὄχλος I 132,24; 348,22. II 129,11; 130,2.
7. 8; 516,10. III 155,17; 334,24.
ὀχυρόω II 331,9.
ὀχύρωμα I 81,5. III 317,23.
ὄψις   I 67,16;   124,8;   277,3.   II 437,4.
III 267,31; 511,24.
ὀψωνέω III 335,20.
ὀψώνια I 327,1; 347,20.

παγανός   II 516,3. 6. 26 (Apokryphon
Ezechiel).
παγγέλαστος II 314,19.
παγιδεύω I 279,12. III 82,9.
πάγιος III 481,21.
παγίς   I 470,17. 20;   471,2ff.;   473,15;
474,19. III 484,1.
παθητικῶς III 380,2. 8.
παθητός   I 416,26.   III 174,21 (τὸ
ἡμέτερον παθητὸν σῶμα). 26 (ἵνα μὴ

παθητὸν θεὸν ἔχωμεν); 186,25; 215,24;
393,27; 444,22; 518,23.
πάθος 1) *Leiden* I 42,22; 44,19; 45,29;
46,14; 56,13;   114,16; 201,5; 220,3;
229,19. II 39,7; 219,3; 246,5; 247,19.
III 184,26. 28. 32; 239,20; 386,31;
478,19. 2) *Leidenschaft* I 123,11. 19;
268,5; 269,1. 25; 281,3; 283,27; 299,3;
305,2. II 69,15 (πάθει συνεχόμενος).
17 (πάθει ληφθέν); 188,32. III 89,9.
παίγνιον I 266,19. II 5,19; 278,2.
παιδαγωγέω I 192,12. III 451,5.
παιδαγωγός I 190,21; 192,13. II 150,1;
167,22. III 117,1. 4. 6; 451,2. 7. 10.
παιδάριον III 137,27; 163,13.
παιδαριώδης III 511,21.
παιδεία   I 384,11; 462,11.   II 169,3;
203,2; 207,12 (*Züchtigung*); 212,20;
338,11. III 16,6; 437,27.
παίδευμα I 198,8; 416,20.
παίδευσις I 206,7. III 67,1; 437,28.
παιδευτήριον II 403,9. III 92,8.
παιδευτής I 196,8.
παιδεύω   I 185,7. 9; 196,8. 12; 231,6;
384,11; 462,7. II 80,4 (τινά τι); 378,24.
III 16,5; 20,11; 274,24; 437,29.
παιδικός II 278,3. 11. III 508,19.
παιδίον   I 282,10; 462,11.   II 278,2;
432,13; 448,5. III 2,2; 113,2; 473,28;
516,10.
παιδίσκη I 180,5. 8. II 236,2. III 112,8;
503,2.
παιδοποιέω   I 119,20.   II 381,8f.
III 308,3.
παιδοποιΐα II 187,20. 22; 201,10; 399,8.
III 472,13.
παιδοποιός II 360,6.
παιδοφθόρος I 128,2.
παῖς I 173,3. III 44,7; 134,27; 401,17;
417,5; 465,24. — οἱ ἅγιοι παῖδες = die
drei Männer im Feuerofen I 33,22; 34,7.

— Χριστοῦ παῖδες II 71,21; 235,20.

— παῖδες Ἑλλήνων I 177,4.

παίω I 245,17; 274,24; 321,11. II 198,29; 378,22. III 136,21; 165,14; 341,1; 393,13.

πάλαι I 163,6; 231,23 (*schon, bereits*); 240,8; 371,16. II 51,14. III 32,2; 56,4; 317,19.

παλαιός I 80,24; 155,6; 170,18; 207,16 (κατὰ τὸ παλαιόν *in alter Zeit*); 246,19; 327,13 (τὸ παλαιόν *in alter Zeit*); 338,14; 458,2. II 78,10; 145,20; 234,24; 521,7 (παλαιότατος). III 156,5; 163,17; 268,2; 456,18.

παλαιόω *Altwerden* von Menschen I 75,4. II 400,18; 462,16. III 128,26; 361,16; 525,5.

πάλαισμα III 495,30.

παλάμη I 280,15.

παλάτιον III 145,24.

πάλη II 217,25; 494,18. III 495,33.

παλιγγενεσία *Auferstehung* I 93,18; 107,2; 115,24. II 52,5; 520,8. — λουτρὸν τῆς παλιγγενεσίας II 327,6; 364,5.

παλιμβόλως II 502,7. III 368,10; 399,9.

πάλιν I 9,1. 3. 4; 29,9; 37,19; 50,3; 55,10; 425,21. II 28,6; 186,18; 193,7; 350,6. III 92,6; 94,30; 228,4. 22; 455,18,29.

παλινδρομέω I 181,7. III 24,12.

παλίνορσος I 176,8.

παλλίον III 143,4.

παλμός III 525,9.

παμβασιλεύς I 190,29; 294,5. III 477,30.

παμποίκιλος II 314,5.

πάμπολλος II 201,3.

πανάγαθος III 238,9.

πανάγιος I 142,25; 156,11; 297,24 (πανάγιος θεός). II 96,4 (πανάγιοι πρεσβύτεροι). III 245,7 (ἑορτῆς παναγίας).

πανάρετος III 161,2 (πανάρετος ἡμέρα *hlg. Osterfest*).

πανάριον I 155,16 (κιβώτιον ἰατρικόν).

πάνδημος I 106,19. III 511,12.

πανήγυρις I 342,16. II 260,16. III 524,4 (am Osterfest).

παννυχίς II 285,16.

παννύχως I 449,12.

πανοπλία II 494,11. III 52,4. 8. 18; 55,5; 64,1; 81,20; 83,18; 102,3; 103,26f.

πανουργεύομαι III 82,3.

πανουργία I 428,2. II 5,13; 57,16; 60,20; 74,10; 501,4. III 51,21; 183,16; 388,7.

πανοῦργος II 61,19; 107,13; 351,13. III 90,26; 154,14; 191,13.

πανσεβάσμιος I 156,11. III 245,7; 247,22.

πάνσοφος II 17,19. III 246,7.

παντάπασιν I 61,6; 335,1; 458,18. II 5,20; 87,19; 183,28; 188,14; 234,5; 250,21; 299,28; 366,20; 370,9. III 38,18; 42,7; 90,8; 95,13; 119,17; 164,21; 199,24; 204,13; 268,25; 309,20; 349,11; 377,6; 410,6; 455,10.

πανταχῇ I 432,24. II 31,24; 217,21.

πανταχόθεν I 23,21; 77,2; 170,27; 199,10. 15; 220,18; 274,11; 319,11; 342,16; 351,7; 359,8; 364,14. II 42,12; 62,1; 83,20; 100,11; 124,3; 161,2; 190,5; 218,16; 234,19; 248,1. III 40,27; 48,13; 53,8; 82,11; 113,20; 118,9. 18; 134,9; 156,4; 237,2. — ἐκ I 6,6; 107,15; 204,3. II 222,2. III 147,14; 149,26; 200,29; 301,25; 456,1. 24; 458,29.

πανταχοῦ I 131,4; 288,25; 295,10. II 49,25; 71,23; 201,26; 210,5; 260,4. III 262,21; 284,13; 294,32; 418,5.

παντελής I 421,21. II 72,3 (εἰς τὸ πατελές); 201,24; 460,21. — παντελῶς I 247,9; 353,2; 437,9. 16. II 213,15. 16; 260,4; 402,13. III 1,18; 52,12; 143,8; 184,29; 231,2; 411,9.

πάντη I 105,6; 185,17; 245,6; 265,20;

295,9; 347,4. II 38,4; 66,15; 86,16; 154,20; 158,20; 215,12; 232,3; 256,15; 281,2; 321,10; 349,6; 359,12. III 83,6; 119,9; 145,12; 161,20; 188,5; 205,25; 217,8. 11; 393,22; 412,18; 446,18; 496,20; 512,15; 525,19.

παντοῖος I 303,13. II 433,14; 434,12. III 231,16; 334,4.

παντοκράτωρ für Gott I 23,22; 24,12; 63,21; 87,20; 184,14; 259,3; 265,4; 353,5. 16 (bei den Ebionäern); 388,1 (bei den Valentinianern; hier gleichgesetzt mit dem Ὑστέρημα und dem Δημιουργός). II 38,9; 55,6; 88,16. 26; 107,1; 233,19 (bei Montanus); 336,24; 349,11. III 97,11; 257,10; 258,6. 16; 266,20; 299,5; 323,19; 354,16; 357,19f.; 358,8; 397,11. 13; 401,2. 8. 16; 485,12.

πάντολμος III 205,27.

πάντοτε I 127,14; 149,14; 214,10; 259,20; 315,12. II 177,9. III 210,10; 374,11; 463,27; 489,23.

πάντως I 23,6; 25,32; 33,21; 41,15; 52,7; 65,22; 75,11; 98,6; 119,3; 122,10; 123,5; 190,15; 217,8; 306,10; 360,21; 368,4. II 126,4; 164,20; 194,3. 4; 321,18. III 7,16; 18,3; 37,3; 95,5; 97,20; 99,29; 107,16; 124,11; 139,24; 171,19; 174,3; 176,21; 187,3; 188,11; 191,20; 199,1. 13; 220,29; 233,13; 234,22; 380,13; 459,29; 463,22; 472,3. — οὐ πάντως I 45,24; 97,19; 170,4; 367,1. II 52,21; 69,10. III 117,3; 169,22; 198,29; 396,1; 432,20; 440,10. 28; 446,27; 447,11; 462,17. — πάντως που I 251,7. II 510,12. III 438,23; 458,28; 459,1.

πάνυ I 189,3; 190,12; 220,9; 227,4; 309,12; 318,16; 320,14; 331,26; 435,24; 443,4. II 89,30; 242,11; 355,8; 379,13. III 133,7; 247,31; 310,2; 448,24.

πάπυρος III 341,14.

παραβαίνω II 71,8; 176,3; 456,18. III 141,25; 283,19; 483,14.

παραβάλλω I 348,6. II 436,10. III 81,24; 372,18; 416,8; 508,18.

παράβασις I 141,17; 196,4; 331,6. II 176,2. III 124,20; 193,9; 199,4; 483,19.

παραβάτης II 118,9; 176,17; 344,21.

παραβλάπτω I 417,17. III 177,13.

παραβολεύομαι II 519,21.

παραβολή I 307,1; 315,24; 438,10. II 83,12; 113,5; 137,17; 466,6. III 445,28.

παράβυστος, ἐν παραβύστῳ I 239,23; 302,3. II 391,7.

παραγγέλλω I 251,20; 254,12; 294,8; 377,21. III 138,26; 161,12; 489,3; 490,3.

παραγίνομαι I 63,28; 77,12; 106,23; 145,5; 280,13. 17; 316,22; 342,15. II 261,2. III 6,5; 9,8; 31,3; 120,4; 138,18; 147,13; 201,6; 460,22.

παραγράφω III 404,12.

παράγω I 41,3; 312,17 (*hervorbringen, ins Dasein rufen*); 460,9. II 350,1; 356,13 (εἰς μέσον παραγαγών). III 169,24; 334,9.

παράδειγμα I 19,17. 19; 28,23; 52,3; 107,19; 278,16. II 426,19; 454,20. III 12,7; 129,29; 193,5.

παράδεισος I 29,4; 63,10. 12. 23; 64,9; 67,10; 68,13; 73,20. II 212,12; 214,4 (bei Origenes allegorisiert); 233,16. III 135,4; 497,27.

παραδεκτέος II 417,17.

παραδέχομαι I 167,23; 199,1; 203,11; 208,2; 216,1. II 143,22. 24; 185,11; 380,15. III 133,23; 134,2; 138,30; 311,3; 368,18; 383,6.

παραδίδωμι 1) *ausliefern* I 17,5; 201,24. II 60,19. III 53,1; 109,29; 141,19;

312,16; 457,2. 2) *übergeben, hingeben*
I 79,3; 106,2; 116,1; 119,26. 27. 28;
123,4; 130,1; 234,9; 242,9; 264,13;
305,3. II 65,19; 213,25; 222,18.
III 119,18. 3) geistig übergeben, *lehren*
I 193,12; 289,19; 364,8. 4) *lehrend*
überliefern I 130,17; 131,7; 136,14;
146,9. II 367,7. III 473,29.
παραδοξοποιέω III 146,31.
παραδοξοποιΐα I 216,21. III 211,19.
παράδοξος I 365,10. III 146,30; 160,19.
παράδοσις I 76,21 (παράδοσις τῶν
πατέρων);122,25;167,4;172,16;203,11;
212,16; 216,28; 217,21; 318,17; 459,23
(παραδόσεις der jüd. Ältesten). II 70,29
(*Auslieferung, Verrat*); 136,1ff.; 300,13;
329,3 (ἀποστόλων παραδόσεις); 367,5
(ἡ τῆς θείας γραφῆς παράδοσις);
386,16 (παράδοσις, unterschieden von
den γραφαί). III 76,24 (ἐν παραδόσεσιν
εὕρομεν); 102,23; 120,2 139,26 (Vater
und Mutter von Melchisedek); 234,31;
247,5; 338,14; 340,2; 430,29 (die
gute *Überlieferung* im Gegensatz zur
Glossenlegende); 473,29; 449,14; 457,6;
480,14 (ἡ τῆς Μαρίας ἱστορία καὶ
παραδόσεις); 495,20; 503,28 (ἐν ταῖς
παραδόσεσι τῶν Ἑβραίων); 524,6 (ἡ
παράδοσις τοῦ τε εὐαγγελίου καὶ
τῶν ἀποστόλων).
παραδρομή I 184,9. III 309,9; 515,7.
παραζεύγνυμι III 239,4.
παραζηλόω I 178,8. III 430,4.
παραζήλωσις I 259,18.
παραθαρσύνω II 269,23. III 95,21;
238,14.
παράθεσις I 123,10; 390,3; 398,16.
II 408,3.
παραίνεσις I 400,2; 443,1. 22. II 488,11.
III 443,11.
παραινετικός I 441,20; 443,4.

παραινέω I 126,2; 342,7 (τινί). II 231,22.
III 333,31.
παραιτέομαι I 43,27; 294,13; 309,8;
310,1. II 4,1; 156,26; 249,27; 263,16;
414,4. III 84,7; 138,15; 331,16; 344,13.
παραίτιος II 175,31; 179,16; 189,2.
III 95,11; 136,33; 209,6; 333,7.
παρακαθέζομαι III 142,18.
παρακαλέω I 25,14. 15; 156,6; 169,23;
195,8. 18; 299,7; 339,9. II 143,4;
375,22. III 147,20; 151,17. 23; 160,17;
212,5; 381,28; 411,1; 428,8; 434,16;
471,26; 520,12; 521,7.
παράκειμαι I 274,9; 345,3. II 426,20;
453,20; 491,3. III 126,8.
παρακελεύομαι I 208,12. II 162,20;
163,5; 256,11. III 89,27.
παρακινέω I 322,9. III 159,14.
παράκλησις I 195,11; 366,27. II 143,5.
III 177,5.
παράκλητος I 15,7; 88,7; 386,2; 392,9.
22. II 234,12. III 9,14; 34,2. 3; 98,6.
12; 289,7; 323,20; 324,3.
παρακοή I 73,8; 74,10; 172,18. II 50,8;
156,10; 207,12. III 193,8; 199,5;
235,17; 482,23.
παρακολουθέω 1) *bei Besinnung sein*
II 222,4; 223,5; 224,1. 8. 12; 225,2. 9;
228,15; 232,12. 16; 236,10. 11. 2) *folgen*
II 372,17; 501,2.
παρακολούθησις II 223,17; 310,17.
παρακολουθία II 224,20.
παρακομιδή III 429,24.
παρακόπτω I 249,2; 295,24; 351,12.
II 108,2; 113,5; 128,24; 132,18; 135,4.
7; 152,6; 183,21. III 112,22; 510,20.
παρακούω II 51,24; 449,3; 489,15.
παρακρύπτω I 297,5; 341,1. II 145,27.
III 19,14; 259,15; 296,26; 348,27.
παρακύπτω I 248,8. 12; 252,18. 19;
341,1. II 189,10.

παραλαλέω Ι 245,14; 278,3. III 85,22.

παραλαμβάνω Ι 83,1; 122,25; 124,9; 126,13; 144,14; 146,7; 228,18 (*mitnehmen*); 284,19; 343,10; 345,17. II 240,14; 259,1. III 160,18; 338,15. 17; 451,5.

παραλείπω Ι 136,10; 441,15. II 89,29; 145,16; 252,20; 254,25; 261,22; 275,15; 312,19; 350,18; 409,18. III 78,9; 188,6; 189,22; 190,10; 194,7; 249,4. 8; 260,1; 433,25; 438,2; 455,27.

παραλλαγή II 393,10. III 247,33; 364,7; 365,1; 367,26; 408,9.

παραλλάσσω Ι 77,5; 117,14; 214,6 (intrans. τινός); 224,9. II 76,2; 91,5; 106,18 (παρηλλαγμένως); 108,17; 124,11; 127,3; 138,17. 18; 374,23; 380,15. III 109,14; 143,30; 187,2; 192,18; 194,18; 233,26; 248,4; 310,23; 311,8; 347,16; 364,13; 367,15; 368,15; 407,8; 448,19; 479,30.

παράλληλος Ι 386,18. II 408,4; 436,10. III 359,16; 407,15.

παράλυσις II 374,12.

παραλύω Ι 26,15; 131,20. II 519,17. III 94,12; 162,17; 194,29; 366,26.

παραμένω Ι 370,7. II 92,23; 106,16; 141,13; 267,15; 280,7; 300,6; 371,13; 385,10. III 39,2; 78,6; 126,22; 142,2; 462,2.

παραμονή Ι 119,19. II 134,9. III 78,7.

παραμυθέομαι III 112,30.

παραμυθία III 369,8; 494,15.

παραναγινώσκω Ι 94,9.

παρανομέω Ι 342,25. III 114,3. 5.

παρανομία Ι 175,12. II 78,22; 85,2; 89,27. III 525,8.

παράνομος Ι 177,6. 18; 436,10. 11. II 69,10; 76,21. 25; 164,20. 21. III 97,7; 113,27.

παράπαν Ι 54,9; 209,14; 212,26; 244,3.

II 440,16; 446,6; 448,20. III 133,14; 297,20; 514,8.

παραπείθω II 68,5; 176,22. III 96,30; 97,6.

παραπίπτω Ι 172,3. II 3,10; 183,27; 318,4 (τινός); 363,17; 366,1 (π. ἐν παραπτώμασιν); 369,27. 28; 414,3. III 2,4. 18; 133,10; 141,24; 146,10.

παραπλέκω Ι 23,28; 51,9; 95,14; 217,18; 239,16; 275,17. II 65,11; 201,18; 222,14; 225,11. III 272,2.

παραπλέω Ι 128,4. II 62,7.

παραπληξία II 229,15; 230,1. III 410,25.

παραπλησιάζω *ähnlich sein* II 213,20; 466,14.

παραπλήσιός τινος Ι 236,12. II 6,25. III 236,32. – παραπλησίως τινός II 389,7. — τινί II 212,17; 213,1. III 230,17.

παραπλοκή Ι 127,17. III 175,24; 202,29.

παραποιέομαι Ι 169,20; 184,22; 197,10; 220,10; 238,5; 239,1; 291,25; 351,7; 356,9; 463,25. II 37,24; 198,18; 218,13; 225,4; 231,1; 316,17; 378,11. III 48,14; 80,24; 125,2; 136,23; 250,18; 311,3; 436,3.

παραποίησις Ι 428,15. III 375,30.

παραποιητεύομαι II 225,13.

παράπτομαι Ι 279,5; 463,14. III 133,5; 145,20; 245,28.

παράπτωμα Ι 100,7; 202,10; 282,12; 283,25. II 98,13. 16; 313,9; 320,2. III 121,16; 130,10; 428,21.

παραρρίπτω Ι 73,27. II 378,19.

παρασαλεύομαι III 142,22; 267,23; 337,34.

παρασημείωσις II 300,17.

παράσημος Ι 128,3.

παρασιωπάω Ι 193,18; 294,23. II 515,25. III 296,24.

παρασκευάζω, τι I 259,13. II 518,2.
III 490,5. — τὶ ἐπί τι I 187,14. —
τινά I 185,9; 303,25. II 365,28; 366,2.
III 75,15; 147,1; 160,20; 413,24; 429,22.
— τινά m. Inf. I 6,10; 241,3. II 53,5;
410,4. III 94,1. 2; 180,21; 384,12;
451,18. — τινί τι I 156,19; 266,22.
II 233,16; 312,4; 404,7. III 486,10.

παρασκευή II 15,13. III 163,8.

παράστασις *Beweis* I 106,3; 110,5;
133,27; 254,25; 322,16; 365,27; 374,10.
II 56,14; 98,21; 159,23; 162,2; 200,4;
217,12; 252,27; 254,14; 255,14; 256,9;
257,4; 391,1; 512,18. III 6,21. 22;
9,6; 343,9; 443,20; 445,16; 446,4. 12;
504,3.

παραταράσσω III 182,13.

παρατηρέομαι I 334,15; 344,1. II 248,9;
327,4. III 245,15; 348,1; 478,27;
502,9.

παρατήρησις III 164,6; 521,9; 525,10.

παρατίθημι 1) *hersetzen* I 76,26; 107,19;
110,6; 123,5; 172,4; 189,2. 5; 222,8;
232,4; 271,22; 285,18; 340,9; 349,1;
386,17; 389,6; 395,14; 450,10; 459,16.
II 38,2; 106,6; 107,6; 155,28; 178,22;
182,10; 401,3; 413,8. III 40,16; 53,16;
124,21; 160,4bis; 177,11; 256,3; 259,23;
265,4; 268,27; 328,21; 329,4; 346,1;
476,22; 515,8; 521,29. 2) *vorsetzen*
I 216,24. 25; 280,19; 358,12.
III 196,11; 314,9. 3) *beisetzen* I 124,16.
4) *übergeben* I 319,25. III 156,15.

παρατρέπω I 403,11; 409,10; 428,20.
II 487,19. III 154,9; 453,14.

παρατριβή I 334,8; 381,25. II 250,3;
261,26. III 161,14; 172,26.

παρατρίβω, τὸ μέτωπον II 255,24.
III 155,10; 207,3; 250,16; 342,11.

παρατυγχάνω I 166,25; 170,15; 218,17;
298,20. II 213,9.

παραφαίνομαι II 194,22; 380,5.
III 104,1.

παραφέρω 1) *vorbringen* II 510,17.
III 242,23; 250,17; 380,32; 402,20;
411,7; 430,14; 447,19. 2) *abschaffen*
I 380,29. III 85,22; 93,9; 378,17.

παράφθεγμα II 238,18.

παραφθείρω I 121,31; 239,20; 244,25;
274,15. II 341,8; 387,18; 402,10;
501,5. III 90,17. 18; 162,29; 163,10;
221,25.

παραφροσύνη II 344,2. III 421,26.

παραφυάς I 357,13. II 189,19.

παραφυλακή III 110,5; 522,4.

παραφυλάττομαι II 367,16.

παραχάραξις II 124,3.

παραχαράσσω I 123,6. II 107,2; 501,11.
III 233,14; 242,25; 466,18; 486,14;
504,19.

παραχρῆμα I 248,9. II 9,22. III 6,2;
237,18.

παράχρησις II 404,6.

παραχωρέω III 98,9; 149,17; 481,29.

παραψιθυρισμός I 299,16.

πάρδαλις I 195,17. III 28,27.

παρεγκλίνω III 313,7.

παρεικάζω I 321,2. II 312,11. III 13,9;
463,19.

πάρειμι (zu εἰμί) I 48,8; 108,10; 311,14;
458,22; 461,9. II 51,6; 191,10; 226,14;
236,9. III 78,21; 79,22; 147,5.

πάρειμι (zu εἶμι, s. auch παρέρχομαι)
I 204,18.

παρεισάγω I 74,6; 184,27; 212,10;
215,21; 277,4; 384,18. II 1,4; 4,2;
60,13; 183,20; 257,5; 418,16. III 178,8;
375,19; 409,26; 416,28; 417,3; 434,2;
451,16; 473,7; 479,13.

παρεισβάλλω II 74,11.

παρείσδυσις I 268,17.

παρεισφέρω I 167,19; 218,9. 16. 20;

236,26; 247,18; 275,14; 296,23; 369,27.
II 53,15; 57,1; 211,8; 213,13; 393,7.
III 42,6; 84,22; 122,10; 129,1; 185,12;
343,31; 348,24; 397,2.

παρεκβάλλω   I 76,15;   96,12;   97,26.
II 212,4; 308,24; 387,13.   III 134,25;
231,2. 4; 408,1; 416,18; 438,2. 21;
439,6; 440,17. 18; 492,28.

παρέκβασις I 454,17. II 67,13; 303,20;
318,4; 334,9.   III 234,5;   449,17;
477,7.

παρεκδρομή I 320,4.

παρεκκλίνω III 179,23; 351,9; 412,8.

παρεκτείνω I 233,9. III 107,18; 192,12;
203,8; 363,23; 366,14. 26; 370,25.

παρεκτικός II 134,4.

παρεκτομή II 137,5.

παρεκτρέπω I 311,14; 320,7. II 418,5.
III 350,23;   351,6;   378,8;   379,1;
483,29.

παρεκτροπή   II 189,3;   216,2;   318,18.
III 190,25; 191,27.

παρεκφέρω III 331,24.

παρελκύω   II 222,16;   377,8;   378,7.
III 154,18;   241,16;   333,17;   334,21;
440,2.

παρεμβολή I 181,11; 201,1.   II 521,2.
III 441,6.

παρεμπίπτω I 61,11; 320,26. II 240,20;
437,1.

παρεμπλέκω III 361,21.

παρεμπλοκή II 377,20.

παρένδυσις I 207,2.

παρενοχλέω III 160,9.

παρεντίθημι   I 239,18.   II 78,17.
III 365,18; 375,22.

παρεντρίβω I 342,23.

παρεντυγχάνω   1) I 320,25;   321,6.
2) abs. II 240,16..

πάρεξ I 174,8. III 206,5; 339,14; 378,27;
386,21.

παρεξέρχομαι III 437,20.

παρεξήγησις III 260,6.

παρέξοδος I 188,27; 357,8.

παρεξοκέλλω II 377,19.

πάρεργος   III 89,27.   —   παρέργως
I 116,5;   264,6;   296,1;   340,7;   354,11;
382,8. II 337,23. III 89,27.

παρερμήνευμα III 313,2.

παρερμηνεύω   III 106,9;   185,7;   203,5;
242,28.

παρέρχομαι (s. auch πάρειμι) 1) intrans.
I 92,22; 136,5; 170,25 (εἴς τι); 173,16
(zurückgehen);   214,23;   221,19;   235,25
(διά τινος);   255,18;   280,10;   294,19
(zurückgehen);   384,7.   II 96,16;   358,21.
III 31,4. 20; 43,22; 74,7; 91,27; 94,27;
104,10; 143,5; 152,10. 12; 182,17; 193,1;
200,30; 205,26; 336,2; 492,25; 496,1;
500,1. 2) trans. I 188,27 (vorbeigehen);
215,10; 217,13; 222,25; 224,4; 235,27;
280,3; 299,17; 382,6; 438,25; 439,21;
447,15.   II 38,21; 44,7; 93,11; 244,9;
380,3;   405,8;   522,9.   III 34,6;   97,1;
185,4; 218,10; 249,3; 251,23; 267,18;
310,13; 340,10; 392,4. 6. — ἀπό τινος
II 202,20. — ἔκ τινος I 294,4. — εἰς
μέσον I 239,15.

παρέχω I 20,7; 47,8; 164,4; 213,5; 239,9;
346,3; 369,25; 381,7; 462,5.   II 48,6.
11; 83,5; 101,24; 159,7; 176,27; 233,7;
253,8; 303,18; 322,13. III 53,7; 179,14;
211,4; 368,21; 516,18.

παρθενεύω I 206,2. II 481,8f. III 144,15
(παρθενευουσῶν καὶ ἄλλων κληρικῶν);
152,3; 154,17; 155,16.

παρθενία I 119,16. 18; 167,1. 12; 209,25;
210,14; 218,14; 278,6; 290,14; 292,12;
335,1. 2; 352,10. II 94,8; 97,8; 230,26;
231,12; 361,11; 365,30; 366,2; 383,17;
385,8; 386,23; 387,18; 401,24. 25; 402,1.
10. III 138,10; 140,4; 247,30; 461,16;

465,7; 467,7; 474,6; 475,21; 521,33 (die oberste Stufe der Askese, unter μονότης, ἐγκράτεια, χηροσύνη).

παρθενικός I 227,20; 370,7; 396,11. II 41,3; 80,1. III 447,27.

παρθένος 1) für Maria (ἡ ἁγία παρθένος) I 39,27; 71,3; 80,6f. (ἡ παρθένος Μαρία); 99,16 (ἡ π. Μ.); 145,6; 228,3; 292,3; 319,18; 322,24; 361,3 (ἡ παρθένος allein). 9. II 144,30f.; 253,14 (ἡ π. allein); 262,22; 277,5. III 175,23; 187,25; 195,29; 222,30; 258,5. 8; 299,13; 422,11ff.; 435,27f.; 457,2. 7. 11; 515,26. 2) für den keuschen Mann I 119,19; 319,25. II 361,10. III 26,1; 134,23f.; 459,6. 3) bei den Gnostikern diejenige, die sich immer hingibt und doch nie empfängt I 290,5. 4) für die Kirche s. im Sachregister Theologie.

παρθενών Frauenkloster II 361,15.

παρίημι I 322,21; 329,2; 438,21. II 470,14; 471,22; 473,21. III 416,27.

παρίπταμαι III 371,18.

παρίστημι 1) I 6,1; 28,24; 117,16; 149,21 (darbieten); 184,17. III 9,7; 206,11; 484,19;. 2) beweisen I 119,10; 126,9. 12; 351,11; 334,6; 384,24. II 158,12; 189,13; 201,10; 226,1; 247,22; 255,21; 287,4; 324,14; 418,3. III 99,23; 232,5. 3) darstellen I 133,20; 259,6. II 399,14. III 101,16; 193,6; 459,25; 504,3. — παρίστασθαί τινι beistehen I 75,20; 297,22. III 409,8.

πάροδος I 224,2; 472,10. III 261,28; 356,11; 389,11. 31; 434,4.

παροικέω III 248,26.

παροικία I 134,5; 135,3; 190,15.

πάροικος I 189,10. II 229,13.

παροιμία I 52,14; 191,14 (Παροιμίαι Σολομῶντος); 255,21. II 90,16. III 49,14; 146,11; 162,7; 171,8.

παροιμιάζομαι I 52,15. 26. III 171,8.

παροιμιαστής I 52,30. III 163,23.

παροιμιωδῶς III 173,14.

παροινέω III 72,26; 474,21.

παροινία I 380,13.

παροίχομαι, παρῳχημένον II 267,4; 280,14; 374,1. III 481,14.

παρολκή II 337,17. III 142,20; 302,26.

παροξύνω I 156,17. II 404,3; 505,10. III 150,7.

παροξυσμός I 252,7. III 122,6; 255,12; 333,6.

παροτρύνω I 259,18.

παρουσία 1) I 99,21 (σαρκικὴ παρουσία); 239,1; 305,6 (Menschwerdung, Geburt; von jedem Anhänger gebraucht – aber aus Irenaeus). II 180,21 (μέλλουσα παρουσία); 260,18. III 28,22 (App.); 32,19; 116,17 (τῆς βασιλέως). 18. 19; 441,10 (μάγων). 2) Menschwerdung (ἔνσαρκος παρουσία) I 6,16; 20,30; 21,5f. 10. 11f.; 36,18. 26; 42,23; 43,23. 24; 59,10; 93,16; 155,21; 157,21; 223,6; 227,10. 13. 17; 229,11; 232,8; 236,17. 19; 244,15; 255,14; 284,5; 376,18. II 52,16; 86,26f.; 104,13. 25; 124,16; 125,30; 131,30; 136,13; 141,25; 156,16. 27; 160,28; 164,24; 167,18; 264,2; 277,1; 321,21. III 116,26; 139,1; 171,12; 174,11; 185,15. 18; 186,25. 31; 187,22; 190,3. 7; 195,19; 202,13; 209,20; 210,17; 212,9; 216,24. 26; 222,12. 20. 24; 223,18,19; 225,15; 227,23; 228,22; 229,14; 252,17; 393,8; 416,18; 430,28; 443,27; 456,20; 501,3; 517,12. 3) Menschheit I 96,20; 192,15. II 353,14. 4) Menschwerdung, Ankunft; παρουσία allein I 50,21; 77,9; 115,18; 192,11; 218,4; 223,5; 233,14; 292,1; 323,12; 344,28; 378,25. II 51,7; 79,5. 8; 178,5; 247,19; 253,9; 263,13; 396,5.

παροχή III 516,24.

παροψίς I 279,19.

παρρησία I 77,26; 282,17; 340,16. II 344,11. 15; 371,10; 374,11; 463,18. III 32,25; 146,1. 13; 150,25; 297,27; 342,11.

παρρησιάζομαι II 403,17.

παρυφαίνω I 183,19.

παρωθέω II 218,27; 357,13. III 313,6.

πᾶς ohne Art. *ganz* I 98,9. III 129,13 (κατὰ πάντα); 204,26 (ἐν παντὶ Ἰσραήλ). — ἐκ παντός I 320,7f. II 161,22. — ἐκ πάντων = ἐξ ἅπαντος I 266,26. II 40,14. – vgl. auch πάντως.

πασσαλίσκος III 463,4.

πασσαλορυγχῖται II 239,16.

πάσσαλος II 239,12; 372,12. III 430,10.

πάσχα I 205,2; 281,12; 282,13; 362,15f. 18. 24f.; 363,4. 6. 10. 12; 455,3. 21. 23. II 115,21. 23; 148,18. 21; 149,3. 8f. 14. 17. 24f.; 245,4. 10; 247,6. 10. 23f.; 248,8f. 14; 283,13. 17. 21ff.; 298,6. 9. 11. III 161,1; 230,9; 231,15; 241,17. 19. 23. 25. 26; 242,28; 243,11. 24; 244,14. 27; 245,1; 247,1. 33; 335,17.

πάσχω I 184,5; 210,15; 403,9; 407,14; 462,6. II 104,14; 292,7; 478,11. III 159,9; 233,23; 423,19.

παταγίζω III 511,13.

πατέω I 135,10; 288,15. III 313,6.

Πατήρ 1) *Abt* I 1,2 (πατὴρ μοναστῶν); 153,4. 6 (πατέρα μοναστηρίου). II 81,9. 2) als gnost. Name für den *höchsten Gott* I 257,9 (Basilides); 301,5; 311,19 (πατρὶ τῶν ὅλων, Karpokratianer). II 2,11 (bei den Sethianern); 45,13 (Πατὴρ τῶν ὅλων = Βυθός); 83,9 (bei den Archontikern). 3) als christl. Bezeichnung, s. auch Trinität und Christologie. I 245,11; 273,24. II 195,8 (ὁ τῶν ὅλων πατήρ).

III 4,2f.; 11,17; 181,6. 9. 24; 323,7. 19. 23 — τῆς ἀληθείας I 391,6 (der Πατὴρ τῆς ἀληθείας bei den Valentinianern, das Abbild des Ἀγέννητος, sein richtiger Name ist Ἄνθρωπος); 392,5. 22.

πατράδελφος I 14,20 (abgelehnt für den Geist); 198,5. II 77,11. III 44,12.

πατριάρχης 1) *Stammvater* I 89,1. III 504,23. 2) *Erzvater* I 118,1; 168,7; 179,17; 181,7; 193,21. 3) *Stammesfürst* I 225,15. 4) bei den Juden I 338,22. 24; 339,13. 15. III 139,22.

πατριαρχία 1) *Stammesherrschaft* I 196,23. III 499,22. 29. 2) *Stammbaum* II 72,24; 328,4. 3) (jüd.) *Patriarchenwürde* I 341,31.

πατρικός I 366,12; 392,7. II 299,18 (ὁ πατρικὸς θεὸς Λόγος). III 12,5; 264,2. 21; 289,4; 431,14.

πατρίς 1) *Heimat* I 104,3; 384,4. II 82,1; 128,28; 215,7; 318,6. III 149,11; 233,4; 309,7. 2) *Land* I 176,12; 309,15; 318,16; 343,9. II 129,3; 301,17. III 17,8.

πατριώτης *Bundesangehöriger* I 367,20.

πατρολῷας III 335,12.

πατρωνυμικῶς I 389,1; 406,5; 410,3.

πατρῷος I 18,14; 54,5; 144,26; 227,21. II 352,15. III 207,11; 479,19.

παύομαι *aufhören* I 76,9. 11. 12; 146,5; 173,17; 185,1. 4; 258,9; 437,6. II 49,25. III 161,7; 223,28; 225,5; 248,13; 366,15. — παυθήσομαι II 160,25. 31. — ἀπό τινος I 58,18. — πεπαυμένος ἀγῶνος II 358,18. — τοῦ βίου II 79,22.

παῦσις III 222,8.

πάχος I 221,9; 357,2. III 412,4.

παχυμερής I 112,11; 230,11; 231,1. II 503,24. III 215,23; 441,28.

παχύνω II 375,11.

πεδάω I 329,21; 331,10f. III 82,7; 224,32; 373,25; 448,9.

πεδιάς I 62,15. II 326,4. III 485,20.

πέδιλα II 376,14.

πεζεύω III 497,5; 516,10.

πειθώ, ἡ I 48,1; 364,17 (Akk. πειθώ). II 67,26 (πειθοῦς). III 483,17.

πείθω 1) *glauben* I 27,9; 107,20; 196,5; 205,3; 250,11; 261,7; 272,5. 16; 317,16; 340,22; 389,4; 448,7; 458,7. II 44,3; 65,12; 67,25; 90,12. III 21,15; 97,5. 6; 119,4; 147,20; 155,8; 166,4; 196,17; 454,22. 2) *überzeugen* I 43,4; 44,26; 54,2; 56,26; 104,4; 117,8; 130,17; 132,19; 239,19; 298,27; 311,14. II 52,29; 103,5; 142,11; 153,15. III 38,11; 48,11; 94,9; 133,19; 154,16. 21; 254,6; 413,16; 434,26; 456,8.

πείνα I 42,22; 230,18; 369,14. II 218,11. III 439,19; 443,2; 518,11.

πεινάω I 40,2; 45,29. III 198,12; 443,5; 488,6.

πεῖρα I 345,16. II 141,12; 143,11; 169,3; 249,4; 366,13; 387,4. III 41,27; 85,5; 413,9; 496,24.

πειράζω I 48,9; 83,19. II 252,16; 281,5; 464,1. II III 393,13; 456,3; 518,10.

πειράομαι I 110,9; 245,19; 264,4; 347,24. II 90,7; 142,10; 345,12. III 33,6; 53,3.

πειρασμός I 40,2; 181,2. II 60,21; 266,21f.; 271,5. 7. 14. 20; 273,12. 19; 277,13. 18f.; 281,5. 12; 475,3. III 231,10; 269,4.

πειρατής II 384,13. III 84,10; 196,21.

πεισμονή I 361,19.

πέλαγος I 115,13; 215,6; 320,24. II 12,14; 61,4; 62,4. 8; 499,22. III 497,6.

πελάζω III 152,11.

πέλας I 107,12; 197,3; 203,19. II 227,14; 366,20; 380,7. III 108,22; 333,5; 491,9.

πέμπω I 58,4; 402,18. 19; 430,10. II 188,22; 288,25; 390,9; 411,4. III 104,22; 179,26.

πεμφρηδών II 93,12.

πένης I 225,3; 280,19. II 375,20f.; 468,5. III 303,11; 489,29.

πενθερός III 490,15.

πενθέω I 124,20. II 43,1. III 2,17; 244,11.

πένθος I 277,15. II 26,8; 312,22f. III 437,33.

πενία II 101,13; 398,9.

πενιχρός III 32,6.

πεντακισχιλιοστός III 87,23.

πεντάτευχος I 166,15. 29; 168,6; 190,1; 198,11; 203,8. 9; 215,22; 216,1. 13; 358,10; 460,2.

πεντηκοντάς I 211,3.

πεντηκοστή als jüd. Fest I 204,5; 205,1. 9. II 282,33. III 338,4. 9; 523,6. 9. 13.

πέπειρος I 116,22.

πέπερι I 282,7.

πεπρωμένη I 212,22. 25.

πέπων I 446,14.

περαιόω II 522,15. III 19,15; 132,10; 481,26.

περαιτέρω I 6,3; 215,18. II 102,26.

πέραν I 199,8; 226,23. II 315,1.

πέρας 1) subst. II 52,15; 337,4; 382,5. III 31,13; 227,9; 236,19; 247,19; 254,9; 341,4; 521,15. 2) adv. I 268,14. III 151,25; 333,33; 454,30. — ἐπιτίθημι I 438,2.

περάω II 62,10. III 37,4f.

περιαιρέω I 332,11. II 132,17; 150,5. III 472,10.

περιαίρω II 155,14. III 410,30.

περιαντλέω III 456,24.

περίαπτον I 209,12. 13. II 157,23; 315,21. III 36,1; 525,10 (in der Kirche verboten).

περιβάλλω I 56,14; 61,8; 107,7; 118,17; 458,8. II 409,5; 449,10; 452,2. III 202,7; 384,11; 452,16.

περίβλεπτος II 82,5.

περιβλέπω II 323,24.

περίβολος I 92,10. II 375,3. III 327,25.

περιγέλαστος II 312,13. III 361,26; 476,15; 487,4.

περιγίνομαι τινός I 411,7. II 90,20. III 49,16; 82,4; 441,3.

περιγραφή III 200,28.

περιδίνησις I 187,7.

περίειμι (zu εἰμί) I 113,14; 309,6. 13. II 95,2. III 95,7; 155,28; 231,10. 23; 249,17; 333,10; 338,13; 460,23; 463,5.

περίειμι (zu εἶμι) I 345,14.

περιεκτικός II 27,17; 102,19. 21. III 306,28; 446,18.

περιεργάζομαι I 64,17; 297,6. II 43,7; 273,23. III 131,25; 176,31; 467,28.

περιεργία I 20,19; 258,9; 343,26; 344,5; 348,3. II 5,16; 38,19; 491,2; 493,7. III 35,11.

περίεργος III 254,17.

περιέχω I 26,12; 45,19; 87,14; 92,5; 168,14; 177,9. 13; 189,29; 194,24; 215,17; 217,21; 251,27; 320,13; 335,13; 354,7. II 64,17; 76,18. 28; 102,20; 148,20; 204,4; 209,26. III 25,12; 36,7; 38,21bis; 53,4; 142,20; 150,15; 156,11; 159,28; 190,23; 236,21tris; 240,25; 393,18. 19. — εἴσω τινὸς περιέχεσθαι I 45,29; 450,6. II 189,1. III 176,9; 379,32; 384,29.

περίζωμα I 143,1.

περιΐστημι 1) I 178,1. 19. III 249,2. 2) *herumstehen* I 348,17 (τῶν περιεστιώτων). II 129,11.

περικακέω I 22,13; 129,15; 145,2; 276,23; 288,29; 294,3.

περίκειμαι II 419,12; 421,7; 433,3; 485,17; 500,22; 509,25.

περικλάω I 22,28; 157,24.

περικλείω III 81,14; 446,20.

περικόπτω II 104,24; 105,2; 107,23; 146,7; 351,14.

περικρατέω III 114,6.

περικρούω I 277,3. III 402,29.

περικυκλόω III 127,12.

περιλαμβάνω I 32,16. III 78,23; 364,9; 512,15.

περιλείπω I 104,23; 395,17; 452,4; 456,14. II 77,1; 515,22. III 48,2; 142,3; 224,25; 246,24; 484,18; 495,17; 502,21.

περιληπτέος III 36,8.

περίμετρος I 256,18. II 28,13; 129,3. III 124,10.

περινοέομαι I 390,9; 394,8. III 389,12.

περινοστεύω II 108,4.

περινοστέω III 176,30; 230,13.

περίοδος I 116,18; 228,12; 264,12. II 248,4; 292,18; 303,7. III 246,31; 500,15.

περιοικία I 153,5.

περιοικίς I 256,13; 326,5. II 129,2.

περιορίζομαι II 102,18. III 200,28.

περιουσία II 477,21. III 121,6; 128,28; 220,13 (οὐσία οὖν ἐστίν· οὐχὶ περιουσία); 402,14. 16; 503,24.

περιοχή I 87,13. III 323,12.

περιπατέω I 250,1. II 89,15; 227,9; 266,27. III 65,14; 170,19; 441,17.

περιπείρω III 366,12; 402,24.

περιπίπτω I 246,15; 252,13. 16; 312,31. 32; 356,10. II 245,2; 340,6; 385,24. III 202,11; 398,18.

περιπλέκω I 300,4.

περιπλοκή I 463,2.

περιπόθητος I 5,12.

περιποιέομαι I 322,10. II 152,3; 173,26; 196,23; 502,1. III 96,28; 118,9; 182,21; 204,32; 364,25. 27; 365,2; 385,11; 393,1; 394,12; 396,7; 397,30; 438,9.

περιποίησις I 76,29. II 510,22.

περιπτύσσω III 151,15.

περίπυστος I 442,14.

περισπάω I 278,14. III 455,30; 457,1.

περίσσευμα I 57,23. III 477,11.

περισσός s.u. auch περιττός I 52,3
   (περισσότερος); 167,5; 209,2; 213,26;
   235,1; 250,5; 315,9; 439,7; 450,9. II 5,5;
   47,13; 51,9; 183,10; 520,13. III 17,24;
   52,13; 84,26; 215,12; 332,21; 413,32.
   — περισσόν I 10,11; 214,9. II 240,9
   (τι περισσὸν ποιεῖσθαι);

περισσότερον I 76,29; 166,29; 332,5.
   II 44,15; 336,14. III 4,16; 215,15;
   241,4; 253,9; 414,16. — περισσοτέρως
   I 35,24. 28; 98,28; 435,17. II 3,15; 39,6;
   61,20; 160,28; 218,2; 224,15; 227,23.
   III 143,2; 329,4; 342,5; 343,20; 472,26.
   31.

περιστέλλω II 345,1 (begraben). III 21,8;
   522,24.

περιστερά I 314,6. 12; 351,19; 374,1;
   419,26. II 15,10; 43,22; 61,9. 10f. 15.
   17; 278,5; 374,18. 21. 25. III 429,21;
   495,18; 499,2.

περισφίγγω I 97,9; 186,19.

περιτίθημι I 56,13. II 9,21; 376,13. 16;
   423,22.

περιτέμνω I 144,10. 11. 13; 190,23;
   222,15; 225,10; 355,12. II 105,6;
   246,15. III 449,23. 27.

περιτομή I 92,23; 144,9; 166,28; 175,3;
   189,15; 203,18; 206,2; 236,7; 316,22;
   329,21; 331,14. II 246,13; 327,1. 3. 5f.
   9. 12. 20. III 46,1; 242,20; 243,3. 4. 5.
   12. 13; 449,2; 525,5.

περιτόναιον II 383,8.

περιττολογέω III 432,30.

περιττολογία I 443,1. III 448,22;
   471,31.

περιττολόγος III 254,17.

περιττός s.o. auch περισσός. *überflüssig*
   I 214,9; 362,12. II 163,26; 240,9;
   510,5. 29. III 19,4; 23,6; 99,16; 231,13;
   236,18; 342,12; 387,5; 405,28. 29;
   432,34; 434,7; 509,29.

περιτυγχάνω I 171,19; 267,7; 297,16;
   298,24; 299,5. 9; 458,15. II 312,9;
   523,12. III 345,7; 523,12.

περιφέρεια I 26,6. II 311,13; 390,2.

περιφερής II 200,5.

περιφέρω I 56,20; 321,10. II 286,2.
   III 150,20.

περίφημος III 473,27.

περιφρονέω II 389,2. III 467,10.

περίχωρος I 256,13.

περιωδυνία II 198,21; 199,4; 311,5.

πετάννυμι I 116,19 (πεταννυουσῶν).

πετεινός I 363,16. II 93,13. III 74,10;
   175,19; 374,29; 386,10.

πέτομαι II 443,3. III 140,4; 380,6.

πέτρα I 105,18; 127,10; 343,10.
   II 38,32; 135,17; 198,28. III 334,25;
   497,9.

πεῦσις III 218,16; 250,14; 401,30;
   407,23.

πή I 279,12; 340,21. II 58,22. 24; 200,11.
   12; 236,22. 23; 260,17. III 76,4; 150,1;
   178,24. 25; 471,21. 22; 520,20.

πῆ ... πῆ I 295,26; 321,7. 8; 382,1.
   II 58,22; 199,19f.; 236,22f. III 178,24;
   472,21. 22; 486,3; 512,10.

πηγή 1) I 20,4; 157,22; 215,6. III 42,17;
   248,24. 2) in der Trinität III 5,10 (διὰ
   τὸ πηγὴν εἶναι τὸν πατέρα); 201,8
   (τῶν πάντων ἀγαθῶν μίαν εἶναι τὴν
   πηγήν, τουτέστι τὸν πατέρα, καθεξῆς
   τῆς πηγῆς ... πηγὴ ἐκ πηγῆς).

πήγνυμι I 440,17. II 152,26. III 51,5;
   86,4.

πηδάλιον II 383,10.

πήλινος II 334,21.

πηλός I 123,17; 377,23f. II 48,18; 207,6.
III 432,12. 14f.
πηλουργία I 177,20; 178,6. III 43,2.
πηλώδης I 297,3.
πῆξις I 405,3; 415,11. II 196,7.
πήρα II 258,19. III 503,19.
πήρωσις I 276,23.
πιέζω III 118,1; 145,15; 168,22; 198,2;
206,3; 438,18; 442,1.
πιθανολογία I 260,1; 317,16; 369,26;
400,27. II 206,10. 11.
πιθανός I 225,16; 340,19. II 99,2;
155,12; 165,31. III 51,17; 91,17; 115,4;
241,28; 247,14; 334,7. — πιθανῶς
I 399,7. III 348,27; 368,10.
πιθανότης I 249,4; 399,2; 400,17.
II 217,20.
πίθος I 369,12.
πικραίνω II 517,3. III 136,26. 27.
πικρία II 38,24; 56,6; 344,8. III 136,29;
169,21; 416,8.
πικρός II 30,10; 66,15; 226,19. III 136,24.
25. 28; 416,7; 483,9.
πίνω I 42,18; 359,11f. 17. II 39,1; 301,13.
III 73,7; 198,12.
πιπράσκω I 189,25 (πραθείς). II 104,6.
7 (πέπρακεν); 476,12 (πραθείς); 489,17
(πέπραμαι). 21 (πραθῆναι).
πίπτω dahin fallen I 184,13; 264,12.
II 49,19; 100,11; 196,7; 278,11; 362,13
(πίπτειν ἀπό τινος einer Sache verlustig
gehen). III 74,14; 136,28; 137,31; 182,9;
393,21.
πιστεύω τινά τι I 12,10; 100,23; 243,21;
353,15. II 131,11; 160,6; 199,7; 419,5.
III 8,9; 20,1; 154,3; 156,8; 477,34;
478,1.
πιστικός II 420,16. III 20,2.
πίστις I 157,22; 175,10. 11; 214,19;
267,9; 318,12; 386,2. 10; 392,10. 23.
II 96,21; 144,24. 26; 182,13; 373,17;

388,10; 502,5; 512,4. III 140,21; 155,8;
177,20; 182,25. 26; 271,7; 297,4. 31;
309,11; 332,26. 27; 384,13; 398,8;
414,7; 455,19; 520,10.
πιστοποιέω I 131,2. III 111,21; 238,17.
πιστός 1) I 65,2; 76,8; 77,1. 3; 93,12;
179,11; 275,5; 340,6. II 185,11.
III 104,13; 234,27; 238,17. 2) gläubig
I 74,1; 131,7 (ἀδελφοῖς πιστοτάτοις);
143,29; 144,3; 146,14. II 139,29.
III 447,1.
πιστόω I 170,19; 230,17. II 240,8.
III 145,1; 471,5.
πίων I 79,21; 179,15.
πλάζω, πλασθῆναι s. auch πλάττω.
I 66,9. 10; 172,6. II 157,27; 262,20;
505,17. III 417,8; 432,16; 459,15.
— πεπλάσθαι I 216,6; 248,10; 258,15.
II 30,24. 26; 316,2. III 91,8; 470,9. —
πεπλασμένος I 73,23; 272,17. II 52,1;
312,24. III 91,16; 238,15; 483,13. —
πέπλασται I 170,10; 174,21. III 50,26;
267,30. — πλασάμενοι I 364,18.
II 157,28; 325,22. III 149,18.
πλανάομαι, πεπλανημένος I 28,24; 77,11;
98,2; 109,9; 170,9. II 93,11; 122,18
(πεπλανημένως ὁ Μαρκίων); 347,9.
III 49,7; 171,25; 176,33; 252,1. — τινός
in etwas irren I 28,20. III 131,7.
πλανάω I 219,20. II 90,14; 129,8; 132,28.
III 84,22; 247,4; 268,4; 459,19.
πλάνη I 42,30; 89,27; 113,10; 123,5;
129,19; 163,10; 174,16; 183,7; 197,8;
207,2; 219,22; 239,13. 17; 245,7; 266,25;
296,20; 299,15; 316,28; 355,5; 386,21;
438,14. II 2,21; 41,23; 57,1; 82,12;
124,11; 225,13; 262,14. III 13,16;
92,12; 103,15; 218,8; 480,6.
πλάνος I 242,3; 245,1. 14. 22. II 234,11;
337,3 (τὰ πλάνα); 521,19. III 88,29;
90,26; 340,10.

πλάσις 1) *Schöpfung* I 251,12. II 157,26;
200,20. 21; 518,15. 16. III 89,6; 92,13;
93,6; 186,11; 468,14; 499,24. 2) *das
Geschöpf* I 80,11; 184,25; 251,11.
II 195,29; 231,10 (*Geschöpflichkeit*);
514,4. III 412,5.

πλάσμα 1) *Gedanke, Dichtung* I 49,21;
57,21; 387,20; 389,7; 437,17; 458,1.
III 133,17; 199,19. 2) *der Leib* I 64,20;
69,13; 73,9. II 52,1. III 102,13.
3) *Geschöpf* I 248,14; 251,19; 252,20.
28; 281,24. II 157,29. III 211,13;
238,10; 482,20; 483,19.

πλαστεῖον I 251,26.

πλαστίον III 175,18.

πλάστης I 96,19; 265,8. II 157,27;
207,4. III 438,28; 481,29. — πλαστῶς
II 64,7; 88,15.

πλαστογραφέω II 82,8.

πλαστουργός III 73,2; 297,16; 459,15.

πλάτος I 77,2; 121,28; 176,16; 203,14;
210,17; 322,10. II 260,13; 305,10 (εἰς
πλάτος φέρειν); 331,4 (ἐν πλάτει);
358,12 (εἰς πλάτος ἔρχεσθαι). III 36,6;
78,26; 126,3; 240,7. 12; 297,26; 331,32;
451,21; 500,27; 512,3. — διὰ πλάτους
I 335,20; 361,12. II 86,6; 163,25;
252,26. III 205,25. — κατὰ πλάτος
II 38,16.

πλάττω 1) s. auch πλάζω. I 172,12;
251,18 (τὰ πλασσόμενα); 252,22;
275,15; 281,24; 286,10. 13; 290,19;
292,14; 307,1; 388,8; 460,20. II 58,18;
64,16. 20; 88,16; 192,13; 195,12; 226,4;
324,14; 505,17. III 17,26; 50,26; 91,8.
16; 199,4; 235,33; 238,15; 417,8; 432,16.
23; 459,15; 483,13; 495,25. 2) Med.
dichten I 387,8. II 63,14; 89,11; 127,7.
III 18,13; 136,10. 12; 149,18; 234,29;
267,30.

πλατύνω I 56,14; 157,12; 164,18. II 77,5;

78,16; 270,12. III 14,5; 164,24; 248,29;
337,8. 21; 342,10; 403,29.

πλατύς I 209,10; 211,6. III 485,13.

πλατύσημος I 209,16.

πλατυσμός I 167,16. III 184,25; 266,6;
346,33; 380,23.

πλείων III 18,5; 256,1; 341,19. — πλεῖον
I 92,7. — πλείω I 334,14; 359,5. — πλείω
ἐλάσσω I 196,11; 376,13. II 222,8;
262,5. III 51,1. 2; 458,19; 481,2. — οἱ
πλείους I 250,19; 304,11; 380,2.

πλέκω I 422,4. III 101,11; 371,6.

πλέον I 97,6; 127,2; 235,17; 257,1.
II 377,15; 416,21; 440,6; 498,4. 11.
III 156,13; 287,2; 382,26; 416,23;
421,30.

πλεονεκτέω I 136,1; 141,3. II 138,10.
III 126,13; 194,22; 489,29.

πλεονέκτης I 141,11. II 482,4; 492,21.
III 126,13.

πλεονεξία I 123,1; 142,2; 197,4; 312,1.
II 88,21; 138,10; 175,20. III 248,3;
525,13.

πλευρά I 284,20; 300,9; 342,23. II 209,15;
227,24; 505,19; 506,14. III 93,4.

πλέω III 117,9.

πληγή I 217,5; 382,19; 442,10. II 322,3.
III 171,20; 455,26; 472,33.

πλήθη I 123,27; 226,13. II 260,10.

πλῆθος 1) I 57,26; 69,3; 103,10; 121,28;
185,6; 275,10; 322,21. II 57,3;
201,12. III 15,8; 92,9; 100,22; 143,6;
153,8; 432,2; 477,20; 510,5; 511,26.
2) *Gemeinde* I 257,2. II 368,2; 372,14.
III 499,14.

πληθυντικός III 78,19. — πληθυντικῶς
III 78,22.

πληθύνω I 175,14. II 6,21; 215,5.
III 515,4.

πληθύς I 239,11; 265,3; 274,12.
III 234,19; 333,14.

πλήθω III 50,18; 51,7.

πλημμελέω　　I 117,33.　　　II 412,7.
III 428,19.

πλήμμυρα III 89,3.

πλήν I 320,7. II 60,14; 358,13; 510,11.
III 134,24; 438,33.

πλήρης II 64,17. III 142,15; 245,31.

πληροφορέω τί I 294,15. III 265,21;
270,24.

πληροφορία I 77,1; 104,3; 117,26; 230,18;
303,20; 345,12; 361,20. II 255,15;
520,13. III 28,23.

πληρόω 1) ein Gebot *erfüllen* I 5,14; 29,26.
II 221,11 (ein Versprechen *e.*). III 44,3;
131,4; 313,9. 2) *vollenden* II 246,10.
III 124,16; 245,2. 3. 3) *anfüllen*
II 39,10. 4) *ausfüllen* I 50,27; 94,29.
5) ebenso von einer Weissagung I 39,9;
41,18. 19; 44,19; 47,5; 48,2. 3; 226,4;
273,26; 322,5; 378,25. II 62,11.
III 2,18; 88,17; 116,12; 119,22; 130,16;
164,11; 186,14; 336,21; 383,12. 14;
480,21; 483,26. — πληροῦται ἐπί
τινα I 323,1. III 224,23; 473,16. —
πληροῦται ἐπί τινι I 370,15. II 66,12.
III 140,6; 370,2; 462,17. — πληροῦται
ἔν τινι III 402,3.

πλήρωμα　　1) *Vollständigkeit*　　I 194,26;
288,6 (ἐν πληρώματι γίνεσθαί τινος);
398,3. II 218,20; 272,4. III 86,13. 15;
336,28. 2) *Erfüllung, Vollkommenheit*
I 370,17; 382,10. II 173,19. III 179,3.
3) *die Fülle* der Gottheit im Sohn I 50,8.
4) *die Fülle* in der Trinität III 500,20
(τριάδος τὸ πλήρωμα). 5) als gnost.
Ausdruck　　I 243,20 (Simon Magus);
252,16 (Satornil); 285,8 (Gnostiker);
386,15 (Valentinianer); 389,5; 441,10
(Secundus).

πλήρωσις I 331,13; 461,5. II 244,10.
III 94,4; 216,21; 225,27; 478,5; 500,24.

πληρωτής I 232,12. III 440,1; 447,17.

πληρωτικός II 157,13.

πλησιάζω　　I 277,10;　 280,8;　 288,30;
289,25. II 38,26; 39,3; 84,7; 200,17;
402,26. III 217,16; 474,29; 496,21.

πλησίον I 141,11; 335,8. II 82,2; 198,28.
III 152,24. — πλησιαίτερον I 343,9;
346,10. III 232,19. — πλησιαιτέρως
III 428,29.

πλησιόχωρος I 339,5.

πλησμονή III 484,24.

πλήττω　　I 124,10;　 125,3;　 297,6;　 383,2.
II 39,6;　 219,2.　　 III 171,20;　 443,9;
455,26.

πλοῖον I 128,3; 129,3. III 117,13.

πλούσιος　　I 132,1 (von einem Strom).
II 375,19. 21. III 467,9; 490,2.

πλουτίζω II 375,21.

πλοῦτος I 340,15. III 17,16.

πλύσις I 214,21.

πνεῦμα 1) I 291,17; 293,12. 13; 415,4
(π. τῆς πονηρίας); 421,1 (π. τὸ
προφητεῦον).　　 II 26,25;　 27,5 (τὸ
ἀκάθαρτον π. τῆς ἀνοίας); 39,12
(π. ἀφίημι); 130,25; 155,8; 399,22.
III 34,2ff. (π. παράκλητον); 43,5f. (item);
72,24 (π. τῆς ἀληθείας); 98,23 (τὸ π. τὸ
παράκλητον); 123,10 (τὸ αὐτό ἐστι π.
παλαιᾶς καὶ καινῆς διαθήκης); 153,10
(π. σατᾶν); 319,1; 325,2 (τὰ λοιπὰ π.).
2) in der Trinitätslehre I 175,2; 231,11.
16; 273,24. II 147,17; 160,19; 336,8;
398,2. 4. III 11,17; 135,9; 158,23;
167,29 (π. ἐκ πατρὸς ἐκπορευόμενον);
176,12. 20; 210,13; 213,5. 32; 288,22f.;
514,18. Vgl. s.v. 'Geist'.

πνευματικός　　I 76,9 (πνευματικὴ
διδασκαλία);　 91,25　 (πνευματικὸς
νόμος);　　 190,22　　 (πνευματικὴ
προσδοκία);　 370,13　 (πνευματικὴ
τελείωσις);　 386,15　 (πνευματικὸν

Πλήρωμα bei den Valentinianern); 396,15 (πνευματικὸν γένος bei den Valentinianern); 397,3 (πνευματικοί bei den Valentinianern). 8ff. II 88,2 (bei den Archontikern); 163,20 (ἡ πνευματικὴ ἀκολουθία); 424,23 (τὸ πνευματικὸν σῶμα); 504,5 (μία ἑνότης πνευματική). III 133,15 (π. ἀνάστασιν); 135,7 (π. μυθολογία); 198,24 (ἄγγελοι π. γεγονότες); 327,13 (νόμος π.); 442,2 (τὸ σῶμα π.); 449,8. — πνευματικὰ ζῷα I 47,10.

πνευματικῶς 1) tieferen Sinnes: die Zeugung des Sohnes durch den Vater geschieht πνευματικῶς I 25,22 (π. λέγει); 35,26; 73,25 (die Menschheit Christi von der Gottheit π. durchdrungen); 101,6 (Auferstehung π.); 198,20. II 295,4 (μυστηριωδῶς καὶ π.); 306,6. 9. 2) allegorisch geistlich I 47,1; 230,11. III 165,10; 187,11.

πνευματοφόρος I 188,14 (ὁ πνευματοφόρος καὶ ἅγιος τοῦ θεοῦ ἀπόστολος Παῦλος). III 8,11; 223,12 (πνευματοφόρος, von Paulus).

πνεύμων I 45,21.

πνέω I 94,17; 294,18 (τί). III 127,24; 496,10; 515,20.

πνοή I 461,14. II 90,4. III 220,21.

πόα II 374,3. III 13,7.

ποάζω II 374,3.

ποθεινός als Koseformel I 5,10 (ποθεινότατα τέκνα). 20 (ποθεινότατοι); 7,8. III 156,18; 452,19; 526,10.

πόθεν I 273,13. II 49,2. III 459,13.

ποθέν enkl. I 77,7. II 84,25.

ποθητός III 369,7.

πόθος I 7,3; 248,13. II 139,6.

ποῖ II 264,7; 315,18. III 172,32.

ποιέω 1) schaffen I 33,4. III 259,30.
2) zubringen II 252,16; 261,6. 11;

279,5; 281,4. III 147,12; 161,9; 460,11. — τινά m. Inf. II 72,19.

ποίημα 1) Geschöpf I 32,26; 33,16; 87,14; 89,14. II 103,29. 2) das Geschaffene II 125,24; 188,5; 191,12; 195,31; 216,1. III 167,32; 182,28; 329,7; 455,9 (κτίσμα καὶ ποίημα). 3) Gedicht I 265,18; 277,14; 458,17. III 84,21.

ποίησις 1) Schöpfung I 32,25; 41,13 (fast im Sinn von φύσις). II 3,17; 125,29; 505,21. III 7,17. 19; 102,13; 186,31; 188,30; 374,12. 2) Dichtung I 384,14; 387,14. III 30,26 (Erdichtung).

ποιήτευμα I 277,12. 14. II 182,22. III 84,23.

ποιητεύομαι I 258,7; 270,12; 284,9; 389,23. II 41,21; 44,22; 170,9. III 84,25.

ποιητής 1) Dichter I 169,15; 187,12; 239,10; 296,23; 386,17; 387,10. 21; 389,13. II 44,19; 169,1; 192,8; 518,8. III 84,25; 268,3. 2) Schöpfer I 37,16; 245,11; 253,5; 254,8; 288,2. II 63,6; 76,13; 88,5. 7; 107,1; 124,19; 168,5; 195,31. III 49,10; 129,28; 186,20; 238,20; 349,27; 370,14; 372,22.

ποιητικός dichterisch I 258,4; 386,21; 389,7; 458,30 (ποιητικῶς). II 430,13. III 370,28.

ποιητός geschaffen I 32,1; 33,12; 34,12; 88,19; 92,4. III 362,5; 455,24.

ποικιλία II 382,15. III 132,2; 479,11.

ποικίλλω II 168,14. III 131,19.

ποικίλος I 333,10 (3 End.). — ποικίλως II 168,13; 448,17.

ποιμαίνω I 29,11. II 513,26. III 490,15.

ποιμήν (geistlicher) Hirte I 367,22. 25. II 257,26. III 490,20.

ποῖος I 33,4; 295,12. II 192,15; 502,9. III 77,3; 220,10; 479,28.

ποιότης II 376,10. III 92,1; 413,7. 14. 15.

πόκος I 80,3. 14. III 469,6.

πολεμέω I 12,9; 23,6. 7; 259,16. III 51,24; 82,18. 19; 83,25; 103,19; 153,13; 416,6. 15.

πολεμικός I 182,6. II 314,14.

πολέμιος I 367,9 (οἱ π., vermutlich *die Feinde*). II 235,10. 12 (τὸ π. *der Krieg*). III 36,20; 52,8; 86,7; 334,2; 437,13.

πόλεμος I 43,25; 197,1; 367,5. III 18,7; 94,31; 95,2.

πολιορκία I 330,10; 367,5.

πόλις, τοῦ θεοῦ *Kirche* I 27,22; 147,22 (ἐν ἐκκλησίᾳ τῇ ἁγίᾳ πόλει – vielleicht ‹θεοῦ›). II 353,13 (πόλις ἁγία *Leib Christi*). III 339,16 (ἁγία πόλις); 496,3 (πόλις ἁγία θεοῦ *Kirche*); 497,7 (πόλιν ὁρῶντες ... τὴν ἁγίαν Ἰερουσαλήμ). 27 (ἡ πόλις τοῦ ἁγίου βασιλέως); 498,16 (περὶ ταύτης τῆς ἁγίας πόλεως θεοῦ).

πολιτεία 1) I 5,22; 190,11; 222,15. 2) *strenger Wandel* I 5,22; 167,11; 205,15; 209,9; 210,12; 292,11 (πολιτείαν ἀσκεῖν); 326,3; 327,28; 365,11. II 133,12; 216,9; 230,23; 406,6; 414,12; 519,9 (πολιτείαι). III 73,24; 434,16; 465,5; 491,17; 504,25.

πολίτευμα II 487,5. III 474,33; 493,25.

πολιτεύομαι 1) I 66,13 (ἀρετῇ πολιτευσάμενος); 236,11. II 308,18; 362,18 (κατὰ θεὸν πολιτεύεσθαι). III 446,14. 16. 2) I 164,12; 222,14. 3) *wandeln* I 107,12; 218,8; 317,15; 368,10. II 144,20; 148,23; 160,27; 308,18; 369,5. III 447,14; 513,16. 4) Med. *gelebt werden, im Schwange sein* I 181,3. II 327,15. — πολιτευόμενος *Mönch* I 3,4. 8.

πολίτης I 347,23. II 321,20; 518,11 (*Stadtbewohner*). III 511,18.

πολιτικός I 163,3.

πολίχνη III 511,10. 15.

πολλάκις I 37,13; 213,10; 309,18; 320,16; 334,20; 348,24. II 8,22; 235,28; 316,8. III 10,26; 81,16; 100,8; 151,23; 233,5. 23; 241,16; 313,24; 428,7; 501,27.

πολλαχῶς I 213,9. II 433,10.

πολλοστημόριον I 61,10. 11. III 504,31.

πολλοστός III 436,26.

πόλος I 187,7. III 72,20.

πολυάνδριον I 343,9.

πολυβλέπων II 351,18 (euphemistisch für einen Blinden).

πολύβλυστος II 364,9. — πολυβλύστως III 177,14.

πολυειδής III 496,15.

πολυθεΐα I 7,22; 13,3; 18,8; 184,15; 185,16; 273,23; 459,3. II 51,14; 167,3; 391,21. III 112,17. 19. 21; 181,4; 225,29; 227,21; 406,27.

πολύθεος II 167,8.

πολυθρύλητος III 14,4; 180,18.

πολυκέφαλος I 333,7. III 132,6; 152,11; 228,30.

πολύκοινος I 123,21. III 17,21; 479,14.

πολύκομπος II 43,4.

πολύλογος II 511,1.

πολυμαθής II 317,13; 318,9.

πολυμαθία II 318,9.

πολύμιξ I 123,26.

πολυμιξία I 123,24; 260,6; 269,15; 275,3. 4; 289,26; 442,3. II 61,12; 74,13; 169,26. III 479,15.

πολύμορφος I 333,6. II 51,12; 508,23.

πολύμοχθος I 123,26.

πολυόφθαλμος II 44,21.

πολυπειρία II 409,3.

πολύπειρος I 195,5.

πολυπλασιάζω II 297,22; 513,16.

πολυπλασίως III 90,11.

πολυπληθία I 394,7 (valentin.).

πολύπλοκος II 90,1.

πολυποίκιλος III 31,1.

πολύπους II 311,5. III 414,18; 496,9.

πολυπραγμονέω I 97,12; 346,19 (τινά). II 124,8. III 431,10; 455,14.

πολύς I 145,2 (διὰ πολλοῦ ποιεῖσθαι *häufen*); 183,15. 19. II 92,3; 206,6. 8. III 131,17; 150,25; 326,11.

πολυσχιδής I 124,5. III 496,15.

πολύσχιδος III 229,27.

πολύτροπος III 496,15. — πολυτρόπως II 149,2; 363,2. III 82,3; 485,1.

πολύφημος II 43,7.

πολύφορος I 196,22; 243,6.

πολυχρόνιος I 366,2.

πολυώνυμος I 18,5; 34,24. II 89,30.

πόμα I 106,19. II 39,7. 11. 12; 61,5; 188,18; 201,7. III 73,7. 16; 450,6.

πομπεύω III 340,19. 20.

πονέω I 435,22. II 124,8 (πονεῖν τι).

πόνημα I 171,23. II 107,11. III 229,29; 521,6.

πονημάτιον III 351,18; 361,12.

πονηρεύω I 239,12.

πονηρία I 250,4; 263,16; 268,17. II 88,17; 152,5; 197,13. 27. III 36,10; 76,18; 84,11; 203,19; 302,17.

πονηροποιός I 290,12. III 90,4.

πονηρός, ὁ *der Teufel* I 100,6; 195,17; 272,9; 365,24; 464,2. II 49,2; 94,4. III 1,12; 100,8; 202,30; 254,5; 452,31; 486,28.

πόνος I 156,9; 222,1. II 56,5; 94,16; 227,24; 237,11. III 253,8; 478,19; 489,30; 490,26; 491,11; 511,28; 520,18.

ποντοπόρεια II 62,5.

ποντοπορέω II 227,9. III 497,5.

πόντος III 344,29.

πόπανον III 510,15.

πορεία I 256,9; 309,16. II 62,13; 89,29. III 16,7; 19,6; 144,17; 155,23; 462,6; 490,18.

πορεύομαι I 293,4; 315,23; 381,23. II 43,9; 138,16; 337,21. III 229,6; 304,26.

πορίζω III 402,32; 463,14.

πορισμός I 185,8; 365,18. II 375,8; 508,19. III 341,20; 407,25.

πορνάς I 240,1.

πορνεία 1) *Unzucht* I 123,1; 275,4; 277,5; 281,3; 294,14; 299,23. II 78,22; 84,6; 205,5. 6; 230,28. III 20,4; 100,24; 130,14; 232,11; 248,3; 525,7. 2) von der Häresie I 7,23; 94,4.

πορνεύω I 108,15; 126,13; 290,11. II 158,14; 333,18. III 6,17.

πόρνη I 234,8. II 333,15. 17; 482,22. III 479,15.

πορνίδιον I 243,23.

πορνικός III 485,1.

πόρνος I 130,14.

πόρος III 440,32; 447,29; 516,8.

πόρρω I 133,7; 453,22. II 68,9. III 465,20.

πόρρωθεν I 461,1. III 22,8; 91,26.

πορφύρα I 60,14. 15; 167,17; 209,11. 16. 17. II 30,18; 388,13.

πορφύρεος II 1,6. III 413,13.

πορφυρίς I 60,18.

πόσος I 159,15. 18. II 70,25; 508,8. III 72,12; 210,4; 512,10. 13; 513,2. — ποσῶς I 203,19; 237,6. III 145,21; 148,16.

ποταμός I 132,1; 215,6.

ποταπός III 412,11.

πότε I 30,7; 74,16. 18. II 136,1; 169,27. III 107,19; 124,2. 3; 304,25.

ποτέ enkl. I 42,7; 220,21; 381,25. II 160,18. 22; 504,14. III 39,9; 400,5.

ποτήριον I 167,13. II 5,21.

ποτίζω I 367,22.

ποτόν II 150,6.

ποτός II 39,3; 50,9.

ποῦ I 20,20.

ποῦ enkl. I 43,12; 170,4; 190,15; 206,11;
269,16; 298,17 (περὶ που ὀγδοήκοντα);
459,22.   III 72,13;   462,10;   472,14;
488,21.
πούς   I 227,12 (κατὰ   πόδας);   356,4
(παρὰ πόδας).   II 13,4; 351,15 (περὶ
πόδα); 444,12 (ἀμφὶ πόδας).   III 222,6
(ὑπὸ πόδας).
πρᾶγμα   I 23,20;   59,29;   136,8;   166,8;
274,19;   318,17   (τι   παραδόσεως
πρᾶγμα).   II 183,2;   227,22;   287,18;
473,19.   III 110,28;   115,11;   146,3;
159,14; 173,20; 235,25; 337,28.
πραγματεία   1) I 267,2.   II 152,23;
306,8; 321,21.   III 13,23; 16,8; 48,18;
76,3;   94,8;   135,22;   223,13;   224,18;
244,3. 19; 345,4; 348,4; 444,21; 456,22;
460,16; 461,22; 463,15; 475,25; 494,27;
520,10.   2) göttliche   Veranstaltung,
gleichbedeutend mit οἰκονομία I 39,28;
47,16; 97,23; 232,16.   II 196,3; 198,14;
247,14.   3) Abhandlung,   Darlegung,
Erörterung I 155,8;   156,6. 14;   161,10;
184,8; 196,21; 233,10; 297,15; 361,13;
398,14; 438,1; 443,6; 461,30.   II 80,20;
106,6;   117,16;   155,21;   198,17;   248,14
(Behandlung);   500,12.   4) Gegenstand
I 116,2; 155,19; 263,1; 265,8.   II 257,4.
20; 268,4; 340,8; 372,11 (Angelegenheit);
388,13. 5) Geschichte II 273,11; 276,14;
303,5. 6) Erzählung   II 254,10;   255,2;
256,13; 259,27; 261,15. 7) Beschäftigung
II 83,30; 85,8; 384,18.
πραγματεύομαι   1) darlegen, behandeln
I 324,16;   326,12.   II 86,6;   100,12;
107,6.   19;   117,13.   III 53,12;
156,14; 173,9; 177,3; 193,5; 254,10.
2) gleichbedeutend   mit   οἰκονομέω
I 36,15. 3) handeln I 266,26. II 87,17.
4) erzählen   II 254,10. 22;   275,15.
5) Med. geschehen I 316,11. 27; 340,6.

II 61,25;   290,5ff.   — τί   behandeln
II 49,1; 77,30; 259,17. — κατά τινος
gegen etwas schreiben   I 212,14; 320,3.
II 6,6. — περί τινος   I 320,3.
πραιτώριον I 50,18.
πρακτικός   III 39,7; 194,5.
πρᾶξις   I 22,14; 29,4. 7; 122,29; 126,2;
127,5;   129,10;   130,15;   155,12;   305,9.
15; 306,2; 333,18; 436,10.   II 164,20.
III 100,23; 194,21. 25. 27. 29.
πρᾷος   III 162,23; 218,29; 351,17.
πραότης   als Eigenschaft Christi I 47,16
(τὴν τοσαύτην ἐν αὐτῷ γεγενημένην
πραότητος πραγματείαν).   II 319,13.
III 218,30.
πράσινος III 413,4.
πράττω   I 42,26;   99,15;   178,7;   205,6;
209,2;   236,1;   252,15. 24. 26;   294,22;
295,7;   298,26;   305,6;   348,5;   381,14.
II 69,10;   70,10   (πεπραχώς);   139,29;
158,2. 11; 216,2.   III 141,18. 23; 152,1;
161,7;   176,28;   192,32;   233,8;   239,21.
22; 380,10. 13; 417,16; 430,26; 493,26.
πρεπόντως   III 81,9;   226,7;   239,23;
456,12.
πρέπω   I 26,3;   30,13;   66,11;   74,3.
II 154,13;   164,24;   188,26.   III 200,8;
239,22;   242,22;   381,31. 36;   390,27;
401,1; 430,27; 439,16; 453,11.
πρεπώδης   II 368,3;   393,12.   III 200,8;
367,9; 453,10.
πρεσβεύω   III 151,20; 334,14; 428,8.
πρεσβυτέριον   1) Presbyteramt   II 81,14;
243,19; 405,3.   2) die Körperschaft der
Presbyter II 344,7; 345,4.
πρεσβυτερίς   III 478,29.
πρεσβύτεροι   1) Älteste bei den Juden
I 167,5; 195,8; 346,16; 357,17 (bei den
Ebionäern,   als jüd.   Einrichtung von
Epiph. aufgefaßt). 2) in der Christenheit
die Vorsteher der Gemeinde   II 95,8 (τοῖς

κατ' ἐκεῖνο καιροῦ πρεσβυτέροις; wenig
später II 96,4f dieselben πρεσβύτεροι καὶ
διδάσκαλοι genannt); 243,9 (Presbyter
im Unterschied zum Bischof); 344,4 (οἱ
μακάριοι πρεσβύτεροι). III 143,7. 18;
152,2. 20. 23; 157,24; 522,13.

πρεσβύτης   I 127,8; 342,10; 435,10.
II 37,22; 95,2; 262,4; 510,2. III 416,31;
465,8. 29; 511,18.

πρεσβῦτις   I 199,23.   III 478,28
(Bezeichnung einer älteren Diakonisse).

πρίαμαι III 21,10.

πρίν I 195,19; 325,18. II 158,4; 435,3.
III 88,2. 7. 31.

προαγγέλλω I 298,20.

προάγω 1) I 130,10; 203,11. II 344,6
(προάγομαι   vorbringen).   III 114,9;
340,16   (kirchl.   befördern);   414,14;
428,25;   438,5;   443,30;   472,31.
2) intrans.   II 70,5; 150,18; 161,24.
III 494,4. — προαγόντως II 185,13.

προαιρέομαι II 48,28; 495,2.

προαίρεσις I 376,5; 463,1.   II 70,29;
104,17; 148,13; 156,26; 158,1; 238,5;
381,13.   III 160,12; 165,15; 174,27;
199,5; 253,8;   335,17. 25; 491,12;
521,31; 523,12; 526,6.

προαιώνιος III 266,7 (Anhänger Marcells
von Ancyra).

προαλῶς I 262,3. III 174,30.

προαναγινώσκω I 446,16.

προαναφωνέω I 266,10. II 93,3.

προαπαγγέλλω I 369,7.

προαποστέλλω II 136,13.

προάστειον III 232,19.

προασφαλίζομαι   I 171,17.   II 69,21;
319,11. III 459,24; 520,24.

προβαίνω   I 189,17; 320,23;   462,8.
II 51,7; 73,11; 77,7. 24; 93,19; 241,5;
311,7; 398,8. III 170,30; 312,2; 333,29;
336,30; 459,22.

προβάλλω, προβάλλομαι 1) I 34,8; 36,21
(vorbringen);   106,10;   223,24   (ὅρκον
προβάλλεσθαι); 346,15 (fördern); 435,12
(hervorbringen). II 52,18; 351,22; 376,12.
III 4,5; 31,11; 76,5; 83,20; 96,9; 105,14;
213,8; 233,15; 250,7; 254,3; 259,27;
268,13; 388,5; 401,30; 437,17; 444,16;
491,21. 2) als gnost. Ausdruck I 257,9;
263,18; 269,4; 273,2. 5; 396,14; 448,13.
II 2,10.

πρόβασις I 383,3.

πρόβατον I 29,11; 124,4; 216,22; 217,2;
321,5; 363,23. II 161,17. 18. 24. 25.
III 245,12. 18. 20. 23; 429,20.

προβιβάζω I 131,7.

προβολεύς I 384,20; 397,7.

προβολή 1) I 184,18. III 157,7; 374,15.
2) Hervorbringung von Äonen II 1,11;
204,10; 340,12.

προγίνομαι II 144,2. III 7,7.

προγινώσκω I 34,6. II 49,21; 127,23;
191,13. III 179,25.

προγνωσία III 185,23; 331,27. 29.

πρόγνωσις I 129,1; 132,7. 11; 133,5.
II 69,13; 197,1; 201,24; 319,19. III 8,24;
113,11.

προγνώστης III 253,30.

προγράφω I 93,21. II 144,15; 156,17;
174,6. III 216,13; 447,22.

προδείκνυμι I 109,19. III 207,25.

πρόδηλος I 193,19.

προδηλόω I 42,10; 196,9; 201,22; 256,8;
259,7; 263,9; 310,9; 335,15. II 414,11.
III 161,22.

προδιατυπόω II 231,15.

προδιέρχομαι III 498,12.

προδοσία II 68,11. III 209,6.

προδότης I 232,2.

πρόδρομος II 393,25.

προεδρία II 95,4.

πρόειμι (zu εἰμί) I 458,23. III 171,28.

πρόειμι (zu εἶμι, s. auch προέρχομαι)
I 211,7;   233,11;   274,10;   462,21.
II 51,11; 57,15.   III 524,27. 28. —
προιών I 348,34. II 94,10. III 112,26.
προελέγχω I 257,6.
προενθυμέομαι II 48,27.
προεπαγγέλλω II 174,26.
προέρχομαι I 211,5; 300,16; 365,13; 448,9;
    462,12; 464,6.   II 61,3; 93,23; 241,14.
    III 32,20; 132,9; 160,20; 210,5; 229,27;
    255,5; 369,5; 382,14; 437,26; 513,6.
προετοιμάζω I 220,4. II 69,24.
προετοιμαστής II 136,13. III 116,16.
προήκω I 206,8. III 141,12.
πρόθεσις II 387,9.
προθεσμία I 120,6. III 51,14.
προθεσπίζω   I 295,21; 360,1; 379,6.
    II 69,11;   188,32;   201,26;   308,13;
    319,13. III 42,1; 186,1; 480,17.
προθέσπισμα I 232,4.
προθεωρέω II 182,26.
προθύμως I 6,24; 80,5.
προικίζω III 495,8; 501,24.
προικισμός III 502,5.
προΐξ III 502,3; 525,29.
προΐστημι   1) I 178,6.   II 187,6.
    III 374,14. 2) trans. I 183,24; 196,24;
    206,10; 255,23; 347,14 (προστήσασθαι
    ἐκκλησίας bauen). II 45,4; 59,8; 94,1;
    96,24; 203,1; 204,5. III 152,20.
προΐσχομαι III 5,1.
προκαθέζομαι   I 128,2.   II 101,17.
    III 108,7.
προκαθίζω II 196,10.
προκαλέομαι I 44,15; 463,27. II 365,1.
    III 32,21.
προκαταγγέλλω   I 232,7.   II 353,11.
    III 116,21. 26. 27.
προκαταγγελτικῶς III 1,7; 251,11.
προκαταγγέλτωρ III 116,17.
προκαταλαμβάνω III 98,15.

προκαταληπτικός I 155,14. II 240,20.
προκατάληψις II 219,3.
προκατασκευάζω I 311,28. III 169,5.
προκατασκευαστικῶς III 208,28.
πρόκειμαι   I 383,19.   II 48,16; 135,12.
    III 35,12.
προκείμενον   I 14,7; 97,11; 176,17.
    II 45,7; 67,13; 217,21; 226,8; 230,21
    (das Vorstehende); 246,8; 263,11; 304,3
    (Gegenstand); 330,18 (Ziel).   III 144,4
    (ἔξω τοῦ προκειμένου τῆς πίστεως
    βεβηκότα); 154,12 (τοῦ προκειμένου
    ἐξέστη);   432,29;   433,6;   436,22
    (προκειμένην); 479,2; 495,32.
προκήρυγμα II 394,2.
προκηρύσσω I 192,11; 244,10. II 150,18.
    III 213,23; 480,21.
προκισσάω II 51,15.
πρόκλησις I 435,20.
προκοιμάομαι III 213,18; 231,14.
προκοπή 1) I 12,8; 59,15; 236,8; 325,10;
    340,23. II 139,22; 275,19. III 200,18;
    312,28; 396,6.   2) in der Christologie
    I 114,6; 236,8; 358,4. III 200,20; 220,3;
    417,12; 442,15.
προκόπτω   I 246,18; 261,4; 325,12.
    II 377,14.   III 17,23; 40,3; 173,20;
    189,21; 200,19; 220,4; 313,3; 351,8;
    373,2; 452,27.
προκριτέος   I 210,6 (3 End.); 267,19;
    290,2; 292,10; 303,1. II 58,13. III 251,22;
    363,15; 364,24; 365,1. 2. 3. 6; 366,31.
πρόκριτος I 119,16. III 408,3.
προκύπτω I 267,6. II 62,20. III 475,19.
προλαμβάνω 1) m. Inf. I 34,4; 282,2;
    342,19; 369,6. III 114,1; 404,12. 19;
    449,23. 2) m. Part. I 369,18. II 298,5.
    III 8,23. 3) intrans. II 158,20; 359,28;
    382,3 (vorher bemerken).   III 116,18;
    161,3; 242,11; 382,11; 469,12; 470,24.
    4) Pass. infiziert werden I 439,3. —

τινός II 276,8. — τινά I 369,21. — ὁ ἀνὴρ ἐν μέθῃ προληφθείς III 267,23. — προειλημμένοι καὶ βεβαιτισμένοι II 82,28. — προλαμβάνειν (parallel m. ἐπιφημίζειν) τί τινι *zuschieben* III 410,23.

προλέγω *vorhersagen* I 44,12; 114,3; 122,3 (προλεχθεισῶν); 145,15; 207,14; 245,2. II 69,13. III 234,15; 481,23.

πρόληψις I 291,23. II 167,2. III 109,30; 178,6; 195,1; 376,22; 396,23; 416,4; 429,27; 513,11.

πρόλογος III 36,5.

προνοέομαι I 291,20; 442,9. II 134,20; 138,29; 139,16; 163,19 (προνοεῖ); 196,17. — προνοέω m. Inf. I 319,25. III 365,13.

προνοησία III 407,6.

προνοητικός III 246,9.

πρόνοια I 164,6. II 138,30; 163,12; 446,19. 20. III 508,6.

προξενέω I 23,27. III 76,18; 456,6.

πρόξενος III 162,21.

προοιμιάζω I 155,8.

προοίμιον I 155,6. 15; 156,7; 176,16; 212,13. II 45,7; 312,21. III 520,23. 27.

προομολογέω III 398,9.

προονομάζω II 149,9; 354,17.

πρόοπτος III 17,19.

προοράω I 203,14. II 353,11. III 398,8; 498,8.

προορίζω I 92,19.

προπαιδεία II 169,4; 404,2; 523,5. III 133,2.

προπαίδευσις III 437,27.

προπάτορος III 310,27; 330,20; 394,5.

προπάτωρ I 163,11; 178,17; 459,6. II 209,16.

προπεδιάς II 529.

προπέμπω III 116,16; 117,8.

προπέτεια III 137,23; 333,6; 376,22.

προπετής II 71,5; 90,5. III 496,16. — προπετῶς III 174,31.

προπηδάω II 366,7. III 171,19; 209,14; 218,10.

προπότιον II 522,21.

πρόρρησις I 135,18.

προρρητικός III 453,5.

προσάββατον II 297,6. III 245,21; 335,16; 338,6; 522,27.

προσαγορεύω II 45,13. III 167,23; 475,3; 526,4.

προσάγω I 440,12. III 218,5; 451,3.

προσανάκειμαι II 61,12.

προσανατίθημι II 100,4.

προσανατρέπω II 342,24.

προσανέχω I 180,4; 186,4; 189,18; 215,20; 239,6; 258,9; 268,2; 326,18; 334,12. II 52,25; 187,1; 244,18; 268,7. III 211,28; 269,15; 335,2; 466,23; 485,9.

προσάπτω I 42,21; 58,9; 461,27. II 42,17; 64,7; 199,16; 207,11; 376,21. III 38,17; 82,21; 184,26; 199,27; 230,24; 251,6; 380,35; 438,8.

προσδέχομαι III 247,11; 374,20; 477,10.

προσδιαλέγομαί τινι I 199,16. II 278,9. III 207,8.

προσδίδωμι I 80,5. III 317,1.

προσδιορίζομαι III 286,19.

προσδοκάω I 110,16; 113,15; 120,7; 168,12; 220,13. II 180,19; 397,3; 505,21 (προσδοκᾶται). III 99,10; 454,20; 467,21; 470,21. 22; 518,21.

προσδοκία I 80,15; 107,1. 8; 118,23; 190,23; 291,23. II 502,15. III 82,25; 417,4; 431,3.

προσεγγίζω I 304,15. III 456,33.

προσεγκαλέομαι III 47,15.

προσεδρεύω I 107,8; 338,22; 343,17.

πρόσειμι (zu εἰμί) I 77,13. II 204,2; 335,11. III 395,22; 396,13.

πρόσειμι (zu εἶμι, s. auch προσέρχομαι)
  I 142,21. III 235,9; 409,5.
προσεντρίβω II 337,17.
προσεπαίρω III 108,22.
προσέρχομαι (zu πρόσειμι)   I 31,13
  (τινί); 37,19. 23; 129,2; 195,7; 208,9.
  III 141,25;   148,6;   149,21;   348,5;
  389,13.
προσευχή I 218,13. II 115,1; 145,12. 29.
  III 485,19; 524,9. 10. 11.
προσέχω   I 171,18; 199,10 (πρός τι);
  220,14.   II 316,22 (πρὸς ἀνατολὴν
  προσέχοντι).   III 366,1.   — τινί
  I 220,16; 313,15; 387,20.   II 90,16;
  220,2;   273,1.   III 226,29;   235,8;
  247,6.
προσηγορία I 88,19. II 42,19; 275,20.
  III 154,16.
προσήκω   II 102,28; 146,2.   III 94,14;
  96,17.
προσηλυτεύω I 225,10.
προσήλυτος   I 267,17; 355,12; 366,9.
  II 289,4.
προσημαίνω III 401,29.
προσηνής II 235,17.
πρόσθεν I 384,2. II 252,12; 445,8.
πρόσθεσις III 402,17; 430,19; 452,25.
πρόσθετος I 363,8.
προσθήκη   I 12,8; 13,23; 24,3; 201,12;
  438,16; 448,9.   II 124,5; 148,28. 29;
  284,16.   III 42,15. 23; 190,20; 223,1;
  225,14; 379,3; 383,4; 385,14; 396,17;
  499,1; 514,19.
προσθλίβω II 316,22.
προσίημι II 63,9; 269,13 (προσήκαντο).
πρόσκαιρος II 172,29; 181,17; 205,9.
προσκαλέομαι I 204,18; 347,4. II 57,14;
  149,27; 344,12. III 500,8.
προσκαρτερέω I 343,4; 365,17.
πρόσκειμαι   I 9,21; 10,1. 7. 13; 23,15.
  II 86,17; 315,13. III 227,3; 331,25.

προσκενόω I 343,27.
προσκλίνω   III 148,16;   154,4;   162,19;
  302,24.
πρόσκλισις III 154,7.
προσκολλάομαι II 184,8.
πρόσκομμα   I 35,30;   36,5;   299,22.
  II 336,10.   III 184,3; 187,16; 472,27;
  474,3.
προσκόπτω   I 36,4.   5.   II 258,12.
  III 226,33; 227,30.
προσκρίνω I 162,15.
πρόσκρουσις II 185,19.
προσκυνέω als Gott verehren I 47,12. 14.
  20; 59,24; 60,10. 11. 14; 182,11; 218,17.
  18; 219,2. 5; 236,5 (Bilder); 242,17;
  311,6; 373,2.   II 52,19; 58,2; 212,16.
  — τινί I 38,24. 25; 59,27. II 403,15.
  III 84,9; 94,6; 485,11; 486,26; 512,24.
  — τί I 175,3.
προσκύνησις I 234,9. III 94,7; 184,15
  (θεὸν εἰς προσκύνησιν διδούς); 211,20;
  376,12 (μία τριὰς καὶ μία θεότης
  καὶ μία προσκύνησις); 408,12; 479,18
  (Abstufung τιμή zu προσκύνησις =
  τετιμημένη, ἀλλ᾽ οὐκ εἰς προσκύνησιν
  ἡμῖν δοθεῖσα).
προσκυνητής I 125,12.
προσκυνητός I 59,23 (εἰ γὰρ κτιστός
  ὁ υἱός, οὐ προσκυνητός); 87,10.
  II 417,21; 418,7. III 180,15; 349,3. 13;
  376,5; 398,1; 399,17; 401,14; 404,30;
  405,1; 407,1; 408,1. 2.
προσλαμβάνω   I 14,12; 15,28; 79,21;
  80,13; 110,11. III 21,10; 156,5; 185,14;
  228,23; 379,2; 389,29; 395,16. 23.
προσληπτικός   III 222,12;   223,15;
  224,30; 373,25. 26; 374,7; 385,13. —
  προσληπτικῶς III 382,1; 391,17.
προσληπτός III 10,25.
πρόσληψις I 141,3. III 373,16. 18. 28;
  391,22.

προσλιπαρέω   II 196,19.   III 24,18;
333,22.

προσμαρτυρέω II 247,25.

προσμίγνυμι III 38,16.

προσομιλία   1) II 414,5.   III 303,3.
2) *Ansprache, Predigt* III 522,23.

προσοχή III 182,22; 522,2.

προσπελάζω I 313,4. II 52,30. III 155,23;
518,11.

προσπήγνυμι   I 298,11.   II 152,29.
III 86,3; 448,4; 455,1.

προσπλέκω II 65,4. III 24,14; 25,7.

προσποιέομαι III 144,24.

προσποιητός I 251,1 (3 End.). II 68,19
(3 End.); 82,22; 134,23.—προσποιητῶς
I 364,17. III 146,5; 267,29; 297,6.

προσπορίζομαι I 5,17; 184,19; 210,22;
444,8. II 101,15; 240,3; 366,15; 380,9;
517,14.   III 345,1;   395,5;   407,22;
455,25; 466,13.

προσρητικός I 170,26.

προσταγή   I 353,16.   II 60,17.
III 167,14.

πρόσταγμα I 80,4;   115,23;   117,15;
189,15; 215,8; 347,12; 369,3; 379,12.
II 77,19;   125,12. 24;   171,7;   176,25;
246,11; 507,7. III 23,3; 89,4; 124,12;
182,22;   297,3. 29;   374,8;   429,25;
521,30; 525,20.

πρόσταξις I 109,5; 189,9. III 482,22.

προστασία III 163,19. 22.

προστάσσω I 81,7; 109,14. 16; 120,18;
122,24;   190,17;   339,11;   347,29;
378,25.   II 148,20;   181,17;   304,25;
368,8; 385,18 (προστάσσομαι *es wird
mir befohlen*). III 94,9; 112,17; 121,20;
244,7; 344,25; 374,30; 451,1; 477,28;
478,29; 482,13. 17; 490,15. 28; 504,17;
513,21; 519,14.

προστάτης   1) I 443,8.   III 268,15.
2) als Bezeichnung für ein kirchl. Amt

III 265,13; 333,27 (οἱ τῶν ἐκκλησιῶν
προστάται).

προστίθημι 1) I 5,18; 23,20; 93,19 (ἐπί
τινι); 363,9.   II 105,3;   108,3;   139,5;
152,6. III 215,8; 372,25; 502,20 (ἐπί
τινα). 2) m. Akk. I 334,15. II 207,6.
III 181,17; 411,15. 3) m. Part I 237,6;
252,17; 254,6. II 233,18. III 92,15. —
τινί I 9,16; 34,25; 93,20; 109,11; 110,8;
250,4. 5; 435,25. II 2,21; 97,1; 148,26;
182,11; 185,9; 272,2. III 39,18; 104,11;
128,28; 192,24; 246,18. 19. 21. 25. 27;
336,33; 399,29; 452,8; 453,12; 456,13.

πρόσφατος I 55,14.   II 187,1;   251,14;
389,6; 521,7 (πρόσφατον). 8. III 43,4;
99,19; 172,19; 175,6bis; 222,16; 251,20
(πρόσφατος ὁ υἱὸς τοῦ θεοῦ); 253,3;
340,15; 383,21; 390,22; 399,2; 403,22;
455,24. — προσφάτως I 42,8; 102,30;
121,3. III 383,21.

προσφέρω   1) *darbringen*   I 32,9. 10;
190,1; 216,22; 379,1. II 167,6; 349,9.
2) *herzubringen* I 57,1; 228,6; 239,6;
339,12; 342,11 (ἐγκλήματα π.). II 84,4.
3) *Opfer darbringen* II 246,16. 4) vgl.
ἀναφέρειν, *(als) Opfer darbringen* I 22,10;
281,8; 286,13. 14. 15; 341,5. II 57,11
(ἄρτον προσφέρειν); 333,11 (διά τινος).
5) Med. *zu sich nehmen* II 39,8. 6) im
übrigen III 17,25; 22,14; 89,29; 113,3;
127,22; 145,5; 146,6; 149,29; 184,7. 24;
341,22; 395,24; 434,27; 448,1; 473,24.
— τινί *sich nähern* II 157,4.

προσφεύγω II 95,5; 185,11.

προσφθέγγομαι III 159,20; 395,13.

προσφθείρω I 342,2. II 4,7; 82,4; 94,10;
340,10; 344,13.

προσφορά   *Opfer*   I 32,9.   II 246,13;
334,11 (τὰς προσφορὰς ἀναφέρει).
III 490,27 (Darbringung durch Priester);
491,8; 525,14.

προσφωνέω τινί I 106,24. III 217,12.

προσχαρίζομαι III 165,15.

πρόσχημα I 239,15. II 68,21; 82,23; 205,7; 378,20; 399,2. 3. III 154,15; 155,1; 267,29.

προσχωρέω I 176,11.

προσψαύω I 166,17. III 173,24.

πρόσω I 175,17 (πρόσω βαίνειν); 176,9 (ἐπὶ τὰ πρόσω τῆς ἀνατολῆς); 177,5 (πρόσω χωρεῖν). III 247,28; 458,23.

προσωνυμία I 164,4.

προσωπεῖον III 84,19; 267,31.

προσωπολήπτης II 138,12.

προσωποληψία I 118,29. III 206,12. 24; 241,22.

πρόσωπον 1) *Maske* I 44,16. II 60,12 (*Figur*). III 24,15 (πρόσωπον τοῦ λόγου); 32,1; 144,13; 148,23; 267,30; 416,13; 454,18; 455,2; 511,25. 26. 27. 2) *Gegenstand* I 63,25; 103,20. III 122,10. 3) in der Trinitätslehre I 82,21 (τρία πρόσωπα ἁγίας λειτουργίας ... ἐξ ὑποστάσεως οὔσης τριττῆς). III 5,17 (πρόσωπον ἕν τὸν θεόν ... φασίν); 8,13 (τῶν ἕν πρόσωπον πατρὸς πρὸς τὸν λόγον ... ὁριζόντων); 10,9 (τὸ ἴδιον πρόσωπον ὑποφαίνει); 166,12 (δυνάμενον ἔχειν πρόσωπον τρεπτόν); 266,4 (τρία πρόσωπα ἀπερίγραφα καὶ ἐνυπόστατα καὶ ὁμοούσια καὶ συναΐδια καὶ αὐτοτελῆ). — ἐκ I 49,8. 9; 59,2; 213,1; 375,2. II 509,14. III 180,8; 196,26; 212,21; 214,16. 18;. — ἀπὸ προσώπου τινός I 41,3; 44,27; 47,30; 48,20; 255,6; 364,18; 374,5. II 183,8. III 103,21; 171,13; 213,7. 15. 19; 224,10. 11. 14; 226,33. — διὰ τοῦ προσώπου III 142,26; 259,21. — εἰς πρόσωπον I 49,17. II 443,17; 514,6. III 144,23; 149,27; 196,24; 224,8; 233,6.

πρότασις I 6,19. III 411,11.

προτάσσω I 144,29; 145,19; 148,1; 383,24; 444,21. II 117,18; 155,24; 257,12; 403,14. III 185,6; 189,22; 221,21; 311,29.

προτείνω I 25,4; 297,18. II 95,8; 248,17. III 407,23.

προτελευτάω II 400,5.

προτελέω II 87,12.

πρότερος I 178,2; 431,14. II 50,16; 55,13. III 41,26; 358,15.

προτίθημι I 298,4. II 404,9. III 33,4; 42,22; 476,18.

προτιμάω I 197,3. III 128,12.

προτίμησις I 162,10.

πρότιμος III 390,26; 438,7.

προτρεπτικός III 177,5; 217,13.

προτρέπω 1) Akt. II 39,7; 518,3. 2) Pass. III 361,29 (προτραπείς). 3) Med. I 48,18; 149,20; 365,21. II 165,11; 230,23; 232,1; 386,5; 400,26; 405,2. 4; 507,20 (προετρέψατο). III 389,22; 490,26.

προτροπή II 106,8; 406,4.

προτυπόω I 80,20; 123,14. 25; 171,21; 383,12. II 59,17; 201,25; 305,9; 331,13.

προυνικεύω I 271,7. 8. II 58,12.

προύνικος I 271,11.

προϋπαντάω III 191,28.

προϋπάρχω I 189,24; 347,22. II 167,20; 411,2. III 187,32; 514,23.

προϋποτάσσω II 165,2.

προὐργιαίτερον III 247,18; 338,28.

προφανής III 491,22; 502,2; 524,27. — προφανῶς I 272,2. II 440,22.

προφασίζομαι I 294,28; 339,14. II 152,20; 162,14; 251,6; 321,14; 323,4. III 189,23; 202,30; 220,6.

πρόφασις 1) *Vorwand* I 22,29; 23,21; 34,3; 44,2; 97,10; 112,24; 130,1; 131,12;

233,12; 268,4; 315,11; 339,7; 366,24.
II 152,21; 197,27; 255,22; 278,3.
III 40,8; 42,25; 134,9; 189,23; 209,15;
310,19; 311,1; 351,10; 412,8; 434,4;
461,31. 2) *Anlaß* I 157,2; 166,12;
183,5; 198,6; 204,17; 206,5; 245,18;
248,11; 250,5; 256,22; 257,5; 263,1. 7;
274,18; 324,5; 335,10; 346,2; 347,25;
355,7; 389,16; 398,10; 438,15; 441,20.
22. II 41,15; 45,20; 50,22; 64,17; 90,10;
93,23; 303,10; 318,17. III 18,12; 75,15;
78,4. 11; 98,1; 101,17; 109,27; 115,10;
121,26; 124,2; 133,22; 146,21; 174,31;
197,1; 416,14; 429,27; 458,26; 469,8.
9 (Εὔα πρόφασις θανάτου, Μαρία
πρόφασις ζωῆς); 473,23; 479,8; 486,17;
495,1.

προφασιστικός III 187,15; 380,27.

προφέρω I 104,18; 276,9 (*vorbringen*);
292,13. II 57,13; 69,11; 103,24; 140,25
(*vorbringen*); 161,8; 304,27; 376,23;
523,11 (*vorsehen*). III 405,29.

προφητεία I 39,9; 92,12; 131,17; 218,5;
254,17; 356,7; 378,15. II 41,13; 145,30;
308,11. III 89,24; 494,21.

προφητεύω I 255,6; 292,2. II 7,2. 3. 18;
99,10. III 466,20; 479,23.

προφήτης I 35,31; 41,24; 143,7; 175,2.
4 (Adam); 191,19. 20; 202,13; 245,25;
292,4 (Johannes der Täufer); 360,3. 20;
370,24; 377,9. II 43,7; 71,1; 83,21;
133,26; 154,26; 169,10 (Epimenides von
Kreta); 223,16. 19. 20; 341,26; 355,1;
462,15; 517,28. III 8,16; 183,12 (Jesus);
218,13; 303,27; 429,14; 477,18; 480,26;
488,1 (jeder Messalianer); 494,21
(Messalianer).

προφητικός I 190,3. II 8,15; 221,21;
353,6. III 19,11; 309,12 (προφητικὴ
τε καὶ εὐαγγελικὴ καὶ ἀποστολική).
— προφητικῶς II 308,14.

προφῆτις I 228,12. II 220,2; 222,1. 19.

προφθάνω I 318,18.

προφορά III 5,25; 250,5; 254,8 (οὐ
προφορά τις ὤν, ἀλλ᾽ ἐνυπόστατος
θεὸς λόγος); 381,27.

προφορικός III 1,6; 252,24 (λόγος
προφορικός Photin von Sirmium);
253,14.

πρόχειρος 1) m. Inf. I 239,13. III 32,18.
2) adj. II 207,25; 359,25. III 35,12;
124,22; 344,26. —προχείρως II 435,21.
III 520,19.

προχέω II 129,12; 135,17. III 209,20.

προχορηγέω II 169,19.

προχρηστικῶς III 251,14.

πρόχυσις I 241,9.

προχωρέω II 450,3. III 22,13; 88,12;
287,26.

πρύμνη II 383,8.

πρυμνικός II 384,20.

πρυτανεύω I 6,6.

πρύτανις I 324,10. III 21,2; 204,28.

πρώην I 133,8; 188,7; 232,2; 267,23;
295,21. II 21,19. III 186,14; 242,8.

πρωϊνός II 447,12. III 429,23; 523,8.

πρωρικός II 384,19.

πρωτεῖα I 102,31; 206,8. III 145,17;
312,24.

πρωτεύω II 515,21. III 251,21; 467,9.

πρωτόκτιστος III 374,2; 468,6.

πρωτομάρτυς I 267,15. III 238,7.

πρωτόπλαστος I 174,21. II 206,13;
207,11; 209,11. III 51,3; 88,7; 438,28.

πρῶτος, ἀπὸ πρώτης I 265,1; 314,2.
II 262,20; 281,8. III 58,8; 86,24; 87,25.

πρωτοτόκια II 218,5. 12; 513,25.
III 262,28.

πρωτότοκος I 71,2; 119,12; 136,8;
324,18; 327,13. II 40,11; 305,3. 4;
341,11. III 260,11; 457,18; 468,3. 4;
471,21. 23.

πρωτότυπος I 162,3; 209,26. II 157,7;
  180,5; 247,13; 248,6; 512,17. III 207,15.
  — πρωτοτύπως II 216,5.
πταίω I 99,8.
πτέρνον III 456,3.
πτερόν II 383,18. III 345,18.
πτεροφυέω I 105,1.
πτερύγιον I 167,18; 209,23. II 280,1.
  III 465,17.
πτέρυξ III 140,2. 3. 11.
πτερωτός III 140,3; 484,16.
πτηνός I 123,29. III 74,10; 107,30.
πτῆσις I 303,25.
πτύρσις II 168,14; 391,11.
πτύρτης III 429,20.
πτύρω I 8,11; 304,13 (ἐπτυρμένοι).
  III 241,15; 268,9; 311,2; 373,13; 429,10;
  433,18.
πτύσμα I 219,18. II 50,8; 315,20.
πτύσσω II 405,10.
πτῶμα 1) I 106,15 (σῶμα νεκρόν);
  280,4. II 100,15. 2) Fall II 409,3;
  518,18.
πτῶσις I 22,17; 286,16. II 355,5; 376,5;
  410,12. III 8,26; 180,20; 337,34.
πτωχεία I 169,19; 356,1. 4. II 500,13.
  III 49,5; 122,21.
πτωχός I 355,16. 17. II 104,6. III 64,7;
  122,19. 20; 525,22.
πτωχοτροφεῖον III 333,24 (ξενοδοχεῖον
  ... ὅπερ ἐν τῷ Πόντῳ καλεῖται
  πτωχοτροφεῖον); 334,21.
πύελος II 38,31.
πυθμήν III 236,20; 412,2.
πυκάζω I 117,2.
πυκνότερον I 210,14; 213,9.
πυκνότης III 525,16.
πυνθάνομαι II 287,11; 419,11; 421,5;
  450,6. III 207,30.
πῦρ I 104,17; 128,15; 203,6; 217,3;
  220,24; 276,3; 348,3. 6. 19. 22. II 27,13;

155,16; 308,4; 335,21; 472,6. III 43,14;
  55,2; 67,1; 146,12; 171,31; 269,3;
  508,18; 512,24.
πυρά I 326,20; 327,2. II 404,12.
πυρβόλος I 382,16.
πυργοποιία I 176,2. 20.
πύργος I 162,12. 13; 164,7.
πυρέττω III 136,25. 26.
πυροειδής I 374,24.
πυρός II 218,5. 9.
πυρόω II 218,9.
πυρπολέομαι II 409,13.
πυρρός III 18,1; 413,4.
πυρωπός I 217,4.
πύρωσις I 127,21.
πωρόω I 36,31. II 472,4.
πώρωσις I 48,13.
πῶς I 200,18; 216,13; 275,6; 433,20.
  II 48,4. 5; 138,5. 8; 188,15; 350,7.
  III 9,14; 75,29; 187,22. 32.
πως enkl. I 188,15; 269,15; 308,6;
  435,17; 462,17. II 50,7; 294,7; 491,6.
  III 409,3.

ῥάβδος I 116,15; 462,10. II 314,15;
  508,20. III 431,4.
ῥαγάς II 52,3.
ῥάδιος I 132,11; 384,5 (οὐ ῥάδιον nicht
  leicht). III 36,12; 472,18. — ῥαδίως
  I 458,13. II 55,12; 201,3; 342,23.
ῥαδιουργέω 1) II 106,18; 124,4; 139,24;
  145,7. III 24,14. 2) II 140,24; 141,14;
  150,5.
ῥαδιουργία I 363,7. 11. II 104,22;
  107,13; 117,18; 124,11; 135,25; 142,16;
  149,13; 157,4; 181,6.
ῥαδιουργός III 301,16. — ῥαδιούργως
  I 101,26.
ῥαθάμιγξ II 200,8.
ῥαθυμέω II 368,1; 376,20.

ῥᾳθυμία I 6,10; 190,16; 342,27.

ῥάθυμος II 365,27.

ῥαίνω I 348,20.

ῥανίς I 115,13.

ῥαντίζω I 114,20; 226,7; 345,19. II 209,16.

ῥαντισμός III 445,18.

ῥάξ II 200,8 (τοὺς ῥᾶγας).

ῥαπίζω I 46,12.

ῥάπισμα I 462,11.

ῥαφίς I 308,4. II 240,3.

ῥαψῳδέω I 275,19; 458,5. II 76,19.

ῥαψῳδία I 261,3; 275,17. II 44,22.

ῥαψῳδοποιία III 73,25.

ῥαψῳδός II 41,3. III 459,16.

ῥεῖθρον I 215,6.

ῥεμβάς I 123,25; 239,22.

ῥεμβός I 123,25.

ῥεῦμα I 132,1; 346,29. II 472,20; 496,20.

ῥευστός I 123,24; 270,2.

ῥέω I 125,4. II 510,24 (ῥυέντα).

ῥῆμα I 25,8; 36,14; 44,26; 45,5; 123,2; 132,1; 172,1; 222,5; 223,15; 277,11; 278,4; 282,16; 283,2; 293,21; 314,4; 375,19; 377,10; 446,12; 450,11; 457,23; 460,5. 28; 463,8; 464,3. II 64,16; 67,4; 86,25; 124,11; 179,15; 188,7; 247,1; 268,14; 287,13; 386,14. III 6,11; 17,26; 31,9; 49,8; 76,5; 107,7; 111,22; 157,22; 159,27; 171,7; 192,24; 213,8; 216,14; 234,19; 417,4; 434,2.

ῥῆσις I 213,26. II 87,23; 106,15; 224,6. III 171,9; 196,19; 221,23; 350,22; 495,1.

ῥήσσω II 311,11; 359,14; 404,8. III 13,4; 114,23.

ῥητορικός II 420,21.

ῥητός, insbes. ῥητόν *Schriftwort* I 10,1; 23,15; 40,14; 46,22; 62,6; 63,13; 94,11; 95,15. 16; 184,28; 194,24; 224,13; 225,18; 274,8; 318,24; 322,27; 358,10; 363,2; 380,5. II 60,1; 62,11; 103,25; 125,15; 128,24; 137,19; 145,7; 175,12; 201,17; 238,15; 245,3; 325,1; 326,1; 327,27; 328,13; 341,23; 365,3. III 7,23; 77,21; 106,6; 116,10; 176,34; 185,4; 186,30; 187,18; 188,3; 189,28; 203,3; 208,29; 216,21; 222,1; 235,14; 244,20; 250,17; 433,10. — ῥητῶς I 146,20. II 35,22; 169,7. III 110,28.

ῥήτωρ I 185,5. II 169,1.

ῥῖγος II 313,21.

ῥίζα I 170,16; 171,13. 21; 226,25; 263,6; 294,8; 357,13; 459,17. II 38,29; 39,18; 49,24; 160,11f.; 178,8; 189,18. III 12,22; 17,11; 18,8; 39,5 (manichäischer term. techn.). 6; 105,27; 122,12; 248,22; 311,23; 312,31; 313,1; 487,8.

ῥιζοτόμος I 171,10.

ῥικνόω I 75,3.

ῥιπή I 11,25; 61,10.

ῥιπίζομαι III 177,13.

ῥίπτω I 133,14; 343,27; 346,28; 435,17. II 344,21. III 13,10; 344,27; 472,1.

ῥιψοκινδύνως III 175,1.

ῥοιά II 400,21.

ῥοῖζος II 198,28. III 310,6.

ῥόισκος I 167,17; 209,23.

ῥόμβος III 510,15.

ῥοπή III 176,24.

ῥύγχος II 239,13.

ῥυθμίζω I 92,13; 440,15. III 328,1.

ῥυθμός II 85,8.

ῥύμη III 487,13.

ῥύομαι I 77,17; 225,4; 297,23. II 39,14; 102,6; 138,6. III 521,13.

ῥυπαρία III 146,19.

ῥυπαρός II 48,17. III 421,4; 511,8.

ῥύπος I 214,21; 219,18. II 372,12; 510,12 (οἱ ῥύποι). III 489,28.

ῥύσις I 56,22; 210,16; 242,20; 280,5; 281,14. 20; 288,13; 437,21. II 399,21. III 346,33; 380,23.

ῥώννυμι, ἐρρωμένος   I 258,7;   294,1.
    II 58,8; 223,5; 224,8. 10. 15; 228,7. 21;
    230,2; 310,18. III 211,29. —ἐρρωμένως
    II 223,18.
ῥώξ s. auch ῥάξ. II 200,9 (ῥωγός).
ῥώψ I 348,7.

σαββατίζω   I 190,23;   192,21;   222,15;
    381,21. III 123,19.
σαββατισμός   I 331,14; 334,12; 377,18.
    III 128,17.
σάββατον   1) *Sabbath*   I 92,23;   144,8;
    166,28; 203,18; 206,3; 215,20; 329,21;
    377,19. III 124,9. 12; 128,15; 146,25;
    245,19. 20. 21; 525,18. 2) *Woche* I 211,2;
    378,7. II 248,5. 3) *Christus* I 192,20ff.
    (τὸ μέγα σάββατον); 378,23ff. (τὸ μέγα
    σ.). II 212,1 (*Samstag*); 304,5 (σ. πρῶτον
    καὶ δεύτερον). 17 (τὰ σάββατα).
    III 128,16; 525,6. 7 (διαναπαύεται ἐν
    τῷ μεγάλῳ σαββάτῳ ἀντὶ τοῦ μικροῦ
    σαββάτου).
σαγήνη I 463,29.
σαθρός   I 359,25.   II 58,11.   III 109,7;
    484,6.
σαίνω III 454,20.
σάκκος   II 372,23.   III 123,15; 491,21;
    492,5; 513,7. 8; 524,25.
σαλεύομαι I 283,28. III 50,13; 62,12.
σάλος   II 62,19.   III 50,15; 117,10   (τὸ
    σάλος); 228,28; 496,23; 498,13.
σάλπιγξ III 124,14.
σαλπίζω III 83,26.
σανδάλιον III 465,4.
σανίς I 210,16. II 383,9.
σαπρίζω II 83,14.
σαρκικός   I 81,4; 99,10; 230,11; 323,1;
    397,4ff (σαρκικοί bei den Valentinianern).
    II 147,24. III 129,23; 168,16; 462,21.
σάρκινος II 476,10. 12. 14; 514,7.

σαρκίον III 27,10.
σαρκοβόρος II 518,23.
σαρκοῦμαι I 28,2 (ὁ σαρκωθεὶς Λόγος);
    35,4; 148,11. II 251,16.
σαρκοφαγία   I 168,4;   220,23;   236,18.
    II 149,6. III 231,16; 335,26.
σαρκοφόρος   II 129,28   (θεὸς
    σαρκοφόρος).
σαρκώδης I 74,9.
σάρκωσις   III 6,6;   266,16   (Anhänger
    Marcells von Ancyra).
σάρξ *die Menschheit Christi* I 38,29; 39,13;
    47,29; 59,1; 73,12; 429,7. 8. 13. 19. 21.
    II 264,10; 275,5; 321,8. 9; 354,2. 9. 11.
    III 6,8; 190,28; 228,13; 252,7; 290,4.
    18. 25. 27. 32; 466,1.
σατανᾶς   I 250,19; 251,4; 304,2. II 8,18;
    23,13; 200,16. 18; 369,13. III 107,15;
    130,4. 5; 372,12; 518,11.
σάτυρος I 129,1.
σαύρα II 316,13.
σαφήνεια   I 221,19; 256,14.   II 305,10;
    512,16. III 77,21; 193,5.
σαφηνίζω   I 51,18; 77,1; 118,8; 375,19.
    II 259,27;   321,5;   323,7.   III 203,15;
    216,3; 445,17; 449,10; 457,18.
σαφής   I 110,21; 194,23; 195,1; 213,4;
    295,18; 310,10; 315,13; 331,4; 374,8.
    II 47,21; 86,24; 148,23; 152,16; 193,10;
    256,9; 270,9; 511,10.   III 10,5; 77,7;
    78,25; 197,16; 202,28; 205,15; 222,21;
    247,7; 296,31; 348,5; 405,16. — σαφῶς
    I 7,13; 37,15; 42,12; 43,9; 54,16; 58,15;
    98,10; 156,5; 164,21; 190,2. 12; 222,20;
    253,14; 298,25; 309,12; 319,13. 23. 25;
    320,14; 322,9; 344,22; 363,13; 372,22;
    380,30; 436,12; 443,4. II 38,8; 49,20;
    85,12; 125,16; 142,23; 156,18; 180,10;
    182,22; 230,19; 242,11. III 6,31; 7,22;
    10,16; 76,23; 99,4; 105,7; 110,28;
    133,11; 169,16; 177,11; 185,22; 187,6;

190,23; 207,24; 220,24; 234,28; 310,14; 436,29; 440,19; 488,22; 502,26. — σαφέστερον I 316,24. II 513,17.

σβέννυμι I 31,27 (σβέσαι); 104,23 (σβεσθείσης); 227,14 (ἔσβεσε); 494,15 (σβέσαι). III 3,8 (ἐσβέσμενος); 270,4 (σβεσθῆναι).

σεβάζω I 123,29.

σέβας II 349,8. III 339,10; 391,5; 398,12; 402,31; 408,3; 485,11.

σέβασμα I 123,11. 16; 167,7. III 453,26.

σέβω I 175,6. III 1,11.

σεισμός III 50,5.

σέλας II 247,17.

σελήνη I 378,2. II 27,18; 28,5; 135,18. III 50,18. 19. 20; 51,4ff.; 60,1ff.; 505,22; 508,6. 7.

σεληνιακός II 297,18. III 243,25; 245,30.

σελίς II 408,5.

σεμίδαλις I 375,20. 22. III 93,27; 511,24.

σεμνοπρεπής III 416,31.

σεμνός I 34,21 (σεμνοὶ ἄγγελοι); 242,21; 305,13; 439,2. III 76,27; 429,18; 430,27; 453,12; 469,33; 471,30; 472,15; 474,25; 493,32; 510,14. — σεμνὸς γάμος I 116,24; 244,25; 253,24; 296,2. II 77,11; 217,8; 230,27; 383,14. III 138,12. 24; 193,27; 522,3. 16.

σεμνότης I 49,14. 16; 254,16. II 201,11; 303,14; 382,9. III 344,24 (σεμνότης βίου); 345,33; 478,18; 493,22; 522,19.

σεμνύνομαι m. Inf. I 368,8. II 63,1; 72,8; 376,26. III 369,10. — τινί I 224,13; 304,18; 357,20. III 131,25; 248,9. — τί I 335,3; 356,2; 380,7. II 43,19; 82,23; 218,15; 380,16; 400,4. III 35,6; 205,4. — ἑαυτὸν σεμνύνειν II 379,18. — ἐν τούτῳ τῷ μέρει σεμνυνόμενοι

III 247,4. — ἐπί τινι I 328,16; 369,20. II 42,16.

σηκός I 104,14. II 285,17.

σῆμα I 167,17; 209,11. 17. III 511,21.

σημαίνω 1) I 16,29; 17,21; 18,14. 21; 24,6; 44,7; 55,15; 82,1; 100,11; 101,13; 104,1; 116,6; 118,16; 132,22; 143,28; 171,15; 200,4; 201,6. 10. 13; 220,13; 221,7; 231,8; 256,19; 297,2; 370,26; 375,12. II 99,3; 104,12; 107,16; 144,7; 179,7. 9; 194,6; 257,18; 292,10; 380,7. III 7,17; 11,18; 32,20; 74,33; 77,26; 155,6; 171,28; 172,21; 179,14; 188,7. 33; 194,3; 200,2; 201,7; 217,30; 220,16; 224,24; 225,11; 311,5; 339,4; 450,4; 454,27; 467,2; 468,21. 2) m. Inf. II 169,4; 246,4; 281,11. III 468,2. — τινά II 42,10; 346,13. III 170,30. — περί τινος I 118,20. II 81,18; 256,15; 273,14f. (berichten); 304,20; 321,23. III 131,7. — σημαίνειν ὅτι III 208,27.

σημαντικός I 12,2; 37,1; 43,14; 61,3. 11; 143,12; 203,6; 209,8. II 131,31; 177,8. III 11,19; 310,28; 397,14.

σημασία II 149,21. III 500,24.

σημεῖον 1) I 103,18; 130,6; 167,18; 198,15; 280,13; 319,14; 379,13. II 377,14. III 85,11; 91,32; 456,29; 459,11; 485,21; 526,5. 2) Wunder I 345,31. 33. III 465,30.

σήμερον I 136,5; 214,21. II 286,6. III 72,7; 95,7.

σηπεδών I 321,3.

σήπω III 360,9.

σηρικός II 388,15.

σής, ὁ II 107,18.

σήψ II 50,6.

σῆψις I 321,10.

σθένος I 311,11. II 459,13.

σιδήρεος I 125,5 (σιδηραῖς). III 511,7.

σίδηρος III 310,17.
σιδηρόστομος III 388,12.
σίελος II 315,20.
σικύα I 446,14.
σικυήλατον II 311,15.
σίμβλος II 198,24.
σινδών II 511,19. III 517,28.
σίνος III 229,22.
σιτίον II 523,10. III 489,30.
σῖτος II 218,7.
σιτόω III 491,12.
σιωπάω I 120,25; 131,3. 5; 221,12; 384,9.
    II 13,14; 515,5.   III 233,11; 341,22;
    462,7.
σιωπή   I 131,4; 165,10.   III 303,31;
    355,11; 382,7; 462,9.
σκάζω I 94,13.
σκαληνός II 200,6; 224,21. — σκαληνῶς
    II 261,25.
σκάμμα II 376,1. III 211,19.
σκανδαλίζω I 23,8; 36,6; 304,3. II 127,6;
    359,9. 12. 22. III 212,30.
σκάνδαλον I 304,1. II 448,18. III 246,5;
    384,18. 22.
σκανδαλώδης III 172,33.
σκαρίζω II 323,22; 343,8.
σκάφος II 62,5.
σκεπάζω   I 439,1.   II 247,17; 376,23.
    III 84,20; 183,25.
σκέπη III 500,26.
σκέπτομαι   I 6,24; 341,18.   II 287,24;
    314,14 (m. Inf.). III 20,3; 433,21. 24.
σκέπω II 508,17.
σκευάζω II 383,6.
σκεῦος 1) der Leib I 96,7; 99,6. 9.
    17. III 439,4; 440,1; 441,25; 519,16.
    2) Leib Christi III 518,8.   3) Gefäß
    I 209,5; 343,17; 365,24. II 53,9; 101,17.
    III 15,3; 108,24; 149,15; 456,28; 459,4.
    10; 461,26; 462,20. 27; 479,30. 4) kirchl.
    Gefäß III 146,6.

σκευώρημα II 52,24; 202,12.
σκευωρία II 158,19.
σκηνή I 389,13.   II 30,17; 305,27. 28;
    388,19. 20. III 267,30; 414,6.
σκηνοπηγία   I 204,5; 205,1. 9; 378,3.
    II 132,9; 282,33 (σκηνοπηγίαι).
σκιά I 409,19; 434,23. 24. 25. II 90,16.
    17. 20; 181,10ff. III 431,7.
σκιαγραφέω II 27,22; 181,20.
σκίασμα II 306,2.
σκιογραφία I 123,14.
σκίρτησις III 463,6.
σκληραυχενία I 344,13.
σκληριάω III 464,27.
σκληρός III 234,6.
σκληρύνω I 341,29; 345,7; 346,1.
σκνίψ II 508,18; 513,23.
σκολιεύω II 134,16.
σκολιός   I 51,18; 124,6; 271,15; 280,7.
    II 52,23; 71,14; 231,3.   III 211,24;
    216,5; 399,21; 482,15; 496,15; 497,19.
σκολιότης II 270,7.
σκολόπενδρα II 311,4. III 414,19.
σκόλοψ II 39,18.
σκοπέω   I 6,3; 122,12; 252,19; 321,1.
    II 183,1; 237,13; 300,10; 517,28.
    III 440,4.
σκοπιά II 209,6.
σκοπός   I 170,1; 174,21; 264,23; 268,6;
    274,9; 298,28; 326,19; 328,19. II 48,24;
    318,4; 409,4. III 36,8; 82,8; 99,17.
σκόροδος II 311,16.
σκόρπαινα II 62,10.
σκορπίζω III 151,12.
σκορπίος   I 275,13; 383,6; 438,9. 10.
    II 363,6. III 140,2. 3.
σκοτεινός   I 247,20.   II 305,23. 25.
    III 498,10. — σκοτεινῶς II 124,24;
    251,1. III 136,23.
σκοτίζω I 56,5. II 164,16. III 103,29.
σκοτομήνη II 513,24.

σκότος I 89,28; 266,29 (σκότει); 276,23
(σκότους). II 202,14. III 456,2. —
σκότῳ I 227,5. II 376,8.
σκοτόω I 187,15. II 207,25; 261,16.
III 252,3.
σκότωσις I 279,12; 337,8. II 256,17.
σκυβαλώδης I 187,4.
σκύλαξ II 311,12.
σκύλευσις II 335,16.
σκυλεύω I 133,30. III 112,11; 114,19;
503,20. 22.
σκύλλω II 375,20.
σκυλμός III 384,11.
σκῦλον I 135,24.
σκύμνος III 118,4.
σκυτάλη II 402,24.
σκυτεύς II 317,13.
σκώληξ I 104,24; 206,15. II 518,24.
III 89,6.
σκῶλος III 179,11.
σκωπτηλῶς III 413,19.
σκώπτω III 368,13; 520,26.
σκωπτωδῶς II 419,4.
σμάραγδος II 388,16.
σμηνεύω I 206,16.
σμικρός I 144,9; 203,22. II 380,6; 510,3;
513,14. — σμικρῶς I 20,27.
σμικρότης I 32,18. III 414,26.
σμικρύνω II 353,18. III 371,13.
σμίλη III 13,17.
σμύραινα I 382,5.
σμυραινώδης II 62,9.
σοβαρός I 219,21.
σοβητής III 429,21.
σορός I 200,25.
σοφία I 20,4; 44,2; 210,5; 218,5.
II 188,25; 212,29; 218,30. III 19,19;
42,9; 89,4; 129,29; 159,27; 168,15;
248,22; 253,2; 374,31; 438,11;
514,11.
σοφίζομαι 1) nachdenken, urteilen

I 98,24. III 274,9; 362,6. 2) weise werden
I 184,30; 202,25. 3) j-n sophistisch
beschwatzen 417,16 (ἡμᾶς βούλονται
σ-εσθαι). 4) Sophisterei treiben I 74,12;
93,9; 99,18; 113,1. II 67,13 (σ-μενοι
καὶ διανοούμενοι). III 211,27 (item);
403,1; 432,28; 443,16.
σοφίζω j-n weise machen II 224,17 (τὸ
σοφίζον ὄντως τὸν προφήην).
σόφισμα I 266,26. II 430,18. III 48,15;
211,28.
σοφιστής I 185,5; 447,3. II 431,5; 432,9.
III 31,9; 92,9; 203,25; 218,11; 341,32;
343,23.
σοφιστικός I 209,3. II 420,15;
500,3. III 362,20; 402,25; 412,8;
416,27; 437,26. 29; 443,9; 452,26. —
σοφιστικῶς III 429,6.
σοφός I 90,18; 202,25; 214,1. II 103,2;
284,19; 325,19. III 137,7; 206,11;
429,13; 512,20. — σοφῶς II 103,7.
III 276,14; 304,2; 383,28.
σπάνη II 386,27.
σπάνιος (3 End.) I 122,16. II 202,19.
III 335,25.
σπάνις I 226,20.
σπαράσσω I 345,22.
σπαργανόω I 127,10. II 259,28.
III 447,30.
σπατάλη III 233,14.
σπείρω I 103,20; 110,20; 170,10; 173,2;
198,14; 269,11; 375,17f.; 376,11
(geschlechtlich). II 80,28. III 91,17;
477,1.
σπένδω I 106,20. III 84,8.
σπέρμα I 79,23; 103,23; 269,10; 282,1;
418,17 (σπέρματα ἐκλογῆς). II 73,3ff.
(bei den Sethianern); 399,22. III 73,20;
105,8. 18. 22; 490,8.
σπερματικός II 330,7; 426,19
(σπερματικὸς λόγος). III 374,33.

— σπερματικῶς I 426,6. III 272,20;
374,10. 14. 16. 33; 402,3.
σπεύδω I 321,12. II 38,2 (ἐπί τι); 210,8.
III 132,9; 214,14; 496,26; 497,7.
σπήλαιον 1) I 228,6; 343,10. II 260,1.
III 465,28. 2) als Aufenthaltsort des
Asketen I 206,11. II 81,8. 22.
σπῆλυγξ II 312,28.
σπιθαμή I 210,17.
σπῖλος I 46,17. 18; 114,27.
σπινθήρ 1) I 249,11. 12. II 202,14.
III 104,6. 2) als gnost. Ausdruck
I 249,11. 12; 250,12. II 49,9; 56,1;
58,15. 18. 21; 73,4; 74,2.
σπινθηροειδής III 104,11.
σπλαγχνίζω I 249,10.
σπόνδυλος I 109,8.
σπορά I 278,2; 313,8; 375,24; 383,18;
438,26; 459,17. II 201,20. III 72,11;
453,30.
σποράδην I 115,17. II 313,5. III 493,19.
σπουδάζω 1) I 6,3; 77,1; 198,21; 281,22;
298,14; 346,20. II 6,6; 38,1; 44,3; 368,7;
520,24. III 452,31; 473,7. 2) m. Inf.
II 86,11; 106,7; 107,13; 307,9. III 17,10;
177,31.
σπουδαῖος 1) wissenschaftlich *eifrig*
I 194,15. II 406,1. 2) mönchisch
ernst I 5,21. III 486,7 (σπουδαῖοι;
Euphemiten); 523,21 (οἱ σπουδαῖοι;
Mönche). — σπουδαίως II 458,13.
III 144,10.
σπούδασμα III 521,6.
σπουδή I 80,6 (σπουδὴν ἔχειν); 171,15
(διὰ σπουδῆς μοι γίνεται); 459,10.
III 247,17.
σταγών II 200,9; 399,20. III 91,18.
στάδιον III 124,9.
σταλάζω I 300,7.
στάμα II 383,9.
στασιάζω II 92,25; 273,18.

στάσιμος III 463,3.
στάσις 1) *Stand* I 103,18. II 39,2
(*Standort*); 72,17; 73,22 (*Bestand*);
77,16; 312,1; 336,19; 501,6 (*Bestand*).
2) *Aufstellung, Behauptung* II 196,7.
III 152,7. 3) *Aufruhr* II 72,19; 92,25;
168,17; 246,1. III 437,17.
σταυρός I 260,5 (ὁ τοῦ σταυροῦ λόγος
Χριστοῦ); 344,7; 348,14; 409,2f.;
420,12. II 285,19 (σφραγίς σταυροῦ
auf dem Aion-Bild in Alexandria).
III 121,15; 216,12; 448,4.
σταυρόω I 115,9; 230,3; 260,12ff.; 318,2;
337,5. II 69,4. 27. 28; 70,11; 152,25;
158,24. 27. 28. 29; 365,12ff.; 521,10ff.;
522,1. III 45,2; 56,10; 61,2; 72,20; 73,3.
4; 165,9; 275,18; 444,18; 460,6; 522,29.
σταύρωσις II 59,23; 65,16. III 121,20.
στάχυς II 375,11.
στέαρ I 217,11.
στέγη I 438,12.
στέγος III 17,20.
στέγω I 6,11.
στέλλομαι τὴν πορείαν I 256,9; 309,15.
III 19,6; 144,17; 145,17; 155,22.
στέμμα II 500,16.
στεναγμός I 297,27. II 330,16.
στενάζω II 461,14. 22; 523,3. III 146,25;
160,16.
στενοχωρέω III 521,16.
στένω III 160,11.
στενωπός I 62,22. III 221,7.
στερέμνιον II 520,19. III 220,7.
στερεός I 6,14; 16,21; 35,11; 242,8.
II 52,29; 53,2; 158,21; 249,11. III 97,19;
239,9; 381,23; 479,4; 497,1.
στερεόω I 16,24; 285,9; 437,19.
III 215,15.
στερέωμα I 243,6. II 29,22; 443,3;
472,13. III 7,8; 56,10; 57,2; 85,19; 86,3.
4. 5; 374,4.

στέρησις III 31,18; 42,4.

στερητικός III 395,22.

στερίσκω I 379,18. III 43,22; 387,1; 388,20; 396,4.

στερρότης I 131,9.

στεφάνη III 522,7.

στέφανος I 103,26; 186,18. II 203,7; 230,24 (im ewigen Leben); 369,27. III 101,11; 474,6; 495,31.

στεφανόω II 388,12. III 135,2. 3.

στῆθος I 104,17.

στηλιτεύω I 340,10.

στήμων I 209,24.

στήριγμα I 393,12.

στηριγμός III 487,9.

στηρίζω I 154,5; 403,19; 408,15. II 106,4; 363,8; 520,14. III 491,13.

στιβάζω II 57,13.

στιβαρός I 218,2.

στιγμή I 11,24.

στιλβόω III 208,2.

στῖφος I 252,11. III 162,17.

στιχηρός I 329,16. III 352,10.

στίχος II 529.

στοιχεῖον 1) I 186,10. II 192,6. III 84,15. 2) Buchstabe II 1,7. III 35,1. 3) Gestirn I 211,22. III 51,18; 167,6.

στοιχείωσις III 35,1.

στοιχέω I 162,9; 163,2. 5; 173,20. 22; 203,8; 214,19. III 91,9; 97,7.

στολή I 209,14.

στόμα I 27,8 (στόματι καὶ οὐ καρδίᾳ); 130,16 (διὰ στόματος); 305,15 (ἐπὶ στόματος φέρειν). III 33,6; 73,18; 75,14; 136,25; 137,21 (τὸ ἀψευδὲς στόμα); 241,2. 5; 345,29; 484,25; 489,14. 20.

στόμιον III 16,10.

στραγγαλιώδης I 51,19. III 186,9; 211,24; 399,21.

στρατεύω I 61,6 (ἐστρατευμένος κατά

τινος); 126,4 (Akt. trans.). II 307,6; 311,2. III 18,5; 195,2; 296,18; 348,8; 454,1.

στρατήγημα I 342,18.

στρατηλάτης III 167,2; 486,16.

στρατιά I 19,21; 52,23. III 166,9; 482,30.

στρατοπεδεύω I 182,3.

στρατός III 24,1; 333,14.

στρεβλόω III 372,17.

στρέφω 1) Akt. III 96,16. 20; 132,7; 232,10. 2) Med. sich umwenden I 44,4; 49,1; 247,5. III 76,3; 461,30; 472,24; 483,26.

στρῆνος III 17,24; 19,6.

στροβέω II 514,5. III 32,23.

στρόβησις I 212,8.

στρογγυλοειδής I 67,2.

στρογγύλωσις II 200,10.

στρουθός II 162,27.

στροφάλιγξ II 316,21.

στρυφνότης II 376,20.

στρωμνή I 211,1.

στυγερός II 373,23. III 498,12.

στυγέω I 131,10. II 49,16. III 475,4.

στυγητός I 123,2.

στυγνάζω III 160,17.

στῦλος I 57,18 (στῦλος τοῦ φωτός bei den Manichäern); 366,22. II 31,18; 513,26. III 60,10. 11; 102,4; 183,9. 24f.

στυπεῖον I 57,2; 58,4.

στύραξ II 249,1. III 220,22; 475,20.

στώμυλος I 171,3.

συγγένεια I 181,6; 228,10. II 67,8; 72,24. III 217,20; 401,31; 477,23.

συγγενειάζω III 408,13.

συγγενής I 41,17; 319,27; 344,15; 360,22. II 54,11; 321,29; 520,15. III 464,14. 22.

συγγένισσα III 468,15.

συγγίνομαι   I 241,4   (geschlechtlich).
II 317,8 (zeitlich).

συγγινώσκω I 156,9. III 520,13.

συγγνώμη   II 155,12;   401,16   (σ-ην
ἀπονεῖμαι). III 138,16; 520,25.

συγγνωμονέω   II 231,10.   III 221,9;
241,6; 521,17.

συγγνωστός II 364,8; 371,16. III 73,14.

σύγγραμμα   I 169,16;   174,15;   183,5;
298,21;   335,4;   445,17.   II 63,14;
72,6; 240,7; 312,9; 317,10.   III 352,5;
360,24.

συγγραφεύς   I 155,7;   169,15;   170,18;
171,15;   179,2;   338,13;   384,6;   435,21.
III 431,12; 501,4.

συγγραφή II 501,7.

συγγράφω I 69,18; 155,17; 218,4; 271,10;
284,14; 445,16. II 75,9; 338,6; 500,8.

συγκαλέω I 24,6; 253,11. 15. 16. II 195,8.
III 126,11; 144,10; 155,12; 159,15. 18.

συγκαταβαίνω II 167,1.

συγκατάθεσις   I 5,13;   167,11;   333,20.
III 110,7; 434,27; 516,22.

συγκαταθετικός I 96,10. III 440,8.

συγκαταμίγνυμι II 49,8.

συγκατατίθημι   I 43,10.   II 391,14.
III 108,25; 520,22.

συγκάτειμι (zu εἶμι) III 437,32.

συγκατέρχομαι III 518,1.

σύγκειμαι   I 20,13;   385,6.   II 26,3.
III 35,2.

συγκεράννυμι   von der Verbindung der
Gottheit mit der Menschheit I 112,14.
II 201,4; 504,15.

συγκλάω I 183,9.

συγκλείω I 369,11.   III 340,20; 517,28;
518,1.

συγκληρονόμος II 131,16. III 503,4.

συγκλητικός II 82,4.

συγκοινωνέω I 22,24. II 378,29. III 37,2;
40,25.

σύγκρασις I 392,3; 394,1; 395,5. III 54,4;
59,2; 86,26.

συγκρίνω I 386,16. II 223,12. III 75,34;
382,17; 388,29; 410,9.

συγκροτέω   III 144,21;   147,14;   148,14;
160,27; 172,20; 233,2.

συγκρούω I 369,7 (Akt.). III 375,22.

συγκτίζω III 398,32.

συγκύρημα II 93,10.

συγκυρία I 342,20. II 260,17.

συγχαίρω II 92,22.

συγχέω   I 440,28.   II 78,5;   169,27.
III 371,2; 397,26.

σύγχρονος I 179,6; 184,4. 12; 185,24;
321,15; 383,9.   II 199,9.   III 36,13;
407,9. — τινός I 309,2. 5. 6; 334,7.
III 140,23;   141,1;   155,4. — τινί
I 321,17. II 219,8. III 406,19.

σύγχυσις I 100,25 (keine σύγχυσις in
dem geschichtlichen Christus – wohl
aber κρᾶσις);   390,9   (als valentin.
Stichwort).   II 515,6.   III 383,23;
396,22; 397,20.

συγχωρέω I 53,19; 74,3 (zugestehen). 6
(verzeihen);   156,12;   311,30;   369,25.
II 95,3; 103,12. III 40,1; 105,6; 106,26.
27; 145,25; 381,33; 388,14; 395,12. —
συγχωροῦμαι mir wird erlaubt I 276,10.
II 146,15. III 133,26; 146,7.

συγχώρησις III 40,1; 142,4; 521,20.

συζεύγνυμι   I 10,19;   14,25;   274,10;
275,12;   279,1;   283,14;   363,3;   387,9;
389,7.   II 41,22;   247,13;   515,11.
III 18,15; 225,12.

συζητέω I 452,20. III 21,1; 234,3.

συζήτησις III 31,5; 118,25; 402,24.

συζυγέω III 216,14.

συζυγία   I 237,5. 10;   244,25;   383,1;
384,27; 385,7; 386,15; 389,5. II 45,11;
76,24; 87,23; 92,24. III 469,27; 474,29;
493,10. 20.

σύζυγος Ι 107,2; 240,1. ΙΙ 77,21; 156,8; 239,17 (τινός). ΙΙΙ 462,33; 483,18.

συκῆ Ι 68,17; 79,22; 217,2. ΙΙ 112,10; 266,13. 16; 452,7. 12. 13. 15. ΙΙΙ 29,20; 316,18; 432,11. 12; 483,15.

σῦκον Ι 79,22.

συκοφαντέω Ι 254,17; 264,17; 270,7; 289,1; 295,5; 313,11; 355,15; 459,24; 460,7; 461,27; 462,8. ΙΙ 80,11; 86,22; 151,22; 160,12f.; 414,16; 507,19. ΙΙΙ 147,26; 149,17. 22; 150,4; 241,20; 247,14; 397,20; 410,1. — σεσυκοφαντημένως Ι 199,5. ΙΙ 337,23. ΙΙΙ 156,16.

συκοφάντημα Ι 361,17.

συκοφάντης Ι 245,12; 253,23. ΙΙΙ 139,25; 148,13; 150,11.

συκοφάντησις ΙΙΙ 268,27.

συκοφαντία 1) Ι 212,15. ΙΙ 251,17 (*Verdächtigung*). ΙΙΙ 36,12; 73,28; 150,18; 178,23; 312,2. 2) *Betrug* Ι 265,12. ΙΙ 165,31.

συλαγωγία Ι 240,14.

συλάω Ι 276,19. ΙΙ 124,12; 196,23. ΙΙΙ 32,26.

συλητής ΙΙ 140,20.

συλλαβή ΙΙ 10,18; 11,22; 22,13. 15. 18; 393,6.

συλλαμβάνω 1) Ι 40,8; 46,9; 54,19; 113,2; 116,23; 145,7; 227,20. ΙΙ 126,4. 5; 317,15. ΙΙΙ 74,16; 141,6. 17; 393,14; 448,1. 2) *empfangen* Ι 327,7. ΙΙ 87,23; 257,23. ΙΙΙ 175,24; 447,24.

συλλέγω, συλλέξαι Ι 118,22; 210,20; 233,4; 241,9; 270,1; 276,21; 282,12; 286,2; 288,12 (συλλέγειν ἑαυτόν). ΙΙ 70,25; 107,11 (συλλελεγμένος); 248,2; 273,17; 414,19. ΙΙΙ 465,32; 513,2.

συλλειτουργός Ι 2,20. ΙΙ 96,22. ΙΙΙ 256,13; 269,1; 270,3 (τῶν ... κυρίων συλλειτουργῶν syn. Anc.). 22 (κύριοι τιμιώτατοι συλλειτουργοί; syn. Anc.).

συλλήβδην Ι 147,29. ΙΙ 518,9. ΙΙΙ 74,16.

σύλληψις Ι 17,3; 80,12; 360,6; 376,17. ΙΙ 104,24; 257,25; 269,26; 300,11. ΙΙΙ 189,4; 245,32; 462,32; 472,16; 474,13.

συλλογή Ι 243,1; 279,16. ΙΙ 511,6.

συλλογίζομαι ΙΙΙ 218,13; 235,7. 8; 236,15; 366,17; 371,21; 375,25; 376,13; 388,23; 391,25; 407,25.

συλλογισμός Ι 58,13. ΙΙΙ 218,11; 232,5; 373,23; 378,9; 388,4; 407,24.

συλλογιστία ΙΙΙ 399,3.

συλλογιστικός Ι 45,9. ΙΙ 420,16. ΙΙΙ 219,30; 360,16; 361,7; 371,18; 375,19; 378,9; 381,13; 384,14; 385,23; 388,11; 389,26.

σύλλογος ΙΙΙ 259,17 (τοῦ κοινοῦ τῶν ἐπισκόπων συλλόγου τε καὶ τοῦ κανόνος); 513,23.

συμβαίνω Ι 35,30; 184,28; 196,17; 197,1. 7; 204,7; 276,4; 342,26; 346,4; 367,4. 9. ΙΙ 48,31; 69,23; 90,15; 98,11; 267,17; 336,11; 374,16; 385,26; 523,1. ΙΙΙ 27,18; 49,14; 50,12; 82,25; 91,31; 117,26; 145,27; 150,5; 153,8; 237,13; 244,13. 26; 246,11. 29; 248,13; 297,21; 303,1; 341,8; 345,20; 380,2; 386,29. 31; 430,16; 443,20; 453,3. — εἴς τι ΙΙ 201,8; 409,3. ΙΙΙ 249,5; 302,17; 500,15.

συμβάλλω Ι 399,24; 455,17; 457,19. ΙΙ 95,3. ΙΙΙ 184,9; 459,8.

συμβασιλεύω ΙΙΙ 153,3; 257,24.

σύμβασις ΙΙ 390,12.

συμβαστάζω ΙΙΙ 134,19.

συμβιβάζω ΙΙΙ 428,27; 434,21.

συμβιβασμός ΙΙΙ 38,11.

σύμβιος Ι 268,10; 340,21. ΙΙΙ 124,29.

συμβιόω ΙΙΙ 156,7.

συμβολικός Ι 454,4; 456,3. ΙΙΙ 503,13. — συμβολικῶς Ι 463,13.

σύμβολον *Sinnbild* ΙΙ 60,5; 303,4.

συμβουλεύομαι 1) I 143,10. 2) I 309,9; 314,19.

συμβουλευτικός III 385,9.

συμβουλεύω I 338,23; 339,4. II 125,12. III 115,15; 366,5; 434,16.

συμβουλία I 176,22; 181,4; 253,9. II 231,22. III 115,16. 18; 252,25; 483,5.

συμβούλιον I 175,21.

σύμβουλος III 233,23; 486,24.

συμμαίνομαι III 366,3.

συμμαχέομαι III 286,28; 387,28.

συμμαχία II 288,25.

συμμετέχω I 41,21. III 404,2.

συμμέτοικος I 279,23.

συμμετοχή III 363,28; 365,23; 447,13; 504,1.

συμμετρία II 231,8; 478,5.

σύμμετρος II 371,16; 456,1.

συμμιαίνομαι III 160,18.

συμμίγνυμι I 32,30; 206,6. II 77,13. III 146,14; 396,16.

συμμολύνομαι III 146,29.

σύμμορφος in der Trinität I 82,3 (τρία ἔμμορφα τρία σύμμορφα). III 316,4; 318,17.

συμμύστης III 159,16.

συμπαράκλητος III 331,9.

συμπαραλαμβάνω I 32,23. II 61,3; 189,12; 197,19; 268,14f. III 6,6.

συμπαραμένω II 188,30; 378,28.

συμπάρειμι (zu εἰμί) III 414,24; 488,21.

συμπαρίστημι I 297,22.

σύμπας I 92,4; 186,18; 253,21. II 235,5. III 94,13; 212,20. 26.

συμπάσχω 1) I 227,25. III 174,24. 2) von der Gottheit mit der Menschheit I 113,21. III 174,24.

συμπείθομαι III 243,6.

συμπεριέχω III 404,2.

συμπεριλαμβάνω I 18,12; 32,24;

45,18. 25; 145,21. III 6,6; 404,14. — συμπεριειλημμένως III 409,6.

συμπεριληπτικός III 203,30.

συμπεριπλέκομαι I 239,24.

συμπεριφέρομαι I 283,26.

συμπίνω III 518,17.

σύμπλευρος I 29,18. III 193,23.

συμπληγάς I 197,2; 204,10.

συμπλήρωσις II 248,11; 427,13.

συμπλοκή III 346,32.

συμπολίτης I 41,18; 360,23.

συμπονέω III 521,6.

συμποσιάζω I 280,20.

συμπράττω I 11,2; 208,6; 320,19. II 188,14; 338,10. III 145,3; 328,25. 28.

συμπρέπω I 99,11; 365,11. II 176,24. III 367,8. 11; 368,28; 370,11; 377,21; 387,9; 400,2. 7; 401,10; 403,18; 408,15; 491,3. — συμπρεπόντως III 381,8; 385,10; 408,35; 443,4.

συμπρεσβύτερος I 5,8; 6,20; 155,4; 170,27. III 153,15.

συμπροσκυνέω I 60,16 (συμπροσκυνεῖται αὐτῷ καὶ ἡ πορφύρα) 147,13. III 400,14; 407,4. 5.

συμπροσκυνητός III 408,17. 19.

συμφέρω I 268,6. II 134,21. III 160,25; 463,15.

σύμφημι I 42,26. II 495,4.

συμφθείρομαι II 400,18.

συμφοιτητής II 1,3.

συμφορά I 275,8; 446,1. II 8,25. III 297,21.

συμφύρω III 396,15.

συμφυσιόω I 79,19.

συμφωνέω I 329,19; 334,4. II 38,6; 92,23; 96,14; 106,22; 139,4; 140,21; 217,5; 251,25; 391,21. III 79,2; 122,8. 19; 150,4; 247,19; 338,5. 23; 434,16.

συμφωνία I 82,5; 88,16; 162,9. II 92,22;

124,17; 157,13.   III 113,15; 122,3;
128,19; 243,14; 381,25.

σύμφωνος I 7,11. II 147,13. III 37,1;
163,25. — συμφώνως   I 432,16.
II 252,18. 24; 281,19. III 6,4; 269,18.

συμψέλιον II 358,23.

συμψηφίζομαι I 232,7.

συναγείρω I 257,2. II 93,9; 190,2.

συναγένητος III 158,28.

συνάγιος I 82,2. III 318,16.

συνάγω 1) I 9,23 (ἑαυτῷ   συνάγων);
19,20; 23,21; 32,32; 41,5; 73,26; 77,2;
93,11. 13; 97,3; 100,10. 28; 116,6;
122,8; 170,20; 243,2; 246,8. 20; 281,15;
282,8; 296,22 (συνάξασαι); 333,10
(συνάξειεν).   II 41,11; 90,2; 124,15;
135,23; 179,22; 182,17 (συνήγαγες);
192,5; 227,17 (συναγαγεῖν); 318,18;
325,17; 337,5; 356,6 (τὸν νοῦν συνάγει
ἐπί τι); 372,12; 388,13; 408,1; 515,13
(συνήγαγεν).   III 23,9; 74,14; 112,20
(συναγήοχεν); 177,8; 178,31; 195,11;
204,27; 217,17; 243,8. 16; 462,23;
467,13.   2) eine Gemeinde sammeln
II 41,11 (συνάγειν ἑαυτῷ ἄθροισμα);
81,9 (von dem Anachoreten, der einen
Kreis um sich sammelt).   III 242,4
(συνάξαι   οἰκουμενικὴν   σύνοδον).
3) in die Gemeinde aufnehmen II 313,9
(συνάγειν τινά). —συνάγεσθαι II 95,3
(in die Gemeinde aufgenommen werden);
212,9 (in die Gemeindeversammlung
gehen,   sie   abhalten);   312,30   (sich
versammeln); 358,11 (in die Gemeinde
aufgenommen werden).   III 43,4 (ἡ ἀπὸ
φθαρμάτων κακώσεως συναγομένη
ὕλη); 241,27 (ἡ συναχθεῖση σύνοδος);
244,22; 249,17; 341,3; 379,15; 525,26
(ὁ χαρακτὴρ τῆς ἐκκλησίας ...
συνηγμένος ἀπό τινος).

συναγωγή 1) Sammlung I 57,27; 279,16.

II 383,12. III 334,4.   2) von der alttest.
Gemeinde I 142,19. 23; 332,3 (Synagoge,
Versammlungsraum);   346,24;   357,18
(die Ebionäer nannten ihre Kirche
συναγωγή).   II 44,17 (Gemeinde von
Heracleon ἵνα καὶ ἑαυτῷ συναγωγὴν
ποιήσηται); 247,20; 329,14.

συνάδελφος   I 12,12 (abgelehnt für das
Verhältnis von Vater und Sohn); 14,20
(für das des Geistes zum Sohn). II 392,13.
19 (οὐ συνάδελφον πατρί v. Geist).
III 201,4; 219,23 (οὐ   συνάδελφον);
310,27; 330,20; 394,5; 400,7.

συνᾴδω   I 16,13; 54,28; 62,24; 183,7.
II 124,16; 135,24; 188,4; 306,19; 353,5;
386,25.   III 116,4; 163,26; 458,2. —
συναδόντως I 245,8. II 170,10; 182,15.
III 81,22.

συναθροίζομαι I 204,3; 348,12. III 486,6.

συνάθροισις II 5,5.

συναΐδιος III 158,28; 266,5; 407,9.

συναινέω III 260,2.

συναιρέω I 121,29; 179,16. II 188,6.

συνακμάζω II 4,5; 203,3. 10. III 143,28.

συνακμαστής III 140,23.

συναλίζομαι I 231,6.

συναλοιφή I 11,18; 12,12; 13,9. 24; 18,15;
57,15; 58,5; 101,13; 102,19. II 348,25
(περιστερά);   356,14   (περιστερά);
392,3; 394,25 (περιστερά).   III 11.
8. 18; 182,7; 201,5; 217,32; 255,23;
310,20; 311,4; 329,14; 330,2. 12. 13;
346,20; 368,26; 389,8; 406,21; 514,17;
517,3; 520,6.

συναμαρτάνω I 108,10.

συναμιλλάομαι I 171,18.

συναναλαμβάνω III 245,27.

συναναστροφή III 522,3.

συνανατείνω II 169,14.

συνανατρέφω I 70,20. III 44,9.

συνανατροφή I 324,13.

συναναφέρω I 389,4. II 198,11.

συνανέρχομαι III 339,20.

συναντάω I 334,18; 364,2. II 160,13;
277,15; 302,21; 391,10.   III 85,11;
135,17; 467,8; 497,19.

συνάντησις I 38,8. II 273,25; 333,7.

σύναξις   *Abendmahlsfeier*   I 279,4.
III 144,2 (ἔχων ἰδίαν τὴν σύναξιν σὺν
τοῖς ἰδίοις Melitius); 154,3 (κατὰ τὴν
εἰθισμένην σύναξιν); 161,20; 491,17;
522,26 (Gottesdienste am Mittwoch,
Freitag und Sonntag); 523,15; 525,18
(an manchen Orten auch am Samstag
Gottesdienst).

συναπάγω I 99,5; 298,13.   II 133,4.
III 133,20; 154,21.

συναπατάω I 255,19.

συνάπτω 1) Akt. *verbinden*   I 63,23;
184,25; 187,5; 188,12; 323,7; 387,8f.
II 117,12; 175,16; 183,4; 302,16; 303,6;
379,4. III 217,10.   2) Pass. *verbunden
werden* I 58,5; 351,20. II 42,13; 49,4;
96,11; 165,28; 272,4; 288,22 (politisch).
III 518,20 (συνήφθη εἰς μίαν ἑνότητα
καὶ μίαν θεότητα Vereinigung der
Menschheit mit der Gottheit). 3) Pass.
sich anschließen I 21,20. 25; 22,5. 11;
210,8; 218,2 (συνήφθη); 236,13; 237,9;
267,18; 335,15; 336,1. II 270,10; 400,3
(τῇ πονηρίᾳ συνάπτεσθαι). III 2,5;
48,1; 136,20; 213,13; 458,29; 468,5.
4) Pass. *geschlechtlich umgehen* I 22,8;
29,8; 334,16; 340,24. II 76,21; 361,12;
399,6. III 17,22; 20,5; 118,26; 134,1;
397,25; 464,15; 514,3.

συναρέσκω II 171,1.

συναριθμέω I 34,17; 145,27. II 15,3;
27,14. III 204,4 (οὐκ ἂν τῷ ἀκτίστῳ
πατρὶ καὶ υἱῷ); 228,3; 313,23 (μὴ
συναριθμοῦντες αὐτὸ πατρὶ καὶ υἱῷ
ἐν τῇ θεότητι); 332,17; 350,6 (τὸ

συναριθμηθῆναι ... πατρὶ καὶ υἱῷ);
410,6.

συναρίθμιος I 258,13.

συναρπάζω   I 224,13.   II 425,3.
III 350,31.

συνάρχομαι III 32,21.

συναυλίζομαι III 77,6; 518,17.

συνάφεια 1) *geschlechtliche Verbindung*
I 71,5; 239,23; 357,20. II 87,23; 262,3.
III 37,14; 91,23; 146,14; 193,27; 457,4;
458,6; 463,12. 24; 470,23. 26; 493,15;
499,5.   2) theol. I 57,25 (συνάφεια
ἄρτων − die *Vereinigung* der Brocken
zu einem Brot); 358,5 (die *Verbindung*
des Χριστός mit dem Ἰησοῦς bei
den Ebionäern). III 501,26. 3) polit.
Bündnis III 288,21.

σύνδεσμος I 10,13; 12,16; 13,20; 31,17;
231,16.   II 162,10; 248,2; 392,27
(der Geist σύνδεσμος τῆς τριάδος).
III 220,18; 233,21; 243,24; 244,22;
301,24; 310,29; 329,23; 400,5.

συνδέω I 15,24; 438,9. II 176,23.

συνδημιουργέω 1) III 398,33.   2) vom
Logos und dem Geist   I 24,10. 11.
3) vom Vater und dem Sohn I 253,15.

συνδημιουργός I 37,12. 18; 253,11.
III 12,4; 202,14.

συνδιαιτάομαι II 218,17.

συνδίαιτος I 32,33.

συνδιακονέω I 82,24.

συνδιάκονος III 526,8.

συνδιατριβή I 377,25.

συνδιατρίβω III 37,2.

συνδοξάζω 1) *dasselbe wie/mit* jemand(em)
glauben I 106,9. III 81,9.   2) theol.
I 4,1 (ein Geist mit Vater und Sohn).
III 350,5 (ὡς μὴ συνδοξαζομένου τοῦ
πνεύματος πατρὶ καὶ υἱῷ).

σύνδουλος II 418,9. III 167,3.

συνδυάζω I 175,21.

συνδυασμός III 175,18. 24; 279,20.

συνδυναμόω von der Vereinigung der Gottheit mit der Menschheit I 100,26.

σύνεγγυς II 199,11. III 147,21.

συνέδριον I 255,22. III 298,15.

συνεθίζω III 112,17.

συνείδησις I 214,17; 218,18. II 185,12; 240,10 (ὑπὸ συνείδησιν εἶναι). III 491,5; 501,26; 513,10.

συνειδός III 73,14.

σύνειμι (zu εἰμί) I 82,4; 92,15; 133,13; 210,10; 230,21. II 320,16; 371,13. III 28,1; 174,22; 201,4; 228,12; 394,22; 445,4; 459,19; 514,23; 517,19. 23.

συνείρω I 207,2.

συνείσακτοι II 400,1. 10 (γυναῖκας ἐξυπηρετουμένας αὐτῷ, φημὶ συνεισάκτους: Geschichte von einem Bischof in Palaestina, dem man Verkehr mit den Syneisakten nachsagte). III 140,10; 461,31.

συνεισφέρω I 63,12. II 82,12. III 356,17; 390,7; 391,7; 416,21.

συνεκτικός III 193,4.

συνέλευσις I 391,9. II 312,28 (*Versammlungsort*). III 467,21; 489,22; 511,12.

συνενόω 1) I 274,11. III 79,17; 215,15; 247,17; 349,32. 2) von der Vereinigung der Gottheit mit der Menschheit I 73,25; 101,2; 112,6; 148,20; 228,5; 230,5; 231,19. II 195,27f.; 197,33; 198,11; 354,13; 394,20; 503,22. 25; 504,5. 15; 505,6. III 190,12. 13; 210,6; 213,11. 13; 225,20. 23; 240,28; 383,24; 441,26. 27; 448,17; 475,15; 518,8. 12. 26.

συνένωσις II 354,7 (μίαν ἑνότητα σημαίνων τῆς τοῦ Λόγου συνενώσεως καὶ τῆς ἐνανθρωπήσεως). III 161,22 (συνένωσις τῆς ἐκκλησίας); 225,15; 227,23; 228,16. 25; 252,15; 501,11.

συνεξισόω III 397,21; 401,32.

συνεορτάζω I 166,26.

συνεπιδίδωμι I 204,12. III 148,1.

συνέπομαι I 38,10; 214,5; 245,3; 342,11; 365,14. II 3,21; 187,4; 199,14; 315,18; 338,2. III 243,14; 411,31; 453,19; 499,14; 521,34.

συνεργέω I 87,7; 89,13; 189,26; 252,8. 9; 342,7; 343,5. II 320,17. III 81,9; 325,5.

συνεργητικός III 84,12.

συνεργός I 82,3; 320,15 (τινός). 17 (σύν τινι). II 270,3; 335,12. III 156,5 (τινός); 318,17.

συνέρχομαι I 215,7; 248,6; 375,21. II 2,10; 3,24; 73,13. III 242,5. 20; 297,2.

συνεσθίω I 279,22. III 518,16.

σύνεσις I 35,2; 76,16; 106,10; 109,6; 195,25; 243,3; 254,23; 272,4; 320,8; 345,28; 381,21. II 48,30; 49,1; 83,18; 148,5; 184,15; 193,11; 222,3; 224,11; 225,2; 236,9; 254,15. III 32,23; 88,6; 99,21; 117,17; 169,14; 172,6; 185,13; 188,9; 197,16; 336,2; 351,6; 362,15; 446,15; 476,4; 479,7.

συνετίζω I 184,30. II 236,1; 346,4; 511,23.

συνετός I 76,8; 245,7; 267,1; 270,5; 280,4. 6; 306,6; 311,14; 320,10; 377,9; 383,22; 436,1; 458,15. II 47,13; 83,20; 105,20; 184,19; 217,1; 241,2; 312,3; 340,2. III 12,22; 17,15; 36,14; 38,10; 48,14; 51,9; 88,14; 97,28; 100,9; 128,22; 254,25; 267,14; 345,31; 411,30; 417,7; 475,19; 476,2; 501,7. — συνετῶς II 157,7. III 240,4.

συνευδοκέω I 230,22. II 139,8; 160,24. III 150,29; 174,21.

συνεύχομαι als Zeichen der kirchl. Gemeinschaft III 2,4; 143,27; 230,7; 513,13.

συνέχεια ΙΙ 260,11.

συνέχω Ι 241,4; 300,6 (συσχεθείσης); 305,12. ΙΙ 69,15 (πάθει συνεχόμενος); 80,6. ΙΙΙ 145,13; 176,18; 239,20; 241,6; 380,8. 25; 381,3; 394,1; 398,31; 441,17.

συνεχῶς Ι 210,14; 236,20; 338,23. — συνεχέστατα Ι 166,30. ΙΙΙ 13,8.

συνηγορέω ὑπέρ τινος Ι 14,8. ΙΙΙ 330,9; 430,21 (πρός τινος); 474,27 (τινί).

συνήθεια 1) *Umgang* Ι 42,15; 54,13; 69,18; 97,20; 106,22; 290,9; 375,5 (*geschlechtlicher Umgang*). 12. 30; 380,3. ΙΙ 83,26; 166,8; 228,11; 269,13 (*Bekanntschaft*). ΙΙΙ 50,11; 78,21; 429,12; 493,10; 494,17. 2) *der gewöhnliche Sprachgebrauch* Ι 106,15. ΙΙ 100,15.

συνήθως Ι 463,24. ΙΙ 117,17; 218,28; 241,16; 248,17; 522,11. ΙΙΙ 229,27; 255,4; 332,34; 414,21; 451,22.

συνηλικιώτης Ι 342,5.

συνηνωμένως ΙΙΙ 364,32.

σύνθεσις Ι 15,17; 45,24; 80,20. ΙΙ 408,5. ΙΙΙ 317,15; 337,11.

σύνθετος Ι 20,12; 43,8; 98,1; 107,2. ΙΙ 22,11. ΙΙΙ 159,7. — συνθέτως ΙΙΙ 279,6.

συνθήκη ΙΙ 237,11. ΙΙΙ 454,23.

σύνθημα Ι 81,22. ΙΙΙ 22,3; 248,7; 318,12.

σύνθρονος Ι 27,17 (vom Sohn). ΙΙΙ 44,11.

συνίημι Ι 51,22; 63,4; 81,18 (συνίω); 110,8; 124,10 (συνιέντων); 143,15 (συνήκασι). 20 (συνῆκαν); 365,20 (συνείς). ΙΙ 33,9. 10; 457,12. ΙΙΙ 92,5; 107,7; 225,1; 432,34; 504,14.

συνίστημι 1) *aufstellen, errichten* Ι 300,20; 353,13. ΙΙ 102,17; 179,21; 318,15; 412,16. ΙΙΙ 18,4; 22,5; 40,20; 380,3; 384,14; 438,34. 2) *dartun, beweisen* Ι 43,9; 264,4. 5; 320,9. 28;

459,7. ΙΙ 42,12; 77,24; 89,13; 183,3; 187,12 (*behaupten*); 190,9; 195,18; 345,13. ΙΙΙ 113,13; 114,14; 136,5; 199,28; 342,24; 436,14. 3) *empfehlen* Ι 9,8; 212,10; 372,18. ΙΙ 189,16. ΙΙΙ 24,8; 136,5. 18; 273,24. — συνίστασθαι *bestehen* Ι 166,11; 182,18; 186,13; 187,26; 251,12; 319,16; 461,9. ΙΙ 101,8; 103,15; 161,13; 170,25; 286,22. ΙΙΙ 51,12; 91,20; 96,23; 100,12; 193,17; 397,29; 409,4.

συννεφέω ΙΙΙ 72,20.

συννεφία ΙΙ 373,13.

συνοδεύω Ι 344,26. ΙΙ 218,17; 378,23.

σύνοδος ΙΙΙ 144,11. 21; 147,5. 14; 148,14; 233,2; 241,27; 242,4; 249,18; 250,28; 268,30 (ἡ ἁγία σύνοδος); 296,11 (*Genossenschaft*: τῆς αὐτῆς αἱρέσεως καὶ συνόδου); 302,1bis; 309,18 (τῇ κατ᾽ αὐτὸν συνόδῳ *ganz im Sinn der Partei*); 310,3; 312,4; 332,19 (πρὸς γὰρ τὸ ὑποπῖπτον ἐν καιρῷ αἱ σύνοδοι τὴν ἀσφάλειαν ποιοῦνται); 334,15; 417,15 (*Synode*); 513,24 (σύνοδος οἰκουμενική).

σύνοιδα ΙΙΙ 297,22.

συνοικοδομέω Ι 204,12.

συνομιλέω ΙΙ 514,2. ΙΙΙ 466,26.

συνόμιλος ΙΙ 402,13.

συνομολογέω ΙΙΙ 370,7; 408,23; 446,27.

συνοράω Ι 451,12. ΙΙΙ 409,23.

συνουσία Ι 353,5.

συνούσιος Ι 12,14; 353,5. ΙΙ 460,5.

σύνταγμα Ι 170,18; 212,14; 294,17; 306,5. ΙΙ 105,8; 182,17; 339,4. ΙΙΙ 259,24. 28. 31; 351,16; 497,13; 520,24.

συνταγμάτιον ΙΙ 63,13; 64,20. ΙΙΙ 360,11.

συντάκτης ΙΙ 214,1 (von Origenes); 398,17.

σύνταξις 1) Ι 176,16; 203,15; 276,25; 323,11; 383,3. ΙΙ 45,7; 85,3. ΙΙΙ 451,21;

512,3. 2) *Schrift* I 184,6; 220,10; 233,10; 297,14. II 106,7. 14; 123,18; 124,4. 23; 182,7; 414,4.

συντάσσω 1) I 159,18; 161,22; 169,21; 215,12. III 136,10. 12; 436,4. 2) *abfassen* III 398,13; 435,22.

συντέλεια I 414,15; 417,2. II 222,5. 10. III 67,3; 98,19; 105,10; 263,22; 501,12.

συντελέω II 222,6.

συντέμνω III 501,8. 13.

συντηρέω III 199,12.

συντίθημι 1) *zusammensetzen* I 387,16; 389,10. 2) Med. I 53,19; 358,2. II 128,25; 162,16; 177,16. III 8,9; 248,7; 406,18; 434,1; 435,26. — λόγον σ. *abfassen* I 170,22. — τὴν αἵρεσιν σ. III 487,1.

συντομία I 63,22; 187,10; 331,24. II 44,6; 377,18. III 116,8; 449,12; 500,10.

σύντομος I 59,30; 121,29; 171,26; 184,6; 207,4; 212,29. II 80,8; 124,22; 189,10 (ἐκ συντόμου); 387,12; 508,27. III 495,20; 496,13. — ἐν συντόμῳ I 233,2; 359,9. II 92,6. — συντόμως I 110,26; 193,6. II 202,15 (συντόμως χρῆσθαί τινι); 207,27. III 411,21; 451,20; 521,26.

συντρίβω I 186,17; 245,21; 267,10; 300,15; 321,11; 464,4. II 44,5; 190,6; 402,26. III 132,5; 140,1; 229,2. 23; 255,2; 414,20; 484,18.

σύντροφος III 464,9.

συντυγχάνω I 204,9; 340,1; 363,26; 366,2 (συντετυχηκέναι). II 72,4; 82,11; 199,5; 405,14; 521,14. III 33,19; 434,14.

συντυχία II 378,21.

συνύπαρκτος I 82,3.

συνυπάρχω I 448,13. II 317,8. III 385,17.

συνυπνόω II 242,3.

συνυπόστατος I 82,4 (τρία ἐνυπόστατα τρία συνυπόστατα). III 318,18.

συνυπουργέω III 407,3.

συνυφαίνω I 183,8; 246,11. III 40,9; 92,14.

συνῳδός I 7,11; 43,6; 106,6; 188,18; 253,26; 362,4. II 66,29; 72,15; 303,24. III 497,25.

σύριγμα I 366,16; 437,1; 463,26. II 336,11.

σύριγξ II 513,15.

συρρήγνυμι I 197,2.

συρφετώδης I 223,16; 442,3. III 493,6; 494,4. — συρφετωδῶς I 103,8.

σύρω I 346,23; 435,18. II 403,11. III 143,15; 341,1.

συσκευάζω II 74,8; 466,5. III 148,1; 151,4. 5; 161,25; 309,4.

συσκευαστής III 148,4.

συσκευή I 299,1. II 51,22. III 147,4. 25; 149,26; 159,18.

σύσκηνος I 41,17. II 267,27; 321,19.

σύσσωμος I 29,18. III 193,23.

συσσωρεύω II 217,20.

σύστασις 1) *Bestand* I 212,26; 362,20. III 40,11. 2) *Herstellung, Bestand* I 173,14; 252,30; 253,3; 440,9. II 5,19; 73,5. 6. 20; 75,1; 77,23; 78,7; 508,16. III 19,2; 122,11; 374,12; 375,4; 395,22. 3) *Bestandteil* I 6,18. III 247,1. 4) *Beweis* I 255,1; 256,15; 264,9; 319,4; 368,11. II 186,17; 202,17; 294,21; 346,20; 402,19. III 133,18; 149,25; 192,19; 221,11; 296,3; 314,1; 328,22; 342,29; 370,8; 376,20; 411,12. 5) *Empfehlung* II 126,26; 148,22; 350,29. 30.

συστέλλομαι I 56,14. III 164,24; 403,26.

σύστημα III 148,4; 152,7; 248,16; 296,12; 301,17.

συστολή I 56,22; 291,20. III 184,25; 266,6; 346,33; 380,24.

συσχολαστής I 247,19; 255,19; 256,23. II 189,17. III 333,17.

συχνός III 489,21; 490,20.

σφάζω III 182,13.

σφαῖρα I 104,7.

σφαλερός II 376,17; 378,12. III 31,18; 388,5. 26; 390,24; 449,18; 476,13. — σφαλερῶς II 218,15.

σφάλλω Akt. I 36,16. 26. II 365,3. III 130,9; 345,1.—σφάλλεσθαι I 36,15; 61,26; 63,22; 94,12; 96,27; 110,23; 112,23; 172,8; 198,22; 212,11; 213,8; 338,26; 377,17. II 139,12; 237,14; 244,16; 300,18 (περί τι). III 79,1; 162,27; 232,11 (in Sünde fallen); 259,13; 267,16; 339,3; 345,7; 462,2; 475,8.

σφάλμα I 94,13. II 52,8; 140,9; 208,13; 370,16; 372,19; 373,19. III 40,7; 130,9; 149,22; 452,11; 471,1.

σφετερίζω III 435,25.

σφέτερος III 479,1.

σφηκίον I 333,1. II 198,16.

σφηκιώδης II 199,3.

σφίγγω I 186,20. II 162,14.

σφόδρα I 7,4; 92,6; 169,10; 211,13; 340,10. II 94,13; 500,9. III 161,19; 362,25; 443,18; 478,24; 495,19.

σφραγίζω 1) I 54,15; 341,19 (versiegeln); 342,24 (σφραγίζομαι sich bekreuzigen); 345,19 (bekreuzigen). II 223,3; 375,23. III 250,27 (versiegeln); 251,1; 494,26. 2) taufen I 15,17. 19; 16,2; 144,13; 192,19; 381,2. 5. II 159,9.

σφραγίς 1) I 103,24; 344,2 (Kreuzeszeichen, vgl. I 342,24). 7 (σφραγὶς σταυροῦ); 348,14; 189,12 (von der Beschneidung); 308,3ff. (von der relig. Brandmarkung der Karpokratianer); 368,9 (von der Beschneidung); 371,20 (von der Beschneidung). II 285,18 (von dem Zeichen auf dem Aion-Bild).

III 289,14 (σφραγὶς τῆς πίστεως). 15; 367,14 (Kreuzeszeichen); 517,29. 2) Taufe I 14,17. 19. 22. 25; 31,18. 20; 231,12; 339,10; 381,7.

σχεδάριον III 526,5. 8.

σχεδόν I 215,19; 278,15; 313,8. II 76,23; 157,4. III 35,4; 90,1; 153,12; 341,1; 414,7; 489,20.

σχέσις 1) Zustand, Beschaffenheit I 241,5; 462,22. II 117,13. III 222,17; 301,29; 463,15. 2) Seite, Art I 319,7. II 42,29; 165,28. 3) Beziehung (Sinn eines Textes) II 180,19. III 343,9; 443,22. 4) Beziehung, Verhältnis I 195,5; 383,17. III 371,3; 462,29; 495,1. — περί τινος I 331,15. II 163,11.

σχετλιασμός I 277,7. III 160,3.

σχέτλιος I 207,3; 369,6. II 43,4. III 267,21.

σχῆμα 1) Form I 167,14; 217,4; 242,18 (Gestalt); 249,17. II 42,18; 130,16; 209,3; 316,4; 390,2. III 73,1; 89,8; 342,3; 434,4; 510,21. 2) Gebärde I 272,13. II 50,18; 230,7. 3) Gewand I 211,5. 4) Mönchsgewand II 81,10; 403,16 (für die Tracht der Serapis-Priester). III 524,15 (allg. Tracht). — σχήματί τινι gewissermaßen II 243,7.

σχηματίζομαι 1) trans. I 44,2; 116,14; 283,1; 462,23. II 130,6. III 1,6; 511,13. 2) intrans. I 102,9. II 349,1; 394,27. III 154,13. — für ἐσχηματισμένως s. ἔσχατος.

σχηματοποιέω III 88,21; 268,2; 341,33.

σχηματουργία II 314,11.

σχιδακίζω I 124,16.

σχίζω I 20,29; 22,18. 26; 157,24; 193,28. II 380,16. III 247,14; 296,21; 311,25; 502,10.

σχίσμα I 22,3. 15; 157,1; 222,17. II 96,12. 24. 26. III 2,3; 142,26; 145,12; 155,19;

160,27; 230,3. 4; 243,8; 247,15. 17; 249,5; 302,10; 313,1; 448,29; 479,24.

σχισματοποιός III 512,17.

σχοινίον II 516,17.

σχοῖνος I 221,7. 8 (1 σχοῖνος = 4 μίλια).

σχολάζω III 189,16; 466,25; 487,4. — τινί I 282,20. II 27,5; 267,15; 268,9; 368,11; 466,15. — εἴς τι III 341,32; 472,12; 488,5. — ἔν τινι II 268,9. — περί τι II 63,7. III 218,12.

σχολαῖος III 342,1; 466,21.

σχολή I 255,22; 299,9; 303,13; 333,8. II 41,17; 52,20; 90,10; 92,10; 190,3; 356,13; 357,16; 406,7. III 217,31; 495,19.

σχολιοποιέω II 124,22.

σῴζω I 15,28; 16,8; 31,26; 216,21; 381,3. II 106,2; 137,5; 138,2. III 124,28; 155,27; 192,14; 519,25.

σωλήν I 388,10; 396,10.

σῶμα I 42,31; 43,4 (σῶμα καὶ ψυχήν); 69,19 (τοὺς δούλους σώματα εἴωθε καλεῖν); 97,20; 199,19 (ἀνάστασις τῶν σωμάτων); 202,23 (τὸ ἅγιον σῶμα); 304,15; 305,17; 396,10. 12. II 13,4 (τὸ σῶμα τῆς κατὰ τὸν μάγον ᾿Αληθείας); 100,8. 9; 134,8. 17f.; 154,16ff.; 197,20; 376,25; 422,7ff.; 424,23 (σῶμα πνευματικόν); 433,11 (τὸ σῶμα τῶν ὄντως ὄντων); 435,11ff.; 442,19f.; 502,2ff. III 174,21 (τὸ παθητὸν σῶμα); 303,17; 332,9; 421,12. 19ff.; 469,3; 474,8. 13; 483,4.

σωματικός I 46,14; 47,1; 99,12; 210,15; 230,11. II 37,15; 88,3; 129,25; 151,15; 409,13; 422,2; 423,22. III 6,20; 164,24; 175,17; 234,20; 236,33; 241,6; 345,16. — σωματικῶς I 190,22; 193,15; 396,2. II 134,3; 365,31. III 234,21; 377,16.

σωμάτιον II 409,11.

σωρεύω I 290,3.

σωρός II 62,11.

σῶς, σῶον II 181,27 (τὰ σῶα); 510,14 (σῶον).

σωτήρ I 133,2 (ἰατρός καὶ σ.); 154. 10. 16; 250,9; 273,26; 325,24 (ἰατρός καὶ σ.). II 319,20; 370,9; 384,23; 508,27. III 11,28; 78,24; 84,32; 85,3; 108,27; 139,13; 166,15; 173,19; 174,26; 178,21. 31; 189,20; 204,8; 207,28; 210,18; 211,25; 213,18; 345,1; 433,8; 516,25.

σωτηρία 1) I 6,15. 18; 67,5; 74,4; 93,15; 94,25. 30; 95,10; 97,10. 28; 112,13; 114,8; 118,19; 121,29; 129,13; 133,3; 157,22; 311,9; 320,26; 345,29. II 79,11; 156,27; 208,14; 209,15; 253,4. 8; 280,8. III 117,13; 119,15; 120,7; 445,18. 23. 26; 465,10 (ἡ τῶν ἀνθρώπων σωτηρία Name Christi). 2) *Errettung* I 32,20; 227,19; 245,8; 261,2. III 11,28; 78,24; 84,31. 32; 108,27; 139,30; 166,15; 173,19; 174,26; 178,21. 31; 189,20; 204,8; 207,28; 210,18; 211,25; 213,18; 221,20; 335,19; 345,1; 433,8; 516,25.

σωτήριος 2 Endg. I 155,19; 157,20 (σωτήριος ... οἰκονομία); 229,19 (σωτήριον πάθος). II 106,4; 138,11; 174,1 (τὰ σωτήρια); 188,27 (τὸ σωτήριον κτᾶσθαι). III 13,3; 361,28; 441,29; 447,19; 475,9 (σωτήριος οἰκονομία).

σωτηριώδης I 319,10. II 93,15; 129,11; 135,11; 185,5. III 106,9; 220,6; 521,13. — σωτηριωδῶς I 193,12. II 298,9. III 350,19.

σωφρονέω III 95,1; 212,12.

σωφρονίζω I 462,15; 463,1. II 81,18. III 95,3; 122,1; 403,2.

σωφρονισμός I 345,28. II 453,2.

σωφροσύνη I 94,5; 130,11; 133,26. II 303,13. III 119,1; 483,28; 514,12.

σώφρων Ι 110,12; 127,18. ΙΙ 229,15.
ΙΙΙ 82,30; 472,25; 479,15; 483,29;
484,26.

τάγμα Ι 290,2; 381,6. ΙΙ 327,13; 371,15
(*Stufe*). ΙΙΙ 140,19; 142,14; 192,26;
232,17. 18; 248,10. 14; 249,1; 296,12.
22; 302,2. 4. 6. 25; 477,18; 478,16
(διακονισσῶν τάγμα).22(τοῦ τάγματος
τῆς εὐταξίας καὶ ἐκκλησιαστικῆς
εὐνομίας); 494,13; 522,14.
ταλαιπωρία Ι 275,8; 360,29; 441,21.
ΙΙ 17,6.
ταλανίζω Ι 343,16.
τάλας Ι 244,5; 280,23; 288,19; 298,29;
319,12; 343,16; 356,7; 444,8. ΙΙ 183,15;
321,14. ΙΙΙ 18,16; 32,1; 93,20; 479,2.
ταμιεῖον Ι 107,10. ΙΙ 375,23. ΙΙΙ 412,2.
ταμιεύομαι Ι 341,2. ΙΙΙ 99,16; 350,11.
τανῦν Ι 189,21; 453,15; 457,8. ΙΙ 470,13.
τάξις 1) ΙΙ 82,18 (von den Engeln, die
das Gefolge des Archon bilden; ΙΙ 83,25
dafür ὑπηρεσίας eingesetzt). ΙΙΙ 242,25
(κανονικὴ τάξις); 302,2 (ἡ τῶν
Ἀρειανῶν τάξις); 336,5 (πατέρων
γεννητικὴ τ.); 339,9 (τάξις τῶν
ἀνθρώπων); 465,7 (τάξις παρθενίας);
477,23 (Λευιτικὴ τάξις); 522,3.
2) *Reihe, Ordnung* Ι 73,5; 323,13; 325,5;
439,24 (*Seite*). ΙΙ 201,7; 248,4; 360,1;
361,6. ΙΙΙ 173,13; 242,25; 334,28;
363,17. 18; 494,15. 3) *Stufe* Ι 124,1;
210,6. ΙΙ 199,19. ΙΙΙ 383,10; 410,5;
499,20. 4) *Stellung* Ι 197,17; 324,12.
ΙΙΙ 44,10; 167,8. — ἐν τάξει δούλου
ὁρίζεσθαι ΙΙ 319,15. — ἐν τάξει
καθίστασθαι ΙΙ 340,2. — ἐν τάξει
τινὸς ὑπάρχειν Ι 373,21. ΙΙ 262,1 (ἐν
τ. τ. τυγχάνειν).—ἐν τάξει ἀδελφῶν
κέκληται ΙΙΙ 458,8; 464,9.

ταπεινός Ι 6,2; 76,25; 110,15. ΙΙΙ 83,11;
476,13.
ταπεινότης Ι 268,11. ΙΙ 244,10.
ταπεινοφρονέω ΙΙ 143,23. ΙΙΙ 122,26;
178,26.
ταπεινοφρόνως Ι 32,18.
ταπεινοφροσύνη Ι 32,21. ΙΙ 263,17.
ΙΙΙ 122,7; 489,24.
ταπεινόω ΙΙ 327,2; 412,8. ΙΙΙ 296,10.
ταπείνωσις Ι 221,19.
ταράσσω Ι 36,19. 21; 97,27; 143,24;
284,22; 365,26. ΙΙ 51,18. ΙΙΙ 88,25;
145,13. 14; 175,2; 178,29; 242,19;
256,8; 259,12; 416,6; 417,21. 22;
439,18; 453,10; 516,15.
ταραχή Ι 42,23; 317,7. ΙΙ 486,10.
ΙΙΙ 145,15; 151,19. 25; 416,23; 417,14;
432,33; 453,30.
τάραχος ΙΙΙ 141,28.
ταρσός Ι 104,17.
ταρταρόω Ι 128,12.
τασκός = πάσαλος ΙΙ 239,12.
τάττω 1) Ι 26,12 (μερικῶς τάττεται);
37,28; 156,1; 204,18; 209,25; 343,3;
383,2; 385,1; 439,22. ΙΙ 58,13 (τακτέος
ἔν τινι); 106,14; 107,24; 256,12;
257,19; 273,30; 276,7. ΙΙΙ 87,20;
100,16; 200,27; 230,5; 231,17; 234,17;
246,6; 254,17 (ὦ περιττολόγε καὶ
ταττόμενε); 341,8; 365,11; 410,5 (ἐν
τάξει τάττων); 437,30; 480,18; 489,23;
504,33. 2) *aufstellen* Ι 163,4; 197,17.
ΙΙ 66,20. 3) *hersetzen* Ι 280,9. ΙΙ 60,6;
142,21; 155,27; 253,19. — *schreiben*
ΙΙ 420,26 . ΙΙΙ 218,15. — τινὰ ἐπί τινι
Ι 235,12. ΙΙΙ 443,4. — τάττειν + dopp.
Akk. j-n *als* etwas *hinstellen* Ι 258,14.
ΙΙ 62,18; 127,9.
ταῦρος Ι 128,6.
ταυτολογέω ΙΙΙ 384,11.
ταυτολογία ΙΙΙ 381,27. 30; 384,13.

ταὐτόν = ταὐτό II 101,20; 102,21; 165,1; 423,5. 14. 17; 456,1. III 11,11; 171,7. 8; 279,10. 21; 283,6. 14. 17; 359,20.

ταὐτότης 1) I 12,7. III 94,30; 383,22. 2) in der Trinität I 18,17; 37,5 (des Sohnes mit dem Geiste). II 395,28 (von der Trinität: οὐδὲ διῃρημένη τῆς ἑαυτῆς ταυτότητος). III 409,1.

ταφή II 130,25; 518,12.

τάφος I 129,19.

τάχα I 116,16; 127,11; 128,15; 129,11; 275,5; 280,4; 298,19; 336,1; 340,20; 347,22f. II 72,1. 3; 196,23; 268,15; 269,21; 308,26; 324,3; 522,1. III 84,22; 89,8; 91,13; 151,22; 164,7; 230,19; 338,24; 462,10. — τάχα οἶμαι II 202,18; 218,7; 361,3. III 15,1.

τάχος I 128,4. II 380,2 (ἐν τάχει).

ταχυγράφος II 531. III 250,24.

ταχύς, ταχέως II 55,12. III 480,31. — θᾶττον I 442,7. II 187,9. III 142,4.

τείνω II 508,13 (τέταται).

τεῖχος III 38,8.

τεκμήριον I 45,11. II 72,10; 314,10; 509,18. III 74,4; 90,13; 237,13; 456,11; 477,12.

τεκνογονέω I 296,13. II 367,17; 401,8.

τεκνογονία I 282,1; 294,13; 299,29. II 399,14. III 91,4.

τέκνον 1) I 89,6. 28; 127,8; 178,8; 319,27; 462,7. II 134,29; 521,14. III 103,8; 274,14; 461,12. 2) als Höflichkeitsanrede I 5,10 (τοῖς ποθεινοτάτοις τέκνοις ἡμῶν); 6,9. 21. 22. 3) Anrede in der christl. Gemeinde, insbes. des Bischofs I 146,9; 149,12. II 96,6.

τεκνοποιέω I 281,22. II 31,14.

τεκνοποιΐα I 281,20.

τεκταίνομαι I 163,14. III 431,11.

τεκτονεύω III 127,26.

τέκτων I 123,18; 163,14.

τέλειος 1) I 5,13; 6,18; 14,1. 2; 20,6; 61,20; 115,18; 243,3; 379,13. II 102,18; 180,19; 275,16. III 37,4; 109,4; 120,6; 213,12; 254,11; 513,10. 2) in der Trinitätslehre I 37,23; 57,10. 3) in der Christologie I 94,28f. (ὁ τέλειος ὢν ἀπὸ πατρός, ὁ τὴν τελείαν οἰκονομίαν πληρώσας); 100,11; 101,4. III 10,15; 439,32. 4) sittlich vollkommen I 179,11; 462,10 (ausgewachsen vgl. I 462,14). II 57,18 (τελεία θυσία bei den Ophiten); 64,11 (τελεία γνῶσις bei den Kainiten). III 91,7 (τελεία φρόνησις). — τὸ τελειότατον λέγειν III 113,5. — adv. τελείως I 11,24; 48,9; 95,10; 96,18; 98,7; 103,10; 148,18; 193,12; 348,27; 362,9; 370,7. II 106,25; 185,6; 289,19; 365,21; 372,4; 512,16; 514,14. III 132,10; 142,22; 178,4; 179,14; 199,18; 222,30; 439,33; 442,11; 475,10; 490,29; 515,30. — adv. τελειότατα II 160,29; 413,1. III 10,5; 140,9; 216,27.

τελειότης 1) I 14,1; 20,7; 31,18; 34,29; 76,20; 100,10. II 374,12. III 109,5; 128,15; 463,1; 516,11. 2) in der Trinitätslehre I 34,27; 35,3; 57,11. III 10,15; 12,6; 330,3. 3) in der Christologie I 148,20.

τελειοῦμαι getauft werden III 516,19.

τελειόω 1) I 20,5; 30,2; 43,12. II 298,9. III 50,24; 52,8f. (ἐν τῇ γνώσει τοῦ κυρίου ἡμῶν Ἰησοῦ Χριστοῦ τελειωθέντων); 113,14; 195,17; 225,26; 328,25; 389,15; 439,2; 441,28; 447,7; 476,29; 481,5. 19; 514,11. 2) vollenden I 66,17; 100,18; 116,6; 134,7; 231,5; 382,10. II 167,20; 172,31; 193,16; 277,12; 359,6. 3) erfüllen von einer Weissagung II 70,6. III 332,35; 389,15; 470,2; 476,29; 481,19. III 143,11;

153,20; 211,25; 213,16; 332,35; 460,16; 470,2; 494,26. — τετελειωμένως III 210,11.

τελείωσις   I 193,1;   222,3;   370,13. II 157,16;   172,1;   204,8;   302,7. III 50,25;   220,5   (ὁ   τέλειος   καὶ μηδέποτε ἐπιδεόμενος τελειώσεως); 223,1 (ἔνσαρκος τελείωσις – ἔνθεος τελείωσις   Vollständigkeit);   336,30; 448,17 (συνήνωσε τὰ ὅλα εἰς ἓν καὶ μίαν πνευματικὴν τελείωσιν); 461,9; 475,24; 498,20; 502,2; 516,31. 32 (εἰς τελείωσιν σωτηρίας Taufe).

τελειωτής   III 447,18.

τέλεον   I 107,4; 144,21. II 149,5; 187,17; 269,6;   289,2;   302,15   (vollständig, endgültig). III 268,11; 413,17; 499,6.

τελεσιουργέω I 116,28; 117,4. II 368,12; 399,8; 401,10. III 384,29.

τελεστής   I 235,5.

τελεσφορέω   I 103,24;   116,26;   249,7. II 470,10.

τελετή   I 182,13;   294,26.   II 325,18. III 510,11; 511,12; 512,11.

τελευτάω   1) I 103,21;   105,8;   107,8; 121,3;   163,12;   178,3;   228,19;   318,18; 339,5. III 134,27. 2) sterben I 340,20. II 1,16;   79,21;   84,5;   94,21;   203,12; 261,10; 367,13.   III 15,7;   20,2;   136,9. 17;   137,17;   147,4;   150,24;   155,18; 465,14; 513,12; 522,5.

τελευταῖος   I 165,11 (τὸ τελευταῖον); 403,7. 18. II 276,6. III 505,24.

τελευτή I 229,2; 442,10. II 1,15 (Sterben); 4,7 (Tod); 80,30; 147,14; 206,28; 222,11; 231,17.   III 145,11;   151,10;   161,13; 248,9. 16;   297,26;   335,9;   341,27; 414,12; 474,6.

τελέω   1) I 18,1 (δοξολογίαν τ.); 20,8; 99,1;   232,16;   353,10   (μυστήρια   τ.); 458,30. II 166,27 (θυσίαν τ.); 258,17;

289,1 (φόρους τ.). III 89,3 (δρόμον τ.); 94,7 (προσκύνησις τελεῖται); 244,9; 342,4;   439,21;   473,23.   2) vollziehen II 399,10. III 194,27; 441,8. 3) vollenden II 195,6;   256,23;   260,14;   272,4. III 461,33; 462,33. 4) erfüllen I 168,2. II 156,18; 176,6 (νόμον τ.). III 94,16; 114,1 (τὰ τοῦ νόμου τελέσαι); 116,13; 480,33.

τελίσκω   III 511,7; 512,13.

τέλος   I 40,14; 89,10; 268,2 (εἰς τέλος φέρειν); 437,24 (εἰς τέλος endgültig). II 203,6 (τὸ τέλος zuletzt); 248,11. III 19,21;   23,1;   39,2;   42,20;   100,2; 246,3; 312,23.

τελώνειον   II 253,3. 7.

τέμενος   I 247,1.   II 285,14;   403,14. III 512,8.

τέμνω   I 57,5;   104,1;   127,4. 5;   203,17; 226,25. II 39,23; 44,6; 209,9 (einebnen, von einem Berg); 508,16; 510,7. III 35,8; 90,7;   112,2;   150,11;   246,16;   514,2 (entscheiden).

τεράστιον   I 333,6; 352,2. III 91,32.

τερατεύομαι   I 221,9. II 44,22.

τερατώδης   I 294,26. II 51,12.

τέρμα   I 204,6;   441,12.   III 16,4; 37,6; 236,23; 412,4.

τερματίζω   II 28,8. III 37,14; 38,12.

τεσσαρακονθήμερον   III 448,12.

τεσσαρακοστή   I 158,25ff.   II 259,5. III 231,15; 523,16 (τὴν τεσσαρακοστὴν τὴν πρὸ τῶν ἑπτὰ ἡμερῶν τοῦ ἁγίου Πάσχα).

τετράγναθος   II 44,5.

τετραγώνιον   III 500,25.

τετράγωνος   III 476,16.

τετραετία   I 210,13.

τετράπους I 123,29; 347,26 (τετράποδες λίθοι). II 50,7 (τετράπουν ἑρπετόν); 311,10. III 524,17.

τετράς I 378,8 (*Donnerstag*). III 231,14; 522,27. 28; 523,8; 526,9.

τετραχῇ I 347,25. III 500,24.

τεύχομαι I 312,18.

τέφρα II 518,23. III 151,12; 341,3.

τεχνάζομαι II 516,16.

τεχνάομαι I 163,12; 178,7; 312,16. III 226,16.

τέχνασμα III 164,14.

τέχνη I 123,15; 131,5; 163,13; 178,1; 185,6; 247,18; 271,19; 290,14; 437,7. II 48,15; 268,6; 317,13; 508,23; 510,29; 518,6. III 43,2; 92,9; 173,22; 226,25; 335,30; 410,34; 479,11; 489,20; 524,29.

τεχνικός III 392,8.

τεχνίτης I 253,2. II 51,27; 52,10; 195,18; 510,14. III 412,13; 497,27 (von der Kirche: ὁ παράδεισος τοῦ μεγάλου τεχνίτου).

τεχνολογία III 395,17.

τεχνουργία I 123,17; 251,27; 252,21.

τέως I 383,18. III 81,29; 297,1.

τήκω III 433,1.

τηλαυγής II 274,17. — τηλαυγῶς I 198,16. 18. 23; 201,10; 462,28. II 256,15. III 7,17; 120,3; 131,6; 225,13; 343,29; 344,10.

τηλικοῦτος III 212,26.

τημελέω I 282,19.

τηνικαῦτα, τὸ I 163,2; 195,14; 198,1f.; 369,24. II 188,29; 405,5.

τηρέω I 115,18. III 141,21; 151,11; 519,19.

τίθημι I 6,11 (ἐν δευτέρῳ τίθεσθαι); 28,4; 106,23. II 291,20 (*hersetzen*). III 78,33; 96,9; 218,23; 256,8.

τιθηνέω III 511,15.

τιθνήσκω I 178,5; 215,1; 244,5; 345,23 (τεθνάναι). II 79,15; 315,16. 17; 468,9; 469,19; 517,23. III 32,2; 317,26; 458,21; 462,4. 19. 22.

τίκταμνος II 249,5.

τίκτω I 180,6; 190,24. II 249,7; 517,17. III 91,31; 364,32; 366,28; 458,18; 501,21.

τίλλω II 516,16 (τίλας).

τιμάω 1) I 26,2. 3; 163,7. 11; 344,25; 347,20. II 66,10; 128,1; 194,10; 230,27; 231,13; 238,20. III 95,20; 138,23; 454,19. 2) *göttlich verehren* I 18,18. 19; 26,16. 17; 126,16; 178,14; 269,24; 442,11 (ὡς θεὸς τιμᾶται); 459,3. II 417,21. III 473,28.

τιμή 1) I 14,10; 19,1. 5; 38,1; 270,10 (τιμὴν ἄγειν τινί). II 104,9; 151,5. III 100,5; 110,26; 151,14; 468,19; 499,5; 502,5. 2) gegenüber der Trinität I 34,28.

τίμημα I 16,12. II 70,9. III 120,17. 19; 121,3.

τίμιος I 5,8 (τιμιωτάτοις ἀδελφοῖς); 30,27; 146,10 (s. auch Sachregister Theologie s.v. Höflichkeitsformeln); 333,10 (λίθοι τίμιοι). II 133,19 (ψυχὴ τιμία). III 145,22; 343,3.

τιμιότης als Ehrenanrede I 6,21; 294,22.

τιμωρέω I 105,19; 130,15; 312,7. II 140,24; 366,17. III 86,1; 124,16; 137,4; 483,3; 484,1; 486,17.

τιμωρία I 105,19; 110,2; 118,15; 119,28; 318,20. II 69,20; 101,25; 102,13; 404,6; 507,5. III 23,4; 33,12; 73,10; 85,27. 29. 30; 106,5; 152,2.

τιμωρός III 85,31.

τινάσσω I 120,10.

τίνω I 185,2.

τιτρώσκω I 300,9. II 202,13.

τμῆμα I 187,6. II 284,14. III 35,8.

τοιόσδε I 114,19. III 236,11.

τοιοῦτος I 286,22; 440,10; 444,13. II 81,21; 188,1. 11; 206,3; 362,19f. III 117,17; 212,26; 219,23; 370,18f.; 466,21.

τοῖχος I 347,25. II 383,9.

τοκετικός III 447,29.

τοκετός I 458,21. III 440,32; 456,29; 463,10.

τοκιστής II 372,15.

τοκοληψία III 525,13.

τόκος III 470,25.

τόλμα I 279,15; 297,20; 450,1 (τόλμαν). II 47,15; 124,13; 142,8; 152,4. III 345,28; 456,7; 521,17.

τολμάω I 9,22. 23; 12,5. 6; 19,7. 10; 26,18; 33,21; 52,4; 99,4; 240,2; 268,8; 281,2; 340,18. II 42,17; 138,17; 169,27 (κατά τινος); 273,6. III 42,25; 122,14; 342,13; 411,4; 513,21.

τόλμημα III 414,1.

τολμηρία I 33,22. III 227,14.

τολμηρός II 184,20. III 111,22; 250,2; 366,2. — τολμηρῶς I 131,14; 458,6. II 231,6. III 377,8; 382,14; 392,2; 451,16; 513,14.

τομή I 56,22; 57,10; 103,21. II 343,8. III 164,23; 184,26; 249,5; 365,24; 377,16; 380,23; 403,29.

τόμος III 250,27; 251,1.

τονόω II 313,18.

τόξον III 228,29.

τοπάζω I 346,29. III 388,20.

τοπάριον III 486,3.

τοπικῶς III 200,27.

τοποθεσία I 264,4; 335,19.

τόπος 1) I 27,10 (ἐν ἄλλῳ τόπῳ); 59,17; 89,21; 109,9; 136,2; 216,8; 244,24; 331,2 (ἐν τῷ τόπῳ Ἱεροσολύμων); 355,7; 374,15 (ἑτέρῳ τ.). II 67,18; 138,22; 184,21. III 74,25; 143,17; 179,16; 207,29 (Schriftstelle); 221,15 (Schriftstelle); 446,18; 485,13. 2) Art I 248,1; 256,20. II 326,10.

τορεία I 177,14.

τορνεύω III 310,18.

τότε I 204,15; 322,1. II 11,9; 171,6;

278,21; 405,18; 424,13. III 47,13; 97,3; 250,6; 449,26; 473,28. 30; 514,5.

τουτί II 301,7; 318,10; 345,2. 12. III 91,14.

τραγικός I 389,17; 445,19. II 56,12; 431,25. — τραγικῶς II 431,25.

τράγος I 124,4; 129,1.

τραγῳδέω I 384,22.

τραγῴδημα III 91,24.

τραγῳδία I 260,9; 293,26; 386,15; 398,6. II 104,19; 160,12. III 30,26; 91,17.

τραγῳδοποιός I 383,19; 458,2. III 88,26.

τραγῳδός I 128,14.

τρανόω III 133,8.

τράπεζα 1) I 365,4. III 490,7. 2) der Abendmahlstisch II 57,14 (Ophiten).

τραῦμα II 437,30.

τραυματόω III 50,13.

τράχηλος I 109,8.

τράχος III 497,5.

τραχύς I 299,18. 19. II 264,4. III 131,17; 172,31.

τρέπομαι in der Christologie I 28,1 (μὴ τραπεὶς τὴν φύσιν); 44,23 (μὴ τραπείσης τῆς ἀπαθείας); 94,27 (μὴ τραπεὶς τὴν φύσιν). III 174,18 (οὐκ ἐτράπη τὴν φύσιν).

τρεπτός II 422,2. III 95,5; 96,11. 12; 166,12 (ἔχειν πρόσωπον τρεπτόν).

τρέπω I 39,29; 94,4. 14; 96,13; 313,2 (τρέψαντες); 335,23 (τρέψαντες τὸν ἴδιον νοῦν); 382,8 (εἰς τοὐπίσω τρέπειν); 435,18; 442,20 (τρέψασαν). II 337,3. III 38,14; 346,10; 456,33. — τρέπεσθαι sich wenden I 43,27; 75,1; 113,10; 280,18; 317,3. II 52,28; 243,15; 264,7; 367,4. III 112,19; 151,10; 391,19; 429,2; 449,20; 453,16; 456,16; 472,3. 19; 476,32.

τρέφω I 116,20; 122,11; 124,17 (τρέφεσθαί τινι); 132,24; 282,23;

341,31. II 57,12; 139,3 (τινός); 163,6.
III 73,28; 89,28; 90,6; 478,33.

τριακάς I 392,19 (valentin.); 393,4. 12;
395,3.

τριακονταετής II 257,18. 21; 291,19.

τριακοντάς I 211,3; 387,8; 389,8.

τριακοστή I 190,25.

τριάς I 8,9; 9,12; 10,14; 13,10. 17. 20.
22. 24; 14,13; 15,22. 23; 18,13. 17; 24,3;
31,22; 33,17. 18; 34,22. 25. 30; 77,6;
81,21; 82,4; 92,7; 93,8; 101,25; 145,26;
190,27; 231,12. II 38,11; 49,29; 132,11;
320,16; 391,23f. III 11,17; 111,2; 168,1;
182,5. 7; 213,31; 255,22; 329,15. 21.
27. 30; 389,7; 392,26; 399,14; 408,21;
520,7.

τρίβος I 22,30; 299,18; 368,7; 447,16.
II 231,3; 367,4. III 162,14; 195,26.

τρίβω III 144,13.

τρίβων I 209,23.

τριβώνιον III 464,4.

τριετηρίς III 512,1.

τριήμερον I 105,9; 111,17. II 154,2.
III 214,6; 441,24; 448,10; 517,27.

τρικυμία III 498,13.

τρισσῶς I 34,7.

τριττός I 82,22.

τριχῇ I 141,6; 459,19; 460,6.

τριχῶς I 194,19; 462,12.

τρόμος III 167,13.

τρόπαιον II 65,18. III 13,3.

τροπή I 96,10; 145,5; 148,18; 230,14. 23.
II 284,15. III 390,24; 438,30.

τροπικός I 52,25; 55,23. 24 (τὰ τροπικά).
III 183,4; 196,22. 30; 197,13. 15. —
τροπικῶς I 61,26. III 183,5; 196,22;
197,6; 198,6. — τροπικώτερον I 45,4.
III 196,22; 197,13.

τρόπις II 383,7.

τροπολογέω I 236,25.

τρόπος I 30,15. 26; 45,11; 103,16;
204,2; 324,7. II 92,12 (ἐκ παντὸς
τρόπου); 107,18 (τρόπον ἐπέχειν).
III 101,5; 102,22; 141,3; 152,6; 192,26;
249,6; 351,6; 492,25. — κατὰ τρόπον
II 66,10; 221,18; 237,7; 238,18.
III 133,9; 200,15 (κατὰ ποῖον τρόπον);
227,19 (κατὰ δύο τρόπους). — τρόπον
adv. I 267,6. II 90,1. — ὑποκριταὶ
τὸν πρόπον Charakter I 217,20; 218,5;
300,22; 301,4; 458,3. II 80,31; 87,9.
III 250,4.

τροφεύς III 90,5.

τροφή I 247,4; 365,19. II 83,27; 90,21;
162,21; 163,8. 9; 165,25; 379,24.
III 49,16; 96,20. 21; 490,1. 26. 27.

τρόφιμος I 122,8.

τροχός I 105,18. II 508,1.

τρυβλίον I 279,20.

τρυγάω III 90,9; 345,33.

τρυγών I 382,5. II 62,9.

τρυφάω II 519,5.

τρυφερός III 523,14 (τρυφερὰ ἡμέρα
Tag, an dem nicht gefastet wird).

τρυφή II 233,16. III 17,23. 24; 231,16;
233,13; 341,23.

τρύχομαι I 341,26.

τυγχάνω I 256,19 (ἡ τυχοῦσα die
Betreffende). II 3,6; 79,9 (τεύξασθαι).
III 117,15; 153,12. — τινός I 320,27.
II 337,18. III 78,24; 163,16; 496,6. —
οὐ τὰ τυχόντα ἔτη I 134,3; 169,11;
212,18. II 312,4.

τύμβος I 343,9.

τυμβωρυχία III 150,19.

τύμπανον II 286,3. III 510,15; 511,29.

τύπος 1) Eindruck I 112,3. 4. III 454,26;
518,19bis. 2) Vorbild, Typus I 66,16;
189,16; 234,9; 272,9. 11; 370,12. 13.
15; 371,6. 20; 379,15; 460,3. II 123,19;
159,9; 167,23; 179,8. 9; 247,22; 303,10;
327,17 (ὁ κατὰ ἀρετὴν τύπος); 363,7.

III 226,17;   491,19;   492,14f.;   500,13;
503,6. 8; 516,19.   3) *Bild* I 123,23.
τυπόω I 167,7. II 93,3. III 286,1.
τύπτω III 148,8; 233,22.
τυραννέω II 83,2. III 149,10; 225,30.
τυραννικός II 102,30.   III 514,13. —
τυραννικῶς III 513,11.
τυραννίς I 32,5; 126,15; 176,22; 269,6.
II 91,2; 92,27; 197,3; 250,7.
τύραννος I 123,21;   129,16;   163,7;
178,13.
τυρός II 243,12. III 524,18. 23.
τυφλός I 219,21. III 50,23; 74,20; 85,12;
229,19; 412,28; 486,9.
τυφλόω I 303,20.   II 151,16;   400,23;
523,15. III 18,11; 88,12; 124,2; 148,24;
412,30.
τύφλωσις II 86,21;   204,2;   236,20;
258,13; 312,5; 315,22; 347,14. III 34,4;
163,7; 333,6.
τυφλώττω I 369,5.   II 67,7;   145,14;
276,2; 311,21; 376,9.   III 5,19;   22,9;
76,8; 109,26; 176,2.
τύφλωψ II 388,24.
τῦφος II 143,24; 344,2; 379,28. III 205,8;
375,1; 478,32.

ὕαλος II 5,22.
ὑβρίζω III 73,1; 233,17; 494,13.
ὕβρις III 233,24; 472,11; 476,5.
ὑβριστής III 166,16.
ὑγεία II 374,13. III 511,28.
ὑγιαίνω I 345,10.
ὑγιής II 124,6; 510,14.   III 196,21;
456,5.
ὑγρός I 19,22;   117,12.   13;   187,5.
III 18,2.
ὑγρότης II 194,5.
ὑδαρεύομαι II 385,6; 387,15.
ὑδαρής II 303,12. — ὑδαρῶς III 345,22.

ὑδαρότης III 345,31.
ὕδρα I 333,7. III 228,30; 229,26.
ὑδρεύομαι II 301,16. III 73,13.
ὕδρωψ I 274,22.
ὕδωρ I 345,18; 348,20; 353,12. II 98,2;
205,10; 216,11; 301,16; 315,24. III 55,2;
84,5. 9. 11f.; 138,20. 25; 315,25; 374,1;
505,2. 25; 506,25; 516,29.
ὑέλινος I 57,1.
ὕελος I 57,3. III 343,3.
ὑετίζω I 104,21.
ὑετός I 11,8;   79,19;   80,12;   116,19.
III 73,6; 464,26.
υἱοθεσία I 92,9. II 461,22. III 167,22;
201,5; 202,27 (τῇ υἱοθεσίᾳ); 217,11.
22; 218,7; 471,16.
υἱοπάτωρ II 213,4 (als Stichwort bei
Noët).
υἱός für Christus s. auch Christologie.
1) I 61,24f. (υἱοὶ τῆς πίστεως καὶ
ἐκκλησίας); 76,1 (υἱοὶ τῆς ἐκκλησίας
τῆς καθολικῆς); 173,10; 266,4; 315,13
(υἱοὶ τῆς ἀληθείας). II 35,18; 262,5. 16
(οἱ υἱοὶ τοῦ ἁγίου πνεύματος); 332,22;
509,5; 514,6 (υἱοὶ Ἰσραήλ). III 162,24
(υἱὸς τοῦ Κωνσταντίνου); 183,25;
229,7; 454,16; 465,21; 505,18.   2) für
Christus I 211,12;   273,24;   344,19;
351,3;   358,4. 8;   359,12 (υἱὸς τοῦ
ἀνθρώπου), 361,10; 380,23.   II 40,11
(ὁ πρωτότοκος υἱός); 206,24; 319,8;
329,21; 350,12. 20; 511,2.   III 11,17;
156,28; 176,20; 219,26f.; 227,18. 20.
26;   292,3ff.;   343,5.   12ff.;   405,2ff.;
514,16.
ὑλακτέω III 454,8.
ὑλακτικός I 124,3.
ὕλη 1) *Materie* I 184,4.   2) *Material*
I 57,1; 104,18; 123,16; 163,14; 165,12;
274,11; 298,18; 310,15; 347,28; 348,6.
III 82,10;   132,2;   311,11;   334,25.

3) II 48,17ff. (Begriff der ὕλη nach der Schrift).

ὑλικός I 397,4ff.; 408,25; 413,12. 19; 414,16; 416,3. 13ff.; 417,17. II 48,4; 427,20; 499,3; 504,12. III 272,8.

ὑλομανέω I 195,10. II 189,19.

ὑλομανία III 267,27.

ὑλοτόμος I 171,8.

ὑλώδης III 94,23.

ὑμνέω I 32,11. III 489,16.

ὑμνηγορία III 493,28.

ὑμνηγόρος III 489,15.

ὑμνολογία III 379,19.

ὕμνος vgl. ψαλμός I 32,11; 34,8. 21; 297,24. II 58,4; 85,9; 286,3. III 167,10; 379,16; 441,8; 524,9 (ἑωθινοὶ ὕμνοι in der Kirche).

ὑπαγορεύω I 398,8.

ὑπάγω 1) trans. *verleiten* I 299,15; 458,13. II 52,13; 152,13; 345,2. 2) Med./Pass. II 5,21. III 183,17.

ὕπαιθρον III 163,4; 334,24; 487,3.

ὑπαινίττομαι I 50,24.

ὑπακοή I 73,8. III 217,18.

ὑπακούω I 122,30; 331,17. II 143,15; 395,22. III 411,32.

ὑπαλλάττω II 79,18 (τὸν βίον ὑ.).

ὑπαντάω II 273,23; 331,13.

ὕπαρ II 226,21.

ὑπαρκτός I 82,2.

ὕπαρξις II 384,6. III 503,17.

ὑπαρχή, ἐξ ὑπαρχῆς I 36,27; 186,17; 188,16; 263,11. II 51,4; 72,16; 343,16; 349,28. III 41,15; 88,11; 155,10; 188,17; 193,7; 219,20; 222,10; 267,23; 376,16; 384,12; 406,30; 454,9.

ὑπάρχω I 11,10; 12,7; 25,2; 26,8; 97,13; 98,16. II 68,11. III 16,1; 133,2. — ὑπάρχει m. Inf. *es ist Grund dafür, daß* I 243,3.

ὑπατάριον *Konsulliste* II 284,7.

ὑπατεία II 288,12. 20.

ὕπατος III 501,16.

ὑπείκω III 163,6.

ὑπεισδύνω III 162,20; 163,10; 404,20; 479,9.

ὑπεισέρχομαι I 16,5. II 41,12. III 133,13; 153,10.

ὑπεισφέρω I 269,13. II 45,5. III 98,8; 192,27.

ὑπεναντίον I 44,6; 276,18. III 124,15.

ὑπεξαιρέω I 180,19. III 472,8.

ὑπεράγαν III 511,18.

ὑπεραίρω II 44,16; 325,11. III 40,5.

ὑπεραναβαίνω II 46,10.

ὑπεράνω I 38,16; 213,18; 414,14. II 397,6. III 83,8. 15; 505,22; 508,6.

ὑπεραποθνήσκω II 315,14.

ὑπεραπολογέομαι I 156,12. III 149,22; 230,21; 256,5; 259,14. 20.

ὑπερασεβέω I 124,2.

ὑπερασπίζω I 259,8. III 156,20.

ὑπερασπισμός III 162,22; 163,19.

ὑπερασπιστής I 196,3. III 40,9; 159,24.

ὑπερβαίνω I 26,13; 61,16; 141,8; 170,21; 235,26; 245,20; 246,18; 247,11; 285,17; 288,14; 298,23; 299,6; 312,6; 389,3. II 65,15; 83,9; 92,17; 128,27; 222,7; 248,10. 15; 262,19; 298,14; 323,21. III 33,2; 116,8; 144,18; 152,9; 191,1; 206,27; 244,1; 251,17; 332,33; 361,8; 369,13; 381,20. 27; 394,6; 396,5; 401,4; 404,18; 447,14; 449,14; 465,11; 475,19; 494,15; 496,20; 499,8.

ὑπερβάλλω I 47,28; 171,2; 203,21 (Med. *versäumen?*); 258,3 (intrans.). II 169,3 (ὑπερβαλλόντως). III 114,29; 161,24; 376,8; 462,7. 19; 512,5; 513,9.

ὑπέρβατος II 298,7.

ὑπερβολή I 7,1. 5; 16,28; 27,6; 47,15. 19; 55,15; 61,16; 195,18; 206,11; 256,22; 279,7; 442,17; 448,10. II 60,20; 94,13;

224,15; 226,5. 7; 238,4; 319,13; 414,12.
III 17,23; 37,3; 39,16. 17; 53,7; 94,10;
199,19; 211,9; 402,7; 459,5; 479,25;
491,8. 12.

ὑπερβολικός Ι 61,23.

ὑπερδέομαι ΙΙΙ 159,24.

ὑπερδοξάζω ΙΙ 383,17.

ὑπερεκπερισσοῦ ΙΙ 387,8.

ὑπερένδοξος ΙΙΙ 397,32.

ὑπερεύχομαι Ι 149,14. ΙΙΙ 521,18.

ὑπερέχω ΙΙΙ 167,2. 5. 8; 200,26; 401,2.

ὑπερηφανία Ι 77,11. ΙΙ 96,23; 143,23.
III 108,1. 3. 5. 10. 14; 475,5.

ὑπερθαυμάζω ΙΙ 228,11. ΙΙΙ 388,22;
412,17.

ὑπέρκειμαι Ι 217,23; 226,23.

ὑπέρλαμπρος Ι 87,23.

ὑπερμαχέω ΙΙΙ 312,14.

ὑπέρμαχος ΙΙΙ 40,9; 497,24.

ὑπερμήκης ΙΙΙ 154,13.

ὑπέρογκος Ι 26,10; 156,10. ΙΙ 325,20;
336,21; 409,16. ΙΙΙ 411,20. —
ὑπερόγκως ΙΙ 328,18.

ὑπερόμοιος ΙΙΙ 342,23.

ὕπερον Ι 282,6.

ὑπερορίζω ΙΙΙ 143,14.

ὑπερορισμός ΙΙΙ 344,14.

ὑπεροχή ΙΙΙ 108,12; 167,1; 384,3.

ὑπερπαίω ΙΙΙ 165,24.

ὑπερταλαντίζω ΙΙΙ 408,8.

ὑπέρτατος ΙΙ 329,14. ΙΙΙ 82,2; 511,8.

ὑπερτίθεμαι   mit Fasten überschlagen
Ι 326,10. ΙΙΙ 523,22.

ὑπερτίθημι Ι 379,9.

ὑπερφερέστερος Ι 303,3.

ὑπέρχρονος Ι 26,11.

ὑπέχω Ι 212,24; 243,21. ΙΙ 98,12; 160,16.
III 100,2.

ὑπήκοος Ι 130,1.

ὑπηρεσία Ι 133,23. 24; 209,5. ΙΙ 82,25.
26; 329,19; 368,2. ΙΙΙ 21,11; 94,12;

140,11; 336,27; 345,16; 466,19; 522,10.
19.

ὑπηρετέω Ι 49,15; 133,22; 192,17;
316,22; 371,6. ΙΙ 406,8.

ὑπηρέτης Ι 346,17 (Jude = ἀζανίτης =
διάκονος). ΙΙ 257,5. 9. ΙΙΙ 10,4; 108,7;
257,33; 423,14.

ὑπισχνέομαι Ι 340,23; 437,6. ΙΙ 51,10;
221,11; 235,15. ΙΙΙ 146,5. 22; 454,22;
476,29.

ὕπνος Ι 210,21; 230,19; 294,1; 344,9 (ἐν
ὕπνοις). ΙΙ 129,25; 180,1; 201,7; 226,6.
III 439,20.

ὑπνόω Ι 40,4; 46,4; 210,18. ΙΙ 129,25;
226,13. ΙΙΙ 198,13.

ὑποβάθρα Ι 77,29. ΙΙΙ 374,14; 500,25.

ὑποβαίνω Ι 92,4; 301,8; 440,7. ΙΙ 394,30.
III 52,4; 174,8; 198,25; 227,13; 237,4;
255,23; 341,31; 367,28; 376,11; 379,18;
384,30; 389,9; 395,30; 396,1; 398,11;
408,13; 468,8; 481,17; 514,20.

ὑποβάλλω Ι 49,18; 291,1; 381,24f.
II 400,13; 403,11; 413,9; 509,10.
III 81,30; 140,16; 310,12; 387,13.

ὑπόβασις ΙΙ 393,10. ΙΙΙ 226,2.

ὑποβρύχιος Ι 346,29. ΙΙ 366,13.

ὑπόγαιος ΙΙ 285,17; 286,4.

ὑπόγειος Ι 89,27.

ὑπογραμμός Ι 49,14. 18; 133,26; 365,10.
II 148,14; 350,30. ΙΙΙ 178,21; 200,10.

ὑπογραφή ΙΙΙ 242,5; 297,31; 434,28.

ὑπογράφω ΙΙΙ 160,31; 334,16.

ὑπόγυος ΙΙ 148,5 (ἐξ ὑπογύου).

ὑποδεής Ι 43,25. ΙΙ 324,10. ΙΙΙ 166,10;
200,17; 366,20; 428,20; 451,3.

ὑπόδειγμα Ι 19,24; 20,8; 58,1; 99,21;
104,4; 114,19; 115,14. ΙΙ 152,5;
157,23; 253,6; 278,17; 510,15; 514,15.
III 77,14; 240,1; 381,25; 494,10.

ὑποδείκνυμι (-ύω) Ι 24,20 (ὑποδεικνύει);
42,18 (ὑποδείκνυσιν); 49,13. 16 (ὑπο-

δεικνύωσιν); 59,3 (ὑποδεικνυόντων);
103,18 (ὑποδεικνύουσα); 126,8;
201,14; 254,26; 266,24; 296,15;
317,1. II 127,23; 131,23; 149,27;
179,24; 197,13; 180,11; 209,4; 347,23.
III 75,24; 172,20; 188,7; 192,29;
331,11; 335,29; 477,12; 520,30.
— ὑποδεικνύναι I 262,23; 298,22;
458,24. — ὑποδεικνύς I 77,12; 384,8.
II 132,30; 225,9. — ὑποδεῖξαι I 77,4.
10; 116,15. 22; 121,24; 193,19; 215,11;
276,24; 289,7; 298,15; 372,18. II 47,21;
57,8; 61,26; 88,25; 129,17; 132,19;
144,8; 180,12; 192,15; 314,10; 334,19.
III 12,24; 74,12; 90,4; 188,20; 297,10;
339,22; 342,13; 381,22; 441,30; 448,23;
495,2; 517,1. — ὑποδείξω I 129,12;
159,14; 274,13; 299,19. III 226,22;
228,9. — ὑποδειχθήσομαι III 75,17.
ὑπόδειξις III 414,25; 451,22.

ὑποδέννυμι s. auch ὑποδέω. III 524,25.

ὑποδέχομαι I 49,15; 196,14; 290,16;
365,15. II 39,5. 11; 86,26; 96,19; 178,6;
411,5. III 82,29; 91,16; 155,32. 34;
156,9; 173,6; 367,11; 368,31; 372,12;
380,23; 459,11; 477,30; 483,4; 504,14.

ὑποδέω I 122,29. 30. III 465,4.

ὑπόδημα I 75,3; 122,24; 142,26; 211,7;
447,20. II 363,8. III 13,16; 496,8.

ὑποδιάκονος II 367,19. 22. III 265,13;
522,13.

ὑποδοχή I 119,17; 416,4. II 38,32; 399,23;
514,8. III 156,1; 440,32; 501,25.

ὑποδύω, ὑπέδυ I 234,5; 267,21. II 314,20;
402,12.

ὑπόθεσις 1) *Gegenstand, Sache* I 189,4;
325,9. 26; 364,25; 458,21; 460,28.
II 66,9; 124,21; 135,11; 165,5; 182,9;
184,17; 221,10; 225,4; 268,13; 326,10;
381,8 (ἡ πᾶσα παιδοποιουμένη
ὑπόθεσις). III 18,15; 32,13; 40,14;

75,15; 91,26; 102,22; 112,21; 116,15;
192,26; 245,22; 250,21; 254,9; 431,26;
447,20; 449,16; 470,2. 2) *Gegenstand,
Art* I 261,7; 271,4. III 36,9; 81,23.
3) *Gegenstand, Aufstellung* I 44,21;
47,28; 52,17; 57,28; 168,15; 189,1;
195,3; 389,17; 459,10. 4) *Grund*
I 211,1; 269,12; 325,19; 330,11; 339,7.
II 200,10; 286,6 (*Begründung*). III 80,25;
82,20; 142,26; 145,30; 183,18; 195,13;
458,7. — τινός I 252,13; 265,7;
320,5; 322,8; 326,1; 365,22; 458,17.
II 90,6; 104,16; 167,19; 255,9; 337,24.
III 17,11; 24,10; 88,27; 89,27; 152,5;
162,3; 201,3; 338,20. — περί τινος
I 326,13. II 80,13; 107,7. III 156,2;
161,21. — κατά τινος II 155,20. —
κατά τινα I 104,12; 193,19; 340,3. 26;
341,17; 447,12. III 141,2; 448,32.

ὑποκαίω I 124,13. II 312,29.

ὑποκαταβαίνω III 6,20.

ὑποκατέρχομαι I 47,30.

ὑποκάτω I 164,9; 269,6. II 266,16;
413,4. III 86,16.

ὑποκάτωθεν I 280,15.

ὑπόκαυστος II 312,29.

ὑπόκειμαι I 57,4; 104,18; 119,7; 125,7;
155,7; 161,22; 184,20; 446,14. II 92,19;
107,6 (ὑποκείμενον); 209,20 (*darunter
liegen*). III 216,8; 518,9.

ὑποκλέπτω III 98,3; 154,14; 155,20.

ὑποκορίζομαι I 238,12. II 58,1.

ὑποκοριστικῶς III 33,1.

ὑποκρίνομαι II 82,22. III 296,28. 33.

ὑπόκρισις I 219,25; 283,22. II 81,6.
III 33,1; 136,15; 162,20; 489,27; 514,3.

ὑποκριτής I 217,20; 224,10. III 33,3;
296,27.

ὑποκριτικός II 399,11. — ὑποκριτικῶς
I 206,12.

ὑπολαμβάνω I 19,4; 31,28; 44,14. 16;

50,2; 61,14; 102,13; 344,15; 359,14.
II 69,15; 89,28; 129,5; 133,22; 213,8;
239,4; 261,24. III 18,16; 32,7; 85,4;
115,18; 197,24; 241,4; 243,1; 345,2;
346,24; 366,4; 372,26; 443,26; 471,17;
492,25; 519,24.

ὑπολείπω I 23,20; 135,28. II 155,5; 306,21.
III 225,27; 228,2; 246,17; 414,22.

ὑπόληψις I 8,18; 51,9; 94,4; 107,7. 14;
108,3; 187,15; 225,16; 273,18; 369,7.
II 238,12. III 42,6; 178,26; 260,16.

ὑπολιμπάνω I 132,27.

ὑπόλοιπος III 216,19.

ὑπολύω I 122,31; 130,11; 142,21. 26.

ὑπολωφάω III 496,27.

ὑπομένω I 40,29; 51,7; 56,21; 102,28.
III 88,25; 96,26; 119,20; 161,25; 163,4;
211,11; 372,18; 389,30; 437,31; 496,23;
517,18.

ὑπομιμνήσκω I 372,10. II 170,15;
224,14. III 156,23; 345,8; 411,24;
475,29; 495,23; 515,7.

ὑπόμνημα I 326,2. III 417,16; 420,11;
427,24.

ὑπομνηματικός II 124,22.

ὑπομνηματισμός I 309,10; 324,23ff.

ὑπόμνησις I 156,1; 189,12; 370,21;
379,14; 438,1. II 172,6; 379,22.
III 449,12.

ὑπομονή II 104,11.

ὑπονοέω I 99,25; 101,17; 345,23. 34.
II 363,4; 402,5. III 18,6; 203,4. 19;
216,5; 221,25; 252,19; 431,13; 453,29;
467,18; 476,5.

ὑπονοθεύω II 51,8; 506,4.

ὑπόνοια 1) I 10,1; 15,29; 40,5; 56,17;
102,1; 108,4; 119,5; 215,4; 239,20;
268,16; 362,25. II 5,21; 57,2; 90,20;
187,14; 188,15. 28; 191,9; 300,12;
346,18. III 36,11; 183,16; 185,5;
191,16; 203,5. 18. 24. 30; 205,27;

217,26; 218,25; 219,11; 251,2. 20;
253,29; 254,6; 313,16; 366,12; 370,13;
380,28; 402,20; 407,25; 410,34; 428,25;
434,7; 446,5; 449,18; 453,28; 461,32;
472,4. 2) *Gedanke* I 127,5; 254,18;
269,25; 295,6; 384,15; 389,22 (*falscher
Gedanke*); 444,7; 448,3. II 41,10; 79,12;
234,1; 238,12; 255,15; 358,6. III 91,28.
3) *Annahme* I 275,15. II 126,5; 133,14;
139,21; 420,15. 4) *Sinn* eines Wortes
I 364,13. — ὑ-ν λαμβάνειν *Verdacht* ...
I 94,11. II 358,5.

ὑπονύττω I 6,1; 32,14; 239,20; 341,28.

ὑποπιέζω II 313,16.

ὑποπίπτω 1) I 26,11; 61,17; 99,25; 100,6
(τινί). 20 (ὑπό τινος); 136. 18 (*zufallen*);
141,11 (ἔν τινι); 344,11 (τινί);
367,17; 439,28 (ἀπό τινος). II 126,6;
240,11; 313,21; 318,7; 378,25; 418,10
(*unterliegen*). III 82,10; 124,11; 125,5;
126,2; 137,4; 143,14; 150,5; 200,17;
216,3; 245,8; 332,19; 336,17; 370,17;
385,19; 393,20. — εἴς τι I 219,11.
II 181,12. III 380,1; 443,7; 479,25.

ὑποπροίκιος I 127,14.

ὑποσημαίνω I 189,1.

ὑποσπείρω 1) trans. I 271,18. II 66,12.
III 15,6; 205,28; 382,22; 467,18; 485,1.
2) intrans. I 197,9. III 118,25.

ὑπόσπονδος I 225,12.

ὑποσπορά I 245,7; 271,19; 277,16; 278,6.
13; 297,10. III 409,23.

ὑποστάθμη II 56,7.

ὑπόστασις 1) *Wesen* I 12,18; 14,1; 82,6
(τῆς αὐτῆς ὑποστάσεως). 21 (ἐξ
ὑποστάσεως οὔσης τριττῆς); 231,19.
II 151,15 (ἔνσαρκος ὑπόστασις);
389,13. 2) außerhalb der Trinitätslehre
Wesen, Bestand I 173,15; 263,16;
273,18. 3) *Wesen und Person* gleichzeitig
I 12,18f. (ὅπου γὰρ ὁμοούσιον, μιᾶς

ὑποστάσεώς ἐστι δηλωτικόν· ἀλλὰ καὶ ἐνυπόστατον σημαίνει τὸν πατέρα καὶ ἐνυπόστατον τὸν υἱὸν καὶ ἐνυπόστατον τὸ ἅγιον πνεῦμα); 95,6; 96,23; 97,2. 3. 5. 6. 29; 101,22; 102,11 (τῆς αὐτῆς οὐσίας, ὑπόστασις ἐξ ὑποστάσεως τῆς αὐτῆς πατρὸς καὶ υἱοῦ καὶ ἁγίου πνεύματος). 20; 273,25. II 392,9. 4) im übrigen III 31,17; 39,4; 84,1; 97,19. 21; 112,26; 494,32.

ὑποστρέφω II 252,17.

ὑποστρώννυμι I 210,21 (ὑπεστρώννυον).

ὑποσύρω II 48,2.

ὑπόσχεσις I 76,19; 195,5; 203,14; 231,5; 239,20; 298,19. II 52,14; 172,31; 173,24; 520,9. III 77,8; 182,22; 227,25; 476,28; 496,6; 498,20.

ὑποταγή I 390,8. III 262,4.

ὑποτάσσω I 184,12; 384,29; 450,9. II 84,29; 171,6; 216,1; 290,7. III 44,15; 53,11; 102,16; 109,20; 157,23; 167,6; 452,18; 454,20; 504,31.

ὑποτίθημι I 98,10; 242,20; 243,5; 262,18; 276,8; 278,2; 284,13. 18; 286,15; 287,4. 7; 339,2; 355,1. 7; 361,4; 448,6. II 38,5; 167,28; 514,12. III 94,25; 470,24. — τινά I 337,9. II 279,19; 355,18. III 222,22.

ὑποτίτθιος I 462,10.

ὑποτρίβω II 344,14.

ὕπουλος I 224,4; 361,17.

ὑπουργός II 87,29. III 148,4.

ὑποφαίνω I 41,11; 103,14; 175,7; 200,2; 239,23; 242,12; 271,7; 273,16; 276,19; 280,16; 288,24; 298,1; 322,10; 352,2. II 6,7; 38,5; 56,13; 70,7; 89,3; 106,24; 176,25; 202,24; 236,1; 240,7; 340,13. III 10,9; 15,4; 94,23; 133,6; 208,22; 209,2; 224,28; 255,11; 259,21; 302,20; 344,10; 351,15; 381,25; 439,22; 441,30; 443,24; 456,11.

ὑποφαντικός I 46,5.

ὑπόφασις I 155,7.

ὑποφέρω II 507,4. III 72,12.

ὑποφθείρω III 53,9; 155,7.

ὑπόφορος II 289,2.

ὑποχαλάομαι III 333,15.

ὑποχείριος I 44,1. 5; 318,21. III 25,8; 94,1; 97,12; 109,29; 110,15; 119,3.

ὑποχωρέω I 280,22; 343,22. III 52,6; 84,3; 151,8; 371,18.

ὑπωπιάζω II 519,8.

ὑπωρεία I 217,9.

ὗς, ὁ III 494,19.

ὑστερέω I 25,31; 98,22. III 246,4.

ὑστέρημα I 265,1 (bei den Basilidianern); 312,28 (Carpocrates); 387,26 (Valentinianer); 388,1 (gleichgesetzt mit dem Παντοκράτωρ und dem Δημιουργός); 437,9; 440,28 (Secundus). II 45,17 (Heracleon); 49,11. 12.

ὕστερον I 44,12; 141,12. III 42,20; 82,27; 112,28; 155,20.

ὕστερος III 463,7. 13.

ὑφαίνω I 75,10 (ὕφανε).

ὑφαρπάζω I 317,16.

ὑφή II 510,6.

ὑφηγέομαι I 209,1; 220,11; 239,25; 242,21; 243,7. 12; 270,4; 277,1; 294,24; 298,9; 333,9; 338,8. 12; 340,19; 343,8; 346,28; 354,6; 367,23; 441,18. II 50,16; 275,15; 391,12. III 34,7; 36,11; 77,13; 88,13; 131,23; 174,13; 177,28; 191,11; 309,26; 314,1; 345,6; 351,14; 399,2.

ὑφήγησις I 184,10; 203,13; 209,3; 246,19; 320,27; 329,2; 340,26; 344,22; 348,31; 354,12; 438,2; 448,9. II 93,20; 129,4; 254,17; 276,11. III 10,5; 216,26; 234,6; 267,17; 310,13.

ὑφίστημι 1) I 56,22 (bestehen); 186,15. III 5,29; 6,1; 152,2; 377,17; 403,29; 497,4. 2) herstellen I 184,20.

3) *überstehen, bestehen* I 195,20; 396,8.
III 96,27; 164,24; 247,25. 4) m. Inf.
I 340,14. III 103,21. — ὑφίστασθαι
aufstellen, behaupten I 166,6. —
αἰσχύνην ὑφίστασθαι I 103,12;
145,5. II 101,13; 401,18. — κάματον
ὑ. I 129,12. — κίνδυνον ὑ. III 341,21.
— χλεύην ὑ. III 91,6.

ὑφοράω I 262,23; 268,7.

ὑψαυχενία III 2,15; 471,30.

ὑψηλός I 92,3. II 209,8. 9. — ὑψηλοτέρως
I 387,25.

ὕψιστος I 92,3.

ὕψος I 26,11; 126,11; 347,26. III 2,18.

ὑψόω I 92,19. III 107,17.

ὕψωμα *Erhöhung* II 59,22. III 107,19;
200,16. 26.

φαιδρός II 85,11. III 75,32; 165,22.

φαιδρότης I 111,10. II 52,6; 148,27;
513,12. III 104,11; 431,4.

φαιδρύνω I 111,4. II 233,2; 396,22.

φαίνομαι 1) *erscheinen, auftreten* I 383,8.
II 261,23; 271,5 (*kommen*); 312,12 (*sich
zeigen*). III 412,28; 475,28. 2) *erscheinen
(sich offenbaren)* I 40,13 (πεφηνέναι);
75,7; 248,15; 260,2; 267,1; 269,9;
291,21. 22; 337,3; 344,9; 345,10; 371,13.
II 51,17; 52,22; 61,15 (πεφάνθαι);
74,18; 90,12 (πέφηνεν); 91,9; 125,23;
177,10; 181,14; 192,1. III 8,7; 88,10. 15.
17. 18; 492,16; 494,22; 514,26; 518,15.
3) *scheinen* I 96,23; 104,13; 260,3;
275,7; 371,20. II 89,30; 196,25; 207,7
(m. Inf.); 312,19 (πέφηνε). III 113,21;
259,24. 4) *offenkundig, deutlich werden*
I 377,8; 436,2. II 125,11; 141,9; 150,7;
175,5; 176,31; 195,6; 207,25; 222,2;
259,25; 281,9; 305,11 (φαίνεται ὡς).
III 106,6; 111,23; 128,3; 248,2; 256,6;

399,2. 5) m. Part. = *videri* I 256,21;
436,15. II 106,16; 190,6; 196,20;
224,20. III 83,9; 136,26; 186,20.

φακῆ II 218,7.

φακός II 218,8. III 73,22; 477,16.

φαλάγγιον II 44,5.

φάλαγξ III 83,27.

φαλλαρίζω III 510,19.

φαλλός III 510,18.

φανερός I 85,22; 189,2; 190,12; 216,9;
271,15 (*bekannt*); 315,15; 340,18 (κατὰ
τὸ φανερόν); 363,3; 440,4. II 144,16;
166,4; 195,18. III 88,6; 199,28; 205,15;
311,27; 415,25; 476,17; 504,27. —
φανερῶς I 17,28. II 96,21; 194,6;
388,3. III 420,25; 421,24; 422,21.

φανερόω I 92,7. III 6,5; 401,19.

φανέρωσις II 157,5.

φαντάζω 1) I 178,14 (*bezaubern*);
221,17; 384,17 (*bezaubern*); 389,25;
460,7. II 328,17. III 35,10; 411,22.
2) *phantasieren, erdichten* I 459,24.
II 78,18; 160,15 (Akt.); ; 227,8; 329,7
(Med.); 330,9; 412,1. III 18,16; 38,14;
49,12; 83,2; 85,16; 88,4; 91,14; 175,1;
453,28. 3) Med. m. Inf. I 219,8.
III 437,7. 4) intrans. *als schön erscheinen,*
Akt.: II 150,28; 151,2. Med.: III 73,12;
139,25; 428,30.

φαντασία 1) I 51,6; 63,11; 271,17.
III 22,13. 2) *Schein* I 100,22; 117,16;
231,4; 260,3. II 1,4; 126,10; 128,10;
154,16; 341,16. III 19,20; 209,21;
214,20; 238,19. 3) *Träumerei, Phantasie*
I 74,6; 94,3; 272,1; 275,17. 21; 336,3;
356,18; 459,3. II 51,12; 167,8; 325,16;
332,19. III 48,11; 472,27.

φαντασιάζω 1) Akt. *bezaubern* I 76,8;
221,12; 238,8; 257,1; 271,1. II 221,23;
325,10. 2) Pass. III 344,18. 3) Med.
schwindeln II 332,14; 502,8.

φαντασιολογία I 271,26.

φαντασιόω I 239,13; 294,27.

φαντασιώδης I 218,15; 257,3. II 41,8;
161,3. III 511,16.

φάντασμα I 75,1; 117,14. II 152,27.
III 190,27.

φαρμακεία I 172,20; 179,4; 305,17;
344,7; 348,18. II 120,18; 157,18.
III 525,9.

φαρμακευτικός II 454,18. III 22,14.

φαρμακεύω II 565,12.

φάρμακον 1) I 184,7; 297,13; 313,10.
II 240,17; 241,1; 388,8; 522,17.
III 78,29; 220,6. 2) *Zaubermittel*
I 348,21. II 409,14.

φάρυγξ II 50,11.

φασήλιον III 64,2; 73,22.

φάσις I 320,13; 384,9.

φάσκω I 18,23; 19,6; 54,29; 60,33; 74,7;
108,9. 21; 111,1; 116,6; 183,12; 220,2;
226,1; 249,13; 263,17; 295,18; 313,15;
459,19. II 6,7; 28,17; 37,5. 9; 42,11;
142,22; 164,15. 17. 19; 235,27; 263,2;
342,12. III 120,22; 200,1; 234,22;
239,6. 11; 266,31; 404,15.

φατός I 170,5.

φατρία I 262,11. III 156,9 (φρατρία);
229,16; 312,19; 509,26.

φάττα I 104,4.

φαῦλος I 96,8; 99,6; 107,4; 213,7;
244,11; 253,24; 284,10; 305,1; 312,14.
15; 442,8. II 48,15; 66,24; 93,2; 101,6;
160,25; 176,6; 191,5; 380,8. III 36,6;
40,3; 100,11; 117,26; 133,17; 250,16;
363,11; 410,23; 439,23; 440,19; 443,4;
453,4; 472,18; 510,10.

φαυλότης I 184,7. 21; 252,5. II 3,21;
366,18; 418,5. III 363,10; 511,6.

φείδομαι I 462,26. III 75,29; 209,3;
388,6; 486,29.

φειδώ I 48,10. II 227,20.

φέρομαι 1) I 12,15 (εἰρωνείᾳ φέρεσθαι);
19,15 (ἀγνοίᾳ); 26,9 (ὄγκῳ); 33,16
(πνεύματι ἁγίῳ); 74,1 (ἁπλότητι);
108,13; 185,15 (κατὰ τὰ αὐτὰ
φερόμενος); 195,3; 210,21 (ὕπνῳ
φέρεσθαι); 268,11 (ταπεινότητι).
II 1,13 (μυθολογίᾳ); 213,4 (ἐπάρματι).
III 19,16; 31,16; 93,7; 94,28; 151,19;
152,5; 154,26 (ζήλῳ ἐνεχθείς); 172,32;
182,24 (κατὰ τὴν πίστιν φέρεσθαι);
220,9; 241,20; 350,4; 473,8; 521,17.
2) *im Schwange gehen/sein, bestehen*
I 227,2. II 80,26. 3) m. adv. I 32,18
(ταπεινοφρόνως); 101,18; 192,12;
458,6. II 203,10; 503,11 (πνευματικῶς
φερόμενος ... *existierend*). III 162,5;
247,32; 268,2. — φέρεσθαι κατά τινος
I 212,15. III 100,10; 381,29; 388,12;
399,27.

φερνή III 502,5.

φέρω I 27,7 (τι ἐπί τινος); 30,7. 11
(*herbeiführen*). 18 (αἶσχος φέρειν
τινί); 22,14 (εἰς ἀριθμὸν φέρειν);
108,7; 201,21; 268,2 (εἰς τέλος
φέρειν); 305,15 (ἐπὶ στόματος).
II 248,10 (ἐπί τι); 312,14. III 49,18
(οὐ φέρομεν ἀκούειν); 82,26; 96,4
(φέρε δὴ εἰπεῖν); 98,2; 111,6; 136,19;
169,19; 171,10. 11; 178,9; 233,17;
237,27; 247,20; 250,22; 331,32;
336,11.

φερώνυμος III 43,21.

φεῦ m. Gen. I 16,4; 56,16; 449,7.
II 21,14. III 183,16; 466,14.

φεύγω I 299,19; 302,1. II 26,3. 23;
115,16; 152,22; 246,14; 380,8; 432,5;
435,23; 483,3. III 74,32; 103,23;
146,11; 173,24; 298,17; 507,16.

φευκτός III 434,12.

φήμη I 153,18 (πρόδρομος φ.); 384,7.
III 22,5; 150,15; 151,18; 309,23; 475,28.

φημί I 111,15 (ἔφησε); 189,19; 272,2 (ἔφασαν); 343,2; 453,17. 19; 502,24. II 59,21; 200,24 (ἔφασαν); 266,23 (ἔφησαν); 360,6; 436,16. 19 (ἔφης). III 6,17; 10,22; 213,19; 285,19; 361,11 (ἔφησθα); 435,21 (ἔφησαν); 496,7; 507,23. 27 (ἔφησε).

φημίζω I 210,6; 217,2; 223,10. III 14,5; 432,31.

φθάνω 1) m. Akk. I 46,17; 114,21; 193,1 (εἰς). II 400,15f. III 154,20; 177,30 (εἰς); 200,19; 333,21 (εἰς); 453,8. 2) m. Inf. I 203,8. II 263,12. III 116,19; 137,1; 488,6. — ἄρχι τινός III 496,8. — ἐπί τινι III 77,13. — ἐπί τι I 322,27. II 45,20; 262,20; 310,21. — ἕως τινός I 126,7; 127,6; 149,20; 325,9. — κατά τι I 331,14. — πρός τινα III 156,12.

φθάρμα II 375,13. III 43,4.

φθαρτικός III 40,29.

φθαρτός I 129,18; 165,13; 381,17. II 513,10. III 402,23. 30.

φθέγγομαι I 14,9; 51,5; 219,23; 460,29. II 41,13; 53,5; 67,7; 79,4; 147,27; 168,16; 222,4; 223,17; 227,14; 236,9; 238,8; 336,1. III 8,9; 10,28; 72,16; 111,23; 233,13; 350,8; 366,17.

φθέγμα I 185,11. III 285,3; 406,16.

φθείρ II 510,19.

φθείρω I 81,1; 116,8; 127,15. 18; 129,13; 288,31; 289,8f. II 3,4; 98,15; 345,1 (τὸν νοῦν φθαρέντες). III 412,27. — πεφθαρμένη I 290,5. III 413,21.

φθινοπωρινός II 130,22.

φθίνω II 247,18. III 89,2; 127,24; 375,3. 6bis; 377,16.

φθογγή I 171,3. II 224,2. III 17,15; 241,3; 250,19; 394,10.

φθονέω II 68,26; 240,6. III 384,27; 416,10.

φθόνος I 102,26; 189,25. II 85,6; 157,19; 436,1. III 2,17; 100,24; 148,2; 179,8; 341,7; 384,29; 433,1; 452,10.

φθορά 1) I 186,6; 238,6; 243,12; 245,19. 24; 271,8; 281,22; 288,31 (der Mannessame); 289,11; 290,16; 342,6. 9; 443,1. II 61,23; 94,11; 98,14; 172,29; 233,17. III 21,12; 469,31; 509,30. 2) Unzucht II 205,5; 213,25.

φθορεύς I 128,8; 290,12. III 412,29.

φθοριμαῖος I 277,10; 343,9. II 66,19. III 360,5; 472,4.

φθοροποιός III 91,27.

φιλαδελφία II 68,4. 21.

φιλαλήθης I 294,23. III 142,15. — φιλαλήθως I 174,19; 298,22; 344,22; 355,7. II 345,4. III 233,9.

φιλανθρωπεύομαι I 48,14. III 238,9.

φιλανθρωπία 1) I 48,11; 49,9; 316,4; 345,7. II 185,27; 210,6; 226,5; 227,20; 229,2; 238,4; 253,9; 273,4; 319,13; 364,7; 365,28; 370,14; 374,25. 27 (Vergebungsbereitschaft); 380,18; 500,16; 514,22; 520,9. III 40,4; 75,23; 94,11. 15; 142,24; 218,6; 239,26; 246,9; 383,19; 402,7; 477,32 (κατὰ φιλανθρωπίαν θεοῦ). 2) Christi I 48,11; 77,9. III 199,19; 211,9; 218,6; 517,17. 3) vom Menschen III 237,11; 525,3.

φιλάνθρωπος I 47,15; 346,1. II 522,2. III 199,25 (von Christus); 209,3.

φιλαργυρία II 68,1; 69,7; 71,6. III 110,16. 18. 21. 23.

φιλαρχέω III 296,6.

φιλέω küssen I 129,2. III 233,8.

φιλία I 81,19. II 68,19; 96,16; 289,14. III 37,3; 40,10; 240,18 (Liebe zu Menschen, d.h. zu den besonders Begnadeten).

φιλιόω I 225,8; 346,11; 347,2. III 145,29; 506,28.

φιλόδενδρος III 13,8.

φιλόδοξος I 60,7.

φιλοκαλέω trans. I 210,17.

φιλοκαλία I 195,2. II 124,15.
III 360,11.

φιλόκαλος I 155,14; 156,6; 170,23.
II 415,3. III 155,27; 159,28; 526,12.

φιλολογιστικός III 373,23.

φιλόλογος I 256,13; 326,1; 438,6; 446,15.
III 242,13; 296,2.

φιλομαθής III 267,17.

φιλομαθεία I 170,14; 256,14. 19.
II 416,18.

φιλονεικέω I 22,21; 56,12; 118,24.
II 320,19. III 186,29; 204,17; 241,18;
242,10.

φιλονεικία I 49,1; 108,13; 205,7. II 221,8.
III 247,9; 428,9. 24; 429,2; 433,4; 434,6;
436,13. 22; 443,21; 492,25.

φιλόνεικος I 55,11; 60,7; 61,25; 109,25;
117,20; 460,1. II 244,21. III 197,27;
219,1; 230,10; 234,7; 235,1; 241,12. 24;
434,17; 456,8. — φιλονείκως II 233,28;
237,25; 240,20; 415,10. III 233,28;
237,25; 240,20; 415,10.

φιλοξενία III 333,25; 341,20.

φίλος I 126,8 (φίλτατος). II 107,9.
III 37,1; 81,7; 143,29; 312,24; 517,6.
— φίλος θεοῦ II 203,3; 402,6.

φιλοσοφέω I 127,2.

φιλοσοφία I 186,3. III 504,24; 509,25;
510,5.

φιλοσοφικῶς III 432,5.

φιλόσοφος I 124,11; 183,6. II 203,3;
258,6. III 341,32; 476,8.

φιλοτιμέομαι I 156,10; 271,1; 377,20.
II 44,1; 256,1; 291,19 (m. Inf.); 399,11;
407,3. III 140,11; 296,3; 472,30.

φιλοτίμησις II 399,12.

φιλοτιμία II 41,10.

φιλοφρονής III 20,3.

φιλοχρηματέω III 233,12.

φιλοχρημοσύνη I 239,6.

φιμός III 311,30.

φιμόω I 131,10. II 515,6. III 483,1.

φλέγομαι II 409,13.

φλέψ I 45,21; 280,20. III 175,29; 412,3.

φλογμός II 313,16.

φλόξ I 104,22.

φλυαρέω II 413,4. III 96,8; 135,21;
371,24.

φλυαρία I 250,6; 258,2; 264,21; 387,15.
II 91,4; 417,7; 500,5. III 2,16; 36,9;
84,14; 87,8; 88,2; 89,7; 156,10; 340,16;
362,25.

φοβέομαι I 40,14; 44,6; 370,21; 410,26.
II 84,21; 111,7; 430,19. III 160,14 (ὁ
εὐλαβέστατος ἐπίσκοπος καὶ θεὸν
φοβούμενος); 509,20.

φοβερισμός III 182,22.

φοβερός I 300,12. II 235,17. III 75,16;
152,11; 186,21; 248,1. 4; 437,17;
497,15.

φόβος I 203,14; 280,5; 462,14. II 8,3;
216,9; 229,9; 374,2. III 167,13; 231,24;
433,8.

φοῖνιξ I 104,10 (der Vogel). II 403,15
(Jahwe).

φοιτάω II 403,8. III 152,19.

φονεύς III 102,23.

φονευτής I 461,29. III 121,33.

φονεύω I 108,15; 461,29. II 45,3.

φονοκτονία I 277,5.

φόνος I 251,17; 265,14; 280,3. III 84,10;
104,16; 163,2.

φονώδης I 280,3.

φορά II 74,13; 377,8. III 344,17.

φορεῖον II 285,18.

φορέω I 45,12; 46,17. 18. 20; 60,16;
115,1; 372,14. II 197,11. III 197,17;
199,11; 205,7; 210,8; 445,19; 524,25.

φόρον III 485,13 (forum).

φόρος II 289,1.

φορτίον II 156,24.

φόρτος II 340,6. III 51,16; 344,28; 388,5.

φορτόω II 313,16.

φούρναξ I 347,29; 348,21.

φραγμός II 377,9.

φράζω I 19,18; 31,14; 49,23; 51,15; 197,11; 380,11. II 87,13; 96,6; 188,6; 227,18; 350,16; 406,3. III 105,29; 123,1; 192,23; 196,14; 446,5; 501,27.

φράσις 1) *Sinn, Bedeutung* I 209,19; 283,15. II 146,2. III 193,6; 413,10. 2) *Deutung* I 256,15. II 316,16. III 225,12. 3) *Rede* II 185,9; 275,17 (*Behauptung, Beziehung*). III 111,5; 195,4; 202,31; 504,11. 4) *Ausdruck, Redensart* II 336,21. III 107,18; 138,5; 228,9 (*Zitat*); 343,10.

φρατρία cf. φατρία III 156,9.

φράττω III 138,18; 199,10.

φρενιτιάω III 87,14; 112,1; 410,26.

φρενῖτις III 112,1.

φρενοβλάβεια I 9,23; 60,13; 75,4; 200,17; 215,11; 220,19; 223,14; 457,24. II 132,23; 147,21; 164,10; 347,21; 359,1; 390,16. III 77,2; 166,30; 411,30; 462,23; 473,8.

φρενοβλαβής I 212,9; 300,14.

φρήν, τὴν φρένα I 6,24; 348,8. II 226,6; 511,1. III 36,19; 52,17.

φρικτός III 186,20.

φρικώδης III 465,25 (βλέπων φρικώδη πράγματα).

φρῖξις I 280,5; 281,1.

φρίττω I 144,5. III 366,14.

φρονέω 1) I 28,25 (τοῦτο φρονεῖν); 98,1; 103,2; 183,12; 203,17; 206,6; 208,2; 210,9; 214,7. III 18,12; 137,9; 166,17; 206,7; 218,9; 230,13. 17; 241,9; 334,11; 433,26. 2) m. Akk. I 185,18; 218,8; 235,7; 237,5; 329,10; 333,6;

334,11; 443,3. II 158,28; 213,21; 215,4. III 21,4; 145,5; 149,13; 156,13; 159,23; 256,7; 302,9. — εὖ φρονᾶν I 122,11; 133,6; 215,18; 254,23. II 53,5; 280,23.

φρόνημα I 6,2; 18,24; 45,10 (*Denkweise, Gedankengang*); 58,13; 61,4. 5; 156,21; 244,19; 321,18; 436,3. II 224,12; 226,8; 236,16; 242,12; 330,17; 358,9; 509,10. III 12,23; 13,13; 16,7; 18,6; 24,16; 53,11; 91,11; 175,14; 191,26; 202,7; 210,12; 211,34; 215,32; 219,12; 224,20; 255,16; 256,2; 333,3; 436,23; 440,2; 449,17; 476,13; 479,4; 485,1; 488,11; 493,2.

φρόνησις I 437,29. II 57,16; 184,16; 218,30; 224,16; 242,17. III 5,17; 91,7; 410,25; 482,33; 514,12.

φρόνιμος I 390,5 (valentin. Kunst-ausdruck); 449,9. II 12,23.

φρονιμότης II 61,1.

φροντίζω I 450,7. II 273,14 (m. Inf.). III 142,3; 215,31.

φροντίς I 449,10. II 136,10 (φροντίδα ποιεῖσθαί τινος); 255,5.

φρόντισμα *Geisteswerk* I 170,20. III 243,8.

φροῦδος I 215,5. III 496,17. — φρούδως II 501,10.

φρούριον III 28,10.

φρύαγμα I 219,10. III 108,13; 205,2; 484,8.

φρύαγνον I 132,1; 274,12; 327,3; 348,7.

φρυάττω III 369,6.

φρῦνος II 522,19.

φυγαδεύω III 309,6.

φυγάς II 384,14. III 24,18.

φυγή I 43,27; 75,1; 302,1. II 275,1; 493,19. III 33,10.

φυή I 79,24.

φύλαγμα I 192,11.

φυλακή I 306,17; 307,11. II 134,8. III 24,7; 89,15; 141,18; 143,3; 237,7; 484,2.

φυλακτήριον   I 167,16; 209,10. 13. 17.
  18. II 315,21. III 36,1; 525,10.
φύλαξ I 197,17. 18.
φύλαξις II 159,11.
φύλαρχος I 187,21. III 127,8; 464,18.
φυλάττω   I 41,2; 102,26; 146,9. 17;
  166,29; 167,6; 190,17; 206,4; 208,4;
  215,20; 216,3; 230,15; 347,17; 356,10;
  365,17; 462,28.   II 106,17; 159,10;
  175,31; 185,12; 380,12. III 5,5; 108,6;
  205,3; 233,30; 428,23; 459,1; 461,34;
  521,30. — φυλάττομαι darauf bedacht
  sein II 335,25. III 244,2.
φυλή I 70,24; 157,14; 196,23. III 464,15.
φύλλον I 116,21. III 13,10.
φύραμα II 52,4. 10; 156,11; 157,6.
φύρασις II 209,18.
φυράω I 375,21.
φύρσις III 242,12; 296,19.
φυρτός III 197,30.
φύρω I 179,2; 279,5; 282,15.
φύσαλος II 90,3; 248,16.
φύσημα I 272,6.
φυσικός   I 12,13 (der Sohn φυσικὸς
  υἱός); 54,27; 91,28. II 160,27; 226,10.
  III 382,16; 450,9; 455,7. — φυσικῶς
  I 58,28 (τῷ εἶναι αὐτὸν φυσικῶς
  υἱόν). III 39,14.
φυσιολογέω III 368,10.
φυσιολογία III 462,29.
φυσιολόγος I 369,15. II 61,2; 83,17. 24;
  523,6. III 463,11.
φυσιόω II 382,22; 383,19.
φύσις 1) I 164,12 (ὁ κατὰ φύσιν
  νόμος); 174,14; 175,13; 241,7; 268,15
  (χρῆσις τῆς σαρκὸς κατὰ φύσιν);
  285,20 (Natur, Geschlechtsteile); 458,23
  (αἱ φύσεις).   II 53,3.   III 50,10;
  74,18; 109,26 (ἡ πλείστη φύσις τῶν
  ἀνθρώπων); 120,2; 130,20; 175,17;
  477,2.   2) in der Christologie I 28,1

(μὴ τραπεὶς τὴν φύσιν); 39,16. 30;
  46,7; 55,8; 80,13 (προσλαμβανόμενος
  θνητοῦ φύσιν). III 4,15; 166,31. 3) von
  der Gottheit I 61,13. 16. 23.
φύσις,   spez.   φύσει 1) von Natur
  I 55,13; 244,23; 254,12; 305,4; 378,1.
  10.   II 67,17; 76,1. 2; 87,28 (φύσει
  ἴδιος υἱός).   2) natürlich I 96,24.
  3) bekanntlich, begreiflicherweise I 54,10;
  187,26; 279,18; 398,7; 450,10. II 251,1;
  347,4; 380,15.   III 122,19 (πτωχοὶ
  φύσει πτωχοί).   4) in Wirklichkeit
  II 2,2.   5) wirklich, geradewegs I 297.
  16.   II 57,12; 72,6; 106,20; 145,20;
  166,5; 192,15; 293,14. III 91,5; 119,2;
  296,27 (φύσει ὀρθόδοξοι); 297,25;
  313,20; 521,30. — κατὰ φύσιν I 282,3;
  290,9; 291,20; 373,22. II 66,22; 184,11.
  III 50,6; 104,7; 118,17; 165,19; 167,11.
  19; 280,11; 291,14ff.; 345,20; 426,23.
φυσίωσις III 205,10.
φύτευμα II 311,16. III 248,23.
φυτεύω   II 51,20; 201,19.   III 100,1;
  169,20.
φυτόν I 79,19.   II 200,6.   III 99,29;
  107,28.
φυτουργός III 374,23.
φύω I 21,9 (intrans. φύσασαι); 27,17 (ὁ
  σύνθρονος τοῦ φύσαντος); 112,17
  (φυέν); 157,6; 162,4 (ἐφύησαν); 186,16
  (φυομένης); 275,2; 384,2.   II 3,24
  (πεφυκέναι); 48,16. 18.   III 267,27;
  312,31; 374,3; 386,9. 10. 13; 452,3;
  486,17. — φῦναι intrans. I 226,26;
  441,8 (ἔφυ).   II 409,19 (φῦσα).
  III 504,27 (ἔφυσαν).
φωλεός I 383,6. II 57,13; 61,3; 198,22;
  250,3; 312,28; 314,16. III 118,3.
φωνέω I 8,22; 93,2. III 189,7.
φωνή   1) I 17,18;   18,3   (φωνὴν
  ἀποδιδόναι); 19,11; 34,24 (ἀποτελεῖν);

85,22 (φωνή ... κράζουσα). III 189,7.
2) *Ausspruch* I 49,2; 191,3; 242,4.
III 103,3. 3) *Stimme* I 82,1; 202,10;
272,17. 4) *Sprache* I 164,9.

φωρατός I 267,5; 273,8; 275,4; 278,18;
311,13; 319,11; 364,20; 447,11; 464,3.
II 62,1; 92,6; 188,16; 316,12.

φωράω I 262,5; 268,12; 291,12; 298,16;
332,11; 363,6; 435,19; 463,25. II 38,17;
44,4; 50,11. 20; 58,11; 80,10; 102,8;
151,20; 184,19; 189,5; 192,7; 235,3;
241,16; 399,14. III 40,15; 131,17; 144,3.
9; 155,21; 159,22; 226,12; 254,24; 312,3;
342,10; 348,18; 372,10; 409,27.

φῶς I 187,3; 201,26; 273,4; 351,1; 416,19;
427,13; 440,13; 450,5. II 66,14; 169,20;
174,23f.; 250,11; 392,15. III 19,14;
29,6; 103,23; 138,23; 486,6.

φωστήρ I 19,22; 91,27; 166,2. III 246,8;
375,4; 385,3.

φωταγωγία I 232,3. III 185,24; 516,23.

φωτεινός I 88,15. 16; 461,11. II 341,3.
III 6,10; 50,18; 113,21; 136,23; 183,26;
190,32; 192,5; 361,25; 399,20. —
φωτεινῶς II 189,8.

φωτίζω 1) I 89,17; 436,8 (*erleuchten*).
II 247,16; 262,17; 278,18 (*taufen*).
III 41,8; 114,26; 183,26; 210,3; 389,23;
516,18. 2) durch die Lehre *erleuchtet*
I 390,1. III 104,1.

φωτισμός allg. *Erleuchtung* II 262,27.

φωτιστικός I 88,6. II 390,2.

φωτοβολή III 138,23 (App.).

φωτοδότης I 88,15.

χαίνω I 123,23 (κεχηνώς); 300,4.
II 514,8. III 484,25.

χαίρω I 346,30. III 108,27. 29; 521,31.
— τινί I 440,12. II 92,24.

χαίτη III 511,8.

χαλάω I 259,14; 438,12. II 261,18.
III 111,10; 462,24.

χαλεπαίνω III 150,2bis.

χαλεπός I 95,27; 369,13. II 61,4.
III 34,8; 49,19. — χαλεπῶς I 95,26.
II 167,6. III 83,28; 345,15.

χαλεπότης III 19,16.

χαλιναγωγέω I 99,9. III 81,3.

χαλινός III 311,31.

χαλκέα II 50,7.

χάλκεος II 240,3.

χαλκεύω III 127,26.

χαλκός III 310,16.

χαμαί I 284,23; 343,26; 345,22; 346,23;
435,17. II 207,2. III 65,14; 108,11.

χαμαιλέων III 496,9.

χαμευνέω III 524,25.

χαμευνία III 335,18.

χαρά I 80,21. II 129,15. III 309,2;
435,24. 30; 495,33.

χαρακτήρ 1) I 41,2; 67,2; 164,12;
368,9. II 137,5; 169,4 (*Art*); 193,11.
III 415,24 (χαρακτὴρ τῆς καθολικῆς
καὶ ἀποστολικῆς ἐκκλησίας); 515,8
(τὸν χαρακτῆρα τῆς ἐκκλησίας);
525,23. 25. 28. 2) *Typus* I 119,11;
155,8; 157,11; 175,7. 12; 179,10. 18;
264,7; 317,1; 320,20; 352,8; 364,8;
366,5. II 89,26; 105,5. 14; 106,20;
107,15; 123,18; 155,28; 161,11; 174,11;
225,9; 231,1. 5; 235,15; 369,21; 383,13.
III 38,18.

χαρακτηρίζω I 32,19; 186,3. II 32,4;
424,22. III 343,13; 365,9.

χαράσσω III 229,11; 244,8.

χαρίεις II 414,7. III 247,18; 463,21.

χαριεντίζομαι I 446,13.

χαριεντικός s. χαριστικός

χαρίζομαι I 19,25; 20,24; 35,4; 73,21;
90,23; 129,18; 131,17; 254,16; 325,10;
331,11; 381,12. II 48,30; 85,10; 101,22;

233,2; 383,4. III 165,13; 178,18;
228,23; 240,15; 246,7; 268,8; 328,29;
379,24; 396,17; 416,22; 429,7; 432,16.
χάρις 1) I 39,17. 20. 29; 48,17; 58,23
(κατὰ χάριν); 59,3; 64,18 (κατὰ
χάριν); 66,16; 67,5; 82,7; 85,3; 459,11.
III 167,11. 2) *Dank* II 362,14. — εἰς
χάριν τινός I 224,14. — χάριν δίδωμι
II 242,16. — χάριν ὁμολογεῖν τινι
Dank ... II 70,14. — χάριν ποιεῖν τινί
Gunst ... I 96,14; 286,1. III 108,24;
117,7. 12. 19. 20. 21; 191,25; 240,14;
379,2; 438,12; 447,7. 13; 468,13;
477,13; 480,5; 492,4; 522,32.
χάρισμα 1) s. auch Sachregister Theologie.
I 20,1. 5; 25,9; 32,20; 63,1; 88,6; 89,19;
435,13; 441,9. II 220,6; 221,11. 21;
222,20; 223,1. 4; 224,15; 231,13; 232,5;
234,9; 235,4; 310,17 (die χαρίσματα
der Kirche bewußt). III 186,13; 385,7.
2) *Gnadengeschenk* I 347,11. II 385,4
(τὸ χάρισμα τοῦ βαπτίσματος).
III 235,13; 447,13.
χαριστικός III 88,4. — χαριστικῶς
III 430,19.
χαριτόω III 172,7.
χαροπός III 462,31.
χάρτη II 407,1.
χάσμα I 382,16. III 172,33.
χαυνόω II 400,27.
χεῖλος I 27,9. II 50,11. III 205,12;
462,25; 479,5.
χειμάρρους I 181,10. III 429,23.
χειμερινός II 284,9; 288,15.
χειμών I 214,10; 236,21.
χείρ I 123,15 (μετὰ χεῖρας ἔχειν);
128,15; 341,3 (παρὰ χεῖρα ἔχειν).
II 106,11 (μετὰ χεῖρας λαμβάνειν);
311,20; 377,15 (κατὰ χεῖρα). III 28,2;
155,4; 156,15; 334,6; 345,2; 361,12;
411,25; 491,7.

χειραγωγέω I 122,27. II 203,12.
χειραγωγός II 204,1.
χειρίς II 376,22.
χειροθεσία I 239,3 (durch die
χειροθεσία der Apostel empfängt man
den hlg. Geist, der Diakon – Philippus
– ist nicht imstande, sie zu vollziehen);
309,7 (χειροθεσία τῆς ἐπισκοπῆς).
III 336,8 (μὴ ἔχοντα χειροθεσίαν
τοῦ χειροτονεῖν); 513,19 (χειροθεσία
ἐπισκοπῆς).
χειροθετέω III 334,28 (χειροθετεῖ ...
ἐπίσκοπος, ἀλλὰ καὶ ὁ πρεσβύτερος).
χειρότευκτος II 358,24; 360,14.
χειροτονέω III 143,23; 234,4 (χειρο-
τονεῖται ἐπίσκοπος); 336,8 (μὴ ἔχοντα
χειροθεσίαν τοῦ χειροτονεῖν).
χειροτονία I 340,25.
χειρόω III 33,10; 82,2; 99,18; 213,25.
χείρων I 296,23; 300,21. II 71,17;
316,19. III 157,21; 164,9; 192,10;
203,29; 313,3; 452,27.
χερσαῖος I 123,29.
χέω II 38,32; 243,7.
χηλή II 363,6.
χήρα I 235,12. III 15,7; 20,13; 135,8;
478,28.
χηραμός III 118,4.
χηρεύω I 254,12. II 367,18; 387,4.
III 522,11. 21.
χῆρος I 70,18. 22. III 2,1; 522,12.
χηροσύνη II 230,27. III 522,2.
χθές I 214,23. II 21,18. III 298,5;
422,29.
χιλιονταετηρίς III 448,34; 450,9.
χιτών I 74,7. 8. 14; 143,1.
χιτώνιον III 464,3.
χιών III 118,3.
χλευάζω I 252,19; 357,27. II 305,19;
306,15. 16; 312,24. III 140,9; 164,25;
247,16; 335,21; 345,15.

χλευαστικῶς   II 237,10.   III 164,18;
433,20.

χλεύη   I 242,9; 277,7; 291,14.   II 47,13.
22; 53,16; 58,6; 94,20; 98,13; 100,5;
102,8; 212,7; 243,14; 313,22; 404,15.
III 76,4; 82,20; 85,13; 89,19; 91,6;
242,9; 247,15; 411,30; 476,1; 479,27.

χλωρός III 18,2; 413,13.

χλωρότης III 13,10.

χοϊκός III 234,14.

χοῖρος I 282,9; 288,1; 289,11. III 493,15.

χολή II 351,18. III 448,3; 483,9.

χονδρίϚον I 375,22.

χονδρίτης I 375,22.

χόνδρος I 375,20.

χορεύω II 514,24.

χορηγός   der Gewährer   I 439,17.
II 503,17. III 112,10; 374,33.

χορῖτις III 512,1.

χορός I 290,17. II 474,20 (οἱ χοροὶ
μαρτύρων). III 334,21; 441,6; 474,32;
519,18.

χορτομανέω I 274,11.

χόρτος I 383,6.

χοῦς II 207,2; 315,19.

χραίνω I 102,29; 230,14; 270,4; 279,15;
297,6.   II 82,3. 21 (κεχραμμένοι
ἀσελγείᾳ); 197,13. III 144,15; 146,16;
155,7; 452,11; 472,5; 516,2.

χράομαι   I 40,12; 52,3; 61,5; 110,26;
155,8; 166,28; 222,27; 242,3; 320,1.
II 202,15.   III 19,22; 79,15; 120,14;
459,3; 472,14. — χρῆσθαί τινι pers.
II 41,24; 50,18.

χρεία 1) I 23,18. 30; 32,15; 38,20; 39,8;
62,13; 76,16; 118,3; 201,24 (χρείαν
ἔχειν τινός); 278,16; 347,28; 372,19;
459,4. II 89,10; 157,11 (ἐστιν); 165,23;
170,15; 177,8; 184,16; 198,15; 264,2;
275,16; 305,7; 351,6.   III 34,5; 42,15;
107,15; 116,20; 147,1; 152,24; 192,19;

216,7; 331,26; 334,6; 336,20. 30; 350,4;
377,18; 429,22; 449,20; 458,27; 459,27.
2) Bedürfnis I 99,12; 230,16. II 138,29;
201,6; 248,1.   III 73,9; 83,25; 195,23;
430,17; 432,9; 443,4.

χρειώδης   I 42,15; 45,30.   II 227,21;
514,3. III 383,10.

χρεών, τὸ χρεών ἀποδοῦναι I 172,15;
244,4. II 79,16; 209,1.

χρεωστέω I 305,8.

χρεωφειλέτης II 193,19.

χρή   I 45,6; 58,10; 97,11.   II 328,18;
349,28; 423,5; 435,15; 436,4; 445,6;
464,12. 20. III 435,35; 436,1; 516,4.

χρήζω II 129,25; 167,18; 207,19.

χρῆμα, χρήματα   Geld   I 239,7. 10;
341,22. II 96,15. III 15,8; 21,8; 334,4;
335,8; 488,14; 490,8; 503,17.

χρηματίζω   I 179,17; 208,21; 211,13
(intrans. im Schwange gehen, sein);
228,17.

χρησιμεύω I 56,9. III 374,13.

χρήσιμος I 6,2; 251,24. II 83,19; 227,5;
318,17.   III 39,16; 41,3; 77,22; 175,2;
176,32; 208,15; 210,4; 220,27; 429,27;
453,10.

χρησιμότης I 327,1.

χρῆσις   1) Gebrauch   I 69,22; 268,15
(χρῆσις τῆς σαρκός κατὰ φύσιν);
306,10 (χρῆσιν τινός ποιεῖσθαι); 328,9.
II 188,18; 193,13; 196,27; 201,6; 360,18;
362,15; 376,11.   III 73,16; 78,22; 84,2;
183,20; 193,19. 25. 29; 241,3; 449,1;
458,32; 470,16.   2) Ausdruck, Ausspruch
I 56,8; 99,20; 173,22; 461,1. II 161,8. 11.
12. III 8,32; 184,9. 11; 188,31; 192,12.

χρησμός I 182,4.

χρηστομαθία I 194,16.

χρῖσις I 80,19. III 317,14.

χρῖσμα I 16,8.

χριστός Gesalbter II 289,6.

χρίω I 217,1. 2. III 511,25.

χρόα II 310,11.

χροίζω I 79,22. II 303,18.

χρονίζω II 217,18. III 161,13.

χρονικός III 361,19; 370,17.

χρονογράφος III 501,4.

χρόνος I 26,6; 36,27; 194,25. II 29,4ff.; 208,18; 389,5. III 17,22; 150,24; 402,10.

χρονοτριβέω III 93,19; 127,1; 143,24; 145,27.

χρυσίζω III 484,16.

χρυσίον I 123,18; 341,3. III 24,6.

χρυσός I 127,18. 19; 177,15; 310,15. III 20,6; 43,2; 297,17; 310,16.

χρυσοχόος I 123,18; 163,14.

χρῶμα I 163,5; 177,15; 310,15. II 1,5. III 250,17; 297,17; 343,11; 344,2; 413,4. 7. 14. 15.

χρώς III 215,15.

χυδαιολογία I 212,9. II 333,11. III 148,17; 438,16.

χυδαῖος I 190,16. — χυδαίως III 185,6; 361,21.

χυδαιότης II 337,2.

χυδαιόω III 235,25.

χυμός II 226,19.

χωλός I 23,19; 351,8.

χωνεύω II 308,1.

χώννυμι I 267,6 (κεχωσμένη).

χώρα I 6,9; 164,4; 175,19; 217,24; 256,9. II 72,5; 273,8 (χώραν ἐὰν Raum ...). III 143,16; 486,3; 489,12bis; 502,8; 513,1.

χωρέω 1) weggehen I 100,26; 106,1; 176,9; 186,14; 247,20; 306,4. 2) ausdehnen auf III 405,33. 3) fassen I 52,24; 62,20; 143,21. 22; 159,18; 374,25; 376,3. II 172,21. III 81,13; 106,22; 177,22; 239,28; 241,2; 390,16; 405,33; 459,4. 10; 514,27.

χώρημα III 83,13; 118,17.

χωρητός II 354,16.

χωρίζω I 76,2. III 36,23.

χωρίον III 85,24; 110,30; 228,26; 496,21.

χωρίς I 329,11; 391,3. II 371,4; 442,19. III 37,3; 213,10.

χωρισμός II 368,18.

χῶρος I 256,12. II 215,9; 313,20; 379,20; 382,3.

ψαλμός kirchl. Lied I 233,5; 294,29. II 405,7. III 524,11 (λυξνικοὶ ψαλμοί).

ψαλμῳδία III 489,22; 491,16; 525,1.

ψαλμῳδός II 303,8.

ψαλτήριον das Psalmenbuch II 70,6.

ψέγω I 135,30. 31. II 126,28. III 85,21; 230,8.

ψεκάς III 489,14.

ψεκτός II 202,3. III 118,16.

ψευδαπόστολος I 316,12; 317,3; 355,4.

ψευδηγορέω II 78,17; 99,2.

ψευδηγορία I 292,7; 321,10. II 106,9; 131,2; 170,7. III 73,18.

ψευδηγόρος II 166,10. III 103,2.

ψευδής I 62,11; 219,4; 273,11; 291,25; 321,8. II 161,3; 218,23. III 51,9; 86,12; 131,17. — ψευδῶς I 21,13; 374,19. II 196,12; 300,2; 378,25.

ψευδολογέω II 41,13.

ψεύδομαι I 62,9. 11; 76,20; 216,15. II 68,4 (τινί); 86,8; 125,16; 144,25; 235,26; 238,15. III 99,22; 102,28; 118,24; 149,17; 150,2; 192,15.

ψευδοπροφητεία II 223,16.

ψευδοπροφήτης I 218,4 (Elxai); 336,1. II 212,15; 345,25.

ψεῦδος I 216,14; 220,4; 242,5; 275,17; 350,7; 458,5. 12. 19. II 68,15; 144,25; 165,31; 225,11. III 23,2; 24,15; 75,23; 76,5; 191,14.

ψευδώνυμος I 105,11; 300,21; 435,2.
II 41,16. — ψευδωνύμως I 250,3.
III 280,24; 413,33.
ψεῦσμα I 446,3. II 372,17; 505,16.
III 50,24; 51,17; 88,13; 91,14; 131,14;
481,4.
ψεύστης I 44,14. II 144,27. III 102,25.
ψηλαφάω I 100,21. III 174,29; 202,4;
393,28; 411,26; 462,29; 518,16.
ψηλάφησις I 280,16. III 412,15; 413,10.
ψηλαφητός II 153,24f.
ψηφίζομαι I 232,2.
ψηφίς I 375,22. III 374,18.
ψῆφος I 6,6. 23; 171,1; 193,9; 201,19;
235,10; 264,1. II 293,11; 366,28.
III 23,6; 241,29; 242,22; 243,23; 245,9.
ψιθυρίζω II 81,21.
ψιθυρισμός I 345,1.
ψιλός III 371,31; 372,13. 26; 373,1;
377,10; 410,19. 20. — ψιλός ἄνθρωπος
I 36,11; 41,18; 55,3; 265,12; 330,2;
355,18; 358,8; 359,27; 360,18; 369,26;
372,21; 373,2. 26; 381,25. II 212,22;
251,14 (πρόσφατον καὶ ψιλὸν
ἄνθρωπον); 255,16f.; 275,19; 318,15;
347,4. III 10,12; 172,27; 188,9 (ἄνδρα
ψιλὸν νομίσειε τὸν κύριον); 210,15;
445,7. — ψιλῶς I 36,20f. (ψιλῶς ...
νοοῦντες). II 183,3. III 373,3.
ψιλόω I 118,6.
ψογίζω III 85,21; 89,13.
ψόγος I 135,30. II 501,9. III 49,18.
ψόφημα II 41,9.
ψυχαγωγία I 239,25.
ψυχή I 285,25ff. (bei den Gnostikern:ψυχή
und σάρξ – nicht πνεῦμα, ψυχή und
σάρξ – als der durchgreifende Gegensatz:
dieselbe ψυχή überall, bei Pflanzen,
Tieren und Menschen). III 133,19.
ψυχικός I 81,4; 397,4ff.; 413,4ff.
II 479,18; 502,20ff. III 168,15; 371,14.

— ψυχικῶς II 134,3; 503,11; 508,9.
ψυχόω I 117,23. 24. II 508,20.
ψυχρία II 313,18.
ψυχρολογέω III 499,8.
ψυχρολογία III 429,28.
ψυχροτέρως II 192,9.
ψυχρόω II 218,10.
ψύχω II 412,3.
ψώρα I 274,14.

ὧδε I 27,11; 36,18; 293,24; 319,4.
II 129,4; 155,28; 270,13. III 83,19;
99,5; 105,16; 107,14; 175,17; 228,9;
468,26. — ἕως ὧδε I 94,11; 149,19;
203,12; 227,1. 9. III 249,3; 475,18.
ᾠδή I 38,20; 47,6.
ὠθέω III 233,18; 472,25.
ὠκεανός I 215,5.
ὦμος III 50,5.
ὠμός I 104,23.
ᾠόν I 186,17; 245,24; 275,13. III 524,18.
ὥρα Stunde I 117,4; 119,26; 144,5.
III 211,8; 478,18. 22; 487,14; 489,24.
— ἐπὶ πολλὴν ὥραν I 345,22f. — ἕως
τῆς ὥρας III 76,28. — καθ᾽ ὥραν zu
jeder Stunde II 61,12. — πρὸ ὥρας vor
einer Weile I 440,23. III 94,24. — πρὸς
τὴν ὥραν zur Zeit I 49,20. II 57,13;
226,25; 227,24; 337,13. III 494,16.
ὡς, οἷον I 201,9.
ὡς, δῆθεν = ἄτε m. Part. III 472,30.
ὡσαύτως 1) I 10,23; 39,10; 90,1; 106,8;
117,5; 123,18; 128,6; 129,7; 206,2;
215,19; 254,12; 270,16; 281,15; 318,10;
322,1; 334,19. II 1,9; 2,3; 92,6; 182,5;
224,2. III 78,17; 105,22; 115,5; 138,26;
143,10; 159,24; 216,1; 218,1; 231,1;
251,1; 267,16; 313,8; 333,2; 394,3;
490,20. 2) m. Dat. = ὁμοίως I 439,17.
ὡσεί I 127,10; 267,5.

ὥσπερ III 10,2.

ὠτίον I 345,1.

ὠφέλεια I 56,10; 131,6; 256,14; 437,8. II 83,18; 124,5; 188,26; 225,3; 522,1 (*geistlicher Nutzen*). III 374,32; 386,2; 451,18; 471,26; 520,30; 521,8. 9.

ὠφελέω 1) I 17,9; 56,12; 96,12; 106,21; 110,8; 194,17; 285,17; 304,4. II 39,3; 151,7; 162,13; 193,17. III 22,12; 84,14; 118,17; 184,11; 335,6; 466,6. 2) *geistlich fördern* I 122,10; 326,8. II 169,20; 522,3. III 471,29.

ὠφέλιμος I 122,17. II 305,21; 509,5. III 416,22. — ὠφελίμως I 194,15.

Fremdwörter (hebr. und Lat.)

ERKLÄRUNG HEBRÄISCHER (ARAMÄISCHER) WÖRTER

βάρ = υἱοί   I 7,16.

γάζα = θησαυρός   I 341,19.

Ἐβίων = πτωχός   I 355,16f.

ἐλθωθάρ Gen 49,3f.   I 118,4.

Ἰησοῦς = θεραπευτής
oder ἰατρὸς καὶ σωτήρ   I 325,23.

καββᾶ syrisch = πορνεία, hebr. =
φονοκτονία   I 277,4f.

κοδδά syrisch = παροψίς
oder τρυβλίον   I 279,19.

Νασαραῖοι = ἀφηνιασταί   I 168,4.

νοῦρα syrisch = πῦρ   I 276,2.

Σαβαώθ = κύριος τῶν δυνάμεων
                    I 288,23.

Σαβαώθ = δυνάμεων, Ἠλί, Ἐλωείμ,
Ἤλ, Σαδδαΐ, Ἐλλιών, Ῥαββωνί,
Ἰά, Ἀδωναΐ, Ἰαβέ   II 86,6ff.

Σαδδουκαῖοι = δικαιότατοι   I 167,21.

σεδέκ = δικαιοσύνη   I 207,15.

Φάρες = ἀφορισμός   I 211,9.

Φαρισαῖοι = ἀφωρισμένοι   I 167,8.

Die hebr. Namen der Planeten I 211,16ff.
Die hebr. Namen der Tierkreisbilder
                 I 211,24ff.

Vgl. auch s.v. Ἑβραϊκός im Register
Personen – Orte – Namen

ERKLÄRUNG LATEINISCHER WÖRTER

ἐκλήπτωρ = conductor / suspector
                III 128,6.

ληγάτον   III 503,6.

λουσόριος, λουσόριον πλοῖον   I 130,3.

Μοντήσιοι der in Rom übliche Name
für die Novatianer   I 21,30.

προστάτες = praepositus basilicae
                III 265,13.

φοῦρναξ als volkstümliche Bezeichnung
für κάμινος   I 347,29.

Bibelstellen

VETUS TESTAMENTUM
Genesis

1,1	I 24,5; 64,11; 245,7. II 29,14. III 7,24; 226,19.
1,2	II 29,18. III 373,33.
1,3	I 82,14. III 319,2.
1,4	III 41,16f. 21.
1,6	III 285,11.
1,10	III 41,16f.
1,11	III 374,4–7.
1,12	III 41,16f.
1,14	II 443,6. III 246,7; 285,11.
1,18	III 41,16f.
1,20	II 443,2. 6.
1,21	III 41,16f.
1,24	II 443,4. 6. III 285,12.
1,25	III 41,16f.
1,26	I 24,4f.; 36,29; 37,8; 143,11; 172,6f.; 175,5; 203,4; 249,1; 253,9f. II 195,2. 16; 206,25; 335,4; 443,7ff.; 505,22. III 11,32; 42,11–14; 68,5ff.; 92,14. 16; 101,19ff.; 202,14; 226,21; 234,10; 251,7; 252,23; 285,12; 347,10; 365,15.
1,27	I 19,25. II 444,3. III 226,22; 234,12.
1,28	II 201,14; 217,8; 450,10.
1,31	I 263,10. II 49,22. III 38,20; 41,14; 42,22; 205,15.
2,2	II 98,4f.
2,6	I 67,12.
2,7	I 45,16; 65,9. 11; 172,6f. II 195,20; 443,7ff. 16f.; 450,11; 486,23; 505,23. III 515,11.
2,8	I 67,11.
2,9	II 51,19f. III 482,25.
2,10f.	I 67,14–16.
2,11	I 67,18f.
2,13	I 68,1.
2,14	I 68,7. 11.
2,16	II 448,14ff.; 507,20.
2,17	II 487,12; 488,17; 507,8. 23. III 482,22.
2,18	I 460,20. III 92,18ff.
2,21	II 226,2; 227,16; 505,18f. 20.
2,21f.	III 470,10–11.
2,21ff.	I 172,12.
2,22	II 228,4.
2,23	I 75,18; 460,22. II 227,27; 505,25f.
2,23f.	II 449,17. III 93,2.
2,24	I 460,24. III 470,4–6.
3,1	I 28,26. II 313,25. III 193,11.
3,4	II 68,20; 176,23.
3,5	II 51,11. 19f.; 68,20; 233,15. III 103,3; 477,1.
3,6	II 242,16; 506,3f. III 193,13.
3,6a	I 28,28.
3,6b	I 28,28.
3,7	II 314,3f.
3,8	I 38,2. II 506,5f. III 202,16.
3,9	I 48,21; 132,4; 133,10. II 506,7.
3,10	II 506,8.
3,11	II 506,10–12.
3,11–23	I 48,22.
3,12	II 506,12f.
3,13	II 58,23; 506,15f.
3,15	II 53,7; 60,17. III 469,18–20.
3,16	II 171,4; 244,1.
3,17	I 133,15.
3,19	II 51,26; 207,12f.; 508,3. III 468,23.
3,20	III 468,22.
3,21	II 314,3f.; 412,13; 508,5.
3,21–24	II 451,15.
3,22	II 506,19f. 26.
3,23	II 508,5.

3,23f.	II 207,12f.	7,23	II 31,5.
3,24	I 73,14f. 16f.	8,20	I 358,13f.
4,1	I 29,5. II 76,3. III 193,16.	8,21	III 6,12; 227,31; 378,10;
4,2	II 76,6f.; 401,12.		453,8.
4,2ff.	III 477,9.	9,3	I 217,12; 358,13f.
4,7	II 364,15.	9,3–6	III 235,26–31.
4,8	II 68,4. 22.	9,12	I 38,5.
4,9	I 48,23; 132,4; 133,12.	9,20	I 174,5. II 401,14. III 374,23;
	II 68,16; 87,8. III 102,28.		477,11.
4,10	I 133,18; 199,16. II 342,3;	9,21	II 217,14; 401,15.
	519,25ff.	9,22	II 401,20.
4,11	I 48,24f.; 133,15. II 66,26.	10	II 515,5.
4,12	II 66,27.	10,6f.	I 176,13.
4,25	II 76,9.	10,8	I 177,1–3.
5,3	I 69,5.	10,8–12	I 176,20ff.
5,3–5	II 77,3.	10,10	I 177,1–3.
5,5	I 172,14. III 51,3; 88,32.	10,16f.	I 142,1–4.
5,6	I 172,15f.	10,16ff.	III 126,18ff.
5,6ff.	I 69,8–11.	10,22	I 142,1.
5,7	II 79,15.	11	I 176,2.
5,8	II 79,15.	11,1	I 173,1; 174,13.
5,9	I 172,15f.	11,10	II 331,18–332,16; 332,19f.
5,10	II 79,18.		21.
5,11	II 79,18.	11,10ff.	I 69,23–70,3.
5,12	I 172,15f.	11,10–17	I 174,6–11.
5,15	I 172,15f.	11,10–26	II 331,18–332,16.
5,18	I 173,2–4.	11,18	I 177,11f.
5,21	I 173,4–5.	11,20	I 177,11f.
5,24	I 115,21f.; 173,2–4; 199,19f.	11,22	I 177,18f.
	II 503,7. III 104,7–9; 119,25;	11,24	I 177,18f.
	477,10.	11,28	I 178,9.
5,25	I 173,4–5.	12,7	I 62,3. III 477,13.
5,29	I 173,4–5; 378,16.	12,8	III 477,13.
6,8	III 104,7–9.	13,18	III 477,13.
6,9ff.	I 173,6ff.	14,1	III 503,20.
6,13	I 38,5. III 202,17.	14,5	II 326,4.
6,14	II 77,18ff.; 249,23. III 202,17.	14,11	III 503,20.
6,15	II 32,5f.	14,16f.	III 503,24f.
7,1	I 38,5.	14,17	II 332,17.
7,2	I 173,12.	14,18	II 326,11; 331,12f.; 336,29.
7,7	II 77,18ff.		III 477,14.

Exodus

1,7	I 190,14.
2,18f.	I 367,24ff.
2,20	I 367,27.
2,37ff.	I 182,1f.
3,2ff.	III 171,30.
3,5	I 122,24f.; 142,20.
3,6	I 116,10. II 345,14. III 202,19.
3,10	III 172,2.
3,13	III 172,8.
3,14	I 11,15; 49,4. II 86,14f.; 397,10. III 172,9; 219,3; 220,14; 284,14.
3,15	III 172,2.
3,22	I 133,30.
4,2	I 49,3; 117,9. III 336,32.
4,3	I 74,18; 117,11. 18; 200,5. II 508,19.
4,6	II 508,20; 514,7.
4,12	III 336,32.
4,22	III 372,31.
4,26	I 370,18.
4,29	III 337,1.
5,1	I 358,14f.
6,6	I 259,9f.
6,16	I 190,6.
6,16ff.	I 367,27ff.
6,16–20	I 181,23–182,1.
6,18–20	I 190,6.
6,23	III 464,17.
7,20	II 513,21f.
8,6	II 513,22.
8,17	II 508,18; 513,23.
9,23	II 513,23.
10,22f.	II 513,24f.
11,2	III 111,14.
12,3	II 247,6f. III 245,12–15.
12,5–6	II 304,9ff. III 245,12–15.
12,6	II 247,6f. III 243,26.
12,14	II 304,9ff.

12,15	I 193,9. II 304,9ff.
12,16	II 304,9ff.
12,19	I 193,9.
12,29	II 513,25.
12,36	I 133,30.
12,40	I 135,26.
13,12	I 408,4. III 469,32.
13,19	I 116,6; 200,24f.
13,21f.	II 513,25f. III 183,24. 25.
14	III 337,3.
14,21	II 135,16f.; 513,20.
14,25	II 152,18f.
15,1	I 297,25. III 229,1; 493,29.
15,4f.	II 152,18f.
15,6	I 259,9f.
15,20f.	III 494,1.
15,23	III 497,18.
15,27	III 500,7.
16,13	II 513,26ff.
16,13ff.	II 135,16f.
16,31	I 350,7.
17,6	II 135,16f.; 513,18.
18,19	III 454,23.
18,21	III 337,5–7.
19,1	I 190,18f.
19,3	II 514,1f.
19,20	III 337,4.
20,3	I 223,18. II 345,14.
20,3f.	II 390,18.
20,4	III 349,6.
20,12	III 111,16.
20,13	I 454,20. III 121,29; 122,3.
20,15f.	III 122,3.
20,17	III 112,6–9.
20,47	III 184,15.
23,13	I 223,19.
23,14–17	I 330,15.
24,4	II 31,26f.
24,18	II 514,2f. III 466,22.
25,3–6	II 388,13ff.

25,5	II 305,27.
25,8	III 337,5–7.
25,9	I 191,1f.
25,30ff.	III 337,9–18.
25,31ff.	III 127,14.
25,40	I 191,1f. III 337,8.
26,1	II 30,17; 31,17f.
26,8	II 32,9.
26,15f.	II 31,18.
28,15	II 31,25f.
28,17	II 30,20.
28,29	II 31,25f.
28,29ff.	I 291,10.
28,32	II 415,10.
29ff.	III 111,15.
30,10	I 324,21.
30,22ff.	I 80,19f. III 317,14.
31,2	III 170,10.
31,3	I 53,15.
31,18	III 337,5–7.
32,6	II 217,16.
33,11	II 514,1f.
33,20	II 32,22.
34,29	II 233,2f.
34,29ff.	II 514,4f.

Leviticus

4,13f.	II 166,25f.
5,17f.	II 166,24.
11,24f.	I 201,2.
14,2ff.	III 93,26.
14,9	II 485,5f.
14,47	II 485,5f.
17,14	II 342,5.
22,18f.	II 166,23.
23,5	II 245,4.
23,15f.	II 304,21.
24,17	I 461,29.
24,20	I 454,13; 461,28; 462,24.
26,12	II 306,5. III 304,27.

Numeri

1	I 182,3f.
1,1	I 190,18f.
1,46	I 200,23f.
2	I 182,3f.
9,4f.	II 245,4.
10,10	II 306,11.
11,4f.	I 144,18f.
11,8	I 350,5f.
11,16f.	I 203,1.
11,24	III 500,8.
11,27	III 500,8.
12,2	II 242,17.
12,7	II 223,18.
15,32ff.	III 123,19.
16,5	I 29,20.
16,31ff.	II 514,7f.
16,32f.	I 119,23.
17,1ff.	I 116,15.
17,8	I 200,2.
19,2	I 374,23. 26.
20,11	II 513,18.
20,14	II 377,24–378,4.
20,17	II 377,24–378,4.
21,8	II 59,7.
25,3	II 396,11ff.
25,7	I 219,1.
25,14f.	II 333,18.

Deuteronomium

4,24	I 374,25.
5,24	III 454,24.
6,4	I 13,1; 59,25; 87,17f.; 190,26. II 390,17; 397,1.9. III 4,6; 323,16.
6,11	I 136,2–4.
6,13	I 190,26. III 184,20.
7,1	II 377,24–378,4; 396,8ff.
7,3	II 385,15f.
8,4	III 429,29.

9,19	II 229,11.
10,22	I 181,19–22.
11,29f.	I 199,8.
12,3	II 396,11ff.
14,2	III 194,6.
16,9	II 304,21.
16,16	I 204,2f.
18,15	I 191,4. II 136,14; 159,11; 319,25. III 113,16; 185,20.
18,19	I 193,9. III 113,18.
19,15	I 17,23. II 183,2f. III 278,21f.
21,23	III 121,17–20.
23,13f.	III 430,10–13.
27,14ff.	II 246,11.
27,26	I 331,9. II 245,4.
28,12	I 26,31; III 205,21.
28,49	II 170,19f.
28,66	I 266,10.
29,5	I 75,2. III 429,29.
30,15	II 440,15; 489,14.
31,6	III 214,5.
32,2	I 80,1. III 210,23; 316,22.
32,6	I 143,8; 200,7.
32,7–9	II 309,13.
32,8f.	I 258,15f.
32,39	II 452,16f.; 459,7f. 19.
32,43	I 38,21; 47,6. III 210,24.
32,49f.	II 514,9.
33,6	I 118,11.
34,6	II 514,10.

Iosue

2,1	II 333,17. III 183,29.
2,18	I 285,19.
3,11f.	II 32,1f.
4,3	II 31,27f.
5,10ff.	II 247,24.
6,3ff.	III 124,8.
6,20	III 127,11.
9,6	I 199,9.

10,12f.	II 135,18. III 124,4.
24,32	I 200,24.

I Samuel (I Regnorum)

2,26	I 26,28.
8,7	III 113,1.
8,22	III 113,1.
9,2	I 26,29.
9,16	III 112,28.
9,22	II 32,6f.
15,29	I 58,16.
16,11f.	II 31,7.
20,5	II 32,7f.
20,24	II 32,7f.

II Samuel (II Regnorum)

23,2	I 84,12f.
23,13	II 32,8.

Liber I Regum (III Regnorum)

1,1	III 193,20.
1,1–4	I 29,13–18.
1,2. 3	III 193,20.
1,4	III 193,22.
4,25	I 53,15. III 137,8; 170,8.
4,27	III 170,8.
11,5	II 396,11ff.
11,6	II 396,11ff.
11,31	II 31,17.
12	I 193,27.
16,24	I 197,19ff.
17,5f.	II 503,14f.
17,6	III 429,23–25.
17,15	III 489,8.
17,17ff.	I 118,30.
18,31	II 32,2.
18,38	II 135,15.
22,21f.	I 90,10–12. III 326,3.

Liber II Regum (IV Regnorum)

1,2	II 396,11 ff.
1,8	III 123,15.
2,1 ff.	I 119,9.
2,11	II 503,12.
4,18 ff.	I 118,31.
4,27	III 494,12. 14.
4,37	III 494,16.
6,18	II 154,25 f.
11,4	II 328,6.
16,2	I 377,3.
17,24 ff.	I 195,11 ff.
17,32–34	I 199,12.
18,2	I 377,4 f.
18,4	II 396,11 ff.

I Paralipomenon

6,3 ff.	II 328,7 ff. 14.
21,1	III 153,10.

II Paralipomenon

29,1	I 377,4 f.
33,13	II 372,27.

Esra

4,1 f.	I 204,10 ff.
7,1	I 196,7 ff.

Nehemia

5,63 ff.	I 204,10 ff.

Iob

1,5	III 489,9.
1,9	II 68,17.
2,10	III 479,5.
7,5	II 485,8.

8,2	I 90,14. III 326,7.
11,11	I 24,15.
12,11	I 96,8 f. III 440,5.
14,4 f.	II 364,10.
14,12	I 120,3 f. 7.
14,14	I 119,28.
19,26	I 119,29.
28,12	I 53,7. III 170,12.
28,20	I 53,7.
38,7	III 7,10.
38,10	I 368,16.
38,11	I 368,17 f.
38,28	I 88,24. III 274,16; 275,6; 324,20; 372,29.
38,36	III 468,30.
38,41a	II 163,3.
38,41b	II 163,3.
40,3	II 475,11.
42,17a ff	I 180,19–181,1.

Psalmi (Zählung wie bei Holl)

1,2	I 295,2.
1,3	I 282,23 f.; 285,9. 13; 295,1.
1,5	II 419,1; 420,11.
3,8	II 425,24.
5	II 303,8.
5,2	I 99,19.
6,3	II 425,6.
7,10	I 101,19.
7,15	II 448,19; 517,15. III 467,15.
7,16	II 517,17. III 412,32.
7,17	I 299,3. III 412,32.
8,3	II 17,4. III 138,2.
8,6	II 466,18.
10,4	III 237,28.
10,6	I 90,14. III 326,6.
11,5	I 2,15.
13,3	II 32,20 f.
15,10	I 43,6–8; 112,20; 230,12 f.

	II 505,2. III 213,28–29; 214,8; 442,5; 518,5.
17,1	I 59,29.
18,2	II 17,5. III 304,28.
18,5	II 382,6.
18,9	III 304,13.
18,13	II 497,9.
18,13f.	II 491,13–15.
21,15	II 425,6.
21,17	III 216,28.
21,18	III 216,28.
21,19	III 216,27.
25,2	II 475,4.
26,1	III 216,11.
27,3	III 301,22.
28,1	III 263,26.
28,9	II 249,13.
29,2	II 518,1.
30,13	III 214,7.
30,19	III 261,24. 26.
32,6	I 24,9; 33,13; 87,8f.; 143,13f.; 253,17. III 183,2; 253,26; 323,8; 349,18.
33,16	III 237,28.
35,7	II 163,2. III 276,26.
35,10	II 186,12. III 201,11. 12; 390,18. 19.
36,35	III 308,26.
38,6f.	III 236,1.
40,10	II 70,5.
41,2	III 497,20.
41,3	III 497,21.
42,3	I 82,17. III 319,5.
44,2	III 258,1.
44,10	III 498,9.
44,14	III 498,9.
45,5	I 27,21.
46,4f.	I 59,4–6.
49,13	II 167,11. III 112,23.
49,14	III 113,6.
49,16	II 405,8.
49,23	I 32,13.
50,6	III 199,9.
50,7	II 429,16.
50,8	III 255,18.
50,19	III 113,5.
57,5f.	II 509,2–4.
57,7	II 426,1.
58,6	I 88,1. III 323,24.
63,8	I 299,2. III 182,10.
65,10	II 473,24.
65,10f.	II 475,1f.
65,10–12	II 472,3–7.
65,12	II 476,1f.
67,2	III 164,8.
67,7	I 120,2. II 521,1. 3. 25.
68,3	II 48,21.
68,26	II 71,1.
71,6	I 80,1f. III 316,23.
72,8	I 2,16. III 304,31.
73,13	I 296,16. III 132,6.
73,14	I 296,16. III 229,2.
74,11	I 267,8.
76,3	I 100,23.
76,20	III 276,27.
77,25	II 513,26ff. III 430,9.
77,39	I 90,6. III 325,26.
77,70	III 433,14.
80,10	I 87,18. II 390,19. III 323,17.
81,6	I 88,23. III 324,19.
86,3	III 498,18.
87,6	I 43,13. III 214,6.
87,11–13	II 429,20.
88,7	I 58,27. III 180,22; 200,23.
92,1	III 214,27; 215,7. 8. 12.
92,1a.b	III 445,32.
93,9	I 40,26f.; 51,2.
93,10	I 40,26f.; 51,1.
93,11	III 382,24.
94,10f.	II 170,18.
96,7	I 59,28. III 396,25.
101,27	II 462,14f.

102,5	I 119,30.	120,4	I 40,4.
102,16	I 90,7f.; 120,3f. III 325,26.	123,2–7	II 474,14–19.
103,4	I 89,23f. II 460,14.	129,1	I 20,26.
	III 325,15; 402,2.	131,11	I 322,7. 11.
103,8	II 370,11.	135,25	III 204,30.
103,29	I 90,8. III 392,5; 326,1.	138,16	I 375,14. 16.
103,30	I 83,6f. II 463,9. III 319,17.	140,7	II 425,5.
104,8f.	I 78,7f. III 315,7.	142,10	I 91,4f. III 326,19.
104,15	III 305,3.	143,6	III 226,34.
106,16	III 518,3.	144,15	II 163,4.
106,22	I 32,12.	145,7	II 435,20; 441,13.
106,23f.	II 62,12.	146,6	III 433,10. 13.
108,8	II 71,1.	147,7	I 83,8. III 319,18.
109,1	I 26,13; 38,27; 144,6; 255,6.	147,18	III 8,15.
	II 136,23; 395,10. III 202,20;	150,6	I 89,25. III 325,16.
	254,13; 400,15.		
109,3	II 407,3ff. III 6,25; 159,6;		
	200,2; 254,16; 293,3.	**Proverbia**	
109,4	I 322,12. II 324,9; 325,2.	1,8	III 340,4.
112,1	III 137,32.	4,27	III 472,23.
113,12	III 418,12.	4,27a	III 194,9.
114,6	III 137,32.	5,3–4	III 483,5–10.
114,7	II 412,8.	5,5	III 483,5–10.
115,1	II 175,11. III 307,26; 308,14;	5,14	I 334,1.
	388,3.	5,15	I 285,21.
115,2	II 228,8. 23. III 308,17;	6,8c	III 489,16.
	388,2. 24.	6,26	III 483,5–10.
118,22	III 304,21.	8,9	III 75,33.
118,29	III 6,4.	8,9f.	I 51,19f.
118,32	III 304,26.	8,12	III 169,25; 170,14–26; 277,6.
118,41f.	III 304,17.	8,15	III 277,7.
118,43	III 304,23.	8,15–18	III 170,14–26.
118,46	III 305,10.	8,20–25	III 170,14–26.
118,56	III 304,19.	8,21	III 171,21.
118,67	II 412,5.	8,21a	III 171,29; 277,7.
118,91	III 165,25.	8,22	I 52,12; 53,21f.; 54,11.
118,94	III 304,19.		III 163,24; 169,22; 173,15. 31;
118,103	III 329,28.		175,1; 277,9; 282,10f.; 293,8;
118,145	III 304,19.		306,2.
118,155	III 304,19.	8,22f.	III 174,12.
118,165	III 303,27; III 304,3.	8,22–25	III 162,7–11.

8,23	III 173,20. 29; 174,1.
8,23a	III 277,9.
8,25	III 174,2; 282,10f.; 293,10.
8,25b	III 277,9.
8,30	III 278,19.
8,30f.	III 262,17f.
9,1	III 171,13; 173,17; 278,18.
10,14	I 53,16.
11,15	II 249,10.
11,27	I 263,5.
16,7	I 54,3.
20,15	III 440,6.
20,21	I 23,23f. III 331,22.
21,9	I 444,2. III 484,3.
21,19	I 444,2. III 484,3.
22,2	III 122,17; 123,8.
23,2f.	II 217,25f. III 490,5.
23,3	III 490,3.
23,29f.	II 217,17ff.
24,42	II 518,3. 13.
26,11	I 268,3f.
29,3	I 53,9.
29,28	I 122,16.

Ecclesiastes

1,15	II 153,25f.
4,13	I 26,27.
4,9	I 27,2.
7,3	I 26,30.
7,9	I 27,3. III 205,20; 303,8.
7,24f.	III 307,19.
7,30	II 247,2. III 439,10.
9,4	I 27,1.
9,16	I 53,8. III 170,5; 303,11.
10,1	II 83,11.

Canticum Canticorum

1,3	I 50,10. III 498,8.
1,5.6	III 498,11.

1,7	I 122,22.
2,10	II 43,14f.; 374,9. III 217,14.
2,10–13	II 373,21–27.
2,13	III 515,20.
2,13f.	II 374,17.
2,14	II 43,14f.
3,6	III 498,4. 6.
4,7.8	III 497,26.
5,2	II 43,14f.
5,10	I 58,22.
6,1	I 64,7.
6,12	III 433,5.
6,7	I 155,18. 20.
	II 43,19f.;III 498,28; 512,6.
	16; 513,4; 514,10; 521,25.
6,7f.	III 495,3–4; 496,1; 502,29.
6,8	II 43,21. III 498,3. 28;
	501,14. 20; 502,13; 521,24.
6,9	III 498,1.
8,5	III 498,4. 11.

Odae Salomonis

25,6	II 505,7.

Sapientia

1,4	II 485,9–11.
1,7	III 314,2.
1,13	II 445,9ff.
1,14	II 461,2.
2,23	II 445,9ff.; 465,20f.
2,24	II 445,9ff. III 2,17.
3,1–4	II 468,8–11.
3,4f.	II 474,11–13.
3,5–7	II 474,4–11.
3,13f.	I 295,22.
4,8–12	III 137,10–15.
4,12	III 2,19f.
4,13	III 137,16.
4,14	III 137,17.

Ieremias

9,21 I 202,13.
11,20 I 23,23.
13,1ff. I 143,1f.
16,19 III 180,10.
17,5 III 445,23.
17,5f. I 113,25.
17,9 I 39,11; 41,10; 360,19. 28.
 II 136,20; 321,14.
17,10 I 23,23.
18,2ff. II 51,27ff.
18,3–6 II 456,11–17.
22,26 III 503,12.
22,29f. III 262,21–24.
26,28 III 372,31.
28,17 III 378,24.
39,41 III 248,22.
50,8 III 483,3.
51,1 III 483,3.
51,18 III 483,2.

Lamentationes
3,34 II 435,19; 440,20; 441,11.
4,7f. I 327,12ff.

Baruch
3,36 II 355,7. III 180,23; 200,25.
3,36–38 II 345,18.
3,37f. III 180,25–181,1; 252,10. 13.
3,38 I 98,18. III 202,22; 517,9.

Ezechiel
1,26f. I 62,4f.
3,12 III 515,5.
3,22 III 515,5.
3,27 III 474,24.
4,12 II 224,3.
4,14 II 224,4.
8,16ff. I 220,14.

18,4 I 97,17.
30,17 I 256,16ff.
37,1–6 II 422,14–21.
37,4 I 109,1.
37,4ff. I 120,11. II 519,19ff.
37,7 I 109,1.
37,11 II 425,8. 12.
37,19f. I 109,16f.
40,46 I 207,16.
43,19 I 207,16.
44,15 I 207,16.
48,11 I 207,16.

Daniel
1,18ff. III 490,6.
2,1ff. II 224,11.
2,34 I 50,23.
3 I 31,25.
3,1 III 180,18ff.
3,7 III 180,18ff.
3,38 I 32,15.
3,50 II 475,14.
3,52 I 34,9f.
3,54–55 I 34,11. 13.
3,57 I 32,27; 33,3. 33; 34,19;
 145,22.
3,58ff. I 33,3–11.
3,92 I 33,25f.
3,94 II 485,11f.
6,11 I 220,14.
7,9 I 62,3. III 238,1; 515,2.
7,13 II 354,19. III 251,10.
12,2 I 120,10 (Theod.). II 467,16.
12,2f. II 457,10.
12,3 II 232,21f.
12,9f. II 33,8.

Hosea
1,11 III 11,22.

2,23	I 433,22.
4,1	II 32,19.
4,12	I 90,14. III 326,6.
7,11	I 96,16.
8,10	III 112,29.
9,6	I 256,16ff.
11,9	I 136,6.
12,10	III 515,3.
13,14	I 266,13.
14,10	I 35,31bis. II 83,22.
	III 107,8–10.

Ioël

2,28	I 82,18–21. III 319,6; 424,27;
	478,14.

Amos

2,12	II 205,9.
3,2	I 29,22.
4,13	I 11,6–7. 9f. 12; 88,25f.
	III 324,22.
5,24	III 112,25.
5,25	II 167,11f. III 112,14–15.
9,11	II 467,14; 469,8f.

Micha

5,2	I 36,28; 39,2–5; 143,20. 25.
	II 136,21.

Habacuc

1,16	III 89,21.
2,15	III 418,17.

Haggai

2,5	I 11,1; 85,16f. II 392,25.
	III 168,7; 321,21; 390,21.

2,9	III 122,14ff.
2,11	I 85,16. III 321,20.

Sacharia

5,1	II 130,30.
7,3	II 293,8ff.
8,16	III 112,25.
11,12a	II 70,20.
11,12b	II 70,22.
11,13	II 70,22.
12,12	III 494,6.

Susanna

42	I 375,27.
45–49	I 33,28f.

Malachias

2,10	III 274,12f.
3,1	II 127,26; 136,22; 393,25.
3,6	III 422,28.
3,8	III 218,14.
3,14.15	II 187,15.

Liber I Machabaeorum

1,1	I 367,15.

NOVUM TESTAMENTUM
Matthaeus

1,1	II 253,19.
1,2	II 253,17.
1,2–4	I 142,5–13. III 127,3ff.
1,2–16	I 70,3–17.
1,3f.	I 181,23–182,1.
1,4	III 464,17.
1,4–6	I 187,20–23.
1,7–12	I 194,3–13.

5,34ff.	I 223,20.	8,28	I 90,16; 342,18. III 74,24;
5,38	I 454,13; 455,29.		77,22; 326,9.
5,39	I 455,32. III 122,4.	8,28–33	III 74,26–32.
5,45	I 461,21. II 101,27; 188,20.	8,29	II 236,4.
	III 50,7–9.	9,9	I 349,10.
6,2	I 39,6.	9,9f.	II 184,31; 253,3.
6,6	III 492,1.	9,13	I 354,6f. II 253,5.
6,14	II 369,15.	9,16f.	II 95,9.
6,19	II 375,13.	9,23ff.	II 206,29f.
6,20	II 375,16.	10,1	II 253,10f.
6,24	III 109,22. 24; 110,27–28.	10,2f.	II 268,2.
6,25	II 485,13.	10,3ff.	I 349,8ff.
7,6	I 262,9.	10,5f.	II 33,23f.
7,7	II 417,1.	10,8	I 411,6.
7,11	I 27,3.	10,10	I 83,21f. III 320,5; 490,18.
7,13f.	I 299,20f.	10,16	I 83,14. II 60,4. 11; 509,21.
7,15	I 399,20ff. II 81,6f.; 205,8;		III 319,24.
	223,11. III 369,15.	10,18	I 350,1f.
7,15f.	III 345,24–27.	10,19	I 86,1f. III 322,4.
7,16	III 362,8; 369,14.	10,19f.	III 32,10.
7,17	III 99,23f.	10,20	I 10,25; 15,3. II 392,24.
7,18	I 216,15ff. III 27,3.		III 331,2; 404,15.
7,18f.	III 99,25–27.	10,24	I 432,26.
7,22	III 121,11.	10,25	I 317,12f.; 368,13; 380,15.
7,23	I 266,28.		17–19; 380,6. III 413,29.
7,25f.	III 489,17.	10,26	I 400,12.
8,5	I 349,5f.	10,27	III 301,19.
8,5ff.	I 119,5.	10,28	II 423,2; 426,7f.
8,6	III 77,1.	10,29	II 163,15.
8,9	I 421,6.	10,30	III 194,8.
8,11	I 255,3.	10,32	II 319,23. III 4,13f.; 262,18.
8,12	II 423,1; 425,19. III 77,1.		32.
8,14ff.	I 349,5f.; 363,25f.	10,33	I 262,6. II 319,23.
	II 268,21f.	10,34	I 408,20.
8,17	III 208,6.	10,36	I 144,15. III 164,10.
8,19	I 423,23.	11,7	I 283,5.
8,20	I 423,23.	11,11	I 283,10; 284,1.
8,22	I 424,7.	11,18	III 454,29.
8,24	I 40,4f. III 195,11.	11,18f.	I 359,10. III 107,2–6.
8,25	I 4,7.	11,25	I 245,10. II 89,1.
8,26	III 441,14.	11,25–27	II 34,13ff. III 9,21–26.

11,26   II 174,2.
11,27   I 19,6; 28,14; 82,8–10; 91,19f.;
           452,4. II 321,24; 355,12;
           393,17; 418,21. III 191,22;
           206,10; 288,17; 318,22; 327,8;
           347,7; 371,19–21; 400,18;
           404,3; 404,8.
11,28   I 78,21–23. III 315,20; 432,1.
11,28f.   II 34,9.
11,29   III 218,29.
12,1ff.   III 123,22.
12,5   I 222,20; 378,29. III 127,20.
12,8   I 378,27.
12,9ff.   II 268,20.
12,18   II 347,24.
12,18–20   II 395,3–8.
12,25   I 451,12.
12,28   I 86,2. II 237,3f. III 322,5.
12,31   I 2,14f.
12,31f.   II 319,7ff.
12,32   II 310,22; 319,16ff.
           III 203,21–23; 332,5. 11;
           390,29; 400,24.
12,33   I 216,15ff.
12,36   III 471,31.
12,40   II 303,5.
12,43   I 90,15. III 326,7.
12,43ff.   II 27,5.
12,47   II 129,14. III 459,19. 29;
           461,4.
12,47ff.   I 351,23.
12,48   II 129,9.
13,8   II 6,22.
13,8f.   I 457,19f.
13,17   I 352,12. II 322,17.
13,23   I 436,16ff.
13,24   I 52,28.
13,24–30   III 104,25–105,4.
13,25   I 2,9f.
13,27   I 271,26.
13,30   I 31,4–6. III 194,30ff.

13,31   I 52,17. II 6,22. III 342,19.
13,31ff.   I 436,16ff.
13,33   I 424,11; 436,16ff. III 342,21.
13,36   III 105,5.
13,37   I 436,16ff.
13,37–41   III 105,7–13.
13,43   I 35,17. II 232,21f.; 233,10;
           514,23.
13,47   I 52,28.
13,51ff.   I 463,29f.
13,55   I 70,18–71,3; 70,19ff.
13,58   II 269,1.
14,25   III 441,17.
14,31   I 284,24.
15,4   I 454,25. II 152,9.
15,4–9   I 453,17ff.
15,8   I 362,5. II 68,9.
15,14   III 110,19–20.
15,20   I 362,10.
15,22   III 482,12.
15,24   II 208,3. III 74,17.
16,13   I 40,20; 47,25; 48,19; 49,21.
16,14   I 49,24.
16,15f.   I 49,25.
16,16   I 7,12. II 373,3. III 292,31.
16,17   I 7,14; 16,18. III 383,2. 4.
16,18   I 16,21f.; 365,24. II 343,2;
           373,4. III 332,13; 496,4.
16,19   I 16,24f.; 19,13.
16,21–23   I 44,7–11.
16,24   II 238,7. III 488,15.
16,26   II 494,4f.
16,28   III 227,25–27.
17,1   II 15,6. III 227,28.
17,1ff.   II 469,2.
17,1–2   III 228,10–13.
17,1–3   II 429,4.
17,2   II 424,10f. III 431,1.
17,3   I 254,24f. II 424,10f.
17,5   II 278,16; 348,6. III 292,32;
           378,28; 393,29; 427,18.

18,3	III 137,28.		20,22	I 266,4. II 35,21; 99,5.
18,7	I 266,27.			III 208,32–33.
18,8f.	II 359,2.		20,22f.	III 206,1–5.
18,10	II 11,13. III 238,31; 239,1.		20,28	III 168,13.
18,12ff.	I 425,3.		21,9	III 138,1.
18,16	II 183,2f. III 220,25; 278,21f.		21,12f.	III 80,5.
18,18	I 341,5ff.		21,15f.	III 138,1.
19,3f.	I 254,1ff.		21,18	III 195,10.
19,4f.	II 450,7.		21,18f.	III 432,11.
19,4ff.	III 92,21.		21,23ff.	II 33,27ff.
19,5	I 254,4; 460,15.		21,33ff.	II 202,7.
19,6	I 244,26; 254,6; 452,21;		21,35	III 455,5.
	460,14. II 152,10; 217,9;		21,41	I 193,3.
	381,11; 386,13. III 92,26.		21,42	I 255,8.
19,8	I 452,21; 460,11. III 92,18ff.		22,2	II 516,5.
19,10	I 244,20.		22,15	III 212,2.
19,11	I 244,21; 400,1; 406,15f.		22,23	I 208,1. II 466,8.
	III 118,11ff.		22,29	I 35,16; 208,17. III 343,7.
19,12	I 273,27; 443,11–14. II 360,2.		22,30	II 463,13; 466,11. III 449,29.
	15; 361,8; 362,8; 381,13;		22,34	I 208,22.
	402,16. III 134,20.		22,44f.	III 80,17.
19,13f.	III 137,23–26.		23,5	I 167,16; 209,8. 10. 21f.
19,14	II 509,22.		23,9	III 372,30.
19,16	III 110,2.		23,13	II 153,4f.
19,16ff.	I 424,4.		23,15	I 213,11. 23.
19,17	I 26,26; 456,23. III 110,4;		23,18	I 213,14.
	168,11.		23,22	I 213,17.
19,19	III 110,3.		23,23	I 213,11f. II 135,25.
19,20	III 110,8.		23,25	I 213,13.
19,21	I 5,14. II 231,9. III 488,15.		23,27	II 425,16.
19,21f.	III 110,9–12.		23,29	I 461,17.
19,24	III 110,12.		23,35	I 291,1f. II 68,29. III 119,11–
19,26	I 73,9; 108,20. II 154,25.			14.
	III 239,15.		23,37	III 79,28.
19,28	II 150,9; 514,24f. III 436,20.		24,24	II 93,16. 17.
20,1	III 342,22.		24,28	II 100,16; 511,13.
20,1ff.	I 402,17ff. II 202,9.		24,35	II 462,14.
20,18	I 266,2.		24,36	I 24,22; 31,8. III 165,3; 191,6;
20,18f.	III 207,21–23.			194,14.
20,20ff.	III 205,28ff.		24,44	III 191,29–32; 192,3.
20,20–23	III 168,18–23.		24,50	III 192,3.

24,50f.	I 463,5.
25,1	III 342,21; 454,21.
25,1f.	III 134,22.
25,10	I 121,5. II 375,2f.; 514,24.
25,34f.	II 384,1.
25,35	III 123,26f.
25,46	II 342,1. III 77,18.
26,2	II 296,1f.
26,15	II 68,6.
26,21	II 70,3.
26,24	II 67,21; 70,2. 6.
26,26ff.	I 66,24.
26,29	II 201,21; 218,21.
26,31	III 212,30–32.
26,33	I 17,1.
26,34	I 16,27f.
26,38	I 423,19. III 196,3.
26,39	I 423,20; 44,12f. III 208,18–20.
26,48	II 68,7.
26,49	II 68,8.
26,49f.	III 102,26.
26,50	II 70,3.
26,71	I 327,9.
26,74	I 16,27f.
26,75	I 17,2.
27,3ff.	II 70,9. 17.
27,9	II 70,18.
27,10	III 339,14.
27,29	I 274,23.
27,34	III 448,3.
27,44	III 77,24.
27,45	II 15,15.
27,46	I 423,16. III 168,28; 196,12; 212,3. 21; 213,6. 20; 214,4. 17; 448,5.
27,52f.	I 121,4. II 173,4; 209,26ff.; 520,20. III 339,15.
27,57	II 341,14.
27,57ff.	II 194,7.
27,59	II 511,19. III 441,2.

28,5f.	II 511,21.
28,9	III 396,26.
28,19	I 13,18; 15,15; 83,21; 93,23; 101,11; 231,8. 10. II 336,4; 393,4. III 204,5; 271,9; 289,16; 320,4; 329,21; 350,7; 520,2.

Marcus

1,1f.	II 255,3.
1,10f.	II 256,20.
1,11	I 58,20.
1,12	I 11,2f.; 85,26. III 322,3.
1,12ff.	II 252,15ff.
1,14	II 266,21.
1,23	I 90,15. III 326,7.
1,26	I 90,15. III 326,7.
1,29ff.	II 268,21.
2,11	III 123,24.
2,27. 29	III 128,9.
2,9	III 128,2.
3,1ff.	II 268,20.
3,14	I 350,1.
3,17	III 278,4; 456,15.
3,29	I 86,3. III 322,6.
4,11	I 436,13f.
4,11f.	II 170,21.
4,38	I 40,4f.
4,39	III 432,13.
5,1	III 74,23.
5,1ff.	II 134,13.
5,2–14	III 75,2–12.
5,9	I 90,17. III 326,9.
5,10	I 89,28f. III 325,20.
5,12–13	III 75,18–22.
5,13	II 134,13f.
5,22ff.	I 119,4. II 134,5f.
5,30	I 40,18; 47,24; 48,15; 407,18.
5,34	I 48,18.
5,41	II 180,15. III 207,5.

6,3	I 70,18–71,3; 319,28. III 457,17f.; 460,2.
6,5	II 269,1.
6,38	I 40,21; 132,9. 21.
6,52	I 36,32.
7,3	I 209,6.
7,4	I 167,12f.; 209,4; 362,7ff.
7,11	I 213,20; 460,3.
7,21f.	II 359,12.
7,32	I 90,16. III 326,8.
8,14	I 132,9. 21.
8,33	II 129,18.
9,2	II 15,6.
9,20	I 345,21ff.
9,25	I 90,15f. III 326,8.
9,26	I 345,21ff.
10,9	II 217,9.
10,17	I 27,7. III 110,2.
10,17f.	II 33,25.
10,18	I 26,17. III 78,33; 168,11; 204,20; 205,8.
10,19	III 110,3.
10,21	I 408,19. III 110,6.
10,25	III 110,12.
10,27	III 431,2.
10,38	II 99,4. 5.
11,25	II 369,15.
12,24	I 35,16.
12,26	I 49,5.
12,41ff.	III 123,5.
12,44	III 123,2.
13,8	III 50,10.
13,32	I 24,22; 28,9. III 165,3.
13,37	I 122,13f.
14,12ff.	I 362,17ff.
14,22	I 66,24.
14,25	III 450,2.
14,29	I 17,1.
14,30	I 16,27f.
14,36	I 44,12f.
14,51	III 464,5.

14,66ff.	II 372,27.
14,71	I 16,27f.
14,72	I 17,2.
15,21	I 260,7.
15,33	II 15,15.
15,34	I 423,16.
15,37	III 196,15.
15,46	III 423,7.
16,1ff.	II 194,8ff.
16,6	I 111,18; 112,22. III 214,21.
16,19	II 198,3; 395,12.

Lucas

1,1	II 107,20; 257,6.
1,2	II 257,3. III 257,32.
1,3f.	II 257,8.
1,5	I 350,8f. 11. II 257,14.
1,5ff.	II 254,10.
1,6f.	I 99,27.
1,8ff.	III 478,1.
1,9f.	I 291,4.
1,11ff.	II 254,11.
1,13ff.	II 254,11.
1,15	I 327,16. II 393,26.
1,17	I 292,6.
1,18	I 80,7. III 308,4.
1,20	I 291,7f. II 254,12. III 308,6.
1,22	I 291,2f. III 308,6.
1,26	II 257,22f.
1,26ff.	I 227,16.
1,26–28	III 187,24–27.
1,27	III 422,13.
1,28	II 254,14. III 468,20; 474,28.
1,30	I 58,30.
1,30f.	III 187,28–31.
1,31	III 222,28.
1,32	III 223,3.
1,33	I 27,17; 325,4f. 13. III 223,29; 225,21; 257,25; 262,8; 368,18; 519,11.

1,34	I 80,7; 319,19; 361,3.	2,42	III 422,25.
	II 254,16. III 317,3.	2,46	I 373,10.
1,34f.	III 190,15–18.	2,48	I 373,20; 374,5.
1,35	I 80,8; 319,20; 361,4; 376,18.	2,49	I 373,23. II 33,22; 278,10.
	II 254,18; 320,12. 20; 429,17.		III 80,7.
	III 222,27; 223,2; 225,15;	2,52	I 40,24; 47,26; 50,6. 29; 98,21.
	317,4; 422,18; 466,2; 468,18.		III 438,34; 442,28.
1,36	I 373,19. III 187,28–31.	3,1	II 107,24; 256,12f.
1,41	I 360,15f.	3,3	I 350,9f.
1,42	I 80,16. II 305,3–6.	3,17	I 408,21.
	III 317,11.	3,22	I 350,16f.; 350,17. III 43,8.
1,43	III 441,4.	3,23	I 349,5; 374,6. II 256,12f.;
1,44	II 393,27. III 441,4.		261,30; 270,18; 294,7.
1,48	I 377,13.		III 422,26.
1,64	I 291,8.	3,23ff.	II 262,17.
1,76	I 292,4. II 394,2.	3,23–38	III 172,11–15.
1,80	I 86,5. III 322,8.	3,24–38	II 264,14ff.
2,1	II 260,7.	3,32	III 464,17.
2,4	II 257,27f.; 260,5f. III 468,16.	3,32–36	I 142,5–13. III 127,3ff.
2,7	II 257,27f.; 259,27.	3,34–36	I 69,23–70,3.
	III 422,14f.; 467,24; 468,1. 10.	3,34–38	III 500,1.
2,8	II 257,26f.	3,35–38	I 174,6–11.
2,11	I 373,7.	3,36–38	I 69,8–11.
2,13ff.	III 441,6; 465,25.	3,37f.	III 499,21ff.
2,14	I 373,5. III 465,27.	3,38	II 262,24.
2,19	III 459,7.	3,48	III 458,13.
2,21ff.	II 257,27f.; 259,4. III 422,23.	4,1	I 86,6. III 322,9.
2,23	I 408,4. III 422,16; 458,12;	4,1ff.	II 252,15ff.
	469,32.	4,2	I 40,1f.; 42,13.
2,25	II 258,1.	4,5ff.	II 279,21ff.
2,25ff.	III 440,32.	4,6	III 469,28.
2,28	II 305,3–6. III 422,24.	4,9	I 229,14.
2,28f.	I 425,12.	4,14	II 266,21; 280,2. III 322,10.
2,35	III 462,12; 474,7.	4,15	I 86,7.
2,36	II 258,1. III 478,13.	4,16	II 280,2.
2,36ff.	I 425,15.	4,16ff.	II 268,24ff.; 274,8f.; 294,9.
2,39	II 258,2; 259,4.	4,18	I 11,4; 85,19f. II 294,10.
2,40	I 40,23; 47,26. III 422,25.		III 321,24; 330,29.
2,41	II 258,2.	4,22	I 373,11.
2,41ff.	I 373,16ff.; II 261,21.	4,23	II 302,13.
	III 460,23.	4,27	II 113,17; 143,26.

4,36	I 90,15. III 326,7.	8,2f.	III 482,10.
4,41	I 90,2f. III 325,22; 362,10.	8,3	II 383,24.
5,1	I 349,7.	8,19a	II 109,6; 128,22.
5,1ff.	II 269,7ff.	8,20a	II 109,6; 128,22.
5,4	II 269,14.	8,23	I 40,4f.
5,5	I 17,10.	8,23a	II 109,8; 129,20.
5,7	II 269,25f.	8,24	I 4,7. III 393,10f.; 441,14.
5,8	II 269,20.	8,24b	II 109,8; 129,20.
5,10	I 17,6. II 269,23. 27.	8,26	III 74,23.
5,11	II 270,4.	8,27	III 77,23.
5,14	II 108,5; 125,2. III 93,24.	8,30	I 90,17. III 326,9.
5,21	I 36,9. III 454,28.	8,31	I 89,28f. III 325,20.
5,24	II 108,8; 125,19.	8,38	III 78,8.
5,35	III 522,30.	8,42b	II 109,10; 130,1–4.
6,1	I 377,26; 378,8ff. II 304,5; 305,11f.	8,43a	II 109,10; 130,1–4.
		8,44	II 109,10; 130,1–4.
6,3	II 110,7; 132,6.	8,45	I 40,18; 47,24; 48,15; 132,9. 19.
6,5	II 108,10; 125,25.		
6,14	II 268,2.	8,45a	II 109,10; 130,1–4.
6,16f.	II 108,11; 126,1.	8,46a	II 109,10; 130,1–4.
6,18	I 90,15. III 326,7.	8,48	I 48,18.
6,19a	II 108,13; 126,12.	8,49f. 52	II 180,8.
6,20	III 122,19.	8,54	I 120,25; 121,13.
6,20a	II 108,13; 126,12.	9,16	II 109,14; 130,12.
6,23	III 79,24.	9,22	II 109,15; 130,17.
6,23c	II 108,15; 126,19.	9,28	III 227,27.
6,40	I 380,17–19.	9,30	II 109,17; 130,27.
6,46	I 27,10.	9,35	II 110,1; 131,18.
7,8	I 421,6.	9,40. 41	II 110,2; 131,27.
7,9b	II 108,16; 126,25.	9,44b	II 110,5; 132,1.
7,11ff.	I 119,4. II 134,5f.; 206,29f.; III 207,4.	9,55	I 35,19.
		9,57	I 423,23. III 78,8.
7,14	I 121,16.	9,58	I 423,23.
7,23	II 108,17; 127,3.	9,60	I 424,7.
7,27	II 108,19; 127,20.	9,61	I 424,1.
7,28	II 127,9. 12.	9,62	I 424,2.
7,35	I 425,22.	10,4	I 83,21f. III 320,5.
7,36b	II 109,1; 128,4.	10,16	II 235,20. 25.
7,37ff.	II 185,1. III 441,1.	10,18	III 107,13.
7,38	II 109,1; 128,4.	10,19	II 186,20; 249,15.
7,44b	II 109,4; 128,12.	10,21	I 245,10. II 110,9; 132,14.

10,26	II 110,12; 132,25–27.
10,28	II 110,12; 132,25–27.
10,30ff.	II 208,5.
11,5	II 110,15; 133,6–10.
11,9a	II 110,15; 133,6–10.
11,11–13	II 110,15; 133,6–10; 134,27f.
11,27	III 422,15; 474,8.
11,29	II 110,20; 135,4. 12.
11,30	II 110,20; 135,4.
11,31	I 7,6. II 110,20; 135,4.
11,42	II 110,23; 135,21. 25.
11,45	I 210,10f.
11,47	I 461,17. II 111,1; 136,8.
11,49f.	II 137,1.
11,50f.	III 80,3–5.
11,51	I 291,1f. II 137,1.
11,52	II 416,14.
12,1	III 110,17. 18.
12,4a.b	II 137,9.
12,6	II 137,9.
12,8	II 111,11; 138,14f.
12,9	II 319,21.
12,12	III 404,15.
12,28	II 111,13; 138,20.
12,30b	II 111,14; 138,26f.
12,31	II 111,16; 139,1.
12,32	II 111,18; 139,14.
12,35	III 191,29–32.
12,38	II 112,1; 139,18f.
12,46	II 112,2; 139,25.
12,48	I 35,22.
12,50	II 35,17; 99,4. III 208,32–33.
12,58b	II 112,4; 140,5f.
13,1–9	II 112,6–11; 140,14.
13,6ff.	I 436,16ff.
13,11	I 90,15. III 326,7.
13,16	II 112,12; 140,29f.
13,26	III 121,11.
13,27	I 29,21. III 121,13; 194,3.
13,28	II 112,13–17; 141,3–8.
13,29–35	II 112,18–113,4; 141,28.

14,15	III 77,7.
14,16	II 516,5.
14,26	II 152,11; 386,8.
14,27	I 408,17.
15,3ff.	I 425,3.
15,4	I 242,15.
15,4ff.	II 24,8.
15,8	I 52,26.
15,8ff.	I 425,7.
15,11ff.	II 113,5; 142,13–15.
16,16	II 113,8; 142,19. III 116,10.
16,19ff.	II 375,19ff.; 468,4ff.
16,22	II 113,10; 142,25f.
16,25b	II 113,12; 143,3.
16,29	II 113,13; 143,6; 147,15.
16,31	II 113,13; 143,6.
17,10	II 113,15; 143,19.
17,12	II 113,17; 143,26.
17,12ff.	III 78,12.
17,14	II 113,17; 143,26.
17,17f.	III 78,14.
17,22	II 114,3; 144,5.
18,7	II 310,2f.
18,7f.	I 30,21f.
18,8	III 453,7.
18,12	I 167,12; 211,1f.
18,14	I 32,18.
18,18–20	II 114,5; 144,11.
18,19f.	III 110,2f.
18,21	III 110,5.
18,31–33	II 114,12; 145,1.
18,35	II 114,9; 144,22.
18,37	I 327,9.
18,38	II 114,9; 144,22.
18,42	II 114,9; 144,22.
19,5	I 424,9.
19,10	I 425,3.
19,29ff.	II 114,17; 145,10.
19,39f.	III 80,19–21.
19,41	I 40,10.
19,42	II 34,7.

19,46	II 114,17; 145,10.	23,34b	II 116,15; 152,15.
20,9ff.	II 115,5; 146,3.	23,40f.	III 77,26ff.
20,15	II 517,4.	23,42	III 77,29.
20,17	II 115,5; 146,3.	23,43	I 64,8. II 116,17; 153,1;
20,19	II 115,3; 145,23. 31.		184,31. III 77,30.
20,27ff.	I 208,7f.	23,44	II 116,15; 152,15.
20,33	I 208,17.	23,46	I 86,4. II 116,18; 153,7.
20,35	II 503,5f.		III 196,10; 322,7.
20,35f.	I 295,16. III 449,29.	23,50	II 116,19; 153,12.
20,36	II 514,23.	23,53	II 116,19; 153,12.
20,37	I 49,5.	23,55	III 482,9.
20,37f.	II 115,8. 11; 146,10. 24.	23,56	II 116,21; 153,19.
21,1ff.	III 123,5.	24,1	II 341,14f.
21,4	III 123,2.	24,5	II 341,17. III 207,16.
21,8	II 93,16.	24,5–7	II 117,1; 153,27.
21,18	II 115,14; 147,1.	24,6	II 154,5; 396,23. III 207,18.
21,21f.	II 115,16; 147,5.	24,13ff.	I 255,9ff.
21,34	II 217,24.	24,19	I 327,9.
22,4	II 115,19; 147,19.	24,25	II 117,5; 154,9.
22,8	II 115,20; 148,17.	24,31	II 117,5; 154,9.
22,14ff.	I 66,24. II 115,22; 149,16.	24,38a	II 117,10; 155,7.
22,15	I 362,23. II 298,10.	24,39	I 112,25; 231,4. II 117,10;
	III 439,24.		155,7; 193,3; 504,9.
22,16	II 115,25; 150,3.		III 422,28; 441,29.
22,19f.	II 149,11.	24,39–40	III 424,6–10.
22,30	II 150,9. III 77,9; 450,1.	24,41f.	III 518,16.
22,35. 37	II 116,1; 150,14.	24,42f.	I 359,21.
22,41	I 40,10. II 116,4; 150,20.	24,42ff.	III 77,5.
	III 208,18–20.	24,49	I 16,8. III 43,9.
22,42	I 44,12f. III 210,9.	24,50	III 179,18.
22,43	I 47,1f. III 209,13.	24,51	II 198,3.
22,43f.	III 168,25.		
22,44	I 40,15; 46,23–25.		
	III 209,13.	**Iohannes**	
22,47f.	II 116,6; 150,29.	1	I 451,14.
22,50	II 116,7; 151,3.	1,1	I 86,21f.; 364,22. II 188,7;
22,61	I 17,2.		252,3; 265,5; 321,6; 335,17.
22,63f.	II 116,9; 151,11.		III 5,22–24; 6,8; 173,4–5;
23,2	II 116,11. 13; 151,18; 152,1.		181,22; 203,12; 219,4; 253,5.
23,33a	II 116,15; 152,15.		10f. 12; 258,19; 263,23;
23,34	III 465,20.		278,11; 283,21; 284,18;

285,15; 322,23; 350,29;
363,31; 390,20; 410,13.

1,1–2   I 426,10–19.

1,1–3   II 195,21–24. III 257,29–31.

1,2   I 11,17.

1,2b   II 188,7.

1,3   I 37,14; 86,8f.; 93,28; 94,10;
            426,19. II 265,5; 321,6.
            III 5,22–24; 7,12; 167,31;
            203,2. 7; 253,17; 308,23;
            313,18; 322,12; 349,15;
            367,29.

1,3–4   I 426,21.

1,4   I 86,8f.; 426,25. III 203,10.
            14; 322,12.

1,5   I 79,1f.; 427,11f. III 103,16ff.
            23; 104,12.

1,6–16   II 265,9–20.

1,9   I 9,19. 22; 82,15f. II 397,19.
            III 181,12. 21; 203,14; 319,3;
            410,14.

1,9–12   III 104,17.

1,10   III 7,30–8,4; 106,21; 188,26;
            203,15.

1,11   III 106,19.

1,11f.   III 79,5–7.

1,12   III 79,18; 275,9; 383,20.

1,12f.   III 130,17; 274,13–15.

1,13   II 429,15.

1,14   I 28,2f.; 45,14; 54,3; 77,30;
            79,17–19; 113,20f.; 427,16.
            18; 429,7. II 252,4; 264,9f.;
            265,7; 275,4f.; 321,8. III 6,6;
            9,1;179,2; 252,9; 278,18;
            279,18; 314,24; 316,13; 415,8;
            424,20; 427,12; 435,5; 442,17.
            20. 24.

1,14f.   III 7,30–8,4.

1,15   II 252,6. III 164,2.

1,16   II 234,22. III 120,8; 183,1.

1,17   I 192,16f.; 244,13ff. III 120,9.

1,18   I 8,2; 9,15. 17; 11,16; 62,7;
            452,4. III 9,3; 8,19–20;
            238,29; 350,29; 390,19.

1,20   II 265,20.

1,23   I 365,1. II 265,20. III 189,5.
            13.

1,26   III 178,21f.

1,28   II 265,22.

1,29   II 252,7; 266,25; 269,17f.;
            271,9; 275,13. III 116,23–24;
            184,5.

1,29f.   III 187,18–21.

1,30   II 252,6; 266,26ff.; 275,11.
            III 188,7. 18. 24.

1,32   II 267,1; 394,8–11.

1,33   II 275,12; 280,15.

1,35   II 271,10.

1,35f.   II 266,26ff.

1,35–2,11   II 266,20ff.

1,37   II 271,15.

1,37–39   II 265,24–26.

1,38   II 252,9.

1,39   II 269,18; 271,15.

1,39ff.   II 267,16.

1,39c–2,1   II 265,27–266,20.

1,40   II 267,13.

1,41   I 46,6; 79,26. II 271,15.
            III 316,21.

1,43   II 252,10; 268,10; 271,18;
            279,5.

1,43f.   II 267,20–23.

1,44   II 268,21f.

1,45   I 46,6; 79,26. III 316,21.

2,1   II 271,22; 275,5f.; 279,9;
            303,3. III 463,27.

2,1f.   II 252,12; 268,11–13.

2,2   III 463,27.

2,2ff.   III 138,14.

2,3   II 279,12.

2,4   III 463,29; 479,21.

2,6   III 500,17.

5,41	I 26,21f.	8,40	I 54,25. II 42,6; 318,19. 21f.
5,43	II 234,3. III 9,12.		III 102,7–11; 189,31.
5,44	III 108,3–4.	8,41	II 66,30.
5,46	I 9,4; 244,16f.; 254,21.	8,42	III 258,3; 292,28; 307,2;
	II 93,7; 136,25. III 79,22;		311,18; 350,28; 375,10;
	113,17.		378,30.
5,47	III 113,19.	8,44	II 66,31; 67,26; 85,30; 86,1;
6,1	II 294,22.		87,3. 13–16. III 101,18–19.
6,1–4	II 283,9.		19ff.; 103,5. 6–7.
6,9ff.	I 57,22–24.	8,48	III 454,29f.
6,12	I 57,23.	8,49	III 181,6.
6,15	I 322,25.	8,50	III 108,3–4.
6,27	III 489,5.	8,55	I 55,20.
6,31	III 183,26.	8,56	I 254,20. II 322,17. III 79,23.
6,35	III 183,27.	8,57–58	II 322,19–21.
6,44	I 50,3. III 201,26; 206,22.	9,6	I 377,23. II 207,2. III 229,10;
6,48	III 285,15.		432,12.
6,51	I 80,18. II 331,15. III 317,13.	9,7	II 43,10f. III 229,13.
6,53	I 285,5. II 256,7.	9,16	I 36,10.
6,57	III 8,18; 282,2.	9,22	III 229,16–17.
6,60	I 285,6.	9,41	II 155,15.
6,62	I 285,2.	10,1	II 333,19.
6,66	I 285,7f. II 256,6f.	10,9	I 50,1. III 183,22.
6,70	II 67,16; 87,1. III 103,5.	10,11	I 43,18; 266,1. II 70,15.
7,3ff.	II 295,4.		III 196,8; 204,23.
7,4	III 461,5.	10,14	III 118,22–23.
7,5	III 459,21.	10,15	I 43,18.
7,8	II 294,28.	10,18	I 43,17; 45,7. II 196,2; 197,8.
7,14	II 294,23f.; 295,1.		III 196,4; 207,25.
7,20	III 454,29.	10,30	II 348,10; 349,15; 356,9;
7,25f.	II 295,2.		391,2; 392,28; 418,19.
7,37	II 238,6; 294,23f.		III 217,5. 27; 258,22.
7,38	I 27,22. III 201,15–17.	10,32	III 205,13.
7,39	III 201,15–17.	10,33	I 55,21–23. III 202,8–10.
7,42	II 260,5f.	10,36	III 292,27; 350,28.
8,12	II 397,19.	10,38	II 391,2. III 12,13; 258,22.
8,14	I 9,2. 8. III 11,4.	11	I 451,14. III 207,4.
8,17f.	III 9,19.	11,1	III 482,9.
8,26	II 237,4f.	11,1ff.	II 134,5f.
8,31f.	III 165,27.	11,5	III 76,19.
8,39	III 102,7–11.	11,11	I 48,6; 133,8f.

16,14	I 15,4; 81,16. II 234,13; 237,1. III 9,16f.; 177,26; 212,33–213,1; 254,21; 314,4; 318,6; 346,18; 349,16.
16,14f.	I 13,7. 15.
16,15	I 24,27. III 139,16; 204,7; 206,9; 329,20; 364,16; 373,5; 381,35; 389,20; 399,19.
16,27	III 6,17; 8,17; 10,28; 200,3.
16,28	III 159,6; 292,28.
16,32	III 212,30–32.
17,2	I 7,18. III 179,8. 30; 345,10–12.
17,2f.	III 176,34–177,2; 178,12. 16.
17,3	I 7,19. 25; 9,14. 17; 273,22. II 237,5f.; 397,12. III 179,33; 181,3; 282,22; 289,7ff.; 345,10–12; 349,20; 359,24; 389,17; 410,13; 444,7.
17,4	II 352,17. III 179,6; 200,9.
17,5	II 348,3. III 222,16.
17,10	III 364,10.
17,11f.	II 67,18. III 217,3.
17,12	II 70,2; 189,6.
17,18	II 237,4f.
17,21	III 177,15–17; 217,4. 27.
17,21f.	II 356,11.
17,22	II 356,4. III 169,2.
18,4	I 40,19; 132,10. 24.
18,4–25	I 47,24f.
18,5	I 133,1; 327,9.
18,7	I 327,9.
18,20	II 127,17.
18,23	III 423,14.
18,36	I 325,7.
19,19	I 327,9.
19,24	III 430,31.
19,25	III 457,17f.; 463,30.
19,26	I 319,26.
19,26f.	III 461,10–12.
19,27	I 319,26. III 461,27.

19,28	III 195,10; 448,2.
19,30	III 448,5.
19,33	III 196,11.
19,34	II 209,14; 331,16. III 426,18; 470,13.
19,39	II 341,15.
20,17	I 36,23; 38,1; 39,15–19; 41,8; 111,19; 295,19. II 356,1. III 166,26; 201,32; 396,26; 494,11.
20,19	I 231,1. II 503,23. III 215,23; 339,24; 441,28.
20,20	I 231,2f.
20,22	III 179,17; 331,3.
20,22f.	I 341,5ff.
20,24	II 31,19f.
20,25	I 112,3f. II 193,3. III 188,22; 215,25; 423,10.
20,26	I 112,3f. II 503,23. III 215,23; 441,28.
20,26f.	I 100,21.
20,26ff.	III 518,18.
20,27	I 111,21; 112,3f. 24. II 504,3. III 188,22; 215,25; 518,16.
20,27f.	II 429,14f.
20,28	III 426,15.
20,31	III 383,7.
21,3	I 17,6.
21,5	I 17,12.
21,5ff.	III 77,5; 518,16.
21,6	I 17,13.
21,7	I 17,10. 14.
21,13	I 359,22f.
21,15	II 364,16.
21,16. 17	I 17,18. II 364,16; 373,14.
21,20	III 479,34.

Acta Apostolorum

1,2	III 433,15.
1,3	III 77,6.

1,3f.	III 518,17.	5,15f.	III 431,7.
1,4	I 85,25. III 98,22–23; 322,3.	5,34ff.	I 339,3.
1,5	III 43,10; 44,1.	6,5	I 267,14f. 16f. III 100,20.
1,7	I 30,29.	6,5f.	I 232,4f.
1,7f.	III 98,19–22.	6,10	II 169,5.
1,8	II 382,8. III 43,9.	7,2	III 238,30.
1,9	II 194,12.	7,7	I 134,1.
1,9ff.	II 229,20.	7,14f.	I 69,14f.; 181,19–22; 189,29.
1,10	II 194,12. III 433,15.	7,56	II 197,29; 323,1; 395,19.
1,10f.	III 131,10–12.		III 238,7.
1,11	II 197,23; 395,15. III 225,25.	8,9f. 12ff.	I 238,8ff. 12ff.
1,13	III 43,12.	8,18ff.	I 239,5ff.
1,18	II 71,2.	8,21	I 244,5f.
1,20	II 71,1.	9,4	I 19,14.
1,23ff.	I 232,6f.	9,5	I 23,8; 344,9f.
1,25	II 71,8.	9,6	I 83,11f. III 319,21.
2,2–3,6	III 43,13–18.	9,15	I 298,7.
2,17	III 478,14.	9,40	III 207,6.
2,22	I 327,10. II 42,13; 322,27.	10,11f.	II 228,17.
	III 444,10.	10,13	I 217,12; 358,13f.; 363,17.
2,24	I 43,15. III 214,12; 518,4.		II 228,20.
2,27	I 43,6–8; 112,20. III 518,5.	10,14	I 363,17f. II 224,4; 228,22;
2,33	I 85,23–25. III 322,1.		230,6.
2,36	I 54,17; 202,1. III 164,4–5;	10,15	I 363,19.
	189,24–26; 190,10. 12.	10,38	I 85,20f. III 168,8; 204,9;
2,37	I 201,28.		321,24.
2,38	I 202,3. III 44,1.	10,42	I 27,18.
3,6	I 345,20. III 122,21; 207,6.	11,2	I 315,1.
3,15	II 521,28. III 206,30; 207,28;	11,2f.	III 99,7.
	208,13.	11,3	I 315,7.
4,10	I 51,12.	11,4ff.	I 315,16ff.
4,13	III 389,24.	11,26	I 322,2f. II 174,12f.
4,20	II 235,24.	11,27f.	II 230,10.
4,34f.	I 5. 15; 356,3ff.	11,28	II 230,12f. III 99,6.
4,36	I 366,26.	13,2	I 83,8. III 319,18–21; 331,11.
5,1ff.	III 110,24.	13,4	I 83,12f. III 319,22.
5,3	I 16,9f.; 86,10–12. III 322,13.	13,10	II 151,20f.
5,3f.	II 373,9f.	15,1	I 317,5.
5,4	I 16,11; 86,12f.; 145,29.	15,24	I 314,23.
	III 322,15.	15,28	I 83,15f.; 331,18. III 319,24.
5,9	I 145,28f.	16,6f.	I 83,17–20. III 320,1–4.

16,13	III 485,17.
16,16	I 90,13. III 326,6.
16,16f.	II 236,3.
16,31	I 86,17f. III 322,19.
16,32. 34	I 86,18–20. III 322,20–22.
17,18ff.	II 169,5.
19,4	I 350,9f.
19,12	III 431,8.
20,16	III 338,3.
20,22	I 84,3f. III 320,10.
20,23	I 84,5f. III 320,12.
20,28	I 87,3f. III 323,2–4.
20,34	I 289,2. III 488,19.
20,35	I 84,2f. III 320,9.
21,4	I 83,22f. III 320,6.
21,9	II 243,2. III 99,8; 467,6; 478,11.
21,10ff.	II 230,6.
21,11	I 83,24. III 320,7.
21,28	I 316,14.
21,39	I 355,8.
22,3	I 366,14. 23. II 168,21f.
23,8	I 144,31; 167,23; 208,2f.; 211,11f.
24,5	I 321,19f.; 327,22.
24,12	I 328,2.
26,14	I 23,8.
27,37	I 69,17; 97,18.

Ad Romanos

1,3	I 322,23. III 80,21f.; 419,25f.; 427,16.
1,4	I 71,6; 84,7. II 323,8. III 320,13; 519,8.
1,11	III 306,9.
1,14	I 188,18; 275,7f.
1,18	I 261,8; 274,1.
1,22	I 87,15f. III 184,18; 323,14; 407,29.
1,23	III 291,29f.; 401,4; 480,7.

1,25	I 87,15f.; 124,1. II 417,23. III 184,18; 323,14; 349,8; 362,3; 407,29; 480,7.
1,26	I 296,5.
1,27	I 289,27; 296,7; 299,29.
1,32	II 492,15.
2,1	I 372,16.
2,5	I 134,1; 261,8.
2,6	III 53,6.
2,11	I 118,28. III 349,10.
2,12f.	II 118,4; 175,26.
2,20b	II 118,10; 176,28.
2,25	II 118,8; 159,13; 176,16.
2,29	I 84,8f. III 320,15.
3,5	II 69,14.
3,5f.	I 108,18.
3,8	I 289,21; 304,19.
3,11	II 32,20f.
3,19	III 185,23.
3,23f.	II 384,29f.
3,26	I 78,15. III 315,14.
3,27	I 78,2f. III 315,2.
3,28	I 81,23f. III 318,13.
4,17	III 476,30.
4,19	I 115,25f.; 199,20f. II 485,21f.
4,24	III 206,30; 207,28; 208,13.
5,1	I 85,5–7. III 321,11.
5,6	II 118,12; 177,5.
5,12	III 469,9; 483,24.
5,14	III 119,16.
5,20	III 469,11.
6,9	I 101,6; 113,16; 230,7. II 305,7; 396,24; 504,18f. III 190,29; 215,19; 432,18; 441,27; 446,2; 518,22.
6,9f.	II 369,25.
6,10	I 113,17f. II 177,12; 459,22.
6,12	II 485,15.
6,12f.	II 481,13–17.
6,15	III 231,18.

6,19	II 481,17–20.	8,13	II 502,26f.
7,5	II 478,23; 479,13.	8,14	I 81,3; 90,22. III 317,21.
7,7	II 487,11. 16f.	8,15	III 263,25.
7,8	II 488,1. 3.	8,19–21	II 461,4–10.
7,9	II 476,7; 478,6; 486,20.	8,22f.	II 461,19–23.
7,9f.	II 488,7–9.	8,23	I 84,13f. III 320,20.
7,12	I 456,10. II 118,14; 159,14f.;	8,26	I 84,15. II 330,15f.
	177,14; 488,19. III 451,1.		III 135,14; 320,21.
7,13	II 489,2. 7.	8,29	II 305,3–6. III 471,13.
7,14	II 476,10; 489,9. 11f.	8,33	II 158,12.
7,15	II 489,21; 490,1f. 16f.	8,34	I 84,16f. III 320,22.
7,15–18	II 495,2–6.	8,35–37	II 459,13–21.
7,16	II 159,14f.	9,4f.	III 401,12.
7,18	I 99,2. II 495,19. III 440,12.	9,5	I 54,23; 86,16f. II 347,1;
7,18–20	II 453,18–454,2.		355,9. III 306,22; 322,18;
7,19	II 491,7. 9; 492,2f.		374,11; 426,11.
7,19f.	I 77,13.	9,10	III 472,15.
7,20	II 493,9.	9,13	II 66,18.
7,22	I 78,4; 97,7f. II 454,2; 496,5.	9,19	I 117,9. III 239,17.
	III 315,3.	9,20	I 88,13. II 458,3f. III 324,10;
7,22–24	II 497,11–15.		407,26.
7,23	I 66,4. II 480,24; 496,7.	9,21	II 457,3–5.
7,24	II 426,15.	9,31	I 78,2. III 315,1.
7,25	I 78,3. II 497,19. III 315,3.	9,32	I 36,5f.
8,2	I 78,3. II 498,18–20; 499,11.	9,33	III 184,2.
	III 315,2.	10,4	I 115,19. II 118,17; 176,12;
8,3	I 78,23. 24. III 114,17;		178,1.
	199,20; 279,11. 24; 289,26;	10,6f.	III 444,4.
	290,24. 28; 315,21. 22.	10,9	III 168,24.
8,3f.	II 498,21f.; 499,4ff.	10,10	I 220,6.
8,4	I 77,30. II 118,16; 177,26;	10,18	II 382,6.
	479,2f. III 314,25.	11,8	I 90,12f. III 326,5.
8,5–9	II 479,4–9.	11,16	I 424,23. II 206,11f.; 207,20.
8,7	II 480,10.	11,17	I 2,23.
8,8	I 96,2f. II 479,28.	11,22	I 2,23.
8,9	I 9,12; 90,22bis. II 236,28;	11,25	I 193,3.
	480,1. III 182,3.	11,32	I 433,14.
8,11	I 81,9–11. II 353,2–5; 423,3;	11,33	I 115,11; 433,25. II 370,5.
	426,12; 484,3–5; 485,17–19;		III 208,25; 276,28; 307,5;
	498,20f. III 317,27–318,2.		371,23; 394,14; 410,16.
8,11–13	II 480,3–8.	11,36	I 408,8. III 175,9.

12,11	I 25,11; 91,4. II 236,25; 336,6. III 206,18–21; 314,5; 326,18.	15,24	III 222,22; 224,1.
		15,24–28	III 221,28–34.
12,14	III 303,12.	15,25	III 224,4.
12,15	II 485,19f.	15,26f.	III 224,12.
12,18	III 129,26.	15,27	III 224,9.
12,21	III 303,14.	15,27f.	III 225,8–10.
12,24	II 122,17; 168,1. III 303,15.	15,28	III 225,22.
		15,29	I 318,23.
12,25	III 303,13.	15,32	I 318,7. II 482,15f.
12,27	III 129,30.	15,33	I 318,8.
13,1	III 395,28.	15,34	III 202,3.
13,6	I 89,26f. III 325,18.	15,35	II 100,24; 426,17; 512,25.
13,9f.	I 115,12. III 98,8–11; 99,9; 307,21.	15,36	I 103,24. II 100,23.
		15,36–38	I 111,6. II 513,1–5.
13,11	II 463,4–6.	15,37	II 100,19; 470,8f.
13,12	III 99,12.	15,38	I 117,21f.
13,13	III 392,8.	15,40	III 83,6. 14.
14,14	I 96,5. III 440,26.	15,42	I 110,20f. II 160,30. III 83,14; 442,2.
14,15	I 66,7; 96,4f.; 97,14. III 436,29; 437,4; 440,26.	15,43	I 111,5. II 233,4f.; 514,16.
		15,44	II 424,16; 502,20. III 442,2; 518,27–519,2.
14,19	II 122,18; 168,8.		
14,21	II 122,20; 170,12. 19f.	15,47	III 252,1.
14,32	I 90,9f. III 326,2.	15,48	I 424,17.
14,34	II 123,1; 170,26. III 478,24.	15,49	III 235,14.
15,1	II 123,4–9; 171,14.	15,50	II 158,9; 424,18; 484,2f. III 130,12. 12ff.
15,1a	II 172,7.		
15,2	II 172,7; 386,20.	15,51	III 519,14.
15,3	II 172,16. III 425,2.	15,52	I 116,29. II 306,14; 515,8.
15,3f.	II 123,4–9; 171,14.		
15,8f.	I 380,24; 423,9.	15,53	I 111,2; 112,9f.; 319,5. II 172,20; 198,7; 341,24; 512,7f. III 43,8; 99,10f.; 131,4–6; 423,26; 440,15; 518,27–519,2.
15,11	II 123,4–9; 171,14; 172,16.		
15,12–15	II 512,1–6.		
15,14	II 172,18. III 180,6.		
15,14f.	I 318,10.		
15,15	III 206,30; 207,28; 208,13.		
15,16	I 318,6. II 172,18.	15,53ff.	II 484,5.
15,17	II 123,4–9; 171,14; 502,5f.	15,54	I 433,21. II 173,1.
15,20	I 113,7; 319,6. II 305,3–6; 429,10; 504,17f.	15,54f.	II 123,4–9; 171,14.
		15,55f.	I 47,17; 266,13. III 114,19; 119,22; 518,3.
15,23	I 84,14f. II 305,3–6. III 138,12; 320,20.	15,56	III 199,23.

II ad Corinthios

1,7	II 159,1.
2,7f.	II 369,10.
1,20	II 123,11; 173,11.
2,10	II 369,11.
2,11	I 19,16.
3,6	I 31,10. III 306,4.
3,7	III 113,23; 114,5; 121,27.
3,13	I 423,14.
3,17	III 331,13.
3,18	I 85,12. III 114,15; 321,17.
4,4	II 256,17f. III 67,6; 106,13; 108,17; 110,21; 202,3; 350,25.
4,5	II 123,13; 174,3.
4,6	I 169,13.
4,6a	II 123,13; 174,3.
4,7	I 110,13.
4,13	II 123,16; 175,1. III 307,26.
4,16	I 97,7f. III 115,1; 453,3f.
5,10	II 485,22–486,2. III 76,30; 397,3; 519,16.
5,11	III 306,8.
5,15	I 78,6f. III 315,5.
5,17	I 144,6.
5,18	III 316,8.
5,18f.	I 79,11f.
5,19	I 59,17; 78,8–10. III 116,6; 315,7–9; 316,8.
6,11	III 304,26.
6,16	I 84,25f. II 306,5. III 304,27; 321,7.
8,9	I 101,7.
10,3	II 258,10. III 130,25.
10,4f.	II 491,16–18; 494,17.
10,5	II 327,1f. III 185,23.
10,10	II 486,2f.
10,13	III 443,10.
10,13f.	I 6,4.
11,2	III 497,28.
11,3	II 58,23; 61,21. III 90,23–25.
11,6	III 427,33; 443,17.

11,13	I 317,8.
11,22	I 366,13.
11,26	II 93,17.
12,1	III 308,10ff.
12,2	I 63,14–16. II 472,25; 486,3–5. III 308,10ff.
12,2f.	II 64,23.
12,3	I 63,19.
12,4	I 19,15. III 308,10ff.
12,7	III 308,12f.
12,21	II 369,17.
13,1	II 183,2f. III 348,18.
13,3	I 84,1f.; 111,12. III 304,15; 320,8.
13,4	III 207,29.
13,5	I 84,24. III 321,5.
13,8	II 150,13.

Ad Galatas

1,4	III 121,21.
1,8	II 172,2. III 280,4.
1,9	III 281,6.
1,14	I 366,10.
1,15	I 84,21f. III 321,2.
1,19	III 458,2; 459,26.
1,20	I 84,6f. III 320,13.
2,3–5	I 316,16.
2,4	II 93,17. III 234,24.
2,5	I 316,25. III 235,19.
2,9	I 17,21f.; 19,12; 366,21.
2,18	III 87,12.
2,21	I 65,3.
3,1	I 96,15f.
3,2	I 81,24f. III 318,14.
3,10	I 330,14; 331,9.
3,10a. 11b. 12b	II 120,7; 156,2.
3,13	II 103,26. III 120,15; 180,12; 205,27; 424,22.
3,13b	II 120,9; 156,13.

3,19	III 104,5.	1,20	III 240,29.
3,22	I 331,8.	1,21	I 101,9. II 397,5.
3,24	I 190,21; 192,13. II 149,28;	1,23	III 129,31.
	167,22. III 117,1; 451,2.	2,2	III 121,7.
3,28	I 165,1; 173,23. II 243,10.	2,6	II 197,21.
4,3	I 7,21; 15,27.	2,11–14	II 119,4–10; 178,28.
4,4	I 39,14; 42,10; 100,8.	2,14	I 78,16–20. III 129,17–20;
	II 323,10; 341,22. III 516,12.		304,7; 315,14. 16ff.
4,5	I 78,25. III 315,23.	2,15	I 456,9.
4,23	I 180,8.	2,15–16	I 78,16–20.
4,23b	II 120,9; 156,13.	2,16	III 315,14.
4,24	III 115,19–21.	2,20	I 35,9. III 184,3.
4,25	III 503,10.	3,1	I 84,4f. III 320,11.
4,28	III 503,2.	3,6	I 78,20f.; 433,19f.
4,31	III 503,2.		III 315,18.
5,2	I 316,20; 317,20; 331,21.	3,10	II 314,5f.
	III 449,27; 451,18.	3,14	III 274,24.
5,3	II 120,11; 156,21.	3,15	I 88,24f. III 111,12–13;
5,4	I 317,19; 331,22. III 449,28;		284,15; 324,21; 372,29.
	451,17.	3,21	I 406,22.
5,9	II 120,13; 157,1f.	3,26	II 381,23f.
5,14	II 120,15; 157,9f.	4,4	II 182,13.
5,17	I 96,3f.	4,5	I 146,4.
5,19	I 81,5; 96,1f.; 99,1. III 129,13.	4,5f.	I 13,21. II 120,4.
5,19–21	II 120,17–21; 157,17–21.	4,6	III 306,22; 329,25.
5,21	I 417,20.	4,8	I 230,4. III 441,23.
5,24	II 121,1; 158,22f.	4,10	I 429,14f. II 397,5.
5,25	II 502,26f.		III 114,26–27.
6,1	II 369,28.	4,14	I 93,10.
6,7	I 134,2; 142,18.	4,25	III 301,20.
6,10	II 185,7.	4,28	I 289,3. III 489,10f.
6,13a	II 121,3; 159,3.	4,29	III 453,2; 466,11.
6,14	I 409,4.	4,30	I 85,12–14. III 321,17.
6,15	I 188,15f.	5,12	I 262,13; 269,16f.; 280,26.
6,16	I 149,23f.		III 82,29.
6,17	I 75,19. III 474,25.	5,13	I 427,6.
		5,14	II 119,11; 179,25; 209,13ff.
			22; 521,10.
Ad Ephesios		5,16	II 104,9.
1,10	I 78,12–15; 408,10; 432,1.	5,27	III 113,21.
	III 315,11.	5,28	II 486,5f.

5,31	II 119,13; 180,22. III 129,17–20.
5,32	I 425,26. III 92,30; 470,6.
6,2	II 386,11.
6,11	II 494,12–17.
6,12	I 90,17; 414,23f.; 432,6. II 494,18. III 326,9; 338,25.
6,13	II 494,10.
6,14	I 242,5.
6,14–17	II 494,12–17.
6,15	III 496,8.
6,19	I 122,5.

Ad Philippenses

1,1	III 336,14.
1,10	I 84,18f. III 320,24.
1,19	III 303,22.
2,1	III 303,25.
2,6	III 279,27; 383,26.
2,6f.	I 37,21; 55,1. III 10,23–24; 289,23.
2,7	I 50,7; 80,11; 100,8. III 290,2; 317,7; 383,21.
2,8	I 113,19; 229,19f.; 266,9. III 211,14.
2,9	III 186,13.
2,10	I 19,21f.; 47,3f. II 150,25. III 223,22.
2,10f.	I 432,4. III 167,25.
2,11	III 397,4; 409,9.
3,1	III 192,24.
3,5	I 366,10. 14. II 168,21f.
3,13	I 6,4.
3,19	II 482,15. III 109,21.
3,20	I 131,8.
3,21	I 79,6–8. III 316,3–5.
4,3	I 309,3.
4,8	III 453,2; 466,10.
4,22	II 384,25.

Ad Colossenses

1,10	III 306,22.
1,13	I 59,12–14.
1,15	I 27,17. II 305,3–6. III 12,6; 262,28; 264,28; 277,22; 281,22. 25; 289,20; 291,29f.; 299,3; 343,6; 365,11; 467,30; 468,5; 471,13.
1,15f.	III 277,11ff.
1,16	I 93,2f.; 412,4.
1,16f.	III 305,21.
1,18	II 429,9. III 215,10.
1,19f.	I 78,10–12.
1,19–20	III 315,9–11.
1,26	I 79,5. III 316,1.
2,3	I 88,2f. III 323,25.
2,6	I 84,12. III 320,18.
2,9	I 79,9; 100,1; 408,9. II 234,20. III 316,5.
2,11	I 84,9–11; 93,1. III 320,15; 328,11.
2,14	II 292,8f. III 215,5; 445,13.
2,14f.	I 77,23–27.
2,14–15	III 314,19–22.
2,15	I 47,18. III 114,17; 211,17.
2,16	II 119,17; 181,9.
2,18	III 367,22; 373,22.
2,19	II 222,16f.; 235,6. III 428,26–28.
2,22	I 362,3f.
3,4	II 426,14.
3,5	I 81,6. III 131,8.
3,11	I 165,1; 173,23; 188,15f.; 408,8.
4,6	III 453,2.
4,14	II 255,18.

I ad Thessalonicenses

4,4	III 472,13.
4,9	III 306,8.

4,11	III 488,17.
4,12	III 492,3.
4,14	II 429,12.
4,15	II 515,16. 18.
4,16	II 306,17.
4,17	II 515,9. 14.
5,2	I 30,8. III 191,29–32.
5,4	I 30,9. III 191,32–192,1.
5,5	III 501,31.
5,23	I 96,25–27. II 486,6–9.

II ad Thessalonicenses

2,2f.	III 98,15–18.
2,4	III 271,5.
3,10	III 89,26; 488,22.
3,11	I 20,21f. III 89,22; 175,13; 219,9; 429,10; 489,3.

I ad Timotheum

1,4	I 398,20; 458,8. II 89,21. III 416,29; 449,19.
1,7	II 89,17; 244,19; 251,12; 352,1. III 121,10.
1,9	III 335,12.
1,9f.	III 113,25–26.
1,12	I 87,5f. III 323,4.
1,17	I 53,13. III 291,29f.
1,20	I 12,12.
2,4	I 432,24.
2,5	I 54,29; 79,15; 376,21. II 126,16; 323,4. III 316,11.
2,7	II 160,4.
2,10	I 133,21.
2,12	II 244,3. III 478,24.
2,13f.	III 91,3–5.
2,14	II 244,5.
2,15	II 207,22.
3,2	II 367,9.
3,8	II 367,10.

3,15	II 89,14; 196,7f. III 183,24; 496,3; 498,26.
3,16	I 86,14f. III 322,17.
4,1	I 85,15; 436,20. II 220,4; 221,8f.; 230,14. 16; 329,12f. III 321,20; 452,28; 473,17.
4,2	I 296,10. II 9,25f. III 140,6–9.
4,3	I 364,9f. II 135,2; 231,20. III 140,6–9.
4,4a.b	III 140,6–9.
4,14	III 336,13.
5,1	III 337,27.
5,11	I 254,13; 294,9. III 138,27.
5,11f.	II 232,6; 387,2–4.
5,14	I 254,14; 294,11. II 369,6; 387,11. III 138,29.
5,19	III 337,30.
5,23	II 217,10f.
6,1	III 335,12.
6,8	III 490,19.
6,10	III 109,29.
6,16	I 87,25. III 158,3; 291,29f.; 323,23.
6,20	III 269,20; 283,2; 293,2.

II ad Timotheum

1,7	I 90,13. III 326,5.
1,15	II 89,18; 255,18.
2,2	I 131,2f.
2,5	III 135,1.
2,6	III 490,24.
2,7	I 226,9.
2,16	III 269,20.
2,17	II 89,19.
2,18	II 89,23f.
2,19	I 2,11–13; 29,20. III 194,1.
2,23	I 255,17.
3,1	II 230,14.
3,1–2. 4	I 296,8.
3,5	II 218,18. III 269,20.

3,6	I 290,3; 459,13f.
3,8	III 105,15.
3,15	II 168,25.
4,3	III 416,29.
4,3–4	III 473,17.
4,4	II 89,16.
4,10	II 255,18; 263,6. 9.

Ad Titum

1,12	I 96,16. II 169,9ff.
2,10	I 86,22f. III 322,24.
2,11	I 86,23f. III 322,25.
2,11–14	I 77,17–23. III 314,13–19.
2,13	I 86,24f. III 322,26.
3,5	I 142,24; 201,26. II 327,6. III 503,14.
3,9	III 458,28.
3,10	III 372,2.
3,10f.	II 26,12f.
3,11	II 153,25f. III 372,3.

Ad Philemonem

1	I 84,4f. III 320,11.
24	II 255,18.

Ad Hebraeos

1,1	I 11,6. II 304,4.
1,2	I 227,21f.
1,3	I 27,16. III 220,12; 240,29.
1,6	III 223,19; 396,25.
1,7	III 402,2.
1,14	II 84,13. III 402,2.
2,9	III 186,18–19.
2,10	II 521,22f.
2,11	I 51,29; 191,6.
2,14	III 211,15.
2,16f.	III 422,6.
3,1	I 51,11; 52,1.

3,1f.	III 185,7.
3,1–2	III 163,29.
3,2	III 185,11.
3,5	III 104,5.
4,9f.	III 128,16.
4,12	I 65,18. II 184,22; 322,13. III 120,3; 208,9; 267,24; 372,7.
4,12f.	III 236,26.
4,14	III 187,13.
4,15	III 175,31; 202,24; 430,25; 439,30; 475,13.
5,1	I 51,24; 114,10. III 186,2–5.
5,3	III 186,2–5.
5,6	I 324,25f. II 324,9.
5,7	II 337,6.
5,9	III 315,7.
5,12	III 451,10.
6,1	I 200,20. II 180,16f.
6,2	III 451,11.
6,4–6	II 365,4.
6,8	III 27,1.
6,9f.	II 365,17.
6,10	II 519,10.
6,13	I 322,15f.
6,17	I 322,13f.
7,3	II 324,12f.; 325,4; 330,14; 334,4. 20. III 135,15. 19. 20; 136,5; 139,7; 187,12; 221,2; 262,6.
7,6	II 327,23; 334,5; 337,5. III 139,21.
7,12	III 451,14.
7,14	III 103,13.
7,19	I 193,14f. III 450,13.
8,3	III 186,2–5.
8,5	III 304,1.
8,13	I 115,27. III 115,1; 451,12.
9,7	I 324,21.
9,9f.	I 193,14f.
9,14	III 186,2–5.
9,17	III 115,25–116,2.
9,18f.	III 115,25–116,2.

Iacobus

I epistula Petri

II epistula Petri

2,19	II 67,24; 87,10. III 102,16.
2,22	I 268,3f.
3,15f.	I 366,18.

I epistula Iohannis

1,1	II 355,13. III 177,15–17; 188,13. 15. 18.
1,5	I 9,18. 21. II 397,20. III 181,13; 410,14.
2,2	I 192,24.
2,8	III 389,18.
2,16ff.	III 107,30ff.
2,18	I 295,13. II 251,4.
2,18ff.	II 221,3.
2,19	I 144,16.
2,20	I 16,8.
2,22–24	III 305,3–9.
2,23	III 389,15.
3,11	II 87,20f.
3,12. 15	II 68,23ff.
4,2	I 36,7f.
4,2f.	I 266,7.
4,8	II 178,16.
4,10f.	I 59,17.
4,12	I 62,26.
4,18	II 68,23ff.
5,1	I 314,12.
5,12	III 389,15.
5,19	III 106,20; 107,27.

II epistula Iohannis

7	I 295,12.
10	I 295,11.
11	II 26,15.
12	I 145,1.

Epistula Iudae

8	I 293,16. II 84,9.

8ff.	I 289,14.
10	I 289,9; 293,24.
11,34ff.	III 473,23.
12	II 130,22.
13,5	III 492,15.

Apocalypsis Iohannis

1,1	II 232,13f.; 305,24.
1,5	II 429,9.
1,8	II 278,6f.; 355,15; 397,4. 8.
2,6	I 269,22. III 100,20.
2,15	III 100,20.
2,18	II 306,24; 307,4ff.
2,18–21	II 308,3.
3,7f.	II 415,13–17.
3,20	I 85,17f. III 201,18; 213,2–3; 321,22.
5,1–5	II 415,17–416,1.
5,5	III 463,17.
5,9	II 334,26f.
5,12f.	I 47,11.
6,14	III 108,9.
8,2	II 305,20.
9,1	I 280,5.
9,14	II 308,27; 309,18.
9,16f.	II 308,27.
12,13f.	III 462,14.
13,6	III 260,7.
20,1	I 294,4.
22,2	I 281,17.

APOCRYPHA CHRISTIANA
Acta Iohannis

p. 196 (Zahn)	II 255,24.

Agrapha (Resch[2])

p. 112ff.	II 192,17.
p. 146	I 30,8.

p. 11,16   I 163,9; 177,19.
p. 12,2   I 163,9.

IUDAICA
Mischna, Talmud
Berakot
IV 5   I 220,14.

GNOSTICA
Libri Ieû (Schmidt)
p. 304,17   I 281,3 ff.
p. 334,9   I 287,15.

Quaestiones Mariae   I 284,11 ff.

NAG–HAMMADI–CORPUS
NHC II,1: Apocryphon Iohannis
(Carl Schmidt in FS für P. Kleinert)
p. 318   I 284,11 ff.
p. 319   I 284,24.
p. 324   I 278,8 ff.
p. 327   I 286,24–287,9.
p. 332   I 286,24–287,9. 15.

HAGIOGRAPHICA
Passio Perpetuae et Felicitatis
1   II 229,17 f.
4   II 243,12.

Antike Autoren

Adamantius
De recta in Deum fide
s. Anonymus ...

Aelianus
De natura animalium

I 38	II 84,3.
II 50	I 382,4.

Agrippa Castor
bei Eusebius Caesariensis
Historia ecclesiastica (Schwartz)

IV 7,7 (p. 310,16 ff.)	I 277,3.
IV 7,7 (p. 310,20 f.)	I 261,13–
	262,4.

Al-Biruni s. Biruni
Al-Schahrastani s. Schahrastani

Alexander Lycopolitanus
Tractatus de placitis Manichaeorum
(Brinkmann)

2 (p. 4,19)	III 14,3; 23,9 ff.
2 (p. 5,3 ff.)	III 42,29 ff.
3 (p. 5,19)	III 54,10.
3 (p. 6,6)	III 55,5 ff.
3 (p. 6,16)	III 29,12.
4 (p. 6,22 ff.)	III 30,5 ff.
4 (p. 7,6 ff.)	III 58,6 ff.
4 (p. 7,14)	III 59,2 ff.
4 (PG 18,416C ff.)	III 59,8 ff.
5 (p. 8,1 ff.)	III 70,1.
8 (p. 13,3 ff.)	III 37,5 ff.
8 (p. 13,7 ff.)	III 37,15 ff.
9 (p. 15,9 ff.)	III 95,17 ff.
19 (p. 27,19)	III 57,1 ff.

22 (p. 31,15 ff.)	III 50,26 ff.

Ambrosius
De Abraham

I 3,16 (p. 514,1 ff. Schenkl)	II 333,22.

De fide

II 8	I 104,10–105,3.

De mysteriis

c. 8 (PL 16,404)	II 333,22.

De paradiso (Schenkl)

V 28 (p. 284,18)	II 192,15–18.
VI 30 ff. (p. 286,23 ff.)	II 192,15–18.
VII 35 (p. 292,5 ff.)	II 192,15–18.
VIII 38 ff. (p. 294,9 ff.)	II 192,15–18.

De virginibus

III 1 (PL 16,219 f.)	II 272,4 ff.

Exameron

V 23	I 104,10–105,3.

Expositio evangelii secundum Lucam

X 114 (498,11 f. Schenkl)	II 208,16 ff.

Amphilochius Iconiensis
Contra haereticos (Ficker, Amphilochiana I)

p. 23 ff.	II 215,5 ff.
p. 29,4	II 216,10.
p. 29,4 ff.	II 380,15.
p. 29,17	II 216,10.
p. 29,30	II 216,10.
p. 30,23	II 363,17 ff.
p. 35,14	II 216,5 ff.
p. 38,11	II 216,8.
p. 43,23	II 380,11 ff.
	III 491,21.
p. 44,10	II 380,11 ff.
p. 44,22	II 380,11 ff.

p. 46,16	II 363,17 ff.
p. 52,10	II 363,17 ff.
p. 55,8	II 380,15.
p. 61,10	II 216,7. 8. 11.
p. 65,11	II 216,7. 8. 11.

Anastasius Sinaita
Quaestiones et responsiones (PG 89)

22 (537D)	III 339,1–4.
22 (540A)	II 375,19–376,5.
23 (540C)	I 64,9–13.
23 (540C/D)	I 64,15f.
23 (540D–541B)	I 67,10–69,2.
28 (556C)	I 371,21–372,6.
28 (556Dff.)	I 134,5–11.
28 (557A)	I 135,26f. 32–136,2.
28 (557Aff.)	I 136,4–141,20.
45 (596Dff.)	I 195,7–196,15; 197,19ff.
45 (597A/B)	I 199,4.
57 (621D–624A)	II 309,18–310,9.
66 (658C–688D)	II 359,25–363,1.
153 (812B–C)	I 70,21. III 457,12–19.

Viae dux

13 (PG 89,212A)	II 154,15–17.

Anastasius Sinaita incertae origenis
Doctrina patrum (Diekamp) = CPG 7781

p. 68,10	I 95,8–12.
p. 123,1 ff.	II 448,11–15.
p. 146,6–9	II 442,18–21.
p. 179,21 ff.	II 440,22–441,6.
p. 180,1f.	II 449,13–450,16.
p. 237,7 ff.	I 191,9–192,9.
p. 266,6 ff.	I 162,3 ff.
p. 267	I 234. II 1 ff.
p. 268,6 ff.	III 1.
p. 293,24 ff.	I 191,9–192,9; 198,13f.

p. 302,21 ff.	I 333,5.
p. 316,11	I 17,27–18,10.

Anonymus
Praedestinatus

26	II 240,2.

Anonymus
Vita Epiphanii (Dindorf)

27 (I 31,22)	III 133,1.
27 (I 31,23f.)	III 133,14.
27 (I 31,26)	III 134,27.
27 (I 31,28ff.)	III 133,18.
59 (I 65–67)	I 396,1 ff.
64 (I 72–74)	I 396,1 ff.

Anonymus
De Iohanne Apostolo et Evangelista
Historia ecclesiastica
p. 7f.; 80f. (Corssen, TU 15,1)

	II 263,18f.

Anonymus
bei Eusebius Caesariensis
Historia ecclesiastica (Schwartz)

V 16,9 (p. 464,3ff.)	II 232,21f.; 237,11.
V 17,2f. (p. 470,10ff.)	II 223,12 ff.
V 17,3 (p. 470,15)	II 243,2.
V 17,4 (p. 470,19ff.)	II 222,18 ff.
V 17,4 (p. 470,21ff.)	II 221,11.
V 18,9 (p. 464,5ff.)	II 243,3.

Anonymus
bei Hieronymus Presbyter
Epistulae
ep. 73,1,1f. (p. 13,7ff. Hilberg)   II 330,12.

Anonymus (Adamantius)

De recta in Deum fide (van de Sande
Bakhuyzen)

I 2 (p. 4,16)	II 97,2ff.
I 5 (p. 8,32ff.)	II 104,23ff.
I 5 (p. 10,14f.)	II 256,6ff.;
	263,3ff.
I 8 (p. 16,3)	II 104,23ff.
I 22 (p. 42,20)	II 121,15.
I 26 (p. 52,10ff.)	II 103,26ff.
II 3 (p. 64,14f.)	II 107,24.
II 7 (p. 70,10)	II 98,7–9.
II 10 (p. 76,14ff.)	II 113,10.
II 10 (p. 76,30f.)	II 113,12.
II 10 (p. 78,2ff.)	II 113,13.
II 16 (p. 90,5ff.)	II 95,8ff.
II 17 (p. 92,24ff.)	II 114,5.
II 18 (p. 94,9f.)	II 122,2–12.
II 18 (p. 96,12)	II 123,1.
II 18 (p. 96,24ff.)	II 119,4–10.
II 18 (p. 98,6)	II 123,11.
II 18 (p. 98,11)	II 108,19.
II 18 (p. 98,23ff.)	II 122,2–12.
II 18 (p. 100,1)	II 121,12.
II 19 (p. 102,12)	II 123,13.
II 19 (p. 102,23)	II 107,24.
II 19 (p. 104,14)	II 120,4.
II 19 (p. 104,29)	II 122,17.
II 19 (p. 105,12)	II 120,4.
II 20 (p. 108,7)	II 118,14.
II 20 (p. 108,24)	II 109,14.
III 3 (p. 118,12ff.)	II 340,11.
IV 14 (p. 200,22ff.)	II 114,9.
V 12 (p. 198,5)	II 117,5.
V 12 (p. 198,18ff.)	II 117,10.
V 16 (p. 204,3ff.)	II 340,12f.
V 23 (p. 224,1)	II 122,16.

Anonymus (Cajus) Antimontanista

bei Dionysius bar Salibi

In Apocalypsin
p. 4,4ff. (CSCO ser. II T. 101) II 248,21ff.

bei Eusebius = CPG 1327
Historia ecclesiastica (Schwartz)

III 28,2 (p. 256,26ff.)	II 248,21ff.;
	251,10.
VII 25,1f. (p. 690,11ff.)	II 251,10.

bei Hippolytus
Capita contra Gaium = CPG 1891

p. 48 (Harris 1896)	II 251,24ff.
p. LXXIII (Labriolle)	II 251,24ff.

Apelles

bei Anthimus Nicomediensis

Studi e testi 5,98	II 189,19ff.

Apollinaris Laodicenus

Ad Diodorum

fr. 121ff. (p. 237f. Lietzmann)	III 436,23.

Ad Dionysium (Lietzmann)

I 3 (p. 257,21ff.)	III 419,5.
I 7 (p. 259,6)	III 419,4.

Ad episcopos Diocaesarienses (Lietzmann)

I 22ff.	III 265,7.
I 60ff.	III 265,7.
I 255	III 265,7.
II 256,3	III 420,4.
II 256,14	III 433,7.

De unione corporis et divinitatis in
Christo (Lietzmann)

1 (p. 185)	III 419,21ff.
5–7 (p. 187f.)	III 436,23.
8 (p. 188,9–11)	III 419,4.
16 (p. 192)	III 419,21ff.

Fides secundum partem (Lietzmann)

2 (p. 168,10ff.)	III 424,33.
5 (p. 169,13)	III 420,9f.
6 (p. 169)	III 420,4.
fr. 14 (p. 208f.)	III 420,4.
fr. 15 (p. 208f.)	III 420,4.
fr. 51 (p. 216,10)	III 420,4.
fr. 48 (p. 215)	III 444,14.
fr. 81 (p. 224)	III 433,7.
fr. 92 (p. 228)	III 433,7.

Sermones

fr. 155 (p. 249 Lietzmann)	III 443,13.

Apollonius
bei Eusebius Caesariensis
Historia ecclesiastica (Schwartz)

V 18,2 (p. 472,19)	II 231,19ff.
V 18,2 (p. 472,20)	II 238,20.
V 18,13 (p. 478,11)	II 238,20.

Aristeas
Epistula ad Philocratem

§ 158 (Wendland)	I 209,14f.

Aristides
Apologia

12	I 123,28ff.; 126,13.

Arius
Epistula ad Alexandrum Alexandrinum

	III 135,9.

De Thalia
bei Athanasius
Orationes contra Arianos

I 5 (PG 26,21AB)	III 273,24.

Arnobius
Adversus nationes

IV 14	I 128,10.
IV 15	I 129,7f.

Athanasius Alexandrinus
Apologia contra Arianos (PG 25)

6 (257BC)	III 147,6.
8 (261CD)	III 149,1.
12 (269)	III 153,26ff.
23	III 256,16.
32	III 256,16.
58 (353B)	III 149,20.
59 (357A)	III 144,23; 161,7.
63f. (364f.)	III 147,25.
64ff. (364ff.)	III 150,10ff.
65 (365)	III 148,7.
71 (376f.)	III 145,19.
71–79 (373ff.)	III 148,15.
72 (377C)	III 149,13.
73 (380B)	III 149,13.
75 (385ff.)	III 153,26ff.
87 (405)	III 150,30.
87 (405A)	III 149,13f.
87 (408A)	III 150,30.

Apologia de fuga sua

26 (PG 25,677)	III 151,6.

De decretis Nicaenae synodi (PG 25)

7 (436BC)	III 185,1.
13 (445B)	III 162,7–11.
22 (456AB)	III 284,14.
31 (473C)	III 271,12.

De incarnatione contra Apollinarem

p. 139 (Loofs)	III 4,6.
p. 338,4f. (Loofs)	III 4,6.
II 3 (PG 26,1136D)	III 169,4.
II 9 (PG 26,1145C)	III 189,24–26.

De incarnatione et contra Arianos (PG 26)
nach CPG 2806 = Marcellus Ancyranus

1 (985C)	III 168,11.
1 (985C)	III 168,24.
7 (993A)	III 168,11.
20 (1020f.)	III 221,28–34.

De sententia Dionysii (PG 25)

10f. (493B)	III 163,29; 185,7.
27 (520C–521A)	III 195,11.

De synodis Arimini in Italia et Seleuciae in Isauria (PG 26)

5 (p. 193f. Hahn³)	III 249,20.
6 (p. 194 Hahn³)	III 249,14. 17; 251,7.
16 (708ff.)	III 157,24ff.
18 (713B)	III 343,23.
26 (728A)	III 249,14; 269,9.
27 (736)	III 251,7; 270,16.
29 (744f.)	III 298,17ff.

Epistula ad Afros episcopos

6 (PG 26,1040B)	III 220,10.

Epistula ad Epictetum

I 2,901–910 (Montfaucon; PG 26,1049–1070)	III 417,25ff.

Epistula ad episcopos Aegypti et Libyae

19 (PG 25,581B)	III 146,32.

Epistula ad Serapionem de morte Arii (PG 25)

2 (688A)	III 145,1.
3 (688C)	III 146,32.

Historia acephala (Fromen)

p. 74	III 312,23.
p. 74,12ff.	III 340,18.
p. 83,17	III 161,7.

Historia Arianorum (PG 25)

8 (704BC)	III 150,30.
20 (716f.)	III 151,5.
78 (788C)	III 146,14.

Orationes contra Arianos III (PG 26)

I 5 (21AB)	III 273,24.
I 16 (45B)	III 164,21ff.
I 26 (65Cff.)	III 271,16.
I 28 (69)	III 276,13ff.
I 28 (72A)	III 276,13ff.
I 30 (73B)	III 220,10.
I 53 (121B)	III 162,7–11.
I 53 (121C)	III 163,29; 164,4–5.
I 58 (133AB)	III 185,8.
I 34 (81C)	III 271,12.
I 34 (84A)	III 271,12.
II 6 (157C)	III 163,29.
II 6 (158B)	III 185,7.
II 6 (160B)	III 185,7; 163,29.
II 10 (168A)	III 163,29.
II 11f. (169B)	III 164,4–5.
II 11f. (172A)	III 164,4–5.
II 19 (185C)	III 165,16.
II 20 (189A)	III 273,21.
II 25 (200B)	III 185,1.
II 41 (233)	III 271,12.
II 42 (236–237A)	III 271,12.
II 59 (272BC)	III 274,12.
III 1 (321B)	III 169,1.
III 9 (337C)	III 179,33.
III 25 (376A)	III 169,1.
III 26 (380A)	III 168,25. 28.
III 26 (380B)	III 165,3; 191,6.
III 54 (436B)	III 168,28.
III 54 (436BC)	III 168,25.

Oratio IV contra Arianos
s. Ps.–A.

Tomus ad Antiochenos
11 (I 777A/C Montfaucon; PG 26,809A)
        III 434,32–435,17.

Vita beati Antonii abbatis
PL 72,178; vgl. CPG 2101   II 272,4ff.

Athanasius Alexandrinus
s. auch Marcellus Ancyranus

Ps.–Athanasius
De s. trinitate dialogi V
II 11 (PG 28,1173C)   III 351,21ff.
                23; 361,11ff.

Historia de Melchisedech
PG 28,525A   II 325,23ff.

Homilia de passione et cruce domini
12 (PG 28,208A)   II 208,16ff.

Oratio IV contra Arianos (PG 26)
IV 1 (468C)   III 284,14.
IV 9 (480A)   II 389,12f.
IV 25 (505C)   II 389,12f.

Sermo contra omnes haereses
9 (PG 28,516C)   III 132,14ff.;
                134,1ff.;
                138,14ff.

Ps.–Athanasius
s. auch Ps.–Martinus Bracarensis

(Ps.)–Anastasius I Antiochenus
Explicatio fidei orthodoxae
PG 89,1404C   II 389,16ff.

Athenagoras
Supplicatio/legatio/deprecatio pro
Christianis (Schwartz)
9 (p. 10,8ff.)   II 224,22ff.
10 (p. 11,16ff.)   II 390,9ff.
24 (p. 31,24ff.)   II 446,11.
24 (p. 32,4ff.)   II 446,16.

Augustinus
Contra Adimantum (Zycha)   III 69,4.
5 (p. 124,4ff.)   III 101,19ff.
12 (p. 139,4ff.)   III 62,14ff.
17 (p. 166,4ff.)   II 216,5ff.
17,2 (p. 166,6ff.)   III 96,9.
17,5 (p. 170,11)   III 96,9.
26 (p. 185,5ff.)   III 27,3.

Contra adversarium Legis et Prophetarum
I 20,39 (PL 42,626)   II 216,5ff.

Contra epistulam fundamenti
Manichaeorum (Zycha)
5 (p. 197,10)   III 25,14.
7 (p. 200,15ff.)   III 27,8ff.
8 (p. 201,24)   III 34,2ff.
8 (p. 202,11ff.)   III 33,3ff.
11 (p. 207,11ff.)   III 26,1ff.
12 (p. 208,2)   III 68,10ff.
12 (p. 208,9)   III 68,10ff.
13 (p. 209,11ff.)   III 53,20ff.
15 (p. 212,9)   III 53,20ff.
13 (p. 209,11)   III 36,2ff.

Contra Faustum Manichaeum (Zycha)
I 2 (p. 251,23)   III 69,5;
                131,25.
I 3 (p. 253,11)   III 66,8ff.
II 3 (p. 256,3ff.)   III 54,10.
II 4 (p. 257,2)   III 59,2ff.
II 5 (p. 258,3)   III 35,10f.

188 (673A)	II 368,19f.; 370,18ff.
190 (729C)	II 363,17ff.
199 (729C)	II 215,5ff.; 380,11ff.
	III 491,21.
199 (732C)	II 370,18ff.
217 (797C)	II 388,2ff.
236 (881C)	II 215,5ff.
236 (881C)	II 216,8.
258 (952f.)	III 512,18.
265 (984ff.)	III 265,7.
265 (985B)	III 448,33.
265 (988AB)	III 450,9ff.

Ps.–Basilius
Enarratio in prophetam Isaiam =
CPG 2911

c. 141 (PG 30,348C)	II 208,16ff.

Al–Biruni
The Chronology of Ancient Nations (Sachau)

p. 121,15	III 21,7ff.
p. 190,2ff.	III 16,2–9.
p. 190,6ff.	III 34,2ff.
p. 190,8	III 34,9ff.
p. 190,15	III 55,5ff.
p. 190,16	III 63,2ff.; 65,14ff.
p. 190,22	III 64,6ff.
p. 191,1ff.	III 14,7–15,6.
p. 191,15ff.	III 33,3ff.
p. 191,19ff.	III 33,3ff.
p. 191,34ff.	III 22,13ff.
p. 191,38ff.	III 21,4ff.
p. 191,41	III 21,7ff.
p. 192,2	III 16,2–9.

Callimachus
Hymnus in Iovem

8f.	II 169,15.

Celsus
bei Origenes
Contra Celsum (Koetschau)

V 62 (II 65,25f.)	I 300,19ff.
VII 9 (II 161,6ff.)	II 233,18.

Ps.–Chrysostomus
In sanctum pascha sermo 7

PG 59,747	II 245,11ff.

Cicero, M. Tullius
De natura deorum

III 53	I 128,10.
III 58	I 129,6. 7f.

Clemens Alexandrinus
Eclogae propheticae (= Heracleon)

25,1 (III 143,22f. Stählin)	I 308,3–5.

Excerpta ex Theodoto (Stählin)

7,1ff. (III 108,1ff.)	I 391,3.
22,7 (III 114,14)	I 387,25–388,2.
33,3 (III 117,26f.)	I 387,25–388,2.
35,1 (III 118,10ff.)	I 388,9–389,3.
36,2 (III 118,21f.)	I 392,1.
42,1ff. (III 120,1ff.)	I 388,9–11.
46,2ff. (III 121,17ff.)	I 388,2–4.
55,11 (III 125,9)	II 505,7.
59,2 (III 126,19ff.)	I 388,11–389,3.

Paedagogus (Stählin)

II 32,1ff. (I 175,26ff.)	II 216,11.
II 33,1 (I 176,12f.)	II 215,2ff.
III 32,2 (I 255,5)	I 342,20.
III 59,2 (I 270,8)	II 383,5ff.

Protrepticus (Stählin)

12,1 (I 11,14)	I 124,11 ff.
12,2 (I 11,14 ff.)	I 129,7 f. III 510,22–
	511,3.
12,2 (I 11,21 f.)	III 510,10 ff.
13,3 (I 12,9)	I 178,17. 18.
13,4 (I 24,18 ff.)	I 129,9 ff.
14,1 (I 12,20 f.)	I 125,10 f.
14,1 ff. (I 12,18 ff.)	III 510,10 ff.
17,1 (I 14,1 ff.)	III 510,10 ff.
19,1 (I 15,1 ff.)	I 129,7 f.
20,1 (I 15,20 ff.)	III 510,10 ff.
21,1 f. (I 16,17 f.)	III 510,16.
22,4 (I 17,7 ff.)	III 510,22–511,3.
24,3 (I 18,15 ff.)	I 124,17–21.
24,4 (I 18,9. 17 ff.)	I 124,12–17.
28,1 ff. (I 20,30 ff.)	I 128,10.
28,2 (I 20,32 ff.)	I 129,3 ff.
32,4 (I 24,3 ff.)	I 127,12–128,6.
33,6 (I 24,26 ff.)	I 125,12 f.
34,1 (I 25,12 ff.)	III 510,17 ff.
37,1 (I 27,23 ff.)	I 127,12–128,6.
37,1 f. (I 27,26 ff.)	I 128,10.
37,4 (I 28,7)	I 128,9.
37,4 (I 28,9 f.)	II 169,15.
39,5 (I 29,18 ff.)	I 123,28 ff.
39,5 (I 29,23 ff.)	III 512,7 ff.
46,2 (I 35,14)	I 178,16.
49,1 (I 38,5 ff.)	I 130,2.
52,6 (I 40,32 ff.)	I 125,2–4.
56,5 (I 49,15)	I 178,16.

Quis dives salvetur

42,2 (III 188,3 f. Stählin, Früchtel, Treu)	
	II 263,18 f.

Stromata (Stählin)

I 71,5 (II 46,3)	II 216,7.
I 71,5 (II 46,4)	II 215,2 ff.
I 102,4 (II 66,3)	I 182,7.
I 145,5 (II 90,16 ff.)	II 270,14 f.

I 145,6 (II 90,18 ff.)	II 300,9.
II 113,3 ff. (II 174,21 ff.)	I 443,1.
III 1,1 f. (II 195,3 ff.)	I 443,1.
III 1,1 f. (II 195,4 ff.)	I 443,11–14.
III 1,4 ff. (II 195,14 ff.)	I 443,15–
	454,5.
III 3,3 f. (II 196,17 ff.)	I 261,3–7.
III 5,1 ff. (II 197,16 ff.)	I 441,19 ff.
III 5,2 (II 197,19)	I 442, 4–8.
III 8,1 f. (II 199,4 ff.)	I 443,7–11.
III 12,1 f. (II 200,30 f.)	II 97,8 f.
III 25,2 (II 207,8 ff.)	II 97,8 f.
III 25,5 ff. (II 207,17 ff.)	I 267,13 ff.
III 25,6 (II 207,19 ff.)	I 267,23–
	268,17.
III 27,3 (II 208,15 ff.)	I 289,2 ff.
III 29,1 f. (II 209,21 ff.)	I 286,12.
III 30,1 (II 209,29 ff.)	II 311,9.
III 39,1 (II 213,30)	I 289,21.
III 81,1 (II 232,22)	II 204,4.
III 81,1 f. (II 232,24 ff.)	II 205,5.
III 81,1 ff. (II 232,22 ff.)	II 202,26 ff.
III 82,4 (II 233,25 ff.)	II 368,12 ff.
III 92,1 (II 238,22)	II 204,9 ff.
IV 81,1 ff. (II 284,5 ff.)	I 261,13–
	262,4.
IV 81,2 (II 284,11)	I 262,19–21.
IV 160,3 (II 319,22 ff.)	II 333,22.
IV 162,1 (II 320,2)	I 257,8–19.
V 76,1 (II 377,1 ff.)	III 508,16.
VI 48,2 (II 456,5 ff.)	I 350,1.
VI 53,2 ff. (II 458,19 ff.)	I 443,1.
VI 130,3 (II 497,28)	I 164,3.
VI 160,3 (II 319,24 ff.)	II 331,13 f.
VII 106,4 f. (III 75,13 ff.)	II 219,10 ff.
VII 108,2 (III 76,25)	II 215,2 ff.

Clemens Alexandrinus
bei Eusebius
Historia ecclesiastica (Schwartz)

VI 14,5ff. (p. 550,17ff.)	II 264,2ff.	II 24 (p. 28,16ff.)	I 205,13.
VI 14,6 (p. 550,19ff.)	II 256,3f.	II 25 (p. 29,1ff.)	I 240,5.
VI 14,7 (p. 550,25)	II 277,2.	II 41 (p. 33,35ff.)	I 358,10ff.
VI 14,7 (p. 550,26)	II 263,16.	II 51 (p. 35,37ff.)	I 358,10ff.
		II 52 (p. 36,8)	I 336,4f.
		III 2 (p. 36,35)	I 243,15ff.
Clemens Romanus		III 18 (p. 41,1ff.)	I 358,10ff.
Epistula ad Corinthios		III 19 (p. 41,17)	I 336,6–337,1;
25	I 104,10–105,3.		353,12ff.
54,2	I 309,8f.	III 20 (p. 41,29)	I 336,4f.
		III 20 (p. 41,32ff.)	I 337,1f.
		III 20 (p. 41,34ff.)	I 336,6–337,1;
Ps.–Clemens Romanus			358,7ff.
Epistula Clementis ad Iacobum fratrem		III 24 (p. 42,28)	I 354,6f.
Domini = CPG 1007		III 25 (p. 43,8ff.)	I 352,11.
14 (p. 35 Hinschius)	II 383,5ff.	III 42 (p. 48,9ff.)	I 28,27f. III 193,12ff.
		III 50 (p. 50,12ff.)	I 358,10ff.
Epistulae II ad virgines = CPG 1004		III 51 (p. 50,21ff.)	I 354,6f.
	I 335,4.	III 52 (p. 50,27)	I 358,6.
		III 53 (p. 51,1ff.)	I 352,12.
		III 56 (p. 51,34ff.)	I 354,6f.
Ps.–Clementina		IV 16 (p. 60,22ff.)	I 127,3.
Contestatio = Diamartyria (Lagarde) =		IV 16 (p. 60,26)	I 128,13.
CPG 1015 (2)		IV 16 (p. 60,28ff.)	I 296,23–
2 (p. 4,29f.)	I 356,10ff.		297,2.
4 (p. 4,29f.; 5,17)	I 356,10ff.	V 12ff. (p. 67,1ff.)	I 127,12–128,6.
4 (p. 5,27)	I 353,11.	V 23 (p. 70,28)	I 128,13.
		V 23 (p. 71,2)	I 296,20.
Epistula Clementis ad Iacobum (Lagarde)		VI 2 (p. 73,16ff.)	I 127,8.
= CPG 1015 (3)		VI 3 (p. 74,15f.)	I 384,20.
1 (p. 6,4)	III 457,20f.	VI 3 (p. 74,19ff.)	I 386,16.
2ff. (p. 6,21ff.)	I 309,7.	VI 3ff. (p. 74,15ff.)	I 389,18.
3 (p. 7,1)	I 310,1.	VI 21 (p. 80,2)	I 128,13.
7 (p. 8,14ff.)	I 334,20ff.	VI 21 (p. 80,4)	I 296,20.
		VI 21 (p. 80,6)	I 128,9.
Homiliae XX (Lagarde)		VI 23 (p. 80,20)	I 123,28ff.
I 15 (p. 18,34)	I 238,6f.	VII 8 (p. 84,14)	I 334,16.
II 16 (p. 26,3)	I 276,7.	VIII 2 (p. 86,11)	I 352,14.
II 22 (p. 27,26)	I 238,6f.	VIII 10 (p. 88,22)	I 336,4f.
II 23 (p. 28,6)	I 214,3ff.	VIII 15 (p. 90,16ff.)	I 352,15ff.
II 23 (p. 28,10ff.)	I 239,21ff.	VIII 21 (p. 92,2ff.)	I 353,12ff.

IX 4ff. (p. 94,3ff.)	I 176,20ff.
IX4 (p. 94,4)	I 177,4ff.
X 1 (p. 100,25)	I 352,14.
XI 1 (p. 108,14)	I 352,14.
XI 28 (p. 117,33)	I 211,7ff.
XI 30 (p. 118,17)	I 334,16.
XII 6 (p. 122,26)	I 352,15ff.
XIII 4 (p. 134,15ff.)	I 334,15.
XIV 1 (p. 141,10)	I 353,11.
XV 7 (p. 148,21ff.)	I 353,12ff.
XV 7 (p. 148,24)	I 336,6–337,1.
XVI 15 (p. 156,13)	I 358,7ff.
XVII 4 (p. 160,10ff.)	I 337,3f.
XVII 17f. (p. 167,6ff.)	I 359,5.
XVIII 6 (p. 171,1ff.)	I 359,5.
XVIII 12 (p. 173,2ff.)	I 243,15ff.
XVIII 13 (p. 173,30ff.)	I 337,3f.
XVIII 19ff. (p. 175,20ff.)	I 358,10ff.
XX 2 (p. 189,31ff.)	I 353,12ff.
XX 2 (p. 190,6)	I 336,6–337,1.

Recognitiones	
I 21	I 358,10ff.
I 24	I 353,12ff.
I 30	I 177,4ff.; 178,1.
I 31	I 178,2f. III 124,20ff.
I 33	I 379,25ff.
I 33ff.	I 337,3f.
I 35	I 350,5f.
I 36f.	I 354,12ff.
I 37	I 354,6f.
I 38f.	I 352,12.
I 39	I 354,6f.
I 40	I 350,1; 359,10.
I 43	I 337,6ff.
I 44	I 337,6ff.; 350,8f.
I 45	I 336,4f.; 353,17–354,5.
I 47	I 336,4f.
I 48	I 354,12ff.
I 50	I 337,6ff.

I 53ff.	I 350,8f.
I 54	I 205,13; 207,13. 14f.; 210,7ff.
I 55ff.	I 349,10.
I 58	I 243,12.
I 64	I 354,12ff.
I 68	I 350,8f.
I 69	I 354,12ff.
I 70f.	I 355,3ff.
I 71	I 350,8f.
II 7	I 238,6f.
II 8ff.	I 239,21ff.
II 8–11	I 205,13.
II 12	I 240,5. 10ff.; 241,15ff.
II 22	I 337,1f.
II 42	I 336,6–337,1.
II 47	I 337,3f.
IV 3	I 352,14.
IV 36	I 354,12ff.
V 20	I 123,28ff.
V 36	I 352,14.
VII 6	I 352,15ff.
VIII 1	I 352,14.
VIII 53	I 379,25ff.
IX 3	I 336,6–337,1.
IX 3f.	I 353,12ff.
IX 20	III 509,27.
IX 21	III 512,18.
IX 22	III 510,4ff.
IX 27	III 509,26.
X 21	I 127,12–128,6.
X 22	I 127,12–128,6.
X 23	I 128,9.
X 30	I 386,16.
X 30ff.	I 389,18.

Cosmas Indicopleustes

Topographia christiana

V (PG 88,197B)	II 284,20ff.

Cyprianus
De habitu virginum
19 (I 200,23 Hartel)   I 342,20.

Epistulae
75,10 (II 817,28ff. Hartel)   II 242,10ff.

Ps.–Cyprianus
De rebaptismate
17 (III 90,24 Hartel)   I 350,17f.

Cyrillus Alexandrinus
Glaphyra in Pentateuchum
in Gen 1 II 7 (PG 69,97C)   II 330,12.

Cyrillus Hierosolymitanus
Catecheses ad illuminandos 1–18
(Reischl–Rupp)

IV 25 (PG 33,488A)	II 381,10; 382,18.
VI 20 (I 182f.)	III 14,3.
VI 20ff. (I 182ff.)	III 14,7ff.
VI 22 (I 184)	III 16,2–9; 18,10ff.
VI 22 (I 186,2ff.)	III 19,4ff.
VI 23 (I 186,5ff.)	III 15,9–16,2; 19,22ff.
VI 23 (I 186,10ff.)	III 20,11ff.
VI 24 (I 186)	III 15,6–9; 21,7ff.
VI 24 (I 188,5)	III 21,14ff.
VI 24 (I 188,5ff.)	III 14,7–15,6.
VI 25 (I 188)	III 22,13ff.
VI 25 (I 188,20ff.)	III 21,14ff.
VI 27 (I 190)	III 24,17ff.
VI 30 (I 196)	III 31,19ff.
VI 30 (I 196,16ff.)	III 33,3ff.
VI 30 (I 198,3)	III 34,2ff.
VI 31 (I 198f.)	III 96,9.
VI 31 (I 198,6f.)	III 23,9ff.
VI 32 (I 200)	III 65,4ff.
VI 34 (I 204)	III 60,12ff.
VI 34 (I 204,7ff.)	III 49,21.
VI 36 (I 206)	III 96,9.
XII 16 (PG 33,744B)	II 279,17f.
XII 25 (PG 33,757A)	II 367,16ff.
XVI 4 (PG 33,921A)	II 97,2ff.
XVI 7 (PG 33,928A)	II 97,2ff.
XVI 8 (PG 33,928f.)	II 219,7ff.
XVI 8 (PG 33,929A)	II 238,20; 240,2.
XVIII 8	I 104,10–105,3.

De Iohanne Apostolo et Evangelista
Historia ecclesiastica
s. Anonymus, De Iohanne ...

Didymus Alexandrinus
Fragmenta in Actus

10,10f. (PG 39,1677A)	II 225,11f.; 228,11.

Fragmenta in Epist. II ad Corinthios

5,13 (PG 39,1704Df.)	II 225,11f.
10,10f. (PG 39,1677B)	II 228,19.

Fragmenta in Psalmos

Ps 68,12 (PG 39,1453C)	III 491,21.

De trinitate (PG 39)

I 10 (292BC)	III 353,22–354,2.
III 2 (785ff.)	III 352,10ff.
III 4,1 (984B)	II 233,18.
III 18 (881B)	II 220,3.
III 19 (889Cf.)	II 220,3.
III 41 (984B)	II 220,3.
III 41 (984Bff.)	II 219,7ff.
III 41,2 (984C)	II 229,17f.
III 41,2 (984Cff.)	II 242,15ff.
III 41,3 (988C)	II 243,2.

Didymus
bei Hieronymus
Epistulae
73,2,1 (p. 14,8 ff. Hilberg, CSEL 54,1)

II 330,12.

Diodorus Siculus
Bibliotheca historica
III 66,2 (p. 375,3 ff. Vogel)   II 301,7 ff.

Diodorus Tarsensis
Commentarii in psalmos
Ps 68,12 (PG 33,1604B)   III 491,21.

Diodorus Tarsensis
bei Photius, Biblioth. cod. 223
= CPG 3821

Fragmenta e libro contra fatum
p. 208   II 340,11. 14.
p. 221   II 340,11. 14.

Dionysius Alexandrinus
bei Eusebius
Historia ecclesiastica (Schwartz)
VII 25,1 ff. (690,11 ff.)   II 248,21 ff.

Dionysius Bar Salibi
s. Anonymus (Cajus) Antimontanista;
s. Hippolytus

Dionysius Romanus
bei Athanasius Alexandrinus
De decretis Nicaenae synodi
26 (PG 25,464A)   II 97,2 ff.

De sententia Dionysii
III 373 (Routh[2])   II 389,12.

Dioscurides
De materia medica
 I 1,9 ff. (Wellmann) = I p. 2 (Kühn)
    I 171,6–12
I 73 (Wellmann) = I 101 (Kühn)
    III 220,20.
V 128 (Wellmann) = V 145 f. (Kühn)
    III 220,20.

Doctrina Patrum
s. Anastasius Sinaita

Ephraem Syrus
Keßler, Mani
p. 271,19 ff.   III 117,26 ff.
p. 273   III 63,4.
p. 279   III 56,8 ff.
p. 361   III 56,8 ff.
p. 403   III 56,8 ff.

Assemani, opera Syriaca
I 224 f.   I 422,1–23.
II 443 ff.   II 340,11.
II 444   II 97,2 ff.
II 485e   III 487,1.
II 554 ff.   II 340,11.
II 558   II 340,14.

Carmina Nisibena (Bickell)
51 (p. 102)   II 340,12 f.
51 (p. 186)   II 340,12 f.

s. auch Tatianus

18,1f. (PG 24,213Aff.)   I 338,21f.

Contra Marcellum (Klostermann)
II 4,29 (p. 58,7ff.)   III 269,5.

s. auch Marcellus Ancyranus, Fragmenta

Chronicon. Versio armeniaca (Karst)
p. 29,1   I 177,9.
p. 42,28   I 179,5–8.
p. 46,27ff.   I 134,11ff.
p. 59,13ff.   I 225,12ff.
p. 61,12ff.   I 323,15.
p. 61,17   I 323,16.
p. 61,25ff.   I 225,12ff.
p. 81,30   I 179,5–8.
p. 159   I 163,18.

Chronicon. Versio latina (Helm)
p. 7,20   I 182,7.
p. 16,4   I 179,5–8.
p. 20,13   I 177,9.
p. 21,24   I 163,18.
p. 27,14f.   I 125,8–10;
                                182,11f.
p. 27,16   I 182,9f.
p. 32,9   I 182,16f.
p. 32,22   I 182,16f.
p. 41,17ff.   I 164,5.
p. 42,15   I 182,9f.
p. 43,5ff.   I 164,3.
p. 44,1   I 182,9.
p. 44,2   I 125,8–10.
p. 46,23   I 182,16.
p. 72,1ff.   I 193,30–194,2.
p. 84–87   III 481,2.
p. 88,25   I 197,16f.
p. 148,6ff.   I 323,15.
p. 148,11ff.   I 323,18.
p. 148,12ff.   II 289,6.
p. 152,11ff.   I 323,16. II 289,6.

p. 160,1   I 224,17–225,13;
                                229,2–12.
p. 160,1ff.   I 225,12ff.
                                II 289,4ff.
p. 160,4ff.   I 323,9ff.
p. 160,16   I 323,13.
p. 169   III 460,8.
p. 169,14f.   I 376,12.
p. 170,5   I 229,2–12.
p. 171,11   I 229,2–12.
p. 174   III 460,6.
p. 174,14ff.   II 283,23ff.
p. 175,24ff.   III 44,7ff.
p. 182   III 465,15f.
p. 182,25   III 44,7ff. 20.
p. 194,14ff.   III 44,7ff.
p. 194,19ff.   III 45,2.
p. 196,1ff.   III 44,7ff.; 45,8.
p. 198,23   III 45,13.
p. 198,23ff.   III 44,7ff.
p. 198,25   III 45,18.
p. 201,15ff.   III 44,7ff.
p. 203,6   II 339,5.
p. 203,25   III 44,7ff.
p. 203,25ff.   III 46,8.
p. 204,3   III 46,11.
p. 206,9   II 307,12.
p. 206,13   II 202,26ff.; 204,6.
p. 208,26   III 46,16.
p. 208,26ff.   III 44,7ff.
p. 209,2f.   III 46,26; 47,1.
p. 209,3   III 46,23.
p. 211,5   III 46,26.
p. 213,8   III 47,4.
p. 213,8ff.   III 44,7ff.
p. 214,5   II 338,10f.
p. 218,3ff.   III 44,7ff.
p. 218,16   III 47,4.
p. 218,18   III 47,6.
p. 221,13   III 44,7ff.; 47,8.
p. 223,25   III 14,3.

IV 22,5 (p. 372,1f.)	I 247,13ff.; 300,19ff.; 382,11ff.	V 28,8ff. (p. 502,14ff.)	II 324,2f.
IV 22,7 (p. 372,11)	I 210,7ff.; 214,3ff.	VI 8,1ff. (p. 534,14ff.)	II 409,10ff.
		VI 8,7 (p. 536,27)	III 44,7ff.
IV 28ff. (p. 388,17ff.)	II 215,2f.	VI 12,2 (p. 545,9)	II 403,8f.
IV 29,1ff. (p. 390,1ff.)	II 202,26ff.	VI 14,5ff. (p. 550,17ff.)	II 264,2ff.
IV 29,4ff. (p. 390,21ff.)	II 199,9ff.	VI 14,6 (p. 550,19ff.)	II 256,3f.
IV 29,5 (p. 390,24ff.)	II 201,16ff.	VI 14,7 (p. 550,25)	II 277,2.
IV 29,6 (p. 392,2ff.)	II 205,1.	VI 14,7 (p. 550,26)	II 263,16.
IV 30,1 (p. 392,14ff.)	II 338,7f. 9f.; 339,1f.	VI 14,10 (p. 552,9)	II 522,7f.
		VI 16,4 (p. 554,13ff.; 555,10ff.)	
IV 30,2 (p. 392,21f.)	II 339,3. 5.		II 407,3ff.
IV 30,3 (p. 392,23ff.)	II 340,10ff.	VI 17 (p. 554,18ff.)	I 321,13ff.; 333,4ff.
V 3 (p. 432,3)	II 219,7ff.	VI 18,1 (p. 556,9)	II 405,15.
V 6,1ff. (p. 438,7ff.)	I 308,8–309,2; 310,5–8.	VI 23,1f. (p. 568,22ff.)	II 405,19.
V 10,3 (p. 450,26ff.)	I 332,8.	VI 25,4 (p. 576,7ff.)	II 255,9ff.; 256,3f.
V 12,1f. (p. 454,3ff.)	III 44,7ff.	VI 38 (p. 592,22ff.)	I 218,4f. 16ff.; 355,3ff.
V 13,2 (p. 454,22ff.)	II 189,15ff.; 190,10ff.; 192,15–18.	VI 39,3 (p. 594,12)	III 44,7ff.
		VI 43,1 (p. 612,13ff.)	II 363,17ff.
V 13,4 (p. 456,5ff.)	II 97,2ff.	VII 14 (p. 668,8)	III 44,7ff.
V 13,5ff. (p. 456,11ff.)	II 189,15ff.	VII 25,1f. (p. 690,11ff.)	II 251,10.
V 16–19 (p. 458,28ff.)	II 219,7ff.	VII 30,16 (p. 712,13f.)	III 3,7.
V 16,9 (p. 464,3ff.)	II 232,21f.; 237,11.	VII 30,17 (p. 712,23f.)	III 3,7.
		VII 30,19 (p. 714,3ff.)	III 3,5.
V 16,18 (p. 466,29)	II 222,1.	VIII 13,5 (p. 772,14ff.)	III 143,14.
V 17,1 (p. 470,5)	II 225,11ff.	VIII 13,5 (p. 772,19)	III 142,7.
V 17,2f. (p. 470,10ff.)	II 223,12ff.	IX 11,4 (p. 850,2ff.)	III 141,8.
V 17,3 (p. 470,14f.)	II 230,6; 243,2.		
V 17,4 (p. 470,19ff.)	II 221,11; 222,18ff.	Onomasticon (Klostermann)	
		p. 2,21ff.	I 174,2; 217,6f.
V 18,9 (p. 464,5ff.)	II 243,3.	p. 7,14	II 208,16ff.
V 23f. (p. 488,7ff.)	II 244,13ff.	p. 64,18ff.	I 199,5.
V 24,3 (p. 490,20)	I 324,23f.	p. 80,15	III 143,14.
V 24,6 (p. 492,6ff.)	II 245,9.	p. 80,16f.	I 330,5f.
V 24,9ff. (p. 494,1ff.)	III 242,15.	p. 110,20	II 279,17f.
V 24,12 (p. 494,16)	II 244,20; 245,5f.	p. 114,3	III 143,14.
V 28,6 (p. 502,2ff.)	II 317,4ff. 12ff.; 318,15f.	p. 138,24	I 328,7f.
		p. 142,7	I 180,16. II 325,12f.

p. 150,21	II 326,4.
p. 152,4f.	II 326,7.
p. 168,9	III 143,14.
p. 172,1ff.	I 330,6.

Praeparatio evangelica (PG 21)

I 6 (48B)	I 163,15.
II 1 (93ff.)	I 163,17f.
II 6,10 (137D)	III 510,17ff.
IV 16 (272C)	I 128,13.
VI 9 (462D)	II 338,3ff.
VI 9 (464A)	II 339,3.
VI 10 (468B)	III 512,18; 510,4ff.
VI 10 (469A)	III 510,4ff.
VI 11 (501A)	I 379,25ff.
X 9 (805D)	I 177,9.
X 9 (809B)	I 125,8–10;
	163,18.
X 10 (816A)	I 182,7.

Theophania
IV 12 (p. 183*,28 Gressmann)

I 332,8.

Vita Constantini
IV 41–45 (p. 133,16–136,27 Heikel)

III 148,15.

s. auch Rufinus

Ps.–Eusebius

De vitis prophetarum (Schermann TU
31,3)

p. 109	II 328,4ff.
p. 111	II 328,4ff.

Ps.–Eusebius Alexandrinus

Sermo XXII. De astronomis
6 (PG 86¹,460Af.)   III 491,21.

Eustathius Antiochenus

De engastrimytho contra Origenem.
Fragmenta
PG 18,689B   III 169,4.

Evodius Uzaliensis

s. Ps.–Augustinus

Facundus Hermianensis

Pro defensione trium capitulorum libri XII
IV 2 (PL 67,618C)   III 265,7.

Felix Manichaeus

s. Augustinus

Fihrist (Flügel, Mani)

p. 84	III 13,22; 21,7ff.;
	25,14.
p. 85	III 16,2–9; 34,2ff.
p. 86	III 54,10; 63,3.
p. 88	III 55,5ff.
p. 89	III 57,1ff. 3ff.;
	59,11ff.
p. 90	III 70,1.
p. 91	III 55,5ff.; 59,2ff.;
	68,10ff.; 69,13ff.
p. 94	III 64,6ff.
p. 96	III 34,2ff.; 67,6.
p. 99	III 33,3ff.
p. 100	III 54,10.
p. 101	III 66,15ff.
p. 102	III 34,9ff.; 35,1ff.
p. 103 n. 6	III 25,10ff.
p. 104 n. 43	III 13,22.
p. 104 n. 57	III 70,1.
p. 330ff.	III 33,3ff.
p. 371	III 25,10ff.

Filastrius

Diversarum hereseon liber (Marx, CSEL
XXXVIII)

1 (p. 2,9ff.)	II 50,14; 53,13ff.; 57,2–9.
2 (p. 2,19ff.)	II 62,15ff.; 65,2ff.
3 (p. 2,28ff.)	II II 71,22ff.; 72,16–24; 73,1–11.
3,3 (p. 3,6ff.)	II 74,15ff.
4 (p. 3,11)	I 206,6.
5 (p. 3,17ff.)	I 207,13.
28	I 224,7ff.
29 (p. 15,20ff.)	I 238,1ff.; 244,3ff.
31,1ff. (p. 16,4)	I 247,13ff.; 248,5ff.
31,3 (p. 16,9ff.)	I 248,11–18; 249,1.
32,4 (p. 17,8f.)	I 256,7ff.; 258,4–10; 258,14f.
32,6 (p. 17,16ff.)	I 260,5–14.
32,7 (p. 17,19ff.)	I 261,3–7; 261,13– 262,4.
33	I 267,13ff.
33,2 (p. 18,5f.)	I 269,2; 275,1ff.; 275,18.
33,3ff. (p. 18,7ff.)	I 270,8. 15f.; 272,18–273,8.
33,6 (p. 18,16ff.)	I 277,3.
33,7 (p. 18,18)	I 277,13ff.
35 (p. 19,9ff.)	I 300,19ff.; 301,5–8.
36 (p. 19,22ff.)	I 313,6ff.
37 (p. 20,14ff.)	I 321,13ff.; 333,5.
38 (p. 20,23ff.)	I 382,11ff.
38,2 (p. 21,4)	I 396,1ff.
44 (p. 23,8f.)	II 90,9–12.
44,1 (p. 23,9ff.)	II 91,6–10.
44,2 (p. 23,12ff.)	II 91,10–14.
45,1ff. (p. 23,18ff.)	II 93,22–94,1. 6f.; 95,8ff.
45,5 (p. 24,7f.)	II 104,23ff.; 105,4ff.
46 (p. 24,16f.)	II 186,24ff.; 187,4ff.

47	II 189,15ff.
47,1f. (p. 24,21ff.)	II 189,19ff.
47,2f. (p. 24,23ff.)	II 190,10ff.
47,4f. (p. 25,5ff.)	II 191,21–192,12.
47,6 (p. 25,9ff.)	II 193,3–8.
48 (p. 25,14ff.)	II 202,26ff.
49	II 219,7ff.
49,1f. (p. 26,3ff.)	II 219,13ff.
49,4 (p. 26,13ff.)	II 238,20.
49,5 (p. 26,17)	II 239,2f.; 240,2.
50,1ff. (p. 26,21ff.)	II 317,4ff. 14ff.
50,3 (p. 26,27ff.)	II 318,16ff.
52 (p. 27,20ff.)	II 324,2ff.
53 (p. 28,4ff.)	II 343,11ff.; 344,1ff.
58	II 244,13ff.
59	II 248,21ff.
60	II 248,21ff.
74 (p. 38,18)	II 243,12.
75 (p. 38,21ff.)	II 239,11ff.
76 (p. 39,17ff.)	II 239,11ff.
88,6 (p. 48,19)	II 216,5ff.

Firmicus Maternus

De errore profanarum religionum

16	I 129,3ff.
18	I 280,13ff.

Firmilian

s. Cyprianus, Epistulae

Flavius Iosephus

Antiquitates Iudaicae

I 10,2	II 326,6.
II 5,224ff.	III 473,30.
XIII 5,9	I 211,13.
XIV 10	I 225,1.

Bellum Iudaicum
II 8,14   I 211,13.

Contra Apionem
I 26,230ff.   III 473,30.

Gaius Romanus
Adversus Proclum [Montanistam]
bei Eusebius
Historia ecclesiastica
III 17,4 (p. 266,3 Schwartz)   II 243,2.

Ps.–Gelasius Cyzicenus
Historia ecclesiastica (Loeschcke)
II 3,6 (p. 35,20ff.)   III 154,19.
II 3,6 (p. 35,21)   III 153,26ff.
II 3,21 (p. 39,4f.)   III 153,26ff.
III 19 (p. 183ff.)   III 159,29.

Georgius Cedrenus
Historiarum compendium
p. 77,1 (Bekker, CSHB) = PG 121,105C
                                           I 180,19–181,1.

Georgius Monachus (Hamartolus)
Chronicon (de Boor, ed. corr. BT 1978,
vgl. auch PG 110,41ff.)
p. 93,3–16   I 178,1–10.
p. 227,13–228,5   II 309,18–310,9.
p. 456,2–6   II 406,7–407,3.
p. 456,6–8   II 409,1–6.
p. 456,15–20   II 409,1–6.
p. 456,20–457,6   II 410,5–411,2.
p. 457,7–14   II 414,4–13.
p. 457,14–18   II 409,10–16.
p. 457,18   II 403,5. 9f.
p. 457,20ff.   II 404,3–405,12.

Georgius Monachus et Presbyter = CPG 7820
(Diekamp, ByZ 9, 1900)
p. 16,5ff.   II 403,2–6.
p. 16,18ff.   II 410,8ff.

Georgius Syncellus (Dindorf, CSHB; vgl. Mosshammer BT)
p. 157,1ff.   I 173,16.
p. 161,7ff.   I 142,7.
p. 676,10ff.   II 338,10f.

Gregorius I. papa
Liber sacramentorum
PL 78,39   II 272,4ff.

Gregorius Bar Hebraeus
Chronicon ecclesiasticum
I 47 (Abbeloos–Lamy)   II 338,3ff.;
                                               339,1f.

Historia Dynastiarum
VII 79 (Pococke)   II 338,3ff.

Gregorius Nazianzenus
Carmina de se ipso 1–99
30,179f. (PG 37,1297)   III 448,33;
                                               450,9ff.

Epistulae
102 (PG 37,153Af.)   III 448,33.
102 (PG 37,197C)   III 450,9ff.

Orationes XLV
18,5 (PG 35,989D; 35,992A)   III 485,8.
37,8 (PG 36,292B)   II 370,18ff.

Hegesippus
bei Eusebius
Historia ecclesiastica (Schwartz)

Heracleon
bei Clemens Alexandrinus
Eclogae propheticae

Heracleon
bei Origenes
Commentarii in Iohannem (Preuschen)

Helladiu
bei Photius
Bibliotheca codex 279

Pastor Hermae
Mandata

Herodotus
Historiae

Hesiodus

Theogonia

116	I 384,20.
116 ff.	I 387,2 ff.

Hieronymus

Adversus Iovinianum (PL 23)

I 3 (212B)	II 205,5.
II 14 (304A)	II 338,3 ff.
II 16 (309D)	II 205,5.

Altercatio Luciferiani et Orthodoxi

23 (PL 23,178B)	I 224,7 ff.; 333,5.

Apologia adversus libros Rufini (PL 23)

I 9 (404A)	II 398,17 f.
II 13 (436A)	II 501,8.
II 21 (445A)	II 501,8.
II 22 (446A f.)	II 501,8.
III 23 (474B)	II 501,8.

Commentarii in IV epistulas Paulinas
(ad Galatas, ad Ephesios, ad Titum, ad
Philemonem) (PL 26)

ad Gal 1,1 (311B)	I 338,21 f.
ad Gal 6,6 (429B)	II 98,1 f.
ad Eph 2,3 (479B f.)	II 225,11 ff.
ad Eph 5,14 (526A)	II 208,16 ff.
ad Tit praef. (356)	II 217,10 f.
ad Tit 3,9 (595B)	II 407,3 ff.

Commentarii in Esaiam (PL 24)

1,3 (27A)	I 321,13 ff.
1,12 (34B)	I 321,13 ff.; 333,4 ff.
5,18 f. (86A)	I 332,1–5.
7,14 (109B)	I 376,25.
7,14 (109C)	I 377,1.
8,1–4 (115A/B)	I 377,12.
8,11 ff. (119A)	I 321,13 ff.
18 praef. (651C)	III 450,9 ff.

41 (414B)	II 331,7 ff.
49,7 (467B/C)	I 332,1–5.
52,4 ff. (498B)	I 332,1–5.

Commentarii in Evangelium Matthaei
(PL 26)

p. 19A	II 263,16.
12,2 (76C)	I 333,4 ff.
27,35 (209B)	II 208,16 ff.

Commentarii in Ezechielem

16,16 (PL 25,139C)	I 321,13 ff.

Commentarii in Prophetas minores (Amos)

3 (PL 25,1018D)	I 263,20–264,12.

Contra Iohannem Hierosolymitanum
(PL 23)

7 (360B f.)	II 410,8 ff.; 411,4 ff.;
	412,3 ff. 12. 15; 413,2.

De viris inlustribus (PL 23)

3	I 321,13 ff.; 330,4 f.;
	332,8; 349,1–4.
9	II 263,16; 263,18 f.
15	I 309,2 f.
29	II 199,9 ff.
54	II 403,8 f.; 406,5; 522,7 f.
56	II 405,15.
96	I 339,22.
107	III 249,14.

Dialogi contra Pelagianos

III 2 (PL 23,570B)	I 332,8;
	337,9 ff.; 349,1–4.

Epistulae (Hilberg CSEL 54. 55)

33,4,11 (p. 255,11)	II 522,7 f.
41 (p. 311,11 ff.)	II 219,7 ff.
41,3 (p. 313,7 ff.)	II 220,3.

41,3,1 (p. 313,10f.)	II 231,19ff.	98,15,1 (p. 199,15)	II 411,4ff.
41,3,2 (p. 313,18)	II 239,2f.	100,12,1ff. (p. 225,6ff.)	II 411,4ff.
41,4f. (p. 314,6ff.)	II 229,17f.;	112,13,1f. (p. 381,15f.)	I 333,4ff.
	233,18; 240,2.	112,13,2 (p. 381,26ff.)	I 321,13ff.
46,3,2 (p. 332,5ff.)	II 209,13ff.		
46,4,3 (p. 333,21ff.)	II 208,16ff.	Liber quaestionum hebraicarum in	
51,3,3 (p. 400,9)	II 410,5.	Genesim	
51,4,1ff. (p. 401,1ff.)	I 76,3–7.	PL 23,961A	II 331,7ff.
51,4,2 (p. 401,5ff.)	II 410,8ff.		
51,4,3ff. (p. 401,7ff.)	II 411,4ff.	Vita S. Hilarionis	
51,4,7 (p. 402,16ff.)	II 412,3ff.	25 (PL 23,41B)	II 287,2.
51,5,1 (p. 403,5ff.)	II 413,2.		
51,5,2 (p. 403,11ff.)	I 74,5–15.		
	II 412,12.	**Hilarius Pictaviensis**	
51,5,2 (p. 403,14ff.)	II 500,19.	De Trinitate (PL 10)	
51,5,3 (p. 403,18ff.)	I 75,15–18.	4,12f. (104B–107A) = 6,5f. (160A–161B)	
51,5,4 (p. 404,2ff.)	II 412,15.		III 157,24ff.
51,5,5 (p. 404,5ff.)	I 63,10f.		
51,5,5 (p. 404,15ff.)	I 67,10ff.	De synodis	
51,5,6 (p. 404,18f.)	I 68,1.	11 (PL 10,487A)	III 287,7.
51,5,6 (p. 405,1ff.)	I 68,13ff.		
51,5,7 (p. 405,8ff.)	I 63,12ff.	Excerpta ex opere historico deperdito	
51,5,7 (p. 405,12ff.)	II 413,2.	(Feder CSEL 56)	
51,6,5 (p. 407,1ff.)	II 412,11.	2,19 (p. 142,12)	III 249,14.
51,6,7 (p. 407,20)	I 173,16.	11,1–4 (p. 43–46)	III 418,1.
51,7f. (p. 409,10ff.)	I 64,17ff.	p. 68ff.	III 270,16.
	III 235,6.		
70,2,2 (p. 701,9ff.)	II 169,15.		
73 (CSEL 55 p. 13)	II 324,2f.	**Hippolytus**	
73,2,1 (p. 14,8ff.)	II 330,12.	Capita contra Gaium = CPG 1891	
73,5,4 (p. 18,16ff.)	II 331,7ff.	p. LXXIII (Labriolle, CF NS 15)	
73,9,2 (p. 22,3f.)	II 331,7ff.		II 251,24ff.; 266,20ff.
82,7,2 (p. 114,11)	II 501,8.	p. 36f. (Schwartz, AAWG 1904)	
84,7,6 (p. 130,3f.)	II 406,5.		II 309,4ff.
84,8,1 (p. 130,21)	II 409,10ff.	p. 48 (Harris 1896)	II 251,24ff.
84,8,2 (p. 130,24)	II 501,8.	p. 241ff. (Achelis)	II 248,21ff.
96,13,1 (p. 172,8ff.)	II 412,15.		
96,15,1 (p. 174,8f.)	II 411,4ff.;	Capita contra Gaium	
	412,15.	bei Dionysius Bar Salibi	
96,18,1 (p. 178,1)	II 411,4ff.	In Apocalypsim (CSCO.S II 101)	
98,10,1 (p. 194,6)	II 411,4ff.	p. 4,4ff.	II 248,21ff.; 251,10.

V 19,14 (p. 119,5ff.)   II 72,23; 73,4.

V 22 (p. 124,28)   II 75,9–13.

VI 3 (p. 134,9ff.)   I 382,11ff.

VI 4 (p. 134,12)   II 44,10ff.

VI 7,1 (p. 134,25)   I 238,1ff. 6f.

VI 18,3 (p. 144,13)   I 239,25ff.

VI 19,1ff. (p. 145,8ff.)   I 240,7ff.; 241,15ff.

VI 19,1ff. (p. 145,12f.)   I 241,14f.

VI 19,2 (p. 145,12)   I 240,10ff.; 242,15.

VI 19,2 (p. 145,13)   I 239,25ff.

VI 19,3 (p. 146,3ff.)   I 239,21ff.

VI 19,4 (p. 146,4f.)   I 240,2.

VI 19,4 (p. 146,7)   I 238,9ff.

VI 19,5 (p. 146,9ff.)   I 242,20.

VI 19,5 (p. 146,12)   I 290,1f.

VI 19,5 (p. 146,13)   I 280,22ff. II 57,18.

VI 19,5 (p. 146,16)   I 241,22f.

VI 19,6 (p. 147,2f.)   I 240,3.

VI 19,6 (p. 147,5ff.)   I 238,9ff.

VI 19,7 (p. 147,9f.)   I 243,15ff.

VI 20,1 (p. 148,4ff.)   I 242,16.

VI 20,3 (p. 148,13)   I 238,6f.

VI 21ff. (p. 148,25ff.)   I 382,11ff.

VI 29,1 (p. 155,19)   II 44,10ff.

VI 30,4f. (p. 157,15ff.)   I 386,1ff.

VI 30,5f. (p. 157,18ff.)   I 388,9–11.

VI 30,6f. (p. 157,22f.)   I 387,25– 388,2.

VI 31,4 (p. 159,2ff.)   I 394,12.

VI 31,7 (p. 159,17)   I 393,3.

VI 32,4f. (p. 160,17ff.)   I 388,5–8.

VI 32,6 (p. 160,8)   I 388,9–11.

VI 32,7 (p. 161,6)   I 394,4.

VI 32,8f. (p. 161,13ff.)   I 388,2–4.

VI 34,2f. (p. 162,16ff.)   I 394,3ff.

VI 35,6 (p. 165,6)   II 44,10ff.

VI 35,7 (p. 165,13ff.)   I 396,9ff. II 340,10ff.

VI 36,1 (p. 165,20f.)   I 388,2–4.

VI 36,3 (p. 166,5ff.)   I 388,11–

389,3; 396,13ff.

VI 36,7 (p. 167,17ff.)   I 390,5ff.

VI 38,1 (p. 168,7ff.)   I 439,11–15.

VI 38,2ff. (p. 168,11ff.)   I 441,19ff.; 445,6–447,7.

VI 38,5ff. (p. 169,13ff.)   I 448,8–450,6.

VI 39,1 (p. 170,11–14)   II 5,6–16.

VI 39,2ff. (p. 170,14ff.)   II 6,9ff.

VI 42,2 (p. 173,22)   I 390,5ff.

VI 42,3ff. (p. 173,25ff.)   II 10,8.

VI 47,4 (p. 179,12)   I 390,5ff.

VII 2 (p. 189,20f.)   I 256,7ff.

VII 3 (p. 190,1)   I 247,13ff.

VII 4 (p. 190,2f.)   I 246,5.

VII 9 (p. 190,12f.)   II 317,4ff.

VII 11 (p. 190,16f.)   II 186,24ff.; 187,4ff.

VII 26,6 (p. 205,2ff.)   I 263,20–264,12.

VII 28 (p. 208,8ff.)   I 247,13ff.

VII 28,1 (p. 208,9ff.)   I 248,1–5.

VII 28,1 (p. 210,5)   II 94,6f.

VII 28,2 (p. 208,13ff.)   I 248,6–10; 249,1.

VII 28,3 (p. 208,17)   I 249,6–17.

VII 28,4 (p. 209,4)   I 249,17–250,2.

VII 28,5 (p. 209,5)   I 250,6–11.

VII 28,5f. (p. 209,9)   I 250,11–18.

VII 28,7 (p. 209,14ff.)   I 250,18– 251,2–6.

VII 30,3 (p. 216,5)   II 97,8f.; 187,17.

VII 30,4 (p. 216,8ff.)   II 100,8ff.

VII 31,1f. (p. 216,16f.)   II 97,2ff.; 338,3ff.

VII 31,5 (p. 217,8f.)   II 107,24.

VII 31,6 (p. 217,15f.)   II 114,5.

VII 32,1ff. (p. 218,1ff.)   I 300,19ff.; 301,5–8. 10–302,11.

VII 32,2f. (p. 218,10ff.)   I 302,11–19.

VII 32,3f. (p. 218,15ff.)   I 302,19– 303,12.

VII 32,5 (p. 219,8ff.)   I 303,13–25.

VII 32,6 (p. 219,13ff.)	I 303,25– 304,13.	VIII 19,2 (p. 238,12ff.)	II 229,17f.
		VIII 19,3 (p. 238,18f.)	II 220,3.
VII 32,7 (p. 220,2ff.)	I 307,1–308,1.	VIII 20 (p. 238,26ff.)	II 215,2f. 14ff.
VII 32,8 (p. 220,8ff.)	I 308,3–5; 310,14–311–9.	VIII 20,1 (p. 238,29f.)	II 216,7. 8. 11.
		VIII 6 (p. 225,18ff.)	II 219,7ff.
VII 33 (p. 220,12ff.)	I 313, 6ff. 18–314,12.	VIII 7 (p. 225,20ff.)	II 215,2f.
		IX 2 (p. 239,24f.)	II 343,11ff.
VII 34,1ff. (p. 221,8ff.)	I 321,13ff.; 329,12. 21–330,4; 353,17–354,5; 358,7ff.; 368,8ff.	IX 3 (p. 240,1ff.)	II 389,5ff.
		IX 7–10 (p. 240,16ff.)	II 343,11ff.
		IX 7,1 (p. 240,16)	II 343,14.
VII 34,2 (p. 221,12ff.)	I 337,6ff.	IX 11ff. (p. 245,12ff.)	II 389,5ff.
VII 35f. (p. 222,1ff.)	I 333,5. II 317,4ff. 8ff. 12ff.	IX 13,2f. (p. 251,14ff.)	I 221,6ff.
		IX 13,2ff. (p. 251,22f.)	I 218,2ff.
VII 35,2 (p. 222,5f. 6)	II 318,15f.	IX 14,1 (p. 252,20ff.)	I 336,1ff.
VII 35,2 (p. 222,8ff.)	II 319,27.	IX 15,1 (p. 253,14)	I 220,9.
VII 36 (p. 222,14ff.)	II 324,2f.	IX 15,2 (p. 253,16ff.)	I 218,10ff.
VII 36,2 (p. 223,3ff.)	I 275,1ff.	IX 15,3 (p. 253,26)	I 200,14f.; 334,20.
VII 36,3 (p. 223,6ff.)	I 267,13ff.		
VII 37,1 (p. 223,12ff.)	II 90,9–12; 91,6–10.	IX 15,4ff. (p. 254,2ff.)	I 356,10ff.
		IX 15,5 (p. 254,6)	I 334,20.
VII 37,2 (p. 223,18)	II 186,24ff.; 187,4ff.	IX 28 (p. 261,14ff.)	I 210,7ff.; 211,13.
VII 38 (p. 224,1ff.)	II 189,15ff.; 190,10ff.	IX 29 (p. 262,13ff.)	I 207,13.
		X 13,4 (p. 274,13f.)	II 505,7.
VII 38,2 (p. 224,5ff.)	II 192,15–18.	X 18 (p. 279,16)	II 202,26ff.
VII 38,3 (p. 224,9ff.)	II 191,21– 192,12.	X 19 (p. 279,21ff.)	II 93,22–94,1; 95,8ff.
VII 38,4 (p. 224,15ff.)	II 193,1ff.	X 19,1 (p. 279,21ff.)	II 97,2ff.
VII 38,5 (p. 224,18ff.)	II 191,21– 192,12; 193,3–8.	X 19,3 (p. 280,10f.)	II 98,7–9.
		X 19,4 (p. 280,14f.)	II 97,8f.
VIII 16 (p. 236,6ff.)	II 202,26ff.; 203,3.	X 20 (p. 280,17ff.)	II 189,15ff.
		X 20,1 (p. 280,17ff.)	II 190,10ff.
VIII 16 (p. 236,8ff.)	II 204,9ff.; 205,3. 5.	X 20,2 (p. 281,1ff.)	II 192,15–18; 194,18.
VIII 18f. (p. 237,15ff.)	II 244,13ff.; 245,9.	X 20,2 (p. 280,24ff.)	II 191,21– 192,12.
VIII 18,1 (p. 237,18f.)	II 245,4.	X 23 (p. 282,1ff.)	II 317,4ff.
VIII 18,2 (p. 237,22ff.)	II 246,10ff.	X 23 (p. 282,4)	II 318,15f.
VIII 18,2 (p. 238,1ff.)	II 244,21ff.	X 23,1 (p. 282,1)	II 317,12ff.
VIII 19ff. (p. 238,4ff.)	II 219,7ff. 13ff.	X 23,1 (p. 282,4ff.)	II 318,15f.; 320,12ff.

X 23,2 (p. 282,6ff.)   II 319,27.
X 25f. (p. 282,15ff.)   II 219,7ff.
X 26 (p. 282,22ff.)   II 220,3.
X 27 (p. 283,1ff.)   II 343,11ff. 14.
X 30 (p. 285,1ff.)   I 134,11ff.;
                              174,6–11; 217,6f.
X 31 (p. 287,3ff.)   I 164,5.
X 31,4 (p. 287,23)   II 78,9.

Hippolytus
bei Photius
Bibliotheca
cod. 121   I 205,13.

Homerus
Ilias
II 1ff.   I 449,10.
II 204   I 124,24.
II 469   II 493,8.
V 31   III 160,5.
V 844   II 9,20.
X 224   II 430,13.
XVI 672   II 469,17.
XXI 308f.   II 430,14.

Idacius (=Hydatius) Aquae Flaviae
Additamentum ad Consularia
Constantinopolitana (CPL 2264;
Mommsen in MGH AA)
IX 218ff.   II 284,7ff.;
                              290,5–291,18.
IX 220   II 246,7; 292,11.
XI 197ff.   II 290,5–291,18.

Ignatius Antiochenus
Epistulae VII genuinae. Ad Tralles
11   II 255,17.

Innocentius I.
Epistulae (Zahn, Forschungen zur
Geschichte des neutestamentlichen
Kanons II)
1,245   II 216,5ff.

Iohannes Chrysostomus
De baptismo Christi
2 (PG 49,366)   II 301,15f.

De Melchisedech
3 (PG 56,260)   II 330,12;
                              333,13ff.

De s. Meletio Antiocheno
1 (PG 50,516)   III 309,28.

In epistulam ad Hebraeos argumentum et
homiliae 1–34
PG 63,429   II 363,17ff.

In Iohannem homiliae 1–88
85 (PG 59,459)   II 208,16ff.

In Matthaeum homiliae 1–90
56,1 (PG 58,549)   III 227,27ff.

Sermones 1–9 in Genesim
II 2 (PG 54,589)   III 234,12.

Iohannes Cypraissiota
VIII 10 (PG 152,920)   I 440,1–9.
                              II 38,4–16.
X 9 (152,985B)   I 450,1–5.

Iohannes Damascenus
De haeresibus (PG 94)
677Aff.   I 162,3ff.

689Aff.	I 234.
700Aff.	II 1,1.
716Bff.	III 1,1.
729ff.	III 487,1.
764A/B	II 286,10f.

Expositio fidei
IV 17ff. (PG 94,1178Bff.) I 191,9–192,9.

Sacra Parallela. Fragmentum (Holl)

p. 413	II 432,9–15.
p. 414	II 436,8.
p. 415	II 440,22–441,6.
p. 416	II 441,21–443,18.
p. 417	II 448,4–12.
p. 418	II 448,12–449,4.
p. 419	II 451,24–453,3.
p. 420	II 453,6–9.
p. 421	II 454,11–457,3.
p. 422	II 457,13–458,3.
p. 423	II 460,18–463,14.
p. 424	II 463,15–468,14.
p. 425	II 493,14–494,18.

Iohannes von Ephesus (ROC)

II 489	II 239,2f.

Iohannes Laurentius Lydus

De mensibus (Wünsch)

IV 2	II 286,6f.
IV 38	I 128,10;
	129,7f.

Iohannes Scotus Eriugena

De divisione naturae

IV (p. 160 Gale)	I 82,2–12.

Iohannes Stobaeus

Eclogae physicae et ethicae

I 3,56 (p. 37,25 Meinecke)	II 339,1f.

Iosephus Bryennius

I 376 (Bulgaris)	I 13,14–19.

Irenaeus

Aduersus haereses (Harvey)

I 1,1ff. (I 8ff.)	I 382,11ff.; 386,1ff.;
	390,6; 391,1ff.; 392,4.
I 1,3 (I 11)	I 386,15.
I 2,1 (I 13)	I 390,6.
I 2,2f. (I 15)	I 390,6.
I 2,4 (I 17f.)	I 388,5–11.
I 2,5 (I 21)	I 394,12.
I 2,6 (I 22f.)	I 388,11–389,3;
	394,3ff. 12.
I 3,1 (I 24)	I 388,9–11; 396,13ff.
I 3,4 (I 28)	I 393,3.
I 4,1 (I 33)	I 394,12.
I 4,5 (I 38)	I 394,12.
I 4,5 (I 41)	I 394,3ff.
I 5,1 (I 42)	I 387,25–388,2.
I 5,2 (I 44)	I 388,2–4; 393,3. 6.
	II 46,21ff.
I 5,3 (I 45f.)	I 393,3; 394,4.
I 5,4 (I 48)	I 388,2–4.
I 5,5 (I 50)	II 505,7.
I 6,1 (I 51)	I 396,16.
I 6,1ff. (I 53ff.)	I 397,2ff.
I 6,4 (I 58)	I 394,4.
I 7,2 (I 60)	I 388,9–11; 396,9ff.
I 7,2 (I 62)	I 388,11–389,3.
I 7,5 (I 64ff.)	I 397,2ff. 21ff.
I 8,4 (I 73)	I 388,5–8.
I 11,1ff. (I 98ff.)	I 382,11ff.; 388,9–
	389,3; 391,6f.; 394,12.
I 11,2 (I 101f.)	I 439,11–15.

I 31,2 (I 242)   I 286,12. II 64,3–13.

II praef. (I 249)   I 388,2–4; 435,16.

II 4,1 (I 259)   II 44,10ff.

II 11,1 (I 275)   II 90,15ff.

II 22,5 (I 331)   I 396,1ff. II 263,18.

II 35 (I 383)   I 264,19.

III 1,1 (II 4)   II 256,3f.

III 1,1 (II 6)   II 263,18; 264,2ff.

III 3,3 (II 10f.)   I 308,8–309,2;
                                    310,5–8.

III 3,4 (II 12)   I 396,1ff.

III 3,4 (II 13)   I 365,9ff.

III 3,4 (II 15)   I 366,2f. II 263,18.

III 4,2f. (II 17f.)   II 171,25ff.

III 4,3 (II 17f.)   I 396,1. II 91,1–3;
                                    92,3–5;
                         93,22–94,1. 21.

III 11,1 (II 40)   II 250,3ff.

III 11,7 (II 45)   I 332,8ff.

III 11,9 (II 51)   II 248,21ff.

III 22,2 (II 122)   I 40,12ff.

III 23,8 (II 130)   II 205,3f.

III 25,3 (II 134f.)   II 101,20ff.

IV 30,1f. (II 248f.)   I 133,29ff.

V 26,2 (II 396f.)   II 79,3ff.

V 30,3 (II 410)   II 263,18f.

Isidorus

De ecclesiasticis officiis

I 26   II 272,4ff.

Missale mixtum

PL 85,176   II 272,4ff.

**Itinerarium Antonini (= Itinerarium
Anonymi Placentini; = Itin.
Hierosolymitanum ed. Geyer)**

11 (p. 167,7ff.)   II 301,15f.

41 (p. 187,13)   III 16,12ff.

Iulius Sextus Africanus

Cesti

III 29 (p. 247 Vieillefond

= p. 300 Thevenot)   II 338,3ff.

Chronographiae

I 85f. (Gelzer)   I 134,11ff.

Epistula ad Aristidem

p. 54 (Reichardt)   III 464,14.

Iulius Sextus Africanus

bei Eusebius

Historia ecclesiastica (Schwartz)

I 7,11f. (p. 58,17ff.)   I 224,17–
                                    225,13.

I 7,14 (p. 60,18)   I 330,6.

Praeparatio evangelica

X 10 (PG 21,816A)   I 182,7.

Iulius Sextus Africanus

bei Georgius Cedrenus

Historiarum compendium

p. 77,1 (Bekker, CSHB) = PG 121,105C
                         I 180,19–181,1.

Iulius Sextus Africanus

bei Georgius Syncellus (Dindorf, CSHB;
vgl. Mosshammer BT)

p. 157,1ff.   I 173,16.

p. 161,7ff.   I 142,7.

p. 676,10ff.   II 338,10f.

Iulius Sextus Africanus

im Chronicon Paschale

PG 92,177B   II 326,7.

Iustinianus
Liber adversus Origenem
Epistula ad Mennam
IX 489C (Mansi, Sacrorum conciliorum
nova et amplissima collectio) II 410,12ff.
IX 489C II 410,8ff.
IX 492D II 411,4ff.
IX 512BC II 411,4ff.
IX 513 BC II 411,4ff.
IX 529E II 412,3ff.
IX 530E II 411,4ff.
IX 536DE II 411,4ff.

Iustinus
Apologia
I 26,2f. I 238,1ff. 6f.
I 26,3 I 239,21ff. 25ff.
  III 17,19.
I 26,4 I 246,1ff. 3.
I 26,5 II 94,6f.
I 47 I 331,3.
I 56,1f. I 238,1ff.
I 58,1 II 94,6f.

Dialogus cum Tryphone Iudaeo
16 I 332,1–5.
35 I 247,13ff.; 382,11ff.
46 I 209,14f.
47 I 332,1–5.
80 I 210,7ff.;
  207,13;214,3ff.
88 I 350,17f.
111 I 285,19.
120 I 238,1ff. II 203,5.
128,5 II 390,5ff.

Ps.–Iustinus (Marcellus Ancyranus?)
Cohortatio ad gentiles (Graecos, de vera
religione) = CPL 1083
8 II 224,22ff.

Al Jakûhi
p. 329 (Keßler, Mani) III 34,9ff.

Lactantius
Divinae Institutiones
IV 10,8 (I 304,9 Brandt) II 246,7.
De ave Phoenice I 104,10–105,3.

Leontius Byzantinus
Libri tres contra Nestorianos et
Eutychianos
III 37 (PG 86¹,1376A) I 47,5ff.

Leontius Scholasticus (Ps.–Leontius)
Liber de sectis
III 2 (PG 86¹,1213C) I 292,13ff.

Libellus precum
32 (p. 15,3 Guenther CSEL 35,1)
  III 287,7.

Macarius Alexandrinus
PG 34,209ff. III 132,14ff.; 133,14.

Macarius Magnes
Apocriticus ad Graecos (Blondel)
III 43 (p. 151ff.) II 204,11ff.; 206,11ff.;
  216,7. 8. 11; 380,11ff.

Marcellus Ancyranus (bei Holl =
Athanasius Alexandrinus)
De incarnatione et contra Arianos (PG 26)
1 (985C) III 168,11.
1 (985C) III 168,24.

7 (993A)   III 168,11.
20 (1020f.)   III 221,28–34.

Fragmenta e Libro contra Asterium
bei Eusebius
Contra Marcellum (Klostermann, Eusebius
Werke B. IV, GCS, vgl. CPG 2800)
46f. (p. 36ff.)   III 285,1.
60 (p. 196,3)   III 273,10.
67 (p. 198,2)   III 258,14.
71 (p. 198,22)   III 258,14.
73 (p. 198f.)   III 258,2ff. 21.
77 (p. 201,20)   III 258,14.
96 (p. 205,27ff.)   III 260,10ff. 18–24;
                                          263,1.
97 (p. 206,5ff.)   III 260,24–261,6;
                                       263,6–12.
129 (p. 214,12ff.)   III 256,11–273,15.

Marcus Diaconus
Vita Porphyrii episc. Gazensis (BT)
p. 70,2   III 50,1.

Marius Victorinus
Commentarii in epistulas Pauli ad Galatas,
ad Philippenses, ad Ephesos
ad Gal. 1,19 (PL 8,1155B)   I 336,4f.

[De generatione divini Verbi] ad
„Candidum" Arrianum
PL 8,1035f.   III 156,18ff.

Ps.–Martinus Bracarensis; vgl. CPL 2302
Tractatus de ratione paschae (Burn,
Nicetas of Remesiana)
1 (p. 93,4ff.)   II 245,11ff.

Ps.–Maximus (CPL 220)
Homiliae CXVIII
23 (PL 57,272Cff.)   II 272,4ff.

Methodius
Convivium decem virginum
VIII 10   I 358,6.

De resurrectione (Bonwetsch)
I 20ff. (p. 242,1ff.)   II 421.
I 29,1ff. (p. 258,2ff.)   I 74,5–15.
I 43ff. (p. 289,9ff.)   II 51,27ff.;
                                       506,28ff.
I 55 (p. 313,6f.)   I 63,12ff.

Michael Glycas
Annales (PG 158)
I (108C)   I 104,5–105,3.
II (305A)   I 202,20f.
II (237Af.)   II 62,15ff.
II (237B)   II 64,22.
III (396B)   I 228,14f.

Epistulae.
19 (924B)   III 339,1–4.

Miltiades bei Eusebius
Historia ecclesiastica
V 17,1 (p. 470,5 Schwartz)   II 225,11ff.

Moses Chorenensis (=Chorenatzi)
Historia Armeniaca
63 (p. 185 Whiston)   II 339,3.

Nemesius
De natura hominis

c. 30 (Morani = PG 40,721B)   II 404,4ff.

Nicephorus Patriarchus Constantinopolitanus

Adv. Epiph. (= Contra Eusebium et Epiphanidem)
XXIII 94   (Pitra, Spicilegium Solesmense IV 364,32ff.)   II 98,3–7.

Antirrheticus (Pitra, Spicilegium Solesmense; PG 100,206ff.)

I 356	I 95,8–12.
I 356,16ff.	I 111,11–113,6.
I 487	I 95,8–12.
III 8	III 340,1–8.
IV 298,34–299,2	I 95,8–12.
IV 315,16–27	III 479,7–14.
IV 337,37–338,9	III 497,7–15.
IV 338,10–37	III 497,22–498,13.
IV 338,37–339,21	III 498.
IV 342,17–343,20	III 428,12–429,8.
IV 344,6–12	I 95,8–12.

Apologeticus pro sanctis imaginibus
PG 100,561D   III 149,7.

Nicetas Choniates

Thesaurus Orthodoxae Fidei (PG 139)

I 23	I 195,7–196,10.
I 44	I 224,7ff.
V 39	III 351,21ff.

Nicetas Remesianensis

Tractatus Athanasii
1 (p. 329 Krusch)   II 245,11ff.

s. auch Ps.–Martinus Bracarensis

Nilus Ancyranus

Liber de monastica exercitatione
3 (PG 79,721A/B)   I 326,2ff.

Nonnus Panopolitanus

Paraphrasis in Iohannem
19 (PG 43,901B)   II 208,16ff.

Novatianus Romanus

De Trinitate
12   II 389,12.

Oecumenius

Commentarium in epistulam Judae Apostoli
PG 119,712Cff.   I 281,3ff.

Origenes

Contra Celsum (Koetschau)

I 22 (I 72,23ff.)	I 379,25ff.
I 40 (I 91,5ff.)	II 258,6ff.
I 48 (I 109,15ff.)	II 258,6ff.
II 1 (I 126,17ff.)	I 321,13ff.; 355,16.
II 27 (I 156,7)	II 186,24ff.
II 62 (I 184,18)	I 255,11.
II 68 (I 190,1)	I 255,11.
IV 98 (I 371,25ff.)	I 104,10–105,3.
V 41 (II 45,4ff.)	I 379,25ff.
V 48 (II 52,11ff.)	I 379,25ff.
V 54 (II 58,2)	II 192,15–18.
V 61 (II 65,4ff.)	I 321,13ff.; 329,21–330,4; 333,4ff.
V 62 (II 65,25f.)	I 300,19ff.
V 65 (II 68,11ff.)	I 321,13ff.; 333,4ff.; 355,3ff.

VI 30ff. (II 100,1ff. 19ff.) I 275,1ff.;
         287,15.
VI 31 (II 100,28ff.)   I 288,3;
         292,14ff.
VI 31 (V 101,5ff.) I 286,24–287,9.
VII 9 (II 161,6ff.)   II 233,18.

Commentarii in Iohannem (Preuschen)
II 12 (p. 67,19ff.)   II 279,17f.
II 14ff. (p. 70,3ff.)   I 451,14.
VI 39 (p. 148,10)   I 390,6.
VI 40 (p. 149,12ff.) II 265,22.
VI 83 (p. 123,19ff.) II 328,4ff.
X 3 (p. 172,20ff.)   II 258,6ff.
X 3 (p. 172,23ff.)   II 274,22ff.
XIII 27 (p. 251,17ff.) I 206,11ff.
XIII 57 (p. 288,8ff.) II 303,6.
XIII 62 (p. 294,28)   II 303,6.
XIII 62 (p. 295,7)   II 303,6.

De principiis (Koetschau)
II 5,1 (p. 133,13)   II 114,5.
II 5,4 (p. 138,11)   II 114,5.
II 8,3 (p. 157,14ff.)   II 411,4ff.
IV 3,2 (p. 326,12)   I 206,7.
IV 3,8 (p. 334,1)   I 355,16.

Hexapla
II 266 (Field)   III 6,25–7,3.
II 326 (Field)   III 175,14.

Philocalia
p. 36,25–38,9 (Robinson) II 415,9–
         416,15.

In Epistulam ad Romanos libri XV
II (VI 136f. Lommatzsch) II 118,8.

In Genesim homiliae XVI
II 2 (VIII 134ff. Lommatzsch) II 192,15–18.

Homiliae XX in Ieremiam (Klostermann)
XV 4 (p. 128,26ff.)   II 279,17f.
XIX (p. 167,19f.)   I 355,3ff.

In Lamentationes
zu 4,7f. (p. 271,26ff. Klostermann)
         I 327,12ff.

In Leviticum homiliae XVI
XV 2 (IX 425 Lommatzsch)
         II 370,12ff.

In Lucam homiliae XXXIX
I (V 90 Lommatzsch)   II 257,10f.

Commentarii in Matthaeum. Libri
XXVII = CPG 1450 (1)
XVI 12 (IV 37f. Lommatzsch) I 321,13ff.;
         333,4ff.;
         334,8ff.

Commentarii in Matthaeum.
Commentariorum series = CPG 1450 (2)
(Lommatzsch)
in Mt 23,23f. (IV 219) I 209,27f.
in Mt 23,23 (IV 220)   I 211,7ff.
in Mt 25 (IV 229)   I 291,1f.
in Mt 25 (IV 267)   I 261,13–
         262,4.
in Mt 27,32 (V 43)   II 208,16ff.

De principiis (Koetschau)
I 1,8 (p. 25,16ff.) I 76,3–7. 410,8ff.

Selecta in psalmos (Lommatzsch)
XII 348   II 405,8.
XIII 28   II 279,17f.

Homilia in I Regum librum (= I Samuel)
in 21,5 (p. 298,27ff. Klostermann)
         I 324,5ff.

Origenes
bei Eusebius
Historia ecclesiastica (Schwartz)
VI 25,4 (p. 576,7ff.)   II 255,9ff.;
                                      256,3f.

Origenes in psalmos 82
bei Eusebius
Historia ecclesiastica (Schwartz)
VI 38 (p. 592,22ff.)   I 218,4f. 16ff.;
                                      355,3ff.

Origenes
bei Hieronymus
Epistulae
73,2,1 (p. 14,8ff. Hilberg, CSEL 54,1)
                                      II 330,12.

Palladius
Historia Lausiaca
46 (p. 134f. Butler)   III 265,7.

Papias Hierapolitanus
Explanatio sermonum Domini. Fr. 2
bei Eusebius
Historia ecclesiastica
III 39,16 (p. 292,5 Schwartz)   I 332,8.

Paulinus Nolanus
Carmina
27,45ff. (p. 264 Hartel, CSEL 30)
                                      II 272,4ff.

Paulus Samosatensis (Loofs)
p. 65f.   III 285,4.

p. 146ff.   III 285,4.
p. 163f.   III 5,18;
                                      8,13;
                                      10,6ff.
p. 204ff.   III 285,1.
p. 331,2ff.   III 10,6ff.

Pausanias
Descriptio Graeciae
VI 26,2 (p. 165,27ff. Spiro)   II 301,7ff.

Petrus Alexandrinus (= CPG 1639)
Epistula canonica
1,14 (p. 23,14 Routh IV²)   III 142,17ff.

Petrus Alexandrinus
bei Theodoretus
Historia ecclesiastica
IV 22,35 (p. 259,23ff. Parmentier)
                                      III 265,7.

Petrus Chrysologus
Sermones
157 (PL 52,615A)   II 272,4ff.

Petrus Hierosolymitanus
Homilia in nativitatem
PG 86¹,45ff. (3,400f. Cotelierus)
                                      III 487,1.

Petrus Siculus
Historia Manichaeorum (PG 104)
11ff. (1257Dff.)   III 14,7ff.
16 (1265C)   III 13,22; 23,9ff.
20 (1272C)   III 14,3.

Protagoras
339B   II 491,8.

Res publica
VII 1   I 62,21.

Timaeus
38B   I 185,23.

Plinius maior
Naturalis historia
II 103   II 301,7ff.
VIII 118   III 220,20.
X 195   III 220,20.
XII 81   III 220,20.
XXXVI 141   III 220,20.

Plutarchus, Moralia
De capienda ex inimicis utilitate
2 (86F)   I 128,15ff.

De defectu oraculorum
7 (397Bff.)   II 224,22ff.
21 (404Bff.)   II 224,22ff.

De Iside et Osiride
6 (353B)   II 200,2.
9 (354C)   I 125,8–10.
12 (355E)   II 301,15f.
12ff. (355Eff.)   I 126,2ff.
39 (366F)   II 301,15f.
52 (372C)   II 285,18ff.
62 (376A)   I 125,8–10.

Polemius Silvius
calend. (CIL I 335 = I² 257)
                                        II 272,4ff.

Polycrates
Epistula ad Victorem Romanum
bei Eusebius
Historia ecclesiastica (Schwartz)
III 31,3 (p. 264,18)   I 324,23f.
V 24,3 (p. 490,20)   I 324,23f.
V 24,6 (p. 492,6ff.)   II 245,9.

Porphyrius
De abstinentia (Nauck)
IV 17 (p. 256,10)   II 338,3ff.
IV 17 (p. 256,11)   II 339,1f.

Vita Plotini
16   II 75,9–13.

Porphyrius
bei Iohannes Stobaeus
Eclogae physicae et ethicae
I 3,56 (p. 37,25 Meinecke)   II 339,1f.

Praedestinatus
s. Anonymus, Praedestinatus

Proclus
s. Gaius Romanus

Ptolemaeus Gnosticus
bei Irenaeus
Adversus haereses
I 12,1 (I 110 Harvey)   I 391,9.

Rhodon
bei Eusebius
Historia ecclesiastica (Schwartz)

V 13,2 (p. 454,22ff.)

II 189,15ff.;
190,10ff.;
192,15–18.

V 13,4 (p. 456,5ff.)   II 97,2ff.
V 13,5ff. (p. 456,11ff.)   II 189,15ff.
VI 16,4 (p. 555,10ff.)   II 407,3ff.

Rufinus
De adulteratione librorum Origenis
XXV 398 (Lommatzsch)   II 501,8.

Eusebii historia ecclesiastica (Mommsen)
X 16 (p. 982,19ff.)   III 148,10.
X 17–18 (p. 982,23–985,19)   III 148,15.
X 18 (p. 983,18–984,3)   III 149,1.
X 25 (p. 989,8ff.)   III 302,21ff.

Al-Schahrastani
p. 353 (Keßler, Mani)   III 71,7.

Sedatus Nemausensis
s. Ps.–Augustinus

Serapion Thmuitanus
Adversus Manichaeos = CPG 2485
    PG 40,900ff. (I 35ff. Canisius–Basnage,
Thesaurus)   III 48,20.

Serapion Thmuitanus
bei Titus Bostrensis
Adversus Manichaeos = CPG 3575
(Lagarde)
p. 73,5   III 39,5.
p. 78,19ff.   III 37,10ff.
p. 79,21   III 40,16ff.
p. 83,18ff.   III 52,17ff.

Siricius
Epistula ad Himerium
5 (p. 521 Hinschius)   II 370,12ff.

Socrates Scholasticus
Historia ecclesiastica (Hussey)
I 6,8 (I 14)   III 153,26ff.; 154,19.
I 10 (PG 67,101A)   II 363,17ff.
I 11 (PG 67,101C)   II 367,16ff.
I 22 (I 124–129)   III 14,7ff.
I 22,8 (I 127,26f.)   III 34,2ff.
I 28–33 (I 149–157)   III 148,15.
I 29,5 (I 151)   III 148,10.
I 36,8 (I 166)   III 269,5.
II 19,1 (I 219)   III 269,9.
II 30,5–10 (I 278ff.)   III 270,16.
II 30,43f. (I 290)   III 250,10ff.
II 35,5 (I 298)   III 340,16.
II 35,6 (I 298)   III 341,32.
II 40,8–17 (I 342–346)   III 298,1ff.
II 45 (I 365ff.)   III 47,13ff.
III 2,10 (I 389)   III 340,18.
III 8,7 (I 218)   III 249,14.
IV 1,6 (II 470)   III 163,9.
V 22 (PG 67,641A) II 366,9. II 370,18ff.
V 22,42 (II 632)   III 525,18.

Sozomenus
Historia ecclesiastica (Hussey)
I 15,7 (I 74)   III 154,19.
II 25 (I 186–194)   III 148,15.
II 25,10 (I 190)   III 148,10.
II 33 (I 219–221)   III 269,5.
III 15,8 (I 285)   III 341,32.
IV 6,15 (I 326f.)   III 250,10ff.
IV 13 (I 349–352)   III 268,30ff.
IV 13,2–3 (I 350f.)   III 270,10.
IV 23,4 (I 401,11ff.)   III 344,7ff.
IV 15 (I 355ff.)   III 287,10.

IV 30 (I 425f.)

V 7,2f. (II 455)

V 7,3 (II 456)

VI 6,10 (II 548f.)

VI 23,7–15 (II 597–602)

VII 18 (PG 67,1472Bff.)

Stephanus Gobarus

bei Photius

Bibliothecae codex

232 (291b Bekker)   I 267,23–

                          268,17.

Strabo

Geographica

XVII 1,45 (p. 815 Forbiger)

                          III 16,12ff.

Suetonius, C. Suetonius Tranquillus

De vita Caesarum. Augustus

c. 57 (p. 769 Wilamowitz)   I 128,14.

Tacitus, P. Cornelius

Historiae

V 3f.   I 291,5.

Tatianus

Oratio ad Graecos (Schwartz)

1 (p. 2,9)   II 203,1f.

39 (p. 40,5)   I 182,7.

42 (p. 43,10)   II 204,4.

42 (p. 43,10)   II 203,1f.

bei Ephraem Syrus   I 350,17f.

III 47,13ff.

III 312,23.

III 340,18.

III 163,9.

III 418,1.

II 245,11ff.

Tertullianus

Adversus Iudaeos

8   II 245,7.

Adversus Marcionem (Kroymann)

I 1   II 94,6f.

I 2   II 93,22–94,1.

                             II 95,8ff.

I 14   II 97,8f.

I 14 (p. 308,19ff.)   II 98,1f.

I 19   II 107,24.

I 19 (p. 314,22)   II 99,8–10.

I 22   II 93,22–94,1.

I 29   II 97,8f.; 187,17;

                             231,19ff.

III 6   II 94,6f.

III 8   I 255,21.

III 11   II 189,15ff.

III 15   II 95,8ff.

III 24   II 232,21f.;

                             238,20.

IV   II 104,23ff.

IV 2   II 104,23ff.

IV 4   II 95,1ff.

IV 5   II 256,3f.

IV 7   II 107,24.

IV 9   II 108,5.

IV 11   II 95,8ff.

IV 12   II 98,3; 110,7.

IV 15   II 108,15.

IV 17   II 93,22–94,1;

                             189,15ff. 19ff.

IV 18   II 108,16. 19.

IV 20   II 109,10.

IV 21   II 109,15.

IV 22   II 109,17; 110,1;

                             224,22ff.; 235,1.

IV 23   II 110,2.

IV 25   II 110,9.

IV 26   II 110,15.

IV 27   II 110,23.

Ps.–Tertullianus

p. 191f.   III 58,6ff.; 59,2ff.

p. 192f.   III 66,8ff.

p. 196ff.   III 340,15ff.

p. 202f.   III 340,15ff.

p. 203ff.   III 488,5.

Theodorus Studita

Antirrhetica adversus Iconomachos

I 8 (PG 99,337CD)   III 12,10ff.

Problemata ad Iconomachos

12 (PG 99,484A/B)   I 95,8–12.

Theodotus

s. Clemens Alexandrinus

Theodulfus <Aurelianensis>

Opus Caroli regis contra synodum (Libri
Carolini)

IV 25 (PL 98,1242)   III 12,10ff.

Theophilus Alexandrinus

bei Hieronymus

Epistula (Hilberg)

ep. 96,13,1 (p. 172,8ff.)   II 412,15.

ep. 96,15,1 (p. 174,8f.)   II 411,4ff.;
                                    412,15.

ep. 96,18,1 (p. 178,1)   II 411,4ff.

ep. 98,10,1 (p. 194,6)   II 411,4ff.

ep. 98,15,1 (p. 199,15)   II 411,4ff.

ep. 100,12,1ff. (p. 225,6ff.)   II 411,4ff.

Theophilus Antiochenus

Ad Autolycum libri III (Otto)

I 1 (p. 20ff.)   I 171,3.

I 10 (p. 30f.)   I 123,28ff.; 128,10.

II 3 (p. 52)   I 128,9.

II 6 (p. 60)   I 384,20.

II 8 (p. 74)   I 169,14.

II 28 (p. 136)   III 510,22–511,3.

II 31   II 326,6.

II 31 (p. 144)   I 176,20ff.

III 6 (p. 200)   I 443,7–11.

III 7 (p. 204)   I 124,21–24; 125,1f.

III 8 (p. 210)   I 128,13. 14; 130,2.

III 19 (p. 232)   I 276,7; 378,19f.

III 20   I 217,6f. III 473,30.

Timotheus Apollinarista

Epistula ad Prosdocium

p. 285,20f. (Lietzmann)   III 419,16.

Timotheus Constantinopolitanus

De iis qui ad ecclesiam accedunt =
CPG 7016

PG 86,21A   III 57,3ff.

Titus Bostrensis

Contra Manichaeos

PG 18,1069ff.   III 48,20.

I 5 (PG 18,1076A

= I 6, p. 4,14 Lagarde)   III 36,2ff.

I 5 (PG 18,1076A

= I 7, p. 4,18ff. Lagarde)   III 36,23ff.

I 7 (PG 18,1076D

= I 9, p. 5,3ff. Lagarde)   III 37,5ff.

I 7 (PG 18,1076D

= I 9, p. 5,7ff. Lagarde)   III 37,15ff.

I 11 (PG 18,1084B

= I 15, p. 8,27 Lagarde)   III 40,16ff.

I 12 (PG 18,1084D

= I 17, p. 9,13ff. Lagarde)   III 54,8.

I 12 (PG 18,1085A

= I 17, p. 9,18 Lagarde)   III 54,10.

I 12 (PG 18,1085A

= I 17, p. 9,21ff. Lagarde)   III 55,2ff.

I 13 (PG 18,1085B

= I 17; p. 9,31 Lagarde)   III 54,2.

I 14 (PG 18,1085D

= I 17, p. 10,13 Lagarde)   III 35,1ff.

I 14 (PG 18,1085D

= I 17, p. 10,15ff. Lagarde)   III 49,21.

I 16 (PG 18,1089A/B

= I 19, p. 11,36ff. Lagarde)   III 54,8.

I 17 (PG 18,1089D

= I 21, p. 12,29ff. Lagarde)   III 95,17ff.

I 17 (PG 18,1092B

= I 22, p. 13,6ff. Lagarde)   III 18,6;
                                30,5ff.

I 19 (PG 18,1109C

= I 36; p. 23,8 Lagarde)   III 55,2ff.

I 22 (PG 18,1097B

= I 24, p. 16,9ff. Lagarde)   III 95,17ff.

I 23 (PG 18,1100Bff.

= I 28, p. 17,20ff. Lagarde)

                         III 52,6ff.

I 25 (PG 18,1104C

= I 31, p. 19,31 Lagarde)   III 68,14ff.

I 30 (PG 18,1112D

= I 40, p. 24,27 Lagarde)   III 52,9ff.

I 30 (PG 18,1113A

= I 40, p. 24,30f. Lagarde)   III 70,1. 2;
                                  97,8.

I 30 (PG 18,1113A

= I 40, p. 24,36 Lagarde)   III 52,6ff.

I 31 (PG 18,1113C

= I 41, p. 25,15ff. Lagarde)

                       III 52,17ff.; 66,15ff.

II 1 (PG 18,1132D

= II 17, p. 26,5ff. Lagarde)   III 38,16ff.

II 18 (PG 18,1169Aff.

= II 32; p. 46,4ff. Lagarde)   III 41,6–10.

II 22 (PG 18,1177Bff.

= II 41; p. 50,22ff. Lagarde)

                                 III 41,6–10.

II 32 (PG 18,1196C

=II 56, p. 60,18ff. Lagarde)   III 49,21;
                                   60,12ff.

II 32 (PG 1197A

= II 56, p. 60,38 Lagarde)   III 65,4ff.

II 35 (PG 18,1201A

= II 61; p. 63,9ff. Lagarde)   III 63,2ff.

III 1 (p. 67,12 Lagarde)   III 34,2ff.

III 1 (p. 67,15 Lagarde)   III 25,14.

III 5 (p. 68,12ff. Lagarde)   III 58,6ff.

III 7 (p. 69,13 Lagarde)   III 66,8ff.

s. auch Serapion Thmuitanus

Turribius Asturicensis

Epistula ad Idacium et Ceponium

5 (PL 54,694C)   II 216,5ff.

Zacharias Rhetor (= Scholasticus)

Historia ecclesiastica (Ahrens–Krüger)

I 3 (p. *11,27)   I 195,12f.

I 3 (p. *12,33ff.)   II 326,2–5.

Zeno

Stoicorum veterum fragmenta

fr. 146 (I 40,3ff. v. Arnim)   III 508,16.

CHRONICA
Chronicon Paschale (Dindorf)

25A (p. 43,1)	I 174,6–11.
26A (p. 45,1–5)	I 174,6–11.
26A (p. 45,5–12)	I 175,13–19.
26Aff. (p. 45ff.)	I 136,18–140,7.
26B (p. 45,12–14)	I 174,4–6.
26B (p. 45,14–46,1)	I 175,19–176,7.
26C (p. 46,5)	I 137,5f.
28A (p. 49,6)	I 137,4f.
28B (p. 49,15–17)	I 177,6–8.
28B (p. 49,15–19)	I 177,4ff.
30B (p. 53,17–21)	I 136,18–137,3.
PG 92,177B	II 326,7.

CONCILIA, SYMBOLA
Anathematismen von Sirmium (Hahn³)

8f. (p. 197f.)	III 252,19. 24f.
14	III 251,7.
15 (p. 198)	III 254,7.
17 (p. 198)	III 251,9.
27	III 249,20.

Synodus Ancyrana (a. 314)
Canones XXV

can. 19	II 388,2ff.

Synodus Ancyrana (a. 358)
Epistula synodalis (Holl)

73,3–8 (p. 271,7–279,15)	III 289,19.
73,8 (p. 279,10ff.)	III 290,24.
73,11,2 (p. 282,20)	III 290,29.

Synodus Antiochena (Hahn³)
Symbolum

5f. (p. 193)	III 252,24f.
6 (p. 194)	III 251,11; 254,7.

Synodus Antiochena (a. 345)

Formula macrostichos	III 269,9.

Ps.–Concilium Caesariensis (Krusch, Chronologie 1880)

1 (p. 307)	II 245,11ff.

Concilium Carthaginense (a. 397)

29 (p. 167 Lauchert)	III 523,26ff.

Concilium Oecumenicum Ephesinum (a. 431)
Acta Conciliorum Oecumenicorum (ACO)

I vol. V 2 p. 321–334	III 417,25ff.

Concilium Florentinum (a. 1439)

IX 193D (Hardouin)	I 88,13f.
IX 361A (Hardouin)	I 19,5–9; 88,12–14. 19f.
IX 610D (Hardouin)	I 19,5–9; 88,19f.
IX 610E (Hardouin)	I 94,16f.
31B,1279b (Mansi)	III 289,2–8.
13,749e–752a (Labbé)	III 289,2–8.

Synodus Gangrensis (ca. a. 340)

c. 21	II 382,18.

Synodus Laodicena
Canones LIX

1	II 368,19f.
30	I 342,20.

Synodus Neocaesariensis (a. 319?)
Canones XV
3   II 370,18 ff.

**Concilium Oecumenicum Nicaenum
(a. 325)**
Canones XX
5   II 96,19.
6   III 141,14.
8   II 363,17 ff.; 366,9.

Concilium Nymphaea (Mansi)
XXIII 303B   II 149,1–15.

Synodus Sirmiensis (a. 351)
Hahn[3], Anathematismen
14f. (p. 198)   III 251,7 ff..
27 (p. 199)   III 249,20.

bei Athanasius
De synod. 26 (Hahn[3])
5 (p. 193f.)   III 249,20.
6 (p. 194)   III 249,14. 17; 251,7.

**Concilium Oecumenicum in Trullo
(a. 691)**
Canones CII
77   I 342,20.

Gelasianum decretum
V 2 (p. 49,265 ff. Dobschütz)   II 216,5 ff.

CORPORA IURIS CIVILIS
Codex Theodosianus
XVI 5,7   II 215,5 ff.; 380,11 ff.

XVI 5,7,3   III 488,22 ff.; 491,21.
XVI 5,9   II 215,5 f.; 380,11 ff.
XVI 5,9,2   III 491,21.
XVI 5,10   II 239,11 ff.
XVI 5,11   II 215,5 f.; 380,11 ff.
                  III 491,21.
XVI 5,65   II 215,5 f.; 239,11 ff.
XVI 5,66   II 380,11 ff.
XVI 8,14   I 338,21 f.

Novellaelle Iustiniani
De diversis capitibus ecclesiasticis
CXXIII 6   III 128,6.

De transitu militum
CXXX 3   III 128,6.

CORPORA – VARIA
Anthologia Graeca
Anthologia Palatina
XVI 295   II 128,29.
XVI 296   II 128,29.
XVI 297   II 128,29.
XVI 298   II 128,29.

**Catena in Acta Apostolorum
(= CPG C 150)**
p. 193,21 ff. (Cramer)   I 315,5–
                          316,10.

**Constitutiones Apostolorum =
CPG 1730 (Funk)**
I 9,1 (p. 27,10 ff.)   I 342,20.
II 57,2 (p. 159,17 ff.)   II 383,5 ff.
III 2,2 (p. 185,18 ff.)   II 370,18 ff.
V 7,15 (p. 257,3 ff.)   I 104,10–105,3.

V 13,2 (p. 269,15f.)	II 272,4ff.
V 20,14	III 338,7ff.
V 20,19	III 523,9ff.
VI 5	I 214,3ff.
VI 6,2 (p. 313,30)	I 207,13.
VI 6,3 (p. 313,31)	I 210,7ff.; 211,13.
VI 7ff.	I 238,1ff.
VI 8,1 (p. 319,2f.)	I 205,13. II 255,17.
VI 8,1 (p. 319,6)	I 247,13ff.
VI 9,3f. (p. 321,4ff.)	I 244,3ff.
VI 16,2 (p. 339,16)	II 255,17.
VII 23,1 (p. 408,1f.)	I 211,1f.
VIII 12,43	III 339,6ff.; 502,24f.

Corpus inscriptionum Graecarum (ab 1873 Inscriptiones Graecae)

IV 9268	II 363,17ff.

Corpus inscriptionum Latinarum

IX 648 (vgl. 6220)	I 338,21f.

Didascalia Apostolorum (Flemming)

2 (p. 5,1ff.)	III 492,10.
18 (p. 90,25f.)	III 525,14.
19 (p. 92,27ff.)	III 525,21.
21 (p. 106,3–114,15)	III 243,1. 21; 244,10. 18; 245,10ff. 17; 338,7ff.; 522,26; 523,16ff.

bei Funk

I 1 (p. 2,5)	II 202,5.
I 3,8. 9 (p. 10)	III 492,10.
I 3,11 (p. 12)	III 492,10.
II 2,2 (p. 34,1)	II 231,15.
III 2,2 (p. 184,11ff.)	II 370,18ff.

IV 7ff. (p. 226f.)	III 525,14.
V 1,4 (p. 238,1ff.)	III 525,21.
V 12,5 (p. 266f.)	III 525,19f.
V 14,4 (p. 272)	III 522,26.
V 18f. (p. 288ff.)	III 523,16ff.
VI 8 (p. 318,2 Funk)	II 255,17.

Diels, Doxographi Graeci

p. 175	I 165,5–166,8; 186,7.
p. 175ff.	III 505,1ff.
p. 177	III 505,28; 506,11ff.; 507,9.
p. 587f.	I 165,5–166,8.
p. 588f.	I 185,14–25; 186,2– 187,8.
p. 589ff.	III 505,1ff.

Diels (– Kranz), Vorsokratiker (zit. bei Holl nach 3. Aufl., hier ergänzt nach 6. Aufl.)

I p. 44,3ff. (= 21 A 13)	I 124,17–21.
I p. 175,17ff. (= 19 B 4)	III 505,31.
I p. 184,42ff. (= 30 A 12)	III 506,3.
I p. 412,27 (= 60 A 9)	III 505,11.
II p. 9,17ff. (= 67 A 33)	III 506,5.
II p. 53,37ff. (= 68 A 166)	III 506,9.
II p. 143,6ff. (= 70 A 23)	III 506,15.
II p. 144,21 (= 71 A 2)	III 506,20.
II p. 175,28 (= 1 B 17,28)	I 292,19f.
II p. 186,1ff. (= 3 A 1,112)	II 169,11f.
II p. 186,13ff. (= 3 A 1,115)	II 169,11f.
II p. 188,31ff. (= 3 B 1)	II 169,11f.
II p. 229,25 (= 80 B 4)	I 124,21–24.

Doctrina XII apostolorum (Didache) = CPG 1735

6,3	III 473,18f.
8,1	I 211,1f.

11,3 ff.	III 490,16.	p. 87	III 22,13 ff.
13,1	III 490,16.	p. 88	III 63,4.
		p. 90	III 59,2 ff.
		p. 99	III 54,10.
Epistula apostolorum (Schmidt)		p. 102	III 60,12 ff.
13 (p. 46,1 ff.)	II 191,21–192,12.	p. 103	III 59,2 ff.
13 (p. 47,1 ff.)	II 191,21–192,12.	p. 102 f.	III 26,1 ff.
17 (p. 58,1)	II 219,8.		
17 (p. 59,1)	II 219,8.		

The Oxyrhynchus Papyri (Grenfell, Hunt, Lobel u.a.)

I 9,23 ff.	I 278,11 f.
I 132	III 141,8.
I 133	III 141,8.

Müller, Handschr. Reste aus Turfan II Abh. Berl. Akad. (1904)

p. 18	III 59,11 ff.
p. 19	III 71,7.
p. 19 f.	III 70,1.
p. 20	III 59,11 ff.
p. 25	III 54,10; 60,12 ff.
p. 26	III 25,14.
p. 27	III 34,9 ff.
p. 30 f.	III 59,8 ff.
p. 33	III 64,6 ff.
p. 38 f.	III 70,4 ff.
p. 39	III 70,3.
p. 47	III 54,10.
p. 55	III 54,10.
p. 67	III 60,12 ff.
p. 60	III 59,2 ff.
p. 75	III 59,2 ff.; 60,12 ff.
p. 77	III 60,12 ff.
p. 81 f.	III 22,13 ff.

Suda

Lexicon (Bernhardy)

s.v. Ἡραΐσκος I 2 (p. 872)	II 286,6 f.
s.v. Ὠριγένης II 1 (p. 1270)	II 522,7 f.
s.v. Ὠ. II 1 (p. 1277,12)	II 406,5.
s.v. Ὠ. II 1 (p. 1277,20 f.)	II 405,15.
s.v. Ὠ. II 1 (p. 1278,17)	II 414,12 f.
s.v. Ὠ. II 1 (p. 1279)	II 501,8.
s.v. Ὠ. II 1 (p. 1279,6 ff.)	II 406,7–407,3.
s.v. Ὠ. II 1 (p. 1279,14)	II 406,5.
s.v. Ὠ. II 1 (p. 1282,17)	II 398,17 f.
s.v. Ὠ. II 1 (p. 1280,14 ff.)	II 409,1–6.
s.v. Ὠ. II 1 (p. 1281,20 ff.)	II 404,3–405,12.
s.v. Σερούχ II 2 (p. 771,8 ff.)	I 177,12.

Querverweise innerhalb der Epiphanius-Schriften

I 50,12ff.	II 294,14ff.	I 70,18–71,3	I 319,26ff.
I 51	III 189,21.	I 70,18–71,3	III 456,30–460,5.
I 51,9ff.	III 185,4ff.	I 70,18ff.	I 320,3.
I 51,9–52,2	III 185,4ff.	I 70,18ff.	I 324,14.
I 51,9–52,2	III 189,21ff.	I 70,18ff.	II 262,1ff.
I 52	III 186,33.	I 70,18ff.	III 44,7ff.
I 52,3–11	III 186,29ff.	I 70,18ff.	III 458,18ff.
I 52,11ff.	III 169,20ff.	I 70,19ff.	I 319,26ff.
I 52,12ff–55,9	III 169,20ff.	I 70,19ff.	III 458,18ff.
I 55,23ff.	III 183,3ff.	I 70,21	III 458,18ff.
I 56,6–25	III 184,11ff.	I 70,21	III 460,1ff.
I 56,26ff.	III 184,11ff.	I 71,6f.	II 284,4ff.
I 57,17–21	III 50,7ff.	I 71,8–72,12	III 48,1ff.
I 57,17–21	III 59,2ff.	I 72,1	II 339,1f.
I 58	III 184,31.	I 72,3	III 46,26.
I 58,8ff.	III 184,31ff.	I 72,9ff.	I 1,14.
I 59	III 180,14.	I 72,12–73,8	I 147,24ff.
I 59,22ff.	II 417,21ff.	I 74,5–15	II 500,19ff.
I 59,26ff.	II 180,11ff.	I 74,5ff.	II 412,12.
I 59,29ff.	II 418,11ff.	I 74,5ff.	II 413,5.
I 60,30ff.	III 176,21ff.	I 74,12ff.	II 500,19.
I 60,30ff.	III 218,15.	I 74,15ff.	II 508,11ff.
I 60,30–61,23	III 176,21ff.	I 74,19f.	I 117,13ff.
I 60,30–61,23	III 218,10ff.	I 75,23ff.	II 410,8ff.
I 61,24	III 238,25ff.	I 76,3–7	II 410,8ff.
I 62,1–63,2	III 238,25–241,13.	I 77,17–93,7	III 314,13–328,17.
I 62,10	III 123,18–128,29.	I 79,19ff.	II 303,19.
I 62,21ff.	III 240,1.	I 87,14ff.	III 274,9ff.
I 63,10f.	II 413,2ff.	I 88,12ff.	I 13,4ff.
I 63,10ff.	III 135,4.	I 88,20ff.	III 177,3.
I 63,12ff.	II 472,16ff.	I 88,22–26	III 274,9ff.
I 64,17	III 235,6.	I 88,26ff.	I 11,20ff.
I 64,17ff.	III 218,18ff.	I 91,18ff.	I 19,5–9.
I 68,1ff.	III 17,6f.	I 93	III 175,8.
I 69,12–23	I 97,17ff.	I 94	III 203,1.
I 69,15	I 181,19–22.	I 95,13ff.	III 446,3ff.
I 69,15	I 189,27ff.	I 95,25ff.	III 440,3ff.
I 69,23ff.	I 174,6–11.	I 96,11–19	III 438,1ff.
I 70,13	I 193,1ff.	I 96,20ff.	III 428,23ff.
I 70,13	I 194,11f.	I 96,20ff.	III 436,22ff.
I 70,13	I 194,14ff.	I 96,20ff.	III 515,31.

I 96,22	III 440,3 ff.	I 125,4–7	I 204,15 ff.
I 97,17 ff.	I 69,12–23.	I 125,6 ff.	III 511,6.
I 98,10 ff.	III 438,33 ff.	I 125,8 ff.	I 182,8.
I 98,10 ff.	III 442,28 ff.	I 125,8–10	I 182,7 ff.
I 98,27 ff.	III 439,2 ff.	I 130,9 ff.	I 142,19 ff.
I 100,18 ff.	III 440,30 ff.	I 132,2	II 507,14 ff.
I 101,17–102,6	III 3,9 ff.	I 132,2–133,28	I 47,23–48,27.
I 101,17–102,6	III 218,30 ff.	I 132,3–133,28	III 124,22 ff.
I 101,20 ff.	II 389,13 ff.	I 133,2	I 325,24.
I 102,6 ff.	II 348,16 ff.	I 133,29 ff.	III 112,12.
I 102,6 ff.	II 394,11 f.	I 133,29 ff.	III 124,18 ff.
I 102,30 ff.	III 133,14 ff.	I 135,32 ff.	III 124,18 ff.
I 106,7	III 129,1 ff.	I 136,9 ff.	I 175,13–176,15.
I 106,10 ff.	II 100,11 ff.	I 136,10 ff.	III 77,1 ff.
I 106,10 ff.	II 502,9.	I 136,18–140,7	I 175,13 ff.
I 107,19 ff.	II 412,15.	I 136,18–140,7	III 124,18 ff.
I 107,19 ff.	II 413,5.	I 137,7	II 78,1 f.
I 107,19 ff.	II 502,9.	I 138,6	II 78,1 f.
I 107,19 ff.	III 135,6.	I 138,9 f.	III 125,8.
I 108,4 ff.	II 101,4 ff.	I 140,1	II 78,1 f.
I 108,4 ff.	II 519,12 ff.	I 141,3 ff.	I 198,2 f.
I 108,4–19	II 519,1 ff.	I 141,5 ff.	III 126,11 ff.
I 108,20 ff.	II 519,19 ff.	I 141,10 ff.	III 126,13.
I 108,20–110,4	II 519,18 ff.	I 142,1 ff.	III 126,18 ff.
I 109,18 ff.	II 520,2 ff.	I 142,1 ff.	III 127,3 ff.
I 110,12 ff.	III 192,22.	I 142,19 ff.	I 130,9 ff.
I 113,9 ff.	II 504,20 ff.	I 144,21	II 389,7 ff.
I 114,3	III 445,16.	I 144,31	I 186,12 ff.
I 114,19 ff.	III 445,16 ff.	I 144,31	I 207,9 ff.
I 115,17–118,21	I 199,15 ff.	I 145,26	I 17,28 ff.
I 115,17 ff.	I 199,15–200,12.	I 145,27 ff.	II 373,8 ff.
I 115,20	II 519,25 ff.	I 145,30 ff.	I 20,8 ff.
I 117,13 ff.	I 74,19 f.	I 147,24 ff.	I 5,5 f.
I 118,12	I 199,15 ff.	I 147,24 ff.	I 72,12–73,8.
I 118,12	I 200,8.	I 149,2	II 364,5 f.
I 119,7 ff.	II 503,7 ff.	I 149,20	I 6,1 ff.
I 120,11 ff.	II 519,19 ff.	I 153,1	I 170,7 ff.
I 121,2 ff.	II 520,20 ff.	I 153,1	II 222,7 ff.
I 123,12–18	I 163,4 ff.	I 153,1	III 49,7 ff.
I 123,12 ff.	I 177,15.	I 153,3–5	I 1,4 f.
I 123,14 ff.	I 177,19.	I 153,18	I 4,8 f.

I 240,5ff.	II 54,3.	I 336,1ff.	I 222,25–223,3.
I 240,10ff.	I 269,8ff.	I 349,1–4	I 351,12ff.
I 240,10ff.	I 276,16ff.	I 351,12ff.	I 349,1–4.
I 240,10ff.	I 300,20ff.	I 352,10	I 334,20ff.
I 242,20	I 281,3ff.	I 356,8ff.	I 218,2ff.
I 249,6ff.	II 55,13f.	I 356,8ff.	I 218,10ff.
I 253,11	II 195,8.	I 356,15ff.	I 222,25–223,3.
I 253,13	I 24,4ff.	I 356,18ff.	I 221,6ff.
I 253,13	I 37,11ff.	I 357,13ff.	I 335,5ff.
I 257,8ff.	I 263,17–20.	I 357,16ff.	I 334,20ff.
I 263,5ff.	II 49,23.	I 359,27ff.	I 41,10–42,9.
I 263,17–20	I 257,8ff.	I 360,17ff.	I 41,10ff.
I 269,4f.	II 199,19.	I 365,9ff.	II 250,3ff.
I 269,8ff.	I 240,10ff.	I 406,17	II 292,1f.
I 269,24ff.	II 54,3.	I 406,17	II 299,3.
I 271,6ff.	II 58,10ff.	I 413,23ff.	II 46,21.
I 273,5ff.	II 200,2.	I 461,11ff.	II 101,20ff.
I 276,16ff.	I 240,10ff.		
I 281,3ff.	I 242,20.		
I 285,25ff.	III 60,3ff.	II 15,9f.	II 278,5.
I 285,25ff.	III 63,4ff.	II 43,16ff.	I 155,8ff.
I 285,25ff.	III 73,18ff.	II 43,16ff.	I 217,18ff.
I 285,25ff.	III 88,30ff.	II 46,21	I 413,23ff.
I 287,7f.	II 199,19.	II 49,23	I 263,5ff.
I 287,15	I 291,5ff.	II 54,3	I 240,5ff.
I 291,5ff.	I 287,15.	II 54,3	I 269,24ff.
I 300,20ff.	I 240,10ff.	II 55,13f.	I 249,6ff.
I 319,26ff.	I 70,18–71,3.	II 57,7ff.	II 199,20ff.
I 319,26ff.	II 262,1ff.	II 58,10ff.	I 271,6ff.
I 320,3	I 70,18ff.	II 77,27ff.	I 176,2–15.
I 320,3	III 456,30ff.	II 78,1f.	I 137,7.
I 323,9ff.	II 289,4ff.	II 78,1f.	I 138,6.
I 323,14ff.	II 289,6.	II 78,1f.	I 140,1.
I 324,14	I 70,18ff.	II 78,3ff.	I 178,18.
I 325,24	I 133,2.	II 78,9	I 164,5ff.
I 328,11ff.	III 131,25.	II 78,13	I 176,14.
I 334,16ff.	I 200,14f.	II 82,14	III 135,24.
I 334,20ff.	I 352,10.	II 85,19ff.	II 200,2.
I 334,20ff.	I 357,16ff.	II 85,19ff.	II 200,16ff.
I 335,5ff.	I 357,13ff.	II 100,11ff.	I 106,10ff.
I 336,1ff.	I 218,2ff.	II 100,11ff.	II 502,9.

II 101,4ff.	I 108,4ff.	II 292,1f.	I 406,17.
II 101,4ff.	III 519,1ff.	II 294,14ff.	I 50,12ff.
II 101,4ff.	II 519,12ff.	II 295,20ff.	III 243,24ff.
II 101,20ff.	I 461,11ff.	II 299,3	I 406,17.
II 124,15ff.	III 75,26ff.	II 303,19	I 79,19ff.
II 124,15ff.	III 76,17ff.	II 314,24ff.	I 218,2ff.
II 155,26ff.	III 112,16ff.	II 314,24ff.	I 219,7f.
II 173,4ff.	II 520,20ff.	II 315,14ff.	I 219,12ff.
II 180,11ff.	I 59,26ff.	II 315,22ff.	I 221,2ff.
II 195,8	I 24,4ff.	II 315,25ff.	I 221,6ff.
II 195,8	I 253,11.	II 319,25ff.	I 218,5f.
II 199,19	I 269,4f.	II 321,14ff.	I 41,10–42,9.
II 199,19	I 287,7f.	II 324,2f.	III 139,3ff.
II 199,20ff.	II 57,7ff.	II 324,2ff.	I 180,16.
II 200,2	I 273,5ff.	II 325,10ff.	II 286,7ff.
II 200,2	II 85,19ff.	II 325,12f.	I 180,16.
II 200,16ff.	II 85,19ff.	II 325,17	III 472,28ff.
II 208,15ff.	II 521,7ff.	II 331,6ff.	I 174,6–11.
II 209,10ff.	II 521,7ff.	II 331,18–332,16	I 174,8.
II 222,7ff.	I 153,1.	II 335,4	I 24,4ff.
II 231,22ff.	II 367,7ff.	II 335,4	I 37,1ff.
II 240,6ff.	I 170,12ff.	II 339,1f.	I 72,1.
II 244,13ff.	III 241,14ff.	II 342,2ff.	I 199,15ff.
II 250,3ff.	I 365,9ff.	II 348,16ff.	I 102,6ff.
II 256,6ff.	I 232,8.	II 351,17ff.	III 85,12f.
II 256,23ff.	I 50,12ff.	II 361,10	III 464,6ff.
II 258,6ff.	I 228,6–229,19.	II 364,5f.	I 149,2.
II 260,1	I 228,6.	II 367,7ff.	II 231,22ff.
II 260,14	I 228,9ff.	II 373,1ff.	I 16,17ff.
II 260,17ff.	I 228,14.	II 373,8ff.	I 16,9ff.
II 261,9ff.	I 228,20ff.	II 373,8ff.	I 145,27ff.
II 262,1ff.	I 70,18ff.	II 379,23ff.	I 170,7ff.
II 262,1ff.	I 319,26ff.	II 389,7ff.	I 144,21.
II 263,2ff.	I 232,13ff.	II 389,13ff.	I 101,20ff.
II 278,5	II 15,9f.	II 389,13ff.	III 251,3ff.
II 284,4ff.	I 71,6f.	II 392,5ff.	I 13,22ff.
II 284,4ff.	III 460,8ff.	II 392,10ff.	I 14,14ff.
II 286,7ff.	II 325,10ff.	II 392,19ff.	I 14,19ff.
II 289,4ff.	I 225,13ff.	II 392,26ff.	I 13,17ff.
II 289,4ff.	I 323,9ff.	II 393,11ff.	I 25,33ff.
II 289,6	I 323,14ff.	II 393,14ff.	I 18,18ff.

II 394,11 f.	I 102,6 ff.	II 520,20 ff.	II 173,4 ff.
II 395,10 ff.	I 26,13 ff.	II 521,7 ff.	II 208,15 ff.
II 397,11 ff.	I 7,20–24.	II 521,7 ff.	II 209,10 ff.
II 397,16 ff.	I 8,14.	II 522,7 f.	II 403,2.
II 397,16 ff.	I 9,20 ff.		
II 397,16 ff.	III 181,3 ff.		
II 403,2	II 522,7 f.	III 3,9 ff.	I 101,17–102,6.
II 407,3 ff.	III 6,24 ff.	III 6,24 ff.	II 407,3 ff.
II 409,19 ff.	III 133,18 ff.	III 17,6 f.	I 68,1 ff.
II 409,19 ff.	III 134,27 ff.	III 17,10 ff.	I 171,3.
II 410,8 ff.	I 75,23 ff.	III 44,7 ff.	I 70,18 ff.
II 410,8 ff.	I 76,3–7.	III 46,26	I 72,3.
II 412,11	III 235,16 ff.	III 48,1 ff.	I 71,8–72,12.
II 412,12	I 74,5 ff.	III 49,7 ff.	I 153,1.
II 412,15	I 107,19 ff.	III 50,7 ff.	I 57,17–21.
II 412,15 ff.	III 135,6.	III 59,2 ff.	I 57,17–21.
II 413,2 ff.	I 63,10 ff.	III 59,5 ff.	I 42,17.
II 413,2 ff.	III 135,4.	III 60,3 ff.	I 285,25 ff.
II 413,5	I 74,5 ff.	III 63,4 ff.	I 285,25 ff.
II 413,5	I 107,19 ff.	III 73,18 ff.	I 285,25 ff.
II 417,21 ff.	I 59,22 ff.	III 75,26 ff.	II 124,15 ff.
II 418,11 ff.	I 59,29 ff.	III 76,17 ff.	II 124,15 ff.
II 472,16 ff.	I 63,12 ff.	III 77,1 ff.	I 136,10 ff.
II 500,19 ff.	I 74,5–15.	III 85,12 f.	II 351,17 ff.
II 502,9	I 106,10 ff.	III 87,21 ff.	I 228,20 ff.
II 502,9	I 107,19 ff.	III 88,30 ff.	I 285,25 ff.
II 502,9	II 100,11 ff.	III 112,12	I 133,29 ff.
II 503,7 ff.	I 119,7 ff.	III 112,16 ff.	II 155,26 ff.
II 503,20 ff.	I 230,23 ff.	III 123,18–128,29	I 62,10.
II 504,20 ff.	I 113,9 ff.	III 124,18 ff.	I 133,29 ff.
II 507,14 ff.	I 132,2.	III 124,18 ff.	I 135,32 ff.
II 508,11 ff.	I 74,15 ff.	III 124,18 ff.	I 136,18–140,7.
II 519,1 ff.	I 108,4–19.	III 124,18 ff.	I 175,13–176,15.
II 519,12 ff.	I 108,4 ff.	III 124,18 ff.	I 198,2 f.
II 519,12 ff.	II 101,4 ff.	III 124,20 ff.	I 133,29 ff.
II 519,18 ff.	I 108,20–110,4.	III 124,22 ff.	I 132,3–133,28.
II 519,19 ff.	I 120,11 ff.	III 124,23 ff.	I 135,32 ff.
II 519,25 ff.	I 115,20.	III 125,8	I 138,9 f.
II 519,25 ff.	I 199,15.	III 126,11 ff.	I 141,5 ff.
II 520,2 ff.	I 109,18 ff.	III 126,13	I 141,10 ff.
II 520,20 ff.	I 121,2 ff.	III 126,13	I 197,21 ff.

III 126,18ff.	I 142,1ff.	III 192,22	I 110,12ff.
III 127,3ff.	I 142,1ff.	III 192,22–195,3	I 28,22–31,6.
III 129,1ff.	I 106,7.	III 193,7	I 28,25ff.
III 131,25	I 328,11ff.	III 194,28ff.	I 30,26ff.
III 133,14ff.	I 102,30ff.	III 195,4ff.	I 39,31ff.
III 133,18ff.	II 409,19ff.	III 195,4ff.	I 42,19.
III 134,27ff.	II 409,19ff.	III 195,5ff.	I 39,31ff.
III 135,4	I 63,10ff.	III 196,20ff.	I 44,25–46,21.
III 135,4	II 413,2ff.	III 199,29ff.	I 25,31ff.
III 135,6	I 107,19ff.	III 199,29ff.	I 25,33ff.
III 135,6	II 412,15ff.	III 201,31ff.	I 36,19–39,27.
III 135,24	II 82,14.	III 203,1ff.	I 94,9ff.
III 139,3ff.	II 324,2f.	III 204,18	I 26f.
III 168,25	I 46f.	III 204,28ff.	I 26,17–27,13.
III 169,4ff.	I 42.	III 209,11ff.	I 46,22–47,22.
III 169,20ff.	I 52,11–55,9.	III 214,4ff.	I 43,4ff.
III 175,8ff.	I 93,27ff.	III 218,10ff.	I 60,30–61,23.
III 176,21ff.	I 60,30–61,23.	III 218,15	I 60,30ff.
III 177,1ff.	I 6,6.	III 218,18ff.	I 64,17ff.
III 177,3	I 88,20ff.	III 218,30ff.	I 101,17–102,6.
III 177,6ff.	I 1,5.	III 219,7ff.	I 11,20ff.
III 177,19ff.	I 16,13–16.	III 219,23ff.	I 11.
III 177,21–27	I 16,11ff.	III 235,6	I 64,17.
III 177,29	I 2,1.	III 235,16ff.	II 412,11.
III 177,29	I 5,1.	III 238,25ff.	I 61,24.
III 180,14	I 59.	III 238,25–241,13	I 62,1–63,2.
III 181,3ff.	I 9,20ff.	III 240,1	I 62,21ff.
III 181,3ff.	II 397,16ff.	III 241,14ff.	II 244,13ff.
III 181,10	I 9.	III 243,24ff.	II 295,20ff.
III 183,3ff.	I 55,23ff.	III 251,3ff.	II 389,13ff.
III 184,11ff.	I 56,6–25.	III 274,9ff.	I 87,14ff.
III 184,11ff.	I 56,26ff.	III 274,9ff.	I 88,22–26.
III 184,31	I 58.	III 314,13–328,17	I 77,17–93,7.
III 184,31ff.	I 58,8ff.	III 331,19	I 23,14ff.
III 185,4ff.	I 51,9–52,2.	III 331,20ff.	I 23,12.
III 186,29ff.	I 52,3–11.	III 338,7ff.	III 523,6ff.
III 186,33	I 52.	III 428,23ff.	I 96,20ff.
III 189,21ff.	I 51,9–52,2.	III 436,22ff.	I 96,20ff.
III 191,4ff.	I 25,25ff.	III 438,1ff.	I 96,11–19.
III 191,4ff.	I 28,7ff.	III 438,33ff.	I 98,10ff.
III 191,4–195,3	I 25,25–31,6.	III 439,2ff.	I 98,27ff.

III 440,3 ff.	I 95,25 ff.	III 458,18 ff.	I 70,18 ff.
III 440,3 ff.	I 96,22.	III 460,1 ff.	I 70,21.
III 440,30 ff.	I 100,18 ff.	III 460,8 ff.	II 284,4 ff.
III 442,28 ff.	I 98,10 ff.	III 464,6 ff.	II 361,10.
III 445,16	I 114,3.	III 472,28 ff.	II 325,17.
III 445,16 ff.	I 46,16 ff.	III 478,2 ff.	I 231,21–232,1.
III 445,16 ff.	I 114,19 ff.	III 511,6	I 125,6 ff.
III 446,3 ff.	I 95,13 ff.	III 515,31	I 96,20 ff.
III 456,30 ff.	I 320,3.	III 519,1 ff.	II 101,4 ff.
III 456,30–460,5	I 70,18–71,3.	III 523,6 ff.	III 338,7 ff.

Personen – Orte – Namen

'Aαζία ein Vorfahr des Elias II 328,9.

'Aαρών I 116,15 (der grünende Stab Beweis für die Auferstehung); 168,8; 190,8; 200,2; 215,25; 219,1; 323,21; 357,24 (bei den Ebionäern anerkannt). II 213,7 (Noët erklärt seinen Bruder für Aaron); 257,16; 289,6; 327,8. 9. 11. 14; 328,10; 344,3. 20. III 133,25; 336,33; 464,19; 477,19.

'Aαρώνης ägypt. Bischof, unter Valens nach Diocaesarea verbannt III 265,11.

'Aβδεναγώ I 145,21. II 327,26; 328,15. 17.

'Aβδηρίτης III 506,9. 18.

'Aβειδάν = Awida, der Jünger eines Bardesanes II 339,3.

'Aβειρών I 119,24. II 2,7 (mit Kore und Dathan bei den Kainiten vergöttert); 64,19; 99,14 (nach Marcion von Christus erlöst); 514,9.

῎Aβελ I 115,20 (sein Blut als Zeichen der Auferstehung); 132,5; 175,7; 178,5; 199,16 (das Blut Beweis für die Auferstehung); 421,13. II 2,11; 63,2 (bei den Kainiten zur ἀσθενεστέρα δύναμις gerechnet); 65,3. 5f. 8; 66,18; 68,27. 30; 72,17. 19. 22 (die Sethianer betrachten ebenso wie die Kainiten Kain und Abel als die Vertreter von zwei Menschenklassen, die von sich bekämpfenden Engelmächten herstammen); 73,2. 12. 15; 74,24; 76,3. 6. 8. 9. 11. 15. 27; 85,22. 23. 26 (nach den Archontikern Abel – wie auch Kain – vom Teufel aus Eva erzeugt); 87,7. 8. 24; 99,16 (nach Marcion von Christus nicht erlöst); 111,4; 137,3; 327,18; 342,3; 401,12; 519,26. III 51,1 (Abel ist in seinem 30. Jahr erschlagen worden); 80,4; 104,8; 119,12. 14. 25; 477,9.

'Aβιά judäischer König I 70,8; 194,4.

'Aβιάθαρ III 477,24.

'Aβιμέλεχ der Priester III 477,24.

῎Aβιοι III 512,25ff (ἐν τῇ Ἑλλάδι Μυσοὶ καλούμενοι ῎Aβιοι, γάλακτι ἵππων χρώμενοι καὶ τὸ πᾶν ἀγρίαν χώραν κατοικοῦντες).

'Aβιούδ I 70,14.

'Aβισάκ I 29,16. III 193,22.

'Aβραάμ der Erzvater I 38,16; 49,11; 52,23; 70,3; 78,13; 79,25; 116,24 (die Geburt und die Errettung Isaaks Beweis der Auferstehung); 132,5; 134,6. 12 (in seinem 75. Jahr die Verkündigung, daß sein Same 430 Jahre Fremdling sein wird). 13 (25 Jahre später wird Isaak geboren); 135,5ff.; 142,9. 10; 143,18; 157,11; 163,9; 164,15. 16. 17; 168,7; 175,9; 179,7. 10 (von Gott berufen als noch Unbeschnittener). 16 (von Gott in seinem 99. Jahr ihm die Beschneidung befohlen; dies = das Jahr 3431 der Welt und das 21. Geschlecht). 18 (damit beginnt das Judentum; nach ihm heißen die Frommen 'Aβράμιοι). 22; 180,1. 2 (Abraham hat acht Söhne, außer Isaak noch Ismael und sechs Söhne von Chettura). 11. 13. 20; 188,11. 12; 189,7. 8. 9 (er vollzieht die Beschneidung in seinem 99. Jahr). 18. 19; 193,21; 194,20; 208,21; 254,20; 255,4; 215,24; 216,22ff. (der Berg, wo er den Widder opferte und die Eiche in Mambre werden heute noch gezeigt); 290,17 (er wird von den Gnostikern gelästert); 332,11; 337,3 (nach den Ebionäern erscheint ihm Christus); 357,23 (er wird von Ebionäern anerkannt); 358,12; 359,3; 366,11. 13; 368,3; 371,19. 22; 379,15. 21. II 31,12. 15; 75,11 (eine Abraham-Apok. bei den Sethianern); 86,25; 99,16 (nach Marcion von Christus nicht erlöst); 106,2; 112,12. 13; 113,11. 13; 115,9. 12; 140,29. 31. 32; 141,3. 18; 142,26. 28.

30; 143,4. 5. 6. 10. 18; 146,11. 20. 25;
147,14; 229,8 (die Ekstase Abrahams).
12; 253,17bis. 20; 254,29; 255,12. 21;
262,19; 265,2; 276,9; 322,17. 19. 21.
22; 326,11. 13. 14; 327,1. 6. 7; 328,12;
331,11. 18; 332,1. 16; 333,2; 333,7. 10;
334,2. 6. 22; 335,20; 337,6; 375,20. 22;
402,5 (Abraham als Vorbild der keuschen
Ehe); 468,5. 7; 475,6. 7; 485,21.
III 79,23; 102,5. 8. 9. 10. 12. 20. 21;
104,9; 127,5f.; 133,24; 135,17; 139,11.
22; 172,4. 5. 14. 18. 19. 24; 173,4;
202,19; 209,4; 237,21; 238,30; 254,6;
308,24; 315,12; 316,20; 422,6; 456,13;
477,13; 489,7; 493,13; 495,26; 500,2.
3; 503,4. 10. 18ff. (vor den Söhnen der
Chettura hat Abraham die Beute aus dem
Feldzug gegen Kedor-Laomer – Gold,
Weihrauch und Myrrhe – in den Taschen
versteckt). 29. 30; 504,6.

Ἀβραάμ als Name für den Vater Moses,
vgl. Ἀμράμ I 135,5. 7 (er wird geboren
im 65. Jahr Kaaths und erzeugt den Moses
in seinem 70. Jahr).

Ἀβράμιοι   Nachkommen   Abrahams
I 180,1. 13; 193,22.

Ἀβρασάξ I 235,10 (als hlg. Name bei den
Basilidianern); 264,1. 2. 10. 26.

Ἀβύδη (Ἄβυδος?) in Ägypten III 512,8
(dort Mysterien gefeiert).

Ἄγαβος II 230,6. III 99,6; 320,7.

Ἀγάπη valentin. Äon I 386,3. 11; 392,11.
23; 402,10.

Ἄγαρ I 180,6 (von ihr stammt Ismael ab).
II 31,14. III 503,10. 13.

Ἀγαρηνοί = Ἰσμαηλῖται = Σαρακηνοί
I 180,11 (τῶν Ἀγαρηνῶν τῶν καὶ
Ἰσμαηλιτῶν, Σαρακηνῶν δὲ τανῦν
καλουμένων).

Ἀγγαθαλβαείθ arab. Monatsname II 294,2
(22. Aggathalbaeith = 8. November).

Ἀγγαῖοι sem. Volk I 138,8.

Ἀγγελικοί   I 21,30;   158,25;   160,22.
II 213,16f. (sie sind jetzt ganz ausgestorben; sie rühmten sich auf einer
engelgleichen Stufe zu stehen oder sie hießen
so, weil sie die Engel anbeteten); 379,11.
12ff. (Epiph. weiß nichts Bestimmtes über
sie; kennt nur den Namen, weiß aber nicht,
ob er daher kommt, daß sie die Engel als
Weltschöpfer betrachteten oder ob sie sich
selbst ein engelgleiches Leben zuschreiben
oder ob sie von der Landschaft Ἀγγελινή
den Namen hatten).

Ἀγγελινή   Landschaft   jenseits
Mesopotamiens II 379,20.

Ἀγήρατος valentin. Äon I 386,4. 12;
390,12; 392,3. 14; 393,1; 395,4.

Ἄγκυρα in Galatien III 230,16 (dort ist
Marcellus Bischof);   255,8 (Ἀγκύρη);
265,11; 266,34; 268,30 (Ἀγκύρᾳ; dort
war Ostern 358 Synode der Semiarianer
versammelt; sie richtete ein langes
Schreiben an die Bischöfe in Phönikien);
295,20.

Ἀγκυρηνός III 311,28.

Ἀγκυριανός   III 250,13;   268,17
(Ἀγκυρῖνος?).

Ἀγούσταδα in Phrygien III 301,1 (359
ist Philicadus dort Bischof Φιλίκαδος
ἐπίσκοπος   Ἀγουσταδῶν   Φρυγίας
ἐπαρχίας).

Ἀγουστονίκη   III 301,5 (Πτολεμαῖος
ἐπίσκοπος Θμούεως Ἀγουστονίκης).

Ἀγρίππα   Herodes Agrippa   I 229,12
(nach Epiph. Beiname Herodes des
Jüngeren; vgl. I 229,8).

Ἀγρίππας D. Haterius Q. f. Agrippa,
röm. Consul 22 n.Chr. (PIR² H 25;
nach Epiph. 24 n.Chr.)   II 291,12.
15 (Ἀγρίππου   τὸ   δεύτερον   καὶ
Λεντούλου Γάλβου).

Ἀδάμ I 21,11; 28,26; 66,11. 13; 67,10; 68,17. 19; 69,5; 73,4. 6. 22; 74,8. 14; 113,3; 114,8; 132,3; 133,11; 162,7 (von Adam bis Noah reicht der βαρβαρισμός); 172,6 f. (Adam ist nicht, wie manche meinen, am 5. Tag begonnen und am 6. vollendet worden). 11 (Adam heißt Mensch). 18; 174,21; 175,2. 4. 11 (Adam unbeschnitten, aber kein Götzendiener, sondern kannte die Trinität, denn er war Prophet); 188,8; 215,22 f.; 236,15 (die Ebionäer behaupten, daß Christus in Adam zuerst erschienen sei und ihn immer wieder von Zeit zu Zeit anziehe und ausziehe); 284,11 ff. 13 (ἀποκαλύψεις τοῦ Ἀδάμ bei den Gnostikern); 336,5; 337,2. 5; 381,28; 414,2; 429,22; 460,19. 21. 27. 28. 29. II 51,5; 65,6 (Adam, wie auch Eva, nach den Kainiten von Engelmächten erzeugt); 68,14. 19; 72,8; 74,23. 24; 75,1; 76,4. 7. 9. 19. 23. 27 ff. (Adam hat nach dem Jubiläenbuch außer Kain, Abel, Seth noch weitere neun Söhne); 77,3. 5. 7. 15; 87,27 (bei den Archontikern); 156,10. 11; 157,24. 29; 172,30; 195,20. 25; 205,4 (Tatian bestreitet die Heiligkeit Adams); 206,12. 23. 27; 207,2. 8; 208,9 f (τὸν ἅγιον Ἀδὰμ τὸν πατέρα ⟨ἡμῶν⟩ ἐν ζῶσι πεπιστεύκαμεν). 16 f. (Adam auf Golgotha begraben, stirbt in Jerusalem); 226,2. 5. 11 (ὁ ἅγιος Ἀδάμ); 233,15; 244,5; 262,20. 23 (Christus wegen Adam und der von ihm Geborenen erschienen). 24. 26; 265,2; 309,15; 312,7; 313,10. 13. 14; 314,2. 8. 9; 316,2. 3 (nach der Lehre der Sampsäer/Sampsener nimmt Christus immer wieder Adams Leib an, wann er will); 322,22; 412,12 (hat nach Origenes das Ebenbild verloren); 451,11. 15. 17. 20; 473,13; 500,21; 505,15.

18. 25; 506,3. 6. 7. 19. 22. 23. 24. 25; 507,16. 23. 24. 27; 508,6. 8. 24; 521,7 (Adam zuerst von Christus erweckt bei seiner Hadesfahrt); 521,8 (Adams Grab auf Golgotha; Africa? Routh II 238; Gelzer, Africanus I 60). III 50,26; 51,1 (im 100. Jahr Adams wird Abel erschlagen). 3; 68,5. 12; 83,4; 88,7. 33; 91,3; 92,13. 27; 92,27; 93,1. 2; 119,16; 172,15. 25; 173,4; 193,8. 16; 199,3. 13. 14; 202,16; 219,20. 21; 234,9; 235,16. 26. 33; 236,8; 252,5. 17 (Bestattung Adams im Paradies; Leben Adams und Evas; Kautzsch, Apokryphen II 527). 21. 22; 416,11; 424,3; 432,15. 22; 469,1; 470,8; 482,21; 483,16; 484,26; 493,12; 495,25; 499,21 ff. (Liste von Adam bis Noah; mit ausdrücklicher Angabe aus Matthaeus bzw. Lucas entnommen); 500,1. 5; 502,23; 515,11.

Ἀδαμάντιος Beiname des Origenes; s. auch Ὠριγένης 2. I 21,32; 158,28; 160,24. II 214,1; 398,17; 403,1. 2; 409,8; 522,7.9.

Ἀδαμιανοί I 21,28; 158,21; 160,20. II 212,7 ff. (sie gehen, Männer und Frauen, nackt wie vom Mutterleib in ihre Versammlungen. So halten sie die ἀναγνώσεις und εὐχαί ab. Sie sind ehelos und erkennen die Ehe nicht an. Sie erklären ihre Kirche für das Paradies); 311,9 ff. (ausführliche Darstellung); 312,9 (Epiph. hat nur von ihnen gehört, aber keine Schriften von ihnen kennengelernt; ist auch pers. nicht mit ihnen zusammengetroffen). 20 (Epiph. weiß nicht, ob sie noch existieren). 27 ff. (sie versammeln sich in geheizten Räumen); 313,1 ff. (sie legen bei Eintritt die Gewänder ab und sitzen nackt da, Vorsteher wie Laien). 4 (auch

die Lehrer sitzen nackt da). 5 ff. (sie sind
alle Enkratiten, wenn einer sich verstellt,
wird er ausgestoßen: er sei Adam, der
vom Apfel aß, und ihre Kirche sei das
Paradies).

Ἀδδᾶς III 24,3 (ein Schüler des Manes;
er wird mit Thomas und Hermeias aus
Persien nach Jerusalem geschickt, um
dort die hlg. Bücher der Christen zu
holen); 33,16. 21 (er wirkt nach dem Tod
des Manes in den ἀνωτερικὰ μέρη).

Ἀδδᾶς, Ἀδδά? ein Verfasser der Mischna;
s. auch Ἰούδας. I 210,3 (εἰς τὸν Ἀδδᾶν
ἢ Ἄνναν τὸν καὶ Ἰούδαν); 459,28
(τρίτη Ἀδδᾶ ἤτοι Ἰούδα). II 136,2
(παράδοσις ... τοῦ μὲν Ἀδδᾶ μετὰ
τὴν ἐκ Βαβυλῶνος ἐπάνοδον).

Ἀδέλφιος ägypt. Bischof, unter Valens
nach Diocaesarea verbannt III 265,9.

Ἀδιαβηνοί sem. Volk I 137,13.

Ἄδμητος I 105,8 (Ἄλκηστιν μὲν
τελευτήσασαν τὴν Πελίου ὑπὲρ τοῦ
ἀνδρὸς αὐτῆς Ἀδμήτου).

Ἀδράα in der Basanitis I 357,15. III 301,8
(Ἀραβίων ἐπίσκοπος Ἀδράων).

Ἀδριανός P. Aelius Hadrianus, röm. Kaiser
117–138 n.Chr. (PIR² A 184) I 71,15
(regiert 21 Jahre); 130,3 (Beisetzung des
Antinoos); 347,22 ff. (ein Ἀδριανεῖον
in Tiberias, unter Constantin in eine
Kirche verwandelt). II 203,8 (unter ihm
soll nach Epiph. Iustin den Märtyrertod
erlitten haben); 219,10 (Nachfolger des
Antoninus Pius); 219,10 ff. (in seiner Zeit
und nach ihm Marcion, Tatian und die
Enkratiten). III 45,12 (ἕως Ἀδριανοῦ
lebt Ἰοῦστος, der 11. Bischof von
Jerusalem); 153,16 ff. (das Καισάριον in
Alexandria, das unter Constantius zur
Kirche umgebaut wurde, war zuerst ein
Ἀδριανόν!, später ein Λικινιανόν).

Ἀδωναῖος I 287,6 (= Ἐλωαῖος, bei den
Gnostikern Archon des 5. unter den acht
Himmeln).

Ἀειθαλής Presbyter in Alexandria,
Gesinnungsgenosse des Arius III 159,10
(Unterschrift des Briefes des Arius an
Alexander von Alexandrien).

Ἀείνους valentin. Äon I 386,3. 11;
392,9. 23; 402,10.

Ἀέριος, Ἀεριανοί I 22,4; 159,4; 161,7.
III 231,9 ff. (Aerius stammt von Pontus.
Er lebt noch zur Zeit, wo Epiph. schreibt
und war Presbyter des Eustathius von
Sebaste. Die Enttäuschung, daß er nicht
sofort Bischof wurde, hat ihn zu seinen
ketzerischen Meinungen verleitet. Wird
vollständiger Arianer, geht praktisch aber
noch weiter als sie. Er verbietet das Opfer
für die Verstorbenen und verbietet das
Fasten am Mittwoch und Freitag, in der
Tessarakoste und dem Passah. Er verlangt
Weltentsagung, erlaubt aber Fleischessen
und Schwelgerei. Wenn einer Fasten
will, so soll er es nicht an gebotenen
Tagen tun, sonst sei es gesetzlich. Es sei
kein Unterschied zwischen Presbyter
und Bischof); 333,1 ff. (ausführliche
Darstellung). 10 (er lebt jetzt noch). 11
(vollständiger Arianer, noch schlimmer
als Arius). 12 (beredt, daher hat er viele
verführt). 17 (war Genosse des Eustathius
von Sebaste in der Askese in Pontus). 20
(als Eustathius Bischof wurde, wurde er
eifersüchtig). 22 (Eustathius sucht ihn zu
gewinnen, indem er ihn zum Presbyter und
Vorsteher des πτωχοτροφεῖον macht,
aber der Gegensatz schwindet nicht).
31; 334,1 (schließlich zieht sich Aerius
zurück vom πτωχοτροφεῖον und fängt
nun an, Eustathius zu verleumden, daß er
sich kirchl. Gelder aneigne. Epiph. erklärt

das für Verleumdung). 7. 8. 20 (Nachdem er das πτωχοτροφεῖον verlassen hat, sammelt er eine Schar von Männern und Frauen um sich, mit denen er die Weltentsagung auf die Spitze treibt). 22 (Er wird aus den Städten, Dörfern und der Kirche ausgestoßen). 23 (er übernachtet mit ihnen oftmals auf dem Feld im Schnee, unter freiem Himmel oder unter Felsen). 26 (er bestreitet den Unterschied zwischen Bischof und Presbyter. Denn Handauflegung, Taufe, Eucharistie feiern, Vorsitz führen können Presbyter so gut wie ein Bischof); 335,1 (er verwirft die Passahfeier als jüd. Brauch unter Berufung auf 1. Kor 5,7). 4 (er verwirft das Gebet für die Toten). 11 (das vorgeschriebene Fasten ist jüdisch, daher wird häufig bei seinen Anhängern am Sonntag gefastet und am Mittwoch und Freitag gegessen). 17 (in der Fastenzeit vor Ostern essen sie Fleisch und trinken Wein. Sie lachen laut und verhöhnen die, die Askese treiben). 22 (Obwohl sie Enthaltsamkeit werben, ist doch Schwelgerei bei ihnen); 337,21 (Aerius lebt jetzt noch).

Ἀέτιος, Ἀέτιοι, Ἀετιανοί anderer Name für Ἀνόμοιοι, vgl. auch Εὐνομιανοί I 22,4f (Ἀέτιοι οἱ καὶ Ἀνόμοιοι, οἷς συνάπτεται Εὐνόμιος μᾶλλον δὲ ὁ ἄνομος); 76,14 (Ἀνόμοιοι); 159,5; 161,8 (Ἀεριανοὶ Ἀετίου τοῦ Ἀνομοίου, ᾧ συνήφθη Εὐνόμιος ὁ καὶ Ἄνομος). III 231,20ff. (Aëtius stammt aus Kilikien. Nicht von Georgius, dem arianischen Bischof von Alexandrien, zum Diakon gemacht worden. Sein Schüler ist der noch lebende Eunomius. Zu ihnen hielt auch Eudoxius, der sich aber später aus Furcht vor Constantius von ihnen getrennt hat. Aëtius ist von Constantius

verbannt worden. Sie rücken Christus und den hlg. Geist ganz fern von Gott und erklären sie als Geschöpfe, die nicht einmal Ähnlichkeit mit Gott besitzen. Sie wollen dies mit aristotelischen und geometrischen Beweisen erhärten. Die von ihnen herstammenden Eunomianer taufen jeden wieder, der zu ihnen kommt, auch die Arianer); 312,28 (seine Schüler waren Demophilus, Hypatius und Eunomius). 29 (er wurde εἰς τὰ τοῦ Ταύρου μέρη verbannt). 30 (er wurde von Georgius von Alexandrien zum Diakon gemacht). 31 (von ihm sind die Anhomöer ausgegangen); 340,14ff. (ausführliche Darstellung). 15f. (sie gehen zurück auf einen Diakon Aëtius). 16f. (Aëtius ist von Georgius von Alexandrien zum Diakon gemacht worden); 341,28. 30 (Aëtius von Haus aus ungebildet, hat sich in Alexandria im Unterricht über aristotelischen Philosophen Dialektik angeeignet); 342,1ff. (Seitdem strebt er danach, das Verhältnis des Logos zu Gott auf geometrische Weise darzulegen). 4 (er ist Arianer). 8ff. (er wird bei Constantius angeklagt und von ihm in die Gegend des Taurus verbannt. Dort breitet er seine Lehre aus). 13 (er behauptet, daß der Sohn dem Vater in der Gottheit unähnlich sei); 343,32 (er zieht aus dem arianischen Dogma von der Geschöpflichkeit des Sohnes die Folgerung, daß der Sohn dem Schöpfer seinem Wesen nach unähnlich sei); 344,1. 6 (er wird von den Arianern, von Eudoxius und Menophilus exkommuniziert). 9 (er behauptet aber dagegen vor dem Kaiser, daß Eudoxius und er dasselbe dächten, sie es aber nicht so wie er aussprächen). 11 (Constantius verbannt den Aëtius). 21 (Aëtius

behauptet, Gott so gut zu kennen wie
sich selbst). 23ff. (sie legen keinen Wert
auf den Ernst des Lebens, auf Fasten und
Gottesgebot, sondern nur auf die Lehre);
345,7ff. (sie berufen sich dabei auf Joh
17,3). 15ff. (Epiph. kann erzählen,
daß Aëtius gesagt hat: Fall : Unzucht =
Kratzen : Jucken). 29 (dieser Leichtsinn
ist eine Folge ihrer Lehren); 346,7f.
(Aëtius erklärt, das ἀγέννητον könne
dem γεννητόν nicht ähnlich sein;
schon der Name scheide beide); 350,20
(Ἀνόμοιος als Name für Aëtius); 351,5.
21 (das ποιημάτιον [συνταγμάτιον]
τοῦ Ἀνομοίου Ἀετίου bestehend aus
37 [36] Sätzen); 360,6 (Aëtius soll noch
300 ähnliche Sätze aufgestellt haben);
377,3 (Aëtius vermeidet es, gleich den
alten Arianern, den Eingeborenen Sohn
zu heißen); 389,22 (Ἀριστοτέλους,
τοῦ σοῦ ἐπιστάτου von Aëtius gesagt);
410,33 (bestätigt 37 Sätze); 411,22ff.
(Aëtius behauptet, daß er Gott so gut
kenne wie irgend etwas Sichtbares, wie
Stein und Holz, und er kennt Gott besser
als sich selbst); 414,11f. (Aëtius soll nach
dem Tod des Constantius unter Iulian aus
der Verbannung gerufen und vom Bischof
seiner Häresie zum Bischof befördert
worden sein).

Ἀέτιος arianischer Bischof von Lydda
III 157,3 (Brief des Arius an Eusebius
von Nikomedien: Eusebius von Caesarea,
Theodotus, Athanasius, Gregorius
ἀνάθεμα ἐγένοντο - wohl durch
Alexander von Alexandrien – weil sie das
zeitliche Vorhergehen des Vaters vor dem
Sohne lehren).

Ἀέτιος palästinensischer Bischof
II 81,12ff. (ältere Zeitgenosse des Epiph.,
ob Bischof von Eleutheropolis? Hebron?

Er verjagt den Archontiker Petrus aus
dem Dorf Kapharbaricha. Das muß vor
dem Tod des Constantius gewesen sein;
vgl. II 80,29 mit II 81,25ff.).

Ἀζαρίας judäischer König I 70,11
(Ὀζίαν, τὸν κληθέντα Ἀζαρίαν);
194,6 (Ἀζαρίαν τὸν καλούμενον
Ὀζίαν). 7 (Ἀζαρίας ὁ καὶ Ὀζίας).

Ἀζουρά II 76,27 (nach dem Jubiläenbuch
die Schwester und Frau des Seth).

Ἄζωτος III 301,9 (359 dort Charisius
Bischof).

Ἀθάμας III 510,17 (Mysterien des
Athamantus aus Melicertus).

Ἀθανάσιος Bischof von Alexandrien
I 2,20 (hat an die Kirche in Suedra in
Pamphylien einen Brief gerichtet; vor 374,
gegen die Pneumatomachen). III 49,2
(Ἀθανάσιος Ἀλεξανδρείας hat gegen
die Manichäer eine Streitschrift verfaßt);
147,5ff. (Athanasius war der Diakon des
Alexander von Alexandrien und ist von
diesem vor seinem Tod an das Hoflager
geschickt, daher nicht anwesend beim
Tod des Alexander). 7f. (Alexander hatte
angeordnet, daß nach seinem Tod kein
anderer als Athanasius gewählt wird. Das
bezeugt Athanasius selbst, der Klerus und
die ganze Gemeinde). 9ff. (die Melitianer
ergreifen die Gelegenheit und stellen
nach dem Tod von Alexander Theonas als
Bischof auf; er lebt noch drei Monate). 13
(Athanasius kommt nicht lange nach dem
Tod des Theonas nach Alexandria zurück
und nun wird er in Alexandrien Bischof).
17ff. (Er trägt schwer an dem Schisma
der Melitianer und sucht sie in die Kirche
hereinzunötigen). 21f. (Er besucht sehr
häufig die benachbarten Kirchen, insbes.
die der Mareotis). 22 (dabei dringt ein
Diakon mit einem Haufen Volks in

einen Gottesdienst der Melitianer und es zerbricht dabei eine Kerze – nach andern III 148,6 ein Abendmahlsgefäß. Daraus entsteht ein Kampf). 25 (seitdem beginnen die Machenschaften der Melitianer gegen Athanasius, wobei sie von Arianern unterstützt werden); 148,2 (sie verklagen Athanasius bei Constantin; Eusebius von Nikomedien hilft ihnen dabei, wegen der zerbrochenen Kerze – oder des zerbrochenen Abendmahlgefäßes. Andere sagen, daß ein Presbyter der Mareotis, Arsenius, geschlagen worden sei. Seine Hand wird im Hoflager gezeigt). 12 (Constantin ist sehr empört und ordnet die Einberufung einer Synode nach Tyrus in Phönikien an). 15 ff. (Eusebius von Caesarea von Constantin dort zum Richter bestellt. Hebt die Verhandlung auf wegen der Verdächtigungen, die Potamon ihm ins Gesicht schleudert); 149,12 (darauf von der Synode Ursacius und Valens nach Ägypten gesandt). 16 (sie bringen aus Ägypten einen schriftlichen Bericht mit, dessen Lügenhaftigkeit sie später in einem Brief an Iulius von Rom und auch an Athanasius selbst zugestehen). 25 (als Athanasius die Machenschaften sieht, entflieht er bei Nacht aus Tyrus zum Kaiser); 150,2 (der Kaiser traut ihm nicht, darum schleudert ihm Athanasius das Wort ins Gesicht, daß Gott zwischen ihnen richten wird). 6 (in seiner Abwesenheit verbannt ihn die Synode und lebt 12–14 Jahre in der Verbannung in Italien – bis zu seiner Rückkehr nach Constantins Tod). 10 ff. (während Athanasius in der Verbannung ist, wird – wie man sagt – Arsenius in Arabien aufgefunden und zeigt sich selbst Athanasius an. Athanasius soll ihm dann zu sich bestellt haben und

mit ihm zu Constans und Constantius gegangen sein: so wurde der Betrug entlarvt). 24 ff. (während der Verbannung hat Athanasius hohes Ansehen und freundliche Aufnahme gefunden in Rom und ganz Italien und beim Kaiser und seinen Söhnen). 27 (nach dem Tod Constantins wird er von den beiden Kaisern – Constantin und Constans – wieder nach Alexandria geschickt, während Constantius in Antiochia ihnen durch ein Schreiben zustimmt. Das geht hervor aus dem Schreiben, das die drei Kaiser an die Alexandriner und Athanasius selbst gerichtet haben); 151,1 ff. (er nimmt dann wieder seinen Bischofsstuhl ein, den in der Zwischenzeit der Arianer Gregorius innegehabt hatte). 4 (zweite Verbannung. Er wird bei Constantius verdächtigt durch Stephanus und verbannt – nicht gesagt, daß er dann zurückkehrte!). 5 (nachher! wieder! verdächtigt durch Leontius den Kastraten, wieder vertrieben, kehrt später wieder zurück: an seiner Stelle wird Georgius von Constantius gewählt. Athanasius entweicht und verbirgt sich bis zur Thronbesteigung Iulians und der Ermordung von Gregorius). 12 ff. (nach dem Tod Iulians und der Thronbesteigung des Jovian wird Athanasius vom Kaiser schriftlich zu sich eingeladen, sehr freundlich empfangen und wieder nach Alexandria geschickt). 17 (nach dem Tod des Jovian kommen über Athanasius wieder dieselben Verfolgungen. Aber er wird nicht von seinem Stuhl entfernt, weil die Alexandriner für ihn bitten im Gegensatz zu Lucius dem Arianer). 25 (nach dem Tod des Athanasius wird Lucius nach Alexandria geschickt und fügt dort dem treuen Diener Alexander und

Petrus, dem Nachfolger des Athanasius viel Schlimmes zu); 153,20ff. (Athanasius hat den unter Gregorius begonnenen Umbau des Caesareum vollendet und nach dem Brand unter Iulian zum zweiten Mal erstellt); 161,6 (daher, weil in Alexandria die Bischofswahl immer unverzüglich vorgenommen wird, wird zunächst Achillas gewählt – neben ihm von den Melitianern Theonas –, der aber nach drei Monaten stirbt. Sein Nachfolger wird dann Athanasius). 10 (Beim Tod des Bischofs Alexander – nach III 161,7 im Jahr der Synode von Nicaea – ist Athanasius abwesend. Er war als Diakon von Alexander an das Hoflager geschickt). 18ff. (Athanasius geht als Bischof streng gegen die Sonderversammlungen der Melitianer vor. Das zieht ihm dann vermöge der Gewalttätigkeiten der Arianer sogar Verbannungen zu); 265,23 (Er hat der Gemeinde des Marcellus in Ancyra Friedensbriefe geschrieben); 416,31 (bei ihm wie bei allen anderen Orthodoxen war Apollinaris von Laodicea ursprünglich hoch angesehen); 417,16ff. (die Akten einer gegen die Apollinaristen gehaltenen Synode wurden dem Athanasius zugestellt. Athanasius tadelt darauf den Epiktet, da er überhaupt die Apollinaristen einer Antwort gewürdigt hat). 25ff. (der Brief an Epiktet wörtlich aufgenommen).

᾿Αθανάσιος arianischer Bischof von Anazarbus III 157,3 (Brief des Arius an Eusebius von Nikomedien: Eusebius von Caesarea, Theodotus von Laodicea, Paulinus von Tyrus, Gregorius und Aëtius ἀνάθεμα ἐγένοντο – wohl durch Alexander von Alexandrien, weil sie das zeitliche Vorhergehen des Vaters gegenüber dem Sohn lehren).

᾿Αθηνᾶ die griech. Göttin I 129,3 (᾿Αθηναῖ δὲ γεγόνασιν οὐ μία, ἀλλὰ πολλαί· μία μὲν ῥεμβομένη καὶ περὶ τὴν Τριτωνίδα λίμνην ἀλωμένη, ἄλλη δὲ ἡ Ὠκεανοῦ, ἑτέρα δὲ ἡ Κρόνου καὶ πολλαὶ ἄλλαι); 242,2. 10. 14. 19 (er bezieht auf sie Eph 6,14); 234,8 (im Bild der Athena läßt Simon Magus die Helena verehren); 430,22; 459,2.

᾿Αθῆναι I 164,5; 183,24. II 403,8 (Origenes hat vielleicht in Athen studiert). III 509,14.

᾿Αθηναῖος I 445,18 (Athener ist nach den einen Clemens Alexandrinus). II 129,1 (nach Aristarch ist Homer Athener); 293,6; 294,4; 505,11; 507,3. 22. III 505,11; 507,3. 22.

᾿Αθηνόδωρος der Stoiker III 509,12 (᾿Αθηνόδωρος Ταρσεύς).

᾿Αθριβίτης I 256,10; 395,18 (sc. νομός).

᾿Αθύρ ägypt. Monatsname II 270,14; 293,21; 294,9; 299,8; 302,1.

Αἰγαίων II 44,20 (Βριάρεων ὃν καὶ Αἰγαίωνα καλοῦσιν).

Αἰγιαλεύς III 31,7 (ein γραμματικός, einer der Schiedsrichter in der Disputation zwischen Manes und Archelaus).

Αἰγυπτιακός I 104,16; 256,17. III 136,9.

Αἰγύπτιοι I 123,28ff. (im Tierdienst die weiteste Verirrung des Heidentums: die einzelnen Tiere aufgezählt); 124,17 (Wort des "Heraklit" über die Torheit des Götterbeweinens); 138,8 (ham. Stamm); 163,15 (sie haben zuerst Götterbilder eingeführt, mit den Babyloniern, Phrygern und Phönikiern); 179,3 (aus ihm haben dann Schriftsteller geschöpft). 7 (die 16. Dynastie der Ägypter gleichzeitig mit Ninus und Semiramis und mit Europs in Sikyon); 182,11 (die Ägypter verehren

Isis = Io = Atthis als Göttin). 14 (bei ihnen, den Phrygern, den Phönikiern und Ägyptern wurden zuerst Mysterien und Weihen erfunden). 15 (sie werden zu den Hellenen übertragen von Ägypten durch Cadmus und Inachus – Apis, dem Gründer von Memphis). 16; 204,21; 216,27ff. (bei den Ägyptern finden sich ähnliche Bräuche, wie die jüd. Passahbräuche: ein Frühjahrsanfang zur Zeit der Tag- und Nachtgleiche, Röteln der Schafe und der Bäume als apotropäisches Mittel, weil einmal an diesem Tag das Feuer die Erde verheert habe); 217,1; ; 256,8. 12. 17 (Αἰγυπτιακός); 326,15 (im Land der Ägypter hat Marcus gepredigt); 369,16; 372,8; 379,26 (die Beschneidung auch bei den ägypt. Priestern üblich). II 72,4 (ἐν τῇ τῶν Αἰγυπτίων χώρᾳ); 78,13 (ihr Stammvater ist Μιστρέμ); 128,29 (Homer wird von einigen für einen Ägypter gehalten); 256,5 (Marcus wird von Petrus nach Ägypten gesandt); 270,14; 284,13; 293,2. 14. 21; 298,20. 22. 24; 301,16; 337,22; 403,7; 409,19. III 17,7; 19,18; 111,15; 112,18; 124,23; 133,4. 7 (τὴν τῶν Αἰγυπτίων γλῶσσαν = koptisch). 20; 140,19 (ἐν τῇ τῶν Αἰγυπτίων χώρᾳ); 473,26ff. (die Ägypter verehren die Thermutis, die Tochter des Pharao Amenoph, die Mose aus dem Wasser zog, göttlich). 28; 489,12 (die ägypt. Götter); 511,6ff. (Kronos-Mysterien in Ägypten in Ἀστόν, einem Städtchen κατὰ τὸν Προσωπίτην νόμον; die Mysterien in Buto = Harpocrates). 14ff. (ausführlich geschildert). 29ff. (in Memphis und Heliopolis); 512,7ff. (Aufzählung weiterer ägypt. Mysterien). 18f (παρὰ δὲ Αἰγυπτίοις προφῆται καλούμενοι, τῶν ἀδύτων τε καὶ ἱερῶν ἀρχηγοί).

Αἰγύπτιος I 6,9; 104,15; 116,5; 126,16; 133,30; 134,2; 144,18; 181,22 (Αἰγυπτίων χώρᾳ); 367,25; 368,4. II 330,12.

Αἴγυπτος, ἡ I 1,3 (Epiph. hat dort seine Lehrjahre als Asket verlebt); 22,1 (dort ist das Schisma der Melitianer). 15; 68,4; 103,1 (ἐν Αἰγύπτῳ ... καὶ Θηβαΐδος); 133,31; 134,10 (vgl. I 134,4; 215 Jahre dauert die Knechtschaft in Ägypten). 17; 135,1. 7. 9. 11. 20; 137,3; 139,5; 143,19; 158,30; 160,27; 176,13 (Αἴγυπτος erhält Μιστρέμ bei der Verteilung der Erde); 181,19; 189,22. 23. 24. 28; 190,2 (55 Geschlechter lang sind Israeliten in Ägypten). 9. 19; 198,12; 228,17; 229,1. 2. 6; 247,2. 20 (dort wirkt Basilides); 256,8. 10 (ägypt. νομοί: Προσωπίτης, Ἀθριβίτης, Σαΐτης, Ἀλεξανδρειοπολίτης). 12 (Bedeutung von νομός); 259,9; 384,10 (Φρεβωνίτης, τῆς Αἰγύπτου Παραλιώτης); 395,16f. (in Ägypten hat Valentin gewirkt, dort sind noch Reste seiner Lehre im athribitischen und prosopitischen Gau, in der Thebais, der Küstengegend und dem Bezirk von Ἀλεξάνδρεια). II 72,4 (in Ägypten ist Epiph., wenn er sich recht erinnert, mit den Sethianern zusammengetroffen); 81,26; 94,2 (in Ägypten sind die Marcioniten noch zur Zeit des Epiph. verbreitet); 128,29 (aus Ägypten stammt nach einer Überlieferung Homer); 256,5 (Marcus wird, nachdem er in Rom sein Ev. geschrieben, von Petrus nach Ägypten geschickt); 259,1; 261,4 (εἰς γῆν Αἰγύπτου). 6 (εἰς Αἴγυπτον); 301,14 (nach verbreitetem Glauben wird am 6. Januar der Nil in Wein verwandelt, deshalb schöpft man allg. an diesem Tag in Ägypten Wasser,

um es aufzubewahren); 337,21 (zur Zeit
des Epiph. die Melchisedekianer heimlich
auch in Ägypten verbreitet); 391,5
(Ägypter-Ev. bei den Sabellianern); 409,19
(zur Zeit des Epiph. ist gerade bei den
Mönchen in Ägypten die origenistische
Häresie verbreitet). III 1,16; 2,3; 33,18
(dort wirkt Hermeias der Schüler des
Manes, noch Epiph. ist seinen Spuren
begegnet); 125,5 (die Teile von Ägypten);
133,2; 141,8. 12. 15 (die Teile der ägypt.
Diözese); 147,10; 148,18; 154,23; 155,4;
336,31; 431,18. 22; 447,31; 460,11. 13.
20. 22; 513,17.

"Αιδης   I 43,11. 14; 50,19; 92,19;
119,22. 25; 230,13; 266,15; 430,10;
II 155,11; 208,13. 14; 425,5; 505,2. 4;
521,3. III 114,19. 20; 119,23; 199,22.
24; 213,24bis. 27. 28. 30; 214,10. 11.
14; 215,6; 419,4; 423,6; 442,6; 483,7;
518,5.

Αἰθιοπία, Αἰθιοπίς I 67,18. 20 (μικρά
und μεγάλη Αἰθιοπία); 68,2. 3; 176,13
(Χοῦς erhält Αἰθιοπίς bei der Teilung
der Erde). 14. III 188,32; 510,1.

Αἰθίοψ   I 67,18; 138,7 (ham. Volk).
II 346,8; 351,7; 352,13; 404,7 (Origenes
mit der Vergewaltigung durch einen
Äthiopen bedroht).

Αἰλᾶν, Αἰλῶν III 16,11 (Αἰλᾶν, ἥτις
ἐστὶν ἐν τῇ θείᾳ γραφῇ, Gosen am
rotem Meer in der Thebais, von Epiph.
mit Ophir Salomons gleichgesetzt). 12.

Αἰλία   III 143,23 (in Aelia hat Melitius
eine eigene Kirche begründet).

'Ακάκιος   I 153,6 (Presbyter und
Archimandrit in der Gegend von Chalkis
und Beroia in Coele Syria – um 375). 13
(schreibt mit Paulus zusammen den Brief,
durch den er den Epiph. zur Abfassung des
Panarion auffordert); 155,1. 4; 170,27.

'Ακάκιος   von Caesarea III 259,25ff.
(er hat gegen Marcellus von Ancyra
geschrieben; später nachdem er seine
Stellung gewechselt hat, ist diese Schrift
von anderen benutzt worden, um
ihn zu überfahren). 28 (διαιρέσεις
ἀνὰ μέσον τῶν περὶ 'Ακάκιον καὶ
Βασίλειον τὸν Γαλάτην καὶ Γεώργιον
τὸν Λαοδικείας). 29; 260,3. 5ff.
(ein Stück aus der Gegenschrift gegen
Marcellus zitiert); 296,12ff. ('Ακάκιος ὁ
Παλαιστινὸς ὁ Καισαρείας bildet mit
Melitius, Uranius, Eutychius eine neue
Gruppe innerhalb des Semiarianismus
gegen Basilius von Ancyra und Georgius
von Laodicea: Anlaß für diese Trennung
ist Eifersucht gegen Cyrill von Jerusalem).
22ff. (er bekennt nicht das ὁμοούσιος
und auch nicht das κτίσμα ὡς ἕν τῶν
κτισμάτων und verheimlicht seine
arianische Gesinnung um der Orthodoxen
willen, die sich zu ihm halten). 34ff. (um
der heimlich Orthodoxen willen stellt
Acacius auf der Synode in Seleucia 359
seine arianische Gesinnung zurück. Aber
sie bekennen auch das ὁμοούσιος nicht,
sondern stellen ein anderes Bekenntnis
auf, in dem sie das ὁμοούσιος zusammen
mit dem ἀνόμοιος verwerfen); 297,8ff.
(dieses Bekenntnis von Seleucia 359).
31; 300,3 (seine Unterschrift darunter);
301,23: 302,1. 7 (er bildet mit Melitius
von Antiochien und Eutychius einen
besondere Gruppe). 15 (diese Gruppe
stellt den Melitius als Bischof von
Antiochien auf, in der Meinung, daß
er zu ihnen gehöre). 19. 22; 303,3;
311,25. 33; 312,4ff. (sein Nachfolger war
Euzoius, nachdem vorher drei andere, der
von Cyrill von Jerusalem aufgestellten
Philumenus, dann der von Eutychius

aufgestellte Cyrill ὁ γέρων, dann wieder der von Cyrill von Jerusalem aufgestellte Gelasius, es vergeblich versucht hatten).

Ἀκίβας Rabbi I 210,2 (Ἀκίβας οὕτω καλούμενος ἢ Βαρακίβας; auf ihn wird die zweite Schicht der Mischna zurückgeführt); 459,28. II 136,3 (seine Sammlung πρὸ τῶν· Βαβυλωνικῶν αἰχμαλωσιῶν).

Ἀκινάκης I 178,16 (bei den sauro-matischen Skythen verehrt).

Ἀκίνητος valentin. Äon I 386,5. 13; 392,15; 393,1; 402,6.

Ἀκούας (Ἀκούαν) III 13,22 (ein Veteran, der den Manichäismus aus Mesopotamien nach Eleutheropolis bringt; nach ihm heißen die Manichäer auch Ἀκουανῖται).

Ἀκουανῖται anderer Name für Μανιχαῖοι; s. dort. I 22,1; 158,29; 160,27. III 1,10; 13,21 (Erklärung des Namens).

Ἀκουιτανοί I 140,9 (Γάλλοι Ἀκουι-τανοὶ; japheth. Stamm).

Ἀκραγαντῖνος III 506,25.

Ἀκύλας der Bibelübersetzer I 54,11; 288,25 (seine Übersetzung von Σαβαώθ). II 408,1; 413,3; 419,3. III 6,26 (seine Übersetzung von Ps 109,3); 175,3. 5 (Übersetzung von Prov 8,22); 347,24 (seine Übersetzung von Jes 26,2).

Ἀλαβαστρῖτις (Ἀλαβαστράτις) III 125,11.

Ἀλβανοί japheth. Stamm I 140,2.

Ἀλεξάνδρα = Salina, jüd. Königin I 323,16. II 289,7.

Ἀλεξάνδρεια, Ἀλεξανδρεύς I 130,5 (dort Kanobus und Enmenuthis verehrt); 256,11; 384,11 (dort ist Valentin in hellenischer Bildung unterrichtet worden); 442,5 (μητρὸς δὲ Ἀλεξανδρείας von Epiphanes); 445,18 (Ἀλεξανδρεύς ist nach den einen Clemens Alexandrinus). II 285,13 (die Feier des 6. Januar im Κορεῖον in Alexandria); 287,3 (dieselbe Nachtfeier auch in Petra und Elusa begangen); 403,7 (in Alexandria wohnt Origenes); 404,14 (dort wird er zum Opfern gezwungen und siedelt deshalb nach Palaestina über). III 2,9; 49,2; 140,24 (in der Zeit der Verfolgung des Diocletian Petrus dort Bischof); 141,7. 8 (in dieser Zeit Hierocles dort ἔπαρχος). 11. 15; 143,12; 144,1 (Melitius in Alexandria). 5. 6 (in Alexandria steht jede Kirche unter einem Presbyter). 20; 145,8. 10; 147,5. 10 (in Alexandria haben die Melitianer – nach dem Tod des Melitius? – keinen Gegenbischof gegen die Orthodoxen aufgestellt). 11f. (sie stellen nach dem Tod des Alexander den Theonas auf); 149,14; 151,2 (während der ersten Verbannung des Athanasius war dort der Arianer Georgius Bischof). 6 (während der dritten – nach der Zählung des Epiph. – Gregorius: seine Ermordung und Verbrennung). 19ff. (nach dem Tod des Athanasius Verfolgung der Kirche durch Lucius). 29 (Petrus II. Nachfolger des Athanasius); 152,3. 14 (Petrus I.). 15. 16 (Alexander setzt den Arius ab). 21. 22. 24f. (die Ansiedlungen um eine Kirche herum heißen in Alexandria ἄμφοδοι oder λαῦραι); 153,1. 16 (in Alexandria das Caesareum – später Hadrianeum, dann Licinianeum – zu einer Kirche umgebaut, der Bau angefangen unter Gregorius, das erste Mal vollendet durch Athanasius, unter Iulian brennt die Kirche ab. Athanasius erstellt sie zum zweiten Mal). 23ff. (die einzelnen Kirchen aufgezählt: Διονυσίου, Θεωνᾶ, Πιερίου, Σεραπίωνος, Περσαίας,

Διζύας, Μενδιδίου, Ἀννιανοῦ, Βαυκάλεως); 157,23; 159,13; 160,16; 161,7ff. (Alexander stirbt im Jahr der Synode von Nicaea, während Athanasius abwesend ist, daher Achillas aufgestellt, der aber nach drei Monaten stirbt. Dann wird Athanasius Bischof). 12 (in Alexandria ist es Sitte, die Bischofswahl immer sofort nach dem Tod des Inhabers zu vollziehen); 163,20f. (zur Zeit, in der Epiph. den Panarion schreibt, verüben die Arianer Gewalttaten in Alexandria); 188,33; 231,21 (Georgius dort arianischer Bischof); 242,17 (Alexander von Alexandrien führt nunmehr heftigen Streit um das Opferfest); 269,23 (Zitat aus dem Schreiben der Synode von Ancyra); 300,1 (Georgius von Alexandria); 312,18 (Lucius von Alexandria, seine Gewalttätigkeit). 23 (Georgius von Alexandria, sein schmähliches Ende); 340,15ff. (die Ermordung des Georgius durch die Heiden); 341,11f. (er hat die Kinder ihres Erbes beraubt). 13ff. (er hat das Natron in seinen Besitz gebracht, die Papyrus- und Rohrpflanzungen und die Salzseen in seine Verwaltung gezogen). 16ff. (er hat die Beerdigungen zu seinem kirchl. Vorrecht gemacht: selber Träger und Bahren gestellt und nur durch sie beerdigen lassen). 32 (dort kommt Aëtius mit einem aristotelischen Philosophen zusammen); 417,25.

Ἀλεξανδρειοπολίτης I 256,11; 395,19 (sc. νομός).

Ἀλεξανδρεύς II 284,13; 403,7. III 17,5 (ἡ Ἀλεξανδρέων); 151,1. 10f. (die Alexandriner ermorden Georgius). 20 (sie bitten unter Valens für Athanasius gegen Lucius); 296,9; 302,3; 312,30 (Γεώργιος ὁ Ἀλεξανδρεύς); 340,17.

Ἀλέξανδρος ὁ Μακεδών I 183,2; 367,16 (er war nach 1. Makk 1,1 ein Kitier). III 47,2 (οὐ τοῦ Μακέδονος).

Ἀλέξανδρος Alexander Iannaeus, jüd. König I 323,14. 15. 18. II 136,4; 289,6.

Ἀλέξανδρος Alexander Severus, röm. Kaiser I 72,4 (regiert 13 Jahre). III 47,1 (Narcissus, Bischof von Jerusalem, lebt ἕως Ἀλεξάνδρου υἱοῦ Μαμαίας). 4 (Alexander, Bischof von Jerusalem, lebt ἕως Ἀλεξάνδρου τοῦ αὐτοῦ).

Ἀλέξανδρος röm. Bischof I 310,7.

Ἀλέξανδρος 25. Bischof von Jerusalem III 47,4 (lebt ἕως Ἀλεξάνδρου τοῦ αὐτοῦ - sc. υἱοῦ Μαμαίας).

Ἀλέξανδρος von Byzanz III 145,7 (unter ihm ist Arius in Konstantinopel wieder in die Kirchengemeinschaft aufgenommen worden); 146,21ff. (er soll den Arius in die Kirchengemeinschaft aufnehmen, betet aber am Tag vorher – am Samstag – zu Gott und bewirkt damit den schmählichen Tod des Arius); 160,13ff. (er soll den Arius aufnehmen – Eusebius droht ihm – da geschieht auf sein Gebet hin das Wunder des Todes des Arius).

Ἀλέξανδρος kleinasiatischer Bischof? III 284,8 (er unterschreibt die Denkschrift der homoiusianischen Synode von Ancyra).

Ἀλέξανδρος ägypt. Bischof unter Valens nach Diocaesarea verbannt III 265,9.

Ἀλέξανδρος Bischof von Alexandrien III 2,9 (Arius war sein Presbyter); 143,11f. (er ist der Nachfolger des Petrus von Alexandrien). 143,28; 144,3 (bei ihm zeigt Melitius den Arius an). 9 (er beruft darauf eine Synode von Bischöfen ein und zieht den Arius zur Rechenschaft). 14 (er stößt den hartnäckig bleibenden Arius aus der Kirchengemeinschaft aus). 17 (von Nikomedien aus schreibt Arius an Alexander). 19f. (Alexander veranlaßt Constantin, die Synode von Nicaea einzuberufen); 145,10ff. (nach dem Tod des Melitius verfolgt Alexander die Melitianer in Alexandrien und will sie zwingen, ihre Sonderversammlungen aufzugeben); 147,4ff. (Alexander von Alexandrien stirbt nach der Synode von Nicaea, während Athanasius sein Diakon, gerade im Hoflager, abwesend ist. Er hat angeordnet, daß Athanasius sein Nachfolger werden soll); 152,16 (Nachfolger des Petrus von Alexandrien, unter ihm die ἀκμή des Arius. Er setzt den Arius auf einer großen Synode ab und verbannt ihn aus Alexandria); 154,21f. (Alexander hat von den Ketzereien das Arius nichts bemerkt, bis ihn Melitius darauf aufmerksam macht); 155,8 (Alexander bestellt darauf den Arius zu sich und stellt ihn zur Rede). 10ff. (als Arius seine Ketzerei offen bekennt, versammelt Alexander seine Presbyter und die in Alexandria anwesenden Bischöfe – eine σύνοδος ἐνδημοῦσα – und stößt den Arius aus der Kirche aus und verbannt ihn aus der Stadt; mit ihm werden auch sein Anhang von Jungfrauen und Klerikern ausgetrieben). 23ff. (als Alexander hört, daß Arius in Palaestina bei den Bischöfen anzukommen sucht, schreibt er dorthin enzyklische Briefe an die einzelnen Bischöfe, 70 an der Zahl: an Eusebius von Caesarea, Macarius von Jerusalem, Asclepius von Gaza, Longinus von Askalon, Macrinus in Jamnia, in Phönikien dem Zeno in Tyrus und anderen, zugleich auch an die in der Coele. Er tadelt sie darin, daß sie Arius aufgenommen haben. Sie antworten

ihm alle, teils höhnisch, teils im Ernst, sich entschuldigend, daß sie Arius aufgenommen haben); 157,20ff. (von Nikomedien aus schreibt Arius einen Brief an Alexander von Alexandrien). 24ff. (der Brief selbst mitgeteilt); 159,14 (auf den Brief des Arius hin, schreibt Alexander an Constantin); 161,7f. (Alexander stirbt im Jahr der Synode von Nicaea, er hat als seinen Nachfolger Athanasius bezeichnet). 9ff. (Athanasius war eben von ihm in das Hoflager geschickt; daher und da man in Alexandria die Bischofswahl immer umgehend vornahm, Achillas – dagegen von den Melitianern Theonas – aufgestellt. Achillas stirbt nach drei Monaten. Dann wird Athanasius Bischof); 242,17 (er führt mit einem gewissen Κρισκέντιος einen heftigen Streit über das Opferfest).

Ἀλεώμ II 293,5 (Monatsname bei den Arabern, 21. Aleom = 6. Januar).

Ἀλήθεια valentin. Äon I 386,1. 9; 391,10; 392,5. 22. II 45,16 (die obere Μήτηρ = Σιγή bei Heracleon).

Ἄλκηστις I 105,7 (ihre Wiederbelebung).

Ἀλκιμίδης kleinasiatischer Bischof? III 284,8 (er unterschreibt die Denkschrift der homoiusianischen Synode von Ancyra).

Ἀλλογενής, Ἀλλογενεῖς II 75,11 (Bücher unter ihrem Namen bei den Sethianern); 82,13 (dieselben Bücher auch bei den Archontikern); 87,30 (Ἀλλογενής Name für Seth bei den Sethianern); 88,11 (Ἀλλογενεῖς heißen bei den Archontikern die sieben Söhne des Seth).

Ἄλογοι I 21,27 (Ἄλογοι, οἱ τὸ εὐαγγέλιον καὶ τὴν ἀποκάλυψιν Ἰωάννου μὴ δεχόμενοι); 158,19;

160,19. II 212,3ff. (der Name von Epiph. geschöpft; sie verwerfen das Johannes-Ev. und die Apok.); 248,21ff. (sie folgen auf die Kataphryger, Quintillianer und Tessareskaidekatiten); 250,5 (sie sind in Asia). 16 (der Name ihnen von Epiph. gegeben). 19 (sie verwerfen die Bücher des Johannes-Ev. – d.h. nach I 250,23 Ev. und Apok.); 251,10 (sie erklären, daß die johanneischen Schriften nicht von Johannes, sondern von Cerinth herrühren). 24ff. (sie sagen, daß die johanneischen Schriften nicht mit den übrigen Aposteln übereinstimmen); 252,2ff. (das Johannes-Ev. erzähle die Fleischwerdung des Logos und das Johannes-Zeugnis und den Anschluß der ersten Jünger; dann den Weggang nach Galilaea und die Hochzeit zu Kana – die anderen Evangelisten aber nach der Taufe die 40-tägige Versuchung, dann erst die Rückkehr und die Berufung der Jünger); 274,20 (er hat sie Aloger genannt, weil sie den von oben her gekommenen Gott Logos nicht annehmen). 22 (wörtliches Zitat: der Widerspruch, daß die anderen Evangelisten sagen, er sei vor Herodes geflohen nach Ägypten, dann nach Nazareth gegangen, habe die Taufe empfangen, sei in die Wüste gegangen, zurückgekehrt und hätte dann zu predigen angefangen, während das Johannes-Ev. gleich nach dem Anfang von der Hochzeit von Kana berichtet. Daher "lügt" das Johannes-Ev.); 275,23 (sie erklären das Johannes-Ev. für unkanonisch); 283,21 (sie behaupten, Johannes spräche von zwei Passah, weil die anderen Evangelisten nur von einem redeten); 299,16 (der Name ihnen von Epiph. beigelegt, weil sie den Logos verwerfen); 305,19 (sie spotten über

die sieben Engel und die sieben Trompeten in Apok 8,2). 23 (306,23 sie widerlegen Apok 2,25 mit der Behauptung, es gebe in Thyatira überhaupt keine christl. Kirche); 308,26 (sie verwerfen vielleicht auch die Briefe Johannes; nur Schlußfolgerung daraus, daß diese mit Ev. und Apok. übereinstimmten). 27ff. (sie greifen in der Apok 9,14. 15. 17 an, die Stelle von den gefesselten Engeln); 317,4f. (ein Ableger von ihnen sind die Theodotianer).

Ἀμαζόνες I 140,3 (japheth. Stamm). III 510,3.

Ἀμαρφάλ II 332,17.

Ἀμασίας anderer Name für Jechonja I. I 194,12 (τὸν Ἰεχονίαν, τὸν καὶ Σελοὺμ καλούμενον, ὃς καὶ Ἀμασίας ἐλέγετο).

Ἀμβρόσιος der Freund des Origenes II 405,14 (er war διαφανὴς ἐν αὐλαῖς βασιλικαῖς). 15 (vorher Häretiker, nach den einen Marcionit, nach den anderen Sabellianer). 16 (er wird durch Origenes zum orthodoxen Glauben gebracht). 19; 406,1 (er fordert Origenes auf, ihm die Schrift auszulegen und gewährt ihm die Mittel). 7.

Ἀμενώφ III 473,30 (Pharao in Ägypten zur Zeit Moses: seine Tochter Thermutis hat Mose aus dem Wasser gezogen).

Ἀμεσίας, Ἀμεσσίας judäischer König I 70,10; 194,6.

Ἀμιναδάβ (Ἀμιναδάμ) I 70,5; 142,12; 182,1. III 127,7f.

Ἄμμων, Ἀμμωνιακή das Gebiet der Oase Ammon III 125,7; 141,16.

Ἀμμώνιος III 156,21 (Überbringer des Briefes des Arius an Eusebius von Nikomedien).

Ἀμμώνιος ägypt. Bischof unter Valens nach Diocaesarea verbannt III 265,9.

'Αμορία nach der Legende ein Vorfahr des Elias III 328,8.

'Αμορραῖοι, 'Αμορραῖος I 124,1. 2. II 377,27; 396,9. III 124,16. 19. 24; 126,22; 142,19. 24; 126,18 ('Αμορραῖος ein Sohn des Kanaan).

'Αμράμ Vater des Mose; vgl. 'Αβραάμ 2 I 181,25; 190,7; 368,1f. II 328,10; 513,18.

'Αμφιάρεως I 105,11.

'Αμώς judäischer König I 70,12; 194,11.

'Αναγωγαυαῖοι I 195,13.

'Ανανίας der biblische, Act 5 I 16,9; 86,11; 145,28. II 373,9.

'Αναξαγόρας III 505,9.

'Αναξίλαος II 5,12 (seine Kindereien von dem Gnostiker Marcus aufgenommen; vgl. Irenaeus I 7,11).

'Αναξίμανδρος III 505,4.

'Αναξιμένης III 505,7.

'Ανατολή I 68,8. III 157,4 (Brief des Arius an Eusebius von Nikomedien = Diözese Oriens: Palaestina, Syrien).

'Ανατόλιος Schreiber des Epiph. I 149,26 (hat den Ancoratus geschrieben = Stenograph!). III 526,5 (derselbe hat das Panarion aufgenommen).

'Ανδρέας der Jünger, der Bruder des Petrus I 179,15; 231,21. II 216,5 (Andreas-Akten bei den Enkratiten); 267,12; 268,16 (er ist – nach Joh 1,40 – zunächst wieder zu seinem Beruf zurückgekehrt, war daher nicht auf der Hochzeit zu Kana, sondern ist erst später wieder – endgültig – berufen worden; vgl. II 269,4); 269,12 (daß Petrus und Andreas in Lk 5,1 Jesus ohne weiteres in ihr Schiff steigen lassen, beweist, daß sie ihn schon vorher kannten); 273,20ff. (bei der endgültigen Berufung ging Petrus als der Ältere voran). 25 (Andreas jünger als Petrus); 274,4

(Andreas war nicht auf der Hochzeit zu Kana); 276,6; 381,2 (Andreas-Akten bei den Apostolikern); 399,25f. (Andreas-Akten bei den Origenianern). III 461,15; 478,3.

'Ανδρέας Botaniker I 171,11.

''Ανθρωπος der Urmensch I 278,9 (bei den Gnostikern in der Anführung aus dem εὐαγγ. τελειώσεως); 386,1. 9 (valentin. Äon); 391,7. 9 (in der valentin. Urkunde als anderer, richtiger Name für den Πατὴρ τῆς 'Αληθείας – ebendort aber auch I 392,6. 22 als Name für den 5. Äon). II 45,12 (bei Heracleon ebenso wie bei Marcus als Name für den höchsten Äon, den Bythos; vgl. den von Epiph. übernommenen Bericht des Irenaeus).

'Ανιανός Bischof von Antiochia, 359 aufgestellt III 296,17 ('Ανιανὸν τὸν 'Αντιοχέα, τότε κατασταθέντα: er gehört zu der von Basilius von Ancyra und Georgius von Laodicea – im Gegensatz zu Acacius von Caesarea – geführten Gruppe des Semiarianismus); 302,13 (gehört zu der Gruppe des Basilius und Georgius, mit ihnen geht auch Cyrill von Jerusalem).

'Ανίκητος I 308,7 (röm. Bischof, Nachfolger des Pius, unter ihm kommt Marcellina nach Rom); 310,8. 11. II 171,26.

''Αννα die Mutter der Maria III 468,15; 480,9 (''Αννης). 10 (''Αννᾳ).

''Αννα die Prophetin aus Lk 2 I 228,8 (''Αννης). II 258,1. 17 (''Αννας). III 478,13; 516,9 (''Αννης).

''Αννα Schwester Jesu aus Josephs erster Ehe I 70,21 (wohl verderbte Lesart für Μαρία).

''Αννας Rabbi, Autorität der Mischna; s. auch 'Ιούδας. I 210,3 ('Αδδᾶν ἢ ''Ανναν τὸν καὶ 'Ιούδαν).

Ἀννιανός III 153,25 (in Alexandria eine Kirche Ἀννιανοῦ).

Ἀννουβίων ägypt. Bischof unter Valens nach Diocaesarea verbannt III 265,10.

Ἀνόμοιοι; s. auch Ἀέτιος. I 22,5; 76,14; 159,5. II 410,6 (sie stammen von Origenes ab). III 8,26; 231,21; 232,2; 312,26. 28 (Anhomöer, welche verbannt wurden). 31 (Aëtius ist ihr Urheber); 340,14 (ausführliche Darstellung). 15 (sie gehen auf Aëtius, den Diakon zurück, der von Georgius von Alexandrien befördert wurde); 413,24ff. (sie üben Kritik an Propheten und Aposteln, erklären, daß der Apostel als Mensch gesprochen).

Ἀνουβῖτις Nubien I 68,3.

Ἀντιδικομαριαμῖται I 22,7f (οἱ τὴν ἁγίαν Μαρίαν τὴν ἀειπάρθενον λέγοντες μετὰ τὸ τὸν σωτῆρα γεγεννηκέναι τῷ Ἰωσὴφ συνῆφθαι, οὕστινας ἐκλαέσαμεν Ἀντι-δικομαριαμίτας); 159,10; 161,14. III 415,12f. (Anakephalaiosis); 448,26ff. (vorläufiger Hinweis auf sie bei Apollinaris); 452,1ff. (ausführliche Darstellung). 4f. (sie finden sich in Arabien; Epiph. hat durch einige fromme Leute von ihnen gehört). 5 (Epiph. hat einen Brief gegen sie nach Arabien geschrieben, den er nach einigen Zusätzen und Abstrichen hier mitteilt). 9. 12 (sie behaupten, daß Joseph nach der Geburt Jesu noch mit Maria umgegangen sei). 13 (die Behauptung soll von Apollinaris aufgestellt worden sein, was Epiph. aber bezweifelt); 455,31 (scheint es, daß nur ein Einzelner – τινά – die Meinung vertritt; dagegen aber III 456,30).

Ἀντινόου (πόλις) III 512,8 (τά τε τοῦ Ἀντινόου τεμένη, καὶ τὰ ἐκεῖσε μυστήρια).

Ἀντίνοος der Liebling Hadrians I 130,2 (sein Grab in Antinoopolis; er ist bestattet von Hadrian ἐν λουσορίῳ πλοίῳ κείμενος).

Ἀντιόχεια (ἡ Ἀντιοχέων) in Syrien I 247,17 (dort wirkt Satornil); 267,17 (von dorther stammt Nicolaus); 314,22; 317,4; 322,2; 325,25 (der Name Χριστιανοί hier aufgekommen). II 174,12; 204,11 (Ἀντιόχεια πρὸς Δάφνην: dort sind die Anhänger Tatians verbreitet); 215,12 (in Ἀντιοχία Συρία finden sich Enkratiten); 230,10. III 3,5 (dort Paulus von Samosata in der Zeit des Aurelian und Probus Bischof); 150,29; 151,22 (in Antiochia hat Lucius, der arianische Gegenbischof gegen Athanasius, wohl die Bischofsweihe erhalten); 156,7 (Λεόντιος ὁ ἀπόκοπος ἐν Ἀντιοχείᾳ); 248,17; 268,18 (Ἀντιόχειαν Δάφνης ἤγουν Κοίλης Συρίας); 269,6f. (die Enkainiensynode in Antiochien und ihre ἔκθεσις πίστεως). 23; 270,16 (die Enkainiensynode in Antiochien und ihr Glaubensbekenntnis); 298,18; 302,3 (Εὐζώϊός τε Ἀντιοχείας). 13 (Ἀνιανῷ τῷ κατασταθέντι ἐπὶ τῆς Ἀντιοχέων). 18 (von den Acacianern wird Melitius als Bischof von Antiochien aufgestellt); 303,3; 309,5 (Melitius nach seiner Antrittspredigt wieder vertrieben). 8. 16 (seine Anhänger in Antiochien bekennen ganz orthodox); 434,13ff. (in Antiochien eine Gemeinde von Dimoiriten = Apollinaristen; ihr Bischof Vitalius; Epiph. ist dorthin gegangen, um zwischen ihm und Paulinus Frieden zu stiften); 488,9 (dort finden sich Messalianer).

Ἀντιοχεύς III 296,9. 18; 434,13 (ἐπὶ τῆς Ἀντιοχέων).

Ἀντίοχος ὁ Ἐπιφανής I 367,4. II 136,4.

Ἀντίπατρος I I 225,1 (nach Epiph. Name des Urgroßvaters des Herodes).

Ἀντίπατρος II der Vater von Herodes d.Gr. I 224,17 (er war Hierodule des Apoll in Askalon). 19 (sein Vater heißt wieder Herodes); 225,1 (er wurde von den Idumäern gefangen genommen und hat in Idumaea in der Gefangenschaft den Herodes gezeugt). 5 (er wird dann durch ein gemeinsam von seinen Mitbürgern aufgebrachtes Lösegeld befreit und kehrt zurück). 8 (später wird er mit Demetrius – Hyrcanus? – befreundet und zum Verwalter von Palaestina gemacht). 9 (er wird mit Augustus bekannt). 10 (weil er Iudaea verwaltet, läßt er sich beschneiden und beschneidet seinen Sohn Herodes). II 288,20 (Iudaea vollständig unterworfen im 13. Jahr des Augustus, 29 Jahre vor der Geburt Christi). 23 (schon von dem Regierungsantritt des Augustus an war vier Jahre lang ein Freundschaftsverhältnis zwischen Römern und Juden und ein Verwalter von dorther bestellt); 289,13 (Antipater zuerst fünf Jahre an der Spitze von Iudaea, dann vom 6. bis 9. Jahr des Augustus ἐπίτροπος); 290,2. III 460,9 (sein Sohn ist Herodes d.Gr.).

Ἀντίπυργος in Libyen III 301,2 (359 ist Serapion dort Bischof).

Ἀντισθένης III 507,22.

Ἀντωνῖνος Εὐσεβής Antoninus Pius, röm. Kaiser 138–161 n.Chr. (PIR² A 1513) I 71,16 (regiert 22 Jahre). II 204,6 (unter ihm soll Tatian seine Schule errichtet haben; vgl. II 219,10); 219,9 (in seinem 19. Jahr traten die Montanisten auf); 339,1f. III 45,18 (μέχρι ἐνδεκάτου Ἀντωνίου ist

Judas, der 15. Bischof von Jerusalem, der letzte aus der Beschneidung, Bischof gewesen); 46,8 (μέχρις δεκάτου ἔτους Ἀντωνίνου εὐσεβοῦς lebt Iulian der 20. Bischof von Jerusalem).

Ἀντωνῖνος s. Αὐρήλιος, Μάρκος Α. Ἀντωνῖνος.

Ἀντωνῖνος ‹Ἡλιογάβαλος›; s. Ἡλιογάβαλος. I 72,3 (regiert ἔτη δ̄).

Ἀντωνῖνος ‹Καράκαλλος› s. Καράκαλλος I 72,2 (regiert ἔτη ζ̄). III 46,27 (Γόρδιος - ἕως Ἀντωνίνου).

Ἀντωνῖνος der 27. Bischof von Jerusalem III 46,18.

Ἀνύσιος III 250,24 (Diakon des Basilius von Ancyra, der bei dem über Photin von Sirmium abgefallenen Gericht als Schnellschreiber tätig ist).

Ἀξωμῖται I 139,4 (ham. Stamm). II 78,13 (ihr Stammvater ist Ψοῦς).

Ἀξωμιτικός I 176,14.

Ἀξωμῖτις I 68,4. III 125,11.

Ἀπαμεύς III 509,10 (Ποσειδώνιος Ἀπαμεύς).

Ἀπελλαῖος griech. Monatsname I 204,22 (röm. August = jüd. Θεσρί = ägypt. Μεσορί = maked. Γορπιαῖος). II 294,3 (maked. 16. Apellaius = 8. November).

Ἀπελλῆς I 232,9 (war einer der 72 Jünger). II 189,15f. (nicht der, der in Röm 16,10 empfohlen wird).

Ἀπελλῆς der Gnostiker, Ἀπελληϊανοί I 21,23; 158,13; 160,11. II 3,16ff. (Apelles macht ebenso wie Marcion und der alte Lukian die Schöpfung und den Schöpfer schlecht, lehrt aber nicht drei Prinzipien, sondern nur einen unnennbaren Gott. Dieser habe einen anderen geschaffen, der als Böser die Welt in seiner Bosheit schuf). 22 (an Apelles schließt sich Severus an); 189,15 (folgt auf Lukian als dessen Mitschüler). 18 (Schüler des Marcion). 19ff. (er tritt gegen Marcion auf); 190,10ff. (er bestritt die Lehre von den τρεῖς ἀρχαί und erkennt nur eine ἀρχή, den guten Gott an, der unbenannt ist). 13 (dieser höchste Gott kümmert sich nicht um das, was hier geschieht); 191,1ff. (aber er hat einen zweiten Gott geschaffen, der die Welt gemacht hat. Aber da er nicht gut war, ist auch die Welt entsprechend geworden). 19ff. (Christus ist erschienen am Ende der Zeit als Sohn des oberen guten Gottes und mit ihm der hlg. Geist zur Rettung derer, die zu seiner Erkenntnis kamen); 192,1ff. (er hat in Wirklichkeit Fleisch angenommen, aber nicht von Maria, sondern indem er aus den vier Elementen sich einen Leib bereitete). 13ff. (mit diesem ist er in der Welt erschienen, hat die höhere Erkenntnis gelehrt, die Verachtung des Weltschöpfers, indem er zugleich zeigt, was in der Schrift von ihm selbst herstammt und was vom Weltschöpfer). 16ff. (so versteht er das Wort von den guten Wechslern); 193,3ff. (nach der Kreuzigung hat er sein Fleisch den Jüngern gezeigt, aber dann bei der Himmelfahrt die Bestandteile den einzelnen Elementen zurückgegeben); 194,17ff. (er leugnet ebenso wie Marcion die Auferstehung des Fleisches); 196,9 (er nimmt willkürlich aus der Bibel heraus, was ihm paßt); 199,14 (auf ihn folgt Severus).

'Απηλγημένοι indische Sekte III 509,28.

῏Απις der Kappadokier I 125,2. 9 (Inachus; seine Tochter Io = Isis = Atthis); 126,14 (῏Απις βασιλεύς = Serapis in Sinope zum Gott gemacht); 182,16 (er gründet Memphis, heißt später Inachus

und überträgt mit Cadmus zusammen die Mysterien von Ägypten zu den Hellenen).

῏Απις der Stier I 125,2 (von Kampys = Kambyses niedergestochen).

'Απογονικός bei den Paphiern II 294,2 (16. Apogonikus bei den Paphiern = 8. November).

'Απολινάριος von Laodicea; s. auch Διμοιρῖται. I 371,14 (lehrt ὁμοούσιον τὸ σῶμα τῇ θεότητι). III 49,3 (hat eine Streitschrift gegen die Manichäer geschrieben); 416,31ff (ὁ πρεσβύτης καὶ σεμνοπρεπής, ὁ ἀεὶ ἡμῖν ἀγαπητὸς καὶ τῷ μακαρίτῃ πάπᾳ 'Αθανασίῳ καὶ πᾶσιν ὀρθοδόξοις, 'Απολινάριος ὁ ἀπὸ Λαοδικείας); 437,25ff (ἀπὸ τοῦ προειρημένου λογιωτάτου ἀνδρὸς ... παιδείᾳ γὰρ οὐ τῇ τυχούσῃ ὁ ἀνὴρ ἐξήσκηται, ἀπὸ τῆς τῶν λόγων προπαιδεύσεώς τε καὶ Ἑλληνικῆς διδασκαλίας ὁρμώμενος, πᾶσάν τε διαλεκτικὴν καὶ σοφιστικὴν πεπαιδευμένος, ἀλλὰ καὶ τὸν ἄλλον βίον σεμνότατος, † καὶ τῶν πρὸς ὀρθοδόξους ἀεὶ ἐν ἀγάπῃ ἐν πρώτῳ ἀριθμῷ [ὅς‹ καὶ πρὸς τῶν ὀρθοδόξων ἀεὶ ἐν ἀγάπῃ ἐν πρώτῳ ‹τε›] ταττόμενος ἕως τούτου τοῦ λόγου διέμεινεν); 437,31 (Apolinarius ist verbannt worden ἀλλὰ καὶ ἐξορίαν ὑπέμεινε, διὰ τὸ μὴ ‹βούλεσθαι› τοῖς 'Αρειανοῖς συγκατιέναι); 438,23 (Epiph. nennt ihn ὁ αὐτὸς εὐλαβέστατος 'Απολινάριος, auch dort wo er sich anschickt, ihn zu bekämpfen); 452,14 (τοῦ πρεσβύτου 'Απολιναρίου, von ihm soll die antidikomarianische Behauptung aufgestellt worden sein).

'Απολλινάριοι, 'Απολιναρῖται; s. auch Διμοιρῖται. I 22,7; 159,7. III 415,5.

Ἀπολλόδωρος Vater des Philosophen Archelaus III 505,11.

Ἀπόλλων I 123,27; 164,2; 224,18; 389,20; 459,2. III 118,29ff. (der Mythus von Apollo in Daphne).

Ἀπολλώνιος comes Caesaris bei Antoninus (= Caracalla?); II 339,5.

Ἀπολλώνιος Bischof von Oxyrhynchus III 300,19 (unterschreibt 359 in Seleucia das acacianische Glaubensbekenntnis).

Ἀποπάκται, Ἀποτακτικοί anderer Name für die Ἀποστολικοί; s. dort. I 21,31; 158,26; 160,22. II 213,18; 380,12; 387,14.

Ἀποστολικοί I 21,30 (Ἀποστολικοί, ‹οἱ καὶ› Ἀποτάκται); 158,25; 160,22 (beide Male Ἀποτακτικοί). II 213,18ff. (die Ἀποστολικοί = Ἀποτακτικοί wohnen ebenso in Pisidien, sie nehmen nur Apotaktiker auf und beten für sich, sie ähneln den Enkratiten, denken aber in manchem anders); 380,10ff. (Ἀποστολικοί, anderen Name Ἀποτακτικοί). 11 (sie halten streng auf Eigentumslosigkeit; s. auch II 380,16). 13 (sie sind ein Ableger von Tatian, den Enkratiten und den Katharern). 15 (sie erkennen die Ehe nicht an; sie feiern das Abendmahl mit Wasser). 18 (sie nehmen keinen Gefallenen auf); 381,1ff. (sie gebrauchen Andreas- und Thomas-Akten); 382,4 (sie sind verbreitet in Phrygien, Kilikien und Pamphylien); 387,14.

Ἀπουλήιος Sex. Apuleius Sex. f., röm. Consul 14 n.Chr. (PIR² A 962; nach Epiph. 16 n.Chr.) II 291,3.

Ἄραβες I 137,11 (Ἄραβες οἱ καὶ Ταϊανοί sem. Stamm). II 78,14 (ihr Stammvater Ἀρμώτ); 293,5; 294,2. III 452,17.

Ἀραβία I 180,7 (εὐδαίμων Ἀραβία dort wohnen die sechs Söhne Abrahams von der Chettura); 226,21; 335,19 (über die Sage von Cocaba und Arabia hat sich Epiph. in anderen Schriften ausgesprochen). II 81,16; 94,2 (in Arabien sind die Marcioniten noch zur Zeit des Epiph. verbreitet); 212,13f (Ἀραβία, καθύπερθεν τῆς νεκρᾶς θαλάσσης κειμένη χώρα dort sitzen die Sampsäer = Elkesäer); 213,9 (Ἀραβία τῆς Φιλαδελφίας); 286,8 (Petra die μητρόπολις τῆς Ἀραβίας); 301,12; 325,12 (ἐν τῇ Πέτρᾳ τῆς Ἀραβίας). III 16,4 (ἀπὸ τῆς Σαρακηνίας ... κατὰ δὲ τὰ τέρματα τῆς Παλαιστίνης τουτέστιν ἐν τῇ Ἀραβίᾳ); 115,21; 150,12; 248,29; 301,12 (Βαρόχιος ἐπίσκοπος Ἀραβίας); 448,30 (dort die Antidikomariamiten. Epiph. hat dorthin einen Brief geschrieben); 452,4. 21; 473,9 (dort auch die Kollyridianerinnen); 475,29. 31; 476,19.

Ἀραβικός I 104,11. II 286,9; 358,4. III 503,31.

Ἀραβίων Kastell in Mesopotamien III 25,12 (dort hält sich Manes auf, als er den Brief an Marcellus schreibt); 28,9 (ἀνὰ μέσον τῶν Περσῶν καὶ ἀνὰ μέσον τῆς Μεσοποταμίας); 33,8.

Ἀραβίων ? Bischof von Adraa III 301,8 (unterschreibt 359 in Seleucia das acacianische Glaubensbekenntnis).

Ἀράδιος Nachkomme Kanaans I 142,4.

Ἀράμ I 70,5; 142,12; 181,26; 188,11 (verderbt?). III 127,7.

Ἀραράτ I 174,3 (auf dem Gebirge Ararat ist die Arche stehengeblieben); 175,18.

Ἀρατατά kappadokischer Monatsname II 294,4 (15. Aratata = 8. November).

Ἀργειφόντης II 45,3.

Ἄργος II 44,21; 45,3.

Ἀρεθούσια (= Ἀρέθουσα) III 295,5
(Μάρκος ὁ ἐπίσκοπος Ἀρεθουσίας).

Ἀρειομανῖται; s. auch Ἄρειος. I 22,2;
144,20. 25; 158,31. III 2,6; 152,13;
160,32 (Ἀρειομανῖτις αἵρεσις);
268,5.

Ἄρειος I, Ἀρειανοί I 8,14 (sie erklären Christus zum θεός, auch zum
θεὸν θετόν); 20,28 (οἱ τῆς Ἀρείου
αἱρέσεως); 22,2 (Ἀρειανοί, οἱ καὶ
Ἀρειομανῖται); 26,11 (gegen die
Behauptung, daß der Sohn nur Werkzeug
des Vaters ist). 15 (Ἄρειος); 42,19
(Arius behauptet, wie Lukian, daß der
Logos nur das Fleisch, nicht auch eine
Seele angenommen habe); 45,14; 60,32
(die Arianer sagen trügerisch auch, daß
der Geist den Sohn ἀχρόνως gezeugt
hat); 76,14 (Ἀρειανοί); 144,20. 25
(Ἀρειομανῖται, die ἀσεβέστατοι, sie
reißen den Sohn von der οὐσία des Vaters
los, erklären ihn nicht für ὁμότιμος mit
dem Vater und leugnen, daß er aus der
οὐσία des Vaters geboren sei); 145,15 (sie
werden widerlegt durch Joh 14,10). 18;
158,31; 161,1; 340,10 (in Scythopolis
ist Joseph, der frühere jüd. Apostel, der
einzige Nichtarianer. Patrophilus, der
Bischof, verfolgt dort die Orthodoxen).
II 186,26 (sie rechnen Lukian zu den
Märtyrern); 355,8 (behauptet, daß der
Sohn ἀλλότριος τοῦ πατρός sei); 379,5
(die Donatisten lehren wie Arius); 392,5;
393,10; 397,16; 410,6 (Arius stammt
von Origenes ab). III 2,4 (jetzt sind die
Melitianer mit ihnen verschmolzen). 6ff.
(Anakephalaiosis = Ἀρειομανῖται. Sie
erklären den Sohn Gottes für ein Geschöpf
und den Geist für das Geschöpf eines
Geschöpfes; sagen, daß der Erlöser nur

das Fleisch von Maria empfangen habe,
nicht die Seele); 8,25; 47,15; 152,13ff.
(ausführliche Darstellung); 437,32.

Ἄρειος II   I 20,28; 26,15; 37,11;
42,19. II 356,8; 357,9; 379,5. 7 (die
Donatisten haben seinen Glauben);
392,5; 393,10; 397,16; 410,6.   III 2,9
(er ist ein Presbyter des Alexander von
Alexandrien); 144,3. 5 (von der Kirche in
Baucalis). 10. 11. 13. 16. 22 (die Häresie
des Arius wird in Nicaea verdammt).
24 (er schwört vor Constantin, daß er
orthodox sei); 145,4; 146,3ff. (Eusebius
von Nikomedien verlangt es von der
melitianischen Gesandtschaft als Preis für
eine Audienz bei Constantin, daß sie Arius
in ihre Kirchengemeinschaft aufnehmen.
Er leitet dadurch die Verschmelzung
zwischen Arianern und Melitianern ein).
24ff. (Tod des Arius); 148,1; 151,3. 4
(Stephanus von Antiochien). 6 (Leontius
der Kastrat). 7 (Georgius von Alexandria).
21ff. (Lucius); 152,13ff. (ausführliche
Darstellung). 16 (seine ἀκμή in der
Zeit Alexanders von Alexandrien). 18
(Alexander von Alexandrien hat auf
einer großen Synode den Arius abgesetzt
und aus Alexandria verbannt). 19 (soll
Λίβυς τῷ γένει gewesen sein). 20
(in Alexandria Presbyter geworden). 21
(steht der Kirche in Baucalis vor). 21ff.;
153,1 (er lebt in der Zeit Constantins).
26 (die eigentümliche kirchl. Einteilung
Alexandrias – daß jede Kirche einem
Presbyter zugeteilt ist – ermöglicht
die Bildung von Personalgemeinden.
Neben Arius gewinnen auch Κόλλουθος,
Καρπώνης, Σαρματᾶς einen Anhang);
154,4 (jeder ist bestrebt, in seiner
Predigt etwas Besonderes vorzutragen).
7 (die Leute nennen sich nach ihnen

Κολλουθιανοί oder 'Αρειανοί). 10 (der besondere Anhang des Colluthus löst sich alsbald wieder auf). 12 (Arius ist γέρων). 12 ff. (Charakterschilderung des Arius: er ist ὑπερμήκης, κατηφὴς τὸ εἶδος und gewinnt durch sein verstelltes Wesen – er trägt immer den ἡμιφόριον und κολοβίων – ist freundlich, gewinnend in seinem Auftreten). 16 ff. (daher gewinnt er einen großen Anhang: 700 Jungfrauen, sieben Presbyter und zwölf Diakone). 20 (sogar Bischöfe treten auf seine Seite, wie Secundus von Pentapolis). 22 ff. (Alexander hat von den Ketzereien des Arius nichts bemerkt, bis ihn Melitius darauf aufmerksam macht); 155,9 ff. (Alexander läßt den Arius kommen und stellt ihn zur Rede. Arius hat – wie seine Briefe und die folgende Untersuchung beweisen – aus seiner Ketzerei keinen Hehl gemacht). 12 ff. (darauf beruft Alexander das Presbyterium und die anwesenden Bischöfe und untersucht den Fall. Als Arius sich nicht unterwirft, stößt Alexander den Arius mit seinem Anhang und Jungfrauen und Klerikern aus der Kirche aus und verbannt den Arius aus der Stadt). 18 (inzwischen stirbt Melitius). 20 ff. (darauf flieht Arius von Alexandria nach Palaestina und sucht dort bei den Bischöfen Anschluß). 25 (Alexander schreibt, als ihm dies zu Ohren kommt, Rundbriefe an die Bischöfe von Palaestina; 70 an der Zahl. An Eusebius von Caesarea, Macarius von Jerusalem, Asclepius von Gaza, Longinus von Askalon, Macrinus von Jamnia, Zeno von Tyrus und an die in der Coele. Sie antworten darauf teils höhnisch, teils im Ernst).

"Αρης Ι 123,21 (entspricht dem πάθος des αἱμοβόρος); 211,18.

'Αριανοί sem. Volk I 137,11.

'Αριηλῖτις I 217,22 (von dort gehen die Ossäer/Ossener aus).

'Αριμαθαία II 194,7; 341,14.

'Αρίσταρχος der Homer-Kritiker II 129,1.

'Αριστοτέλης I 157,7 (Πυθαγόρειοι εἴτουν Περιπατητικοί, διὰ τῶν περὶ 'Αριστοτέλην διαιρεθεῖσα); 311,4 (sein Bild bei den Karpokratianern verehrt); III 218,31; 389,22; 508,4.

'Αριώχ II 332,18.

'Αρμενία I 68,9. 13; 175,18. II 80,27 ff. (μεγάλη und μικρὰ 'Αρμενία, dorthin ist durch Eutactus, der in der Zeit des Constantius, gegen das Ende seiner Regierung von Armenien nach Palaestina gekommen war, die Häresie der Archontiker übertragen worden); 82,2. 4.

'Αρμένιοι I 68,10; 140,2 (japheth. Stamm); 138,3 (sem. Volk, die Urumäer); 174,3.

'Αρμώτ Stammvater der "Αραβες II 78,13.

'Αρνών II 315,3 (in Moabitis).

'Αρούγκιος L. Arruntius, röm. Consul 6 n.Chr. (PIR² A 1130; nach Epiph. 7 n. Chr.) II 290,13.

'Αρουκαῖος Nachkomme Kanaans I 140,4.

'Αρραῖοι japheth. Stamm I 140,3.

'Αρράν I 178,9 (der erste Fall, in dem ein Sohn vor dem Vater stirbt, wegen des Götzendienstes).

'Αρσινοΐτης I 395,18 (sc. νομός).

"Αρτεμις I 123,25; 129,6 (die verschiedenen 'Αρτέμιδες); 219,2 (Artemis in Susa).

'Αρτοτυρῖται gehören zu den Πεπουζιανοί; s. dort.

'Αρφάλ I 177,2 (von Nimrod gegründet).

'Αρφαξάδ I 69,29; 142,1. 5; 174,10.
II 332,12. 15. 20. III 127,3.

'Αρχέλαος der Sohn des Herodes I 228,19;
229,5 (er regiert 9 Jahre). 8 (sein Sohn ist
nach Epiph. sein Nachfolger Herodes der
Jüngere). II 261,9 (Archelaus folgt auf
Herodes, nachdem dieser im 37. Jahr
seiner Regierung gestorben war; er regiert
9 Jahre). 13.

'Αρχοντικοί I 21,22; 158,11; 160,10.
II 2,15 ff. (sie führen die Welt auf eine
Reihe von ἄρχοντες zurück. Sie machen
sich auch gewisser Abscheulichkeiten
schuldig. Sie verwerfen die Auferstehung
und verlästern das AT. Sie gebrauchen das
AT und NT, verdrehen aber dabei jeden
Ausdruck nach ihrem Sinn); 80,24 ff. (sie
sind nicht weit verbreitet, sondern nur
in Palaestina; sie haben ihr Gift jedoch
auch nach Groß-Armenien übertragen,
aber auch nach Klein-Armenien ist
es hingebracht worden – durch einen
Eutactus, der gegen das Ende der
Regierung des Constantius von Armenien
nach Palaestina kam); 81,1 ff. (Eutactus
hat die Irrlehre von einem gewissen
Petrus übernommen, der in der Gegend
von Eleutheropolis und Jerusalem in dem
Dorf Kapharbaricha als Einsiedler lebte,
später in Cocaba, dann wieder am alten
Ort). 25 ff. (Eutactus besucht ihn auf der
Rückreise von Ägypten und überträgt
dann seine Häresie nach Armenien);
82,8 ff. (sie haben selbst Apokryphen
hervorgebracht, die Συμφωνία μικρά
und μεγάλη, benutzen aber die Bücher
'Αλλογενεῖς und entnehmen auch aus
dem 'Αναβατικὸν 'Ησαΐα Handhaben).
15 (die Συμφωνία lehrt eine ὀγδοάς
und eine ἑβδομάς von Himmeln; an

der Spitze eines jeden einen Archon
mit seinen τάξεις = ὑπηρεσίαι; die
φωτεινὴ Μήτηρ im 8. Himmel). 20
(einige beflecken sich in Schwelgerei,
anderen heucheln Fasten und eine Art
Weltentsagung). 24 ff. 26 (sie glauben
nicht an die Auferstehung des Fleisches,
sondern nur der Seele). 27 (sie verwerfen
die Taufe und das Abendmahl als auf den
Namen des Sabaoth geschehen); 85,14 ff.
(sie sagen der Teufel sei ein Sohn der
7. Macht, d.h. des Sabaoth, der auf der
Erde seinem Vater Widerstand leiste). 19 ff.
(Kain und Abel seien vom Satan aus Eva
erzeugt und miteinander in Streit geraten,
weil sie beide ihre Schwester geliebt
hätten); 87,27 ff. (Seth = 'Αλλογενής
dagegen sei von Adam mit Eva erzeugt,
dann aber von Dienern der oberen Macht
in den Himmel entführt und dort erzogen
worden; nach langer Zeit sei er wieder
herabgestiegen von den höheren Mächten,
πνευματικός geworden und habe die
Kenntnis des höheren Gottes verbreitet);
88,8 ff. (sie haben Bücher auf den Namen
des Seth erdichtet). 10 (auch Bücher auf
den Namen seiner sieben Söhne, der
'Αλλογενεῖς, wie die Gnostiker und
Sethianer). 12 ff. (sie rühmen sich auch
anderer Propheten, eines Martiades und
Μαρσιανός, die drei Tage in den Himmel
entrückt gewesen seien); 200,16 ff. (hätten
sie ebenso wie die Severianer gelehrt, daß
das Weib vom Satan herstamme).

'Ασά, 'Ασάφ judäischer König I 70,9
('Ασάφ); 194,4 ('Ασά).

'Ασαμωναῖος I 210,3 (die υἱοὶ
'Ασαμωναίου der Verfasser der 4. Schicht
der Mischna); 460,1. II 136,4.

'Ασία I 130,4; 176,1; 235,23 (in Asia
lehrt Carpocrates); 313,18 (in Asia wirkt

Cerinth); 315,8; 318,16; 320,17; 357,12 (in Asia wirkt Ebion); 365,9ff. (dort trifft Johannes mit ihm im Bad zusammen – Übertragung der Geschichte von Cerinth auf Ebion). II 8,24; 213,3 (aus Smyrna τῆς Ἀσίας); 215,10 (in Asia auch die Enkratiten verbreitet); 250,5 (gegen die in Asia lehrenden Ebion und Cerinth schreibt Johannes sein Ev.); 264,1. III 269,24; 320,2; 462,5.

Ἀσκαλωνίτης I 224,18; 225,7.

Ἀσκληπιός I 105,12. III 155,29.

Ἀσούρ I 177,1 (stammt vom Himmel ab).

Ἀσσύριοι I 68,10; 125,3 (Kambyses Assyrer-König); 137,12 (sem. Volk); 166,14; 175,20; 177,3f (ἐν τῇ Ἀσσυρίων χώρᾳ hat Nimrod θειράς, θόβελ und Λόβον gegründet); 179,6 (Ninus und Semiramis bei den Assyrern, sind gleichzeitig mit Abraham, mit der 16. ägypt. Dynastie und mit Europs in Sikyon); 196,9; 197,7. II 43,10; 77,28 (Babylon ἐν τῇ Ἀσσυρίων γῇ); 309,7. 9. III 229,8; 504,5.

Ἀστάρθ = Ἀστοριανή II 326,3 (nach apokryphen Nachrichten Name der Mutter Melchisedeks).

Ἀσταρώθ I 335,12 (Καρναὶμ ἡ καὶ Ἀσταρώθ).

Ἀστέριος der Kreter I 130,7 (sein Sklave Marnas wird in Gaza göttlich verehrt).

Ἀστοριανή = Ἀστάρθ.

Ἀστυπαλαία I 139,7 (von Hamiten bewohnt).

Ἀσώρ I 70,15.

Ἀταρτᾶ Monatsname bei den Kappadokiern II 293,6 (13. Atarta = 6. Januar).

Ἀτθίς I 125,8 (Isis = Io, die Tochter des Apis = Inachus); 182,8ff. 9 (nach ihr heißt Attika).

Ἀττική das Land I 182,9 (heißt nach Atthis = Io = Isis, der Tochter des Inachus).

Αὐγαλαῖοι ham. Volk I 139,2.

Αὔγαρος = Abgar IX. von Edessa II 338,9 (mit ihm Bardesanes befreundet).

Αὔγουστος C. (Octavius) Iulius Caesar, röm. Kaiser 27 v.–14 n.Chr. (PIR² I 215) I 71,7 (im 42. Jahr des Augustus ist Christus geboren). 8 (Augustus regiert 56 Jahre und 6 Monate); 225,9. 12 (Herodes d.Gr. bleibt als König von Iudaea dem Augustus untergeordnet). 29 (mit ihm wird Antipater, der Vater des Herodes, bekannt); 228,20. 21; 323,17. II 284,4 (im 42. Jahr des Augustus, in seinem 13. Konsulat, Christus geboren); 288,12. 19 (im 42. Jahr des Augustus wird Christus geboren). 20 (im 13. Jahr des Augustus werden die Juden vollständig unterworfen, 29 Jahre vor der Geburt Christi). 21. 23; 289,12ff.; 290,3ff. (Consul zum 13. Mal mit Silanus im Geburtsjahr Christi). III 460,10.

Αὔγουστος röm. Monatsname I 204,20 (= Θεσρί = ägypt. Μεσορί = maked. Γορπιαῖος = griech. Ἀπελλαῖος).

Αὐδιανοί I 22,2 (Αὐδιανῶν τὸ σχίσμα, ἀλλ' οὐχ αἵρεσις). 19ff. (sie sind in Mesopotamien; sie haben keinen falschen Glauben, sondern nur sonderbare Meinungen über das Ebenbild Gottes; sie haben sich nicht um des Glaubens willen getrennt, sondern nur wegen ihrer selbsterwählten Gerechtigkeit; sie wollen mit Bischöfen und Presbytern keine Gemeinschaft haben, die Gold und Silber besitzen; sie feiern das Passah zur selben Zeit wie die Juden); 159,1; 161,5. III 232,16. 17; 237,27; 241,11; 242,23; 247,3. 24; 248,25. 28.

Αὐδυναῖος   II 293,3 (Monatsname
  bei Syrern und Griechen; 6. Januar =
  6. Audynaios).

Αὐνᾶν I 119,24. II 399,5; 514,9.

Αὐρηλιανός L. Domitius Aurelianus, röm.
  Kaiser 270–275 n.Chr. (PIR² D 135)
  I 72,6 (regiert 4 Jahre). II 363,16 (als
  Christenverfolger betrachtet). III 3,5;
  14,3; 44,16; 47,9. 10; 48,1. 8; 96,5;
  119,8.

Αὐρήλιος = Μάρκος Α. Αντωνῖνος,
  ὁ καὶ Οὐῆρος M. Annius Verus, röm.
  Kaiser 161–180 n.Chr. (PIR² A 697)
  I 72,1 (regiert 19 Jahre). II 339,1
  ('Αντωνῖνος ὁ Οὐήρου).

Αὐτοφυής valentin. Äon I 386,5. 12;
  392,15; 393,1; 402,5.

Ἄφετος valentin. Äon I 395,8.

Ἀφρική II 378,27 (dort sitzen die
  Donatisten); 398,24 (nach Angabe
  Einzelner sind dort die Origenianer
  entstanden).

Ἀφρογένεια I 125,12 (Nephtys?).

Ἀφροδίτη I 123,21; 211,19; 459,2.
  III 160,6.

Ἄφροι sem. Volk I 139,3 (Ἄφροι ‹οἱ›
  καὶ Βιζακηνοί).

Ἄχαζ I 41,26; 70,11; 194,8f.; 360,2;
  376,12 (die Weissagung von der
  Jungfraugeburt ist ergangen 753 = im
  3. Jahr des Ahas). 25; 377,3 (Ahas regiert
  – nach jener Weissagung – 14 Jahre).
  10f.

Ἀχαμώθ I 388,8 (die Ἀχαμώθ = Σοφία =
  Μήτηρ bei den Valentinianern). II 45,17
  (bei Heracleon die Ἀχαμώθ = der
  unteren Μήτηρ, unterschieden von der
  oberen Μήτηρ = Σιγή = Ἀλήθεια).

Ἀχείμ I 70,15.

Βαβυλών I 162,12; 166,16; 176,2f.;

191,9; 195,7. 8. 18; 196,14. 16; 204,11;
219,2. II 77,27f (ἡ τῆς Βαβυλῶνος
κτίσις ἐν τῇ τῶν Ἀσσυρίων γῇ fünf
Geschlechter nach Noah gegründet; dabei
72 Stammesfürsten beteiligt: 32 Ham, 15
Japheth, 25 Sem); 78,2; 136,2; 169,26;
515,5. III 188,32; 189,1; 490,7.

Βαβυλωνία I 196,8. III 15,3; 180,17.

Βαβυλώνιος, Βαβυλωνικός I 31,26
  (κάμινος Βαβυλωνία); 163,16 (die
  Babylonier mit den Ägyptern, den
  Phrygern und Phönikiern haben
  zuerst die Götterbilder eingeführt);
  182,14 (μυστήρια und τελεταί
  erfunden). II 136,3 (τῶν Βαβυλωνικῶν
  αἰχμαλωσιῶν); 309,7. 9 (Βαβυλώνιοι).
  III 15,2; 509,6; 512,19.

Βαιθήλ I 344,26.

Βάκαθος, Βάκαθα II 213,8 (Mutterdorf
  in Arabien; dort finden sich die Valesier);
  358,7.

Βάκτρα I 137,1; 177,6 (von Zoroaster
  besiedelt). III 126,1.

Βακτριανοί sem. Volk I 137,13.

Βάλβος L. Norbanus C. f. Balbus, röm.
  Consul 19 n.Chr. (PIR² N 165, nach
  Epiph. 21 n.Chr.) II 291,9.

Βαρακίβας s. Ἀκίβας

Βαρβαρισμός I 21,2; 157,2. 5; 159,20.
  24; 163,6ff. (Anakephalaiosis – reicht von
  Adam zehn Geschlechter lang bis Noah;
  die Menschen haben noch keinen Führer
  und keine Übereinstimmung, sondern
  jeder lebt nach eigenem Belieben); 164,14;
  172,6ff. (ausführlich: mit Jared beginnt
  nach Adams Ungehorsam und Kains
  Brudermord die Wendung zu Zauberei
  und Unzucht); 173,16 (von Adam bis
  Noah zehn Geschlechter = 2262 Jahre).
  18 (damals noch keine Heterodoxie,
  kein Unterschied der Völker und kein

Götzendienst, sondern jeder lebt nach seinem eigenen Belieben). 23f.; 188,8 (dauert von Adam bis Noah). III 495,6; 502,16.

Βαρβηλῖται anderer Name für die Γνωστικοί; s. dort.

Βαρβηλώ I 235,22 (von den Gnostikern ⟨τὴν⟩ Βαρβηλὼ τὴν καὶ Βαρβηρὼ αὐχοῦσιν); 240,12 (Προύνικος nennen die Simonianer die, die in anderen Häresien Barbelo oder Barbero heißt); 269,2ff. (die Barbelo bei den Nikolaiten verehrt; sie sei aus dem Vater hervorgegangen und im 8. Himmel; ihr Sohn Jaldabaoth oder Sabaoth: er nehme den 7. Himmel ein. Die Barbelo erscheine den Archonten in schöner Gestalt und beraube sie dadurch ihres Samens); 270,10 (ihr Sohn nach den Nikolaiten Jaldabaoth); 276,18 (bei den Gnostikern, Noria offenbart sie); 287,9ff. (nach den Gnostikern im 8. Himmel, zusammen mit dem Αὐτοπάτωρ und dem Χριστὸς αὐτολόχευτος und dem auf Erden erschienen Χριστός = Ἰησοῦς); 288,17 (sie ist die Μήτηρ τῶν ζώντων; zu ihr kommen die geretteten Seelen).

Βαρβηρώ s. Βαρβηλώ.

Βαρδησάνης, Βαρδησιανισταί I 21,29; 158,23; 160,21. II 212,28ff. (Bardesanes stammt aus Mesopotamien. Er hat zuerst den rechten Glauben geteilt und durch Weisheit ausgezeichnet, ist aber dann von der Wahrheit abgewichen und hat abgesehen von ein paar Punkten ähnlich wie Valentinus gelehrt); 338,1ff. (stammt aus Mesopotamien, genauer aus Edessa). 6 (hat nicht wenige Schriften geschrieben). 7 (er kommt von der Kirche her). 8 (beredt in zwei Sprachen, Griechisch und Latein). 9 (mit Abgar IX. befreundet,

mit dem er zugleich erzogen wurde); 339,1 (lebt bis in die Zeit des Antoninus Verus). 2 (er schreibt eine längere Schrift gegen Abeidan, den Philosophen, κατὰ εἱμαρμένης und andere dem rechten Glauben entsprechende Schriften). 5 (er widersteht dem Apollonius, dem comes des Antoninus, indem er sich zum Christentum bekennt); 340,10 (aber dann wendet er sich der valentin. Häresie zu, glaubt an mehrere ἀρχαί und leugnet die Auferstehung der Toten). 13 (er gebraucht das Gesetz und die Propheten, das AT und NT, aber auch gewisse Apokryphen); 342,8.

Βαρθενώς I 276,6 (nach Epiph. Name von Noahs Frau).

Βαρθολομαῖος der Zwölfapostel I 231,23.

Βαρκαββᾶς I 277,3ff. (als Prophet bei den Gnostikern. Sie erzählen von ihm eine häßliche Geschichte, die eine Anleitung zur Unzucht gibt und nehmen wörtlich erotische Geschichten auf Aphrodite auf).

Βαρνάβας der Genosse des Paulus I 17,22; 232,9 (er war einer der 72 Jünger); 366,23. 24. 26.

Βασανῖτις I 215,16 (dort sitzen die Νασαραῖοι); 330,6 (dort sind die Ναζωραῖοι); 335,9 (dort die Ebionäer). 11 (dort liegt Cocaba); 357,15.

Βάσαντες japheth. Stamm I 140,9.

Βασιλείδης der Gnostiker, Βασιλειδιανοί I 21,15; 158,2 (Βασιλειδιανοί); 160,3; 235,5ff. (sie üben dieselbe Abscheulichkeit wie die Menandrianer und Simonianer). 6 (ihr Stifter Basilides ist mit Satornil Schüler der Simonianer und Menandrianer). 8 (er sagt, daß es 365 Engel gebe und legt ihnen die Namen von Engeln bei).

9 (deshalb habe das Jahr 365 Tage). 10 (der Name Abrasax habe dieselbe Zahl, dies sei ein hlg. Name); 247,19 (Basilides war Mitschüler des Satornil). 20 (er geht nach Ägypten um dort zu lehren); 255,19 (er ist συσχολαστής des Satornil); 256,2. 7ff. (er geht nach Ägypten und hält sich dort auf und lehrt im prosopitischen, athribitischen, saitischen und alexandrinopolitischen Gau). 20 (seine Häresie hat von dort aus ihren Ausgang genommen). 21 (sie blüht noch heute). 22 (er sucht seinen Mitschüler Satornil noch zu übertreffen); 257,8 (er stellt an die Spitze τὸ ᾿Αγέννητον [= Πατήρ], Νοῦς, Λόγος, Φρόνησις, Δύναμις καὶ Σοφία; aus diesen ἀρχαὶ ἐξουσίαι ἄγγελοι - von diesen δυνάμεις und ἄγγελοί wird ein erster Himmel gegründet und neue Engel, diese gründen wieder einen Himmel und so fort bis 365); 258,4ff. (er dichtet Namen für jeden der Archonten). 8 (er hört nicht auf, magische Künste zu treiben). 12 (zu den Engeln des untersten Himmels stellt er den Judengott und sagt, daß von ihm – ihnen? – der Mensch geschaffen sei). 15ff. (diese Engel haben mit ihm die Welt geteilt und ihm sei dabei das Judenvolk zugefallen); 259,7ff. (er beschirmt das Judenvolk und ist gewalttätiger als die anderen; er strebt danach, alle andern Völker diesem zu unterwerfen und erregt dadurch überall Kriege); 260,2 (er sagt, daß Christus nur doketisch erschienen sei und in Wirklichkeit kein Fleisch angenommen habe). 5ff. (Christus sei nicht selbst gekreuzigt worden, sondern Simon von Cyrene an seiner Stelle; er habe jenen in seine Gestalt und sich in die des Simon verwandelt und jenen zur Kreuzigung übergeben). 12ff. (er stand lachend unsichtbar gegenüber, während Simon gekreuzigt wurde). 16 (er selbst flog zum Himmel, durcheilte die Mächte, bis er zu seinem Vater kam). 18 (er ist der Sohn des Vaters, der den Menschen zur Hilfe gesandt wurde, wegen der Unordnung, die unter den Menschen und den Engeln entstanden war); 261,3ff. (die von Simon eingeführte Unzucht ist unter ihm noch fortgeschritten, er erlaubt seinen Anhängern jede Art von Wollust). 13 (er lehrt seine Anhänger, sich nicht dem Martyrium zu stellen; denn es bringe keinen Lohn; wer das Martyrium erleide, erleide es nur für Simon); 262,5ff. (die Auseinandersetzung mit Mt 10,33: wer mich bekennt). 9ff. (Zitat aus einer Schrift des Basilides: die ἄνθρωποι sind die Basilidianer, die andern nur ὕλες und κύνες). 16ff. (er sagt seinen Jüngern, man dürfe das Geheimnis über den Vater niemandem offenbaren, sondern nur einem unter 1000, oder zwei unter 10.000). 19 (er sagt seinen Jüngern: erkenne du alle, dich aber soll niemand erkennen). 20 (sie sagen, wenn sie gefragt werden, daß sie keine Juden mehr, aber noch nicht Christen seien und beschönigen damit ihre Verleumdung); 263,17ff.; 264,1ff. (sie nennen die höchste Macht ᾿Αβρασάξ, weil der Zahlwert 365 ergibt). 4 (er versucht ebenso wie die Mathematiker die τοποθεσίαι der einzelnen Himmel zu bestimmen). 9 (wegen Abrasax hat das Jahr 365 Tage). 14 (der Mensch hat 365 Glieder; jeder der Archonten schafft ein Glied). 22; 267,1; 300,23; 383,14 (auch seine Anhänger nennen sich Gnostiker). 24; 444,19.

Βάσσος Botaniker I 171,11.

Βαστέρνοι japheth. Stamm I 140,6.

Βαταναία I 335,9 (in der Nähe der Βαταναία liegt Pella, der Wohnsitz der Ebionäer).

Βενεαγηνοί japheth. Stamm I 140,3.

Βενιαμίν I 187,27; 366,11. II 287,20. III 45,6; 205,18.

Βεροία in Coele Syria I 153,8; 330,4 (ἐν τῇ Βεροιαίων finden sich die Nazoräer).

Βεσελεήλ I 53,16. III 170,10.

Βηθαβαρά II 265,23.

Βηθανία I 50,16. II 265,23.

Βηθλεέμ I 50,12f.; 228,6 (Jesus dort – in der Höhle – geboren und in der Höhle beschnitten). 10 (wird im folgenden Jahr – nachdem in der Zwischenzeit die Darstellung im Tempel stattgefunden – wieder nach Bethlehem gebracht wegen der Verwandtschaft). 12 (kommt nach Ablauf des zweiten Jahres wieder nach Bethlehem, diesmal ist er in einem Hause: dort die Anbetung durch die Magier). 13. 21; 323,14; 328,24. 26; 372,25. 26. II 107,22; 254,6. 28; 257,27; 258,14; 259,23; 260,5; 287,6. 10; 288,5. 8; 289,4. 11. III 136,30; 460,10; 504,2.

Βηθσαϊδά II 266,5; 267,22; 268,21 (nicht weit von Capernaum).

Βηθφαγή I 50,16. II 114,17; 145,11. 20.

Βιζακηνοί ham. Volk I 139,3 (᾿Άφροι ⟨οἱ⟩ καὶ Βιζακηνοί).

Βιθυνία I 309,19 (Petrus besucht auch als Bischof von Rom häufig Bithynien). III 320,3.

Βιθυνοί ham. Stamm I 139,1.

Βίονες sem. Volk I 138,4.

Βλεμμύα I 68,3.

Βλέμμυες ham. Volk I 139,4.

Βοόζ I 70,6; 187,22.

Βορβορῖται anderer Name für die Γνωστικοί; s. dort.

Βόσπορος I 182,9 (Furt und Stadt heißt nach Atthis = Io = Isis, der Tochter des Inachus). 10.

Βούβαστος I 256,18. III 512,8.

Βρεττανία I 140,11 (von Japhethiten bewohnt). III 126,7.

Βρεττανικοί japheth. Stamm I 140,10.

Βριάρεως II 44,20 (Βριάρεων ὃν καὶ Αἰγαιῶνα καλοῦσιν).

Βριγκέλλα I 339,23.

Βρούττος nach Epiph. röm. Consul 17 n.Chr. (entspricht 15 n.Chr.) mit Φλάγκος I; s. auch Ῥοῦφος I. II 291,4.

Βυζικανία II 378,27 (dort sitzen die Donatisten).

Βύθιος valentin. Äon I 386,4. 12; 392,14; 393,1; 402,5.

Βυθός I 384,19 (bei Valentin an der Spitze der Äonenreihe); 386,1. 9; 392,4. 21. II 45,13 (ebenso bei Heracleon = ὁ τῶν ὅλων Πατέρ); 49,6.

Γαβαών II 209,8 (Berg, 8 Meilen von Jerusalem). III 124,6.

Γαβριήλ der Erzengel I 227,17; 319,19; 361,2; 376,19. II 20,15; 254,14. III 187,24; 190,15; 223,11; 466,2; 467,3.

Γάγγης = Phison = Judas I 67,17.

Γάδαρα I 342,15 (seine warmen Quellen, das jährliche Fest; es ist dort Sitte ἀνδρόγυνα λούεσθαι).

Γάδειρα I 67,21; 137,4. 5. III 125,6. 9.

Γαζαῖος I 130,7 (dort wird Marnas göttlich verehrt).

Γάϊος C. Caesar Germanicus, röm. Kaiser 37–41 n.Chr. (PIR² I 217) I 71,10 (regiert 3 Jahre, 9 Monate und 22 Tage).

Γαλααδῖτις I 215,16 (dort sind die Νασαραῖοι).

Γαλάται japheth.Volk I 140,3.

Γαλατία I 318,16 (in Galatien blüht die Lehre des Cerinth). II 211,13; 215,11 (dort finden sich Enkratiten); 239,4 (hier finden sich Kataphryger) 263,10. III 126,4; 265,11.

Γάλβας, Γάλβα C. Sulpicius Ser. f. Galba, röm. Consul 22 n.Chr. (PIR¹ S 721; nach Epiph. 24 n.Chr.) II 291,12.

Γάλγαλα II 247,24.

Γαλιλαία I 17,6; 229,7; 328,26. II 112,7; 140,15; 252,10. 13; 266,4; 266,20. 22; 267,7. 8. 15. 21; 268,11; 270,11; 271,7. 19; 272,1; 275,6; 279,1. 6. 7. 10. 18. 20; 280,2. 12; 282,21. 27. 31; 283,10; 301,6; 302,6; 303,3. 11; 383,25. III 138,22; 187,25; 461,5; 482,9; 500,17.

Γαλλία II 263,7 (in Gallien – nicht Galatien – hat Lucas gepredigt). 9. 10. III 418,1.

Γαλλιηνός P. Licinius Egnatius Gallienus, röm. Kaiser 253–268 n.Chr. (PIR² L 197) I 72,6 (regiert 15 Jahre).

Γάλλοι japheth. Stamm I 140,8 (Γάλλοι ‹οἱ› καὶ Κελτοί). 9 (Γάλλοι Ἀκουιτανοί).

Γάλλος C. Vibius Trebonianus Gallus, röm. Kaiser 251–253 n.Chr. (PIR¹ V 403) I 72,5 (regiert 3 Jahre).

Γαμαλιήλ der Zeitgenosse Jesu I 339,3.

Γαμαλιήλ jüd. Patriarch I 339,1.

Γανυμήδης I 128,5.

Γάραμοι I 139,4 (ham. Volk); 176,15.

Γαργιανοί japheth. Stamm I 140,2.

Γαριζίν I 199,5. 6. 7 (der Berg, den die Samaritaner so nennen, heißt mit Unrecht so; der wirkliche Garizin liegt jenseits des Jordans östlich von Jericho). 4 (dort sind die Götzen der vier Völker vergraben). 10 (die Samaritaner wenden sich beim Gebet immer nach diesem Berg).

Γασφηνοί I 137,10 (sem. Stamm). II 78,12 (ihr Stammvater Γεφάρ).

Γαῦλος Ῥίδη = Γαῦδος κατὰ Κρήτην = Gozzo I 139,6 (von Hamiten bewohnt).

Γεβάλ I 199,7 (liegt jenseits des Jordans, östlich von Jericho).

Γεδεών II 519,6. III 123,12.

Γεθσημανῆ I 50,17.

Γεμινοί L. Rubellius Geminus (PIR² R 113) und C. Fufius Geminus (PIR² F 511) II 292,11 (οἱ δύο Γεμινοί, Konsuln 29 n.Chr.; bei Epiph. 31 n. Chr. und unterschieden von Rufus und Rubellius); 294,14.

Γένεσις I 191,11; 198,12. II 76,13. 28 (ἡ λεπτὴ Γένεσις = τὰ Ἰωβηλαῖα angeführt); 77,2.

Γέρασα in Arabien II 301,11ff. (in Gerasa in Arabien wird, wie christl. Brüder bezeugen, die Quelle im Martyrion in Wein verwandelt). III 301,7.

Γεργεσαῖος I 142,3; 198,1. II 377,27; 396,10. III 124,24; 126,18.

Γερμανοί japheth. Stamm I 140,5.

Γερμανοί = Καρμάνιοι sem. Volk I 137,12.

Γετουλικός Cn. Cornelius Cossi f. Lentulus Gaetulicus, röm. Consul 26 n. Chr. (PIR² C 1390; nach Epiph. 28 n. Chr.) II 291,16.

Γετοῦλοι ham. Volk I 139,4.

Γεφάρ Stammvater der Γασφηνοί II 78,12.

Γεών I 68,1. III 17,6.

Γίτθα I 234,4 (Dorf in Samaria, der Geburtsort des Simon Magus); 238,7 (Geburtsort des Simon Magus, früher eine Stadt, jetzt ein Dorf).

Γλαῦκος I 105,12.

Γλαῦκος Ῥίδη = Γαῦδος an der nordafrikanischen Küste = Gozzo I 139,7 (von Hamiten bewohnt).

Γολγοθᾶ I 50,18. II 208,16 (auf Golgotha

das Grab Adams); 209,1 (Adam ist dort gestorben und begraben). 2ff. (Erklärung des Namens Κρανίου τόπος; bezieht sich auf den Schädel Adams: Beschreibung von Golgotha, gegenüber dem Ölberg, in der Nähe von Zion). 3 (das jetzige Golgotha hat keine Ähnlichkeit mit einem Schädel); 521,8 (Adams Grab auf Golgotha). 9. III 423,8.

Γοργώ I 369,17.

Γορδιανός M. Antonius Gordianus, röm. Kaiser 238–244 n.Chr. (PIR² A 835) I 72,4 (regiert 6 Jahre).

Γοροθηνοί I 21,8; 157,9 (aus den Samaritanern hervorgegangen); 159,27; 166,21 (Anakephalaiosis – sie feiern die Feste zu anderen Zeiten als die Sebuäer); 196,19; 203,21 (bei ihnen bricht der Streit über die Zeit der Festfeier aus); 204,2; 205,4ff. (sie machen – wie die Dositheer – die Verlegung der Feste durch die Sabuäer nicht mit, sondern feiern mit den Juden); 227,3 (sie bestehen zur Zeit des Epiph. noch).

Γορπιαῖος maked. Monatsname I 204,21 (= jüd. Θεσρί = röm. Αὔγυστος = ägypt. Μεσορί = griech. Ἀπελλαῖος).

Γόρτυνα I 139,7 (von Hamiten bewohnt).

Γραμματεῖς I 21,6; 40,8; 46,9; 157,16; 159,28; 167,4ff. (sind Gesetzesmänner, halten an den Satzungen der Ältesten fest, mit besonderen Frömmigkeitsübungen); 208,25ff. (sie kommen nach den Sadduzäern, sind aber zeitlich gleich mit ihnen); 209,1 (sie betreiben die Vermehrung – δευτερωταί – des Gesetzes wie eine grammatische Kunst). 2 (sie führen noch Besonderes an, Waschungen der Gefäße und Waschungen der Hände). 8 (sie haben auch Troddeln als Anzeichen des strengen Lebenswandels und breite Purpurstreifen an den Gewändern). 10ff. (diese φυλακτήρια sind keine Amulette, sondern Säume, die sie an ihren Obergewändern tragen). 23 (sie tragen auch Schellen an den vier Enden des Mantels, um damit anzuzeigen, daß sie geheiligt sind in der Zeit, in der sie Enthaltsamkeit oder Jungfräulichkeit üben). 29 (es gibt bei ihnen eine vierfache Mischna. 1. εἰς ὄνομα Μωυσέως 2. εἰς ... Ἀκίβαν οὕτω καλούμενον ἢ Βαρακίβαν 3. εἰς τὸν Ἀδδὰν ἢ Ἄνναν τὸν καὶ Ἰούδαν 4. εἰς τοὺς υἱοὺς Ἀσαμωναίου); 210,10 (die Γραμματεῖς heißen soviel wie νομοδιδάσκαλοι); 211,5; 213,11; 214,6; 223,11; 226,18 (zur Zeit des Epiph. ausgestorben); 362,8.

Γρατιανός Flavius Gratianus, röm. Kaiser 367–383 n.Chr. (PLRE 401 Nr. 2) I 1,15 (im 6. Jahr Gratians ist der Ancoratus verfaßt); 21,13; 72,11; 73,1. 2 (im Jahr 374 Gratian zum 3. Mal Consul); 147,28 (6. Gratian = 90. Diocletian = 10. Valentinian und Valens: Abfassung des Ancoratus); 153,3 (8. Gratian = 92. Diocletian = 12. Valentinian und Valens: angebliche Abfassung des Panarion); 170,12 (7. Gratian = 11. Valentinian und Valens: Anfang des Panarion). II 222,8 (im 8. Jahr Gratians = 12. Valentinian und Valens: der Abschnitt gegen die Montanisten).

Γρᾶτος nach Epiph. röm. Consul zus. mit M. Valerius Messalla 22 n.Chr. (nach PIR² A 1487 M. Aurelius Cotta); s. auch Μεσσάλα. II 291,10.

Γύγης ? II 529.

Γύης II 44,20.

Γυμνοσοφισταί sem. Stamm I 137,13. III 509,26.

Δαθάν I 119,24. II 2,7 (mit Kore und Abiron bei den Kainiten vergöttert); 64,19; 99,14 (nach Marcion von Christus erlöst); 514,8.

Δανάη I 127,17.

Δανιήλ I 50,22; 145,20; 192,2; 358,1. II 33,5. 8; 224,11; 309,8; 327,26; 328,3 (Daniels Vater heißt nach der Legende Σαβαάν) 354,18; 457,10; 485,11. III 515,2.

Δαρδάνιοι sem. Volk I 138,2.

Δαρεῖος der Perserkönig I 183,2; 219,3.

Δαυίδ I 20,26; 38,27; 43,6; 59,2; 70,7; 78,8; 80,1; 82,17; 91,5; 144,4; 157,13; 187,23. 26. 29; 188,22. 24; 190,6; 193,24. 26. 27; 194,20. 21; 203,10; 225,14; 243,18; 255,6; 285,9; 287,4 (bei den Gnostikern als Archon in den vierten Himmel – von unten gerechnet – gesetzt); 299,2; 322,4. 6. 11. 13. 18. 19. 23. 25; 323,2. 5. 8. 9; 324,2. 8. 17; 325,3. 14. 19; 347,7; 352,11 (David von den Ebionäern verworfen); 357,27; 359,6; 365,4; 373,8; 375,16. II 17,4; 31,7; 32,7; 48,19; 100,1; 136,23; 228,23 (nicht eigentlich in Ekstase); 110,7; 114,10; 132,6; 144,23. 26. 30; 175,10; 253,20; 254,29; 255,11. 21; 260,6; 265,1; 287,20; 322,16; 325,2; 327,10; 415,10. 15. 25; 429,20; 435,20; 441,12; 467,14; 469,9. 11; 491,12; 517,15. 27. III 6,24; 80,17. 19. 22; 123,12; 172,13. 19; 173,4; 193,19. 20. 23; 197,12; 199,8; 202,20; 223,3; 235,33; 251,21; 254,13; 258,1; 262,24; 315,7; 316,10. 23; 319,5; 326,20; 419,26; 427,16; 463,18; 464,22; 468,16; 500,3.

Δαυνεῖς japheth.Volk I 140,7. III 126,8.

Δάφνη I 247,17 (᾿Αντιοχείᾳ τῇ πρὸς Δάφνην). II 204,12. III 119,1; 268,18.

Δεκάπολις im Ostjordanland I 330,5; 335,8.

Δέκιος C. Messius Quintus Decius Valerius, röm. Kaiser 249–251 n.Chr. (PIR² M 520) I 72,5 (regiert 1 Jahr). II 363,16 (Christenverfolger); 403,6 (in seiner Zeit wird Origenes berühmt).

Δευκαλίων I 276,7 (mit Noah gleichgesetzt).

Δημᾶς II 255,18 (einer der von Cerinth und Ebion Verführten).

Δημήτριος I 225,8 (mit ihm wird Antipater, der Vater des Herodes, befreundet; wohl Fehler für ῾Υρκανός).

Διαγόρας Philosoph I 124,12ff. (seine Verspottung des Herakles: der 13. ἀγών).

Διμοιρῖται I 22,6f (Διμοιρῖται, οἱ μὴ τελείαν Χριστοῦ τὴν ἐνανθρώπησιν ὁμολογοῦντες, ‹οἱ καὶ› ᾿Απολλινάριοι); 76,15 (Διμοιρῖται, οἱ ἀνοήτως τὸν νοῦν παρεκβάλλοντες); 159,6; 161,11; 371,14 (Apollinarius glaubt, daß das σῶμα Christi der Gottheit ὁμοούσιον war). III 416,1; 452,2.

Διογένης I 458,3 (ὁ τὰ ἄπιστα γράψας, wohl der Babylonier). III 506,20; 507,26; 509,6.

Διόδοτος Botaniker I 171,12.

Διοκαισάρεια in Palaestina I 338,17 (Joseph, der frühere jüd. ἀπόστολος, erhält von Constantin die Erlaubnis, dort eine christl. Kirche zu bauen); 347,16 (er baut sie wirklich; eine der Stätten, in denen es bis auf Constantins Zeit weder Hellenen noch Samaritaner noch Christen, daher auch keine christl. Kirche, gab); 348,27. III 265,8.

Διοκλητιανός Diocletianus, röm. Kaiser 284–305 n.Chr. (PIR² A 1627) I 1,15 (im 90. Jahr Diocletians ist der Ancoratus geschrieben); 5,6; 72,8 (regiert 20 Jahre). 12 (im 70. Jahr nach dem Tod

– soll heißen: Rücktritt – Diocletians ist der Ancoratus geschrieben); 147,28 (90. Diocletian = 10. Valentinian und Valens = 6. Gratian: Abfassung des Ancoratus); 153,1 (92. Diocletian = 12. Valentinian und Valens = 8. Gratian: angebliche Abfassungszeit des Panarion). III 48,3. 8; 141,2; 153,4.

Διόνυσος   I 123,26;   129,7   (die verschiedenen Διόνυσοι).

Δῖος II 294,1 (8. Dios = 8. November).

Διοσκουρίδης der Mediziner I 171,8.

Δολαβέλλα P. Cornelius P. f. Dolabella, röm. Consul 10 n.Chr. (PIR² C 1348; nach Epiph. 12 n.Chr.) II 290,18.

Δομιτιανός T. Flavius Domitianus, röm. Kaiser 81–96 n.Chr. (PIR² F 259) I 71,13 (regiert 15 Jahre und 5 Monate); 223,7 (Domitian ist der Bruder des Titus).

Δοσίθεος,   Δοσίθεοι   (Δοσιθηνοί) I 21,8 (Δοσίθεοι); 157,10 (aus den Samaritanern hervorgegangen); 159,28; 166,1 (sie glauben im Unterschied zu den Samaritanern an die Auferstehung). 27 (sie haben dieselben Sitten wie die Samaritaner, halten aber strenger auf die Enthaltung vom Fleisch und beobachten strenges Fasten. Sie beobachten Jungfräulichkeit und Enthaltung von der Ehe); 196,19; 203,20 (sie unterscheiden sich am stärksten von den anderen samaritanischen Häresien); 205,6 (sie haben ebenso, wie die Gorothener die Verlegung der Feste durch die Sebuäer nicht mitgemacht). 8. 13ff. (die Dositheer nehmen eine besondere Stellung unter den samaritanischen Sekten ein). 14 (sie bekennen die Auferstehung und haben Strenge des Wandels). 15 (sie enthalten sich von Fleisch); 206,1 (einige üben durch Enthaltung von der Ehe,

nachdem sie eine Zeit lang in ihr gelebt haben; andere üben Jungfräulichkeit). 2 (sie halten Beschneidung und Sabbath und hüten sich vor der Berührung mit irgendeinem Menschen). 4 (sie halten Fasten und Askese). 5ff. (Dositheus war geborener Jude, im Gesetz gebildet und in den Geboten, hofft dort an die Spitze zu kommen: als er das nicht erreicht, wendet er sich zu den Samaritanern und gründet dort seine Häresie). 7. 11 (er zieht sich in eine Höhle zurück zu strenger Askese und stirbt aus Mangel an Wasser und Brot). 13 (nach einigen Tagen kommen einige und finden den Leichnam halb verwest und einen Schwarm Mücken darauf sitzend). 18bis; 207,13 (eine Abzweigung von diesem sind die Sadduzäer). 17 (diese sind jedoch nicht bei seiner Lehre geblieben); 227,4 (sie bestehen zur Zeit des Epiph. noch).

Δουσάρης II 287,1 (erklärt als μονογενὴς τοῦ δεσπότου; sein Fest die Geburt aus der Chaamu in Petra am 6. Januar gefeiert).

Δροῦσος I Drusus Iulius Germanicus Caesar Ti. f. Caesaris; röm. Consul zum zweiten Mal 18 n.Chr. (PIR² I 221; nach Epiph. 20 n.Chr.) II 291,7 (Δροῦσος Γερμανός).

Δροῦσος II Drusus Iulius Ti. Aug. f. Caesaris; röm. Consul 21 n.Chr. (PIR² I 219; nach Epiph. zum dritten Mal 23 n. Chr.) II 291,11 (Δροῦσος Γερμανός).

Δυάς valentin. Äon I 393,7.

Δύναμις gnost. Äon I 257,10. II 75,18. 19.

Δωνάτος,   Δωνατιανοί   II 378,27 (sie sitzen in Africa und Byzacene und vertreten die gleichen Anschauungen wie die Novatianer = Katharer); 379,5 (in der

Frage des Glaubens gehen sie mit den Arianern).

Δωυδάν I 176,15 (App.).

Ἕβδομος valentin. Äon I 393,6.

Ἕβερ   I 70,1;   142,7;   174,11;   175,9; 176,20. II 332,7. 9. III 127,4bis.

Ἐβίων, Ἐβιωναῖοι I 21,20; 158,7; 160,7; 222,26 (sie gebrauchen das Buch Elxai); 223,1; 226,22 (mit ihnen sind jetzt die Ossäer verschmolzen). 24; 236,12ff. (die Ebionäer sind den Kerinthianern und Nazoräern ähnlich). 13 (mit ihnen haben sich die Sampsäer und Elkesäer teilweise verschmolzen). 14 (sie sagen, daß Christus und der hlg. Geist im Himmel geschaffen worden seien). 15 (daß Christus zuerst in Adam erschienen sei und immer von Zeit zu Zeit Adam wieder anziehe und ausziehe). 18 (sie sind Juden, gebrauchen aber Evangelien; sie verabscheuen den Fleischgenuß). 19 (sie halten das Wasser für einen Gott; sie sagen, daß Christus bei seiner Fleischwerdung einen Menschen angezogen habe). 20 (sie baden sich häufig im Sommer und Winter zur Reinigung wie die Samaritaner); 333,4ff. 5 (Ebion, von dem die Ebionäer herstammen, folgt auf die Nazoräer und vereinigt die früheren Häresien alle in sich). 14 (er hat von den Samaritanern, von den Juden, von den Ossäern, Nazoräern, Nasaräern, Kerinthianern, Karpokratianern je etwas aufgenommen: von den Christen nur den Namen); 334,7ff. (Ebion sagt, daß Christus aus fleischlichem Umgang und aus Mannessamen erzeugt sei). 10ff. (er unterscheidet sich aber von den andern, ähnlich denkenden Häresien dadurch, daß er am jüd. Gesetz festhält, am Sabbath und der Beschneidung und anderen

Dingen). 14ff. (er tut aber manches noch mehr als die Juden, ähnlich wie die Samaritaner). 15 (er verbietet die Berührung mit irgendeinem Angehörigen eines fremden Volkes). 16 (er gebietet, daß man täglich nach dem Umgang mit dem Weib sich baden solle). 20ff. (jetzt ist bei ihnen Jungfräulichkeit und Enthaltsamkeit verboten. Früher achteten sie Jungfräulichkeit um des Jakobus willen. Deshalb tragen ihre Briefe noch die Aufschrift an die Presbyter und Jungfrauen); 335,5 (sie sind entstanden nach der Eroberung von Jerusalem: damals als die Christen nach Peraea ausgewandert waren, ist in Pella Ebion hervorgetreten). 11 (er beginnt mit seiner Predigt in Cocaba in der Basanitis in derselben Gegend wie die Nazoräer: denn zwischen beiden fand ein Austausch statt). 21ff. (Ebion erklärt Jesus für aus Mannessamen entstanden. Im Lauf der Zeit haben seine Anhänger noch weitergehende Anschauungen entwickelt); 336,1ff. (Epiph. vermutet, daß diese Weiterentwicklung der Christologie darauf zurückzuführen sei, daß Elxai Einfluß auf sie gewonnen habe. Seitdem tragen sie eine ähnliche Träumerei über Christus und den hlg. Geist vor). 4ff. (einige sagen, daß Adam der Erstgeschaffene und zuerst von Gotteshand berührte Christus sei). 6ff. (andere sagen, daß Christus von oben her stamme, vor allem geschaffen, Geist, Herr über den Engeln und über alles; komme aber auf Erden, wann er will und ziehe Fleisch an; so kam er in Adam und erschien in den Patriarchen Abraham, Isaak und Jakob; zuletzt erschien er, zog den Leib Adams an und erschien den

Menschen und wurde gekreuzigt, stand wieder auf und ging nach oben); 337,6 (das andere Mal fragen sie: das πνεῦμα, d.h. der Christus ist gekommen und hat den Ἰησοῦς angezogen). 8 (sie gebrauchen, wie Cerinth und Merinth, nur das Matthaeus-Ev.; sie nennen es aber Hebräer-Ev. Mit Recht, sofern Matthaeus allein hebräisch mit hebr. Buchstaben ein Ev. geschrieben hat); 349,2 (sie nennen ihr Ev. Matthaeus-Ev.; gleichzeitig Ἑβραϊκόν). 4ff. (Bruchstück aus ihrem Ev.: s. auch Sachregister Theologie s.v. Apokryphen); 351,9ff. (ihr Ev. ist dasselbe wie das des Carpocrates und Cerinth, enthält aber die Geschlechterregister nicht. Es fängt gleich an mit den Worten: "in den Tagen des Königs Herodes ...", denn sie wollen Jesus als wirklichen Menschen darstellen, mit ihm habe sich aber der Christus von oben verbunden). 21ff. (andererseits leugnen sie aber, daß er wirklicher Mensch sei und berufen sich dafür auf Mt 12,47ff.); 352,1 (Ἐβίων). 4ff. (sie gebrauchen die Pseudoclementinen, aber in verfälschter Gestalt). 12ff. (sie haben dort alles auf sich gemodelt: sie verleumden Petrus, als ob er sich jeden Tag gebadet hätte, des Fleisches sich enthielte; vgl. I 361,15); 353,3ff. (als Grund dafür geben sie an, daß das Belebte, das Fleisch aus der Vermischung der Körper entstanden sei). 9ff. (sie haben die Taufe neben ihren täglichen Waschungen). 10ff. (sie feiern das Abendmahl, aber 1. nur einmal jährlich 2. mit ungesäuertem Brot und 3. nur mit Wasser). 12ff. (zwei sind von Gott aufgestellt als Herrscher, Christus und der Teufel. Christus als Herrscher des künftigen, der Teufel als gegenwärtigen Äon nach ihrem beiderseitigen Kampf).

17ff. (Jesus, der aus Mannessamen Geborene, ist von Gott erwählt und Sohn Gottes dadurch geworden, daß sich der in Gestalt der Taube herabkommende Christus bei der Taufe mit ihm verband); 354,3ff. (er – Christus? – ist aber nicht aus dem Vater geboren, sondern erschaffen wie einer der Erzengel, aber Herr über die Engel und alles vom Vater Geschaffene). 5ff. (er hat bei seinem Kommen gegen die Opfer gepredigt; bekräftigt durch ein Zitat aus dem Ebionäer-Ev. – hier heißt es auch nur εὐαγγέλιον). 10ff. (sie haben Akten der Apostel, voll Gottlosigkeit, aus denen sie Waffen für sich holen). 12ff. (sie haben Ἀναβαθμοί des Jakobus, nach denen er gegen Tempel und Opfer und gegen das Feuer auf dem Altar gepredigt haben soll); 355,3ff. (sie verlästern den Ägypter Paulus; er sei aus Tarsus gebürtig, ursprünglich Heide, von hellenischen Eltern geboren, sei nach Jerusalem gegangen und dort Proselyt geworden, um die Tochter des Priesters zu gewinnen; als er sie bekommen hatte, habe er gegen Beschneidung, Sabbath und Gesetz geschrieben). 16 (sie verdienen ihren Namen; denn Ἐβίων heißt πτωχός und ihre Gesinnung ist ärmlich, wenn sie Christus für einen ψιλὸς ἄνθρωπος erklären); 356,2 (sie rühmen sich des Namens Ἐβιωναῖοι = πτωχοί, weil sie in der Zeit der Apostel sich ihres Besitzes entäußert hätten. In Wahrheit kommt der Name von Ebion her). 7ff. (wenn einer von ihnen einer Krankheit verfällt oder von einem Tier gebissen wird, so steigt er ins Wasser und ruft die sieben Zeugen aus dem Buch Elxai an). 11ff. (das stammt nicht von Ebion her, sondern erst von dem Einfluß Elxais auf die späteren

Ebionäer). 18 ff. (von diesem haben sie
auch ihre phantastische Christologie, daß
sie Christus für eine menschenähnliche
Gestalt halten: dabei Beschreibung nach
dem Buch Elxai und ein wörtliches Zitat
daraus); 357,12 ff. (Ebion predigte auch
in Asia und in Rom; die Wurzeln seiner
Lehre sind aber in Nabataea und Paneas,
Moabitis, Cocaba und auch in Zypern).
16 ff. (sie zwingen die jungen Leute zur
Ehe und erlauben ohne weiteres die
Ehescheidung bis zur 3., ja 7. Ehe). 17 ff.
(sie haben Presbyter und Synagogen-
vorsteher, und nennen ihre Kirche
Synagoge). 23 (sie bekennen sich zu
Abraham, Isaak, Jakob, Mose, Aaron,
Jesus Nave, verwerfen aber alle Propheten,
David, Salomon, Jesaja, Jeremia, Daniel,
Ezechiel, Elias und Elisa); 358,2 (sie
lästern die Prophetensprüche und nehmen
nur das Ev. an). 3 (Christus erklären sie
für den wahren Propheten; Sohn Gottes
sei er im allmählichen Fortschritt und
durch seine Verbindung mit dem oberen
Christus geworden). 6 ff. (die Propheten
haben nur aus eigener Einsicht gesprochen). 7 ff. (Christus sei ein ge-
wordener Mensch und nur im Fortschritt
der Tugend dazu gekommen, Sohn Gottes
zu heißen). 10 (sie nehmen nicht einmal
den Pentateuch vollständig an, sondern
verwerfen einige Worte); 359,4 f. (sie
berufen sich auf Offenbarungen). 6 f. (sie
lästern Samson, David, Elias, Samuel,
Elisa); 360,31 (Ἐβίων); 363,3 ff. (sie
verfälschen den Abendmahlstext, um
ihren Abscheu gegen das Fleischessen
Jesus in den Mund zu legen); 364,16 (sie
mißbrauchen die Namen der Apostel,
indem sie Schriften auf ihren Namen
fälschen: auf den Namen des Jakobus, des

Matthaeus und anderer Apostel. Auch
den des Johannes); 365,9 ff. (Johannes ist
in Asia mit Ebion im Bad zusammengetroffen: Übertragung der Geschichte
von Cerinth auf Ebion). 19. 29; 366,1 f.
(er konnte das, denn Johannes hat bis in
die Zeit Trajans gelebt). 4. 7 ff. (sie lästern
den Apostel Paulus). 17; 368,6. 8 ff. (sie
rühmen sich ihrer Beschneidung und
berufen sich dafür auf Mt 10,25; wie
Cerinth I 380,6); 369,18. 21; 373,9;
374,11; 376,10; 379,25; 380,26; 381,10.
25 ff.; 382,12; 384,3.   II 74,18 (der
wiederkehrende Christus); 81,16 (sie
gehen von Cocaba aus); 174,19; 212,17
(die Sampsäer sind jetzt ganz ähnlich den
Ebionäern); 250,4 (Ebion verkündigt
Christus als bloßen Menschen; gegen ihn
schreibt Johannes sein Ev.); 255,16 (seine
Auffassung, daß Christus ein bloßer
Mensch sei, ohne Schuld der Evangelisten,
anknüpfend an Matthaeus); 261,24 ff.
(die Meinung, daß er plötzlich als weiser
Mann erschienen und daß er aus
Mannessamen gezeugt sei); 264,8 (gegen
Ebion schreibt Johannes sein Ev.); 315,8
(auch sie gebrauchen das Buch Elxai).
III 172,23; 188,11.

Ἑβραϊκός
- βαθεῖα γλῶσσα   das Hebräische im
  Unterschied zum Syrischen I 276,2. 4
- Ἑβραϊκὰ γράμματα   I 192,5; 271,22.
  II 253,16; 408,4. 9. 11.
- Ἑβραϊκὴ διάλεκτος   I 7,16; 211,15;
  277,6 (hier hebr. und syrisch klar
  unterschieden); 288,22; 325,23; 329,14;
  332,9; 338,2. III 216,11.
- Ἑβραϊκόν   Name für das (ursprünglich
  hebr.) Ev. der Ebionäer I 349,3. III 6,30.
- Ἑβραΐς   allein I 211,10; 212,3; 276,2;
  338,5. 10; 340,7; 341,19. 24; 348,30.

II 86,19; 168,13; 169,22.   III 125,4; 216,20; 511,1.

- Ἑβραΐς διάλεκτος I 104,16
- Ἑβραϊστί I 338,1
- ἐν τῷ Ἑβραϊκῷ im Hebräischen I 54,12; 118,4.

Ἑβραῖοι sem. Volk I 137,12. — κατὰ Ἑβραίους I 337,11 f. (die Ebionäer nennen ihr Ev. κατὰ Ἑβραίους). II 205,1 (manche nennen Tatians Diatessaren καθ' Ἑβραίους); 293,7; 294,5.

Ἐγκρατῖται I 21,23; 158,14; 160,15. II 204,13 (sie haben von Tatian ihr Gift empfangen); 211,4 (Enkratiten stammen von Tatian her; sie verwerfen die Ehe und behaupten, daß sie vom Satan sei; sie verbieten alle tierische Nahrung); 213,20 (ihnen ähneln die Apostoliker, die aber in manchem anders denken); 215,1 ff. (sie stammen von Tatian ab). 5 (sie sind noch zahlreich in Pisidien und in Phrygia Cecaumene). 10 (sie finden sich auch in Asia, in Isaurien und Pamphylien, Kilikien und Galatien; auch in Rom zum Teil und in Antiochia, Syria; aber hier nur verstreut). 14 (sie lehren verschiedene ἀρχαί, daß der Teufel eine selbständige Macht neben Gott sei); 216,5 ff. (sie gebrauchen vornehmlich die sog. Andreas-, Johannes- und Thomas-Akten, aber auch Apokryphen und auch nach ihrem Belieben ausgewählte Stellen des AT). 7 (sie erklären, daß die Ehe vom Teufel sei; sie verwerfen tierische Nahrung nicht der Askese zuliebe, sondern um nicht deshalb verurteilt zu werden). 10 (sie feiern das Abendmahl mit Wasser). 11 (Wein genießen sie überhaupt nicht; sie sagen, er sei vom Teufel und die, die ihn genießen, seien Sünder). 13 (sie glauben an die Auferstehung der Toten);

217,10 (die Enkratiten schmähen Paulus als Weinsäufer). 12 ff. (sie begründen ihre Verwerfung des Weins mit dem Beispiel Noahs und mit Prov 23,29 ff.); 219,11 (mit Marcion und Tatian zusammen in der Zeit Hadrians und nach ihm); 380,14 (von ihnen stammen die Apostoliker ab); 387,14.

Ἔδεσσα II 338,5 (aus Edessa stammt Bardesanes). 9.

Ἐδώμ die Stadt I 180,16 (Ἐδὼμ τὴν Ῥοκὸμ καὶ Πέτραν καλουμένην). 19. II 286,8; 325,13; 377,24.

Ἐζεκίας I 70,12; 194,8. 9; 347,8; 376,26 (auf Ezecias beziehen manche irrigerweise die Weissagung Jes 7,14; aber er war, als die Weissagung erging, schon 14 Jahre alt); 377,4. 7. 10. II 372,27 (Μανασσῆς ὁ υἱὸς Ἐζεκίου).

Ἐζεκιήλ I 374,16 (Zitat aus dem Apokryphon Ezechiel).

Ἐῆται sem. Stamm I 138,1.

Εἰρηναῖος I 40,12 (ὁ ἅγιος Εἰρηναῖος ἐν τῷ κατὰ αἱρέσεων); 264,19 (ὁ μακάριος Εἰρηναῖος, ὁ τῶν ἀποστόλων διάδοχος – Hinweis auf die Widerlegung der Basilidianer); 383,9 (ὁ ἁγιώτατος Εἰρηναῖος wegen einer Bemerkung, daß die Gnostiker wie Pilze aufschießen); 398,13 (ὁ ἁγιώτατος Εἰρηναῖος: aus ihm entnimmt Epiph. seine Darstellung der Valentinianer). 18 ff.; 435,9. 11 (vgl. seine Widerlegung der Valentinianer I 435,16: ἐν τῷ δευτέρῳ αὐτοῦ λόγῳ gerühmt). 23; 437,15; 445,18 (ὁ ἱερὸς Εἰρηναῖος anläßlich seines Urteils über die Secundianer); 446,11 (ὁ αὐτὸς μακάριος Εἰρηναῖος). II 6,4 (ἀπὸ τοῦ μακαριωτάτου καὶ ἁγιωτάτου Εἰρηναίου). 5. 7 (Εἰρηναῖος ὁ ἅγιος aus ihm die Darstellung der Marcusier entnommen). 9; 37,21. 22f (ὁ μακάριος πρεσβύτης Εἰρηναῖος). III 300,11.

Ἐκκλησία valentin. Äon I 386,2. 10; 392,6. 22.

Ἐκκλησιαστικός valentin. Äon I 386,4. 11; 392,10. 23.

Ἐκουίτιος Flavius Equitius, im Jahr 374 n.Chr. mit Gratian zusammen röm. Consul (PLRE 282 Nr. 2) I 73,3.

Ἐλαιών der Ölberg II 209,7.

Ἐλαμασηνοί sem. Volk I 138,2.

Ἐλαμῖται I 138,2 (sem. Volk); 201,11.

Ἐλεάζαρ I 70,16. II 328,9. III 477,19.

Ἐλεάτης I 184,2.

Ἐλένη die Genossin des Simon Magus I 234,8 (Simon Magus läßt sie im Bild der Athena von seinen Anhängern verehren); 239,22 (sie stammt aus Tyrus); 240,1 (Simon erklärt sie für das πνεῦμα ἅγιον, er sei herabgekommen sie zu suchen). 5 (sie sei seine Ἔννοια = Προύνικος = πνεῦμα ἅγιον; durch sie habe er die Engel geschaffen; vgl. I 241,11ff.). 7 (sie sei die Helena, um die Troer und Griechen kämpften); 241,1ff. (sie hat die Engel zum gegenseitigen Kampf entzündet durch die Begierde, die sie ihnen einflößt). 5ff. (sie ist von ihnen mißbraucht, von einem Körper in den anderen gestoßen worden und hat sich dazu gebrauchen lassen, um jene zu schwächen und dadurch ihre Kraft wieder an sich zu ziehen). 16 (sie stand bei Troia mit der Fackel auf dem Turm und zeigte den Griechen den Weg. Das hölzerne Pferd ist die Unwissenheit der Heiden); 242,2. 12. 14 (er nennt sie auch Athena und bezieht Eph 6,14 auf sie). 15 (auf sie bezieht er Lk 15,4). 18 (ihr Bild in der Gestalt der Athena wird von den Simonianern verehrt).

Ἐλενόποντος II 94,6.

Ἐλευθερόπολις in Palaestina, Ἐλευθεροπολίτης I 1,1 (von dorther stammt Epiph.); 153,3. 5. II 83,3 (in der Nähe von Eleutheropolis in einem Dorf Kapharbaricha lebt der Archontiker Petrus als Einsiedler). III 143,22; 296,14. 30; 300,6.

Ἐλεύσιος Bischof von Cyzicus, einer der Urheber der Pneumatomachen I 159,3.

Ἐλιακείμ I 70,15.

Ἐλιούδ I 70,16.

Ἐλισάβετ I 80,15; 350,11; 360,16. II 107,20; 257,17; 276,13; 393,27. III 187,30; 317,11; 464,14. 18. 22; 468,16.

Ἐλισσαῖος I 113,13; 132,18; 358,1; 359,7 (von den Ebionäern verworfen). II 114,1; 131,33; 143,29; 144,1; 154,25; 402,14 (als Vorbild des Mönchs); 504,23. III 301,10.

Ἐλκεσαῖοι anderer Name für Σαμψαῖοι; s. dort und bei Ἠλξαΐ. I 336,2 (neben den Σαμψηνοί genannt).

Ἑλλανικοί ham. Volk I 138,8.

Ἑλλάς I 164,3.

Ἑλλήλ I 338,25 (jüd. Patriarch in der Zeit Constantins). 26ff. (er stammte aus dem Geschlecht des Gamaliel); 339,5ff. (er läßt sich auf dem Totenbett von einem christl. Bischof heimlich taufen); 341,31 (sein Sohn wird von Joseph erzogen; vgl. I 341,15).

Ἕλληνες I 67,18; 140,6 (japheth. Volk); 164,3 (die Ἕλληνες haben ihren Namen von Ἕλλην, einem Ureinwohner von Hellas oder von der ἐλαία in Athen); 169,14; 240,8. II 78,10 (die älteste Sprache der Griechen ionisch).

Ἕλληνες Heiden I 103,9; 105,4; 106,8. 17 (heidnische Totenfeier); 122,1; 127,1ff.

(die griech. Göttermythen: Kronos, Uranus, Zeus, Hermes); 163,18 (in der Zeit des Cecrops wurden der Götzendienst, den die Ägypter, Babylonier, Phryger und Phönikier aufgebracht hatten, auf die Griechen übertragen).

Ἑλληνικός I 20,32; 296,21.

Ἑλληνίς die griech. Sprache II 78,9.

Ἑλληνισμός I 21,3; 157,3. 6; 159,21. 25; 163,1ff. (Anakephalaiosis – er beginnt in der Zeit des Seruch mit der Götzenverehrung). 4 (die Menschen vergöttern zuerst ihre Führer und bilden sie mit Farben nach). 10 (dann in der Zeit des Tharra/Thera kommen die Götzenbildner auf, zuerst aus Ton, dann aus jedem anderen Stoff). 15 (die Ägypter, Babylonier, Phryger und Phönikier haben diesen Dienst zuerst aufgebracht; dann ist er seit Cecrops auf die Griechen übertragen worden); 164,1 (erst viel später haben sie Kronos, Rhea, Zeus und Apollo zu Göttern erhoben). 3 (Hellenen heißen sie von Ἕλλην, einem Ureinwohner in Hellas oder von der ἐλαία in Athen). 5 (die Ionier sind ihre Führer gewesen, die ihren Namen von einem gewissen Joyan haben, einen von den Turmerbauern). 9 (später geht der Hellenismus auseinander in die vier Häresien der Pythagoreer, der Stoiker, Platoniker und Epikureer); 174,16; 176,19ff. 20 (nach dem Turmbau beginnt die Gruppenbildung und die Tyrannis); 177,1ff. (Nebrod = Nimrod gründet eine Herrschaft in Assyrien. Dieser ist nicht mit Zoroaster gleichzusetzen). 11 (mit Seruch = ἐρεθισμός beginnt der Götzendienst zunächst so, daß mit Farben und Bildern die Götzen hergestellt werden). 13. 19ff. (mit Tharra/Thera beginnt der Götzendienst in der Form, daß Werke der plastischen Kunst verehrt werden); 178,1 (der beginnende Götzendienst fällt in das 20. Geschlecht = 3332 Jahre nach Adam). 2ff. (zur Strafe dafür ist damals zuerst ein Sohn vor dem Vater – Arran vor Tharra – gestorben). 11 (aber es gab damals noch keine Häresie). 13ff. (von da an erhoben sie Tyrannen und Götzen zu Göttern, indem sie deren Grabmäler verehrten). 15 (viel später erst den Kronos und den Zeus, die Rhea und die Hera; dann die skythischen Sauromaten und Odrysus, den Stammvater der Thraker); 179,2f. (der Anfang bei den Ägyptern, aus ihnen schöpfen Schriftsteller, die das auf andere Völker übertragen). 18. 22; 182,13 (die griech. Mysterien bei den Ägyptern, Phrygern, Phönikiern zuerst erfunden, sind von Cadmus und Inachus von den Ägyptern zu den Hellenen übertragen worden). 18 (erst von Orpheus). 18ff. (bei den Hellenen sind dann die Mysterien während der Lebenszeit von Epikur, Zeno, Pythagoras und Plato als Häresien organisiert worden); 183,11; 185,13; 186,1. 11; 187,17; 188,11; 197,12. III 142,5; 151,9; 495,6. 10; 502,18.

Ἐλούδ s. Λούδ.

Ἔλουσα II 287,2 (in Elusa ein ähnliches Fest wie in Alexandria und Petra: 6. Januar Geburt eines Gottes aus einer Jungfrau).

Ἐλπίς valentin. Äon I 386,2. 10; 392,10. 23.

Ἐλυμαῖοι ham. Stamm I 137,9.

Ἐλωαῖος I 287,5 (bei den Gnostikern Name für den Archon des 5. Himmels. Anderer Name für ihn: Ἀδωναῖος).

Ἐμαδέμ Sohn Abrahams von der Chettura I 180,8.

Ἐνάς valentin. Äon I 393,13. 15.

Ἐνθύμησις bei den Valentinianern
I 391,3 (= Gedanke).

Ἐνμενουθίς I 130,5.

Ἔννοια I 241,15 (bei Simon Magus);
242,3. 14; 245,3; 390,9ff. (bei den
Valentinianern; man nennt sie auch
Χάρις, aber der richtige Name für sie ist
Σιγή); 391,4; 394,6; 401,5. 23; 448,12.
16; 449,1. 3. 4. II 23,3; 40,3.

Ἑνότης valentin. Äon I 386,5. 13;
392,17; 393,2.

Ἐνώς I 69,8. 9; 172,15; 175,8. II 79,17.

Ἕνωσις valentin. Äon I 386,5. 12;
392,16; 393,2.

Ἐνώχ I 69,10; 115,21; 119,8. 12.
19; 173,3. 4; 175,8; 199,20; 215,24.
II 99,16 (nach Marcion von Christus
nicht erlöst); 503,7. III 104,7; 119,25;
172,14; 237,22; 477,10; 499,26bis.

Ἑξαπλᾶ II 408,1ff. 7. 10.

Ἑξάς valentin. Äon I 393,7.

Ἐπίκουρος, Ἐπικούρειοι I 21,4f.; 157,8;
159,26; 164,11; 166,5ff. (Anakephalaiosis
– sie erklären die Atome für das Prinzip
des Alls und die Glückseligkeit für das
höchste Ziel). 7 (sie erklären, daß weder
Gott noch eine Vorsehung über den
Dingen walte); 182,19; 183,4; 186,11ff.
(leugnen die Versuchung; die Welt bestehe
aus Atomen und der Zufall regiere). 17
(das All sei ein Ei, und der Geist umgebe
sie wie ein Kranz). 19 (zu bestimmter Zeit
will er sie gewaltsam noch enger schnüren
und teilt sie dadurch in zwei Hälften;
daraus entstehen die Atome).

Ἐπιμενίδης II 169,12.

Ἐπιφάνεια, τὰ; vgl. auch θεοφάνεια.
II 270,16 (am 6. Januar, dem Tag der
Geburt); 281,25; 284,20 (Epiphanien am
13. Tag nach der Wintersonnenwende,
wegen der Zahl von Christus und den

zwölf Aposteln – so Ephrem Syrus; von
Epiph. aufgenommen II 288,14ff.);
287,5 (der Geburtstag; Jesus geboren in
der 8. Stunde = nachts 2 Uhr). 6 (der
Name daraus erklärt, daß er von diesem
Tag 1. den Hirten und der Welt durch
das Zeugnis der Engel 2. Joseph und
Maria erschien = ἐπεφάνη; beachte die
Reihenfolge der Begründung). 13 (der
Name erklärt aus dem Ausdruck Mt 2,7
τοῦ φανέτος ἀστέρος); 288,10 (ἡ
ἐπιφάνεια); 298,19 (die πέμπτη εἰς
ἕκτην ἐπιφώσκουσα Ἰανουαρίου =
11. Tybi = τὰ γενέθλια, 74 Tage nach
dem Tauftag).

Ἐπιφάνης der Gnostiker s. auch
Σεκουνδιανοί. II I 441,19 (Ἐπιφάνης
ὁ Ἰσιδώρου von Epiph. genannt). 22 (er
ist Sohn des Carpocrates); 442,4ff. (er
wird jetzt noch in Samos als Gott verehrt
– das Einzelne über ihn aus Clemens
Alexandrinus, str. III 5,2 geschöpft);
443,7ff. (er lehrt mit seinem Vater
Carpocrates Weibergemeinschaft; dies
dann erläutert durch ein – aus Clemens
Alexandrinus geschöpftes – Zitat aus
Epiph.). II 5,4; 398,21 (ähnlich wie er
lehren die Origenianer).

Ἐπιφάνιος Bischof von Constantia I 1,1
(stammt aus Eleutheropolis in Palaestina).
2 (hat dort auch an der Spitze eines
Klosters gestanden). 2f. (hat die Lehrjahre
als Asket in Ägypten durchgemacht).
3 (kehrt im 20. Lebensjahr nach
Eleutheropolis zurück und gründet in
der Umgegend ein Kloster). 4f. (das er
selbst gebaut hat). 12 (der Ancoratus ist
geschrieben auf eine Bitte von Suedra
in Pamphylien hin). 14f. (der Ancoratus
geschrieben im 90. Jahr Diocletians,
10. des Valentinian und Valens und

6. des Gratian); 2,3 (Epiph. Bischof in Constantia auf Zypern). 6ff. (Brief des Matidius, Tarsinus, Neon, Numerianus an Epiph., der ihn zur Abfassung des Ancoratus bestimmen soll). 5; 3,3ff. (Brief des Palladius – und Severianus – an Epiph. um Abfassung des Ancoratus); 5,5f. (der Ancoratus im 90. Jahr Diocletians im Juli abgefaßt); 21,12f.; 25,5f. (er redet den Gegner mit ἀγαπητέ an, weil er niemand hassen kann); 73,1 (der Ancoratus abgefaßt im 90. Jahr Diocletians = 10. Valentinian und Valens = 6. Gratian, unter dem 3. Konsulat des Gratian und dem 2. des Equitius); 147,25 (Abfassung des Ancoratus im 90. Diocletian = 10. Valentinian und Valens = 6. Gratian); 149,26 (der Ancoratus geschrieben durch Anatolius). 27 (der Titel Ancoratus ausdrücklich bestätigt); 153,1 (das Panarion – angeblich nach der Vorbemerkung – geschrieben 92. Diocletian = 12. Valentinian und Valens = 8. Gratian). 3. 4. 5 (Epiph. jetzt Bischof in Constantia auf Zypern). 12 (Brief des Acacius und Paulus, der Epiph. zur Abfassung des Panarion bestimmen wird). 15ff. (Epiph. von Acacius und Paulus gepriesen I 153,18 als μαθητὴς τοῦ σωτῆρος, I 153,19 als im Besitz apost. Gnade, I 154,9f als νέος ἀπόστολος καὶ κῆρυξ, als Ἰωάννης νέος); 155,15 (Erklärung des Titels des Πανάριον = κιβώτιον ἰατρικόν); 156,14ff. (Entschuldigung wegen des von dem im Panarion eingesetzten Tons); 170,10 (das Panarion angefangen 11. Valentinian und Valens = 7. Gratian = 375). 12ff. (über die Quellen: Schriften, Hörensagen, eigenes Sehen – ein verlorenes Werk des Epiph. auch bei Hieronymus erwähnt: Einleitung

zum Leben des Hilarion Epiph. Salaminae Cypri episcopus, qui cum Hilarione plurimum versatus est, laudem eius brevi epistula scripserit, quae vulgo legitur; tamen aliud est locis communibus laudare defunctum, aliud defuncti proprias narrare virtutes [PL 23,29B]); 192,7 (Hinweis auf ein verlorenes Werk, wo er sich ausführlich über die 27 = 22 Bücher des AT ausgesprochen hat); 212,12 (Hinweis auf eine verlorene Schrift, in der er ausführlich den Schicksalsglauben widerlegt hat); 221,13ff. (versucht Epiph. die Formel des Elxai ἀβὰρ ἀνὶδ μωῖβ νωχιλὲ δααςὶμ ἀνή, die er für hebr. erklärt, zu übersetzen: ein Beweis, daß er seine Kenntnis überschätzt; allerdings macht er die Einschränkung ὡς ἀπὸ μέρους κατειλήφαμεν); 314,1ff. (die Anakephalaiosen vor dem Text geschrieben; denn Epiph. verweist im Text schon auf sie; ebenso I 279,25); 297,15ff. (Epiph. hat in seiner Jugend – ἐν τῇ νέᾳ ἡμῶν ἡλικίᾳ – die Gnostiker selbst in Ägypten kennengelernt; Weiber dieser Sekte haben den Versuch gemacht, ihn zu verführen); 298,12ff. (er hat, nachdem er auch ihre Bücher gelesen, sie den Bischöfen der betreffenden Gegend angezeigt und bewirkt, daß sie in der Gemeinde aufgespürt und 80 Personen aus der Stadt verjagt wurden). 19ff. (indem er dies erzählt, hat er sein Versprechen eingelöst, daß er teils aufgrund von Schriften, teils zuverlässiger Berichte, teils eigener Kenntnis der Gnostiker schildern will); 310,9 (Entschuldigung wegen einer Abschweifung, in der er die Liste der röm. Bischöfe gebraucht hat: καὶ μή τις θαυμάσῃ ὅτι ἕκαστα οὕτως ἀκριβῶς διήλθομεν· διὰ γὰρ τούτων ἀεὶ τὸ

σαφὲς δείκνυται); 314,1ff. (wieder
Hinweis auf die Anakephalaiosis); 335,19
(über die Lage von Κωκάβα und Ἀραβία
hat Epiph. sich in anderen, d.h. verlorenen
Schriften ausgesprochen); 339,17 (damals
hat er aus dem Mund des Joseph selbst
die Geschichte des Patriarchen Hillel und
seine eigene Lebensgeschichte gehört).
20 (Epiph. hat den Eusebius von Vercelli
besucht, während er in Scythopolis in der
Verbannung im Hause des comes Joseph
lebte); 344,23ff. (Epiph. ist einmal auf dem
Weg von Jericho aufs Gebirge mit einem
jüd. Schriftgelehrten zusammengetroffen,
der ihm bestätigt, daß man im Augenblick
des Todes den Juden ins Ohr sage, daß sie
an Jesus Christus glauben müßten); 383,2
(wenn er beim Beginn der Valentinianer
und mit Bezug auf sie schreibt οὐκέτι
μὲν κατὰ χρόνους τάττων διαδοχῆς
τὴν σύνταξιν, ἀλλὰ κατὰ πρόβασιν
ἀφ' ἑτέρας εἰς ἑτέραν διερχόμενος,
so erhellt daraus, daß er beabsichtigte
sonst die chronologische διαδοχή
einzuhalten); 398,9ff (sein Schema
τὸ πόθεν τε ὡρμᾶτο ἐν ποίοις δὲ
καιροῖς ὑπῆρχεν καὶ ἀπὸ ποίων τὰς
προφάσεις εἴληφεν καὶ τίς αὐτοῦ ἡ
διδασκαλία, ἅμα τε τίσιν ἐβλάστησε
τῷ βίῳ κακόν); 439,3ff (ἄρξομαι δὲ
περὶ τούτων λέγειν κατὰ διαδοχήν,
τίς τίνος διάδοχος γεγένηται τῶν
ἐξ αὐτοῦ ὁρμωμένων); 445,17ff.
(nachdem Epiph. bei der Darstellung
des Secundus und Epiphanes wörtlich
dem Clemens Alexandrinus und Irenaeus
gefolgt ist, zunächst ohne ihre Namen zu
nennen, kommt doch Κλήμης τε ... καὶ
ὁ ἱερὸς Εἰρηναῖος. – Kommt der Fall
überhaupt vor, daß Epiph. eine Quelle in
größerem Umfang wörtlich ausschreibt,

ohne sie zu nennen?). II 70,20 (von zwei
aufeinanderfolgenden Sacharja-Stellen –
11,12a und 12b. 13 – die zweite angeführt
mit καὶ πάλιν ἐν ἄλλῳ προφήτῃ);
72,3ff. (Epiph. ist mit den Sethianern
pers. zusammengetroffen; wenn er sich
recht erinnert, in Ägypten; vielleicht aber
auch in irgendeinem anderen Land).
15ff. (stellt er die Übereinstimmung der
Sethianer mit den Kainiten in der Lehre
von den zwei Menschenklassen – Kain
und Abel – fest; dies war offenbar für ihn
der Grund, die Sethianer an die Kainiten
anzuschließen; so kommt die διαδοχή
daraus; doch liegt diese Reihenfolge
schon bei Ps. Tertullian vor); 81,22 (er
überführt den Archontiker Petrus, der
in Kapharbaricha bei Eleutheropolis als
Einsiedler lebt, aufs neue der Häresie –
das scheint auch II 80,29 gegen das Ende
der Regierung des Constantius der Fall
gewesen zu sein); 147,27 (er hat einmal
mit einem Marcioniten disputiert); 222,8
(der Abschnitt gegen die Montanisten
geschrieben im 12. Jahr des Valentinian
und Valens, im 8. Gratians = 376);
240,6ff. (er will nicht zurückhalten mit
dem, was er teils aus Schriften, teils durch
zuverlässige Zeugen vernommen hat:
um sich nicht des Schwindels schuldig
zu machen); 244,21ff. (typischer Fall
für sein Schema 1. über Vater, Sohn
und Geist 2. die Schriften AT und NT
3. Auferstehung des Fleisches, Gericht
und ewiges Leben); 301,10ff. (Epiph.
ist in Cibyra in Karien gewesen und hat
am 6. Januar aus der Quelle getrunken,
die an diesem Tag – des Kana-Wunders
wegen – in Wein verwandelt wird);
400,23 (Es ist vermutlich Taktik, daß er
die Origenianer nicht widerlegen will, um

nicht durch die Erörterung die Lager zu reizen); 414,10 (das Asketische imponiert ihm doch immer: er fällt über Origenes nicht das allerschlimmste Urteil, weil er wenigstens asketisch gelebt hat); 415,3 (er betrachtet sein Werk als eine Art Predigt, redet darum den Leser als ἀκροατά an); 506,21.

Ἐρινύς I 105,16.

Ἑρμῆς I 127,13 (seine Liebschaft mit Penelope); 11,18. II 45,2.

Ἑρμογένης einer der von Cerinth und Ebion Verführten; vgl. 2 Tim 1,15 II 255,18.

Ἔσδρα I 166,16 (er hat den Samaritanern den Pentateuch gebracht, heißt aber ἱερεύς); 192,3; 196,7 (Ἔσδρας der ἱερεύς kommt von Babylon, um die Kuthäer in Samaria im Gesetz zu unterrichten). 12. 14; 204,10. 12 (er läßt die Samaritaner nicht mitbauen, als er Jerusalem wieder baut). 13. 17. III 477,25.

Ἐσθήρ I 192,3 (Buch Esther); 329,17. III 369,19.

Ἐσρώμ I 70,4; 142,12; 181,26. III 127,7.

Ἐσσηνοί I 21,8; 157,10 (aus den Samaritanern hervorgegangen); 159,28; 166,25 (sie haben bezüglich der Festfeiern keinen bestimmten Standpunkt, sondern feiern sie bald mit diesen – den Gorothenern –, bald mit jenen, den Sebuäern); 196,19; 203,16ff. (die Essener bleiben zunächst – d.h. bis der Streit über die Festfeier ausbrach – bei ihrer alten Haltung); 204,1f. (der Streit über die Festfeier spielt sich nur bei den Sebuäern, Essenern und Gorothenern ab); 205,5 (sie wohnen nahe bei den Sebuäern und hatten die Feste mit jenen); 227,4 (sie bestehen zur Zeit des Epiph. kaum noch,

sondern sind wie im Dunkeln begraben).

Εὔα I 68,18; 73,9; 74,14; 272,9; 277,17 (Ev. der Eva); 278,1 (die Gnostiker haben ein Ev. der Eva. Sie habe, indem sie vom Apfel aß, durch Offenbarung der Schlange die Gnosis entdeckt); 460,20. II 51,4; 52,12; 58,23; 65,4 (die Kainiten sagen, daß die stärkere und die schwächere Macht sich ja mit Eva verbunden hätten und so einerseits Kain, andererseits Abel hervorgebracht worden sei). 6 (Eva selbst ist nach den Kainiten, wie auch Adam, von Engelmächten erzeugt); 67,28; 85,20ff. (nach den Archontikern hat der Satan aus Eva den Kain und den Abel erzeugt); 171,4; 242,16 (bei den Pepuzianern gerühmt, weil sie zuerst vom Baum der Erkenntnis aß). III 68,10ff. (Erschaffung).

Εὐαῖος I 142,3. II 396,10. III 126,18.

Εὐάρεστος I 310,7.

Εὔβοια I 140,11 (von Japhethiten bewohnt).

Εὐβούλιος Beiname des Methodius II 437,5; 500,2 (Μεθοδίου τοῦ καὶ Εὐβουλίου).

Εὐδαίμων ein Komiker I 124,21ff. (das sonst Protagoras zugeschriebene Wort über die Unerkennbarkeit der Götter).

Εὐιλαῖοι I 67,20.

Εὐνόμιος s. Ἀέτιος.

Εὔξεινος πόντος I 182,10.

Εὐρώπη die mythische I 128,6.

Εὐρώπη der Weltteil I 126,14; 176,1.

Εὔρωψ I 179,8 (der erste König von Sikyon, gleichzeitig mit Ninus und Semiramis, mit Abraham und mit der 16. Dynastie in Ägypten).

Εὐσέβιος von Vercelli I 339,22 (von Constantius der Orthodoxie wegen verbannt, hält er sich in Scythopolis im

Hause des früheren jüd. Apostels Joseph auf).

Εὔτακτος Archontiker in der Zeit des Constantius II 80,30 (kommt in der Zeit des Constantius, gegen das Ende seiner Regierung, von Armenien nach Palaestina und überträgt dann die Häresie der Archontiker von Palaestina nach Armenien); 81,25ff. (er kommt auf der Rückreise von Ägypten zu dem Einsiedler Petrus in Kapharbaricha und übernimmt von ihm seine Häresie); 82,2 (er stammt aus der Nähe von Satale in Klein-Armenien). 4 (zurückgekehrt hat er einige Reiche gewonnen, auch eine συγκλητική und durch sie viele verführt, ist jedoch bald nachher gestorben).

Εὐφημῖται s. Μεσσαλιανοί.

Εὐφράτης I 68,11. 16. II 309,1. 5. 6; 310,1; 472,19. III 3,4; 248,18; 300,27.

Ἐφέσιος I 129,6. II 105,12; 119,3; 123,21; 178,26; 182,15; 183,12. III 506,30.

Ἐφραίμ der Ort I 344,26.

Ἐφραίμ Σύρος II 284,18ff. (aus seinen ἐξημήσεις im Satz wörtlich angeführt über die Geburt Christi am 6. Januar).

Ζάκυνθος I 140,12 (von Japhethiten bewohnt).

Ζακχαῖοι anderer Name für die Γνωστικοί; s. dort.

Ζαμβρί II 333,18.

Ζαρά Vater des Hiob I 181,1.

Ζαχαρίας der Prophet II 130,30.

Ζαχαρίας der Vater Johannis des Täufers; gleichgesetzt mit dem Mt 23,35 genannten I 291,1ff. (die Verwertung seiner Geschichte bei den Gnostikern: er hat den Gott, dem er opferte, als Menschen mit einem Eselskopf gesehen). 26 (die

Gleichsetzung des Vaters des Johannes mit dem nach Mt 23,35 Getöteten wird von Epiph. ausdrücklich gebilligt). II 107,22; 254,10. 12.

Ζεβεδαῖος Vater des Johannes und Jakobus I 231,22; 266,4. II 270,3.

Ζεμβράν Sohn Abrahams von der Chettura I 180,7.

Ζεύς I 127,9 (von Rhea vor dem Verschlingen bewahrt). 11 (seine Liebschaften). 17 (Danae). 20 (Leda); 128,1 (Ganymedes). 5 (Pasiphae). 6 (Europa). 9 (sein Grab in Kreta). 10 (unsere Ζῆνες: der Κρονίδης, der Λατιάριος, der Τραγωδός); 129,5 (die Artemis des Zeus); 164,2; 178,15; 211,19; 234,8 (Simon Magus läßt sich im Bild des Zeus von seinen Anhängern verehren); 242,16f.; 296,20 (Zeus früher ein γόης, jetzt ein δαίμων). 23 (der Mythus, daß Zeus die Metis verschlungen habe, bedeutet in Wirklichkeit, daß er seine eigene γονή verzehrte); 389,20; 449,10. 17. 19; 450,7; 459,1.

Ζήνων; s. auch Στωϊκοί. I 182,19; 183,21 (ist der Begründer der Stoa). 22 (die einen erklären ihn als den Sohn eines Cleanthes, der in Tyrus herrscht; die anderen lassen ihn von Kitieum herstammen; er habe in Rom eine Zeit lang gelebt, dann in Athen sein Dogma verbreitet); 184,1 (manche sagen, es hätte zwei Zenon gegeben, außer dem Stoiker noch einen Eleaten); 185,14. 18.

Ζοροβάβελ I 70,14. II 264,15. III 173,3.

Ζωή valentin. Äon I 386,1. 9; 392,6. 22.

Ζωροάστρης I 177,4 (er wird von den Griechen mit Zoroaster gleichgesetzt). 5 (Zoroaster ist weiter nach Osten gegangen und hat Baktrien besiedelt). 7 (er war Erfinder einer schlimmen Lehre, der Astrologie und Magie). 8. 9 (Nimrod und Zoroaster sind aber der Zeit nach weit auseinander). 10.

Ἡδονή valentin. Äon I 386,6. 13; 392,17; 393,2.

Ἡλίας I 49,24; 113,12; 119,14. 16; 254,26; 290,17 (er von den Gnostikern gelästert); 293,2ff. (die Gnostiker erzählen eine Geschichte von der mißglückten Himmelfahrt des Elias; er wird zurückgehalten von einem δαίμων, der den von ihm ergossenen Samen aufgefangen und Kinder davon gezeugt hat); 352,11 (Elias von den Ebionäern verworfen); 358,1; 359,6. II 30,16; 32,2; 109,17; 130,27; 131,15. 33; 135,15; 150,12; 180,2 (Eph 5,14 aus der Elias-Apok.?); 328,4ff. (apokrypher Stammbaum des Elias; er Priester und Bruder des Priesters Jodae, Sohn der Aaroniten Achinaam); 361,17 (ist jungfräulich geblieben); 402,12 (als Vorbild des Mönchs); 424,11; 429,5; 469,2. 4; 503,12 (Beweis für die Auferstehung des Leibes); 504,23. III 123,15; 237,21; 429,23; 479,33; 480,2; 489,8.

Ἡλιλαῖος I 287,7 (Archon bei den Gnostikern; ein Teil versetzt ihn in den 6. Himmel; andere setzen den Ἰαλδαβαώθ an seine Stelle).

‹Ἡλιογάβαλος›, Ἀντωνῖνος, ursprüngl. Varius Avitus, röm. Kaiser 218–222 n. Chr. (PIR[1] V 184) I 72,3 (regiert 4 Jahre).

Ἡλιούπολις in Ägypten I 104,15 (On).

Ἡλξαΐ I 218,2 (er hat in der Zeit Trajans die Ossäer beeinflußt). 3 (Elxai ein Lügenprophet in der Zeit Trajans). 4 (er schrieb ein Buch, angeblich aufgrund einer Offenbarung). 5 (Ἰεξαῖος). 7 (er geht vom Judentum aus, lebt aber nicht nach dem Gesetz, sondern bildet seine eigene Häresie). 10 (er hat Schwurformeln übergeben, das eine Mal ἅλας, ὕδωρ, γῆν, ἄρτον, οὐρανόν, αἰθέρα, ἄνεμον - οὐρανός ὕδωρ, πνεύματα ἅγια, ἄγγελοι τῆς προσευχῆς, ἔλαιον, ἅλας γῆν). 14 (er verwirft Jungfräulichkeit und Enthaltsamkeit und gebietet zu heiraten). 16 (er lehrt, es sei keine Sünde, in der Zeit der Verfolgung, Götzen anzubeten, wenn er es im Gewissen nicht tue). 19 (es sei keine Sünde, was einer mit dem Munde bekenne, wenn er es mit dem Herzen nicht tue; er führt als Zeugen einen gewissen Phinees/Pinhas an, einen Priester aus dem Geschlecht des Levi und Aaron, der in der Zeit der babylonischen Gefangenschaft in Susa die Artemis angebetet und dadurch sich das Leben gerettet hatte); 219,8ff. (der Name wird von den Anhängern erklärt: δύναμις ἀποκεκαλυμμένη - ἀποκεκρυμμένη). 13 (aus dem Geschlecht des Elxai waren bis in die Zeit des Constantius und bis 375 noch zwei Frauen, Marthus und Marthana am Leben, die in der Sekte göttlich verehrt wurden: ihr Speichel galt als Schutzmittel gegen Krankheit). 14. 16; 220,18ff. (er bekennt Christus dem Munde nach und sagt, er sei der μέγας βασιλεύς, aber er nennt ihn einfach Χριστός, so daß Epiph. nicht klar zu erkennen meint, ob er wirklich Jesus Christus darunter versteht). 13 (er verbietet die Gebetsrichtung nach Osten, sondern gebietet, man müsse immer die Wendung nach Jerusalem zu nehmen). 19 (er verwirft die blutigen Opfer und die hlg. Handlungen). 23 (er verwirft das Fleischessen). 24 (er verwirft das Feuer als etwas Gott Fremdes, erklärt dagegen das Wasser für die rechte Seite);

221,2ff. (ein Wort des Elxai angeführt: τέκνα, μὴ πρὸς τὸ εἶδος τοῦ πυρὸς πορεύεσθε ... πορεύεσθε δὲ μᾶλλον ἐπὶ τὸ φωνὴν τοῦ ὕδατος). 6ff. (er beschreibt Christus als eine Kraft, deren Körpermaße er angibt: 24 Meilen hoch, auch die Breite gibt er an). 10 (der hlg. Geist sei weiblich, ähnlich wie Christus, wie eine Bildsäule über einer Wolke und zwischen zwei Bergen stehend – dies aus dem Buch Elxai entnommen, wie I 221, 14 zeigt: ὕστερον ἐν τῇ βίβλῳ!). 14ff. (aus einer späteren Stelle im Buch die Gebetsformel ἀβὰρ ἀνὶδ μωῒβ νωχιλὲ δαασὶμ ἀνή angeführt, wo Elxai selbst vor der Deutung warnte: μηδεὶς ζητήσῃ τὴν ἑρμηνείαν, ἀλλ' ἢ μόνον ἐν τῇ εὐχῇ τάδε λεγέτω); 222,26 (4 Häresien gebrauchen ihn – d.h. wohl seine Bücher: die Ebionäer, die Nazoräer und von den früheren die Ossäer und Nasaräer); 223,26. 27ff. (er heißt schwören ἐν ἅλατι, ὕδατι ‹ἄρτῳ›, αἰθέρι, ἀνέμῳ, γῇ, οὐρανῷ); 336,1 ('Ηλξαῖος hat sich mit den Ebionäern verbunden wie mit den Sampsäern, Ossäern und Elkesäer); 356,12 (die sieben Zeugen des Elxai, als Nothelfer bei Krankheit und Tierbiß, auch bei den Ebionäern üblich). 17 (von Elxai haben die späteren Ebionäer auch ihre phantastische Christologie, daß sie Christus für eine menschenähnliche Gestalt halten, Schilderung der Größe Christi – 96 Meilen hoch, 24 breit – und des hlg. Geistes nach dem Buch Elxai; dabei auch I 357,5 wörtliches Zitat aus dem Buch Elxai). 18. II 212,15 (die Sampsäer von Elxai beeinflußt); 315,5 (Elxai von den Sampsäern als ihr Lehrer betrachtet; aus dem Geschlecht des Elxai stammten in der Zeit des Epiph. zwei

Frauen her, die wie Göttinnen verehrt wurden). 7 (das Buch Elxai benutzen auch die Ossäer, die Ebionäer und Nazoräer). 12. 15; 316,11 ('Ηλξαῖον εἴτ' οὖν 'Ηλξαΐ).

Ἡμεροβαπτισταί I 21,7; 157,17; 159,29; 167,25ff. (sagen, daß niemand des ewigen Lebens teilhaftige werde, der nicht jeden Tag Waschungen vollziehe); 214,3. 5ff. (sie denken im übrigen ebenso, wie die Schriftgelehrten und Pharisäer, teilen aber den Irrtum der Sadduzäer bezüglich der Leugnung der Auferstehung nicht). 9ff. (sie haben dies Besondere, daß sie zu jeder Jahreszeit täglich im Wasser baden; anders könne man, sagen sie, des ewigen Lebens nicht teilhaftig werden); 215,15; 223,11; 226,19 (zur Zeit des Epiph. ausgestorben).

Ἡμιάρειοι		I 21,3;	159,2;	161,6. III 230,22;	267,20;	268,14;	296,6; 301,14; 311,24; 313,11.

Ἥρα I 178,16; 389,20; 459,1.

Ἡρακλᾶς II 326,2 (nach apokryphen Nachrichten Name des Vaters Melchisedeks).

Ἡρακλείδας Botaniker und Mediziner aus Tarent I 171,10.

Ἡράκλειτος I 124,17 (Torheit der Götterbeweinung). III 506,30.

Ἡρακλέων, Ἡρακλεωνῖται I 21,21; 158,10; 160,10. II 1,13ff. (Heracleon trägt die Ogdoadenlehre anders vor als Marcus, Ptolemaeus und Valentin; vollzieht aber ähnlich wie Marcus eine Weihe an den Sterbenden mit Öl, Balsam und Wasser unter Anwendung von hebr. Formeln); 2,20 (von Heracleon hat Cerdon seine Lehre übernommen); 44,10ff. (Heracleon folgt auf Colorbasus, will aber seine Vorgänger noch übertreffen); 45,9ff. (ähnlich wie Marcus einige vor ihm, unterscheidet er eine obere und eine untere Ogdoas; die Syzygien der 30 Äonen stellt er ebenso dar). 12 (auch er nennt den obersten Vater, den Bythos Ἄνθρωπος, neben ihm die Μήτηρ = Σιγή = Ἀλήθεια). 16 (von dieser Μήτηρ unterscheidet er eine untere Μήτηρ = Ἀχαμώθ. Aus ihr ist das Übrige ἐν ὑστερήματι entstanden). 18ff. (er erteilt den Sterbenden – den Toten? – eine Weihe; die Einzelbeschreibung: Salbung mit Öl und Wasser oder mit Myron = Opobalsamum entnimmt Epiph. dem Bericht des Irenaeus über Marcus; von dorther auch die Formeln). 22 (auch Heracleon nimmt an, daß unterhalb des Demiurg sich eine Hebdomas befinde; er selbst sei im 7. Himmel als der erste, aber im ὑστέρημα und in Nichtwissen); 48,22. 31; 90,9f. (Cerdon folgt auf Heracleon; er stammt aus derselben Schule).

Ἡρακλῆς   I 105,9 (Wiederbelebung der Alcestis); 123,26; 124,13 (der τρισκαιδέκατος ἀγών); 129,9ff (der ἀλεξίκακος, seine Heldentat mit den 50 Töchtern).

Ἡρώδης   der Großvater Herodes d.Gr. I 224,19 (Ἡρώδης der Vater des Antipater, der Großvater Herodes d.Gr.).

Ἡρώδης   d.Gr. I 50,18; 168,11 (von den Herodianern für Christus gehalten); 224,10. 17 (Herodes ist der Sohn eines Askaloniten Antipater, der Hierodule des Apoll war). 19 (der Großvater des Herodes hieß auch Herodes); 225,1 (der Urgroßvater hieß wieder Antipater). 3 (Herodes wird geboren in Idumaea, während sein Vater Antipater dort in der Gefangenschaft war). 6 (er kehrt mit dem Vater in die Gefangenschaft

zurück). 7f. (darum heißt er bei den einen Idumäer, bei den anderen Askalonit). 10 (er wird von seinem Vater beschnitten, wie dieser ἐπίτροπος von Iudaea wird; er erbt von seinem Vater das Königtum in Iudaea, bleibt aber dort dem Augustus Untertan). 13 (weil nun eben damals die einheimischen Fürsten ausstarben, meinen die Herodianer aufgrund von Gen 49,10, daß er der Christus sei); 228,19. 20 (im 33. Jahr des Herodes Christus geboren); 229,1 (im 35. Jahr des Herodes wird Christus nach Ägypten gebracht). 2 (er regiert 37 Jahre); 320,17; 324,1 (mit ihm kommt ein ἀλλόφυλος auf den Thron Davids); 372,23.   II 259,14. 20; 261,1 (Herodes stirbt im 37. Jahr seiner Herrschaft). 9. 10; 289,3 (Heide, aber Proselyt). 16 (Herodes wird Herrscher in Palaestina im 10. Augustus). 18 (nach dem 4. Jahr des Herodes wird Palaestina ganz den Römern unterworfen). 19 (im 33. Jahr des Herodes Christus geboren); 290,3.

Ἡρώδης   der Jüngere I 229,8 (nach Epiph. Sohn des Archelaus). 11 (in seinem 18. Jahr beginnt Jesus mit der Predigt). 12 (er führt nach Epiph. den Beinamen Agrippa und τετράχης). 17 (in seinem 19. Jahr beginnt der Widerspruch gegen Jesu Predigt). 18 (in seinem 20. Jahr wird Jesus gekreuzigt).

Ἡρώδιανοί I 21,7; 157,18; 160,1; 168,11ff. (sie sind im übrigen Juden, halten aber Herodes für Christus); 223,12; 224,7ff. (sie sind ganz Juden, halten aber Herodes für den von den Propheten verkündigten Christus). 13 (aufgrund der Stelle Gen 49,10); 225,13ff.; 226,20.

Ἡσαίας   I 39,9 (Ἡσαίου); 44,27; 62,2; 63,5; 119,30; 191,19; 203,10 (Ἡσαΐα); 213,1 (Ἡσαΐου); 243,18; 256,17; 271,19

(Ἠσαΐᾳ); 293,22; 319,15; 358,1; 360,7; 365,2. 8; 375,2. 11; 376,12; 377,15; 453,21. II 32,17; 82,14 (Ἀναβατικὸν Ἠσαΐα); 136,19; 180,2 (ein apokryphes Wort in Jesaja); 223,20; 238,8; 255,3; 294,10; 322,1. 5; 341,25; 416,1. 8; 522,13.   III 123,15; 133,25; 199,6; 237,23; 321,23; 347,19; 422,10; 442,30; 480,2. 20; 481,8; 495,27.

Ἠσαῦ I 180,3. 12. 14 (er siedelt nach Idumaea über, auf das Gebirge Seir und gründet dort Edom = Rokom = Petra). 19 (von ihm stammt im 5. Geschlecht Hiob ab). 21; 181,3. II 63,1 (Esau bei den Kainiten als von der ἰσχυροτέρα δύναμις herstammend anerkannt). 5; 99,15 (nach Marcion von Christus erlöst); 218,5; 328,12.

Ἡσίοδος I 384,12ff. (seine Theogonie diente dem Valentin als Muster); 386,16; 387,2ff. (der Vergleich zw. Hesiod und der valentin. Äonenreihe im Einzelnen durchgeführt: auch bei Hesiod 30 Äonen, 15 Paare); 389,8. 18 (aus ihm haben die Valentinianer auch ihre untere Ogdoas: aus dessen Ἐξέπαφος Πορφυρίων Κλωθώ, Ῥύακος, Λάχεσις, Ἐπιφάων, Ἄτροπος, Ὑπερίων, Ἀστεροπή); 458,28. III 84,23.

Θαβώρ der Berg der Versuchung II 279,18 (θαβώρ = Ἰταβύριον).

Θαδδαῖος I 232,1.

Θαλγά II 332,18.

Θάμαρ I 290,14. II 398,6; 399,6.

Θάρρα Vater Abrahams I 70,3; 142,9; 162,15 (von ihm stammen die Thraker ab); 163,9 (mit ihm beginnt die Verehrung der Götzenbilder). 19 (mit ihm beginnt der Götzendienst in der Form, daß jetzt Werke plastischer Kunst verehrt werden);

177,19. 20; 178,6. 10. II 78,11; 331,18; 332,2. III 127,5bis.

Θειράς I 177,3 (von Nimrod im Assyrer-Land gegründet).

Θελητός I 386,3. 11 (valentin. Äon; anderer Name für ihn: Φῶς); 392,10. 23.

Θεοδοτιανοί I 21,28; 158,22; 160,21. II 212,19ff. (Theodotus der Schuster stammt aus Byzanz, besaß eine ausgezeichnete philosophische Bildung. Er ist in der Zeit der Verfolgung abgefallen und hat, um der Schmähung zu entgehen, gesagt, daß Christus reiner Mensch gewesen sei); 317,3ff. (die Theodotianer ein Ableger der Aloger). 9 (Epiph. weiß nicht, ob sie noch existieren, kann nur das aus Schriften ihm Bekanntgewordene mitteilen). 12 (Theodotus stammt aus Byzanz). 13 (σκυτεὺς τὴν τέχνην, πολυμαθὴς τῷ λόγῳ). 14 (in einer Verfolgung – Epiph. weiß nicht in welcher – ist er von dem Stadthaupt – ἀπὸ τοῦ τῆς πόλεως ἄρχοντος – verhaftet); 318,1ff. (er verleugnet, entflieht, um der Schande zu entgehen, nach Rom). 7ff. (in Rom erkannt und zur Rede gestellt, sagt er: ich habe nicht einen Gott, sondern einen Menschen verleugnet). 14 (von da aus ersinnt er das Dogma, daß Christus ein einfacher Mensch sei und aus Mannessamen erzeugt). 16ff. (er sucht dafür biblische Beweise: zuerst Joh 8,40); 319,7 (zweiter Beleg: Mt 12,31ff.). 25 (dritter Beleg: Deut 18,15); 320,12 (Lk 1,35 dabei Gewicht darauf gelegt, daß es heißt ἐπὶ σὲ und nicht ἐν σοί); 321,14 (Jer 17,9); 322,2 (Jes 53,3). 27 (Akt 2,22); 323,4 (1. Tim 2,4); 324,3 (von den Theodotianern stammen wohl die Melchisedekianer her); 347,3. 7 (das Gegenstück zu ihm ist Noët).

Θεοδοτίων der Bibelübersetzer II 408,2; 419,3. III 6,28.

Θεόδοτος ὁ σκυτεύς s. Θεοδοτιανοί.

Θεσρί I 204,20 (= röm. Αὔγουστος = ägypt. Μεσορί = maked. Γορπιαῖος = griech. Ἀπελλαῖος).

Θετταλοί II 78,12 (sie stammen von Θοβέλ her).

Θηβαῖος I 129,7.

Θηβαΐς I 68,4; 103,1; 226,21; 395,18. II 94,3 (in der Thebais die Marcioniten noch zur Zeit des Epiph. verbreitet). III 16,9 (Scythianus reist durch die Thebais); 17,3 (der Hafen Berenice beliefert die Thebais). 4. 18; 140,20; 141,8. 16; 154,23.

Θήλεια II 72,23 (Name für die Μήτηρ bei den Sethianern); 73,1. 21.

Θήρα I 139,7 (von Hamiten bewohnt); 178,18.

Θήρας s. Θάρρα.

Θοβέλ I 177,3 (von Nimrod im Assyrer-Land gegründet). II 78,12 (Stammvater der Θετταλοί).

Θρᾷκες I 140,5 (japheth. Stamm); 162,16 (sie stammen von Tharra ab); 178,17 (ihr Vorfahr ist Odrysus, der göttlich verehrt wird). 18 (sie haben ihren Namen von Thera = Tharra). II 78,11.

Θυάτειρα II 306,25 (nach der Behauptung der Montanisten gab es zu der Zeit, wo Johannes schrieb, noch keine christl. Kirche in Thyatira). 26; 307,1. 6ff. (nach Epiph. ist die Gemeinde in Thyatira im Jahr 170/171 geschlossen montanistisch geworden; aber 93 Jahre später, d.h. 263/264, wieder zum Katholischen Glauben übergegangen); 308,3. 17.

Θωμᾶς der Apostel I 75,9; 100,22. 23; 111,21; 112,25; 231,23. II 216,6 (Thomas-Akten bei den Enkratiten); 381,2 (Thomas-Akten bei den Apostolikern);

504,2. III 215,6; 278,27; 423,9; 426,14; 478,4; 518,16.

Ἰαβόκ I 181,10.

Ἰακώβ der Erzvater I 52,23; 70,4; 116,2 (die Fürsorge für die Gebeine Beweis für die Auferstehung); 118,1; 134,14. 15 (erzeugt den Levi in seinem 89. Jahr); 142,10. 11; 157,13 (τοῦ Ἰακὼβ τοῦ καὶ Ἰσραήλ); 164,19; 168,8; 180,13; 181,3 (seine Flucht nach Mesopotamien). 13 (seine Umbenennung in Israel, daher Ἰσραηλῖται). 19 (seine Übersiedlung nach Ägypten); 188,1; 189,19 (Jakob geht nach Ägypten in seinem 130. Lebensjahr). 22; 190,4; 193,23; 199,24; 215,25; 337,3; 357,24 (er wird von den Ebionäern anerkannt); 368,2. II 100,1; 106,3; 402,6 (Abraham und Jakob Vorbild der keuschen Ehe).

Ἰακώβ der Vater des Joseph, des Vaters Jesu I 70,17.

Ἰάκωβος der Zebedäide I 179,15; 231,22. II 267,28 (Jakobus oder Johannes war der andere, nichtgenannte Jünger in Joh 1,40); 270,1f.; 361,10f. (er ist ebenso wie Johannes jungfräulich geblieben).

Ἰάκωβος der Bruder des Herrn I 17,22; 70,19f (Ἰάκωβον τὸν ἀδελφὸν τοῦ κυρίου καλούμενον διὰ τὸ συναντραφῆναι αὐτῷ); 289,7; 314,22; 319,28; 324,10f. (er ist als erster Bischof in der christl. Kirche aufgestellt worden). 12 (er ist Sohn des Joseph von Nabur, heißt aber Bruder des Herrn, weil er mit ihm erzogen wurde). 14 (er ist Sohn des Joseph von seiner ersten Frau und als Sohn des Joseph zugleich Nachkomme Davids). 17 (er war Nazireer, hat auch das Priestertum verwaltet nach der alten Weise. Es war ihm nach dem Zeugnis des Clemens, des Eusebius und anderer erlaubt, einmal des Jahrs ins Allerheiligste einzugehen). 23 (er trug nach dem Zeugnis derselben auch das hohepriesterliche Steinschild); 335,3; 354,12ff. ('Αναβαθμοί des Jakobus bei den Ebionäern in Umlauf, nach denen Jakobus gegen Tempel und Opfer und gegen das Feuer auf dem Altar gepredigt haben soll; vgl. I 364,18: gefälschte Schriften auf den Namen des Jakobus bei den Ebionäern); 436,22 (der Verfasser des Briefes). II 91,2 (neben Petrus und Paulus als Stammhaupt des Episkopats genannt).

'Ιαλδαβαώθ I 269,4 (bei den Nikolaiten – andere sagen dafür Sabaoth. Er ist der Sohn der Barbelo und nimmt den 7. Himmel ein. Er erklärt sich selbstüberhebend, für den Ersten und den Letzten. Die Barbelo weint darüber); 270,8ff. (er wird bei den Nikolaiten verehrt, weil er viel geoffenbart hat: Bücher auf seinem Namen bei den Nikolaiten); 284,12 (Bücher auf den Namen des Jaldabaoth bei den Gnostikern); 287,6 (bei den Gnostikern in den 6. Himmel versetzt; andere Gnostiker setzen an seine Stelle den 'Ηλιλαῖος dorthin). 9 (ein Teil der Gnostiker setzt den Jaldabaoth in den 7. Himmel, andere dann dafür den Sabaoth). II 54,1 (der letzte der Äonen nach den Ophiten). 13 (er geht aus der herabgesunkenen Μήτηρ ohne ihr Wissen hervor und erzeugt selbst sieben Söhne, die wieder sieben Himmel schaffen. Er verschließt ihnen den oberen Himmel); 55,4 (er ist der Juden Gott). 7. 8 (nach seinem Bild schaffen die Engel den Menschen, dem die Μήτηρ um den Jaldabaoth seiner göttlichen Kunst zu entlernen, den göttlichen Funken einhaucht). 11. 15. 17; 56,5; 57,4. 7; 58,14. 19. 20. 25; 199,19 (nach den Severianern ist der Teufel sein – oder des Sabaoth – Sohn).

'Ιάπυγες japheth. Volk I 140,7. III 126,9.

'Ιάρετ ('Ιάρεδ) I 69,9. 10; 172,16. 19 (in seiner Zeit kommen Zauberei, Magie, Unzucht und Ungerechtigkeit unter den Menschen auf); 173,2. III 499,26.

"Ιασος von Hamiten bewohnte Insel I 135,8.

'Ιάφεθ I 69,29; 137,5 (sein Erbteil von Medien bis Gadara in Rhinocorura nach Norden); 140,1ff. (Liste seiner Söhne); 173,10. II 75,6; 78,1 (von Japheth 15 Söhne beim Turmbau). III 125,1.

'Ιαώ Archont I 287,2 (bei den Gnostikern in den ersten Himmel, von unten an gerechnet, versetzt); 437,18 (nach Irenaeus: die Bedeutung bei den Valentinianern).

"Ιβηρες japheth. Stamm in Spanien I 140,9.

"Ιβηρες sem. Volk I 138,5.

'Ιδουμαία I 180,14. 18 (dorthin siedelt Esau über); 225,2 (dort Antipater, der Vater des Herodes, gefangen gehalten). III 125,10.

'Ιδουμαῖοι I 225,2. 7; 380,1 (bei ihnen ist die Beschneidung üblich).

'Ιεζάν Sohn Abrahams von der Chettura I 180,7.

'Ιεζεκιήλ I 108,23; 192,1; 243,18; 358,1. II 224,3; 422,13; 424,25; 515,24 (das Apokryphon Ezechiel); 519,19. III 515,5.

'Ιεξαῖος I 218,6 (Bruder des Elxai). II 315,11 (die Sampsäer sollen neben dem Buch Elxai auch ein falsches von Jexai haben).

'Ιερακᾶς, 'Ιερακῖται I 22,1; 103,1ff. (die Hierakiten glauben, daß ein anderes Fleisch anstelle des gegenwärtigen aufersteht); 158,30; 160,27. II 330,12

(Ἱερακᾶς ὁ Αἰγύπτιος αἱρεσιάρχης hält Melchisedek für den hlg. Geist). III 132,12; 133,1bis; 136,13; 137,22; 138,5; 139,1. 7; 140,23; 158,14.

Ἱερεμίας I 39,9 (Ἱερεμίου); 49,25; 68,5 (Ἱερεμίου); 143,2 (Ἱερεμίᾳ); 191,20; 358,1; 360,19; 367,8. II 136,20; 166,15; 321,14; 441,11; 456,10. III 133,25; 137,19; 483,1.

Ἱεριχώ I 50,16; 199,7. 8; 344,27. II 114,9; 145,18. 25; 208,5; 247,23. III 124,8. 10; 127,11.

Ἱεροβοάμ I 193,30; 194,1.

Ἱεροσόλυμα, τὰ I 183,1; 201,28; 204,3; 207,13; 220,13 (Elxai verbietet die Gebetsrichtung nach Osten und befiehlt immer die Richtung nach Jerusalem zu nehmen). 14; 223,4. 6 (Jerusalem von Titus erobert im 2. Jahr von Vespasians Kaisertum). 9; 227,14; 228,7. 12; 260,7; 266,2; 320,16 (dort wirkte Cerinth zuerst); 330,8. 9; 331,2; 335,5 (Auswanderung der Christen von Jerusalem nach Pella); 355,10; 372,26. II 114,13; 145,2; 166,2; 209,1; 258,16; 278,9; 279,16; 281,26; 282,4; 294,18; 295,1; 326,7 (nach einigen dasselbe wie Salem); 405,1. 6. III 24,6; 44,7. 15. 19; 48,9; 98,22; 99,7; 103,11; 155,29; 188,32; 207,21; 465,15; 478,9; 513,13.

Ἱερουσαλήμ I 50,14. 16; 188,26; 194,2; 196,12; 204,8. 11; 220,16. 18. 22; 226,16; 228,10; 293,22; 315,6; 316,13; 372,24; 373,17; 414,12. II 34,6; 81,4; 112,23; 142,3ter; 145,20; 165,11. 21; 208,5. 7; 211,14 (die Pepuzianer erklären Pepuza für Jerusalem; ebenso die Montanisten); 230,9; 239,2 (sie sagen, daß er dorthin herniederfahre); 242,7; 246,16; 254,7; 258,3; 259,5; 261,14. 21; 279,15; 280,1; 287,10. 19; 294,23. 27;

326,7; 461,17. III 46,1; 79,28; 115,21; 243,13; 320,7; 338,4; 339,18. 23; 419,3; 431,22; 460,24; 497,8; 503,11; 516,25.

Ἱεσβόκ Sohn Abrahams von der Chettura I 180,7.

Ἱεσσαί I 70,7; 187,22; 322,4; 325,19. III 197,12.

Ἱεσσαῖοι I 322,2f. (so heißen die Christen im Anfang nach Ἱεσσαί); 325,17ff. (die Christen heißen so im Anfang entweder nach Jesse oder nach Jesus; denn Jesus heißt auf griech. θεραπευτής oder ἰατρὸς καὶ σωτήρ); 326,1f. (Philo hat sie beschrieben in seinem Buch mit dem Titel περὶ Ἱεσσαίων; er beschreibt damit tatsächlich Christen).14; 329,2.

Ἱεφθάε II 325,17 (Jephthas Tochter wird in Samaria-Sebaste göttlich verehrt und ihr zu Ehren alljährlich ein Fest gefeiert). 18. III 123,12; 473,24.

Ἱεχονίας I. judäischer König I 70,13; 194,11 (Ἱεχονίαν, τὸν καὶ Σελοὺμ καλούμενον, ὃς καὶ Ἀμασίας ἐλέγετο); 195,2.

Ἱεχονίας II. judäischer König, nach Epiph. Sohn von Jechonja I I 70,13; 194,12 (Ἱεχονίας ... τὸν καλούμενον Σεδεκίαν καὶ Ἱωακείμ). 27 (dieser Jechonja II von manchen irrtümlich bei Matthaeus gestrichen); 195,2 (Ἱεξονίας τοῦ Ἱεχονίου). 6.

Ἰησοῦς I 388,10 (bei den Valentinianern; er geht durch Maria wie durch einen Kanal hindurch = Σωτήρ = Ὄρος = Σταυρός = Ὁροθέτης = Μεταγωγεύς). 11 (er ist ein Φῶς vom oberen Χριστός und heißt deshalb Φῶς und Χριστός und Λόγος und Νοῦς und Σωτήρ); 389,3 (er steigt immer über seinen Vater, den Δημιουργός, hinüber und bringt Seelen zu den oberen Syzygien ins Πλήρωμα).

Ἰησοῦς = Josua I 168,6. 9; 199,9 (Ἰησοῦς ὁ Ναυῆ); 215,25; 357,24 (er wird von den Ebionäern anerkannt, obwohl er eigentlich nichts mehr als eben der Nachfolger Moses ist). II 135,18.

Ἰθάκη I 140,12 (von Japhethiten bewohnt).

Ἰκέσιος I 458,22.

Ἰλλυριανοί japheth. Stamm I 140,9.

Ἰλλυριοί japheth. Stamm I 140,6.

Ἴμβρος von Hamiten bewohnte Insel I 139,8.

Ἴναχος I 125,9 (= Apis der Kappadokier; seine Tochter Isis = Atthis = Io); 182,8 (gleichzeitig mit Mose). 12 (als Name eines Flusses). 16 (Inachus hat zuerst Apis geheißen und Memphis gegründet; er überträgt mit Cadmus die Mysterien und Weihen von Ägypten aus zu den Griechen).

Ἰνδική I 137,1. III 17,4. 8.

Ἰνδός = der Inder I 67,17; 137,10 (sem. Stamm).

Ἰνδός der Fluß I 67,18 (= Phison = Ganges).

Ἰοβιανός röm. Kaiser I 72,10.

Ἰοθόρ I 367,21.

Ἰόλαος Botaniker aus Bithynien I 171,9.

Ἰορδάνης I 102,8; 145,4 (Ἰορδάνου, Ἰορδάνῃ). 9. 11; 148,27 (Ἰορδάνην); 181,10; 199,8; 215,17 (Ἰορδάνου). II 257,21 (Ἰορδάνῃ).

Ἰουδάδ I 176,15.

Ἰουδαία I 50,15; 166,14; 189,20 (ἐν τῇ Χανανίτιδι γῇ, Ἰουδαία καὶ Φυλιστιεὶμ οὕτως κληθείσῃ πότε, τανῦν δὲ Παλαιστίνη καλουμένῃ); 195,22; 198,3 (τὴν γῆν ... τὴν νῦν Ἰουδαίαν ἢ Σαμάρειαν καλουμένην); 204,6 (ἐν τοῖς τέρμασι τῆς Ἰουδαίας καὶ Σαμαρείας); 207,12; 225,9. 12; 226,17.

Ἰουδαϊκός II 298,11 (τὸ Πάσχα τὸ Ἰουδαϊκόν).

Ἰουδαῖοι, Ἰουδαϊσμός I 21,3 (Ἰουδαϊσμός). 6 (Ἰουδαῖοι); 36,7. 16; 55,18; 134,3; 135,22; 144,1; 157,3. 10 (der Ἰουδαϊσμός erhält seinen Charakter durch Abraham, breitet sich aus durch Mose und erhält seinen Namen durch Juda, den Stammvater von David); 159,21. 25; 164,16ff. (der Ἰουδαϊσμός hat seinen Charakter von Abraham her durch die Beschneidung erhalten, in Moses durch das Gesetz, von Juda durch David den Namen); 166,10. 12; 174,16; 179,10ff. (der Judaismus beginnt mit Abraham; er erhält in seinem 99. Jahr den Befehl zur Beschneidung – dies das 21. Geschlecht = das Jahr 3431 der Schöpfung – aber der Name ist damals noch anders); 180,1 (die Gläubigen heißen einfach Ἀβράμιοι). 2ff. (von den Söhnen Abrahams wird nur Isaak der Erbe. 14 (nach diesem heißen die Frommen auch Ἰσάκιοι); 181,3 (Jakobs Flucht nach Phadan; bei der Rückkehr Umbenennung in Israel). 18 (daher der Name Ἰσραηλῖται; bis auf David). 19 (Übersiedlung nach Ägypten). 22 (dort bleiben sie fünf Geschlechter lang); 182,1f. (im 5. Geschlecht nach Levi, in der Zeit des Mose und Naasson ziehen sie aus). 4ff. (Moses zählt sie und findet 62. 850 Waffenfähige). 7 (mit Mose und Inachus gleichzeitig); 187,17ff. (Ἰουδαϊσμός kommt als Name erst auf durch David, den ersten König aus dem Stamme Juda); 188,11 (der Ἰουδαϊσμός beginnt mit Abraham). 21 (in der Zeit von David bis Rehabeam heißt das Volk teils Ἰουδαῖοι, teils Ἰσραηλῖται); 189,10 (die Beschneidung ist dazu gegeben, daß das Volk Israel im fremden Land sich nicht von Gott abwendet); 190,2. 11 (ihre Lebensform in Ägypten umfaßt jedenfalls Frömmigkeit und Beschneidung). 19 (im 2. Jahr des Auszugs erhalten sie das Gesetz). 26 (es ist ein Gott verkündigt, aber den Propheten und Geweihten doch immer die Trinität geoffenbart); 191,9 (der alttest. Kanon); 193,17. 21 (von Abraham an heißen sie Ἀβράμιοι). 23 (von Jakob = Israel Ἰσραηλῖται). 24 (von David an Ἰουδαῖοι und Ἰσραηλῖται). 27 (nach der Trennung des Reichs heißen die 9; 1/2 Stämme Ἰσραηλῖται); 196,11 (im 30. Jahr der Gefangenschaft kommt Esau, um die Samaritaner im Gesetz zu unterrichten); 204,3. 6. 12; 205,8; 207,7ff. (7 Sekten der Juden: Sadduzäer, Schriftgelehrte, Pharisäer, Hemerobaptisten, Nasaräer, Ossäer, Herodianer); 226,25; 227,2. 6 (Ἰουδαϊσμός). 7; 313,15 (Ἰουδαϊσμός); 331,27ff. (die Juden verfluchen die Nazoräer dreimal des Tags – morgens, mittags, abends – in ihren Synagogen bei ihren Gebeten); 333,15. II 288,20 (die Juden den Römern völlig unterworfen, im 13. Jahr des Augustus, 29 Jahre vor der Geburt Christi). 23 (von der Regierung des Augustus an zunächst vier Jahre lang ein Freundschaftsverhältnis zw. den Römern und Juden).

Ἰούδας der Erzvater, der Sohn des Jakob I 70,4; 142,11; 157,13; 164,19; 181,23. 24; 187,24. 29; 188,2; 193,24; 225,14. 15. 21; 323,10. 12.

Ἰούδας Bruder Jesu aus Josephs erster Ehe; nach Epiph. derselbe Apostel I 70,21; 289,5 (er ist zugleich der Verfasser des Judas-Briefs: Ἰούδας δέ ἐστιν οὗτος ὁ ἀδελφὸς Ἰακώβου καὶ τοῦ κυρίου λεγόμενος, daher er auch nach Epiph.

gemeint); 232,1 (Judas, Sohn des Jakob); 293,15. 24 (er der Verfasser des Judas-Briefs; dazwischenhinein I 293,18: ὁ μακάριος Ἰούδας ὁ ἀδελφὸς τοῦ κυρίου); 319,28.

Ἰούδας = Jᵉhuda ka-naši, Rabbi, Autorität der Mischna; s. auch Ἄννας. I 210,3 (Ἀδδᾶς ἢ Ἄννας ὁ καὶ Ἰούδας der Verfasser der 3. Schicht der Mischna); 459,28 (Ἀδδᾶ ἤτοι Ἰούδα). II 136,2.

Ἰούδας Ischarioth I 232,1; 437,14. 15. II 2,6 (bei den Kainiten vergöttert); 63,10 (die Kainiten schreiben ihm eine höhere Erkenntnis zu). 13 (sie haben auch ein Ev. unter dem Namen des Judas); 65,19ff. (bei den Kainiten verehrt, aber mit abweichender Begründung: die einen sagen, er hätte Christus als den Verderber des Gesetzes verraten, die andern, er habe es aus höherer Erkenntnis getan, um die Macht der ἄρχοντες durch das Kreuz entleeren zu lassen); 68,3. 6. 10; 86,26.

Ἰούδας Sohn des Patriarchen Hillel, Zeitgenosse des Epiph. I 342,4 (sein Versuch in Gadara eine Christin zu verführen). 15ff.; 346,4 (er wird von Joseph, dem früheren jüd. Apostel, erzogen).

Ἰουλιανός Flavius Claudius Iulianus, röm. Kaiser 360–363 n.Chr. (PLRE 477 Nr. 29) I 72,10.

Ἰουστῖνος der Märtyrer II 4,5 (Tatians Schüler, der sich aber nach Iustins Tod von Marcion verführen läßt); 203,3 (Iustin der Philosoph, Samaritaner von Geburt, führt ein streng asketisches Leben, wird des Martyriums gewürdigt, unter dem Präfekten Rusticus und unter Hadrian in gestandenem Alter). 9 (mit ihm kommt Tatian empor, der aber nach dem Märtyrertod Iustins auf Abwege gerät).

Ἰοῦστος einer der 72 Jünger I 232,8.

Ἱππικοί Verderbnis aus Ὀπικοί I 140,7 (japheth. Stamm).

Ἱππόλυτος I 435,23 (als Bestreiter der Valentinianer genannt).

Ἰσαάκ der Erzvater I 52,23; 70,3; 115,30 (seine Errettung bei der Opferung Beweis der Auferstehung); 134,13 (wird geboren 25 Jahre, nachdem Abraham die Verkündigung erhalten hat, daß sein Same 430 Jahre Knecht sein sollte). 14 (er erzeugt den Jakob in seinem 60. Jahr); 142,10; 168,8; 180,3. 12 (von ihm heißt das Geschlecht der Frommen Ἰσάκιοι). 21; 181,9; 189,14. 19; 208,21; 215,24; 255,4; 337,3; 357,24 (er wird von den Ebionäern anerkannt); 358,14; 368,3. II 99,16 (nach Marcion von Christus nicht erlöst); 106,3; 112,13; 115,9. 12; 141,4. 19; 146,12. 25; 253,18; 265,1; 328,12bis; 402,6 (mit Abraham und Jakob als Vorbild der keuschen Ehe genannt). III 127,6bis; 133,24; 172,4; 202,20; 237,21; 493,13; 503,5.

Ἰσάκιοι Nachkomme Jsaaks I 180,14.

Ἴσαυροι II 215,10 (in Isaurien sind die Enkratiten verbreitet).

Ἰσίδωρος der Gnostiker; s. auch Σεκουνδιανοί II. I 441,19; 443,1 (Ἰσίδωρος mit seinen παραινέσεις ist wohl die Veranlassung für Epiphanes geworden).

Ἴσις I 125,8ff. (Atthis = Io, die Tochter des Apis des Kappadokiers = des Inachus; dort die Isis-Osiris-Legende in eigentümlicher Fortbildung); 126,9 (sie hat den Horus geboren). 13 (sie hat in Tyrus 10 Jahre gehurt); 182,7ff. (Io = Atthis; nach ihr heißt der Bosporus; sie ist die Tochter des Inachus = Apis).

Ἰσκαριώτης I 232,1; 349,9. II 108,11; 126,1. 3.

Ἰσμαήλ, Ἰσμαηλῖται I 180,5 (Sohn Abrahams von der Hagar). 8 (er gründet Pharan). 12 (Ismael hat zwölf Söhne, von ihnen stammen die Agarener = Ismaeliten = Sarazenen ab); 379,26 (Ἰσμαηλῖται = Σαρακηνοί die Beschneidung auch bei ihnen üblich).

Ἰσραήλ als Beiname Jakobs I 142,10 (Ἰακὼβ τὸν ἐπονομασθέντα Ἰσραήλ); 157,13; 164,19; 181,19. 22; 193,23; 198,11; 202,19.

Ἰσραήλ als Name des Volkes I 187,27; 188,21. 23; 190,8. 11; 193,30; 196,11. 16; 197,6; 215,18; 226,16; 259,9; 367,19.

Ἰσραηλῖται I 135,3; 136,2; 142,11; 143,6; 181,18; 187,23; 188,4; 193,25. 30; 201,28.

Ἰσραηλίτης I 195,9. II 266,11.

Ἴστροι japheth. Volk I 140,7.

Ἰταβύριον anderer Name für den Thabor; s. unter Θαβώρ.

Ἰταλία I 339,22. II 94,2 (in Italien sind Marcioniten noch zur Zeit des Epiph. verbreitet); 263,7 (in Italien hat Lucas gepredigt). III 150.8. 26.

Ἰτουραία I 217,22 (von dort gehen die Ossäer aus). II 315,3 (dort sitzen auch die Sampsäer).

Ἰχθυοφάγοι ham. Volk I 138,8.

Ἰώ I 125,9 (= Atthis = Isis, Tochter des Apis = Inachus); 182,12ff.

Ἰωάθαμ judäischer König I 70,11; 194,7. 8.

Ἰωακείμ anderer Name für Jechonja I 194,13 (τὸν Ἰεχονίαν τὸν καλούμενον Σεδεκίαν καὶ Ἰωακείμ).

Ἰωάννης der Täufer I 49,25; 59,9; 143,2; 145,9; 229,13; 283,5; 284,3; 292,1 (sein Vater Zacharias). 2; 327,15 (er war Naziräer); 360,16f. II 99,4; 107,21; 402,14 (als Vorbild des Mönchs); 519,7.

Ἰωάννης der Apostel I 8,2; 11,14; 17,14. 23; 21,27 (das Ev. und die Apok. Johannis von den Alogern verworfen); 179,15; 231,22; 266,7; 295,10; 341,23 (nach der Erzählung des früheren jüd. Apostels Joseph befand sich in γαζοφυλάκιον in Tiberias das Johannes-Ev. in hebr. Sprache; vgl. I 338,5); 348,29; 364,20 (gefälschte Schriften auf den Namen des Johannes bei den Ebionäern); 365,9ff. (Johannes trifft in Asia mit Ebion im Bad zusammen – Übertragung der Geschichte von Cerinth auf Ebion); 366,1ff. (Johannes hat sehr lange, bis in die Zeit Trajans gelebt); 371,2f. II 68,22; 188,7; 195,21; 216,6 (Johannes-Akten bei den Enkratiten); 221,2; 232,13 (die Apok. angeführt); 250,3ff. (er schreibt sein Ev. in Asia gegen die dort wirkenden Ebion und Cerinth). 8 (er schreibt es μεθ' ἡλικίαν γηραλέαν). 19. 23 (die Aloger verwerfen das Johannes-Ev. und die Apok.). 24f. (ein Zweifel der Apok. wäre dem Epiph. verständlich); 251,9 (die Aloger erklären, daß die johanneischen Schriften nicht von Johannes herrühren, sondern von Cerinth, und daß sie nicht Wert sind in der Kirche zu sein). 24 (sie sagen, daß diese Bücher nicht mit den übrigen Aposteln übereinstimmen); 263,15 (Johannes hat als letzter sein Ev. geschrieben, vom Geist getrieben, nachdem er zuerst aus Demut sich geweigert). 17 (er schreibt sein Ev. in hohem Alter, nach 90 Lebensjahren, lange nach der Rückkehr von Patmos unter Claudius, in Asia); 264,2ff. (es dient zur Ergänzung der anderen und richtet sich gegen Cerinth und Ebion);

267,28 (Johannes – oder Jakobus – war der andere nichtgenannte Jünger in Joh 1,40); 270,1ff.; 308,14 (Johannes schreibt die Apok. in der Zeit des Kaisers Claudius und noch früher während seiner Verbannung auf Patmos); 361,10 (er ist ebenso wie sein Bruder Jakobus jungfräulich geblieben).

Ἰωάς judäischer König I 70,10; 194,6.

Ἰώβ I 53,7; 119,28; 180,19 (er stammt von Esau ab, im 5. Geschlecht: sein Stammbaum nach LXX); 181,1f. (er hieß früher Jobab, ist ungenannt kurz vor der Versuchung); 191,14. II 68,18; 475,9; 485,7. III 479,3; 489,9.

Ἰωβάβ früherer Name des Hiob; s. Ἰώβ.

Ἰωβήδ I 70,6.

Ἰωβηλαῖα II 74,16 (τὰ Ἰωβηλαῖα = ἡ λεπτὴ Γένεσις angeführt); 76,16.

Ἰωδαέ II 328,6 (nach der von Epiph. benutzten apokryphen Quelle Bruder des Thesbiten Elias).

Ἰωνᾶς der Vater des Apostels Petrus I 7,15.

Ἴωνες I 164,5 (die ἀρχηγοί der Hellenen; sie haben ihren Namen von Ἰωυάν). II 78,10 (sie heißen nach Ἰωυάν und haben die alte Sprache der Griechen).

Ἰωράμ judäischer König I 70,9; 194,5.

Ἰωσαφάτ I 70,9; 194,4f.

Ἰωσῆς Bruder Jesu aus Josephs erster Ehe I 70,21; 319,28.

Ἰωσήφ der Erzvater I 116,6 (seine Fürsorge für seine Gebeine Beweis für die Auferstehung); 134,5; 189,24. 27; 202,18; 297,22.

Ἰωσήφ Vater Jesu I 22,8 (die Antidikomariamiten sagen, daß Joseph nach der Geburt Jesu noch mit Maria Umgang gehabt habe); 70,17. 18ff. (Joseph hat aus erster Ehe vier männliche

Kinder: Jakobus, Simon/Symeon, Judas, Joses und zwei weibliche: Anna – Maria? – und Salome). 22 (er hat als Witwer in hohem Alter die Maria durchs Los erhalten); 228,14; 229,6; 313,12; 319,14. 24 (wäre Jesus Josephs Sohn, so hätte Jesus am Kreuz seine Mutter nicht dem Johannes, sondern den Söhnen des Joseph – Jakobus, Joses, Judas, Simon/ Symeon – übergeben müssen). 27 (seine Söhne Jakobus, Joses, Judas, Simon/ Symeon); 320,1 (diese Söhne stammen aus Josephs erster Ehe; Joseph ist nie mit Maria umgegangen); 327,8; 328,23. 25; 373,16. 22 (er gilt nur als Vater Jesu); 374,3. 13. II 129,7; 262,1ff. (Joseph gilt nur als Vater Jesu). 4f. (im Alter von etwa 80 Jahren mit Maria verlobt). 5f. (er hat sechs Söhne – gemeint: Kinder – aus erster Ehe). 11 (von der Verlobung an gilt die Verlobte als Frau dessen, nach dem sie genannt ist).

Ἰωσήφ von Arimathia II 194,7 (Ἰωσὴφ ἀπὸ Ἀριμαθαίας); 341,14; 511,19.

Ἰωσίας judäischer König I 70,13; 194,11; 347,8.

Ἰωυάν I 164,6 (einer von denen, die den Turm gebaut haben; der Stammvater der Ionier). II 78,9 (Stammvater der Ἴωνες).

Ἰωχαβέτ Mutter Moses I 368,1; 379,19. II 513,18.

Καάθ I 134,16 (wird geboren im 40. Jahr Levis); 135,3 (erzeugt den Abraam/ Abraham in seinem 65. Jahr); 181,24. 25; 190,6. 7; 368,2. II 328,11bis.

Κάδμος I 182,16 (überträgt mit Inachus zusammen die ägypt. Mysterien von Ägypten zu den Hellenen). II 21,19; 22,5.

Καθαροί I 21,29f (Καθαροί, οἱ καὶ Ναυαταῖοι, οἱ καὶ Μοντησίοι, ὡς ἐν Ῥώμῃ καλοῦνται); 158,24; 160,22. II 213,14f. (sie schließen sich an Navatus, den Römer, an; sie verwerfen die zweimal Verheirateten; sie nehmen keine Buße an); 363,12 (sie stammen von einem Navatus her, der in Rom lebte). 13 (entstanden in der Verfolgung vor der des Maximian; also wohl der des Decius oder Aurelian). 17 (sie wollen mit den in der Verfolgung Gefallenen keine Gemeinschaft haben, weil es nur eine Buße gebe); 366,9 (sie gestatten keine zweite Ehe nach der Taufe); 372,2. 18; 378,17. 27 (die gleichen Anschauungen wie sie vertreten die Donatisten in Africa und Byzacene); 379,2; 380,14 (von ihnen stammen auch die Apostoliker ab); 381,1.

Καϊανοί I 21,22; 158,1. 11; 160,10. II 2,3ff. (verwerfen das Gesetz und den Gott des Gesetzes, leugnen die Auferstehung und verehren Kain als von der ἰσχυροτέρα δύναμις herstammend – sie vergöttern Judas, Kore, Dathan, Abiron und die Sodomiten); 62,15ff. (sie rühmen Kain und preisen ihn als ihren Vater). 24 (sie sagen, daß er von der ἰσχυροτέρα δύναμις herstamme, ebenso wie Esau, Kore und die Sodomiten, während Abel der schwächeren Macht zugehöre); 63,6 (daher will sie der Weltschöpfer vernichten, kann ihnen aber keinen Schaden tun; denn die Σοφία zieht sie an sich). 10 (auch den Verräter Judas rechnen sie zu den Ihrigen und schreiben ihm eine höhere Erkenntnis zu: sie haben ein Ev. des Judas). 14 (andere Schriften haben sie verfaßt, die sich gegen die ὑστέρα, d.h. den Weltschöpfer, richten); 64,2ff. (sie sagen, niemand könne gerettet werden, der nicht durch alles hindurchgehe;

ebenso wie Carpocrates). 3 ff. (sie verführen Abscheulichkeiten und rufen dazu immer den Namen eines bestimmten Engels an: Anregungen dazu haben sie von den Gnostikern Nicolaus, Valentin und Carpocrates erhalten). 16 (Epiph. kennt ein Buch voller Abscheulichkeiten: ein Satz daraus angeführt: οὗτός ἐστιν ὁ ἄγγελος ὁ τὸν Μωυσέα τυφλώσας καὶ οὗτοί εἰσιν οἱ ἄγγελοι οἱ τοὺς περὶ Κορὲ καὶ Δαθὰν καὶ Ἀβειρὼν κρύψαντες καὶ μεταστήσαντες). 19 ff. (ein Ἀναβατικὸν Παύλου von ihnen erdichtet, das auch die Gnostiker im Gebrauch haben); 65,1 ff. (sie ehren die Bösen und lehnen die Guten ab: Kain stamme von der stärkeren Macht, Abel von der schwächeren; diese beiden Mächte hätten sich mit Eva verbunden und teils Abel, teils Kain hervorgebracht; aber schon Adam und Eva seien von derartigen Engelmächten hervorgebracht; Kain und Abel seien dann in Streit geraten und der aus der stärkeren Macht stammende hätte den aus der schwächeren Erzeugten getötet). 12 ff. (sie machen es ihren Anhängern zur Pflicht, die schwächere Macht, d.h. die des Schöpfergottes zu meiden, dagegen den Anschluß an die stärkere zu erwählen und durch das Kreuz Christi nach oben emporzusteigen). 16 ff. (Christus ist darum vom Himmel herniedergestiegen, damit in ihm die stärkere Macht zur Auswirkung gelange). 19 ff. (die einen sagen, daß Christus von Judas verraten worden ist, weil er böse war und das Gesetz verkehren wollte, die anderen – II 66,2 ff – dagegen, daß Judas ihn aus höherer Erkenntnis verriet; die Engelmächte wußten, daß ihre Macht entleert würde, wenn Christus ans Kreuz

geliefert würde, daher müssen wir Judas dankbar sein); 66,19 ff. (sie stellen zwei miteinander streitende Mächte auf, denen zwei Menschenklassen entsprächen; die einen haben vom Bösen, die anderen vom Guten ihr Wesen. Niemand sei nach seiner Sinnesweise gut oder schlecht, sondern von Natur); 71,24 (sie sind nicht überall verbreitet); 72,15 (ähnlich wie die Καϊανοί lehren die Sethianer die zwei Menschenklassen, die in Kain und Abel sich darstellen, ihre Schaffung durch die streitenden Engelmächte).

Καϊάφα I 50,17; 350,9; 351,15. III 108,8.

Κάϊν I 48,22; 132,4; 172,19; 421,13. II 2,5 (bei Kainiten verehrt, als von der ἰσχυροτέρα δύναμις herstammend). 10; 62,16. 17. 24; 63,4 (bei den Kainiten verehrt); 65,3. 5. 8. 22; 66,16. 18. 25; 68,3. 12. 21. 24. 27; 72,17. 19. 21 (die Sethianer lehren ähnlich wie die Kainiten die Schaffung von zwei Menschenklassen – durch Kain und Abel dargestellt – durch die sich bekämpfenden Engelmächte); 73,12; 74,24; 76,3. 5 (Κάϊν = κτῆσις). 12. 14. 17. 25 (die Frau Kains war nach dem Jubiläenbuch Σανή); 77,13; 85,22 (nach den Archontikern Kain – wie Abel – vom Satan aus Eva erzeugt). 26. 32; 87,6. 15. 20. 24; 99,14 (nach Marcion Kain von Christus erlöst); 364,15 (Beleg dafür, daß Gott Buße gewährt); 401,12; 440,11; 447,22. III 102,27; 477,9.

Καϊνάν I zwischen Enus und Maleleel I 69,9; 172,16.

Καϊνάν II zwischen Arphaxad und Sala I 70,1; 142,6 (hier Κηνᾶ); 174,10.

Καῖσαρ Germanicus Caesar Tib. f., nach Epiph. röm. Consul 8 n.Chr.; s. auch Δροῦσος I. II 290,14.

Καλαβροί japheth. Volk I 140,16.

Καλλίμαχος II 169,13.

Καλλισθένης der Botaniker I 171,9.

Καμήλιοι sem. Stamm I 137,13.

Κάμηρος Q. Culpicius Camerius, röm. Consul 9 n.Chr. (PIR¹ S 712; nach Epiph. 11 n.Chr.) II 290,17.

Κάμιλλος M. Furius P. f. Camillus, röm. Consul 8 n.Chr. (PIR² F 576; nach Epiph. 10 n.Chr.) II 290,16.

Καμμαρίνος II 300,9 (Σουλπίκιος Καμμαρίνος nach Einigen Consul im Jahr vor Christi Geburt).

Καμπανοί I 140,8.

Κάμπυς = Kambyses I 125,3 (er ersticht den Apis).

Κανᾶ II 252,13; 266,20; 268,11ff. (die Jünger, die mit Jesus auf die Hochzeit zu Kana geladen waren, waren nicht Andreas und der andere aus Joh 1,40, sondern Nathanael, Philippus und andere); 272,1ff. (das Wunder in Kana hat genau am 30. Geburtstag Jesu, am 6. Januar, stattgefunden; vgl. Christologie); 275,6; 277,17; 279,1. 7. 10; 301,6; 302,6; 303,3. 6 (Κανᾶ γὰρ ἑρμηνεύεται ἡ κτησαμένη). 11. III 138,19. 22; 500,17.

Κάννιοι japheth.Stamm I 140,9.

Κάνωβος I 130,4.

Καπερναούμ (Καφαρναούμ) I 50,13f.; 338,18 (Joseph, der frühere jüd. Apostel, erhält von Constantin die Erlaubnis, dort eine Kirche zu bauen); 347,16 (eine der Stätten, in denen es bis auf Constantin weder Hellenen noch Samaritaner noch Christen, daher auch keine christl. Kirche, gab); 349,5. II 268,19. 22 (liegt nicht weit von Capernaum). 29; 269,2 (Καφαρναούμ); 274,6. 7. 13; 277,15; 280,3; 281,6. 17. 21. 24. 25. 29; 282,3. 28; 283,15; 302,10. 13. 14.

Καπίτων C. Fonteius C. f. Capito, nach Epiph. röm. Consul 8 n.Chr. (PIR² F 470: 12 n.Chr.) II 290,14.

Καππάδοκες I 138,3 (sem. Volk); 140,3 (japheth. Volk).

Καππαδοκία II 211,14; 239,4 (hier finden sich Kataphryger); 245,11 (in Kappadokien feiern manche Tessareskaidekatiten das Passah immer am 25. März); 293,6; 294,4. III 126,3.

⟨Καράκαλλος⟩, ’Αντωνῖνος (L.) Septimius Bassianus, röm. Kaiser 211–217 n. Chr. (PIR¹ S 321); s. auch ’Αντωνῖνος ⟨Καράκαλλος⟩. I 72,2 (regiert 7 Jahre).

Καρδυαῖοι I 68,9; 174,3; 217,9 (im Land der Karduäer zeigt man noch die Reste von Noahs Arche).

Κᾶρες ham. Stamm I 138,9.

Καρίανθος = Κάρπαθος I 139,7.

Καρναίμ I 335,12 (Καρναὶμ ἡ ’Ασταρώθ: in der Nähe liegt Astaroth).

Κᾶρος M. Aurelius Carus, röm. Kaiser 282–283 n.Chr. (PIR² A 1475) I 72,8 (regiert – nach Epiph. – mit Carinus und Numerianus zusammen 2 Jahre).

Καρπητανοί s. Καρτανοί.

Καρπιστής valentin. Äon I 395,8; 404,15; 406,11.

Καρποκράτης, Καρποκρατῖται, Καρποκράσιοι I 21,19; 158,6; 160,6; 235,23ff. (sie stammen von Carpocrates her, der in Asia lehrt). 24 (er lehrt, alle Schändlichkeiten und Sünden zu begehen). 25f. (wenn einer nicht durch alles hindurchgehe und den Willen aller Dämonen und Engel tue, könnte er nicht an den Mächten und Gewalten vorbei zum obersten Himmel dringen). 28 (er sagt, daß Jesu eine vernünftige – νοερά – Seele empfangen habe, er wisse das Obere und verkündige es hier); 236,1 (wenn einer dasselbe tue wie Jesus, sei er auch gleicher Würde). 2 (er verwirft das Gesetz und die Auferstehung wie Simon). 3 (eine Anhängerin von ihm, Marcellina, hat in Rom gewirkt). 4 (er hat heimlich Bilder von Jesu, Paulus, Homer und Pythagoras und räuchert diesen und betet sie an); 300,20 (Καρποκρᾶς ist schlimmer als die anderen); 301,1. 5 (er setzt an die Spitze ein Prinzip, den πατὴρ τῶν ὅλων ἄγνωστος καὶ ἀκατονόμαστος; erklärt aber, daß die Welt von Engeln geschaffen sei, die tief unter dem unbekannten Vater stünden). 10ff. (Jesus sei von Joseph geboren, wie jeder andere Mensch aus Mannessamen und dem Weib). 12 (er sei allen ähnlich, unterscheide sich aber durch seinen Lebenswandel, durch Tüchtigkeit und Mäßigung des Lebens). 13ff. (da er eine wohlgestimmte Seele hatte, erinnerte er sich an das droben Geschaute, als sie noch im Umschwung war; daher seien ihre Kräfte von oben geschickt worden, damit er den weltschöpferischen Engeln entfliehen kann, indem er durch alle Handlungen hindurchgeht); 302,8ff. (aber auch die andern Seelen, die ebenso befreit werden, fliegen aufwärts zum Vater). 11ff. (die Seele Jesu, in jüd. Bräuchen erzogen, habe diese verachtet und dadurch Kräfte erlangt, um die Weltschöpfer zu überschreiten. Ebenso aber andere Seelen, wenn sie dasselbe täten). 19ff. (dadurch hat sich ein starker Hochmut bei den Karpokratianern gebildet; sie halten sich für vorzüglicher noch als Jesus); 303,2 (andere halten sich zwar nicht für besser als Jesus, aber als Petrus, Paulus und Andreas; andere sagen, sie stehen Jesus gleich). 6ff. (denn die Seelen stammen aus dem gleichen Umschwung und können daher auch derselben Kraft teilhaftig werden, wie Jesus und sogar noch mehr als er). 14ff. (magische Künste sind bei ihnen üblich, Beschwörungen und Zaubermittel. Hilfreiche Geister wollen sie sich herbeiziehen, um dadurch Macht zu erhalten über alles, auch weltschöpferischen Mächte). 25ff. (sie sind vom Satan geschickt, um die Kirche zu verlästern und zu schädigen. Denn da sie sich den Christennamen beilegen, glauben die Heiden, daß alle Christen ebenso abscheuliche Dinge wie sie begingen); 304,14ff. (sie leben in Unzucht und nähern sich den Christen überhaupt nicht, außer um ungefestigte Seelen zu ködern). 17 (nur dazu legen sie sich den Namen von Christen bei); 305,3 (sie sagen, daß das, was von den Menschen für schlecht erklärt wird, von Natur gut sei. Wenn eine Seele das alles auf einmal in einer Geburt erledigt hat, so wird sie befreit und schuldet nichts mehr). 14 (sie tun alles, das man schon zu nennen sich schämen sollte, Unzucht mit Männern und Frauen an jedem Glied des Leibes). 17 (sie treiben Zauberei, Trankmischung und Götzendienst); 306,6ff. (wenn man ihre Schriften liest, so möchte man nicht glauben, daß derartiges bei kultivierten Menschen vorkomme, sondern vielmehr bei solchen, die mit Tieren zusammenwohnen). 9ff. (darauf, daß man alles durchmachen müsse, beziehen sie Mt 5,25f.). 18ff. (sie deuten Mt 5,25 so: der ἀντίδικος = Διάβολος sei einer der weltschöpferischen Engel, damit beauftragt, die Seelen zum Richter zu führen, der Diener, dem sie übergeben werden, sei ein dem

Weltschöpfer dienstbarer Engel, der
die Seelen fortführen und wieder in die
Leiber einschließen müsse); 307,10 (das
Gefängnis sei der Leib. Denn es dürfe bei
jeder Verkörperung nichts von noch zu
begehender Unsittlichkeit übriggelassen
werden. Erst wer alles durchlaufen hat,
kommt zum oberen unbekannten Vater);
308,1 ff. (nur den Würdigen wollen sie das
mitteilen, damit sie das Bösscheinende,
aber der Natur nach Nichtböse, tun,
um dadurch befreit zu werden). 3 ff. (sie
kennzeichnen ihre Anhänger am rechten
Ohrläppchen mit einem Brennzeichen
oder mit einem Schermesser). 6 ff. (in
der Zeit des Anicetus kam eine gewisse
Marcellina nach Rom und hat viele
verführt); 310,10 ff. 14 (sie haben Bilder,
teils gemalte, teils aus Gold, Silber
oder anderem Stoff hergestellte; es sind
Bilder von Jesus, die von Pontius Pilatus
hergestellt sein sollen, aber auch von
Pythagoras, Plato, Aristoteles und anderen
Philosophen); 311,6 (sie erweisen diesen
Bildern heidnische Verehrung – θυσίαι
καὶ τὰ ἄλλα). 9 (sie sagen, daß nur die
Seele, nicht der Leib gerettet werde);
313,9 (ganz ähnlich wie Carpocrates
lehrt Cerinth); 333,16 (Ebion hat
von den Karpokratianern manches
übernommen); 351,9 (Carpocrates
und Cerinth haben dasselbe Ev. wie die
Ebionäer; aber sie haben im Unterschied
zu diesen die Geschlechterregister, um
daraus zu beweisen, daß Jesus der Sohn
Josephs und der Maria sei); 383,15 (auch
seine Anhänger nennen sich Gnostiker);
441,22 (sein Sohn Ἐπίφανης; s. dort);
444,19. II 64,2. 15 (von Carpocrates
haben auch die Kainiten Anregung zu
ihrem Schändlichkeiten empfangen).

Καρτανοί (= Καρπητανοί) japheth.
Stamm I 140,10.

Κάσιος ὁ ναύκληρος Heros I 130,7 (wird
in Pelusium göttlich verehrt).

Κάστωρ I 105,13.

Καυκάσιον ὄρος I 128,12 (dort Kronos
von Zeus in die Unterwelt gestoßen).

Καύκασος Vater der Erinyen I 105,16.

Καυλακαῦ I 235,15 (bei den Nikolaiten);
270,16 ff. (bei den Nikolaiten verehrt);
271,12 (die Erklärung des Namens bei
Epiph.: Ableitung aus Jes 28,10).

Καφαρβαριχά II 81,5 (Dorf in Palaestina,
3 σημεῖα von Hebron entfernt).

Κεδρούσιοι sem. Volk I 138,2.

Κέθηγος Ser. Cornelius Cethegus, röm.
Consul 24 n.Chr. (PIR² C 1336; nach
Epiph. 26 n.Chr.) II 291,14.

Κεΐς I 187,27.

Κέκροψ I 163,18 (in der Zeit des
Cecrops wurde der von den Ägyptern,
Babyloniern, Phrygern und Phönikiern
aufgebrachte Götzendienst auf die
Griechen übertragen); 179,5.

Κέλσος II 258,7 (seine Evangelienkritik).

Κελτίβηρες japheth. Stamm I 140,9.

Κελτοί japheth. Stamm I 140,8 (Γάλλοι
⟨οἱ⟩ καὶ Κελτοί).

Κέρδων, Κερδωνιανοί I 21,22; 158,12;
160,10. II 2,20 ff. (Cerdon hat von
Heracleon seine Lehre übernommen;
er siedelt von Syrien nach Rom über
und verkündet seine Lehre in der Zeit
des Bischofs Hyginus – er lehrt zwei
einander entgegengesetzte Prinzipien;
erkennt Christus nicht als geboren an; er
verwirft die Totenauferstehung und das
AT); 90,8 ff. (er folgt Heracleon nach,
aus derselben Schule herstammend,
hat von Simon und Satornil Anregung
empfangen). 11 (er siedelt von Syrien

nach Rom über); 91,1 (er lebt in der Zeit des Hyginus). 6 (er verkündigt zwei Prinzipien und zwei Götter, einen guten und allen unbekannten und den Weltschöpfer, der böse, allen bekannt ist und sich im AT geoffenbart hat). 10 (Christus sei nicht aus Maria geboren und nicht in Fleisch erschienen, sondern nur dem Schein nach erschienen). 12 (er verwirft die Auferstehung des Fleisches und das AT); 92,3 (kurz nachdem er in Rom angelangt war, hat er sein Gift an Marcion weitergegeben); 93,1 (er sagt das Gesetz und die Propheten stammen von der friedlichen Macht her). 23 (von ihm hat Marcion Anregung empfangen); 95,6; 96,28; 97,1. III 453,22.

Κέρκυρα   I 140,12 (von Japhethiten bewohnt).

Κέρκυρα (= Κέρκινα)   I 139,6 (von Hamiten bewohnt).

Κεφαληνία   I 140,12 (von Japhethiten bewohnt).

Κηνᾶ   Sohn des Arphaxad; s. auch Καϊνᾶν II.

Κήρινθος, Κηρινθιανοί   I 21,19 (Κηρινθιανοί, οἱ καὶ Μηρινθιανοί); 158,6; 160,6; 236,6ff. (sie stammen von Cerinth und Merinth her). 7 (sie sind Juden und rühmen sich der Beschneidung). 7f. (sie sagen, daß die Welt von Engeln gemacht sei). 8 (sie sagen, daß Jesus im allmählichen Fortschreiten Christus geworden sei). 12 (ähnlich wie sie die Ebionäer); 313,6ff. 7ff. (Cerinth lehrt fast dasselbe wie Carpocrates; er lehrt ebenso, daß Christus von Joseph und Maria geboren sei und die Welt von Engeln geschaffen sei). 14ff. (er unterscheidet sich nur dadurch, daß er teilweise dem Judentum

anhängt; er sagt aber, daß das Gesetz von Engeln gegeben sei und daß der Gesetzgeber einer der weltschöpferischen Engel war). 18 (Cerinth lebte in Asia); 314,1ff. (er sagt, daß die Welt nicht von der ersten und obersten Macht geschaffen sei; auf Jesus, der von Joseph und Maria geboren sei, sei bei der Taufe der Christus herabgekommen in Gestalt einer Taube und habe ihm den unbekannten Vater geoffenbart. Beim Leiden sei dieser Christus wieder nach oben geflogen, Jesus allein habe gelitten und sei auferstanden). 20ff. (er war derjenige, der in der Zeit der Apostel die Verwirrung angerichtet hat, auf die der Brief – Act 15,24 – nach Antiochia Bezug nimmt); 315,1 (er einer von denjenigen, die Petrus Widerstand leisteten, weil er zu Cornelius ging). 7ff. (das hat Cerinth getan, bevor er in Asia seine Sonderlehre verkündete); 316,11ff. (Cerinth machte den Aufruhr als Paulus hinaufkam – Gal 2 verbunden mit Act 21,28); 317,2 (nachdem sie abgefallen waren und sich in Pseudoapostel verwandelt hatten, sind durch sie Pseudoapostel geschickt worden, die die Beschneidung forderten). 10ff. (sie gebrauchen das Matthaeus-Ev. – ein unvollständiges, auf das sie aber wegen der Geschlechterregister Wert legen). 12 (sie berufen sich auf das Wort "der Jünger ist nicht über dem Meister" und begründen damit die Notwendigkeit der Beschneidung). 17 (sie verwerfen den Apostel Paulus, weil er das Gebot der Beschneidung nicht befolgte); 318,1ff. (Cerinth lehrt, daß Christus noch nicht auferstanden sei, sondern erst bei der allg. Auferstehung auferstehen werde). 15ff. (seine Lehre ist besonders in Asia, aber auch in Galatien aufgekommen). 17 (eine Überlieferung ist an Epiph. gelangt, daß es bei den Kerinthianern Sitte sei, sich für früher Verstorbene taufen zu lassen, weil die Nichtgetauften unter der Gewalt des Weltschöpfers blieben). 28 ff. (von den Kerinthianern sagen einige, daß Christus noch nicht auferstanden sei, sondern erst bei der allg. Auferstehung auferstehe, andere, daß die Toten überhaupt nicht auferstehen); 319,11; 320,12 (die Kerinthianer heißen auch Μηρινθιανοί. Epiph. weiß nicht sicher, ob Κήρινθος auch Μήρινθος heißt oder ob Μήρινθος ein anderer, ein Mitarbeiter des Cerinth war). 13. 16 (Cerinth hatte solche Mitarbeiter ebenso in Jerusalem wie in Asia). 20; 330,1 (er – Κήρινθος und Μήρινθος – hält Christus für einen ψιλὸς ἄνθρωπος); 333,16 (Ebion hat von den Kerinthianern manches übernommen); 337,11 (Κήρινθος καὶ Μήρινθος; ebenso wie sie gebrauchen die Ebionäer nur das Matthaeus-Ev.); 351,9 (Cerinth und Carpocrates haben dasselbe Ev. wie die Ebionäer, aber sie haben die Geschlechterregister stehen lassen, um daraus zu beweisen, daß Jesus der Sohn Josephs und der Maria sei); 365,9 ff. (die bei Irenaeus von Cerinth erzählte Geschichte über das Zusammentreffen mit Johannes im Bad bei Epiph. auf Ebion übertragen); 368,12 (wie Cerinth berufen sich auch die Ebionäer auf Mt 10,25 für die Beschneidung); 384,1. 3 (Κήρινθος καὶ Μήρινθος). II 250,4 (Cerinth verkündigt Christus als bloßen Menschen; gegen ihn schreibt Johannes sein Ev.); 251,10 (die Aloger erklären, daß die johanneischen Schriften nicht von Johannes, sondern von Cerinth

herrühren). 13. 14 (Cerinth hat Christus für einen in der Zeit gewordenen, bloßen Menschen erklärt); 255,16 (seine Anschauung, daß Christus ein bloßer Mensch sei, ohne Schuld des Evangelisten, anknüpfend an das Matthaeus-Ev.); 257,7; 261,24 (die Meinung, daß Christus plötzlich als weiser Mann erschienen und daß er aus Mannessamen erzeugt sei); 264,7 (gegen ihn schreibt Johannes sein Ev.). III 188,10.

Κιβύρα II 301,10 ff. (in Cibyra in Karien wird, wie Epiph. aus eigener Erfahrung bezeugen kann, am 6. Januar die Quelle in Wein verwandelt).

Κικέλλια II 284,13 (bei den Alexandrinern am 25. Dezember gefeiert).

Κίλικες I 138,3 (sem. Volk); 139,2 (ham. Volk); 346,7. II 204,12 (bei ihnen die Anhänger Tatians verbreitet); 215,11 (unter ihnen finden sich Enkratiten).

Κιλικία I 346,8. II 239,6 (hier finden sich Kataphryger); 382,4 (dort die Apostoliker). III 126,3.

Κίτιευς, Κίτιοι I 183,23; 367,12 (die Kitier = Zyprier und Rhodier; aber sie sitzen auch in Makedonien: Alexander d. Gr. war nach 1. Makk 1,1 ein Kitier).

Κίτιον = Zypern I 367,11.

Κλαύδιος I Ti. Claudius Drusus, röm. Kaiser 41–54 n. Chr. (PIR² C 942) I 71,11 (regiert 13 Jahre). II 263,19 (unter ihm ist Johannes von Patmos zurückgekehrt); 308,15 (in der Zeit des Claudius und noch früher schreibt Johannes die Apok.).

Κλαύδιος II (M. Aurelius) Claudius Gothicus, röm. Kaiser 268–270 n. Chr. (PIR² A 1626) I 72,6 (regiert 1 Jahr).

Κλαύδιος einer der von Cerinth und Ebion verführten II 255,18.

Κλεάνθης der Vater des Stoikers Zeno I 183,22 (stammt aus Tyrus).

Κλεόβιος einer der von Cerinth verführten II 255,17 (Κλεόβιος εἴτουν Κλεόβουλος).

Κλεόβουλος s. Κλεόβιος.

Κλεόπας der Emmaus-Jünger I 255,11.

Κλῆτος I 309,2 (Bischof in Rom nach Linus vor Clemens). 11 (er hat vielleicht Clemens zum Bischof geweiht); 310,2 (er war 12 Jahre Bischof). 7.

Κνίδη von Hamiten bewohnte Insel I 139,8.

Κοδδιανοί anderer Name für die Γνωστικοί; s. dort.

Κοίλη Συρία I 153,8; 330,5. 6. III 155,31; 268,18.

Κοιληνοί die Bewohner der Κοίλη Συρία, sem. Volk I 137,12.

Κοίρανος I 105,13.

Κολασσαεῖς II 105,12; 119,16; 123,21; 181,7.

Κολλυριδιανοί I 22,9f (οἱ εἰς ὄνομα αὐτῆς - sc. Marcion - κολλυρίδα προσφέροντες, οἳ καλοῦνται Κολλυριδιανοί); 159,11; 161,16. III 475,26.

Κολόρβασος, Κολορβάσιοι I 21,21; 158,10; 160,9; 383,16 (auch sie nennen sich Gnostiker). II 1,9ff. (er ist Mitschüler des Marcus, trägt aber die Erzeugungen und Ogdoaden anders vor als Marcus und Valentin); 39,15ff. (er hat von den Zauberkünsten des Marcus gelernt, aber auch von Ptolemaeus). 20 (er hat zuerst mit Marcus als Gleichgesinntem zusammengehalten, dann sich getrennt, als ob er Größeres als die Genossen und Vorgänger aufzuweisen hätte); 40,1ff. (die Ogdoadenlehre wörtlich nach Irenaeus: I 12,3ff.); 44,11 (auf ihn folgt Heracleon); 133,23 (er lehrt die Seelenwanderung); 383,15. II 168,18; 205,29; 464,8. III 453,22.

Κολοφώνιος II 128,29 (Kolophonier ist nach einer Überlieferung Homer).

Κόλχοι japheth. Stamm I 140,4.

Κομμαγηνοί sem. Volk I 138,2.

Κόμοδος L. Aurelius Commodus, röm. Kaiser 180–192 n.Chr. (PIR² A 1482) I 72,1 (regiert 13 Jahre).

Κορδυληνοί sem. Stamm I 138,1.

Κορέ I 119,24. II 2,6 (mit Dathan und Abiron bei den Kainiten vergöttert); 63,1. 5; 64,18; 99,14 (nach Marcion von Christus erlöst); 514,8.

Κορζηνοί japheth. Stamm I 140,3.

Κόρη II 285,14. 16ff. (Epiphanienfeier im Κορεῖον in Alexandria am 6. Januar); 286,6. 10. III 473,23.

Κορνήλιος der Hauptmann aus Act 10 I 315,2.

Κορύβαντες I 129,8.

Κοσσαῖοι sem. Stamm I 137,10.

Κόττος der Sohn des Uranus und der Gaea II 44,20.

Κουθαῖοι I 195,12; 196,10.

Κουρῆτες I 129,11.

Κούρσουλα von Hamiten bewohnte Insel I 139,5.

Κρανίου τόπος = Golgotha II 209,3.

Κράσσος I nach Epiph. röm. Consul 19 n.Chr. (entspricht 17 n.Chr.; nach PIR² P 715 hier Φλάγκος II) II 291,6.

Κράσσος II M. Licinius M. f. Crassus Frugi; röm. Consul 27 n.Chr. (PIR² L 190; nach Epiph. 29 n.Chr.) II 291,17.

Κρατεύας der Botaniker I 171,10.

Κρής I 130,7 (Ἀστερίου τοῦ Κρητός); 139,3 (ham. Volk). II 169,11. 13 (das Zeus-Heiligtum von Epimenides begründet). 15. 16.

Κρήτη I 128,9 (Grab des Zeus in Kreta auf dem Λάσιον ὄρος); 139,7 (von Hamiten bewohnt).

Κρητικός Q. Caecilius Q. f. Metellus Creticus Silanus, röm. Consul 7 n.Chr. (PIR² C 64; nach Epiph. 9 n.Chr.) II 290,15.

Κριθηΐς Mutter Homers nach der Überlieferung II 128,30.

Κρόνια II 284,13 (bei den Ägyptern am 25. Dezember gefeiert).

Κρονίδης Beiname des Zeus I 128,12.

Κρονικοί in Ägypten I 125,4ff. (sie verehren einen Gott, der in Fesseln liegt).

Κρονίων I 127,6.

Κρόνος der griech. Gott I 123,23; 127,3; 129,5; 164,1; 178,15; 211,19; 389,19.

Κυβέλη I 123,23.

Κύδνος Fluß in Kilikien I 346,28.

Κύθηρα I 140,11 (von Japhethiten bewohnt).

Κυϊντίλλα (= Πρίσκιλλα); s. auch Πεπουζιανοί. II 308,13 (von Priscilla unterschieden).

Κυϊντιλλιανοί anderer Name für Πεπου-ζιανοί; s. dort.

Κυϊντιλλιανός Sex. Nonius Q. f. Quintillianus, röm. Consul 8 n.Chr. (PIR² N 151; nach Epiph. 10 n.Chr.) II 290,16.

Κύπριος I 366,27; 367,11f. (die Zyprier sind wie die Rhodier; beide wohnen auch in Makedonien). II 129,2; 293,4. 13.

Κύπρις = Aphrodite I 277,12.

Κύπρος I 2,3 (in Constantia Epiph. Bischof); 3,5; 139,9 (von Hamiten bewohnte Insel); 140,12 (von Japhethiten bewohnt); 153,6; 183,23; 357,16; 367,11 (Zypern = Kition); 396,1 (in Zypern hat auch Valentin gelehrt; dort hat er den Gipfel seiner Häresie erreicht). 4. II 94,3

(in Zypern die Marcioniten noch zur Zeit des Epiph. verbreitet). III 435,31.

Κῦρος erster König der Perser II 309,10.

Κώκαβα I 330,6 (dort sind die Nazoräer ἐν ... Κωκάβῃ, Χωχάβῃ δὲ Ἑβραϊστὶ λεγομένη. Es liegt ἐν τῇ Βασανίτιδι); 335,11 (Cocaba, der Wohnsitz der Ebionäer, ist ein Dorf ἐπὶ τὰ μέρη τῆς Καρναὶμ τῆς καὶ ᾿Ασταρὼθ ἐν τῇ Βασανίτιδι χώρᾳ). 19 (in anderen Schriften hat sich Epiph. περὶ τῆς τοποθεσίας Κωκάβων καὶ τῆς ᾿Αραβίας ausgesprochen); 357,15 (Κοκάβων ἐν τῇ Βασανίτιδι γῇ ἐπέκεινα ᾿Αδραῶν: dort sind die Ebionäer). II 81,16 (ἐν τῇ ᾿Αραβίᾳ ἐν Κωκάβῃ).

Κῶλοι japheth. Stamm I 140,3.

Κωνσταντία auf Zypern I 2,3 (dort ist Epiph. Bischof); 3,5; 153,5.

Κωνσταντῖνος Constantin d.Gr., röm. Kaiser 306–337 n.Chr. (PLRE 223f. Nr. 4) I 72,9; 338,15 (ὁ μακαρίτης Κωνσταντῖνος ὁ γέρων: er erhebt den früheren jüd. ἀπόστολος zum comes und erteilt ihm die Erlaubnis, in Tiberias, in Diocaesarea, in Capernaum und an anderen Orten christl. Kirchen zu bauen); 347,2 (mit ihm wird Joseph, der frühere jüd. Apostel, befreundet; er erhebt ihn zum comes und erteilt ihm die Erlaubnis, in Tiberias, Diocaesarea, Nazareth, Capernaum christl. Kirchen zu bauen). 6 (ὁ ἀγαθὸς βασιλεύς, δοῦλος ὢν Χριστοῦ ἐν ἀληθείᾳ καὶ τὸν κατὰ θεὸν ζῆλον ἐν βασιλεῦσι μετὰ Δαυὶδ καὶ Ἐζεκίαν καὶ Ἰωσίαν κεκτημένος). II 3,14 (in seiner Zeit lehrt Lukian).

Κωνσταντῖνος Sohn Constantins d.Gr., röm. Kaiser 337–340 n.Chr. (PLRE 223 Nr. 3) I 72,10.

Κωνσταντινούπολις II 239,6 (hier finden sich Kataphryger); 317,12. III 145,7. 9. 28; 146,23; 160,7. 9.

Κωνστάντιος Vater Constantins d.Gr., röm. Kaiser 305–306 n.Chr. (PLRE 227) I 72,9.

Κωνστάντιος Sohn Constantins d.Gr., röm. Kaiser 337–361 n.Chr. (PLRE 226 Nr. 8) I 72,10; 219,13; 340,16 (bei ihm ist der arianische Bischof Patrophilus von Scythopolis hoch angesehen). II 80,30 (unter ihm, gegen Ende seiner Lebenszeit, ist durch Eutactus die Häresie der Archontiker von Palaestina nach Ἀρμενία übertragen worden).

Κώνστας Sohn Constantins d.Gr. I 72,10.

Κώνωψ Presbyter I 6,20 (hat Epiph. mitveranlaßt zur Abfassung des Ancoratus).

Κῶος von Hamiten bewohnte Insel I 139,8.

Λαβάν I 29,11. III 490,13.

Λάζαρος I 48,8; 113,12; 119,1; 121,19; 381,11. II 113,10. 12; 134,5. 18; 142,25. 28; 143,3. 4. 17; 146,14. 20; 180,6. 14; 206,29; 375,19f.; 425,18; 468,5; 504,22. III 76,17. 19. 22. 23. 25; 207,4; 393,11; 441,19; 482,10.

Λαζοί sem. Volk I 138,4.

Λαζόνες sem. Stamm I 137,10.

Λάμεχ I 69,10f.; 173,5; 378,18. III 172,14; 499,27.

Λαμίας, Λαμία L. Aelius L. f. Lamia, röm. Consul 3 n.Chr. (PIR² A 200; nach Epiph. 5 n.Chr.) II 290,11.

Λαοδάμεια I 105,15.

Λαοδικεῖς II 105,14 (Laodicener-Brief bei Marcion); 120,3; 123,22.

Λάσιον ὄρος Berg auf Kreta I 128,10 (dort das Grab des Zeus).

Λατιάριος Beiname des Zeus I 128,13.

Λατῖνοι japheth. Stamm I 140,7 (Λατῖνοι οἱ καὶ Ῥωμαῖοι). III 126,9.

Λεία I 379,19.

Λέντουλος Cossus Cornelius Lentulus, röm. Consul 1 v.Chr. (PIR² C 1380; nach Epiph. 2 n.Chr.) II 290,8.

Λέντουλος Γάλβας Cossus Cornelius Cossi f. Lentulus; röm. Consul 25 n.Chr. (PIR² C 1381; nach Epiph. 27 n.Chr.) II 291,15.

Λέπιδος M. Aemilius Paulli f. Lepidus; röm. Consul 6 n.Chr. (PIR² A 369; nach Epiph. 7 n.Chr.) II 290,13.

Λέπιδος M. Aemilius Q. f. Lepidus, röm. Consul 11 n.Chr. (PIR² A 363; nach Epiph. 13 n.Chr.) II 290,19.

Λεπτιμαγνῖται ham. Stamm I 139,1.

Λέσβος I 139,8 (von Hamiten bewohnte Insel); 140,11 (von Japhethiten bewohnt).

Λευί I 134,15 (wird geboren im 89. Jahr Jakobs). 16 (erzeugt einen Kaath mit 40 Jahren). 16f. (in seinem 47. Jahr geht Jakob nach Ägypten); 181,23f.; 182,2 (im 5. Geschlecht nach Levi zieht Israel aus Ägypten); 188,1; 190,4. 6; 215,25; 219,1; 323,21; 367,1; 368,2. II 264,15; 327,7. 10. 14; 328,11bis.

Λευῖται I 292,9 (die Λευῖται bei den Gnostikern gehen nicht mit Frauen, sondern nur untereinander um).

Λευιτικοί anderer Name für Γνωστικοί; s. dort.

Λεύκιος Schüler des Apostels Johannes II 255,24.

Λεωνίδας Vater des Origenes, Märtyrer II 403,3.

Λήδα I 127,20.

Λιβύη I 176,10; 432,21. III 125,7; 141,16; 300,8. 17; 301,2.

Λίβυς II 169,13. III 152,19; 159,13.

Λίβων   L. Scribonius L. f. Libo, röm. Consul 16 n.Chr. (PIR¹ S 212; nach Epiph. 18 n.Chr.) II 291,5.

Λιγυστινοί japheth. Stamm I 140,8.

Λικίννιος Val. Licinius, röm. Kaiser 308–324 n.Chr. (PLRE 509 Nr. 3) I 72,9.

Λίνος   I 309,1 (Bischof in Rom nach Petrus und Paulus); 310,2 (Linus war 12 Jahre Bischof). 7.

Λόβος, Λόβον? I 177,3 (von Nimrod im Assyrer-Land gegründet).

Λογγῖνος Κάσσιος L. Cassius Longinus, röm. Consul 30 n.Chr. (PIR² C 503; nach Epiph. 33 n.Chr., dem Jahr, in dem Christus starb) II 292,14.

Λόγος   gnost. Äon; für Christus s. auch Christologie. I 257,9f. (Basilides); 386,1.9 (Valentin); 389,2 (bei den Valentinianern: der Ἰησοῦς als Ausstrahlung des oberen Christus heißt auch Λόγος); 392,6. 22; 396,8. 13.

Λοπάδουσα   (= Λαμπαδοῦσα) von Hamiten bewohnte Insel I 139,6.

Λουβάρ   I 174,4 (dort ist die Arche stehengeblieben und hat sich Noah wieder niedergelassen); 175,18.

Λούδ (Ἐλούδ) Stammvater der Lyder II 78,12.

Λουκᾶς   I 40,11 (angebliche Änderung des Lukas-Textes durch die Orthodoxen); 46,22 (τοῦ κατὰ Λουκᾶν εὐαγγελίου); 69,18 (ὁ Λουκᾶς ὁ συγγραψάμενος τὰς πράξεις τῶν ἀποστόλων); 232,8 (hat zu den 72 Jüngern gehört). 13 (hat sich mit ihnen zerstreut, ist aber durch Paulus bekehrt und zu seinem Begleiter gemacht worden); 255,9; 373,15. II 104,23 (das Lukas-Ev. bei Marcion); 254,20 (die ganze lukanische Vorgeschichte – Zacharias usw. – fehlt bei Matthaeus); 256,23ff. (er schreibt sein Ev. nach Marcus); 257,23;

259,18. 28; 263,3ff. (er gehört zu den 72 Jüngern, die sich nach Joh 6 zerstreuten; ist aber auch durch Paulus wiederbekehrt und zum Evangelisten gemacht worden). 6 (er hat in Dalmatien, Gallien, Italien, Makedonien gepredigt; zuerst aber in Gallien).

Λουκιανός (der Gnostiker), Λουκιανισταί I 21,23; 158,13; 160,11.   II 3,13ff. (er schließt sich in seiner Lehre Marcion an, trägt aber manches in eigentümlicher Weise vor); 186,25ff.; 187,4 (er ist Schüler Marcions, hat sich aber von ihm getrennt und einen eigenen Haufen um sich gesammelt). 7 (er lehrt ganz ähnlich wie Marcion; über seine Stellung zur Schrift hat Epiph. nicht in allen Teilen Sicheres erkunden können). 12 (er lehrt ebenso drei Götter: Demiurg, guter Gott, böser Gott). 14 (er belegt das mit Stellen aus den Propheten). 17 (er verwirft die Ehe völlig). 20 (ein Ausspruch von ihm wörtlich angeführt); 189,17 (sein Mitschüler Apelles); 190,11 (er lehrt wie Marcion drei ἀρχαί).

Λουκιανός   Presbyter von Antiochia I 42,18ff. (Lukian und seine Anhänger behaupten, daß Jesus nur eine σάρξ, keine ψυχή angenommen hatte); 45,13. II 3,13 (er lebt in der Zeit Constantins); 186,25. 26 (er wird von den Arianern als Märtyrer bezeichnet).

Λούκιος L. Iulius Caesar, nach Epiph. röm. Consul 3 n.Chr. (PIR² I 216; entspricht 1 n.Chr.) II 290,9 (Λούκιος Καῖσαρ).

Λυδοί   I 137,12 (sem. Volk). II 78,12 (ihr Stammvater ist [Ἐ]λούδ); 129,1 (ein Lyder ist nach einer Überlieferung auch Homer).

Λύκιοι ham. Stamm I 139,1.

Λυσιτανοί japheth. Stamm I 140,10.

Λώτ II 155,3f.; 170,2; 217,15; 335,15.

Μαγάρδαι ham. Volk I 139,3.

Μαγουσαῖοι sem. Volk I 137,11. III 512,18. 23.

Μαδιάμ Sohn Abrahams von der Chettura I 180,8.

Μαδιηναῖοι sem. Volk I 138,1.

Μάζικες ham. Volk I 139,4.

Μαθουσάλα I 69,10; 173,5; 175,8; 215,24. III 499,26.

Μαιμακτηριών athenischer Monat II 293,5 (5. Maimakterion = 6. Januar).

Μαίων angeblich Vater Homers II 129,2.

Μαιῶται japheth. Stamm I 140,5.

Μακαριότης (Μακαρία) valentin. Äon I 386,4. 11; 392,11; 393,1 (Μακαρία) 402,11.

Μακεδονία I 367,12 (auch in Makedonien wohnen Zyprier und Rhodier, d.h. Kitier; Alexander d.Gr. war nach 1. Makk 1,1 ein Kitier). II 263,7 (dort hat Lucas gepredigt).

Μακεδονιανοί anderer Name für Πνευματομάχοι; s. dort.

Μακεδονικός I 182,20.

Μακεδών I 72,4; 140,6 (die Μακεδόνες japheth. Stamm); 183,2; 367,12.

Μακκαβαῖοι I 367,15 (als Name für das Buch). II 260,3; 269,3 (als Name für die Männer).

Μακρῖνος M. Opellius Macrinus, röm. Kaiser 217–218 n.Chr. (PIR² O 108) I 72,3 (regiert 1 Jahr).

Μάκ(ρ)ωνες ham. Stamm I 138,9.

Μαλαχίας II 136,22.

Μαλελεήλ I 69,9; 172,16. III 499,26.

Μαμβρή I 216,23 (ἡ δρῦς τῆς Μαμβρῆ, wo Abraham die Engel bewirtete, wird immer noch gezeigt). II 86,26.

Μανασσῆς judäischer König I 70,12; 194,10. II 372,27 (Beweis dafür, daß Gott Buße annimmt).

Μάνη‹ς› I 57,18. III 1,10; 101,14; 118,21; 532.

Μανιχαῖοι I 22,1 (Μανιχαῖοι οἱ καὶ 'Ακουανῖται); 42,17 (sie schreiben Jesus nur eine Scheinleiblichkeit zu). 31; 57,17ff. (die Manichäer glauben, daß die Seelen, die von dem στῦλος τοῦ φωτὸς herstammen, ἓν σῶμα sind und daß sie von den Körpern gelöst werden zu einer οὐσία im στῦλος sich vereinigen). 18 (τοῦ Μάνη); 62,10 (sie sagen, daß die Propheten lügen, wenn sie behaupten, Gott gesehen zu haben); 76,13; 106,7 (sie sagen, daß nur die Seele aufersteht); 131,10; 132,3ff. (sie verhöhnen den Gott des AT, da er in Unwissenheit Adam und Kain fragt); 133,29 (und Verhöhnung des alttest. Gottes, der den Diebstahl der ägypt. Gefäße befiehlt); 135,32 (Hinweis auf den Raub des Landes Kanaan durch die Hebräer); 158,29; 160,27; 328,12 (die Manichäer werden von den Leuten Christen genannt, und sie weisen diesen Namen nicht zurück); 372,16; 374,17 (sie sagen, Jesus sei nicht geboren worden). II 133,23; 174,18; 433,23 (sie lehren die Seelenwanderung); 507,14ff. (sie verhöhnen den Gott des AT, der aus Neid Adam aus dem Paradies treibt, damit er nicht vom Baum des Lebens ißt); 520,17 (sie leugnen die Auferstehung). III 1,10; 13,20. 21; 30,7; 33,14; 51,11. 13. 15; 56,6; 195,7; 209,21; 438,7; 453,19.

Μαξιμιανός M. Aurelius Valerius Maximianus, röm. Kaiser 285–310 n.Chr. (PIR² A 1628) I 72,9. II 363,15. III 48,4; 141,2; 153,4; 343,24.

Μαξίμιλλα II 220,2; 221,13. 16. 19. 20. 21; 222,1ff. (ein Ausspruch von ihr). 19; 235,19; 237,9; 238,13. 18; 308,12. III 476,14.

Μαξιμῖνος (C. Iulius Verus) Maximinus Thrax, röm. Kaiser 235–238 (PIR² I 619) I 72,4 (regiert 3 Jahre).

Μάρδοι sem. Volk I 137,11.

Μάρεια λίμνη I 326,4. III 125,6.

Μαρεσουάν II 294,5 (7. Maresuan = 8. November).

Μαρεῶτις I 326,6 (dort wohnen die Ἰεσσαῖοι Philos).

Μάρθα die Schwester des Lazarus I 132,18. II 180,7.

Μαρθάνα I 219,14 (eine Frau aus dem Geschlecht des Elxai, die zusammen mit ihrer Schwester Marthus in der Sekte göttlich verehrt wurde). 17 (sie lebte noch bis vor kurzem, d.h. bis Epiph. die haer. 19 des Panarion schrieb). II 212,16; 315,17 (sie lebt wohl immer noch).

Μαρθοῦς I 219,14 (eine Frau aus dem Geschlecht des Elxai, die mit ihrer Schwester Marthana in der Sekte göttlich verehrt wurde). 16 (sie ist kurz vor 375 gestorben). 17. II 212,16; 315,16.

Μαρία = Miriam, die Schwester Moses I 379,19. II 242,16 (bei den Pepuzianern verwendet zur Rechtfertigung der in den Klerus aufgenommenen Frauen).

Μαρία die Mutter Jesu; für ἡ ἁγία M. s. unter ἅγιος, für παρθένος, ἀειπάρθενος, θεοτόκος s. dort; für Jungfrauengeburt s. unter Christologie. I 17,15; 22,7 (die Antidikomariamiten sagen, daß sie nach der Geburt Jesu noch mit Joseph Umgang gehabt habe),9f. (die Kollyridianerinnen bringen ihr zu Ehren Kuchen dar); 28,5; 39,13. 26; 41,22; 50,9. 11. 12; 54,4. 19. 20; 58,30; 59,7; 60,8. 10; 71,3 (Μαρίαν); 79,24 (Μαρία); 80,7. 11; 94,25; 98,28; 99,16. 24; 107,22; 111,19; 113,2; 227,16 (Μαριάμ Akk.); 228,2. 15; 229,6; 237,2 (die Valentinianer sagen, daß Christus

durch Maria wie durch einen Kanal hindurchgegangen sei); 284,3; 290,20 (die γέννα Μαρίας bei den Gnostikern, ein Buch abscheulichen Inhalts); 292,3; 319,24 (daß Jesus am Kreuz die Maria dem Johannes und nicht etwa den Söhnen des Joseph – Jakobus, Joses, Judas, Simon/Symeon – übergibt, ist ein Beweis dafür, daß Joseph keinen Umgang mit ihr gehabt hat); 320,1 (Joseph ist nie mit Maria umgegangen). 2 (Maria war unverletzte Jungfrau auch nach der Geburt Jesu; εὑρίσκεται γὰρ μετὰ τὸ γεγεννηκέναι ἡ παρθένος ἄχραντος); 322,5. 24; 328,24; 360,23; 373,17; 374,5. 24; 375,7; 376,2 (Μαριὰμ Nom). 24f. (sie ist eine Prophetin; auf sie bezieht sich Jes 8,3 καὶ εἰσῆλθεν πρὸς τὴν προφῆτιν; ebenso II 377,12); 376,24f. (sie ist eine Prophetin, auch sie bezieht sich Jes 8,3 καὶ εἰσῆλθεν πρὸς τὴν προφῆτιν). II 79,23; 107,21; 152,28; 254,15. 28; 262,3; 278,8.

Μαρία Schwester Jesu aus Josephs erster Ehe I 70,21 (dort so einzusetzen).

Μαρία Μαγδαληνή I 284,11 (bei den Gnostikern ἐρωτήσεις Μαρίας). 17ff. (es gibt μεγάλαι und μικραί; eine Probe aus den ἐρωτήσεις Μαρίας μεγάλαι – Anleitung zu dem Genuß des Mannessamens); 295,19.

Μαρία die Schwester des Lazarus II 180,7.

Μαριανδηνοί I 139,1 (ham. Stamm); 140,4 (japheth. Stamm).

Μαρκελλίνα Karpokratianerin I 236,4 (sie wirkt in Rom); 308,6 (in der Zeit des Anicetus); 310,11.

Μάρκελλος, Μαρκελλιανός von Ancyra I 22,3; 159,2; 161,6.

Μάρκελλος junger Mönch im Kloster des Acacius und Paulus bei Chalkis in Coele

Syria um 375   I 154,12 (von Acacius
und Paulus zu Epiph. geschickt, um den
Brief zu überbringen, in dem sie ihn zur
Abfassung des Panarion auffordern).
Μαρκίων, Μαρκιωνισταί I 21,22; 76,13;
131,11; 158,12 (Μαρκίωνες); 160,11;
328,13 (die Marcioniten werden von
den Leuten Christen genannt und weisen
diesen Namen nicht zurück); 374,17 (sie
sagen, Jesus sei nicht geboren worden).
II 3,3ff. (Marcion aus Pontus, Sohn eines
Bischofs, wegen eines Vergehens mit einer
Jungfrau aus der Kirche ausgestoßen,
geht nach Rom. Als ihm auch dort die
Vergebung verweigert wird, führt er drei
Prinzipien ein: den guten, den gerechten,
den bösen Gott; er erklärt das AT für
fremd gegenüber dem NT, ebenso wie
seinen Gott; er leugnet die Auferstehung
des Fleisches; er erteilt nicht nur eine,
sondern zwei, ja dreimal die Taufe nach
einem Fall; an Stelle der gestorbenen
Katechumenen werden andere bei ihnen
getauft; er erlaubt auch Frauen, die Taufe
zu vollziehen). 14 (an Marcion schließt
sich Lukian – der Ältere – an, doch hat
dieser auch Besonderes). 16 (an Marcion
schließt sich auch Apelles an); 92,3 (kurz
nachdem Cerdon in Rom angelangt war,
hat er sein Gift an Marcion weitergegeben);
93,2ff. (er hat von Cerdon Anregung
empfangen). 24 (jetzt noch gibt es
viele von ihm Verführte); 94,1ff. (seine
Häresie noch jetzt in Rom und in Italien,
in Ägypten, Palästina, Arabien, Syrien,
Zypern, der Thebais und in Persien
verbreitet). 6 (Marcion stammt aus dem
Pontus, genauer dem Helenopontus, aus
Sinope). 7 (er ist der Sohn des Bischofs
und lebt zuerst jungfräulich, vergeht
sich aber dann mit einer Jungfrau und

wird darum von dem eigenen Vater aus
der Kirchengemeinschaft gestoßen).
15ff. (als der Vater ihn trotz seiner Bitte
nicht wieder in die Kirchengemeinschaft
aufnehmen wollte, flieht er nach Rom,
nach dem Tod des Hyginus); 95,1 (in Rom
verlangt er in die Kirchengemeinschaft
aufgenommen zu werden; daß er den
Vorsitz in der Kirche und die Aufnahme
nicht erreicht, ist ihm der Grund, sich
Cerdon zuzuwenden). 7ff. (er wendet sich
an die Presbyter mit der Frage wegen Mt
9,16f, widerspricht jedoch ihrer Auskunft
und fragt nun unmittelbar, warum sie ihm
die Aufnahme verweigern. Sie berufen
sich auf die Einheit der Kirche, darauf
droht er ihnen ein Schisma zu machen,
das in Ewigkeit nicht aufhören werde);
96,28 (er wendet sich Cerdon zu); 97,1ff.
(führt aber über ihn hinausgehend drei
Prinzipien ein: den guten unnennbaren,
den sichtbaren den Weltschöpfer =
Judengott, Richter; den Teufel zw. dem
sichtbaren und dem unsichtbaren). 8
(er predigt Jungfräulichkeit und Fasten
am Sabbath); 98,1 (die Eucharistie
wird vor den Augen der Katechumenen
gehalten). 2 (er feiert das Abendmahl
nur mit Wasser). 3ff. (er gebietet das
Sabbathfasten, nur dem Judengott
entgegenzuhandeln). 7 (er verwirft die
Auferstehung des Fleisches und lehrt
nur eine Auferstehung der Seele). 9ff.
(er läßt bis zu drei Taufen erteilen; wenn
einer einen Fehltritt begeht; er beruft sich
dafür, außer auf sein eigenes Beispiel,
auf Mk 10,38); 99,8ff. (er verwirft das
Gesetz und die Propheten und sagt, daß
sie ihre Eingebung vom Weltschöpfer
her hätten). 10 (er sagt, daß Christus
von oben her von dem unsichtbaren und

unnennbaren Gott herniedergestiegen sei, zum Heil der Seelen und zur Widerlegung des Judengottes). 13 (er sei in den Hades hinabgestiegen, um Kain, Kore, Dathan, Abiron, Esau und die Heiden zu erlösen, während er Abel, Henoch, Noah, Abraham, Isaak, Jakob, Moses, David und Salomon dahintengelassen habe); 100,4 (er gibt auch Frauen die Erlaubnis zu taufen). 7 (er lehrt keine Auferstehung des Fleisches, sondern nur der Seele). 8 (er lehrt die Seelenwanderung); 103,24ff. (er beruft sich auf das ἐξαγοράζειν in Gal 3,13); 104,23 (er hat nur das Lukas-Ev., aber da vieles weggeschnitten: gleich den Anfang); 105,9ff.; 123,19ff. (die in seinem NT stehenden Schriften: Lucas usw.); 133,14 (er verbietet die Fleischnahrung, weil das ein Verzehren der Seelen wäre); 147,27 (Epiph. hat einmal mit einem Marcioniten diskutiert); 155,25ff.; 184,2ff. (einige seiner Anhänger erklären Christus für den Sohn des bösen Gottes, andere für den des Demiurgen; er habe seinen eigenen Vater verlassen und sei zu dem guten Gott emporgestiegen. Von ihm wieder in die Welt geschickt, hatte er im Gegensatz zu seinem natürlichen Vater alles, was dieser in der Welt an Gesetzen gegeben hatte, bekämpft); 187,7 (sein Schüler der ältere Lukian); 189,18 (sein Schüler Apelles); 190,11 (er lehrt drei ἀρχαί); 194,17 (Apelles bestritt ebenso wie er die Auferstehung des Fleisches); 219,10 (Marcion, Tatian und die Enkratiten in der Zeit Hadrians und nach ihm); 520,18 (sie leugnen die Auferstehung).

Μάρκος der Evangelist I 232,8 (hat früher zu den 72 Jüngern gehört); 326,15 (er hat in Ägypten gepredigt). II 255,1 (er fängt sofort mit der Jordantaufe an); 256,3 (er schreibt sein Ev. nach Matthaeus). 3f. (er war als Begleiter des Petrus in Rom und hat dort sein Ev. geschrieben). 4f. (nach der Abfassung des Ev. wird Marcus von Petrus nach Ägypten geschickt). 6 (Marcus war einer der 72 Jünger, die sich wegen Joh 6,53 zerstreut hatten). 9f. (er wird durch Petrus wiedergewonnen); 257,18.

Μάρκος der Gnostiker, Μαρκώσιοι I 21,21; 158,9 (Μαρκώσιοι); 160,9. II 1,3ff. (Marcus Mitschüler des Colorbasus, führt gleichfalls zwei Prinzipien ein; leugnet die Totenauferstehung und führt Taschenspielereien auf mit Gefäßen, deren Inhalt durch Beschwörungen eine dunkelrote und purpurne Farbe erhält. Ebenso wie Valentin will er aus den 24 Buchstaben das All ableiten). 16 (ebenso wie er vollzieht auch Heracleon die "Erlösung" mit Öl, Balsam und Wasser, unter Anwendung hebr. Formeln); 5,1ff. (er geht von den vorher geschilderten aus, bringt aber noch weiteres Übel). 4 (er folgt auf Secundus, Epiphanes, Ptolemaeus und Valentin; steigert aber ihre Betrügerei noch). 6ff. (dann fast wörtlich nach Irenaeus I 13,1); 6,10ff. (d.h. die ganze Einzelschilderung wörtlich nach Irenaeus I 13,2ff.); 39,16. 21 (mit ihm zuerst als Gleichgesinnter zusammen Colorbasus); 45,10 (ähnlich wie Marcus trägt Heracleon seine Ogdoadenlehre vor). 20 (von Marcus hat Heracleon den Anstoß zu seinem Sakrament für die Sterbenden – die Toten? – genommen, d.h. Epiph. überträgt die Schilderung bei Irenaeus auf Heracleon).

Μαρμαρίδαι ham. Stamm I 138,9.

Μαρνᾶς I 130,6 (der Sklave des Kreters Asterius in Gaza verehrt).

Μαρσιανός, Μαρτιάδης II 88,13 (Prophet bei den Archontikern, der drei Tage in den Himmel entrückt war).

Μαρτυριανοί s. Μεσσαλιανοί.

Μασσαλιανοί s. Μεσσαλιανοί.

Μασσυνοί sem. Stamm I 138,1.

Ματθαῖος I 194,20 (seine Zählung der Geschlechter im Mt 1,17; 3 x 14 von einzelnen töricht durch Streichung des einen Jechonja gestört); 231,23; 317,10ff. (ein verkürztes Matthaeus-Ev., daß aber die Geschlechterregister enthielt bei den Kerinthianern); 332,8ff. (die Nazoräer haben ein ganz vollständiges hebr. Matthaeus-Ev. – doch weiß Epiph. nicht, ob es das Geschlechterregister enthält). 9 (das Matthaeus-Ev. ursprünglich mit hebr. Buchstaben geschrieben; so ist es bei den Nazoräern immer noch erhalten); 337,10 (das Matthaeus-Ev. bei den Ebionäern; sie nennen es Hebräer-Ev.); 338,1 (Matthaeus allein hat ein Ev. hebräisch und mit hebr. Buchstaben geschrieben); 341,25 (nach der Erzählung des früheren jüd. Apostels Joseph befand sich im γαζοφυλάκιον in Tiberias das Matthaeus-Ev. in hebr. Sprache); 348,33; 349,2 (die Ebionäer nennen ihr Ev. Matthaeus-Ev.; Bruchstücke aus ihm: I 349,2ff.; s.Sachregister Theologie s.v. Apokryphen; vgl. auch I 364,19: gefälschte Schriften auf den Namen des Matthaeus bei den Ebionäern). 10; 351,10. 13; 364,19. II 252,23 (Matthaeus hat zuerst ein Ev. geschrieben); 253,1. 2ff. (das war passend, daß der von vielen Sünden her Berufene zuerst ein Ev. schrieb als Beispiel für die im Ev. dargebotene Vergebung). 15 (er schreibt das Ev. mit hebr. Buchstaben); 254,10ff. (Matthaeus erzählt nichts von der Vorgeschichte des Lucas, von

Zacharias, Gabriel usw.). 19. 20. 22. 27; 255,10ff. (die Darstellung des Matthaeus, der mit der Jungfrauengeburt beginnt, hat bei Cerinth und Ebion das Mißverständnis hervorgerufen, daß er bloßer Mensch sei); 256,3. 13; 257,17. 20; 258,4; 259,9. 18; 262,19; 269,4; 275,15; 276,9; 279,19; 280,3; 281,2; 299,23. III 74,24. 33; 77,22; 78,2; 171,23; 172,16. 25; 173,7; 461,15; 499,28

Ματθίας I 70,16; 232,6. 8. II 71,8. III 45,9; 478,5.

Ματίδιος I 2,2 (Presbyter in Suedra in Pamphylien, der Epiph. um Abfassung des Ancoratus gebeten hat). 6; 5,2. 9.

Μαυρούσιοι ham. Volk I 139,2.

Μέγεθος valentin. Ausdruck I 390,6; 391,2. 4. 5; 393,5. 11. II 7,7; 9,14; 14,2; 37,13.

Μεγίστη von Hamiten bewohnte Insel I 139,8.

Μεθόδιος II 420,23ff. (als Gegner des Origenes); 421,1ff. (langes Zitat aus περὶ ἀναστάσεως); 430,6; 475,17; 499,24; 500,2 (Beiname Εὐβούλιος). 8; 510,3; 515,10.

Μελαγχηνοί japheth. Stamm I 140,5.

Μέλης nach der Überlieferung Vater Homers II 128,30.

Μελίτη I 139,6 (von Hamiten bewohnt).

Μελίτιος (der Ägypter), Μελιτιανοί I 22,1 (Μελιτιανοί, οἱ κατ' Αἴγυπτον σχίσμα ὄντες). 16f. (sie haben sich von der Kirche getrennt, weil Abgefallene während der Verfolgung in ihren Ämtern wieder in die Kirche aufgenommen worden sind); 158,30; 160,27. III 2,3; 140,17. 19. 20. 22; 141,2. 9. 11; 142,7. 25; 143,2. 5. 6. 7. 13. 15. 16. 21. 23. 26. 27; 144,4; 145,11. 12. 24; 146,7. 9. 15. 21; 147,9. 19. 22. 25; 148,21; 152,6. 14;

154,23. 25. 26; 155,3. 5. 19; 161,9. 21; 162,3; 296,13; 302,7. 18; 302,21. 22; 303,2. 7; 308,32; 309,15; 340,17.

Μελχισεδέκ; vgl. Μελχισεδεκιανοί II 212,25 (bei den Melchisedekianern verehrt); 326,2 (Melchisedeks Eltern heißen nach apokryphen Nachrichten Heraclas und Astarth = Astoriane). 12 (Hieracas hält Melchisedek für den hlg. Geist); 331,7 (die Samaritaner halten ihn für Sem); 333,13 (die Juden sagen, seine Eltern seien nicht aufgezeichnet, weil er Sohn einer Hure sei). 22 (in der Kirche halten einige den Melchisedek für den Sohn Gottes); 336,14 (einige halten sogar Melchisedek für Gottvater).

Μελχισεδεκιανοί I 21,28; 158,22; 160,21. II 212,15 ff. (sie preisen den Melchisedek, erklären ihn für eine "Macht" und nicht für einen einfachen Menschen und wollen alles auf dessen Namen beziehen); 324,2 ff. (die Melchisedekianer stammen wohl von den Theodotianern ab). 3 ff. (sie halten Melchisedek für eine große Kraft, die am unsagbarem Ort sich aufhalte und größer sei als Christus). 7 (Christus sei ihm untergeordnet nach Hebr 5,6). 12 (Melchisedek sei vater- und mutterlos). 14 (sie erdichten sich selbst Bücher); 333,22 (in der Kirche halten einige Melchisedek für Christus); 334,10 (sie bringen auf den Namen des Melchisedek Opfer dar, weil er der ἄρχων τῆς δικαιοσύνης sei). 16 (Christus hat daneben die Bedeutung, die Menschen von den Götzen auf diesen einen Weg zurückzuführen, auf diese Gnosis). 23 (sie sind die μύσται des Melchisedek); 336,14 (andere halten sogar Melchisedek für Gottvater); 337,21 (zur Zeit des Epiph. heimlich auch in Ägypten verbreitet). III 135,12; 453,22.

Μέμφις I 182,17 (von Apis = Inachus gegründet); 256,18.

Μένανδρος (der Gnostiker), Μενανδριανοί I 21,15; 158,2 (Μενανδριανοί); 234,11 (sie stammen durch Menander mittelbar von Simon Magus her; unterscheiden sich aber in manchem von den Simonianern). 13 (Menander sagt, daß die Welt von Engeln geschaffen sei); 235,6 (mit Satornil zusammen ist Basilides Schüler der Simonianer und Menandrianer gewesen); 246,1 ff. (er geht von den Samaritanern aus und ist eine Zeitlang Schüler des Simon gewesen). 5 (er lehrt ebenso wie dieser, daß die Welt von Engeln geschaffen sei und daß er als Kraft Gottes von oben herabgesendet worden sei). 8 (er gibt ein Mysterium, damit man nicht von den Mächten und Gewalten überwältigt werde). 11 (er gebraucht ebenso wie sein Lehrer magische Künste und unterscheidet sich in der Lehre nur dadurch, daß er sich für größer erklärt als sein Lehrer). 17 (seine Häresie ist jetzt fast ganz ausgestorben); 247,16 (von ihm geht Satornil aus); 300,23.

Μενέλαος der ham. Held I 130,4.

Μέροπες I 164,8; 176,6 (der Name von der μεμερισμένη φωνή).

Μεσοποταμία I 22,19 (dort sind die Audianer); 181,5 (Μεσοποταμία Φαλάν und Μεσοποταμία Σουβά). II 4,9 (aus Mesopotamien soll Tatian herstammen); 204,6 (in Mesopotamien hat er seine eigene Schule errichtet); 338,4 (aus Mesopotamien, genauer aus Edessa, stammt Bardesanes); 379,20; 389,8 (in Mesopotamien die Sabellianer). III 3,4; 25,5. 9; 28,11; 163,21; 238,31; 249,1; 491,20.

Μεσοποταμῖται sem. Volk I 137,10.

Μεσορί ägypt. Monatsname I 204,21 (=
jüd. Θεσρί = röm. Αὔγουστος = maked.
Γορπιαῖος = griech. Ἀπελλαῖος).

Μεσότης I 394,4; 395,8 (bei den
Valentinianern); 414,13; 415,6; 419,3.
8. 16. 17; 421,15. 21; 425,20. II 54,10
(ἀλλὰ εἰς τὸ μεσαίτατον breitet sich
die Prunikas nach den Ophiten aus und
bildet so den oberen Himmel; unter ihr
der Jaldabaoth mit den sieben Engeln).

Μεσσάλα M. Valerius M. f. Messalla, röm.
Consul 20 n.Chr. (PIR¹ V 92; nach Epiph.
22 n.Chr.); s. auch Γρᾶτος. II 291,10.

Μεσσαλιανοί (Μασσαλιανοί) I 22,10
(Μεσσαλιανοί, οἷς συνάπτονται
Μαρτυριανοί ‹οἱ› ἀπὸ Ἑλλήνων καὶ
Εὐφημῖται καὶ Σατανιανοί); 159,12;
161,16.

Μεταγειτνιών II 294,4 (7. Metageitnion
bei den Athenern = 8. November).

Μεταγωγεύς I 388,10 (bei den Valentinianern = Σωτήρ =Ὅρος = Σταυρός =
Ὁροθέτης = Ἰησοῦς); 395,8 (in anderer
Einordnung ein valentin. Äon); 396,8;
404,15; 406,11; 437,18.

Μηδία I 137,5; 186,7. III 126,5; 509,31.

Μῆδοι I 140,2 (japheth. Stamm); 194,10;
201,11. II 309,7. 10.

Μήνη (= Μῆνιγξ) I 139,6 (von Hamiten
bewohnt).

Μηρινθιανοί anderer Name für
Κηρινθιανοί; s. dort. I 320,12ff
(Μήρινθος); 337,11 (Μήρινθος).
II 255,17; 257,7.

Μήτηρ I 276,19 (bei den Gnostikern);
288,17 (die Μήτηρ τῶν ζώντων =
die Barbelo bei den Gnostikern); 388,7
(die Μήτηρ die Σοφία = Ἀχαμώθ bei
den Valentinianern). II 2,9 (bei den
Sethianern); 45,15 (bei Heracleon von
der oberen Μήτηρ = Σιγή = Ἀλήθεια

unterschieden eine andere Μήτηρ =
Ἀχαμώθ); 54,2ff. (die Μήτηρ bei den
Ophiten s. Προύνικος); 72,2 (anderer
Name für sie auch Θήλεια); 73,1. 21;
74,7. 19; 82,19 (die Μήτηρ φωτεινή im
8. Himmel bei den Archontikern); 83,9.

Μῆτις I 296,23 (angeblich von Zeus
verschlungen); 297,1; 387,4. 17.

Μήτρα Name eines Äons bei den Nikolaiten
I 273,1. 2. 6. 7.

Μητρικός valentin. Äon I 386,3. 10;
392,9. 23; 402,10

Μιθριδάτης der König I 171,9 (als
Verfasser botanischer Werke).

Μίνως I 105,12.

Μῖξις valentin. Äon I 386,4. 12; 392,16;
393,2; 402,5.

Μισάκ I 145,21. II 327,26; 328,15. 17.

Μιστρέμ I 176,13 (er erhält Αἴγυπτος).
II 78,13.

Μοῖρα I 185,11.

μονογενής s. Christologie.

Μονογενής valentin. Äon I 386,5. 13;
392,15; 393,1.

Μόνος valentin. Äon I 393,6.

Μοντανός, Μοντανισταί s. κατὰ
Φρύγας.

Μοντήσιοι stadtröm. Bezeichnung; s.
Καθαροί.

Μοσόχ Stammvater der Μοσσύνοικοι
II 78,11.

Μοσσύνοικοι I 138,9 (ham. Stamm);
140,4 (japheth. Stamm). II 78,11 (sie
stammen von Μοσόχ her).

Μοσχεσίδιοι I 139,2.

Μοῦσα I 169,16.

Μωαβῖτις I 217,22 (von dort gehen die
Ossäer aus); 219,7 (sie finden sich dort
noch zur Zeit des Epiph.); 357,14 (auch
dort gehen die Ebionäer). II 315,2 (dort
auch die Sampsäer).

Μωυσῆς I 117,8ff. (der Stab Moses, der
zur Schlange wurde, ein Beweis für die
Auferstehung). 31ff. (das Wort Moses an
Ruben ζήτω καὶ μὴ ἀποθάνη ein Beweis
für die Auferstehung); 135,8 (Moses
wurde von Abraham – Amram – geboren
in dessen 70. Jahr). 10 (Moses führt in
seinem 30. Jahr das Volk aus Ägypten aus);
164,17 (Moses ist der 7. von Abraham
an gerechnet); 182,7 (er gleichzeitig mit
Inachus); 200,5. 6; 202,20ff. (Moses von
Engeln begraben); 210,1 (von ihm rührt
die erste δευτέρωσις τοῦ νόμου her
– das Deuteronomium); 290,17 (er wird
von den Gnostikern gelästert); 357,25
(er wird von den Ebionäern anerkannt);
459,27.   II 64,18 (von der Blendung
Moses durch einen Engel in einem
Apokryphon der Kainiten die Rede);
75,13 (ein apokryphes Moses-Buch bei
den Sethianern); 213,6 (Noët erklärt sich
für Moses); 325,12 (in Petra wird ein Bild
des Moses göttlich verehrt); 344,2. 20
(Noët nennt sich selbst Moses); 513,17
(die Wunder und Plagen des Mose ein
Beweis für die Auferstehung). 18 (Wasser
aus dem Felsen schlagen); 514,11f. (Moses
nicht von Menschen, sondern von Engeln
begraben).
Μωυσῆς im übrigen I 12,13; 38,20; 79,26;
80,20; 116,9; 190,8; 266,9; 279,27;
460,12. — Μωυσέως I 11,14; 47,6;
66,16; 74,18; 117,17; 135,5; 166,15;
168,6. 8; 190,20; 196,2; 198,11; 215,22;
244,14; 254,26; 367,21; 379,19; 436,5;
460,7. 8.   II 67,10; 135,16; 136,14;
223,18; 233,3; 246,10. — Μωυσῆ I 49,3;
92,5. 11; 116,9; 122,25; 142,20. 26;
157,12; 164,17; 182,4; 244,16. II 77,3;
86,14; 166,22; 513,18. — Μωυσέα
I 74,19; 116,33; 135,8; 166,19; 181,25;

190,1. 7; 198,10; 215,25; 216,2. 11;
290,17; 436,6. II 100,1; 325,13.

Ναα|σώμ, Ναασσών I 70,5; 142,13; 182,1
(in seiner Zeit zieht Israel aus Ägypten,
im 5. Geschlecht nach Levi); 187,20 (er
ist in der Wüste φύλαρχος von Juda).
Ναβάτ I 194,1.
Ναβατικὴ χώρα I 217,21 (von dort gehen
die Ossäer aus); 219,7 (Ναβατῖτις).
Ναβαταία, Ναβατίδις I 357,14 (von dort
gehen die Ebionäer aus). II 315,3 (dort
sitzen auch die Sampsäer).
Ναβουχοδονόσορ I 166,13; 183,1; 195,8.
II 224,12. III 180,18.
Ναζαρέτ   I 50,13; 227,16; 228,9. 11;
229,8; 327,7; 328,8 (nach Ναζαρέτ
heißt Jesus Ναζωραῖος und die Christen
Ναζωραῖοι; vgl. I 328,21). 22f. (Ναζαρέτ
früher eine Stadt, jetzt ein Dorf). 25;
329,5; 347,16 (eine der Städte, in denen
es bis auf Constantin weder Hellenen
noch Samaritaner noch Christen, daher
auch keine christl. Kirche, gab). II 258,2;
259,6; 260,15; 261,5. 14; 266,8. 9.
22; 268,25; 271,7; 273,19; 274,7. 8;
275,1; 277,14; 280,2. 3. 7; 281,17. 22.
26; 294,23. 25; 302,5. 8. 11. 19. 20.
III 321,25; 447,32.
Ναζιραῖος   = Naziräer   I 324,17
(ἡγιασμένος); 327,12 (ἡγιασμένοι; die
Ehrennamen für die Erstgeborenen und
Gottgeweihten, wie für Simson/Samson
und Johannes den Täufer).
Ναζωραῖοι I 21,19; 158,7; 160,7; 222,27;
223,2 (sie gebrauchen das Buch Elxai);
236,10f. (sie bekennen Christus als den
Sohn Gottes, wandeln aber in allem nach
dem Gesetz). 13 (ähnlich wie sie stehen
die Ebionäer); 321,13ff. 14 (die Nazoräer
folgen auf die Kerinthianer; ob sie vor

ihnen oder nach ihnen entstanden sind, weiß Epiph. nicht; jedenfalls waren sie Zeitgenossen). 18 (sie legen sich den Namen bei nicht von Jesus oder Christus, sondern den der Nazoräer). 19 (alle Christen wurden anfangs so genannt); 326,17ff. (sie sind der Abstammung nach Juden und halten sich an das Gesetz und haben die Beschneidung). 19 (sie haben nur von ferne das Christentum gesehen); 327,5ff. (sie haben nur den Namen Jesu gehört und die Wunderzeichen durch die Apostel und sind so an Jesus gläubig geworden). 7 (weil sie gehört haben, daß er in Nazareth empfangen und im Hause Josephs auferzogen wurde und deswegen Jesus der Nazoräer hieß, haben sie sich diesen Namen beigelegt). 12 (Nazoräer ist zu unterscheiden von Naziräer). 18ff. (aber auch von den Nasaräern). 20ff. (allg. heißt man damals die Christen Nazoräer; in Act 24,5 weist Paulus den Namen nicht zurück); 328,7 (Ναζωραῖος von Ναζαρέτ abgeleitet; vgl. I 328,19f. 25: die Christen heißen so, weil Jesus von Nazareth herstammt); 329,4 (sie nennen sich Ναζωραῖοι nach Ναζαρέτ). 5f. (sie gebrauchen nicht nur das NT, sondern auch das AT). 9 (sie bekennen alles wie die Juden, außer daß sie an Christus glauben). 12 (bei ihnen wird die Auferstehung der Toten geglaubt und daß alles aus Gott geworden sei; sie verkündigen den einen Gott und seinen παῖς Jesus Christus). 14 (sie sind im Hebräischen sehr geübt; das AT wird bei ihnen hebräisch gelesen). 18ff. (nur darin unterscheiden sie sich von den Juden und Christen, daß sie auf der einen Seite an Christus glauben, auf der anderen Seite aber noch an das Gesetz gebunden sind, an Beschneidung,

Sabbath und das andere). 21ff. (über ihre Christologie weiß Epiph. nicht, ob sie ebenso wie Cerinth und Merinth Christus für einen reinen Menschen halten oder ob sie sagen, daß er durch den hlg. Geist aus Maria geboren sei); 330,4ff. (die Häresie der Nazoräer findet sich in Coele Syria, in Beroia und in der Decapolis, in der Gegend von Pella und in der Basanitis, in Cocaba). 7ff. (von dort – d.h. von Cocaba und Pella – sind sie ausgegangen: als alle Jünger vor der Belagerung von Jerusalem auswanderten nach Pella, auf das Gebot Christi hin, der sie geheißen hatte, Jerusalem zu verlassen); 331,26ff. (die Nazoräer sind den Juden sehr verhaßt: die Juden verfluchen sie dreimal des Tags – morgens, mittags, abends – in ihren Synagogen); 332,8 (sie haben ein ganz vollständiges hebr. Matthaeus-Ev., bei ihnen wird das Ev. des Matthaeus, so wie es ursprünglich geschrieben wurde – mit hebr. Buchstaben –, immer noch bewahrt. Epiph. weiß jedoch nicht, ob sie das Geschlechterregister von Abraham bis Christus weggeschnitten haben); 333,15 (Ebion hat von den Nazoräern manches übernommen); 335,14 (von Cocaba sind die Ebionäer ebenso wie die Nazoräer ausgegangen). II 81,16; 315,8 (auch sie gebrauchen das Buch Elxai).

Ναθαναήλ I 255,11 (er war der zweite der Emmaus-Jünger). II 268,15 (er war wohl auf der Hochzeit in Kana).

Ναΐν I 50,15; 113,12; 119,4; 121,15. III 207,5.

Νασαμῶνες ham. Volk I 139,3.

Νασαραῖοι I 21,7; 157,18; 159,29; 168,4ff. (der Name = ἀφηνιασταί; sie verwerfen jeden Fleischgenuß und animalische Nahrung, verehren die

Namen der Patriarchen bis auf Mose und Josua, behaupten aber, daß der Pentateuch nicht von Mose herrühre und wollen andere Schriften anstatt dessen haben – gemeint ist wohl das Buch Elxai); 215,13 (sie sind der Abstammung nach Juden, kommen aus dem Gebiet von Γαλααδῖτις, Βασανῖτις und dem Land jenseits des Jordan). 18ff. (sie sind in ihrem ganzen Verhalten Juden: haben Beschneidung und Sabbath, dieselben Feste, aber keinen Schicksalsglauben und keine Astronomie). 21 (sie erkennen als ihre Väter an die im Pentateuch genannten Frommen von Adam bis Mose und Josua); 216,1 (sie nehmen jedoch den Pentateuch nicht an, sondern behaupten, daß Moses eine andere Gesetzgebung empfangen habe; der Pentateuch sei eine Fälschung). 3 (sie halten daher die jüd. Gebräuche, bringen aber kein Opfer dar und enthalten sich des Fleischgenusses). 6; 222,16 (ebenso wie sie verwerfen auch die Ossäer den Pentateuch); 223,3 (sie gebrauchen das Buch Elxai); 226,21 (zur Zeit des Epiph. nur noch in Resten – ein oder zwei – erhalten jenseits der oberen Thebais und jenseits Arabiens); 227,6 (es gibt zur Zeit des Epiph. nur noch Einzelne von ihnen); 327,18 (die Nasaräer sind nicht mit den Nazoräern zu verwechseln); 333,16 (Ebion hat von den Nasaräern manches übernommen).

Ναυᾶτος, Ναυαταῖοι s. Καθαροί.

Ναχώρ I 70,2; 142,9; 177,18f. II 332,2. 4. III 127,5bis; 172,14.

Νεάπολις = Sichem in Palaestina II 326,9. III 473,22; 485,20.

Νεβρώδ I 177,1 (mit ihm fängt die Tyrannis an; vgl. I 176,22. Er ist der Sohn des Χούς, des Äthiopen). 1f. (von ihm stammt Asur ab). 2 (er herrscht in Θρέχ, in Ἀρφάλ und Χαλάννη). 3 (er gründet Θειράς, Θοβέλ und Λόβον in dem Land der Assyrer). 4 (die Griechen setzen ihn mit Zoroaster gleich). 9 (in Wirklichkeit aber sind Nimrod und Zoroaster zeitlich weit voneinander getrennt). 10.

Νεεμία I 204,13 (er läßt die Samaritaner nicht beim Bau von Jerusalem mitbauen).

Νεῖλος II 301,14 (nach vielfachem Zeugnis verwandelt sich am 6. Januar der Nil in Wein. Deshalb schöpfen die Ägypter allg. an diesem Tag Wasser aus dem Nil, um es aufzubewahren). 15. III 17,5.

Νερούας M. Cocceius Nerva, röm. Kaiser 96–98 n.Chr. (PIR² C 1227) I 71,14 (regiert 1 Jahr und 4 Monate).

Νερούας A. Licinius Nerva Silianus, röm. Consul 7 n.Chr. (PIR² L 224; nach Epiph. 9 n.Chr.) II 290,15.

Νερούας P. Silius Nerva, röm. Consul 28 n.Chr. (PIR¹ S 513; nach Epiph. 30 n.Chr.) II 291,18; 299,13 (unter seinem Konsulat wird Jesus getauft und beginnt mit der Predigt).

Νέρων L. Domitius Ahenobarbus, röm. Kaiser 54–68 n.Chr. (PIR² D 129) I 71,11 (regiert 13 Jahre); 310,4 (im 12. Jahr Neros sterben Petrus und Paulus).

Νέφθυς I 125,8 (von Holl konjiziert; die Göttin).

Νέων I 2,7 (Presbyter in Suedra in Pamphylien um 374); 5,2. 9.

Νίγερ Botaniker I 171,11.

Νίγερ einer der 72 Jünger I 232,9.

Νίκανδρος der Zoologe I 171,6.

Νικάνωρ der Diakon I 232,5.

Νίκη die Göttin I 123,22.

Νικήρατος der Botaniker I 171,11.

Νῖνος I 179,6 (Ninus und Semiramis

gleichzeitig mit Abraham, mit der 16. ägypt. Dynastie und mit Europs in Sikyon).

Νίσσυρος von Hamiten bewohnte Insel I 139,8.

Νοητός, Νοητιανοί I 21,29; 158,23; 160,21. II 213,3ff. (Noët stammte aus Smyrna in Asia; er lehrt mit einigen anderen Christus als υἱοπάτωρ, daß Vater, Sohn und Geist derselbe sei; er erklärt sich für Moses und seinen Bruder für Aaron). 22 (die Sabellianer, die sonst ebenso wie die Noëtianer denken, weichen doch darin von ihnen ab, daß sie nicht sagen, der Vater hätte gelitten); 343,11ff. (Noët ist aufgetreten vor rund 130 Jahren; er stammt aus Ephesus in Asia); 344,1 (er wagt zu sagen, der Vater selbst hätte gelitten; er erklärt sich selbst für Mose und seinen Bruder für Aaron). 3 (von den Presbytern vorgeladen leugnet er zunächst). 8 (nachher gelingt es ihm noch zehn weitere zu gewinnen; daraufhin verkündigt er seine Lehre frei). 11 (wiederum mit seinen Anhängern vorgeladen, fragt er was er Böses tue, wenn er einen Gott preise; er kenne nur einen Gott, der geboren, gelitten, gestorben sei). 17 (daraufhin wird er mit seinen Anhängern aus der Kirche ausgestoßen und stirbt bald nachher mit seinen Bruder); 345,1ff. (seine Anhänger verstärkten noch die Lehre). 3ff. (die Presbyter hatten ihn versichert, daß auch sie an einen Gott glauben, aber zugleich an dem einen Christus festhalten). 11ff. (sie berufen sich auf Ex 3,6; 20,3 und Jes 44,6). 18 (auf Bar 3,36ff.); 346,7 (auf Jes 45,14f.); 349,26. 27; 351,16bis. 20; 354,1; 356,12; 357,12. 13; 389,7 (ähnlich wie die Noëtianer lehren Sabellianer). III 3,13; 4,7.

Νομάδες ham. Stamm I 139,1.

Νόννιος M. Servilius (Nonianus?), röm. Consul 3 n.Chr. (PIR¹ S 419; nach Epiph. 5 n.Chr.) II 290,11 (Σερουίλιος Νόννιος).

Νουβῖτις = Nubien I 68,3.

Νουμεριανός I 2,7 (Presbyter in Suedra Pamphylien um 374); 5,2. 9. III 48,3.

Νουμιδοί ham. Volk I 139,3.

Νοῦς gnost. Äon I 257,9 (Basilides); 385,1. 9 (Valentin); 389,2 (bei den Valentinianern heißt auch der Ἰησοῦς-Σωτήρ Νοῦς, als Gegenstück und Ausstrahlung des oberen Χριστός).

Νῶε I 69,11. 23; 115,23 (die Errettung in der Arche Beweis der Auferstehung); 136,9ff. (Teilung der Erde durch Noah unter seinen drei Söhnen); 162,7 (von Adam bis Noah dauert der βαρβαρισμός); 173,5. 8. 10 (von Adam bis Noah zehn Geschlechter = 2262 Jahre). 16. 25; 174,2 (die Arche Noah ist stehengeblieben auf dem Gebirge Ararat zw. den Armeniern und Karduäern auf dem Berg Lybar; dort hat sich Noah niedergelassen und Weinberge gepflanzt). 5 (Νῶε ὁ προφήτης); 175,9; 188,8f.; 215,24; 217,7. 10 (Reste von Noahs Arche finden sich jetzt noch im Land der Karduäer); 275,18 (nach den Gnostikern heißt seine Frau Noria); 276,1 (die Hellenen nennen sie Pyrrha). 6 (in Wirklichkeit heißt sie Βαρθενώς). 7 (Noah = Deucalium). 8ff. (nach den Gnostikern wollte Noria mit Noah in die Arche gehen, wurde aber von ihm daran gehindert. Darauf verbrannte sie die Arche dreimal). 10. 15. 16; 358,13.; 378,15ff (ἀνάπαυσις und Σεβέθ). II 32,6; 74,5; 75,2. 3. 5; 77,16; 99,16 (nach Marcion von Christus nicht erlöst); 217,14; 249,22 (wie Noah die

Arche verpicht, so ist die Kirche gegen die Häretiker verpicht – ἀσφαλίζειν); 262,20; 265,2; 322,22; 327,19; 331,7; 333,2; 401,13ff. (Noahs Trunkenheit). III 104,8; 124,28; 125,4; 126,11; 172,14; 173,4; 202,17; 235,26; 237,22; 374,22; 477,11; 484,26; 499,27; 500,2bis.

Νωρία I 275,15 (die Gnostiker haben ein Buch Noria). 16. 18 (sie war nach ihnen Noahs Frau); 276,1. 6. 9ff. (sie wollte mit Noah in die Arche gehen, wurde aber von ihm daran gehindert, weil der Archon dieser Welt sie verderben wollte. Darauf hat sie dreimal die Arche verbrannt). 16ff. (während Noah dem Archon gehorchte, hat sie die oberen Mächte und die Barbelo geoffenbart; sie lehrt, daß man das der oberen Mutter Geraubte wieder sammeln müsse aus dem Samen). II 75,13ff. (nach den Sethianern heißt die Frau des Seth Ὡραία; vermutlich Νωρέα dafür zu lesen); 529.

Ξέρξης I 182,21.

Ξύστος röm. Bischof I 310,8.

Ὀγδοάς I 383,1 (valentin.); 388,2 (valentin.: die unteren Ὀγδοάς, das Nachbild der oberen; hier mit Ὑστέρημα, Παντοκράτωρ und Δημιουργός gleichgesetzt. Der Δημιουργός ist in der Ὀγδοάς und hat sieben Himmel nach ihr geschaffen). 3f.; 389,9; 393,3. 4. 7 (als einer der Äonen der unteren Ὀγδοάς). 8 (obere und untere Ὀγδοάς: valentin.). 10; 394,11. 13; 395,1. 3. 4; 401,19; 408,6; 413,25. 26; 414,12; 426,2; 427,23; 428,3. 7; 429,3. 17. 24; 429,26; 434,14; 439,11 (rechte und linke Seite der oberen Ogdoas bei Secundus). 15; 446,17. 23. II 1,11. 13;

25,6; 29,1; 45,10f. (obere und untere Ogdoas bei Heracleon ähnlich wie bei Marcus).

Ὄδρυσος I 178,17 (Ὄδρυσος der Stammvater der Thraker göttlich verehrt). 18 (von ihm leiten sich die Phryger ab).

Ὀζίας judäischer König I 70,11 (Ὀζίαν, τὸν κληθέντα Ἀζαρίαν); 194,7 (Ἀζαρίαν τὸν καλούμενον Ὀζίαν, Ἀζαρίας ὁ καὶ Ὀζίας).

Οἰκλῆς I 105,12.

Ὁμηρῖται I 380,2 (bei ihnen ist die Beschneidung üblich).

Ὅμηρος I 124,24 (B 204 zitiert); 236,5 (ein Bild Homers bei den Karpokratianern verehrt); 241,15. 16. 19; 430,6. 8. 9. 25; 449,10. 16. 18; 450,8. II 128,28ff. (die Heimat Homers: nach den einen Ägypter oder ein Chier oder aus Colophon oder aus Phrygien oder aus Smyrna – als Sohn des Meles und der Kritheis – ein Athener nach den Schülern des Aristarch, ein Lyder – Sohn des Maion – ein Zyprier aus Προποδιάς in der Nähe von Salamis). III 160,3.

Ὀπικοί s. Ἰππικοί.

Ὀρέχ I 177,2 (von Nimrod gegründet).

Ὁροθέτης I 388,9 (bei den Valentinianern = Σωτήρ = Ὅρος = Σταυρός = Μεταγωγεύς = Ἰησοῦς); 395,7 (in dem System der valentin. Urkunde einer der zuletzt erzeugten Äonen, aus dem γάμος); 396,9; 404,15; 406,11; 437,18.

Ὅρος I 388,9 (bei den Valentinianern = Σωτήρ = Σταυρός = Ὁροθέτης = Μεταγωγεύς = Ἰησοῦς); 396,9.

Ὀρφεύς I 389,19 (aus ihm, Hesiod und Stesichorus, haben die Valentinianer und die anderen Gnostiker die Anregung zu ihrem System geschöpft); 458,28. III 84,24.

Ὄσιρις I 124,19 (bei den Ägyptern verehrt);
126,3. 11 (dort die Osiris-Legende).

Ὀσσαῖοι, Ὀσσηνοί I 21,7;157,17;159,29;
168,1ff. (der Name = ἰταμώτατοι; sie
erfüllen in allem das Gesetz, gebrauchen
aber auch andere Schriften neben dem
Gesetz und verwerfen die meisten der
späteren Propheten – mit den anderen
Schriften ist wohl das Buch Elxai
gemeint; s. I 223,2); 217,17ff. (sie sind
Juden; sie gehen, soweit Epiph. erfuhr,
aus von Nabataea, Ituraea, Moabitis,
Arielitis, von den Ländern jenseits des
toten Meeres); 218,1 (der Name Ossäer
bedeutet στιβαρὸν γένος). 2ff. (mit
den Ossäern hat sich in der Zeit Trajans
Elxai verbunden; vgl. Ἠλξαί); 219,6
(Reste der Ossäer haben sich bis in die
Zeit des Epiph. erhalten in Nabataea und
Peraea gegen Moab hin; sie heißen jetzt
Sampsäer). 10ff. (in dem Geschlecht des
Elxai lebten bis in die Zeit des Epiph.
zwei Frauen, Marthus und Marthura,
die in der Häresie göttliche Verehrung
genossen); 222,14ff. (die Ossäer halten
jüd. Gebräuche fest in Beschneidung
und Sabbathfeier). 16 (sie verwerfen
aber ebenso wie die Nasaräer die Bücher
‹Mosis›: Lesart nur durch Vermutung
hergestellt); 223,2 (sie gebrauchen
das Buch Elxai). 12; 226,22 (von den
Ossäern besteht zur Zeit des Epiph. nur
noch ein Rest, der nicht mehr judaisiert,
sondern mit den jenseits des toten Meeres
vorhandenen Sampsäern verschmolzen
ist; jetzt sind sie mit den Ebionäern
verschmolzen); 227,5 (es sind zur Zeit
des Epiph. nur noch einige Versprengte
vorhanden; sie sind vom Judentum zur
Häresie der Sampsäer übergegangen).
6; 333,15 (von den Ossäern hat Ebion

manches übernommen); 336,2 (auch auf
sie wirkt Elxai); 357,8. II 315,8 (auch sie
gebrauchen das Buch Elxai).

Οὐακκαῖοι japheth. Stamm I 140,10.

Οὐαλεντινιανός I.   (Flavius) Valentin-
ianus I., röm. Kaiser 364–375 n.Chr.
(PLRE 933f. Nr. 7) I 1,15 (im 10. Jahr
Valentinians ist der Ancoratus verfaßt);
21,12; 73,1; 147,25 (10. Jahr Valentinian
und Valens = 6. Gratian = 90. Diocletian =
Abfassung des Ancoratus); 153,2 (12. Jahr
Valentinian und Valens = 8. Gratian =
92. Diocletian = angebliche Abfassung
des Panarion); 170,11 (11. Valentinian
und Valens = 7. Gratian = Anfang des
Panarion). II 222,9 (12. Valentinian und
Valens = 8. Gratian = der Abschnitt gegen
die Montanisten).

Οὐαλεντῖνος, Οὐαλεντῖνοι   I 21,20;
76,12; 158,7; 160,7; 236,23ff. (sie
verwerfen die Fleischesauferstehung; sie
beseitigen das AT und lassen zwar die
Propheten, um das ihnen zu ihrer Häresie
Passende   umdeutend   anzunehmen).
26 (führen aber andere Mythologeme
ein). 26f. (sie zählen die Namen von
30 männlich-weiblichen Äonen auf,
die aus dem Allvater stammen); 237,1
(sie nennen diese Götter und Äonen,
und Christus habe seinen Leib vom
Himmel   heruntergebracht   und   sei
durch   Maria   hindurchgegangen   wie
durch einen Kanal). 5 (ähnlich lehren
die Secundianer). 9 (Schüler von ihm
sind auch die Ptolemäer); 301,1; 371,15
(Valentin glaubt, daß Christus sein
Fleisch vom Himmel herniedergebracht
habe); 382,11ff. 19 (sie zerfallen in
zehn Gruppen); 383,13 (Valentin und
die Seinigen nennen sich Γνωστικοί).
23 (Valentin folgt zeitlich auf Basilides,

Satornil, Ebion und Cerinth; Valentin folgt nur kurz nach ihnen); 384,4ff. (über seine Heimat ist das Gerücht an Epiph. gekommen, daß er Φρεβωνίτης sei, d.h. von der ägypt. Küste herstamme, aber in Alexandria in hellenischer Bildung erzogen worden sei). 11ff. (daher hat er die hesiodeïsche Theogonie nachgeahmt). 17ff. (er stellt 20 Äonen im Himmel auf; der erste ist der Βυθός). 23ff. (es sind 15 männliche und ebenso viele weibliche, als Syzygien verbunden; die weibliche erzeuge immer die folgenden Äonen); 385,2ff. (Formel der Valentinianer, angeblich – nach Epiph. – die Namen der 30 Äonen enthaltend). 8ff.; 386,1ff. 9ff. (die 30 Äonen Valentins aufgezählt: Βυθός, Σιγή, Νοῦς, Ἀλήθεια, Λόγος, Ζωή, Ἄνθρωπος, Ἐκκλησία, Παράκλητος, Πίστις, Πατρικός, Ἐλπίς, Μητρικός, Ἀγάπη, Ἀείνους, Σύνεσις, Θελητός - ὁ καὶ Φῶς, Μακαριότης, Ἐκκλησιαστικός, Σοφία, Βύθιος, Μῖξις, Ἀγήρατος, Ἕνωσις, Αὐτοφυής, Σύγκρασις, Μονογενής, Ἑνότης, Ἀκίνητος, Ἡδονή - Decus und Dedecus verteufelt); 387,2ff. (die 30 Äonen Valentins sind aus Hesiod übertragen; dies im Einzelnen durchgeführt; bei Hesiod in der Theogonie gleichfalls 15 Paare). 25ff. (sie wollten noch höher steigen und haben sogar ein Ὑστέρημα sich erdacht); 388,1 (sie nennen dieses Παντοκράτωρ und Δημιουργός und leiten von ihm eine zweite Ogdoas mit sieben Himmeln her, der Δημιουργός ist in der Ogdoas und hat die sieben Himmel geschaffen). 5ff. (mit dem Ὑστέρημα verbinden sie einen nicht in Syzygie existierenden Äon, den sie Σωτήρ, Ὅρος, Σταυρός, Ὁροθέτης,

Μεταγωγεύς und Ἰησοῦς nennen). 6f. (er ist vom Pleroma gekommen, um die von der Μήτηρ Σοφία = Ἀχαμώθ stammende Seele zu suchen). 10 (er ist durch Maria hindurchgegangen, wie durch einen Kanal). 11 (er – d.h. doch wohl der Ἰησοῦς – ist ein Φῶς von dem oberen Christus und heißt deshalb Φῶς, Χριστός, Λόγος, Νοῦς und Σωτήρ); 389,3ff. (dieser Ἰησοῦς steigt immer über seinen Vater, den Δημιουργός, hinauf und bringt Seelen in das Pleroma). 8ff. (etwas ähnliches wie die unterer Ogdoas findet sich auch bei Hesiod in dem Ἐξέπαφος, Πορφυρίων Κλωθώ usw. Von dorther haben es die Valentinianer); 390,5ff. (eine valentin. Urkunde, eine Offenbarungspredigt); 395,9ff. (Formel der Valentinianer; s. I 385,2ff.). 16ff. (Valentin verkündigte seine Lehre auch in Ägypten; daher sind noch zur Zeit des Epiph. Reste seiner Häresie vorhanden, im athribitischen und arsinoitischen Gau, in der Thebais, in der Paralia und im Bezirk von Alexandria); 396,1ff. (Valentin hat auch in Rom gelehrt; ist dann nach Zypern gekommen, hat unterwegs Schiffbruch gelitten, ist daraus gerettet worden; hat aber in Zypern erst recht den Gipfel der Häresie erreicht). 7ff. (Valentin nennt den Herrn Jesus Christus Σωτήρ, Χριστός, Λόγος, Σταυρός, Μεταγωγεύς, Ὁροθέτης, Ὅρος). 9ff. (sie sagen, daß er seinen Leib von oben herabgebracht habe und durch Maria, wie durch einen Kanal, hindurchgegangen sei). 12ff. (er sei aber nicht der obere Logos oder der obere Christus, sondern sei nur zu dem Zweck hervorgebracht worden, das pneumatische Geschlecht zu retten). 16 (sie leugnen die Auferstehung der Toten; sie sagen, daß nicht dieser Leib auferstehe, sondern nur ein geistlicher und daß nur die Pneumatiker und die Psychiker gerettet werden; die Letzteren, wenn sie gerecht handeln, die Hyliker dagegen gehen vollkommen zugrunde); 397,6 (jede Usia gehe zu ihrem Erzeuger). 8ff. (sie unterscheiden drei Arten von Menschen: Pneumatiker, Psychiker, Hyliker; die Pneumatiker seien sie, wie Gnostiker; sie brauchten keine sittliche Anstrengung). 14ff. (die Psychiker könnten nicht von sich aus gerettet werden, außer wenn sie durch Mühe und sittliches Handeln sich erretteten). 16ff. (die Hyliker könnten die Gnosis nicht fassen, auch wenn sie wollten, und gingen mit Leib und Seele zugrunde). 19ff. (die Pneumatiker würden gerettet mit einem anderen inneren, dem geistlichen Leib). 21ff. (die Psychiker werden, wenn sie sich anstrengen, mit ihren Seelen den Engeln des Christus als Bräute gegeben werden); 398,12ff. (im übrigen will Epiph. der Darstellung des Irenaeus folgen; es kommt I 398,18ff das lange Zitat aus Irenaeus); 438,19. 20. II 1,8 (bei Marcus ähnliche Buchstabenkünste wie bei Valentin). 9ff. (Colorbasus mit Marcus zusammenhängend, aber in manchem abweichend). 13 (Heracleon gleichfalls abhängig, aber in manchem anders als Marcus, Ptolemaeus und Valentin lehrend); 5,5; 41,17; 64,15 (von Valentin haben auch die Kainiten Anregung empfangen); 133,22 (er lehrt die Seelenwanderung); 174,19; 204,10 (Tatian gerät auf ähnliche Wege wie er); 213,1f. (Bardesanes lehrt in seiner späteren Zeit ähnlich wie Valentin); 299,3 (Valentin will seine 30 Äonen aus

den 30 Lebensjahren Jesu beweisen); 340,10 (Bardesanes fällt später zu seiner Häresie ab).

Οὐαλέριος L. Valerius Potiti f. Messalla Volesus, röm. Consul 5 n.Chr. (PIR[1] V 96; nach Epiph. 6 n.Chr.) II 290,12.

Οὐάλης Flavius Valens, röm. Kaiser 364–378 n.Chr. (PLRE 930f. Nr. 8) I 1,15 (im 10. Jahr des Valentinian und Valens ist der Ancoratus verfaßt); 21,12; 72,11; 73,1; 147,26 (10. Jahr Valentinian und Valens = 6. Gratian = 90. Diocletian = Abfassung des Ancoratus); 153,2 (12. Valentinian und Valens = 8. Gratian = 92. Diocletian = angebliche Abfassung des Panarion); 170,11 (11. Valentinian und Valens = 7. Gratian = Anfang des Panarion). II 222,9 (12. Valentinian und Valens = 8. Gratian = der Abschnitt gegen die Montanisten).

Οὐάλης der vorauszusetzende Stifter der Οὐαλήσιοι; s. dort. II 358,4.

Οὐαλήσιοι I 21,29; 158,24; 160,22. II 213,18ff. (die Valesier wohnen in Bakatha, einem Mutterdorf in Arabia; sie entmannen die bei ihnen Vorüberkommenden; die Vorhaut von ihnen ist beschnitten; sie verwerfen Gesetz und Propheten und führen Abscheulichkeiten ein); 358,1ff. 4 (Epiph. weiß nicht, von wo der vorauszusetzende Οὐάλης ausging; der Name ist arabisch). 7 (er vermutet, daß sie zusammenfallen mit gewissen Leuten in Bakatha in Philadelphene jenseits des Jordan, die die Landesbewohner Gnostiker nennen). 11 (die Mehrzahl von ihnen hielten sich zur Kirche, bis ihre Torheit herauskam und sie ausgestoßen wurden; sie sind mit wenigen Ausnahmen beschnitten und glauben an ἀρχαί und ἐξουσίαι). 14

(solange einer der bei ihnen Eintretenden nicht beschnitten ist, darf er keine Fleischnahrung genießen; aber nach der Beschneidung darf er alles zu sich nehmen, weil er jetzt nicht mehr in der Gefahr steht). 26 (sie sind zahlreich in der betreffenden Gegend). 29 (sie beschneiden aber nicht nur ihre eigenen Leute, sondern oft auch die bei ihnen Herbergenden).

Οὐᾶρος L. Visellius C. f. Varro, röm. Consul 24 n.Chr. (PIR¹ V 488; nach Epiph. 26 n.Chr.) II 291,14.

Οὐᾶρος P. Alfenus P. f. Varus, röm. Consul 2 n.Chr. (PIR² A 523; nach Epiph. 4 n.Chr.) II 290,10.

Οὐέννοι japheth. Volk I 140,7.

Οὐεσπασιανός T. Flavius Vespasianus, röm. Kaiser 69–79 n.Chr. (PIR² F 398) I 71,12 (regiert 9 Jahre); 223,7 (seine Söhne sind Titus und Domitian). 8 (im 2. Jahr von Vespasians Kaisertum erobert Titus Jerusalem).

Οὐέτος C. Antistius C. f. Vetus, röm. Consul 23 n.Chr. (PIR² A 772; nach Epiph. 25 n.Chr.) II 291,13.

Οὐῆρος Mark Aurel; s. Αὐρήλιος, Μάρκος A. ᾽Αντωνῖνος.

Οὐινδίκιος P. Vinicius, röm. Consul 2 n.Chr. (PIR¹ V 446; nach Epiph. 4 n.Chr.) II 290,10.

Οὐιννίκιος M. Vinicius, röm. Consul 30 und 45 n.Chr. (PIR¹ V 445; nach Epiph. 33 n.Chr.) II 292,13 (während seines Konsulats starb Christus).

Οὐολουσιανός C. Vibius Volusianus, röm. Kaiser 251–253 n.Chr. (PIR¹ V 376) I 72,5 (regiert 3 Jahre).

Οὐρανός der Gott I 127,3. 4; 389,19.

Οὐρίας I 70,8.

᾽Οφῖται I 21,22; 158,10; 160,10. II 2,1ff.

(sie verehren die Schlange und haben wirklich dieses Tier in einer Kiste); 50,2f. (ihre Schlange soll Christus sein). 14ff. (sie gehen aus von Nicolaus und den sog. Gnostikern, heißen aber Ophiten wegen der von ihnen verehrten Schlange); 53,14 (sie führen auf die Schlange alle Erkenntnis zurück). 17ff. (sie sagen, daß von dem obersten Äon Äonen herabgebracht worden seien, als letzter der Jaldabaoth; dieser sei hervorgegangen ohne Wissen seiner Mutter, der Prunikas); 54,3ff. (die Prunikas sei in das Wasser herniedergestiegen, habe sich mit ihm vermischt und darum nicht mehr zur höchsten Höhe emporsteigen können). 10 (sie erstarrt und breitet sich aus im Zwischengebiet; so entsteht der oberste Himmel). 13ff. (ohne ihr Wissen geht Jaldabaoth aus ihr hervor, der sieben Söhne zeugt: diese schaffen sieben Himmel. Der Jaldabaoth verschließt ihnen die Kenntnis der oberen Welt; er ist der Judengott); 55,8ff. (die sieben Engel unter ihm schaffen den Menschen nach dem Bild des Jaldabaoth, können ihn aber nicht aufrichten). 10 (um den Jaldabaoth seiner göttlichen Kraft zu entleeren, haucht die Prunikas dem Menschen die Seele ein); 56,4 (der Mensch erkennt infolge dessen den höchsten Gott jenseits des Jaldabaoth). 5 (darüber verärgert sieht der Jaldabaoth grimmig auf das Fundament – den Bodensatz – der Materie; daraus wird eine schlangenähnliche Macht: sein Sohn). 8 (dieser hat die Eva verführt). 14 (als Beweis führen sie die schlangenförmige Gestalt der Eingeweide an); 57,2 (die Schlange hat den Menschen die Erkenntnis gebracht, der Πατήρ und der Μήτηρ). 7 (darüber ergrimmt hat der Jaldabaoth sie vom Himmel herabgestürzt; sie bildet die Himmelsschlange). 12ff. (sie haben eine wirkliche Schlange in einer κίστη, die sie beim Abendmahl verwenden: sie schichten die Brote auf den Tisch und lassen die Schlange darüber kringeln; dies gilt als τελεία θυσία. Die von der Schlange berührten Brote werden dann gebrochen und ausgeteilt. Jeder küßt dabei die Schlange); 58,2 (sie nennen dies εὐχαριστία). 4 (sie singen – durch Vermittlung der Schlange – einen Hymnus dem obersten Vater). 24 (sie bezeichnen die Schlange bald als Christus, bald als Sohn des Jaldabaoth); 59,7ff. (sie führen als Beweis an die Erhöhung der Schlange durch Mose); 60,2ff. (sie berufen sich auf Joh 3,14 und Mt 3,16).

Ὀχοζίας   judäischer König   I 70,10; 194,5.

Παίονες sem. Stamm I 137,10.

Παλαιστίνη   I 135,14. 19. 20; 136,3; 141,10 (es gehörte nach Noahs Erbteilung zu Sem, ist aber von Kanaan, dem Sohn Hams geraubt und daher mit Recht später von den Israeliten wieder genommen worden); 189,21 (ἔν τε τῇ Χανανίτιδι γῇ, Ἰουδαίᾳ καὶ Φυλιστιεὶμ οὕτως κληθείσῃ τότε, τανῦν δὲ Παλαιστίνη καλουμένῃ). II 81,2; 94,2 (in Palaestina sind die Marcioniten noch zur Zeit des Epiph. verbreitet); 400,7 (in Palaestina in einer kleinen Stadt ein Bischof; dazu ein Bekenner, dem man nachsagt, daß er mit Syneisakten zusammenlebe). 8. III 16,4; 126,3; 155,22; 163,22; 248,29; 296,34; 300,16; 301,3.

Παλαιστινός   I 141,11; 153,3; 157,3. II 80,26 (Παλαιστινῶν [παλαιστίνη?] ἐπαρχία). 29 (ἡ Παλαιστινῶν γῆ dort

sind die Archontiker verbreitet); 404,16. III 126,14; 144,16; 296,13.

Παλλάδιος   Mönch in Suedra in Pamphylien I 3,3. 7 (schreibt 374 an Epiph. um Abfassung des Ancoratus); 5,3. 9.

Πάμφιλος der Botaniker I 171,8.

Παμφυλία   I 1,13 (ἐν Σουέδροις τῆς Παμφυλίας); 2,1; 5,1.   II 215,10 (in Pamphylien finden sich Enkratiten); 382,4 (dort sind die Apostoliker). III 177,29; 314,9.

Πάμφυλοι ham. Volk I 139,2.

Πανεάς I 357,14 (dort sind Ebionäer).

Παννόνιοι japheth. Volk I 140,6.

Παράκλητος   valentin. Äon I 386,2. 10; 392,9. 22.

Παραλία in Ägypten I 395,19.

Παραλιώτης ist Valentin der Abstammung nach I 384,10.

Πάρθοι sem. Stamm I 138,1.

Παρμενᾶς der Siebener I 232,6; 267,16.

Πασιφάη I 128,5.

Πάσχα als jüd. Fest I 205,2 (τὸ Πάσχα). 9 (τῶν Πάσχων); 216,29; 378,4. II 283,7 (τὸ πάσχα fällt in den März oder April).

Πάσχα bei den Christen I 281,12 (τοῦτό ἐστι τὸ πάσχα bei den Gnostikern, von ihrer Kommunion); 282,2ff. (das τέλειον πάσχα der Gnostiker: die Verspeisung eines Kindes); 326,8ff (ἡ ἁγία ἑβδομὰς τῶν Πάσχων).

Πάτμος   II 263,19 (Johannes ist unter Claudius von Patmos zurückgekehrt); 308,13 (auf Patmos schreibt Johannes unter Claudius und noch früher die Apok.).

Πατρικός   valentin. Äon I 386,2. 10; 392,9. 22; 402,9.

Πατρόφιλος von Scythopolis I 340,14 (er verfolgt in Scythopolis die Orthodoxen;

er hat Macht durch seinen Reichtum und seine pers. Stellung bei Constantius).

Παῦλος der Apostel I 16,13; 17,22; 19,11; 54,24; 84,1; 91,9; 232,11f. (von Christus berufen als sein Herold und der πληρωτὴς ἀποστολικῆς διδασκαλίας). 13 (von ihm wird Lucas wieder bekehrt und zum Apostel gemacht); 236,4 (ein Bild des Paulus bei den Karpokratianern verehrt); 266,8; 289,21; 294,7; 304,20; 309,1 (Paulus mit Petrus zusammen Bischof von Rom). 17 (er reist aber als solcher nach Spanien); 310,3f. (Petrus und Paulus sterben im 12. Jahr des Nero). 7; 316,13 (Cerinth macht den Aufstand gegen Paulus; s. Gal 2)16. 25; 317,17 (Paulus bei den Kerinthianern verworfen, weil er das Gebot der Beschneidung nicht anerkannte); 327,21; 331,21; 355,3ff. (Paulus bei den Ebionäern verlästert: sie sagen, er sei aus Tarsus gebürtig, von hellenischen Eltern geboren, dann nach Jerusalem gegangen und habe sich dort um die Tochter des Priesters beworben, sei darum Proselyt geworden und hätte sich beschneiden lassen. Enttäuscht hätte er dann gegen Beschneidung, Sabbath und Gesetz geschrieben; vgl. I 366,7ff.); 436,19. II 64,22 (ein Ἀναβατικὸν Παύλου von den Kainiten erdichtet; auch bei den Gnostikern in Gebrauch); 89,13; 91,3 (Paulus neben Jakobus und Petrus als Stammhaupt der Bischofsreihen); 172,1 (Petrus und Paulus als die ersten Bischöfe); 217,10f. (die Enkratiten schmähen Paulus als Weinsäufer); 230,13; 235,25; 263,4 (Paulus hat Lucas, nachdem er abgefallen war, wieder zurückgebracht).

Παῦλος von Samosata I 21,32; 158,28; 160,26.

Παῦλος Presbyter und Archimandrit in der Gegend von Chalkis und Beroia in Coele Syria um 375 I 153,6. 13 (sein Brief an Epiph., in dem er ihn zur Abfassung des Panarion auffordert); 155,1. 4; 170,27.

Παῦλος L. Aemilius L. f. Paullus, röm. Consul 1 n.Chr. (PIR² A 391; nach Epiph. 3 n.Chr.) II 290,9.

Παφλαγόνες japheth. Stamm I 140,4.

Πελίας Vater der Alcestis I 105,8.

Πέλλα I 330,6. 8 (von dort sind die Nazoräer ausgegangen; denn dorthin sind die Jünger vor der Belagerung Jerusalems auf das Geheiß Christi übergesiedelt); 335,7 (Auswanderung der Christen nach Pella; Lage von Pella: πόλις τῆς Δεκαπόλεως ... πλησίον τῆς Βαταναίας καὶ Βασανίτιδος χώρας).

Πέλοψ Tantalus' Sohn I 105,10.

Πέμπτος valentin. Äon I 393,6; 395,4.

Πέπουζα II 211,13 (ist jetzt eine πόλις ἔρημος). 13f. (es liegt zw. Galatien, Kappadokien und Phrygien). 14 (die Pepuzianer erklären dies für Jerusalem). 15 (es gibt noch ein anderes Pepuza). 17 (in Pepuza sei Christus der Quintilla in weiblicher Gestalt erschienen); 238,1f. 8 (noch zur Zeit des Epiph. lassen sich dort Männer und Frauen einweihen, um Christus zu schauen). 20ff. (bei den Montanisten heilig gehalten; dort halten sie Mysterien ab; sie erklären, daß dort das obere Jerusalem herniederfahre); 239,1; 242,1. 2.

Πεπουζιανοί I 21,24f (Πεπουζιανοί, οἱ καὶ Πρισκιλλιανοὶ καὶ Κυϊντιλλιανοί, οἷς συνάπτονται Ἀρτοτυρῖται); 158,17; 160,7. II 211,11ff. (sie stammen von den Kataphrygern; sie verherrlichen Pepuza und erklären es für Jerusalem; sie lassen sich einweihen, indem sie ein Kind zerstechen; der Quintilla = Priscilla habe sich Christus in Pepuza in wirklicher Gestalt geoffenbart; sie gebrauchen das AT und NT, aber so, daß sie es nach ihrem Sinn deuten; sie lassen Frauen regieren und Priesterdienst verrichten); 239,10 (zu ihnen – oder zu den Kataphrygern – gehören die Taskodrugiten); 240,1; 241,18. 20ff. (sie gehen aus den Kataphrygern hervor, sind aber doch in manchem verschieden). 23ff. (sie sagen, daß Quintilla-Priscilla in Pepuza geschlafen habe und Christus dabei ihr in weiblicher Gestalt erschienen sei und mit ihr geschlafen habe); 242,4ff. (das Zeugnis der Priscilla darüber wörtlich angeführt). 8ff. (es sollen sich bis heute Männer und Frauen dort einweihen lassen, um Christus zu schauen). 10 (Frauen heißen bei ihnen Prophetinnen). 13 (sie gebrauchen das AT und NT und lehren die Auferstehung der Toten). 14 (Quintilla ist ihre Führerin zusammen mit Priscilla, die auch zu den Montanisten gehört – hier also beide unterschieden, ebenso II 242,1). 15 (sie berufen sich auf Schriftzeugnisse; sie danken Eva, daß sie zuerst vom Baum der Erkenntnis gegessen habe). 17 (sie rühmen Miriam zum Zeugnis für die Frauen, die bei ihnen im Klerus sind); 243,3ff. (häufig treten bei ihnen sieben weißgekleidete, fackeltragende Jungfrauen als Bußpredigerinnen im Gottesdienst auf). 8. 11 (sie feiern das Abendmahl mit Brot und Käse; daher der Name Artotyriten). 18 (auch Frauen können bei ihnen Bischöfe und Presbyter werden); 244,14 (aus ihnen und den Montanisten gehen die Tessareskaidekatiten hervor); 248,22.

Περαία I 219,7 (dort finden sich die Ossäer); 330,11 (dorthin sind die Christen auf das Gebot Christi vor der Belagerung Jerusalems ausgewandert; seitdem finden sich dort die Nazoräer); 335,6. II 314,24 (dort sitzen die Sampsäer); 315,1.

Περιπατητικοί; s. auch Πυθαγόρειοι. I 157,6 (Πυθαγόρειοι εἴτουν Περιπατητικοί, διὰ τῶν περὶ Ἀριστοτέλην διαιρεθεῖσα); 159,25; 186,2 (Πυθαγόρας καὶ οἱ Περιπατητικὴν ἐπαγγελλόμενοι).

Πέρσης I 182,21; 201,11. II 309,7. 10. III 14,7; 20,6. 12; 22,6; 23,4; 25,1; 28,11; 33,9; 35,2; 74,7; 99,21; 510,1; 512,17. 23

Περσίς I 68,13; 137,1; 175,20. II 94,4 (in Persien die Marcioniten noch zur Zeit des Epiph. verbreitet). III 22,7; 33,11. 13; 151,13; 489,2.

Περτίναξ P. Helvius Pertinax, röm. Kaiser 192–193 n.Chr. (PIR² H 73) I 72,2f. (regiert 6 Monate).

Πέτρα die Stadt = Edom I 180,16 (Ἐδώμ, τὴν Ῥοκὸμ καὶ Πέτραν καλουμένην). II 286,7 (μητρόπολις δέ ἐστι τῆς Ἀραβίας, ἥτις ἐστὶν Ἐδὼμ ἡ ἐν ταῖς γραφαῖς γεγραμμένη: dort feiern sie am 6. Januar – ähnlich wie in Ägypten – das Fest der Chaamu und die Geburt des Dusares aus ihr) 287,3; 325,12 (in Petra wird ein Bild des Moses göttlich verehrt).

Πέτρος der Apostel I 7,12; 16,9. 17 (ὁ κορυφαιότατος τῶν ἀποστόλων, ὁ καταξιωθεὶς μακαρισθῆναι ὑπὸ κυρίου). 20ff (τὸν πρῶτον τῶν ἀποστόλων, τὴν πέτραν τὴν στερεάν ... κατὰ πάντα γὰρ τρόπον ἐν αὐτῷ ἐστερεώθη ἡ πίστις, ἐν τῷ λαβόντι τὴν κλεῖν τῶν οὐρανῶν ... ἐν τούτῳ γάρ ἐστι πάντα τὰ ζητούμενα λεπτολογήματα τῆς πίστεως εὑρισκόμενα); 17,14; 19,12f (ὁ κορυφαιότατος τῶν ἀποστόλων); 43,6. 15; 44,9. 21; 54,16; 86,11; 114,25; 145,28; 179,19; 201,27; 231,21 (Σίμων Πέτρος); 234,3 (sein Zeitgenosse ist Simon Magus); 239,8; 244,6; 266,5; 309,1ff. (Petrus mit Paulus zusammen zugleich Bischof von Rom). 2 (ihr Zeitgenosse Clemens). 18 (Petrus reist häufig von Rom weg zum Besuch von Pontus in Bithynien); 310,3f. (Petrus und Paulus sterben im 12. Jahr des Nero). 7; 315,2 (einer unter denen, die ihm wegen seines Handelns bei Cornelius Widerstand leisteten, war Cerinth). 3. 6. 14. 16; 316,1. 5. 9; 352,4ff. (Περίοδοι Πέτρου, aber in verfälschter Gestalt bei den Ebionäern in Gebrauch – die Pseudoclementinen). 12 (in dieser verfälschten Form ist von täglichem Baden des Petrus, von seiner Enthaltung von Fleischnahrung die Rede; vgl. I 361,14ff.); 363,25 (Petrus war verheiratet und hatte Kinder – die Legende von der Tochter des Petrus vorausgesetzt); 366,18. 21.   II 91,2 (Petrus neben Jakobus und Paulus als Stammhaupt der Bischofsreihen); 171,27 (Petrus und Paulus als die ersten Bischöfe); 228,15 (in Act 10,10 nicht wirklich in Ekstase); 235,23; 256,4 (als Begleiter des Petrus ist Marcus in Rom gewesen); 269,20ff. (bei der Berufung Lk 5,8 hat es Petrus vielleicht gereut, daß er, der schon Joh 1 Berufene, doch wieder zum Fischfang zurückgekehrt war); 273,25 (Andreas jünger als Petrus; und doch zuerst dem Herrn begegnet; aber bei der τελεία ἀπόταξις geht Petrus voran). 30 (Petrus vom Herrn bestellt zum ἀρχηγὸς τῶν αὐτοῦ μαθητῶν); 364,16 (Beleg dafür, daß Gott Buße gewährt); 372,27 (ὁ ἀρνησάμενος πρὸς ὥραν ἅγιος

Πέτρος καὶ κορυφαιότατος τῶν ἀποστόλων, ὃς γέγονεν ἡμῖν ἀληθῶς στερεὰ πέτρα θεμελιοῦσα τὴν πίστιν τοῦ κυρίου, ἐφ᾽ ᾗ ᾠκοδόμηται ἡ ἐκκλησία κατὰ πάντα τρόπον folgt Mt 16). 27.

Πέτρος Gnostiker, palästinensischer Einsiedler, Zeitgenosse des Epiph. II 81,2ff. (er lebt zuerst in der Gegend von Eleutheropolis und Jerusalem, jenseits Hebron im Dorf Kapharbaricha als Einsiedler und gewinnt großes Ansehen). 10 (wurde in der Jugend von dem Bischof Aëtius als Gnostiker entlarvt, der Presbyterwürde entkleidet und von dem Ort vertrieben). 16 (hält sich dann eine Weile in Cocaba auf, kehrt jedoch von dort wieder an seinen früheren Ort zurück und gilt als gebessert, bis er von Epiph. aufs neue der Häresie überführt wird). 25 (von ihm übernimmt Eutactus die Häresie, um sie nach Armenien zu bringen).

Πετρώνιος Botaniker I 171,11.

Πηλουσιώτης I 130,8 (bei ihnen wird Casius göttlich verehrt).

Πίος röm. Bischof I 308,8 (Vorgänger des Anicetus); 310,8.

Πισιδηνοί ham. Volk I 139,2.

Πισιδία II 204,13 (dort die Anhänger Tatians verbreitet); 213,18 (in Pisidien sind die Apostoliker verbreitet); 215,5 (hier die Enkratiten verbreitet). III 177,29.

Πίστις valentin. Äon I 386,2. 10; 392,10. 23.

Πίσων L. Calpurnius Piso Augur, röm. Consul 1 n.Chr. (PIR² C 290; nach Epiph. 2 n.Chr.) II 290,8.

Πίσων L. Calpurnius Cn. f. Piso Augur, röm. Consul 27 n.Chr. (PIR² C 293; nach Epiph. 29 n. Chr.) II 291,17.

Πλάτων, Πλατωνικοί I 21,4; 157,7; 159,26; 164,11; 165,12ff. (Anakephalaiosis – die Platoniker unterscheiden Stoff und Form und erklären die Welt für geworden und vergänglich, die Seele für ungeworden, unsterblich und göttlich). 14 (sie unterscheiden darin drei Teile: λογικόν, θυμικόν und ἐπιθυμητικόν). 15 (sie lehren Weibergemeinschaft). 16 (sie lehren die Seelenwanderung). 18 (sie lehren viele Götter als aus einem entstanden); 182,20; 183,3; 185,13ff. (Plato lehrt ebenso Seelenwanderung und Vielgötterei). 17 (er denkt aber über die ὕλη eigentümlich). 19 (er unterscheidet einen 1., 2. und 3. αἴτιον und läßt die ὕλη aus dem 2. αἴτιον heruntergehen). 23 (damit setzt er sich mit sich in Widerspruch; denn er hat auch gelegentlich die ὕλη für gleichzeitig mit Gott erklärt); 311,4 (ein Bild Platos bei den Karpokratianern verehrt); 443,9. II 484,20 (Plato versteht unter σῶμα den sichtbaren Leib). III 91,13 (Mani übernimmt die Lehre von der Seelenwanderung von Plato); 507,3 (kurzes doxographisches Referat der Hauptlehren Platos).

Πλούτων der Gott I 127,9 (von Kronos verschlungen); 389,21.

Πνευματῖται s. Πνευματομάχοι.

Πνευματομάχοι I 22,3f (Πνευματομάχοι, οἱ τὸ ἅγιον πνεῦμα τοῦ θεοῦ βλασφημοῦντες); 76,14 (Πνευματῖται, οἱ καὶ Πνευματομάχοι); 159,3 (Πνευματομάχοι, οἱ καὶ Μακεδονιανοὶ καὶ Ἐλευσίου μαθηταί, οἱ τὸ ἅγιον τοῦ θεοῦ πνεῦμα βλασφημοῦντες); 161,6. III 268,19; 313,10; 332,23.

Πολλίων C. Asinius C. f. Pollio, röm. Consul 23 n.Chr. (PIR² A 1242; nach Epiph. 25 n.Chr.) II 291,13.

Πολυδεύκης I 105,14.

Πολύειδος I 105,13.

Πομπηϊανός II 300,10 (Βέττεος Πομπηϊανός: unter dessen Konsulat nach Einigen Christus geboren).

Πομπήϊος Sex. Pompeius, röm. Consul 14 n.Chr. (PIR² P 584; nach Epiph. 16 n.Chr.) II 291,3 (Πομπήϊος Μάγνος).

Πομπήϊος nach Epiph. röm. Consul 6 n.Chr. (entspricht 5 n.Chr.; nach PIR² C 1339 Cn. Cornelius Cinna Magnus) II 290,12 (Μάγνος Πομπήϊος).

Ποντικοί I 138,3 (sem. Volk). II 94,6 (Ποντικός; Marcion).

Πόντιος Πιλάτος I 311,1f. (auf ihn führen die Karpokratianer die von ihnen verehrten Bilder Jesu zurück); 325,7; 344,19. II 245,7; 246,6 (die Pilatus-Akten).

Πόντος I 309,18 (Petrus besucht auch als Bischof von Rom häufig Pontus). II 3,3 (Marcion stammt aus Pontus).

Πορφύριος II 258,6 (seine Evangelienkritik).

Ποσειδῶν der Gott I 127,8 (von Kronos verschlungen); 389,20.

Πρίσκιλλα montanistische Prophetin; s. auch Πεπουζιανοί. II 211,9; 220,1; 221,13. 16; 242,1. 14 (von Quintilla unterschieden); 308,12 (ebenso).

Πρισκιλλιανοί anderer Name für Πεπουζιανοί; s. dort.

Πρόβος M. Aurelius Probus, röm. Kaiser 276–282 n.Chr. (PIR² A 1583) I 72,7 (regiert 6 Jahre).

Προκλιανός Bischof I 2,1 (nach Suedra in Pamphylien von 374 ein Brief gegen die Pneumatomachen gerichtet).

Προποδιάς II 129,2 (auf Zypern in der Nähe von Salamis, angeblicher Geburtsort Homers); 529.

Προποιτίς II 529.

Προσωπίτης I 256,10; 395,18 (sc. νομός).
III 511,11.

Προύνικος I 235,15 (bei den Nikolaiten);
240,5 (bei Simon Magus in einem
wörtlichen Zitat; sie ist πνεῦμα ἅγιον).
7 (Simon erklärt sie für dieselbe mit seiner
Genossin Helena und mit der troischen
Helena). 11 (sie heißt bei anderen
Häresien Barbelo oder Barbero). 11ff. (sie
zeigt ihre Schönheit den Archonten, um
sie zu reizen und zu berauben); 269,24ff.
(bei den Nikolaiten verehrt; sie "sammeln
ihre Kraft" aus dem Mannessamen
und Menstrualblut); 271,6 (Erklärung
des Namens durch Epiph.). II 54,3ff.
(bei den Ophiten: sie hat sich von der
Höhe ins Wasser herabbegeben, sich mit
diesem vermischt und kann sich nicht
mehr erheben bis ganz in die Höhe; sie
breitet sich im Zwischenreich – ἀλλὰ
εἰς τὸ μεσαίτατον – aus und bildet
dadurch den oberen Himmel; unter ihr
der Jaldabaoth mit den sieben Himmeln);
55,16 (sie hat um den Jaldabaoth zu
entleeren, dem Menschen den göttlichen
Funken eingehaucht); 58,10. 14.

Πρόχορος der Diakon I 232,5; 267,16.

Πρωτεσίλαος I 105,15.

Πτολεμαῖος, Πτολεμαιωνῖται I 21,21;
158,9 (Πτολεμαῖοι); 160,8; 237,9ff.
(sie sind Schüler Valentins, zu ihnen
gehört die Flora). 10 (sie lehren ebenso
über die Syzygien, wie Valentin und die
Secundianer; in einigen unterscheiden
sie sich); 383,15 (auch seine Anhänger
nennen sich Gnostiker); 448,2ff. (er
folgt auf Secundus und Epiph., und ist
damit einer der sog. Gnostiker, hat aber
noch anderes über seine Lehrer hinaus
gelehrt). 8ff. (die Darstellung der Lehre
unter wörtlicher Benutzung von Irenaeus

I 12,1ff.); 448,1. 3. 7. 8; 449,15; 450,8.
10. 16ff. (Brief des Ptolemaeus an die
Flora); 457,22. 24; 458,20; 459,5. 13.
II 1,14; 5,5; 39,17 (von ihm hat auch
Colorbasus einiges entlehnt). III 300,17;
301,5.

Πυθαγόρας, Πυθαγόρειοι I 21,4; 157,6
(Πυθαγόρειοι εἴτουν Περιπατητικοί, διὰ
τῶν περὶ Ἀριστοτέλην διαιρεθεῖσα);
159,25; 164,10; 165,5ff. (sie lehren die
Monas und die Vorsehung und verbieten
das Opfer). 7 (verbieten den Fleisch- und
Weingenuß). 8 (er scheidet zw. der Welt
unter und über dem Mond, erklärt das
Obere für unsterblich, das Untere für
sterblich). 9 (er lehrt die Seelenwanderung).
10 (er befiehlt Stillschweigen 5 Jahre lang).
11 (zuletzt nennt er sich selbst Gott);
182,19; 183,4; 186,1ff. (Pythagoras und
die Peripatetiker glauben an einen Gott,
halten sich aber an Philosophien). 3 (sie
glauben an Seelenwanderung). 7 (er stirbt
zuletzt in Medien). 8 (sie sagen, Gott sei ein
Körper, d.h. der Himmel, die Augen Sonne
und Mond); 236,5 (ein Bild des Pythagoras
bei den Karpokratianern verehrt); 311,4.
III 505,18.

Πύρρα die Frau des Deucalium I 276,1. 5.
8 (mit Noahs Frau gleichgesetzt).

Ῥαάβ die Hure I 284,19 (die Deutung des
roten Seils bei den Gnostikern); 285,19.
II 333,17. III 100,16; 183,29.

Ῥαγαῦ I 70,2; 142,8; 162,13 (bis zu ihm
und Phalek reicht der Skythismus; ihre
Nachkommen ziehen sich nach Europa
hinüber und werden den skythischen
Völkern beigezählt); 177,11. II 332,4. 6.
III 127,4bis.

Ῥαγουήλ Vorfahr des Hiob I 180,21.

Ῥαχήλ I 379,19. III 193,26.

Ῥέα I 123,24; 127,10 (hintergeht Kronos und läßt in einen Stein verschlingen); 164,1; 178,15; 389,20; 459,1.

Ῥεβέκκα I 181,9; 379,18. II 31,15. III 472,15; 493,13.

Ῥέγμα I 176,14.

Ῥινοκούρουρα I 137,2f (ἡ χώρα Ῥινοκουρούρων). 6.

Ῥοβοάμ I 70,8; 188,20; 193,26. 28. 29; 194,2. 3. II 31,17; 287,20.

Ῥόδιοι I 367,12f. (sie sind Kitier; sie wohnen auch in Makedonien).

Ῥόδος I 140,11 (von Japhethiten bewohnt).

Ῥοκόμ = Edom = Petra I 180,16 (Ἐδώμ, τὴν Ῥοκὸμ καὶ Πέτραν καλουμένην). II 325,13.

Ῥουβείμ, Ῥουβήν I 117,33 (das Wort an ihn Deut 33,6 bezieht sich auf das Gericht und den 2. Tod); 118,12 (Ruben 126 Jahre vor Moses Tod gestorben); 188,1 (Ῥουβήν); 200,6f.

Ῥουβελλίων L. Rubellius Geminus, röm. Consul 29 n.Chr. (PIR² R 113; nach Epiph. 32 n.Chr.) II 292,11. 13; 294,15; 295,15.

Ῥούθ I 70,6; 191,13.

Ῥουστικός Iunius Rusticus, Stadtpräfekt von Rom II 203,8 (unter ihm erleidet Iustin in Rom den Märtyrertod).

Ῥοῦφος einer der 72 Jünger I 232,9.

Ῥοῦφος I C. Caelius C. f. Rufus, röm. Consul 17 n.Chr. (PIR² C 141; nach Epiph. 19 n.Chr. mit Κράσσος I) II 291,6.

Ῥοῦφος II C. Fufius Geminus, röm. Consul zusammen mit Rubellius 29 n.Chr. (PIR² F 511; nach Epiph. 32 n.Chr.) II 292,11; 294,15.

Ῥωμαῖοι I 140,7 (Λατῖνοι οἱ καὶ Ῥωμαῖοι); 204,21 (ihr Monat August =

jüd. Θεσρί = ägypt. Μεσορί = maked. Γορπιαῖος = griech. Apellaios).

Ῥώμη I 21,30 (die Novatianer heißen in Rom Μοντήσιοι); 183,24 (in Rom soll der Stoiker Zeno eine Zeitlang gelebt haben); 236,3 (in Rom wirkt die Karpokratianerin Marcellina); 244,4f. (in Rom hat Simon Magus herabstürzend ein elendes Ende gefunden); 308,6f. (in der Zeit des Anicetus). 7ff. (Liste der röm. Bischöfe von Petrus und Paulus bis auf Anicetus: Anicetus Nachfolger des Pius; von vorn an Petrus und Paulus, Linus, Cletus, Clemens); 309,1 (Petrus und Paulus zugleich Apostel und Bischöfe von Rom). 3ff. (die Frage, wieso Clemens der Zeitgenosse der Apostel doch erst hinter Linus und Cletus in der Bischofsreihe erscheint); 310,7ff. (die Liste: Petrus und Paulus, Linus und Cletus, Clemens, Evaristus, Alexander, Hystus, Telesphorus, Hyginus, Pius, Anicetus). 11f.; 357,13 (in Rom hat auch Ebion gewirkt); 396,1 (in Rom hat auch Valentin gewirkt). II 2,22 (unter Hyginus kommt Cerdon nach Rom); 3,5 (Marcion kommt nach Rom – Zeit nicht angegeben); 90,11 (Cerdon kommt aus Syrien nach Rom); 92,3 (kurze Zeit, nachdem er in Rom angelangt war, hat Cerdon sein Gift an Marcion weitergegeben); 94,2 (in Rom die Marcioniten noch zur Zeit des Epiph. bestehend). 20f. (nach dem Tod des Hyginus kommt Marcion nach Rom); 171,26; 203,7 (in Rom erleidet Iustin unter Rusticus den Märtyrertod); 215,11 (in Rom finden sich Enkratiten); 256,4 (in Rom war Marcus als Begleiter des Petrus und hat dort sein Ev. geschrieben); 389,9 (in Rom die Sabellianer); 398,24 (nach einigen sind dort die Origenianer entstanden).

Σαβαάν   apokrypher Name des Vaters Daniels II 328,33.

Σαβακαθά I 176,14.

Σαβαώθ   I 269,5 (bei einem Teil der Nikolaiten an Stelle des Jaldabaoth genannt, als Herr im 7. Himmel); 287,7 (ebenso bei den Gnostikern; ein Teil setzt Σαβαώθ in den 7. Himmel, andere dafür den Jaldabaoth). 15 (die einen von den Gnostikern sagen, daß er Esels-, die anderen, daß er Schweinsgestalt habe; darum hat er den Juden verboten, das Schwein zu essen. Er ist der Schöpfer der Erde und des Himmels); 288,15 (die Seele, die im Besitz der Gnosis ist, kann ihm auf den Kopf treten). 18 (er hat lange Haare, wie ein Weib). 19ff. 24f. II 83,1 (er ist nach den Archontikern im 7. Himmel; er hat das Gesetz gegeben). 7 (die Seele, die im Besitz der Gnosis ist, kann über ihn hinweg zur Μήτηρ und zum Πατὴρ τῶν ὅλων gehen); 85,15 (der Teufel sein Sohn, er der Judengott). 16; 86,4. 5. 6. 15. 16. 17. 18. 19. 20; 199,20 (nach den Severianern ist der Teufel sein – oder des Jaldabaoth – Sohn).   III 68,2; 237,32; 239,8; 322,1.

Σαβέλλιος, Σαβελλιανοί I 12,17 (wird durch das ὁμοούσιος widerlegt); 21,31 (Σαβελλιανοί); 26,14 (vertritt die Meinung, daß der Sohn wieder in den Vater eingehe); 76,14 (Σαβέλλιοι); 144,21 (sie leugnen, daß es einen – besonderen – Sohn und Geist neben dem Vater gebe); 145,3ff. (Widerlegung durch den Taufbericht); 158,26; 160,23. II 213,22ff. (die Sabellianer denken ähnlich wie die Noëtianer; nur daß sie nicht behaupten, daß der Vater gelitten hätte); 389,5ff. (die Sabellianer nicht allzu alt). 7 (Sabellius lehrt ähnlich

wie die Noëtianer). 8 (verbreitet in Mesopotamien und Rom). 11 (er lehrt, daß Vater, Sohn und Geist dasselbe sei). 13 (eine Hypostase und drei Namen). 13f. (wie im Menschen Leib, Seele und Geist). 16 (wie in der Sonne eine Hypostase und drei Energien); 390,5 (der Sohn auf die Erde geschickt wie ein Sonnenstrahl und nachdem er sein Werk verrichtet, wieder zurückgegangen). 9 (der Geist in die Welt geschickt, sowohl auf einmal als auch für den Einzelnen und bei bestimmter Gelegenheit; er belebt ihn und erwärmt ihn). 14ff. (sie verwerten alle Schriften des Alten und Neuen Bundes, wählen aber einzelne Worte aus für ihre Zwecke). 16 (Deut 6,4, Ex 20,3f, Ps 80,10, Jes 44,6, Joh 10,38. 30); 391,4f. (sie benutzen aber auch Apokryphen, insbes. das Ägypter-Ev.); 392,3; 393,7. 21.   III 3,12; 14,2; 158,13; 166,24; 217,31; 220,22; 255,11. 14; 256,2; 286,20; 348,13; 434,23; 435,16; 475,5.

Σαβῖνοι (= Σακκηνοί)   ham. Volk I 138,8.

Σαβῖνος C. Poppaeus Q. f. Sabinus, röm. Consul 9 n.Chr. (PIR² P 847; nach Epiph. 11 n.Chr.) II 290,17.

Σαβῖνος C. Calvisius C. f. Sabinus, röm. Consul 26 n.Chr. (PIR² C 354; nach Epiph. 28 n.Chr.) II 291,16.

Σαδδούκ I 207,16.

Σαδδουκαῖος, Σαδδουκαῖοι I 21,7; 49,5; 157,16; 159,29; 167,21ff. (=δικαιότατοι, stammen von dem Samaritanern her und von dem Priester Sadduk). 22 (sie leugnen die Auferstehung, Engel und Geister); 207,8. 13ff. (sie sind eine Abzweigung von Dositheus). 16 (sie nennen sich Sadduzäer wegen der Gerechtigkeit; es gab auch in früherer Zeit einen Priester

Sadduk). 17 (sie sind nicht in der Lehre des Gründers geblieben); 208,1 (sie verwerfen ebenso wie die Samaritaner die Totenauferstehung; nehmen auch Engel nicht an und verwerfen den Heiligen Geist. Sie halten alles ebenso wie die Samaritaner, sind aber keine Samaritaner, sondern Juden; sie opfern daher in Jerusalem). 27; 214,7 (ihre Leugnung der Auferstehung); 223,10; 226,19 (zur Zeit des Epiph. ausgestorben). II 464,2; 466,4. 5. 8. III 410,8.

Σαδώκ I 70,15. II 328,7bis.

Σαΐτης I 256,11.

Σακλᾶς I 287,2 (bei den Gnostikern als ἄρχων τῆς πορνείας in den zweiten Himmel, von unten an gerechnet, versetzt).

Σάλα I 70,1; 142,6; 174,11bis.; 176,11. II 332,9. 11. III 127,3. 4.

Σαλαθιήλ I 70,13. III 173,3.

Σαλαμίνιοι von Salamis auf Zypern II 129,2; 293,4. 15; 294,1.

Σαλήμ II 281,28; 282,15; 326,5ff. (nach den einen Jerusalem, nach den anderen in der Ebene von Sichem, gegenüber von Neapolis); 329,8; 331,2.

Σαλῖνα anderer Name für Alexandra, judäische Königin I 323,16. II 289,7.

Σαλμών I 70,6; 142,13; 187,21.

Σαλώμη Schwester Jesu, aus Josephs erster Ehe I 70,22.

Σαμάρεια; vgl. Σεβάστεια I 40,23; 194,1; 195,14; 196,9. 13; 198,3 (für das Land); 226,18; 234,4; 238,7 (das Land).

Σαμαρεῖται, Σαμαρειτισμός I 21,3 (Σαμαρειτισμός). 8 (Σαμαρεῖται); 157,3 (Σαμαρειτισμός); 159,21. 26. 27; 166,9ff. (Anakephalaiosis – auf das Judentum zurückgehend, bevor es Häresien bei den Hellenen gab,

aber schon nachdem ihr Götzendienst aufgekommen ist; von der Zeit Nebukadnezars an entstanden). 14 (sie sind von Assyrien nach Iudaea verpflanzt und haben nur den Pentateuch, den sie durch Esdra empfangen haben). 16 (sie haben alles ebenso wie die Juden, nur daß sie die Heiden verabscheuen und nicht einmal eine Berührung mit ihnen haben wollen). 18 (außerdem leugnen sie die Totenauferstehung und die Propheten nach Moses); 195,7ff. (in der Zeit der Gefangenschaft bitten die Ältesten den Nebukadnezar das Land zu besiedeln). 12 (er schickt als Ansiedler die Kuthäer, Kudäer, Seppharuräer und Anagogauäer; sie kommen mit ihren Götzen und lassen sich in Samaria nieder). 16 (sie wurden aber von wilden Tieren zerrissen). 20ff. (darauf wendet sich Nebukadnezar an die Ältesten; sie weisen ihn auf das Gesetz Gottes als das Gesetz des Landes hin); 196,7ff. (im 30. Jahr der Gefangenschaft kommt Esdra der Priester, um sie im Gesetz zu unterrichten). 17ff. (entsprechend den vier nach Samaria verpflanzten Völkern gibt es dort vier Sekten: Essener, Gorothener, Sebuäer und Dositheer); 197,7. 12ff. 16 (Σαμαρεῖται = φύλακες, entweder als Hüter des Gesetzes oder als Wächter des Landes). 19 (der Ort wo sie wohnen heißt Σομόρων oder Σωμήρ, von dem Somoron, dem Sohn des Somer in 1. Kön 16,24); 198,5ff. (sie haben ihren Namen von Somer, von Somoron, davon daß sie das Land hüteten und davon, daß sie das Gesetz beobachteten). 9ff. (sie unterscheiden sich von den Juden dadurch, daß sie nur die fünf Bücher Mosis empfangen haben). 22ff. (sie haben die darin angedeutete Lehre von der Auferstehung und der Trinität nicht erkannt, leugnen daher die Auferstehung und den Geist); 199,2ff. (sie verwerfen den Götzendienst und treiben ihn doch selbst unbewußt, sofern sie sich beim Gebet immer nach dem Berg Garizin wenden, denn dort sind die Götzen der vier Völker vergraben; der Garizin, den sie verehren ist aber nicht der richtige; der wirkliche liegt östlich von Jericho über dem Jordan); 200,13 (sie spülen sich mit Urin ab, wenn sie von der Fremde kommen). 14 (sie baden sich mitsamt den Kleidern, wenn sie einen Angehörigen eines fremden Volkes berührt haben). 19 (sie verabscheuen den Toten); 203,17 (bei ihnen entstehen die vier Häresien der Essener, Sebuäer, Gorothener und Dositheer. Der Streit der ersten bezieht sich auf die Zeit der Festfeier); 204,7 (Juden wohnen zerstreut auch in den Grenzen von Iudaea und Samarien; daraus ergeben sich Zusammenstöße, wenn die Juden zur Festfeier nach Jerusalem ziehen; daher und aus Zorn über Esdra, der sie beim Bau von Jerusalem nicht mit hat bauen lassen, verlegen die Sebuäer die Festzeiten); 208,2 (die Sadduzäer lehnen ebenso wie die Samaritaner die Totenauferstehung ab; ebenso die Engel, während die Samaritaner sie anerkennen). 4 (die Sadduzäer halten alles ebenso wie die Samaritaner, obwohl sie Juden sind); 226,17; 227,1. 3; 234,4 (von ihnen geht Simon Magus aus). 9f. (Simon Magus sagt, daß er ihnen als der Christus erschienen sei); 236,20 (die Ebionäer baden sich häufig im Sommer und Winter zur Reinigung wie die Samaritaner); 238,7ff. (bei den Samaritanern ist Simon Magus aufgetreten; er bezaubert die Samaritaner

und sagt, daß er für sie der Vater sei); 246,3 (von ihnen geht Menander aus); 333,14 (von ihnen hat Ebion manches übernommen); 380,1 (bei ihnen ist die Beschneidung üblich). II 203,4f. (Iustin ist von Geburt Samaritaner); 331,7 (die Samaritaner halten Melchisedek für Sem).

Σαμαρεῖτις = die Samariterin I 35,19.

Σάμος von Hamiten bewohnte Insel I 139,8; 442,11.

Σαμοσατεύς I 21,32; 158,28; 160,26. III 2,12. 13; 3,2; 8,12. 25; 9,7; 249,13; 251,16; 266,3; 285,1. 4.

Σαμουήλ I 359,6 (von den Ebionäern verworfen). II 32,6. III 112,28; 113,1; 205,19.

Σαμψαῖοι, Σαμψῖται, Σαμψηνοί I 21,28 (Σαμψαῖοι, οἱ καὶ Ἐλκεσαῖοι); 158,21; 160,20f.; 219,8 (so heißen jetzt die Ossäer); 226,22 (jetzt sind die Ossäer mit ihnen verschmolzen); 227,7; 236,13 (die Sampsäer und Elkesäer sind jetzt zum Teil mit den Ebionäern verschmolzen); 336,2 (auch auf sie wirkt Elxai). II 212,13ff. (wohnen jetzt noch in Arabien jenseits des toten Meeres; sie sind von dem Propheten Elxai betrogen; aus dessen Geschlecht waren noch bis in die neueste Zeit Marthus und Marthana am Leben, die wie Göttinnen verehrt wurden; sie haben alles ganz ähnlich wie die Ebionäer); 314,24 (sie sind in Peraea). 25 (τῶν δὴ καὶ Ἐλκεσαίων καλουμένων); 315,1 (sie sind in Peraea jenseits des toten Meeres, in Moabitis am Bach Arnon und in Iluraea und Nabataea). 4 (sie rühmen Elxai als ihren Lehrer und verehren die zwei aus seinem Geschlecht noch lebenden Frauen wie Göttinnen). 7 (das Buch Elxai benutzen auch die Ossäer, Ebionäer und

Nazoräer). 9 (sie sind weder Christen noch Juden noch Heiden, sondern ein Mittelding aus alledem). 11 (sie sollen noch ein anderes Buch Jexai, des Bruders des Elxai, haben). 12 (sie verehren einen Gott und gebrauchen Waschungen). 13 (sie halten sich aber nicht in allem an Jüdisches). 14 (einige enthalten sich auch des Fleischgenusses; sie sterben für die aus dem Geschlecht des Elxai; die eine, die Marthus eben gestorben; die Marthana lebt wohl noch). 17 (wenn sie ausgingen, folgt das Volk ihnen nach, sammelt den Staub von ihren Füßen und gebraucht ihn für Heilung und als Amulett). 22 (sie nehmen weder Propheten noch Apostel an). 24 (sie verehrten das Wasser und halten es für einen Gott). 25 (Christus bekennen sie dem Namen nach, halten ihn aber für ein Geschöpf und glauben, daß er immer wiederkehrt); 316,1ff. (sie glauben, daß Christus immer wiederkehrt und die Leiblichkeit annimmt und auszieht, wenn er will). 4 (der Heilige Geist ist seine Schwester; jeder von ihnen 90 Meilen hoch und 24 Meilen breit). 17 (ihr Name bedeutet so viel wie Ἡλιακοί).

Σαμψών I 327,14 (er war Naziräer); 352,11 (von den Ebionäern verworfen); 359,6. III 123,12.

Σαούλ I 187,27. II 32,7; 287,19. III 112,28; 113,2; 205,18.

Σαρακηνοί I 137,13 (sem. Volk); 180,11 (= Ἀγαρηνοί = Ἰσμαηλῖται); 379,26 (= Ἰσμαηλῖται, bei ihnen ist die Beschneidung üblich).

Σαραπεῖον II 403,13 (Origenes einmal gezwungen, am Aufgang zum Serapaeum den Eintretenden Palmzweige auszuteilen).

Σαραφθία I 118,30.

Σαρδανίς I 139,6 (von Hamiten bewohnt).

Σάρρα I 49,12; 133,20ff. (Sara als Vorbild der Sittlichkeit, weil sie sich den Männern nicht zeigt); 199,21 (Beweis für die Auferstehung); 372,1; 379,18. II 31,13. III 493,12.

Σατάλη II 82,2 (aus der Nähe von Satale in Klein-Samarien stammt Eutactus her, der die Häresie der Archontiker nach Armenien überträgt).

Σατάν I 251,4. 9; 303,25; 304,2. II 3,24 (Σατανᾶ Gen.); 8,18; 23,13; 35,7; 67,15; 68,11; 85,30; 88,24; 112,12; 129,18; 140,29; 148,2; 200,16. 18. III 322,14; 372,12; 486,24; 518,11.

Σατανιανοί s. Μεσσαλιανοί.

Σατορνῖλος I 21,15; 158,2 (Σατορνιλιανοί); 160,2; 234,14ff. (die Satornilianer verbreiten die Abscheulichkeit der Simonianer in Syrien). 15 (sie lehren manches anders als diese); 235,2 (er sagt wie Menander, daß die Welt von den Engeln geschaffen sei, aber nur von 7, wider den Willen des höchsten Vaters). 6 (mit Satornil zusammen ist Basilides Schüler der Simonianer und Menandrianer gewesen); 247,13ff. (Satornil geht von Menander und den früheren aus). 16 (er lebt in Antiochia-Daphne, und bleibt dort). 18 (sein Mitschüler war Basilides). 21; 248,1 (er lehrt ebenso wie Menander, daß die Welt von Engeln geschaffen sei). 2 (es gebe einen unbekannten Vater, der Mächte und Gewalten geschaffen habe). 3 (die Engel befinden sich im Abstand von der oberen Gewalt; sieben von ihnen haben die Welt geschaffen und die Welt unter sich verteilt). 6 (sie haben gemeinsam den

Menschen geschaffen nach der Ähnlichkeit des von oben her erschienenen Bildes, das schnell wieder entschwand). 11 ff. (das Bild hat Sehnsucht in ihnen erweckt und weil sie es nicht festhalten konnten, versuchten sie es nachzuahmen); 249,1 ff. (darauf Gen 1,26 bezogen und ἡμετέραν dabei weggelassen). 6 ff. (das Geschöpf der Engel kann aber nur auf der Erde kriechen, wie ein Wurm; daher erbarmt sich die obere Macht und sendet einen Funken des Lebens; nur dieser Funke wird gerettet; er wird zu seiner Zeit wieder nach oben gezogen, das andere alles wird hier zurückgelassen). 7 ff. (Christus ist nur in der Gestalt des Menschen erschienen und hat alles dem Schein nach getan, das Geborenwerden, das Wandeln, das Sichtbarwerden und das Leiden); 250,3 ff. (mit ihm macht die von Simon ausgehende Gnosis einen weiteren Schritt zum Schlechteren). 6 ff. (er erklärt auch den Gott der Juden für einen der Engel, der sich im Abstand von der oberen Macht befindet). 9 (der Erlöser ist von dem Vater wider Willen der Mächte gesandt, zur Vernichtung des Judengottes und zum Heil der ihm Gehorchenden; das sind die, die den Funken des Vaters in sich haben). 12 (zwei Menschen sind von Anfang an geschaffen, ein guter und ein schlechter, dementsprechend zwei Menschenklassen; da die Dämonen den Bösen halfen, kam der Erlöser zum Heil der Guten). 18 (Ehe und Kinderzeugen stammt nach ihm vom Satan; die Mehrzahl der Satornilianer enthält sich auch der Fleischnahrung); 251,2 ff. (die Prophetenschriften rühren teils von den weltschöpferischen Engeln her, teils vom Satan; auch der Satan sei ein Engel, der aber den weltschöpfenden

Engeln, und am meisten dem Judengott, widerstrebe); 253,20; 254,24; 255,16; 257,2. 6; 300,23; 383,14 (auch seine Anhänger nennen sich Gnostiker). 24. II 90,10 (von ihm hat auch Cerdon Anregung empfangen).

Σατουρνάλια II 284,12 (bei den Römern am 25. Dezember gefeiert).

Σαυή II 76,26 (nach dem Jubiläenbuch die Schwester und Frau des Kain).

Σαυή II 326,4 (die Ebene in der Nähe von Jerusalem, wo Melchisedek wohnt).

Σαυρομάται I 140,5 (japheth. Stamm); 178,17 (οἱ τῶν Σκυθῶν Σαυρομάται verehren einen ’Ακινάκης).

Σεβάστεια II 325,17 (in Sebasteia verehrt man die Tochter Jephthas göttlich und feiert zu ihren Ehren ein Fest).

Σεβουαῖοι I 21,8; 157,10 (aus den Samaritanern hervorgegangen); 159,28; 166,23 (von Gorothenern sich unterscheidend bezüglich des Ansatzes der Feste); 196,19; 204,1. 14 ff. (sie verlegen in der Zeit des Esdra den Jahresanfang in den Herbst und feiern dann Passah im Θεσρί, Pfingsten im Herbst und Laubhütten zu der Zeit, wo die Juden Passah feiern) 205,3. 7; 227,4 (sie bestehen zur Zeit des Epiph. noch).

Σεδεκίας = Jechonja II, judäischer König I 194,13 (τὸν ’Ιεχονίαν τὸν καλούμενον Σεδεκίαν καὶ ’Ιωακείμ).

Σεδράχ I 145,20. II 327,26; 328,15.

Σεκουνδιανῖται anderer Name für die Γνωστικοί; s. dort. I 158,4 (heißt es dafür Σεκουνδιανοί).

Σεκουνδιανοί I 15,8; 21,20 (Σεκουνδιανοί, οἷς συνάπτεται ’Επιφάνης καὶ ’Ισίδωρος); 160,7; 237,4 ff. (mit ihnen sind Epiphanes und Isidor verbunden; sie haben dieselben Syzygien und denken ähnlich wie Valentin; sind aber doch von ihm in manchem unterschieden). 6 (sie fügen noch Schändlichkeiten der Lehre hinzu). 7 (sie verwerfen auch die Auferstehung des Fleisches). 11 (ähnlich wie sie lehren die Ptolemäer); 383,15 (auch sie nennen sich Gnostiker); 438,23ff.; 439,7ff. (Secundus will noch etwas Besonderes über Valentin haben, er unterscheidet in der oberen Ogdoas eine rechte und eine linke Seite – aus Irenaeus); 442,1. 20 (an ihn schließt sich Epiphanes an; s. dort); 445,6ff. (die weitere Lehre des Secundus wörtlich nach Irenaeus I 11,3 dargestellt); 448,2ff. (auf ihn folgt Ptolemaeus). II 5,4.

Σελούμ   anderer Name für Jechonja I, judäischer König I 194,12 (᾽Ιεχονίαν, τὸν καὶ Σελοὺμ καλούμενον, ὃς καὶ ᾽Αμασίας ἐλέγετο).

Σεμέλη I 129,12.

Σενναάρ I 175,19 (liegt jetzt in Persien, früher in Assyrien; dort wurde der Turm gebaut).

Σέξτοι   nach Epiph. Konsuln 15 n.Chr. (entspricht 13 n.Chr.; nach PIR[1] S 507 C. Silius A. Caecina Largus) II 291,2 (bei Epiph. unterschieden von Pompeius Magnus und Apuleius).

Σεπφαρουραῖοι I 195,13.

Σεπφουρίν = Διοκαισάρεια in Palaestina; s. dort.

Σεπφώρα I 370,18.

Σέραπις; s. auch Σαραπεῖον. I 126,14 (Σέραπις = ῾Απις βασιλεύς von den Leuten in Sinope zu einem Gott gemacht).   II 403,13ff. (die Serapis-Priester, geschoren, teilen den in den Tempel Eintretenden Palmzweige aus).

Σεραφίμ   I 17,29; 19,20; 34,4. 14. 22; 85,22; 145,26.   II 223,22; 465,1. III 321,26; 402,2.

Σερούχ I 70,2; 142,9; 163,1 (mit Seruch beginnt das Heidentum); 177,11 (Seruch = ἐρεθισμός; mit ihm beginnt der Götzendienst und der ῾Ελληνισμός aber zuerst nur mit Farben und Bildern, noch nicht mit Götzen und festem Stoff). 18 (er erzeugt den Nachor); 179,21 (der Σκυθισμός dauert bis Seruch, von Seruch an bis Abraham der ῾Ελληνισμός); 188,8 (von Noah bis Seruch dauert der Σκυθισμός). 9. 11. 12 (Σερούχ ist zwei Geschlechter nach dem Turmbau). II 332,3. 5. III 127,5.

Σευῆρος, Σευηριανοί I 21,23; 158,14; 160,11.   II 3,22ff. (er schließt sich an Apelles an und verwirft den Wein; er erklärt den – schlangenförmigen – Weinstock für hervorgegangen aus einer Verbindung zw. dem Satan und der Erde; die Frauen verwirft er als von der linken Macht herstammend, er führt Namen der Archonten und apokryphe Bücher ein, er verwirft wie die anderen die Fleischesauferstehung und das AT); 199,9ff. (er steht dem Apelles zeitlich nahe). 15 (er führt die Schöpfung auf ἀρχαί und ἐξουσίαι zurück). 16 (an einem unnennbaren und höchsten Ort ein guter Gott). 18 (der Teufel ist der Sohn des großen ἄρχων, des Jaldabaoth oder Sabaoth; er ist schlangenförmig); 200,1ff. (er ist von der oberen Gewalt auf die Erde heruntergeworfen worden und hat sich mit der Erde vermischt; aus seinem Samen ist der Weinstock hervorgegangen; daher die Ranken des Weinstocks und die Beeren wie Tropfen, daher betäube der Wein den Menschen. Sie enthalten sich darum völlig des Weins). 16 (das Weib sei ein Werk des Satans; die, die eine Ehe schließen, vollziehen daher ein Werk des

Satans). 18 (auch beim Menschen ist die obere Hälfte, vom Nabel aufwärts, von Gott, die untere Hälfte vom Satan; daher von dorther der Reiz zur Sinnlichkeit); 201,16ff. (sie gebrauchen Apokryphen – die kanonischen Bücher benutzen sie nur teilweise, indem sie das herausgreifen, was sie für sich verwerten können); 202,1. 17 (sie sind jetzt wohl ausgestorben; höchstens finden sich noch ein paar ἐν τοῖς ἀνωτάτω μέρεσιν). III 46,24.

Σευηριανός Mönch in Suedra in Pamphylien um 374 I 5,11 (schreibt mit Palladius zusammen an Epiph. um Abfassung des Ancoratus).

Σευῆρος L. Septimius Severus, röm. Kaiser 193–211 n.Chr. (PIR¹ S 346) I 77,2 (regiert 18 Jahre).

Σηείρ I 180,16 (von Esau besiedelt).

Σήθ der ägypt. Gott I 69,6. 8; 172,15; 175,8; 215,24; 284,13 (Bücher auf den Namen des Seth bei den Gnostikern); 287,3 (bei den Gnostikern als Archon in den 3. Himmel – von unten an gerechnet – versetzt). II 2,8ff. (bei den Sethianern verehrt); 72,8ff. (sie leiten ihr Geschlecht von Seth ab, nennen ihn Christus und setzen ihn mit Jesus gleich); 73,1ff. (Seth von der Μήτηρ herstammend; sie legt in ihn den göttlichen Samen, um durch ihn ein reines Geschlecht zu erzeugen); 74,15ff. (von Seth stammt Christus bzw. Jesus her; ja Jesus ist Seth selbst, der wiederkehrte); 75,10 (bei den Sethianern sieben Bücher auf den Namen des Seth). 13ff. (nach den Sethianern heißt die Frau des Seth Ὡραία – lies wohl Νωρέα); 76,26f. (Seths Frau war nach dem Jubiläenbuch seine Schwester Ἀζουρά); 79,15. 21; 87,27 (nach den Archontikern Seth = Ἀλλογενής von Adam mit Eva

erzeugt – während Kain und Abel vom Teufel mit Eva erzeugt worden sind. Er ist von den Dienern des höchsten Gottes in den Himmel entführt und dort erzogen worden; später wieder herabgekommen und hat die Kenntnis des höchsten Gottes verbreitet); 88,8 (Bücher auf seinen Namen und auch solche auf die seiner Söhne bei den Archontikern, wie bei den Gnostikern und Sethianern: denn sieben Söhne habe er erzeugt).

Σηθιανοί I 21,22; 158,1. 11; 160,10. II 2,8ff. (sie verehrten den Seth, erklären, daß er von der oberen Μήτηρ hervorgebracht sei, aus Reue darüber, daß sie den Kain hervorgebracht habe, sie sei dann mit dem Vater zusammengegangen und habe den Seth als reinen Samen erzeugt, von dem dann das ganze Menschengeschlecht sich ableitete; sie glauben an Mächte und Gewalten, wie die anderen); 71,22. 23 (sie sind nicht überall verbreitet); 72,1 (vielleicht jetzt ganz ausgestorben. Epiph. ist jedoch mit ihnen pers. zusammengestoßen und schöpft sein Wissen zum Teil aus Augenschein. Wenn er sich recht erinnert, war das in Ägypten, vielleicht aber auch in einem anderen Land). 8ff. (sie wollen von Seth abstammen und preisen diesen. Sie nennen ihn sogar Christus und sagen, daß Seth und Jesus derselbe sei). 12 (die Welt sei von Engeln geschaffen und nicht von der oberen Macht). 15ff. (ebenso wie die Kainiten sagen sie, daß zunächst zwei Menschen geschaffen wurden, von denen Kain und Abel abstammten; die Engelmächte hätten sich über sie entzweit, die teils den Kain, teils den Abel geschaffen hätten; dabei sei Abel von Kain getötet worden. Gesiegt aber habe die obere Macht, die sie Μήτηρ oder Θήλεια nennen); 73,1ff. (die Μήτηρ = Θήλεια läßt den Seth geboren werden nach dem Tod des Abel und legt in ihn den göttlichen Samen. Von ihm stammt das auserwählte Geschlecht ab). 18ff. (aber wie die Geschlechter sich wieder vermischen, bringt die Μήτηρ die Sintflut, um das ganz verirrte – feindselige? – Geschlecht zu vernichten); 74,3ff. (aber die Engelmächte haben Ham, der zu ihren Geschlecht gehörte, heimlich in die Arche hineingebracht). 12ff. (in Folge daran ist die Welt nach der Sintflut wieder in die alte Unordnung zurückgefallen). 15ff. (von Seth stammte Christus ab oder vielmehr Jesus; Jesus ist nicht geboren, sondern wunderbar in der Welt erschienen; er ist Seth selbst, der damals und jetzt der Welt erschienen ist; er ist von der Μήτηρ gesandt); 75,9ff. (sie haben gefälschte Bücher auf den Namen großer Männer: auf Seth sieben Bücher, Bücher Ἀλλογενεῖς, eine Apok. Abrahams, Bücher auf den Namen Moses). 13ff. (sie sagen, die Frau des Seth hieße Ὡραία – lies wohl Νωρέα); 80.5; 88,6. 12 (wie die Sethianer sagen auch die Archontiker, daß Seth sieben Söhne gehabt habe und haben die Bücher auf ihren Namen). III 453,22.

Σηλώμ I 290,14.

Σήμ I 69,23; 136,7ff. (Völkerliste der Semiten). 18ff. (die dem Sem bei der Teilung der Erde zugefallenen Gebiete); 141,3 (Ham ist in sein Gebiet eingedrungen). 10 (Palaestina gehört nach der Erbteilung Noahs zum Gebiet von Sem, ist aber von Kanaan, dem Sohn Hams, geraubt worden); 142,5ff. (Geschlechterregister von Sem bis Salomon); 173,10; 174,9ff.

(Geschlechterregister von Sem bis Phalek); 198,4. 5. II 75,6; 78,2 (von Sem 25 Söhne beim Turmbau); 331,7 (die Samaritaner halten Melchisedek für Sem); 332,13. 19; 333,1. 5. 6. 10. III 124,30; 126,2bis. 17; 127,2. 3. 9.

Σιγή valentin. Äon I 386,1; 391,3 (anderer Name für die Ἔννοια = Χάρις). 11; 392,5. 22. II 45,15 (die obere Μήτηρ = Ἀλήθεια).

Σιδώνιος I 142,4. III 126,19.

Σικελία I 140,11 (von Japhethiten bewohnt).

Σίκιμα II 326,8 (πεδίον Σικίμων).

Σικυών I 179,7 (dort ist Europs der erste König).

Σιλανός C. Appius Iunius C. f. Silanus, röm. Consul 28 n.Chr. (PIR² I 822; nach Epiph. 30 n.Chr.) II 291,18 (Consul 30 n.Chr.); 298,14 (unter seinem Konsulat wird Jesus getauft und beginnt mit der Predigt).

Σιλανός M. Iunius Silanus Torquatus, röm. Consul 19 n.Chr. (PIR² I 839; nach Epiph. 21 n.Chr.) II 291,9.

Σιλ⟨ου⟩ανός C. Iunius Silanus, röm. Consul 10 n.Chr. (PIR² I 825; nach Epiph. 12 n.Chr.) II 290,18.

Σιλ⟨ου⟩ανός M. Plautius Silvanus, röm. Consul gleichzeitig mit Augustus 2 v.Chr. (PIR² P 479; nach Epiph. im Jahr vor Christi Geburt) II 284,6; 288,13; 290,6.

Σιλ⟨ου⟩ανός nach Epiph. röm. Consul 14 n.Chr. mit Φλάγκος II II 291,1.

Σιλωάμ II 43,10 (= ἀπεσταλμένος = Jesus).

Σίμων Bruder Jesu aus Josephs erster Ehe I 70,21; 319,28 (Συμεών).

Σίμων der Zelot I 232,1.

Σίμων von Cyrene I 260,6ff. (nach Basilides ist Simon von Cyrene anstelle

Jesu gekreuzigt worden; Jesus hat sich in Simon verwandelt und ihn an seiner Stelle kreuzigen lassen); 265,8ff.; 266,11. 16.

Σίμων (der Magier), Σιμωνιανοί I 21,15; 158,1 (Σιμωνιανοί); 160,2; 234,3ff. (die Simonianer von Simon dem Magier, dem Zeitgenossen des Petrus). 4 (er stammt aus dem Dorf Gittha in Samaria). 4f. (er geht von den Samaritanern aus und nimmt nur den Namen Christi an). 5 (er lehrt Unzucht, unbekümmerte Befleckung mit Weibern). 5f. (er verwirft die leibliche Auferstehung und sagt, daß die Welt nicht Gottes sei). 7 (er übergibt seinen Anhängern sein Bild als das des Jesu und seiner Hure Helena als das der Athena zur Verehrung). 9f. (er sagt, daß er für die Samaritaner der Vater, für die Juden Christus sei). 11 (von ihm stammen mittelbar die Menandrianer ab). 14 (die Satornilianer übertragen den Simonianismus nach Syrien); 235,6 (Basilides ist mit Satornil zusammen Schüler von Menandrianern und Simonianern gewesen); 238,1ff. (ausführliche Darstellung). 3 (Simon Stifter der ersten Häresie nach Christus). 6 (er war ein Zauberer). 6f. (stammt aus Gittha in Samarien, das früher eine Stadt, jetzt ein Dorf ist). 8 (er bezaubert das Geschlecht der Samaritaner). 9 (er sagt, daß er die große Kraft Gottes sei und von oben herabgekommen sei). 10 (er sagt, daß er für die Samaritaner der Vater, für die Juden der Sohn sei). 12 (er habe bei seinem Leiden nur scheinbar gelitten; er schmeichelt den Aposteln und läßt sich gleichfalls von Philippus taufen); 239,5 (er bietet dem Petrus Geld an, um durch ihn die Gabe des Geistes zu empfangen). 21ff. (er findet eine Hure Helena, die

aus Tyrus stammte, tut wie wenn er keinen geschlechtlichen Verkehr mit ihr hätte und ersinnt zur Rechtfertigung des Verhältnisses einen Mythus); 240,1 (er erklärt sich für die δύναμις θεοῦ ἡ μεγάλη und die Helena für das πνεῦμα ἅγιον; um ihretwillen sei er herabgestiegen). 3–7 (Zitat aus einer Schrift des Simon – über sein Herabsteigen, um die Prunikas zu suchen). 7 (die Helena sei dieselbe, die im Trojanischen Krieg die Rolle spielte). 9 (die ἄνωθεν δύναμις hat sich beim Herabsteigen verwandelt, die Dichter reden von ihr allegorisch). 11ff. (die ἄνωθεν δύναμις heißt bei ihnen Προύνικος, in anderen Häresien Barbelo oder Barbero). 12ff. (sie hat den Archonten ihre Schönheit gezeigt und dadurch sie gereizt, sie zu rauben); 241,1ff. (sie haben sich durch sie zur Begierde und dadurch zum gegenseitigen Mord reizen lassen). 5ff. (sie hat sich von ihnen festhalten und von einem Körper in den anderen stoßen lassen, um sie dadurch zu schwächen und dadurch wieder ihre Kraft an sich zu ziehen). 11–242,2 (Zitat aus einer Schrift des Simon: die Helena ist diejenige, die bei Griechen und Troern eine Rolle spielt, die vor der Welt war und die mit den unsichtbaren Mächten das Gegenbild – zur oberen Welt – schuf. Sie ist die Ennoia, die bei Homer Helena heißt. Sie wartete auf seine Ankunft. Homer beschreibt sie, wie sie auf dem Turm steht und mit der Fackel den Griechen den Weg weist. Die Fackel ist das Licht von oben, daß hölzerne Pferd die Unwissenheit der Heiden, d.h. der Menschen, die nicht die Gnosis des Simon kennen und dadurch selbst das Verderben herbeiziehen); 242,2 (er erklärt Helena für Athena und bezieht

Eph 6,14 auf sie). 10. 14–16 (Zitat aus einer Schrift des Simon: auf die Helena = Athena bezieht sich Eph 6,14; Helena ist das verlorene Schaf; um ihretwillen ist er herabgestiegen). 16 (er stellt sein eigenes Bild in der Gestalt des Zeus, das der Helena in Gestalt der Athena zu Verehrung auf). 20 (er hat abscheuliche Mysterien – Mannessamen und Menstrualblut – ihnen übergeben und erklärt sie für μυστήρια τῆς ζωῆς); 243,5ff. (er erdichtet Namen von Mächten und Gewalten, für jeden Himmel besondere und legt ihnen barbarische Namen bei; man könne nur gerettet werden, wenn man die Mystagogie kenne und durch diese Mächte und Gewalten dem höchsten Gott derartige Opfer darbringe). 10ff. (diese Welt sei von Mächten und Gewalten geschaffen ἐν ἐλαττώματι). 12 (er lehrt den Untergang des Fleisches, Rettung nur für die Seelen und für sie, wenn sie seine Mystagogie besäßen). 14 (so fingen die Gnostiker an). 15 (er verwirft das AT: das Gesetz stamme von der linken Macht, die Propheten nicht von dem höchsten Gott, sondern von einer der Mächte, jeder einzelne wieder von einer anderen); 244,3 (Simon hat in Rom, herabstürzend, ein elendes Ende gefunden); 246,3 (Menander ist eine Zeitlang sein Schüler gewesen); 250,4 (von Simon ist die Gnosis ausgegangen); 257,6; 275,17; 300,22; 311,16. II 90,10 (von Simon hat auch Cerdon Anregung empfangen); 174,18.

Σινᾶ I 182,4.
Σινωπεύς I 126,14 (in Sinope Σέραπις = Ἆπις βασιλεύς zum Gott gemacht).
Σινώπη II 94,6 (von dorther stammt Marcion). III 507,26.

Σίσυφος I 105,16.
Σιών I 216,22 (der Berg Zion, wo Abraham opferte, wird immer noch gezeigt). II 209,9 (die frühere Höhe von Zion jetzt eingeebnet).
Σκότοι japheth. Stamm I 140,10.
Σκύθαι I 137,13 (sem. Stamm); 140,5 (japheth. Stamm); 176,1 (auf dem Gebiet lebend, das sich zw. Europa und Asia erstreckt). 2; 178,17 (οἱ τῶν Σκυθῶν Σαυρομάται); 188,20.
Σκυθία I 162,14 (dorthin, nach Europa zu, ziehen sich Phalek und Ragau hinüber und werden den dortigen Völkern zugezählt).
Σκυθισμός I 21,2; 157,3; 159,21. 24; 162,11ff. (Anakephalaiosis – reicht von Noah bis zum Turmbau und bis Phalek und Ragau; deren Nachkommen, die sich nach Europa hinüberziehen, werden den Skythen beigezählt seit Tharra/Thera, von dem die Thraker abstammen); 164,14; 174,1ff. (Noah läßt sich beim Berg Lubar nieder; von da fünf Geschlechter bis Phalek = 659 Jahre); 175,13 (im 5. Geschlecht nach der Sintflut, als es 72 Völker geworden waren, gehen sie von Lubar nach der Ebene Senaar/Sinear/Shinar und beschließen dort einen Turm und eine Stadt zu bauen). 22 (sie werden alle von dem Gebiet, das sich von Europa nach Asia herüberzieht, Σκύθαι genannt); 176,4 (Gott trennt die Sprachen und zerteilt sie in 72 Völker). 7ff. (sie zerstreuen sich nun über die Erde, die einen zurück, die anderen vorwärtsgehend in das Land, das ihnen durchs Los zufiel); 178,11 (Σκυθική τις διαδοχή pflanzt sich gewissermaßen bis Tharra fort); 179,20; 188,10 (auch Σερούχ an bis zu Abraham dauert der Ἑλληνισμός). III 495,6; 502,17.

Σκυθόπολις I 339,20ff. (dorthin ist der
frühere jüd. Apostel Joseph von Tiberias
übergesiedelt). 22 (in dessen Hause lebt
dort Eusebius von Vercelli, als er von
Constantius verbannt war); 340,10 (in
der Zeit des Joseph ist er in Scythopolis
der einzige Orthodoxe, weil Patrophilus,
der arianische Bischof, die Orthodoxen
verfolgt). 21 (die Arianer hätten gern den
Joseph zum Kleriker gemacht); 348,26.

Σμύρνα, Σμυρναῖος II 128,30 (Smyrnäer
ist nach einer Überlieferung Homer);
213,3 (aus Smyrna in Asia stammt Noët).
III 506,20.

Σόδομα I 38,17; 203,6. II 155,2; 169,25f.;
335,21; 515,6. III 254,12; 503,21. 21.

Σοδομῖται II 63,2 (bei den Kainiten
hochgeschätzt, weil zur ἰσχυροτέρα
δύναμις gehörend); 155,3.

Σολομών I 53,5; 70,8. II 249,10; 287,20.
— Σολομῶντος I 52,14; 188,25;
193,26; 194,3. II 287,21; 518,1. —
Σολομῶντι I 53,15. — Σολομῶντα
I 53,1; 70,7; 188,26; 357,27 (er wird von
den Ebionäern verworfen). II 100,1.

Σομόρων = Samaria, Name des jüngeren
Besitze‹r›s I 197,19. 20. 21; 198,7.

Σουβά I 181,5 (Μεσοποταμία Σουβά).

Σουέδρα in Pamphylien I 1,13 (nach
Suedra ist der Ancoratus gerichtet);
2,1f. (dort sind im Jahr 374 Tarsinus
und Matidius Presbyter). 6 (neben
Tarsinus und Matidius auch Neon und
Numerianus Presbyter); 3,3. 7 (Palladius
in derselben Zeit dort Mönch); 5,2
(Matidius, Tarsinus, Neon, Numerianus
Presbyter; Palladius Mönch). 9 (Matidius,
Tarsinus ‹Neon›, Numerianus Presbyter).
11 (Palladius und Severianus).

Σουμανῖτις I 29,16; 118,31; 132,16.
III 433,5; 494,12. 14.

Σοῦσα I 219,3.

Σοφία gnost. Äon I 257,11; 386,4. 12
(Valentinianer); 388,7 (= Μήτηρ =
Ἀχαμώθ); 392,11; 393,1.

Σπανία I 309,18 (Paulus macht als Bischof
von Rom seine Reise nach Spanien).
III 126,9; 418,1.

Σπάνοι japheth. Stamm I 140,10.

Σταυρός I 388,9; 396,8 (valentin.
Bezeichnung für den Erlöser); 404,14.

Στέφανος der Siebener I 232,5; 267,15.
II 197,28.

Στησίχορος I 386,16 (aus ihm und
Hesiod hat Valentin seine Äonenlehre
entnommen); 389,19; 458,28.

Στοά I 183,21; 184,1.

Στρατιωτικοί anderer Name für die
Γνωστικοί; s. dort.

Στωϊκοί I 21,4; 157,8; 159,26; 164,10;
165,19ff. (Anakephalaiosis – sie
erklären die Welt für einen Körper und
nennen diese sichtbare Welt Gott, einige
erklären das Feuer für die Grundwesen).
21 (sie erklären Gott für einen Νοῦς
und zugleich für die Seele des ganzen
All, für deren Augen die Sterne);
166,2 (Vernichtung des Fleisches
und Seelenwanderung); 183,11ff. (sie
erklären die Gottheit für die Seele der
sichtbaren Welt). 14ff. (sie zerteilen die
Gottheit in viele Substanzen, Sonne,
Mond, Sterne). 17ff. (sie lehren die
Seelenwanderung). 21 (ihr Anhänger
ist Zeno, den die einen für den Sohn
des Cleanthes erklären, die anderen von
Kitieum in Zypern herstammen lassen.
Er habe in Rom eine Zeitlang gelebt,
dann in Athen in der Stoa seine Lehre
vorgetragen); 185,14. 18.

Σύγκρασις valentin. Äon I 386,5. 12;
392,17; 393,2; 402,6.

Συμεών der Erzvater, der Sohn Jakobs I 188,1.

Συμεών der Prophet aus Lk 2 I 228,7. II 258,16.

Συμεών der Bruder Jesu; s. Σίμων.

Σύμμαχος der Bibelübersetzer II 408,1; 419,4. III 6,27 (Übersetzung von Ps 109,3).

Συμφωνία (μικρά und μεγάλη) II 82,9ff. (apokryphes Buch bei den Archontikern). 15ff. (die Lehre von der Ogdoas und Hebdomas; die Μήτηρ im 8. Himmel).

Σύνεσις valentin. Äon I 386,3. 11; 392,11; 393,1; 402,10.

Συρία I 153,8 (τῆς κοίλης Συρίας); 234,14 (in Syrien wirkt Satornil); 247,17; 256,24; 276,3 (Συριακὴ διάλεκτος im Unterschied zu ihm heißt das Hebräische die βαθεῖα γλῶσσα); 277,5 (hier wieder hebräisch und syrisch klar unterschieden); 279,19; 330,5. II 2,22 (von Syrien kommt Cerdon nach Rom); 90,11; 94,3 (in Syrien die Marcioniten noch zur Zeit des Epiph. verbreitet); 215,7 ('Αντιοχία Συρίας). 12. III 25,10; 155,31; 268,18; 300,7. 12.

Σύροι I 137,10 (sem. Volk). II 204,4 (Tatian Σύρος von Geburt).

Συρτῖται ham. Stamm I 139,1.

Σωκρατῖται anderer Name für die Γνωστικοί; s. dort.

Σωμήρ I 197,20; 198,7.

Σωτήρ s. unter Christologie.

Σωτήρ I 388,9 (bei den Valentinianern = Ὅρος = Σταυρός = Ὁροθέτης = Ἰησοῦς, der von Pleroma zur Rettung der von der Σοφία stammenden Seele entsendete); 389,3 (bei den Valentinianern heißt auch der Ἰησοῦς Σωτήρ, als Abbild und Gegenstück des ἄνω Χριστός); 396,8.

Σωυέ Sohn Abrahams von der Chettura I 180,8.

⟨Ταϊ⟩ανοί I 137,11 ("Αραβες οἱ καὶ ⟨Ταϊ⟩ανοὶ sem. Stamm); 138,8 (Ταιηνοί ham. Volk).

Τάκιτος M. Claudius Tacitus, röm. Kaiser 275–276 n.Chr. (PIR[2] C 1036) I 72,7 (regiert 6 Monate).

Τάνις ägypt. Stadt I 256,18.

Τάνταλος I 105,10. 16.

Ταρσῖνος I 2,1 (Presbyter in Suedra in Pamphylien, der Epiph. um Abfassung des Ancoratus gebeten hat). 6; 5,2.

Τάρταρος I 389,19.

Τασκοδρουγῖται anderer Name für κατὰ Φρύγας; s. dort. II 239,8ff. (sie legen beim Beten den Zeigefinger an die Nase, bei Filastrius Ascodrugitae).

Τατιανός, Τατιανοί I 21,23; 158,14; 160,11. II 4,5ff. (er ist mit Iustin, dem Märtyrer, emporgekommen; nach dem Tod Iustins ließ er sich durch die Lehren Marcions verführen; er soll aus Mesopotamien herstammen); 202,5ff. (etwa gleichzeitig mit den Severianern). 25f.; 203,1ff. (er ist griech. gebildet und kommt mit Iustin empor). 10. 12 (nach Iustins Tod kommt er auf Irrwege); 204,4 (er ist Syrer von Geburt). 5 (er hat seine eigene Schule in Mesopotamien errichtet, im 12. Jahr des Antoninus Pius; nachdem er von Rom weggegangen war). 7ff. (er ist von Rom weg in den Osten gegangen und hat dort nach Art Valentins Äonenspekulationen eingeführt). 11ff. (seine Lehre ist jetzt hauptsächlich verbreitet in Antiochia-Daphne, Kilikien und Pisidien; denn von ihm haben die Enkratiten ihr Gift bekommen); 205,1 (er hat das Diatessaron verfaßt, das manche Hebräer-Ev. nennen). 4 (er bestreitet die Seligkeit Adams). 4f. (er predigt Enthaltsamkeit und erklärt die Ehe für

Unzucht). 9 (er feiert das Abendmahl nur mit Wasser); 206,2f. (die Schule Tatians jetzt wohl erloschen); 207,10. 26bis.; 208,2; 211,4 (von ihm stammen die Enkratiten her); 215,2; 219,10 (Tatian mit Marcion und den Enkratiten in der Zeit Hadrians und nach ihm); 380,14 (von ihnen stammen auch die Apostoliker ab).

Ταῦροι japheth. Stamm I 140,5.

Ταῦρος T. Statilius T. f. Taurus, röm. Consul 11 n.Chr. (PIR¹ S 617; nach Epiph. 13 n.Chr.) II 290,19.

Ταῦρος T. Statilius Sisenna Taurus, röm. Consul 16 n.Chr. (PIR¹ S 613; nach Epiph. 18 n.Chr.) II 291,5.

Τειρεσίας I 105,17.

Τελέσφορος röm. Bischof I 310,8.

Τένεδος von Hamiten bewohnte Insel I 139,8.

Τεσσαρεσκαιδεκατῖται   I 21,25f (Τεσσαρεσκαιδεκατῖται, οἱ τὸ πάσχα μίαν ἡμέραν τοῦ ἔτους ποιοῦντες); 158,18; 160,18. II 211,21ff. (sie feiern das Passah nur einen Tag, am 14. des Mondmonats, selbst wenn es auf den Samstag oder Sonntag fällt; sie fasten an diesem Tag und halten Nachtwache); 244,13ff. (sie gehen aus den Kataphrygern und Quintillianern hervor). 16 (sie stehen in allem wie die Kirche, halten sich aber nicht an den Sinn des kirchl. Gebotes, sondern an die Juden). 20 (sie feiern das Passah nur einen Tag lang, II 245,4: am 14. Nisan). 21f. (sie denken über Vater, Sohn und Geist wie die Kirche; sie nehmen AT und NT an; glauben an die Auferstehung des Fleisches, das künftige Gericht und das ewige Leben); 245,5 (andere von ihnen, die auch nur einen Tag fasten und feiern, legen aufgrund der Acta

Pilati das Leiden auf den 25. März, ohne Rücksicht auf den 14. Nisan. Denselben Tag feiern sie in Kappadokien); 248,22.

Τηβήθ hebr. Monatsname II 293,7 (5. Tebeth = 6. Januar).

Τιβαρηνοί japheth. Stamm I 140,4.

Τιβεριάς I 17,10 (ἐπὶ τῆς Τιβεριάδος ⟨λίμνης⟩); 338,6. 14 (dort lebt Josephus, der von Constantin zum comes erhobene frühere jüd. ἀπόστολος. Er erhält von Constantin die Erlaubnis, in Tiberias, wie in anderen palästinischen Städten, u.a. Diocaesarea und Capernaum, eine Kirche zu bauen). 17; 339,5f. (ein ἐπίσκοπος πλησιόχωρος τῆς Τιβεριέων. Aus der Stelle geht hervor, daß es in Tiberias selbst keinen christl. Bischof gibt). 21 (Josephus siedelt später von Tiberias nach Scythopolis über); 345,14; 347,12 (Josephus erhält von Constantin die Erlaubnis, dort eine Kirche zu bauen). 15 (eine der Stätten, in denen es bis auf Constantin weder einen Hellenen noch einen Samaritaner noch einen Christen gab; daher auch keine christl. Kirche). 19. 21 (er baut sie aus einem alten Ἀδριάνειον); 348,24 (kann aber wegen der ständigen Belästigungen durch die Juden es nur zu einem Teil ausbauen und macht daraus eine kleine Kirche). 25; 349,7; 359,23. II 283,11; 294,22.

Τιβέριος Tiberius Claudius Nero, röm. Kaiser 14–37 n.Chr. (PIR² C 941) I 71,9 (regiert 23 Jahre). II 291,7 (Consul zum 2. Mal 18 n.Chr.; nach Epiph. 20 n.Chr.). 11 (Consul zum 3. Mal 21 n.Chr.; nach Epiph. 23 n.Chr.).

Τίγρης I 68,8. 16.

Τιμογένης I 130,3 (in Asia verehrt).

Τιμόθεος der Genosse des Paulus I 254,13; 296,8. II 89,14.

Τίμων der Diakon I 232,6.

Τιτᾶνες I 129,8.

Τίτος Titus Flavius Vespasianus, röm. Kaiser 79–81 n.Chr. (PIR² F 399) I 71,12 (regiert 2 Jahre); 223,7 (er ist der Bruder Domitians; Sohn des Vespasian und erobert Jerusalem im 2. Jahr Vespasians).

Τραϊανός M. Ulpius Traianus, röm. Kaiser 98–117 n.Chr. (PIR¹ V 575) I 71,15 (regiert 19 Jahre); 218,3 (in seiner Zeit tritt Elxai auf); 366,3 (Johannes hat bis in die Zeit Trajans gelebt).

Τριακάς I 392,19; 393,3f. 12.

Τρίτος valentin. Äon I 393,6.

Τριτωνίς I 129,4 (Τριτωνὶς λίμνη).

Τροία I 128,4.

Τρωγλοδύται I 137,11 (sem. Volk); 138,7 (ham. Volk).

Τρῶες I 240,8.

Τυβί II 293,2 (11. Tybi = 6. Januar); 298,20; 300,15. 19; 301,3. 15.

Τύρος, Τύριος I 50,15; 126,13 (in Tyrus hat Isis 10 Jahre lang gehurt); 183,22; 239,22 (ἀπὸ τῆς Τυρίων stammt Helena, die Genossin des Simon Magus); 242,12. II 294,26; 406,5 (dort hat Origenes 28 Jahre gelebt). III 148,15; 296,13; 300,5.

Τυρρηνοί japheth. Stamm I 140,8.

Τυφών ägypt. Gott I 124,18 (bei den Ägyptern verehrt); 126,3. 10 (sein Verhältnis zu Isis, Nephtys und Osiris). III 512,11.

Ὑγῖνος röm. Bischof I 310,8. II 2,23 (unter Hyginus kommt Cerdon nach Rom); 91,2 (Hyginus der neunte Bischof seit Jakobus, Petrus und Paulus); 94,21 (nach dem Tod des Hyginus kommt Marcion nach Rom); 171,26.

Ὑπάτιος I 6,8 (ist im Jahr 374 von Ägypten zu Epiph. gekommen, um ihn zur Abfassung des Ancoratus zu bewegen). 9 (mit τέκνον angeredet). 20.

Ὑρκανοί sem. Volk I 137,11.

Ὑστέρα (sc. δύναμις); II 63,15 (bei den Kainiten Bezeichnung des Weltschöpfers).

Φαδάν I 181,5 (Μεσοποταμία Φαδάν).

Φαλέκ I 70,1; 142,7. 8; 162,13 (bis zu ihm in Ῥαγαῦ reicht der Skythismus; ihre Nachkommen ziehen sich nach Europa hinüber und werden den skythischen Völkern beigezählt); 174,11; 176,20; 177,11. II 332,6. 7. III 127,4bis.

Φανουήλ Vater der Prophetin Hanna I 228,8.

Φαράν von Ismael in der Wüste gegründete Stadt I 180,9.

Φαρές der Erzvater I 70,4; 142,11; 181,25. 26.

Φαρισαῖοι I 17,6; 21,6; 157,16; 159,29; 167,8ff. (= ἀφωρισμένοι; sie erkennen die Totenauferstehung, Engel und Geister an, haben strengen Wandel, Enthaltsamkeit, Fasten zweimal in der Woche, Reinigung der Gefäße, häufiges Gebet). 14 (Besonderheiten in der Kleidung: die breiten Purpursäume am Mantel). 17 (Schellen und Glöckchen an den Zipfeln des Gewandes während der Zeit der Enthaltsamkeit). 19 (Schicksalsglaube); 210,7ff. (sie denken ebenso wie die Schriftgelehrten, haben aber Besonderes). 12 (sie führen besonders strengen Wandel: einige von ihnen haben für die Zeit, wo sie Enthaltsamkeit üben – 10, 8, 4 Jahre – in eifrigen Gebet noch besondere Vorsichtsmaßnahmen gegen geschlechtliche Versuchungen). 16 (die einen schlafen auf einem Brett sitzend, das nur eine Spanne breit ist, um immer wieder zum Gebet angestoßen zu werden). 20 (andere schlafen auf Scherben liegend oder auf Dornen); 211,1 (sie fasten zweimal in der Woche, am Montag und Donnerstag). 2 (sie geben den Zehnten, die Erstlinge, den 30. von den 50; halten ihre Opfer und Gebete aufs pünktlichste). 4ff. (sie tragen ebenso wie die Schriftgelehrten ein Obergewand und andere Gewänder mit breiten Schuhen und zungenförmigen Riemen daran). 7ff. (sie heißen Pharisäer = ἀφωρισμένοι). 11 (sie bekennen die Auferstehung der Toten, glauben an Engel). 12ff. (Schicksalsglaube und Astrologie bei ihnen: die Namen der Planeten und die des Tierkreises ins hebräische übertragen); 212,2; 213,8. 11; 214,7; 223,11; 226,19 (zur Zeit des Epiph. ausgestorben); 255,8; 350,3; 362,8; 364,28; 366,11. II 96,7; 112,20; 141,30; 282,19; 416,13; 450,7; 511,28. III 80,20; 92,21; 110,17; 202,10; 343,7.

Φασγηνοί ham. Volk I 139,4.

Φεισών I 67,16. 17 (= Ganges = Indus).

Φερεζαῖος I 142,3; 198,1. II 377,27; 396,9. III 126,18.

Φιβιωνῖται anderer Name für die Γνωστικοί; s. dort.

Φιλαδελφία in Arabien II 213,9; 358,7 (daher die betreffende Gegend Φιλαδελφηνή); 415,14.

Φιλήμων der Komiker I 125,1.

Φίλιππος der Apostel I 231,23; 292,13 (ein Ev. unter seinem Namen bei den Gnostikern); 371,1f. II 268,16 (er war wohl auf der Hochzeit zu Kana).

Φίλιππος der Diakon I 232,5; 239,1. 3. II 243,2 (seine weissagenden Töchter).

Φίλιππος (M. Iulius) Philippus Arabs, röm. Kaiser 244–249 n.Chr. (PIR² I 461) I 72,4f. (regiert 6 Jahre).

Φιλιστίων der Mimologe I 242,7; 276,9; 458,3.

Φιλοσαββάτιος II 258,7 (geborener Jude, Urheber einer schlimmen Evangelienkritik).

Φίλων der Botaniker I 171,9.

Φινεές der Aaronite I 219,1.

Φινεές Nachkomme des Zeitgenossen Mose I 218,20ff. (nach der Behauptung der Elkesäer ein Priester aus dem Geschlecht Levis und Aarons und des alten Phinees/Pinhas, der in der Zeit der babylonischen Gefangenschaft in Susa die Artemis angebetet hat unter dem König Darius und dadurch sein Leben gerettet hat).

Φλάγκος I C. Norbanus C. f. Flaccus, röm. Consul 15 n.Chr. (PIR² N 168; nach Epiph. 17 n. Chr.) II 291,4.

Φλάγκος II L. Pomponius L. f. Flaccus, nach Epiph. röm. Consul 14 n.Chr. (nach PIR² P 715 aber 17 n.Chr.) II 291,1.

Φλώρα die Schülerin des Ptolemaeus I 450,10. 16ff. (Brief des Ptolemaeus an die Flora).

Φοίνικες I 138,1 (sem. Stamm). 8 (ham. Stamm); 163,16 (mit den Ägyptern, Babyloniern, Phrygern zusammen haben sie zuerst Götzenbilder eingeführt); 182,14 (mit jenen zusammen μυστήρια und τελεταί erfunden).

Φούδ s. Ψοῦς.

Φρεβωνίτης I 384,10 (Valentin der Abstammung nach).

Φρόνησις gnost. Äon I 257,10 (Basilides).

Φρύγας, κατὰ I 21,23f (κατὰ Φρύγας, οἱ καὶ Μοντανισταὶ καὶ Τασκοδρουγῖται); 158,15; 160,16. II 211,7ff. (sie nehmen das AT und das NT an, führen aber neue Propheten nach den Propheten ein: Montanus und Priscilla); 219,5. 7ff. 8 (sie sind aufgetreten im 19. Jahr des Antoninus Pius). 13 (sie nehmen die ganze Schrift AT und NT an; ebenso die Auferstehung); 220,1ff. (sie rühmen sich des Montanus, der Priscilla und Maximilla als ihre Prophetinnen). 3 (über Vater, Sohn und Geist denken sie ebenso wie die Katholische Kirche); 221,11ff. (sie verlangen, daß man die Gnadengaben anerkenne). 25ff. (ein Ausspruch der Maximilla μετ᾽ ἐμὲ προφήτης); 222,7 (seit dem Auftreten der Kataphryger bis 376 sind 290 Jahre verflossen); 224,20 (ein Ausspruch des Montanus ἰδοὺ ὁ ἄνθρωπος); 226,1 (sie berufen sich auf Gen 2,21 – Schlaf Adams); 228,8ff. (auf Ps 115,2 und Act 10,11f.); 229,7 (auf die Ekstase Abrahams). 17ff. (sie sagen, daß die ersten Gaben den letzten nicht gleich sind); 231,19 (sie stoßen den zweimal sich Verheiratenden aus); 232,17ff. (ein Wort des Montanus: τί λέγεις τὸν ὑπὲρ ἄνθρωπον); 233,18 (ein Wort des Montanus: ἐγὼ κύριος ὁ θεός); 235,1 (Wort des Montanus: οὔτε ἄγγελος οὔτε πρέσβυς). 10 (einfach Φρύγες genannt). 19. 20 (ein Wort der Maximilla: ἐμοῦ μὴ ἀκούσητε); 237,10 (ein Wort der Maximilla: ἀπέστειλέ με κύριος); 238,20ff. (sie verehrten den jetzt wüst liegenden Ort Pepuza in Phrygien; erklären, daß dort das neue Jerusalem wiederkomme und halten dort Mysterien ab); 239,4ff. (sie finden sich in Kappadokien, Galatien, Phrygien, aber auch in Kilikien und Konstantinopel). 7 (mit ihren – oder mit den Quintillianern – gehören auch die Taskodrugiten zusammen). 16ff. (in ihrem Gottesdienst – oder bei den Quintillianern – wird ein

Kind mit Nadeln zerstochen und das Blut geschlürft); 241,1ff. (aus ihnen gehen die Priscillianer-Quintillianer hervor, bzw. sie fallen mit ihnen zusammen). 22; 242,12. 15; 244,14 (aus ihnen und den Quintillianern gehen die Tessareskaidekatiten hervor). 21; 307,2. 9; 308,2.

Φρύγες I 138,9 (ham. Stamm); 163,16 (bei den Ägyptern, Babyloniern und Phönikiern; zusammen haben sie zuerst den Götzendienst eingeführt); 178,18 (sie leiten ihr Geschlecht von Odrysus ab, der göttlich verehrt wird); 182,14 (mit den Ägyptern, Babyloniern und Phönikiern zusammen haben sie zuerst μυστήρια und τελεταί erfunden); 241,17. 21. II 128,30 (Phryger ist nach einer Überlieferung auch Homer); 219,7; 235,12.

Φρυγία II 211,14; 215,6 (in Φρυγία κεκαυμένη sind die Enkratiten verbreitet); 238,20; 239,5 (hier finden sich Kataphryger); 307,2ff. (im Jahr 170/171 ist die Gemeinde von Thyatira zu den Montanisten übergegangen; seit 263/264 aber wieder zum katholischen Glauben zurückgekehrt); 382,4 (dort finden sich Apostoliker). III 300,24. 28; 301,1; 320,1.

Φυλιστιείμ I 189,20 (ἔν τε τῇ Χανανίτιδι γῇ, Ἰουδαίᾳ καὶ Φυλιστιείμ οὕτως κληθείσῃ τότε, τανῦν δὲ Παλαιστίνη καλουμένῃ).

Φῶς valentin. Äon, anderer Name für den Θελητός I 386,3. 11; 388,11 (der Ἰησοῦς ist ein Φῶς von dem ἄνω Χριστός und heißt deshalb auch Φῶς); 392,10; 439,12f. (φῶς und σκότος als Bezeichnung für die rechte und linke Seite der oberen Ogdoas bei Secundus).

φῶς, φῶτα bei den Valentinianern I 391,12; 392,1; 393,10; 394,4.

Φωτεινός, Φοτεινιανοί I 22,3; 159,1; 161,5. III 249,10; 250,3; 251,5; 254,3; 265,12; 266,3. 34; 267,1. 22; 269,9; 435,16.

Χααμοῦ II 286,10 (in Petra verehrte Gottheit = Κόρη = Παρθένος; ihr Fest, die Geburt des Dusares aus ihr am 6. Januar begangen).

Χαλάννη I 177,3 (von Nimrod gegründet).

Χαλδαῖοι sem. Stamm I 138,1.

Χαλκίς in Coele Syria I 153,8. III 248,31.

Χάλυβες I 138,4 (sem. Volk); 140,4 (japheth. Volk).

Χάμ der Sohn Noahs I 69,24; 137,4 (sein Erbteil von Rhinocorura bis Gadara südwärts); 138,6ff. (Völkerliste; seine Söhne); 141,3. 12 (er – bzw. sein Sohn Kanaan – ist eingedrungen in das Erbteil Sems und hat Palaestina geraubt); 142,1f. (sein Sohn ist Kanaan); 173,10; 198,5. II 74,4 (nach den Sethianern ist Ham von den Engelmächten, zu deren Geschlecht er gehörte, in die Arche heimlich eingeschmuggelt worden, so daß er nach der Sintflut ihr Geschlecht fortpflanzt). 6. 10; 75,6; 78,1 (von Hams Geschlecht 32 Stammesfürsten beim Turmbau beteiligt). III 124,30; 125,5; 126,14.

Χαναάν der Sohn Hams I 141,1 (er ist in das Erbteil Sems eingedrungen und hat Palaestina geraubt); 142,2 (Sohn Sems, Vater des ᾿Αμορραῖος, Γεργεσαῖος, Φερεζαῖος, Εὐαῖος, ᾿Αρουκαῖος, ᾿Αράδιος, Σιδώνιος); 198,2.

Χαναάν das Land I 180,15.

Χαναναῖοι I 136,2. II 378,1; 396,9. III 139,27

Χαναῖτις I 134,9; 181,8; 189,20 (ἔν

τε τῇ Χανανίτιδι γῇ, ᾿Ιουδαίᾳ καὶ Φυλιστιείμ οὕτως κληθείσῃ τότε, τανῦν δὲ Παλαιστίνη καλουμένῃ). III 482,12.

Χάρις valentin. Äon I 391,1 (anderer Name für die ῎Εννοια = Σιγή).

Χαριστήριος valentin. Äon I 395,8.

Χασβιεί II 333,18.

Χεβρών II 81,4.

Χερουβίμ I 17,29; 19,20; 34,3. 14. 22. II 223,22; 464,10. III 402,2.

Χεττούρα I 180,6 (von ihr hat Abraham sechs Söhne; sie verstreuen sich über das glückliche Arabien). III 503,4. 5. 8. 17. 27. 30.

Χίονες sem. Stamm I 147,13.

Χῖος I 139,7 (von Hamiten bewohnt); 140,11 (von Japhethiten bewohnt). III 506,15.

Χῖος der Chier II 128,29 (Chier ist nach einer Überlieferung auch Homer).

Χοδολλογομόρ II 332,18. III 503,20.

Χοιάκ II 294,1 (6. Choiak bei den Salaminiern = 8. November).

Χορράτ der Bach II 503,15.

Χούς I 176,13 (er erhält bei der Teilung der Erde die Αἰθιοπίς); 177,1 (Χοὺς ὁ Αἰθίοπος erzeugt den Nimrod).

Χριστιανικός II 235,11; 385,21. III 24,5.

Χριστιανισμός I 175,6 (Adam war erster Christ; er kannte als Prophet die Trinität; ebenso aber auch Abel, Henoch, Mathusala/Methusalem/Methusael, Noah). 11; 340,4. III 153,6; 408,3; 495,11; 502,22.

Χριστιανός I 321,19 (anfänglich heißen alle Christen Ναζωραῖοι); 322,3 (sie heißen auch ᾿Ιεσσαῖοι nach dem Vater Daniels); 327,20ff.

Χριστός s. Sachregister Theologie.

I 388,11 f. (der Ἰησοῦς ist ein φῶς von dem ἄνω Χριστός und heißt deshalb auch Χριστός); 396,8. 13. II 319,27.

Χωχάβη s. Κωκάβη.

Ψοῦς I 176,14 (er erhält bei der Teilung der Erde Axum). II 78,13.

Ψυλλῖται ham. Stamm I 138,9.

Ὠβήδ I 187,22.

Ὠκεανός I 67,21 (ὁ μέγας Ὠκεανός); 129,5; 139,5; 215,5.

Ὤν I 104,16 (= Ἡλιούπολις).

Ὠραία II 75,14. 16 (so soll bei den Sethianern die Frau des Seth heißen, wohl Verschreibung für Νωρέα). 19f.; 529.

Ὠριγένης 1) Ὠριγενιασταί I 21,31 (Ὠριγενιασταί, οἱ καὶ αἰσχροποιοί); 158,27 (Ὠριγένειοι οἱ καὶ αἰσχροποιοί); 160,23 (Ὠριγενιανοὶ οἱ αἰσχροποιοί). II 213,24ff. (sie sind αἰσχροποιοί und geben ihre Leiber der Unzucht hin); 398,14ff. (Epiph. weiß nicht, woher sie ihren Namen haben, ob von Origenes, dem Adamantius). 20 (die Häresie ähnelt der des Epiphanes). 21 (sie lehren verschiedene Schriften des AT und NT). 23 (sie verwerfen die Ehe, aber die Lüsternheit hört bei ihnen nicht auf). 24 (einige sagen, daß sie in Rom und Africa entstanden sei); 399,1 (sie beflecken den eigenen Leib). 2 (sie geben sich als Asketen und Asketinnen, vollführen aber doch ihre Lust, nur in der Weise des Aunan). 19 (sie lassen den Samen auf den Boden fallen und zertreten ihn mit den Füßen, damit er nicht von den unreinen Geistern fortgeholt wird). 24 (sie gebrauchen Schriften des AT und NT, aber auch Apokryphen, insbes. die Andreas-Akten); 400,1ff. (sie werfen der

Kirche die Syneisakten vor, mit denen man dort dasselbe täte). 2) Ὠριγενιασταί, Ὠριγένειοι, Ὠριγενιανοί; s. auch Ἀδαμάντιος. I 21,32 (Ὠριγενιασταὶ οἱ τοῦ Ἀδαμαντίου); 63,12 (Origenes behauptet, daß das Paradies nicht auf der Erde liege); 74,5ff. (er behauptet, die Fellkleider seien der Leib: Gott sei doch kein βυρσοδέψης; widerlegt durch einen Hinweis die Weltschöpfung, den Stab Mosis, die nicht alternden Gewänder der Israeliten, die Kleider, die Jesus bei der Auferstehung trug); 75,23ff. (Origenes περὶ ἀρχῶν zitiert dort die Sätze, daß der Sohn den Vater nicht sehe); 107,20ff. (er glaubt nicht, daß dieses Fleisch wieder aufersteht); 158,27 (hier Ὠριγένειοι); 160,24. II 214,1ff. (von Ὠριγένης, dem Ἀδαμάντιος, dem συντάκτης herstammend; sie verwerfen die Auferstehung der Toten; erklären Christus und den Heiligen Geist für ein κτίσμα; allegorisieren das Paradies, den Himmel und das andere; erklären, daß das Königreich Christi aufhören werde); 398,17 (Ὠριγένους τοῦ Ἀδαμαντίου καλουμένου τοῦ συντάκτου); 403,2ff. (mit dem Beinamen Ἀδαμάντιος). 3 (Sohn des Märtyrers Leonidas, selbst in seiner Jugend verfolgt). 5 (in hellenischer Wissenschaft bewandert, in der Kirche erzogen). 6 (wird in der Zeit des Decius berühmt). 7 (der Geburt nach Ägypter, in Alexandria wohnhaft, vielleicht hat er auch in Athen studiert). 9 (er hat viel erlitten; einmal von den Heiden geschoren und gezwungen, beim Aufgang zum Serapaeum Palmzweige den Eintretenden zu geben, fordert er sie auf, vielmehr den Palmzweig Christi zu nehmen); 404,1ff. (wegen seiner Gelehrsamkeit besonders

viel angefeindet wird er von den Heiden
vor die Wahl gestellt, zu opfern oder
sich von einem Neger mißbrauchen zu
lassen. Er läßt sich zum Opfer bringen
und wird deshalb von einem Gericht aus
Märtyrern und Bekennern aus der Kirche
gestoßen). 14ff. (aus Scham darüber
siedelt er von Alexandria nach Palaestina
über); 405,1ff. (in Jerusalem wird er
aufgefordert, vor dem Volk zu reden.
Aber er liest nur Ps 49,16 und weint).
3 (er war vorher Presbyter). 13ff. (dann
wird er mit Ambrosius bekannt und
führt diesen zum orthodoxen Glauben);
406,1ff. (Ambrosius treibt ihn dazu, ihm
die Bibel auszulegen). 3ff. (er beschäftigt
sich dann in Tyrus 28 Jahre damit die
Bibel auszulegen, wobei Ambrosius ihm
die Hilfsmittel gewährt); 407,3ff. (die
Hexapla: die 4+2 griech. Übersetzungen,
dazu die zwei Spalten des Hebräischen:
mit hebr. und das Hebräische mit griech.
Buchstaben); 409,1ff. (aber das Bestreben,
alles zu erklären, verführt ihn zur Häresie).
10ff. (auch er soll etwas gegen seinen
Körper unternommen haben: nach den
einen den Muskel des Geschlechtsglieds
durchschnitten, nach den anderen
ein Zaubermittel verwendet, um das
Geschlechtsglied zu ertrocknen; andere:
Wein, er habe nur eine Arzneipflanze
gefunden, um sein Gedächtnis zu stärken.
Epiph. will all dies nicht recht glauben).
19 (die von ihm herstammende Häresie
in Ägypten verbreitet, jetzt gerade bei den
Mönchen); 410,3 (er leitet seine Schüler
zwar nicht zu schlimmen Handlungen,
aber zu üblen Anschauungen über die
Gottheit). 5 (von ihm stammen Arius und
die Anhomöer her). 8 (in περὶ ἀρχῶν
sagt er, daß der Eingeborene den Vater

nicht sehen kann, so wenig wie der Geist
den Sohn, die Engel den Geist und die
Menschen die Engel). 12 (er behauptet,
daß der Sohn nicht aus der οὐσία des
Vaters herstamme, sondern ihm ganz
fremd und geschaffen sei; nur κατὰ χάριν
heiße der Sohn); 411,1ff. (die Seelen
hätten präexistiert, sie seien Engel und
obere Kräfte, aber fündig geworden und
in diese Welt geschickt, um hier das erste
Gericht zu erdulden. Deswegen heiße der
Körper δέμας); 412,1ff. (das Wort ψυχή
käme davon her, daß die Seele erkaltet
sei). 5 (Belege dafür Ps 118,67 sei das
Wort der Seele über ihren vorzeitlichen
Fall). 8ff. (Ps 114,7 die Seele die zu ihrer
Ruhe heimkehrt). 11 (Adam habe das
Ebenbild verloren). 12 (darauf bezögen
sich die δερμάτινοι χιτῶνες). 15 (die
Auferstehung vertritt er nur verkürzt,
bald sie scheinbar bestätigend, bald sie
ganz leugnend); 413,2 (er allegorisiert,
was er kann, das Paradies, die Wasser in
ihm und die über dem Himmel und das
Wasser unter der Erde). 11 (er schien alle
früheren Häresien zu bekämpfen und
stellte selbst die schlimmste auf); 414,5
(seine ethischen Deutungen sind häufig
anmutig, seine dogmatischen überall
am allerschlimmsten). 8ff. (als Beleg die
Vorrede der Auslegung von Ps 1 wörtlich
mitgeteilt). 10ff. (er führt ein streng
asketisches Leben; von vielen Fasten und
Enthaltungen der Fleischnahrung soll sein
Brustkorb eingesunken sein); 419,2ff. (er
pflegt bei der Auslegung die verschiedenen
Übersetzungen – Theodotian, Aquila,
Symmachus – anzugeben). 5ff. (wörtlich
aus der Auslegung des Ps 1,5 die Stelle
über die Auferstehung); 500,20 (er sagt,
Gott war doch kein Gerber und konnte

die Lederschlange nicht machen, wo noch nicht einmal Tiere geschlachtet waren); 501,6 (Origenes soll 6000 Bücher geschrieben haben); 505,7ff. (seine Annahme über die δερμάτινοι χιτῶνες aus hellenischer Weisheit geschöpft). 14ff. (Widerlegung dieser Annahme daraus, daß das Fleisch schon bei der Erschaffung des Weibes vorhanden war); 522,7 (er hat sich aus Eitelkeit selbst den Namen Ἀδαμάντιος beigelegt).

Ὧρος I 126,9 (Sohn der Isis). 12 (mit ihr in Tyrus). III 511,17.

Ὡσήέ I 35,31. II 32,19.

Sachregister Theologie

Abendmahl s. Eucharistie.

Agape I 280,23ff. (im obszönen Sinn bei den Gnostikern); 296,14 (θυσία).

Allegorien II 303,3ff. (die Hochzeit zu Kana allegorisch auf die Christi gedeutet); 386,13ff. (gegen Allegorie, an deren Stelle θεωρία).

Apokryphen zum AT I 374,16 (Agraphon aus dem Apokryphon Ezechiel). II 515,24 (Ἰεζεκιὴλ τοῦ προφήτου ἐν τῷ ἰδίῳ ἀποκρύφῳ ῥηθέντα περὶ ἀναστάσεως, dann die ganze Erzählung wiedergegeben).

Apostel 1) bei den Juden I 338,11ff.; 346,6ff. 2) Jünger Jesu I 232,3ff. (die 72! Jünger. Zu ihnen gehören: a. die Siebener I 232,4ff: Στέφανος, Φίλιππος, Πρόχορος, Νικάνωρ, Τίμων, Παρμενᾶς, Νικόλαος. b. Ματθίας, der später unter die zwölf aufgenommen worden ist. c. Μάρκος, Λουκᾶς, Ἰοῦστος, Βαρνάβας, Ἀπελλῆς, Ῥοῦφος, Νίγερ). II 256,6 (Marcus einer der 72 Jünger). 6f. (die 72 Jünger sind nach Joh 6,66 von Jesus abgefallen). 9 (Marcus ist durch Petrus wieder bekehrt); 263,2ff. (auch Lucas gehört zu den 72 Jüngern, die sich von Jesus abwandten, ist aber durch Paulus wieder bekehrt worden).

Apostel und Apostelverzeichnisse I 231,21ff. (Σίμων Πέτρος, Ἀνδρέας, Ἰάκωβος, Ἰωάννης, Φίλιππος, Βαρθολομαῖος, Ματθαῖος, Θωμᾶς, Ἰούδας, Θαδδαῖος, Σίμων ὁ ζηλωτής, Ἰούδας Ἰσκ. gilt nicht). II 268,2ff. (die Apostelberufungen sind nach der Reihenfolge in den Evangelien ergangen: Petrus, Andreas, Jakobus, Johannes, Philippus); 383,21 (die Apostel selbst besitzlos). III 478,2ff. (Πέτρος,

Ἀνδρέας, Ἰάκωβος, Ἰωάννης, Φίλιππος, Βαρθολομαῖος, Θωμᾶς, Θαδδαῖος, Ἰάκωβος Ἀλφαίου, Ἰούδας Ἰακώβου, Σίμων ὁ Καναναῖος, Ματθίας ὁ εἰς πλήρωσιν τῶν δώδεκα ἐκλελεγμένος).

Apostolische διάταξις (Didaskalie) III 242,23 (die Audianer – daraus, daß sie es tun, geht hervor, daß nicht die Apostolischen Constitutionen, sondern die Didaskalie gemeint sein muß – berufen sich auf τὴν τῶν ἀποστόλων διάταξιν, οὖσαν μὲν τοῖς πολλοῖς ἐν ἀμφιλέκτῳ, ἀλλ' οὐκ ἀδόκιμον); 243,1ff. (ὁρίζουσι γὰρ ἐν τῇ αὐτῇ Διατάξει οἱ ἀπόστολοι ὅτι "ὑμεῖς μὴ ψηφίζητε, ἀλλὰ ποιεῖτε ὅταν οἱ ἀδελφοὶ ἡμῶν οἱ ἐκ περιτομῆς, μετ' αὐτῶν ἅμα ποιεῖτες).

Apostolisches Leben II 384,7 (ἀποστολικὸν βίον βιοῦντες = ἀποταξάμενοι).

Arbeit III 489,17ff. (Arbeit in den Klöstern); 490,31ff. (Arbeit bei den Priestern).

Armenpflege III 333,23ff. (τό τε ξενοδοχεῖον ... ὅπερ ἐν τῷ Πόντῳ καλεῖται πτωχοτροφεῖον. τοιαῦτα γάρ τινα κατασκευάζουσι κατὰ φιλοξενίαν καὶ τοὺς λελωβημένους καὶ ἀδυνάτους ἐκεῖσε ποιοῦντες καταλύειν ‹τὰ δέοντα αὐτοῖς› ἐπιχορηγοῦσι κατὰ δύναμιν οἱ τῶν ἐκκλησιῶν προστάται).

Armut, freiwillige II 380,12 (bei den Apostolikern ist Besitzlosigkeit Gesetz); 383,21 (die Apostel und Jesus selbst waren besitzlos).

Astronomie I 211,12ff. (Astronomie und Schicksalsglaube bei den Pharisäern). 13ff. (die hebr. Namen der Planeten und der Tierkreisbilder). II 57,2 (die

Himmelsschlange bei den Ophiten);
284,17 (vom 25. Dezember, dem Tag der
Wintersonnenwende an, nimmt das Licht
täglich um 1/30 Stunde zu).

Auferstehung I 103,2ff. (die Hierakiten
sagen, daß ein anderes Fleisch anstelle
des gegenwärtigen auf‹er›stehe). 7ff.
(die Auferstehung bewiesen in dem
Wechsel von Tag und Nacht, der Saat,
dem Samenkorn, Wiederwachsen von
Haaren und Nägeln); 104,4ff. (in
dem Wiederaufleben der φάττα, des
μυωξός, des κάνθαρος, des φοῖνιξ);
105,1ff. (aus den griech. Mythen über
die Wiederbelebung der Alcestis, des
Pelops, des Amphiaraus, des Glaucus, des
Castor, des Protesilaus). 15ff. (Sisyphus,
Tantalus, der Erinnyen, Tiresias); 106,7
(die Manichäer sagen, daß nur die Seele
aufersteht). 10ff. (die Auferstehung
des Fleisches daraus bewiesen, daß nur
der Leib hinfällt, es nur bei dem von
ἀνάστασις die Rede sein kann). 17ff.
(aus der Totenfeier der Heiden); 107,19ff.
(gegen Origenes der Nachweis, daß
wirklich dieses Fleisch wieder aufersteht,
denn sonst wäre das Gericht Gottes über
die Seele ungerecht; sie könnte alles auf
den Leib abschieben); 108,4ff. 20 (die
Auferstehung des Fleisches bewiesen in
Ez 37); 109,20ff. (ebenso könnte auch
die Seele alles auf den Leib abschieben).
26 (Leib und Seele zusammen σύνθετος
εἷς ἄνθρωπος, darum zusammen
zu erwecken); 110,6ff. (gegen die
Behauptung, daß ein anderer Leib anstelle
des Gestorbenen aufersteht); 111,1ff.
(die Selbigkeit bewiesen in 1. Kor 15 und
Joh 12,24); 113,1ff. (der Einwand, daß
der Leib Christi etwas Besonderes sei,
weil nicht im Mannessamen). 5ff. (der

Einwand, daß nur bei Christus der Leib
ganz auferstanden sei). 11ff. (Hinweis auf
die früheren Erweckungen: Lazarus, der
Jüngling zu Nain, die Totenerweckung
durch Elias und Elisa); 115,17ff.
(biblische Beispiele für die Auferstehung:
Abels Blut, Henoch, Noahs Errettung
durch die Arche, Abraham und die
Geburt Isaaks, die Errettung Isaaks, Jakob
und Joseph, die für die Gebeine sorgen,
das Wort an Mose – Gott Abrahams,
Isaaks und Jakobs, der grünende Stab
Aarons, der Stab des Mose, der zur
Schlange – zu einer wirklichen Schlange
– wird, das Wort über Ruben: ζήτω καὶ
μὴ ἀποθάνῃ); 118,28ff. (Beweise dafür,
daß der ganze Mensch – der ganze Körper
– wiederaufersteht: der Sohn der Witwe
in Sarepta, der der Sumanitin, Lazarus);
119,7ff. (die sichersten Beweise für die
Auferstehung Henochs und Elias'; dazu
Dathan und Abiron); 120,11ff. (Ez 37
diente nur zur Veranschaulichung; darum
nicht von Gott selbst vollzogen, sondern
dem Propheten zugetragen); 121,2ff.
(Christus hat auch nach der Auferstehung
nur Jüngstverstorbene auferweckt, um
seine Macht zu zeigen); 199,15ff. (Beweise
für die Auferstehung im Pentateuch: Abels
Blut, Henoch, Sara‹h›s verstorbener und
doch gebärender Leib, Jakobs Fürsorge
für seine Gebeine). II 51,27ff. (der Tod
des Fleisches notwendig, damit die Sünde
nicht unsterblich wird; Gott stellt wie
ein Töpfer das mißratene Gefäß bei der
Auferstehung wieder her); 100,11ff.;
101,4; 502,1ff. (bewiesen – im Anschluß
an das Ezechiel-Apokryphon – aus der
Zusammenarbeit von Seele und Leib).
9ff. (daraus, daß nur der Leib dahinfällt);
510,4ff. (die Flecken des Gewandes, des

Leibes, stehen nicht mit auf); 512,17 (leibliche Auferstehung bewiesen aus den Wundern des Moses); 515,24ff. (Apokryphon Ezechiel); 519,25 (Abels Blut); 520,20ff. (die Auferstehung bei der Kreuzigung).

Baden I 342,20. 25 (ἀνδρογύνως λούεσθαι ist für den Christen unstatthaft); 365,12 (das Bad vom strengen Asketen gemieden; bei Joh. als Beweis des apostol. Wandels möglich, daß er nie badet). III 524,28f. (viele Asketen enthalten sich des Bades).

Bekenntnis s. Symbole.

Beschwörungsformel I 218,10ff.; 345,20f. (bei den Besessenen); 348,16f. (um Feuer anzufachen, das durch Zauber gebunden ist); 356,10ff. (die von den Elkesäern gelernte Beschwörungsformel der Ebionäer wird gebraucht bei Krankheit durch Schlangenbiß).

Bibel I 60,2f. (die vier Evangelien haben nach Eusebius insgesamt 1162 κεφάλαια); 194,19 (die Schwierigkeit in Mt 1,17: es sind 3 x 14 Glieder; nur ist von einigen irrtümlich der 2. Jechonja gestrichen worden).

Bibel, Gesamtbezeichnung I 102,23f. (τὴν ἀπὸ τοῦ νόμου καὶ τῶν προφητῶν καὶ εὐαγγελίων καὶ ἀποστόλων); 458,24ff. (οὐδενὸς πώποτε τῶν προφητῶν τοῦτο εἰρηκότος, οὐκ αὐτοῦ Μωυσέως οὐ τῶν πρὸ αὐτοῦ οὐ τῶν μετ᾽ αὐτὸν οὐ τῶν εὐαγγελιστῶν οὐ τῶν ἀποστόλων). II 244,22f. (προφήτας ... καὶ ἀποστόλους καὶ εὐαγγελιστάς); 340,14 (νόμος καὶ προφῆται). III 24,5 (νόμου τε καὶ προφητῶν, εὐαγγελίων καὶ ἀποστόλων); 119,9f. (τοῦ εὐαγγελίου λέγοντος καὶ τῶν ἀποστολικῶν ῥημάτων); 178,4 (das

AT als Wort Christi τελείως ὑπὸ τοῦ κυρίου διὰ τοῦ ἁγίου Ἡσαΐου τὸ οὐαὶ ὁρίζεται); 186,17 (ebenso das NT δι᾽ αὐτοῦ τοῦ ἀποστόλου ἐνταῦθα πάλιν εἴρηκε); 213,22f. (αἱ θεῖαι γραφαὶ διὰ τῶν ἰδίων αὐτοῦ προφητῶν περὶ αὐτοῦ προκεκηρυγμέναι); 221,15f. (οὔτε γὰρ νόμος εἴρηκεν οὔτε προφῆται οὔτε εὐαγγέλιον οὔτε ἀπόστολοι); 239,5f. (ὁ θεῖος λόγος φάσκων διὰ Ἡσαΐου τοῦ προφήτου); 520,4f. (ἐν νόμῳ καὶ ἐν προφήταις καὶ ἐν εὐαγγελίοις καὶ ἐν ἀποστόλοις, ἐν παλαιᾷ καὶ καινῇ διαθήκῃ).

- τὰ θεῖα βιβλία II 85,29.
- τὰ ἱερὰ βιβλία III 24,4.
- ἡ βίβλος τῆς ἀληθείας II 79,19f.
- αἱ ῥηταὶ βίβλοι (Gegensatz: τὰ ἀπόκρυφα?) II 201,17; 327,27; 328,13; 381,1.
- τὸ γράμμα I 197,10.
- τὸ θεῖον γράμμα; s. auch θεῖος. I 20,16; 41,11; 115,20. II 201,26; 238,11; 514,11. III 42,14; 176,31; 205,17; 430,10; 485,17.
- ἡ γραφή I 7,25; 23,21; 28,25; 31,9; 45,24; 55,24; 65,3; 66,4; 69,7. 14; 89,23; 96,6; 97,8; 181,13; 199,11; 216,14; 263,4; 278,16; 359,15; 458,15. II 48,15; 69,7. 11. 12; 84,12; 86,17; 87,20; 101,3; 153,16; 230,12; 321,20. III 177,8; 180,23; 185,1; 193,3. 16; 196,22; 203,2. 17; 204,9; 223,13; 440,24. 26; 450,13; 471,11.
- ἡ ἁγία γραφή I 111,6; 323,22. II 226,1. III 491,16.
- ἡ ἁγία τοῦ θεοῦ γραφή I 323,3f.
- ἡ ἁγία καὶ θεία γραφή III 403,3.
- ἡ θεία γραφή I 26,27; 28,22; 29,24; 35,26; 54,8; 74,7; 76,16; 77,2; 178,9; 217,23; 230,2; 256,15; 322,5. II 52,21;

58,7; 69,8f. 26. 29; 70,25; 79,17; 103,24;
183,19; 196,9; 226,13; 232,19; 233,20;
247,23; 321,10; 325,4. 9; 329,12; 331,8;
332,21; 334,4; 335,25; 346,4; 347,23;
352,3f.; 353,10; 367,5; 402,19; 512,14;
521,25. III 16,11; 17,26; 91,6; 99,28;
113,24; 171,26; 184,10; 187,15; 188,4;
193,20; 194,1; 202,13. 30; 205,16;
211,24; 215,11; 216,4; 225,7; 234,8;
237,28; 238,33; 239,12. 30; 240,21;
251,23; 254,10. 25; 268,12; 329,4;
331,31; 348,5; 360,13; 362,12. 14;
365,10; 378,2; 399,20; 410,12; 459,25.
28; 495,2
- ἡ θεία καὶ ἁγία γραφή I 6,3.
- θεϊκὴ γραφή I 197,13. 14.
- γραφὴ παλαιά II 156,6.
- αἱ γραφαί I 9,20; 83,6; 112,23; 115,17;
194,16. II 157,4; 349,6. III 181,13.
- ἅγιαι γραφαί I 81,21; 87,19.
II 313,28.
- αἱ θεῖαι γραφαί I 28,18; 35,25; 41,4;
43,5; 44,27; 51,18; 83,1; 93,11. 14;
95,27; 110,22; 146,12; 191,7; 319,13.
II 181,15; 234,6; 280,22; 345,10;
346,12; 347,9; 349,23; 391,11; 409,4;
412,4. III 1,7; 98,1. 3. 6; 133,16;
188,14; 213,22; 216,8; 220,24; 251,3;
416,25; 456,32; 459,23.
- αἱ ῥηταὶ γραφαὶ καὶ συνδιάθετοι
II 326,1.
- ἁγία διαθήκη παλαιά τε καὶ καινή
I 6,17.
- παλαιὰ καὶ καινὴ δ. I 60,1; 244,12;
255,2; 265,21; 282,25. II 66,16; 124,18;
178,17; 217,4; 232,12; 242,13; 390,14f.;
398,23; 399,24f. III 80,14; 101,14;
128,18; 133,11; 179,28.
- παλαιὰ καὶ καινή (ohne δ.) I 43,5 (αἱ
θεῖαι γραφαὶ παλαιᾶς τε καὶ καινῆς);
110,25 (ἐν καινῇ τε καὶ παλαιᾷ).

- παλαιὰ καὶ νέα δ. II 2,18; 106,22;
211,8. 19; 217,4; 340,14. III 1,17f.;
110,8.
- παλαιὰ δ. I 47,30; 236,23; 243,21;
322,6. II 66,29; 69,29; 91,13; 105,20;
106,22f.; 124,18; 161,12; 188,4.
III 1,14; 238,27.
- παλαιά (ohne δ.) I 48,20; 49,2; 132,8.
- καινὴ δ. I 254,27; 338,2. II 106,23;
124,18; 136,14; 156,8; 157,12; 177,24.
- νέα δ. I 329,6.
- τὸ θεῖον εὐαγγέλιον III 203,5.
- τὰ ἅγια εὐαγγέλια τῆς ἀληθείας
I 359,20f.
- τὸ θεῖον λόγιον II 374,15.
- λόγια θεοῦ III 491,16.
- θεῖα λόγια III 160,2.
- ὁ θεῖος λόγος I 34,5; 98,10; 220,6;
242,9. II 44,4; 61,16; 366,6; 368,19;
375,17. III 8,28; 11,21; 42,21; 83,6;
234,12; 239,5; 267,25; 337,25; 348,6;
382,23; 407,12; 411,5; 478,24; 482,29;
489,3; 490,3. 21.
- ὁ τοῦ θεοῦ λόγος III 7,21.
- ὁ ἅγιος λόγος I 35,21f. II 232,3;
365,26. III 254,20.
- θεϊκὸς λόγος III 136,20.
- ὁ ἅγιος καὶ σοφὸς λόγος III 372,2f.
- οἱ θεῖοι λόγοι I 51,10. II 139,20;
240,16f. III 136,22; 450,5.

Bibel, Teilbezeichnungen I 190,1 (ἡ
πρώτη βίβλος τῆς κατὰ τὸν Μωυσέα
πεντατεύχου). 9f. (ἡ δευτέρα βίβλος
κατὰ τὴν νομοθεσίαν); 191,7f. (ἡ τοῦ
Δευτερονομίου κατὰ τὴν νομοθεσίαν
πέμπτη βίβλος); 271,19f. (Jes 28,10
zitiert λέξις ἐν τῇ δωδεκάτῃ ὁράσει).
II 70,6 (ψαλτήριον); 77,2f. (ἐν τῇ
Γενέσει τοῦ κόσμου καὶ πρώτη
βίβλῳ παρὰ Μωυσῇ); 106,11f. (⟨τὸ⟩
ἀποστολικόν Name für den 2. Teil

des Kanon bei Marcion); 117,17 (τὸ ἀποστολικόν); 118,3 (τὸ ἀποστολικόν bei Marcion); 155,27. — ἡ πεντάτευχος I 166,15. 29; 168,6. 9; 203,8. 9.

Bibel, Kanon; s. auch alttest. Kanon. I 191,11 (der alttest. Kanon: unter Aufzählung der einzelnen Bücher); 192,3ff. (es sind 27 Bücher, die aber als 22 zu rechnen sind); 198,12 (griech. Namen für die Bücher des Pentateuchs: Γένεσις, Ἔξοδος, Λευιτικόν, Ἀριθμοί, Δευτερονόμιον, hebr.: Βρεσίθ, Ἐλλεσιμώθ, Οὐϊκρά, Οὐιδαβήρ, Ἐλλεαδδεβαρίν); 269,19 (die Apok. als Werk des Joh. ἀπὸ τῆς τοῦ ἁγίου Ἰωάννου ἀποκαλύψεως – Apok 22,2 ungenau zitiert); 281,17 (ἐν ἀποκρύφοις ἀναγινώσκοντες mit Bezug auf die Johannes-Apok.); 329,8 (der jüd. Kanon: νομοθεσία, προφῆται, γραφεῖα – τὰ καλούμενα παρὰ Ἰουδαίοις βιβλία). 15 (der jüd. Kanon: νόμος, προφῆται καὶ τὰ γραφεῖα λεγόμενα, φημὶ δὲ τὰ στιχηρὰ καὶ αἱ Βασιλεῖαι καὶ Παραλειπόμενα καὶ Ἐσθήρ). III 369,19ff. (1. Das AT aus 27 Büchern, die nur als 22 gerechnet werden. 2. Vier Evangelien und 14 Paulus-Briefe. 3. vor diesem – wohl vor dem 14. Paulus-Brief – die Acta und Katholische Briefe des Jakobus, Petrus, Johannes, Judas. 4. Apok. und als Anhang Sap. Sal. und Sir.).

- Reihenfolge der paulinischen Briefe in der Bibel des Epiph.: II 118,3 (Röm); 119,1 (1. Thess). 2 (2. Thess). 3 (Eph). 16 (Kol); 120,1 (Philem). 2 (Phil). 6 (Gal); 121,4 (1. Kor); 123,10 (2. Kor); 155,27 (Röm); 159,18 (1. Kor); 173,8ff. (2. Kor); 178,20 (1. Thess). 24 (2. Thess). 26 (Eph); 181,8 (Kol); 182,5 (Phil).
- Reihenfolge der paulinischen Briefe in

der Bibel des Marcion: II 118,3 (Röm); 119,2 (2. Thess). 3 (Eph). 7 (1. Thess). 16 (Kol); 120,1 (Philem). 2 (Phil). 3 (Laodicener-Brief). 6 (Gal); 121,4 (1. Kor); 123,10 (2. Kor); 155,25 (Gal); 159,18 (1. Kor); 173,8ff. (2. Kor). 9ff. (Gal); 175,24 (Röm); 178,19f. (1. Thess). 23 (2. Thess). 26 (Eph); 181,7 (Kol). 22 (Philem); 182,4 (Phil).

Bibel, der alttest. Kanon I 191,11ff. (1. $\overline{α}$ Γένεσις, $\overline{β}$ Ἔξοδος, $\overline{γ}$ Λευιτικόν, $\overline{δ}$ Ἀριθμοί, $\overline{ε}$ Δευτερονόμιον, $\overline{ϛ}$ Ἰησοῦ τοῦ Ναυῆ, $\overline{ζ}$ Κριτῶν, $\overline{η}$ Ῥούθ. 2. $\overline{θ}$ Ἰώβ, $\overline{ι}$ Ψαλτήριον, $\overline{ια}$ Παροιμίαι Σολομῶντος, $\overline{ιβ}$ Ἐκκλησιαστής, $\overline{ιγ}$ ᾆσμα τῶν ᾀσμάτων. 3. $\overline{ιδ}$ Βασιλειῶν $\overline{α}$, $\overline{ιε}$ Βασιλειῶν $\overline{β}$, $\overline{ιϛ}$ Βασιλειῶν $\overline{γ}$, $\overline{ιξ}$ Βασιλειῶν $\overline{δ}$, $\overline{ιη}$ Παραλειπομένων $\overline{α}$, $\overline{ιθ}$ Παραλειπομένων $\overline{β}$. 4. $\overline{κ}$ Δωδεκαπρόφητον, $\overline{κα}$ Ἡσαΐας, $\overline{κβ}$ Ἰερεμίας μετὰ τῶν θρήνων καὶ ἐπίστολῶν αὐτοῦ τε καὶ τοῦ Βαρούχ, $\overline{κγ}$ Ἰεζεκιήλ, $\overline{κδ}$ Δανιήλ, $\overline{κε}$ Ἔσδρα $\overline{α}$, $\overline{κϛ}$ Ἔσδρα $\overline{β}$, $\overline{κζ}$ Ἐσθήρ) 192,8 (ἐν ἀμφιλέκτῳ, Σοφία τοῦ Σιρὰχ καὶ ἡ τοῦ Σολομῶντος). 9 (ἐν ἀμφιλέκτῳ sind auch die βιβλία ἐναπόκρυφα).

Bibel, Ketzerische Kritik am AT I 62,7ff. (die Propheten haben gelogen, wenn sie behaupten, Gott zu sehen); 132,3ff. (das Fragen Gottes bei Adam und Kain); 133,29ff. (der Diebstahl der ägypt. Gefäße); 166,14 (die Samaritaner haben nur den Pentateuch und verwerfen die Propheten nach Moses); 168,2 (die Ossäer gebrauchen andere Schriften neben dem Gesetz und verwerfen die meisten der späteren Propheten). 9 (die Nasaräer erklären, der Pentateuch stamme nicht von Mose her und wollen einen anderen Pentateuch haben);

216,1 ff. (die Nasaräer behaupten, auch der Pentateuch sei gefälscht, Moses hätte andere Bücher empfangen); 222,16 (die Ossäer verwerfen ebenso wie die Nasaräer den Pentateuch); 243,15 (Simon Magus verwirft das AT und führt die einzelnen Teile des AT je auf einen bestimmten Archon zurück); 251,2 ff. (nach Satornil rühren die Prophetensprüche teils von den weltschöpferischen Engeln, teils vom Satan her); 282,26 ff. (willkürliche Behandlung der Bibel bei den Gnostikern; das eine soll vom κοσμικὸν πνεῦμα geredet sein; das andere, was ihnen paßt, wird umgedeutet – darauf beziehen sie Mt 11,7. 11); 285,1 ff. (Proben der Bibelauslegung bei den Gnostikern; ihre Verwertung von Joh 3,12; 6,62, Ps 1,3, Jos 2,18, Prov 5,15: alles auf ihr Essen des Samens bezogen); 358,2 ff. (die Ebionäer verwerfen die Prophetenschriften ganz). 10 (sie nehmen aber nicht einmal den Pentateuch vollständig an, sondern verwerfen einzelne Worte); 450,16 ff. (Brief des Ptolemaeus an die Flora).

Bibel, NT I 317,10 ff. (ein verstümmeltes Matthaeus-Ev., das aber die Geschlechterregister enthielt, bei den Kerinthianern); 332,8 ff. (die Nazoräer haben ein ganz vollständiges hebr. Matthaeus-Ev.; es deckt sich nach Epiph. mit dem hebr. Ur-Matthaeus, doch weiß Epiph. nicht, ob es das Geschlechterregister enthielt). 9 f. (das Matthaeus-Ev. war ursprünglich hebräisch mit hebr. Buchstaben geschrieben); 337,9 ff. (die Ebionäer gebrauchen nur das Matthaeus-Ev., wie Cerinth und Merinth. Sie nennen es Hebräer-Ev. Mit Recht, weil Matthaeus allein hebräisch und mit hebr. Buchstaben ein Ev. geschrieben

hat); 341,22 (im γαζοφυλάκιον in Tiberias befanden sich – nach Aussage des früheren Apostels Joseph – das Johannes-Ev., die Akten und das Matthaeus-Ev. in hebr. Sprache; vgl. I 338,4 ff.; 348,29); 349,1 ff. (das Matthaeus-Ev. der Ebionäer; s. unter Apokryphen). II 104,22 ff. (Marcions NT: verstümmeltes Lukas-Ev., Gal, 1. Kor, 2. Kor, Röm, 1. Thess, 2. Thess, Eph, Kol, Philem Philipp, Laodic.; vgl. II 118,3 ff.); 105,13 (Laodic. teilweise); 120,4 f. (wirklich ein Zitat aus Laodic.); 118,3 ff. (die kirchl. Reihenfolge der Briefe nach Epiph.); 155,25 ff. 27 (ἀποστολικόν = Sammlung der Paulus-Briefe); 181,24 (in einigen Handschriften steht der Philemon-Brief als 13. vor dem Hebräer-Brief; in anderen steht der hebr. Brief als 10. vor Tim, Titus und Philemon, aber immer in der Kirche der Römer-Brief als erster); 182,4 (der Philipper-Brief bei Marcion an 10., in der Kirche an 6. Stelle). 13 (ā καὶ μ̄ σχόλιον); 212,3 ff. (die Aloger verwerfen das Johannes-Ev. und die Apok.); 250,3 ff. (Johannes schrieb sein Ev. gegen Ebion und Cerinth). 8 (μεθ' ἡλικίαν γηραλέαν). 19. 20 (ein Zweifel an der Apok. wäre Epiph. verständlich; Bezeichnung der Apok. als ἀπόκρυφον). 23; 251,3 f. (Ἰωάννης ἐν ταῖς καθολικαῖς ἐπιστολαῖς); 251,10 (die Aloger sagen, die johanneischen Schriften rühren nicht von Johannes, sondern von Cerinth her und seien nicht wert, in der Kirche zu sein); 252,2 ff. (die Aloger betonen, daß Johannes nach der Menschwerdung gleich das Johannes-Zeugnis bringe, dann die Berufung der ersten Jünger, am nächsten Tag den Weggang der ersten Jünger und am 3. die Hochzeit in Kana: die anderen

Evangelisten aber nach der Taufe die 40-
tägige Versuchung und dann nach der
Rückkehr die Berufung der ersten Jünger).
18 (jeder Evangelist hatte die Absicht, im
Einklang mit den andern zu schreiben,
zugleich aber das von ihnen beiseite
gelassene zu offenbaren). 23 (Matthaeus
hat zuerst sein Ev. geschrieben); 253,1.
15 ff.; 254,10 ff. (ebensogut könnte man
einen Widerspruch zu Matthaeus und
Lucas feststellen: Matthaeus erzählt nichts
von der Vorgeschichte, von Zacharias
Gabriel). 22; 256,3 ff. (Marcus hat sein
Ev. nach Matthaeus geschrieben, während
er als Begleiter des Petrus in Rom war,
vor seiner Abreise nach Ägypten. Er
setzt ein mit dem 15. Jahr des Tiberius,
dem 30. Lebensjahr Jesu). 11 ff. 23 ff.
(Lucas schreibt nach Marcus, er beginnt
sechs Monate vor der Empfängnis Jesu);
258,6 ff. (Evangelienkritik des Porphyrius,
des Celsus, des Philosabbatius: sie
betonen, daß unmöglich am Tag der
Geburt auch die Beschneidung, die Reise
nach Jerusalem und der Tempelbesuch
nach 40 Tagen stattfinden konnte,
wenn doch in der Geburtsnacht selbst
nach der Ankunft der Magier der Engel
erschien und die Flucht nach Ägypten
veranlaßte); 259,7 ff. (Harmonisierung
des Epiph.); 263,2 ff. (Lucas, einer der
72, von Paulus wieder bekehrt, schrieb als
3. sein Ev. in der Art des Paulus, s. unter
Apostel). 15 ff. (Johannes hat sein Ev.
als letzter verfaßt, vom Geist getrieben,
nachdem er zuerst sich geweigert aus
Bescheidenheit; er verfaßt es im Alter von
über 90 Jahren, lang nach der Rückkehr
aus der Verbannung in Patmos unter
Claudius); 265,22 (die Chronologie
der Jüngerberufungen im Verhältnis zu

den Synoptikern s. unter Christologie);
266,20 ff. (Vereinigung zw. Anfang des
Johannes-Ev. und den Synoptikern: Jesus
ist zweimal am Jordan gewesen II 266,23;
zuerst bei der Taufe, darauf die 40-
tägige Versuchung. Darauf geht er nach
Nazareth in Galilaea und kommt dann
wieder an den Jordan. Das ἐμαρτύρησε
Joh 1,16 ist plusquamperfektisch, ebenso
zweimaliges Kommen an den Jordan);
267,8. 12 ff. (die Jüngerberufungen);
268,5; 274,22 ff. (Aloger erklären das
Johannes-Ev. hier als im Widerspruch
stehend zu den anderen Evangelien);
275,21. 23 (sie nennen das Johannes-
Ev. ἀδιάθετον); 276,4 (Johannes-Ev.
als letztes geschrieben); 278,2 ff. (die in
dem "Kindheits"-Ev. erzählten Wunder
des Kindes Jesu müssen nach Epiph.
glaubwürdig und notwendig sein);
282,1 ff. (ist der ganze Stoff von Joh 2,13–
Joh 6 eingeschoben vor der – endgültigen
– Übersiedlung nach Capernaum; Mt
4,13 ff.). 31 f. (in Joh 5,1 ist Pfingsten
oder Laubhüttenfest gemeint); 283,20 ff.
(die Aloger beschuldigen das Johannes-
Ev., daß es behaupte, Jesus habe zweimal
Passah gefeiert); 305,15 ff. (Kritik der
Apok.); 306,5 ff. (Zweifel, ob die Apok.
nicht πνευματικῶς, d.h. allegorisch
zu verstehen sei); 308,15 (auf Patmos
schreibt Johannes unter dem Kaiser
Claudius sogar noch früher die Apok.);
324,13 f. (ἐκ τῆς πρὸς Ἑβραίους τοῦ
ἁγίου Παύλου ἐπιστολῆς); 334,19 ff.
(bei den Melchisedekianern wird das
Hebräer-Ev. als paulinisch angesehen).
III 104,1 f. (Πέτρος ἐν τῇ ἐπιστολῇ
gemeint ist 2. Petr); 172,22 ff. (Gründe
für die Abfassung des Johannes-
Ev.: Gegensatz zu den Ebionäern,

Kerinthianern, Merinthianern, Nazoräer); 221,27 (ἐν τῇ πρὸς Κορινθίους ἐπιστολῇ gemeint ist 1. Kor); 449,6ff. (die Ἀποκάλυψις Ἰωάννου παρὰ τοῖς πλείστοις πεπιστευμένη καὶ παρὰ τοῖς θεοσεβέσι; darin βαθέως εἴρηται ... πνευματικῶς); 462,14 (τῆς Ἀποκαλύψεως Ἰωάννου); 463,17; 489,20 (Bibelkenntnis bei den Mönchen: ἐν στόματι δὲ σχεδὸν πᾶσαν θείαν γραφὴν ἀπαγγέλλουσιν); 525,2 (Bibellehre und Bibelauswendiglernen bei Mönchen).

Bibel, Textkritisches I 40,10 (angebliche Änderung des Lukas-Textes durch die Orthodoxen); 329,17 (bei den Juden und den Nazoräern wird das AT hebräisch vorgelesen). II 260,5 (bezeichnet Epiph. etwas als Unterschied der ἀντίγραφα, wo es sich in Wirklichkeit um den Unterschied zw. Lukas und Johannes handelt); 408,1ff. (die Hexapla). III 6,25ff. (zu Ps 109,3 die Hexapla benutzt, angeführt 1. die LXX 2. Aquila 3. Symmachus 4. Theodotion 5. πέμπτη 6. ἕκτη ἔκδοσις 7. das Ἑβραϊκόν in griech. Umschrift); 175,3 (τὸ Ἑβραϊκόν, Ἀκύλα). 5 (Ἀκύλα). 14 (τὸ Ἑβραϊκόν = der hebr. Text).

Bibel, Anerkennung und Nicht- anerkennung von Schriften I 21,27 (das Ev. und die Apok. Johannis von den Alogern verworfen); 158,19; 160,19; 289,5ff. (der Brief Juda ist von dem Apostel Judas: Ἰούδας δέ ἐστιν οὗτος ὁ ἀδελφὸς Ἰακώβου καὶ τοῦ κυρίου λεγόμενος). II 232,13 (die Apok. von Epiph. angeführt: ὁ ἅγιος Ἰωάννης ἐν τῇ Ἀποκαλύψει); 275,23 (das Ev. ἀδιάθετον); 277,2ff. (das Johannes-Ev. geistlich); 305,15ff. 19 (Einwendungen der Aloger gegen die Echtheit der

Apok.); 306,5ff. (ebenso die Apok. πνευματικῶς zu verstehen). 24ff. (Einwendungen der Aloger gegen die Echtheit der Apok.); 355,13ff. (Ἰωάννης ... ἐν τῇ Ἀποκαλύψει). III 185,8ff. (der Hebräer-Brief von den Arianern für unecht erklärt).

Bibelauslegung s. πνευματικῶς, νοηματικῶς, θεωρία, βάθος, ψιλῶς, τροπικῶς.

Bußdisziplin; s. auch μετάνοια und Zucht. II 243,3 (bei den Pepuzianern = Quintillianern treten häufig im Gottesdienst sieben weißgekleidete, fackeltragende Jungfrauen als Buß- predigerinnen auf); 313,8ff. (Bußzucht bei den Adamianern – enkratitisch); 319,10ff. (μετάνοια derer, die Christus verleugnet haben); 364,3 (die Novatianer = Katharer erklären, es gebe nur eine Buße). 5 (grundsätzlich erklärt auch die Kirche, es gebe nur die eine Buße in der Taufe, aber sie schneiden den nach der Taufe Sündigenden die Hoffnung nicht ab). 14 (dies μεταμέλεια im Unterschied zu μετάνοια); 369,21ff. (die zweite Andersartigkeit); 370,4 (es bleibt dann Gott überlassen, wie er den Betreffenden behandeln will). 15 (aber die Buße ist jedenfalls nicht verloren); 372,22 (die τελεία μετάνοια = ἐν σάκκῳ καὶ σποδῷ καθεσθέντες καὶ κλαύσαντες ἐνώπιον κυρίου); 380,18f. (Bußdisziplin bei den Apostolikern); 388,1ff. (Buße für die, die das Jungfräulichkeitsgelübde gebrochen haben). III 142,9ff. (Melitius will, daß erst nach der Verfolgung die Wiederaufnahme der Abgefallenen gewährt wird und daß abgefallene Kleriker nicht wieder in ihre Ämter eingesetzt werden). 18

(παρακαθέζεσθαι τῇ ἐκκλησίᾳ Ausdruck für die Wiederaufnahme in die Kirchengemeinschaft – ist sie der Gegensatz zu συνίστασθαι?); 232,10ff. (die Eunomianer sagen, in Unzucht oder eine andere Sünde fallen, schade nichts, es genüge der Glaube).

Chiliasmus III 448,33ff. (in jüd. Form bei Apollinaris).

Christologie, Namen

- Ἰησοῦς I 40,3; 133,2 (Ἰησοῦς = ἰατρός und σωτήρ); 192,25 (der Name beginnt mit ī = 10, darauf deutet der Zehnte im AT); 328,21 (ὁ κύριος ἡμῶν Ἰησοῦς). II 149,7.
- Ἰησοῦς allein I 2,14 (Matidius und Tarsinus); 229,12 (Anklang im Lukas-Ev.); 235,28; 236,1. 4 (Karpokratianer). 8 (Cerinth). 10 (Nazoräer); 265,9 (Basilides); 301,10ff. (Karpokratianer); 328,18. 21 (Nazoräer); 337,8 (Ebionäer: der Ἰησοῦς unterschieden von dem Χριστός = πνεῦμα ἅγιον). 20; 351,17; 353,17; 377,20. II 91,7 (bei Cerdon); 140,10; 148,4 (bei den Marcioniten); 152,8; 248,12; 273,23; 277,13; 278,8. III 4,1 (Paulus von Samosata); 90,20 (Manichäer); 164,17; 245,32ff.; 460,6; 463,26. 27.
- Χριστός I 6,15; 15,18; 18,23; 20,29; 21,5. 10. 12. 14; 22,6; 30,10; 36,18; 40,13; 44,26; 50,21; 59,10; 60,28; 66,17; 79,10; 80,10; 81,12. 14. 15. 17. 20; 83,2. 3. 4. 5; 87,21; 95,18. 19. 20; 96,14. 20. 22; 98,17; 99,24; 100,28; 101,8; 113,6. 8. 15; 114,3. 23; 122,6. 8. 23; 145,10; 146,6; 155,20. 21; 156,1; 157,4. 24; 168,12. 15; 191,4; 192,13. 21; 194,22; 201,24; 207,11; 223,5; 227,10; 234,5; 238,1. 3. 4; 239,16. 18; 244,10; 245,23.

27; 255,13; 260,1; 265,7. 21; 267,18; 274,23; 299,11; 325,8. 18; 328,10. 16. 17. 20; 368,11; 371,7. 9; 380,7. 9. 27. II 41,25; 51,6; 67,27; 69,8; 79,3. 5. 8. 9. 10; 80,11; 105,20; 106,24; 132,22; 136,5; 148,10. 13. 21. 22; 159,6. 8ff.; 160,28; 162,21; 165,1; 167,19; 173,19ff.; 181,20; 195,13; 208,11; 234,11. 24; 237,2. 8; 241,5. 12. 14; 247,19; 248,16; 250,3; 251,15; 254,29; 255,10; 256,19; 264,9; 272,7; 275,18; 277,20; 285,7; 289,4; 300,19; 306,2; 307,6; 316,14; 318,1. 3. 16. 19; 324,7; 373,15; 504,21. 24. III 1,5. 11. 13; 44,3; 93,22; 133,10; 134,1; 136,31; 139,17; 169,24; 171,17; 172,23. 24; 173,16; 174,6. 7; 186,9; 188,1; 191,16; 198,7; 207,10; 209,20; 211,22; 212,13; 438,3; 448,27; 454,21; 456,20; 463,17; 477,34; 492,16.

- Ἰησοῦς Χριστός I 265,10; 284,15f.; 322,21. — bei den Gnostikern I 287,9ff. (nach den Gnostikern ist der Χριστὸς αὐτολόχευτος zusammen mit dem Αὐτοπάτωρ und der Barbelo im ersten Himmel; außerdem aber auch der auf Erden erschienene Christus = Jesus; dieser jedoch nicht von Maria geboren, hat kein Fleisch angenommen, sondern ist nur dem Schein nach erschienen); 314,5ff. (bei Cerinth der Χριστός bei der Taufe auf Christus in Gestalt der Taube herabgekommen); 337,7 (ebenso bei den Ebionäern); 351,18ff.; 354,2. II 72,11f. (die Sethianer setzen Seth und Jesus Christus gleich); 74,15ff.; 91,10 (bei Cerdon ist Christus nur dem Schein nach in Fleisch erschienen); 249,4 (Ebion und Corinth verkündigen ihn als ψιλὸς ἄνθρωπος); 278,5f. (ω̅ und ᾱ = περιστερά nach dem Zahlwert. Daher die περιστερά bei der Taufe in einigen

Häresien auf Christus gedeutet – dann ω̄ und ᾱ = Χριστός!).

- Ἰησοῦς Χριστὸς ὁ κύριος ἡμῶν III 526,1f.
- Χριστὸς Ἰησοῦς ὁ κύριος ἡμῶν III 120,7; 475,1.
- ὁ ἅγιος τοῦ θεοῦ II 198,1.
- βασιλεὺς ἐπουράνιος I 94,22; 101,8f.
- δεσπότης noch nicht abs. gebraucht I 16,29 (τὸν ἑαυτοῦ δεσπότην); 17,19 (ἐν τῇ δυνάμει τοῦ ἰδίου δεσπότου); 19,24 (τῷ ἑαυτῶν δεσπότῃ); 37,20 (δοῦλος und δεσπότης); 47,14 (τὸν αὐτοῦ δεσπότην); 75,23; 80,11; 380,22; 463,6 (angeregt durch Mt 24,50 αὐτὸς πάντων ὤν δεσπότης). II 68,1 (τὸν ἴδιον δεσπότην); 69,32 (ὁ αὐτοῦ δεσπότης); 71,6; 79,4 (τὸν ἑαυτοῦ δεσπότην). 12 (τοῦ ἰδίου δεσπότου); 126,9; 148,4; 151,1 (abs., aber ohne Art.!); 156,25; 158,28; 233,11 (δεσπότης καὶ κύριος ἡμῶν Ἰησοῦς Χριστός); 325,7 (Vergleich δοῦλος - δεσπότης); 334,26 (τὸν αὐτῶν δεσπότην); 343,4 (ὁ βασιλεὺς αὐτῆς καὶ νυμφίος καὶ κύριος αὐτῆς καὶ δεσπότης – Gen. αὐτῆς!); 364,7f (εἰδότες ... τὸν ἔλεον τοῦ δεσπότου); 383,22 (ὁ σωτὴρ πάντων δεσπότες ὤν); 394,1 (τοῦ ἰδίου δεσπότου). 4f (τὸν δεσπότην ἑαυτοῦ ἐπιγνούς). III 79,21 (δεσπότης πάντων); 162,6 (κατὰ τοῦ ἰδίου δεσπότου – Arius!); 163,17 (βλάσφημοι δεσπότου); 166,16 (δεσπότου ἰδίου ὑβρισταί); 186,19 (ὁ δεσπότης ἀγγέλων καὶ ποιητής); 211,9 (τῆς τοῦ ἰδίου δεσπότου φιλανθρωπίας). 18 (εὐφημῶν τὸν ἴδιον δεσπότην). 29 (τὸν μὲν ἡμῶν δεσπότην δοξάσωμεν); 212,13f (δεσπότην ἀγγέλων); 216,33 (τὸν αὐτῶν δεσπότην); 218,8f (περὶ

τοῦ ἰδίου αὐτῶν δεσπότου); 237,10 (ὑπὲρ τοῦ ἑαυτῶν δεσπότου); 345,29 (κατὰ τοῦ δεσπότου αὐτοῦ); 372,12 (πρὸς τὸν δεσπότην αὐτοῦ); 431,25 (ἐπιγνωσθεὶς ὑπὸ τοῦ δούλου δεσπότης); 441,4 (δεσπότου αὐτοῦ); 451,4 (Χριστοῦ ... ἐλθόντος καὶ δεσπότου); 454,2 (τὸν μόνον ... δεσπότην). 8 (ἐπὶ τὸν ἴδιον αὐτῶν δεσπότην). 25 (τὸν αὐτῶν δεσπότην); 471,27 (τὸν ἑαυτοῦ δεσπότην); 474,11 (τὸν αὐτῶν δεσπότην).
- θεὸς καὶ σωτὴρ ἡμῶν I 23,13.
- (ὁ) θεὸς λόγος I 41,19; 42,21; 46,12; 47,4; 52,21f.; 54,18; 56,24; 57,8; 95,6; 98,17; 99,8. 18; 114,8. 13. 19. 24; 227,22; 360,6. 24; 372,13; 376,22; 380,23. II 60,8; 79,25; 195,9; 212,4; 231,9; 249,8; 256,15; 263,13; 264,13; 274,21; 277,8; 278,14; 343,3; 317,6; 320,23; 335,2; 349,12; 352,15; 353,13. 17; 394,22; 418,12. III 4,13; 7,4; 8,31; 10,14. 27; 75,12f.; 107,24; 171,3; 173,1; 184,12; 186,16; 188,14; 190,19; 196,19; 199,16; 204,10; 207,14; 212,23; 214,23. 28; 222,29; 228,16; 251,4; 252,18; 254,8; 342,1; 378,32; 401,3; 435,29; 442,27; 446,9; 448,9.
- θεὸς λόγος υἱὸς μονογενὴς II 195,9.
- ὁ ἀγαθὸς θεός I 265,14.
- ὁ ἅγιος θεὸς λόγος II 343,3. III 213,29.
- θεοῦ ἅγιος θεὸς λόγος II 329,20f.
- ὁ ἅγιος καὶ ἀπαθὴς θεὸς λόγος I 114,19.
- ὁ ἅγιος καὶ ἀψευδὴς θεὸς λόγος II 329,11.
- ὁ ἀπαθὴς θεὸς λόγος II 295,17.
- ὁ τοῦ θεοῦ θεὸς λόγος I 266,19.
- ὁ πατρικὸς θεὸς λόγος II 299,18.
- μονογενὴς θεός I 8,2; 9,15. 16. 18.

II 60,20; 350,8; 417,12. III 238,21.
- ὁ μονογενὴς ἀληθινὸς θεός III 181,3.
- ὁ μονογενὴς θεὸς λόγος I 360,29.
  II 292,7. III 222,25.
- ὁ μονογενὴς θεὸς υἱὸς λόγος
  I 361,10.
- ὁ κύριος I 7,13; 11,4; 16,18; 35,28;
  39,19; 40,5; 44,19; 49,5; 59,2; 67,7;
  71,3. 5; 91,10; 96,11. 17; 98,6; 101,8;
  114,12; 115,9; 119,1; 120,23; 121,10;
  144,6. 16; 145,10; 146,17; 193,11;
  201,22; 203,1; 208,7; 209,18; 222,20;
  223,17. 23; 227,18; 233,14; 244,19;
  245,9; 254,10. 27; 256,4; 262,5; 266,11;
  273,21; 283,4; 292,5; 296,16; 299,10;
  315,12; 323,7; 331,15; 344,9; 345,7. 10;
  347,4; 361,23. 28; 362,15. 18. 23; 371,4;
  372,1; 373,23; 380,11. 28; 435,12;
  436,9; 442,8; 447,18; 460,13; 461,16.
  II 42,12; 50,11; 52,27; 59,18; 66,29. 31;
  67,26; 69,4. 29; 70,12. 26; 79,22; 82,6;
  86,28; 87,3. 13; 96,12; 99,4; 100,21;
  105,21; 125,5; 129,9; 140,21; 142,28;
  143,21; 144,2; 146,22; 150,19; 151,8.
  21; 152,28. 30; 165,1; 184,3; 188,4;
  201,21; 202,1. 6; 207,10; 208,2; 216,8;
  217,8. 23; 221,1; 223,3; 233,1; 234,2f.;
  235,15. 24; 238,17; 241,2; 244,1; 247,26;
  248,5; 251,8; 255,20; 256,7; 257,25;
  261,9; 263,5; 273,11; 280,1; 281,12;
  289,10; 301,4; 306,13; 308,2; 319,10;
  325,2; 327,15; 329,20; 341,9; 360,2. 12;
  364,17; 360; 393,25; 394,3; 503,5. 20;
  521,21; 522,21. III 11,28; 43,20; 74,4.
  12; 76,26; 77,8; 78,12; 79,11; 92,18;
  97,29; 100,19; 105,7; 107,2; 109,22;
  110,4; 113,17; 119,11; 121,25; 127,20.
  26; 128,17; 136,33; 176,34; 177,14.
  18; 178,4. 10; 189,29. 31; 192,8. 14;
  202,21; 203,21; 204,10; 205,6; 208,16;
  212,8. 13; 216,5; 217,2; 218,28; 226,26;

229,15; 238,31; 239,12; 251,4; 253,20;
254,5; 301,18; 331,1; 332,5. 6; 343,30;
345,24; 382,11; 428,13; 434,10; 440,30;
447,2; 457,21; 458,15; 461,21; 463,19;
470,11; 479,20; 484,10.
- κύριος καὶ θεὸς ἡμῶν I 7,4.
- ὁ κύριος ἡμῶν I 44,6; 93,22; 133,4;
  299,11. II 210,6. III 146,29; 185,14;
  188,10.
- ὁ κύριος Ἰησοῦς I 40,3. II 149,7;
  521,27.
- ὁ κύριος ἡμῶν Ἰησοῦς II 43,12.
  III 163,18; 515,16.
- ὁ κύριος Ἰησοῦς Χριστός III 44,9;
  339,8.
- ὁ κύριος ἡμῶν Ἰησοῦς Χριστός
  I 52,16; 71,3; 157,20; 192,11; 201,4;
  220,11; 226,7; 227,13; 245,12; 253,25;
  259,5; 284,15; 324,7; 325,1; 344,3;
  396,7; 461,4. 30. II 42,6; 52,8f.; 60,8;
  88,16. 24; 93,15; 134,1; 197,19 (ὁ
  Χριστός); 206,27; 208,16; 209,13 (ὁ
  Χριστός); 233,12; 235,7; 264,13; 396,4.
  17. III 191,18; 140,13; 438,4.
- ὁ κύριος ἡμῶν Ἰησοῦς Χριστὸς καὶ
  θεός II 178,14f.
- ὁ κύριος ἡμῶν ὁ μονογενής
  III 217,19.
- ὁ κύριος ἡμῶν καὶ σωτὴρ Ἰησοῦς
  Χριστός I 322,20f.
- ὁ κύριος ἡμῶν καὶ σωτὴρ καὶ θεός
  II 49,28f.
- κύριος θεός I 5,19.
- ὁ κύριος θεὸς λόγος I 114,5. III 518,7
  (und καὶ υἱὸς θεοῦ).
- ὁ μονογενὴς κύριος III 350,3.
- ὁ κύριος υἱὸς τοῦ θεοῦ II 147,17.
- λόγος I 23,9; 24,11. 28; 25,23; 27,14;
  28,2. 20; 33,13; 35,4; 37,15; 39,10.
  25; 40,7; 42,3. 5. 12. 28; 43,4; 46,14;
  48,2; 53,12; 54,4. 7. 19; 57,14; 60,31.

32; 61,9. 11; 67,8; 73,25; 80,12. 13.
17; 87,2. 21; 93,25; 94,21. 23; 100,1;
101,16; 113,10; 115,18; 121,24; 179,16;
227,20. 22. II 196,5; 251,15; 321,5ff.
III 11,24; 93,28; 162,13; 187,17; 190,3.
4; 197,28; 208,4; 217,10. 19; 438,25;
447,22; 501,26.
- ὁ ἅγιος λόγος I 59,26; 61,22; 93,26.
II 394,22.
- ὁ ἅγιος τοῦ θεοῦ λόγος I 121,24.
- ὁ ἀληθινὸς λόγος II 352,19.
- ὁ ἀρχιτέχνας λόγος II 394,18.
- ὁ ἔμφυτος καὶ ἅγιος αὐτοῦ (sc. θεοῦ)
  λόγος III 252,25.
- ὁ λόγος ὁ ζῶν I 27,14; 28,7.
- λόγος ὁ θεός I 380,23.
- (τοῦ) θεοῦ λόγος I 46,14; 79,24; 80,13;
  370,27. III 88,20.
- ὁ ἐκ τοῦ θεοῦ λόγος II 300,4.
- ὁ αὐτοῦ (sc. θεοῦ) λόγος καὶ μονογενής
  I 253,12.
- ὁ λόγος τοῦ πατρός III 4,13.
- ὁ πατρῷος λόγος II 352,15.
- λόγος υἱὸς θεοῦ III 189,19.
- ὁ μονογενής I 6,16; 8,4; 11,23; 15,3;
  18,20; 29,26; 45,1; 51,26; 58,3; 59,18;
  60,24. 25; 62,8. 9; 95,9; 101,4; 102,16;
  254,19.   II 125,22; 127,15; 132,11;
  150,24; 184,30; 197,32; 323,15; 348,3;
  355,3; 394,16. 29. III 6,17; 12,2; 43,10;
  76,28; 77,19; 88,23f.; 139,4; 164,27;
  165,26; 168,6. 9. 13; 169,27; 170,3;
  173,25; 175,19; 177,20. 27; 178,21;
  179,24; 180,11; 181,12; 183,31; 191,11;
  195,18; 198,22; 208,1; 220,1; 222,2.
  11. 24; 240,27; 251,4; 328,24; 332,10;
  349,19; 366,27; 377,5. 12. 13; 393,25;
  394,8; 399,15; 400,16; 401,2; 404,12;
  410,18; 414,20; 467,31; 469,29.
- ὁ μονογενὴς τοῦ θεοῦ I 35,1.
- παῖς I 329,13 (Nasaräer).

- ὁ μονογενὴς παῖς τοῦ θεοῦ I 169,12.
  II 49,28.
- ὁ μονογενὴς παῖς Ἰησοῦς Χριστός
  III 454,3.
- ὁ μονογενὴς αὐτοῦ παῖς Ἰησοῦς
  Χριστός III 401,16f.
- ὁ παῖς πρὸς τὸν αὐτοῦ πατέρα
  III 253,2f.
- ὁ ἀγαθὸς ποιμήν I 123,3.
- σοφία τοῦ θεοῦ I 50,6. 27. 29f.
- σωτήρ I 5,14; 17,12; 22,8; 43,17; 44,17;
  45,26. 31; 54,24; 60,11; 62,7. 12. 26;
  64,7; 66,24; 73,24; 75,6; 77,9; 78,24;
  93,15; 94,23; 98,23; 99,4; 111,15; 113,1;
  116,13; 133,2; 143,3. 8; 144,1; 213,10;
  214,1; 216,15; 218,3; 228,21; 229,17;
  250,9; 254,7. 25; 255,9; 273,26; 283,25;
  284,2. 7. 15; 295,15; 323,2; 326,15;
  339,3; 351,22; 359,8. 14. 19; 360,18;
  361,25; 363,26; 364,2. 25; 374,25; 380,6;
  436,6. 13; 443,12; 460,3. 9; 462,1; 463,4.
  8. II 38,7; 41,23; 43,24; 59,20; 68,28;
  69,4. 27; 70,2. 14; 71,10; 85,30; 86,23;
  87,10; 104,24; 106,17; 124,27; 125,4;
  127,6. 8. 10. 13; 128,15. 16; 131,3.
  22; 134,25; 135,9. 12; 136,24; 138,22.
  25; 139,17; 142,23; 143,2. 13; 145,28;
  146,27; 147,22. 23; 149,19; 150,8;
  151,6. 24; 152,14; 155,16; 156,18. 19;
  163,15; 170,16; 186,19; 192,10; 197,17.
  28; 218,24; 229,20; 241,3; 245,9; 257,23;
  263,4; 278,6; 291,5; 280,19; 281,3. 8.
  13; 283,18. 22; 284,1. 4; 287,5; 288,17.
  19; 292,4; 298,9; 299,4; 303,21; 304,10;
  307,12; 360,16; 382,8; 383,22; 391,7;
  509,20; 512,18; 518,19. III 2,8; 50,7;
  74,6; 76,11; 77,30; 80,15; 94,15; 96,7;
  98,19; 99,25; 102,7; 103,4. 12; 104,25;
  105,16; 106,10. 18; 107,12; 108,14.
  26; 109,13; 115,16; 118,13. 19; 120,4;
  122,1; 123,4; 137,21; 138,10; 139,6. 20;

180,14; 195,9; 202,5; 204,19; 212,2. 12;
339,19; 410,27; 411,7; 413,28; 415,13;
456,31; 458,8. 10; 459,14; 460,9; 461,9;
464,20; 467,4; 471,11; 474,18; 475,8;
489,4; 525,20.
- ὁ σωτὴρ θεός I 132,7.
- ὁ σωτὴρ ἡμῶν καὶ κύριος Ἰησοῦς
  Χριστὸς ὁ υἱὸς τοῦ θεοῦ II 70,27f.;
  511,1f. III 10,27.
- υἱὸς ἀληθής I 91,28.
- υἱὸς ἀληθινός I 49,28.
- ὁ γνήσιος υἱός I 26,4 (dazu ὁ ἴδιος
  πατήρ). 9; 27,15; 31,15; 37,23; 55,5;
  91,28.   II 373,7;   392,14;   393,14.
  III 11,19; 164,17; 226,3. 8.
- ὁ υἱὸς τοῦ θεοῦ I 7,10; 17,3; 18,14;
  26,24; 28,20; 29,22; 41,19; 42,20. 24;
  52,22; 53,1; 59,31; 60,33; 61,5; 101,8;
  132,20;   144,19;   370,27f.   II 70,28;
  264,13;   132,28;   275,18;   353,13.
  III 93,28;   163,27;   169,25;   171,20;
  173,21; 195,27; 249,14; 435,29; 467,4.
- ὁ μονογενὴς υἱὸς τοῦ θεοῦ I 7,17;
  8,19; 31,15; 35,1; 36,7; 198,17; 265,13.
  II 127,22; 130,20. III 167,24f.; 181,14;
  194,12. 18. 24; 211,26; 329,11f.; 343,15;
  346,25; 442,4f.; 480,29; 492,16f.
- μονογενὴς υἱός I 58,8. 26. II 195,9;
  349,12. III 10,21.
- ὁ υἱὸς ὁ μονογενής II 410,9.
- ὁ   μονογενὴς   ἀληθινὸς   υἱός
  III 346,14.
- ὁ μονογενὴς υἱὸς θεὸς λόγος
  III 4,13.
- υἱὸς μονογενὴς καὶ λόγος III 5,2.

Christologie, Geburt aus Maria I 39,26f
(ἐκ Μαρίας δὲ τῆς αὐτῆς ἁγίας
παρθένου διὰ πνεύματος ἁγίου);
41,22 (ἀπὸ Μαρίας ... δίχα σπέρματος
ἀνδρὸς γεγεννημένος); 55,6 (ἐκ
Μαρίας δίχα σπέρματος ἀνδρός);

71,3f (ἐξ ἧς κατὰ σάρκα ἐγεννήθη
... διὰ πνεύματος ἁγίου, οὐκ ἀπὸ
σπέρματος ἀνδρὸς οὔτε συναφείᾳ
σώματος); 80,10 (bei der Verkündigung
des Christus durch den Engel); 94,25
(ἐκ Μαρίας αὖθις γεγεννημένος
διὰ πνεύματος ἁγίου συλληφθείς);
95,1 (ἀπὸ Μαρίας ... διὰ πνεύματος
ἁγίου); 228,1 (οὐκ ἀπὸ σπέραμτος
ἀνδρός, ἀλλὰ διὰ πνεύματος ἁγίου);
284,3f.; 292,3; 319,24 (daß Jesus am
Kreuz die Maria dem Johannes – dem
παρθένος – übergab, und nicht etwa den
Söhnen des Joseph, ist ein Beweis für die
Jungfraugeburt); 330,3 (διὰ πνεύματος
ἁγίου γεγεννῆσθαι ἐκ Μαρίας); 377,16
(διὰ πνεύματος ἁγίου καὶ οὐκ ἀπὸ
σπέρματος ἀνδρός). II 42,4; 144,30f.;
320,11 (ἄνθρωπος δὲ ἀπὸ Μαρίας διὰ
τὴν ἔνσαρκον παρουσίαν); 321,11f
(ἄνθρωπον δὲ ἀπὸ Μαρίας ἄνευ
σπέρματος ἀνδρὸς γεγεννημένον).

Christologie, der Leib nicht ὁμοούσιος
mit der Gottheit I 371,14.

**Christologie, Einheit des geschichtlichen
Christus** I 100,28 (εἷς ὢν κύριος εἷς
Χριστός, οὐ δύο Χριστοὶ οὐδὲ δύο
θεοί); 101,8 (κύριος εἷς βασιλεὺς
Χριστός); 148,20 (εἷς γάρ ἐστιν
κύριος Ἰησοῦς Χριστὸς καὶ οὐ δύο, ὁ
αὐτὸς θεός, ὁ αὐτὸς κύριος, ὁ αὐτὸς
βασιλεύς). II 353,20 (ἑαυτὸν σαρκὶ
καὶ πνεύματι ἕνα τελέσας); 354,12
(ἔχων τὴν εἰς μίαν θεότητα ἕνωσιν
κατὰ δύναμιν πατρὸς συνηνωμένην).

**Christologie, die menschliche Schwäche
von der Gottheit zugelassen** I 230,15ff
(ἐπιδεδωκυίας τῆς θεότητος τῇ
ἀληθινῇ ἐνανθρωπήσει πρὸς τὰς
εὐλόγους χρείας, λέγω δὴ τὰς
ἐκ σώματός τε καὶ ψυχῆς καὶ ἐκ

νοῦ ἀνθρωπίνου πιστουμένας τὴν πληροφορίαν, τουτέστιν πείνῃ καὶ δίψῃ, κλαυθμῷ τε καὶ ἀθυμίᾳ, δάκρυσί τε καὶ ὕπνῳ, καμάτῳ καὶ ἀναπαύσει ... τῆς θεότητος συνευδοκούσης εἰς τὰ εὔλογα καὶ τὰ ἐκτὸς ἁμαρτίας καὶ προπῆς ἀπηγορευμένης ὑπάρχοντα).

Christologie, Freiwilligkeit des Leidens I 265,21f (ὅτι Χριστὸς ἑκὼν ἐπὶ τὸ πάθος ἦλθε). II 148,12 (πάντα γὰρ θέλων καὶ οὐ μετὰ ἀνάγκης ὑπὲρ ἡμῶν ἑαυτὸν δέδωκεν).

Christologie, Höllenfahrt Christi I 43,9f. (ἵνα συστήσῃ ψυχὴν μὲν σὺν θεότητι τῷ τριημέρῳ συγκατατεθεῖσθαι, ἵνα τὴν σάρκα ὁσίαν ἀποδείξῃ, καὶ τὴν θεότητα σὺν τῇ ψυχῇ ἀκατασχέτως ἐν ῞Αιδῃ τὸ μυστήριον τετελειωκέναι); 230,3f(κατέρχεται εἰς τὰ καταχθόνια ἐν θεότητι καὶ ψυχῇ). II 153,10 (ψυχὴ σὺν τῇ θεότητι ἀπὸ σώματος ἐκπορευθεῖσα, τοῦ σώματος ἄπνου μείναντος).

Christologie, Auferstehung I 57,14; 75,5ff. (Jesus ist den Jüngern bekleidet erschienen; die Gewänder waren keine geistlichen Gewänder); 102,14 (die Erhöhung ohne ein Wiedereingehen in den Vater); 230,5f (leibliche Auferstehung ἀνίσταται ... σὺν αὐτῷ τῷ ἁγίῳ σώματι, συνενώσας τὸ σῶμα τῇ θεότητι). 9 (Selbigkeit des Auferstehungsleibes mit dem geschichtlichen οὐκ ἄλλο τι παρὰ τὸ ὂν σῶμα, ἀλλ' αὐτὸ τὸ ὂν ἐνδυναμώσας καὶ ἑνώσας εἰς μίαν ἑνότητα εἰς μίαν θεότητα); 231,19ff (μίαν πνευματικὴν ὑπόστασιν καὶ ἔνθεον ἀποτελέσας). II 154,23 (μεταβάλλοντι αὐτοῦ τὸ σῶμα εἰς πνευματικόν); 197,31ff (αὐτὸ τὸ σῶμα ... εἰς πνευματικὸν ἀναστὰν

σὺν τῇ θεότητι τοῦ μονογενοῦς ὅλον εἰς πνευματικὸν ἑνωθὲν καὶ εἰς θεότητα συνηνωμένον); 504,15 (σῶμα - συνενωθὲν καὶ συγκραθὲν τῇ θεότητι). 20 (Christus doch Erstling der Entschlafenen, obwohl andere durch ihn, auch schon durch Elias und Elisa, wieder erweckt wurden. Denn jene anderen waren wieder gestorben).

Christologie, Anbetung der Menschheit zusammen mit der Gottheit I 60,13ff.; 115,9ff (προσκυνοῦμεν τὸν ἐσταυρωμένον, τὸν ταφέντα καὶ ἀναστάντα τῇ τρίτῃ ἡμέρᾳ καὶ εἰς οὐρανοὺς ἀνελθόντα).

Christologie, Zurechtlegung schwieriger Bibelstellen 1) I 9,20ff. (Joh 17,3; das ἀληθινός nur bei Gott); 24,24ff. (Mk 13,32); 25,25ff. (Mk 13,32; erledigt durch den Hinweis auf Mt 11,27); 26,2ff. (Joh 14,28; bezeugt nur die Ehrerbietung des Sohnes gegenüber dem Vater; es läßt sich nicht vorstellen, inwiefern der Vater größer sein könnte). 17ff. (Mk 10,18; nur Ehrung des Geistes durch den Sohn); 28,10ff. (Mk 13,32); 36,23ff. (Joh 20,17); 37,13ff. (Joh 1,3; daraus von den Gegnern gefolgert, daß der Sohn nur Werkzeug des Vaters ist); 41,10 (Jer 17,9). 10ff. (Joh 20,17); 46,22ff. (Lk 22,44; das Zittern und die Stärkung durch den Engel); 50,1ff. (Joh 14,6; nur Werkzeug). 6 (Lk 2,52). 7 (Phil 2,7); 51,12 (Hebr 3,1; πιστόν ... τῷ ποιήσαντι). 12ff. (Act 4,10; Χριστόν ... ἐποίησε); 52,12ff. (Prov 8,22ff.); 55,10ff. (Phil 2,7); 56,6ff. (die Behauptung, daß man das κτίσμα bekennen müsse, wie geschrieben stehe). II 393,11ff. (Joh 14,28). 2) das Hungern und Dürsten I 39,31ff.; 42,12ff. 3) das Zittern und Zagen I 40,10ff.; 43,21ff. 4) das Fragen

I 47,23ff.; 49,16ff.; 132,8ff.; 133,5 (es ist ἀνθρωπίνως geredet).

Christologie, Ketzerisches II 214,2f. (Origenes erklärt Sohn und Geist für ein κτίσμα). 4f. (Origenes sagt, daß die Herrschaft Christi aufhören werde).

Christologie, Diversa I 70,18ff. (die Brüder und Schwestern Jesu nur Stiefbrüder und Stiefschwestern); 236,4 (ein Bild von Jesu bei den Karpokratianern verehrt); 324,2ff. (Christus hat nach dem Hinfall des jüd. Königtums das Königtum und das Priestertum auf die Kirche übertragen; er ist König als Davidsohn und vermöge seiner Gottheit Hohepriester als Vorsteher der Priester). 12ff. II 520,8ff. (Adams Grab auf Golgotha).

Chronologisches; s. auch Listen. I 118,12 (Ruben 126 Jahre vor Moses Tod gestorben); 134,4 (eine verderbte Zahl über die Zeit, die Joseph vor der Ankunft Jakobs in Ägypten zubrachte). 5ff. (die 430 Jahre der Knechtschaft: sie sind zu berechnen vom 75. Jahr Abrahams an, wo er die Verkündigung empfing; von der an Abraham 25 Jahre, Isaak 60 Jahre, Jakob 89 Jahre und Levi 47 Jahre, zusammen 211 Jahre sein sollen – in Wirklichkeit 221 Jahre; dazu zählt Epiph. I 134,18 unbegründet noch 4 Jahre = 215 Jahre); 135,2ff. (Kaath 65 Jahre, Abraham 70 Jahre, Moses 30 Jahre, dazu 50 Jahre für das Umherschreiten in der Wüste, zusammen 215 Jahre); 162,7 (von Adam bis Noah zehn Geschlechter); 164,17 (Moses ist der 7. von Abraham aus gerechnet); 173,16 (von Adam bis Noah zehn Geschlechter = 2262 Jahre); 174,8 (von Sem – ausschließlich – bis Phalek fünf Geschlechter = 659 Jahre); 178,1 (Tharra ist das 20. Geschlecht; seit Adam = 3323

Jahre); 179,5 (Abraham gleichzeitig mit Ninus-Semiramis, mit der 18. Dynastie in Ägypten und mit Europs in Sikyon). 11ff. (Abraham erhält die Beschneidung in seinem 99. Jahr = 21. Geschlecht = 3431 seit der Weltschöpfung); 181,22 (die Israeliten bleiben in Ägypten fünf Geschlechter lang); 196,10 (im 30. Jahr der Gefangenschaft kommt Esra, um die in Samaria Angesiedelten im Pentateuch zu unterrichten); 264,13f. (das Jahr hat 365 Tage und 3 Stunden); 376,12 (die Weissagung an Ahas erfolgt 753 Jahre vor Christus – berechnet nach der Chronik des Eusebius). II 77,5 (von Noah bis zum Turmbau fünf Geschlechter); 136,4 (Alexander Iannaeus und Antiochus Epiphanes 190 Jahre vor Christus); 284,10ff. (am 25. Dezember bei den Römern die Saturnalien, bei den Ägyptern die Κρόνια, bei den Alexandrinern die Κικέλλια gefeiert). 13 (der 25. Dezember der Tag der Wintersonnenwende); 288,19ff. (Jesus im 42. Jahr des Augustus geboren). 20 (Iudaea völlig den Römern unterworfen im 13. Jahr des Augustus, 29 Jahre vor der Geburt Christi).

Demutsformeln I 5,18 (Ἐπιφάνιος ὁ ἐλάχιστος τῶν ἐπισκόπων); 6,2 (τὸ γὰρ ἐν ἡμῖν ἀεὶ ταπεινὸν φρόνημα); 7,3 (ἐμὲ τὸν βραχύν); 76,25 (οἱ ἐλάχιστοι καὶ ταπεινοί). 26 (κατὰ τὸ δυνατὸν τῆς ἡμῶν βραχύτητος); 93,9 (οἱ ἀσθενεῖς ἡμεῖς καὶ ἰδιῶται); 110,10 (ἡμᾶς τοὺς ἐλαχίστους καὶ μηδαμινούς); 149,19 (ἡ βραχύτης ἡμῶν καὶ ἀσθενὴς τῆς διανοίας δύναμις); 169,13 (ἡ ἡμετέρα εὐτέλεια); 170,3 (ὁ σμικρὸς ἡμῶν νοῦς). 24 (ἡ ἡμῶν ἀσθένεια); 217,15 (ὑπὸ τῆς ἡμῶν βραχύτητος); 438,4;

459,9 (ἡ ἡμῶν μετριότης); 463,25.
II 81,22; 398,9 (τῆς ἡμετέρας πενίας
τε καὶ βραχύτητος); 413,16 (παρὰ
τῆς ἡμῶν μετριότητος); 522,11 (τῆς
ἡμῶν ἰδιωτείας).

Doxologien I 93,5ff (πατέρα ἐν υἱῷ,
υἱὸν δὲ ἐν πατρὶ σὺν ἁγίῳ πνεύματι,
ᾧ ἡ δόξα καὶ τὸ κράτος εἰς τοὺς
αἰῶνας τῶν αἰώνων, ἀμήν); 149,17
(ἐν Χριστῷ Ἰησοῦ τῷ κυρίῳ ἡμῶν,
δι' οὗ καὶ μεθ' οὗ δόξα τῷ πατρὶ σὺν
ἁγίῳ πνεύματι εἰς τοὺς αἰῶνας τῶν
αἰώνων, ἀμήν). II 49,32ff (ᾧ θεῷ δόξα
καὶ τιμὴ καὶ κράτος πατρὶ ἐν υἱῷ,
υἱῷ ἐν πατρὶ σὺν ἁγίῳ πνεύματι εἰς
τοὺς αἰῶνας τῶν αἰώνων, ἀμήν).

Ebenbild Gottes I 19,24ff. (dem Menschen
aus Gnade verliehen); 22,21 (die Audianer
haben sonderbare Meinungen über das
Ebenbild); 61,17ff. (das Ebenbild Gottes
nicht näher zu bestimmen, ob der Leib
oder die Seele oder die ἀρετή).

Ehe I 357,16ff. (die Ebionäer zwingen
ihre Angehörigen zur Ehe – sie erlauben
sogar eine zweite, dritte, selbst eine
7. Eheschließung). 21 (Ehescheidung bei
den Ebionäern ohne weiteres erlaubt).
II 76,19ff. (die Geschwisterehen in der
Zeit der Erzväter); 200,16 (nach den
Severianern das Weib ein Werk des Satans;
daher die Ehe verworfen); 205,4ff. (Tatian
erklärt die Ehe für Unzucht); 206,15ff.
(Nachweis des Epiph., daß die Ehe nichts
verwerfliches sei); 211,4 (die Enkratiten
verwerfen die Ehe und erklären, daß sie
vom Satan sei); 212,11 (die Adamianer
verwerfen die Ehe); 215,7; 231,10ff. (die
Kirche freut sich nach göttlichem Gebot
über die Jungfräulichen, ehrt aber die
Einehe. Nur beim Priester verlangt sie

Enthaltung von der zweiten Ehe oder
Jungfräulichkeit). 19 (die Montanisten
stoßen den sich zweimal Verheiratenden
aus). 23ff.; 366,10 (die Novatianer
dulden keine δίγαμοι – wenigstens nicht
eine zweite Ehe nach der Taufe). 11 (die
Kirche erlaubt nur bei den Priestern keine
zweite Ehe). 11 (die Kirche gestattet
den Priestern auch das Beiwohnen bei
ihren Frauen nicht; auch den Diakonen
und Subdiakonen nicht); 367,21 (in
einzelnen Kirchen ist allerdings die Zucht
darin schlaff); 368,12ff. (den Laien ist die
zweite Ehe gestattet); 370,18 (die zweite
Ehe zugelassen, und selbst eine dritte wird
geduldet); 380,15 (die Ehe verworfen
bei den Apostolikern); 398,23 (die Ehe
verworfen bei den Origenianern).

Ehelosigkeit des Klerus I 340,20ff. (Joseph
heiratet zum zweiten Male, um nicht
von den Arianern zum Bischof gemacht
zu werden). II 400,4ff. (Erzählung von
einem Bischof einer kleinen Stadt in
Palaestina, einem Bekenner, dem der
Verkehr mit einer Syneisakte nachgesagt
wird).

Ehrenprädikat ἅγιος II 361,9 (οἱ
γενναῖοι ἀπόστολοι).

Einigung mit der Gottheit I 278,11 (ἐγὼ
σὺ καὶ σὺ ἐγώ bei der Offenbarung;
Gnostiker); 286,22 (ἐγώ εἰμι ὁ Χριστός
beim Opfer, dem geschlechtlichen
Verkehr; Gnostiker).

Epiphanien II 270,16 (Geburt Jesu
am 6. Januar – dagegen die Taufe am
8. November); 272,2ff. (das Wunder in
Kana gleichfalls am 6. Januar, genau am
30. Geburtstag Jesu); 285,12ff. (die Feier
am 6. Januar im Κορεῖον in Alexandria);
301,1ff. (am Epiphanienfest finden vielerorts Verwandlungen von Quellen und

Bächen in Wein statt; so in Libyra in Karien und in Gerasa in Arabien. Auch vom Nil in Ägypten wird von vielen Ähnliches bezeugt. Deshalb schöpft man allg. in Ägypten am 11. Tybi Wasser und bewahrt es auf, nicht nur in Ägypten, sondern auch in vielen anderen Ländern). 5.

Eschatologie; s. auch Auferstehung. I 118,14. 18 (der θάνατος δεύτερος).

Eucharistie; s. auch προσφέρειν, ἀναφέρειν. I 67,2 (das Abendmahlsbrot στρογγυλοειδές); 279,4 (abscheuliche Abendmahlsfeier bei den Gnostikern); 281,9 (die Darbringungsformeln der Gnostiker ἀναφέρομέν σοι τοῦτο τὸ δῶρον, τὸ σῶμα τοῦ Χριστοῦ und die Kommunionsformel τοῦτό ἐστι τὸ σῶμα τοῦ Χριστοῦ καὶ τοῦτό ἐστι τὸ πάσχα, δι᾽ ὃ πάσχει τὰ ἡμέτερα σώματα καὶ ἀναγκάζεται ὁμολογεῖν τὸ πάθος τοῦ Χριστοῦ); 289,18 (das Abendmahl = τὰ ἅγια τῶν ἁγίων); 353,10ff. (die Ebionäer feiern das Abendmahl 1. bloß jährlich 2. mit ungesäuertem Brot 3. nur mit Wasser). II 57,11ff. (die Eucharistie, die τελεία θυσία, bei den Ophiten: die Abendmahlsbrote auf dem Tisch ausgebreitet, dann die Schlange aus der κίστη hervorgeholt; die von ihr berührten werden gebrochen und ausgeteilt; jeder Einzelne küßt die Schlange – durch Vermittlung der Schlange ein Hymnus auf den obersten Πατήρ beim Abendmahl dargebracht); 98,1 (Marcion feiert das Abendmahl, während die Katechumenen zusehen). 2 (Marcion feiert das Abendmahl mit Wasser); 100,6; 205,10 (Tatian feiert das Abendmahl nur mit Wasser); 216,10ff. (die Enkratiten feiern das Abendmahl mit Wasser); 240,1ff. (bei den Montanisten ein Kind mit Nadeln zerstochen und das

Blut geschlürft); 243,11 (die Pepuzianer = Artotyriten feiern das Abendmahl mit Brot und Käse); 380,15 (die Apostoliker feiern das Abendmahl mit Wasser).

Fasten I 205,10 (der jährliche Fasttag bei den Juden); 211,2 (die Pharisäer fasten am Montag und Donnerstag); 282,21ff. (das Fasten bei den Gnostikern verworfen als vom Archon dieser Welt herstammend); 378,5f. (die μεγάλη und die μικρὰ νηστεία bei den Juden). II 98,1 (Marcion gebietet das Sabbathfasten um dem Judengott damit seine Verachtung zu bezeugen).

Frau II 243,1. 8. 18 (Frauen im Klerus bei den Quintillianern).

Gebet I 220,13 (Elxai verbietet die Gebetswendung nach Osten und befiehlt, immer die Wendung nach Jerusalem zu nehmen); 221,17 (die Gebetsformel des Elxai ἀβὰρ ἀνὶδ μωῒβ νωχιλὲ δαασὶμ ἀνή – dabei die Deutung verboten: μηδεὶς ζητήσῃ τὴν ἑρμηνείαν, ἀλλ᾽ ἢ μόνον ἐν τῇ εὐχῇ τάδε λεγέτω); 282,17 (die Gnostiker beten vollständig nackt, um auf diese Weise παρρησία zu erlangen). II 239,11ff. (die Taskodrugiten legen beim Beten den Zeigefinger an die Nase).

Geheimzeichen I 280,13ff. (bei den Gnostikern).

Geist, Gottheit des Geistes 1) auch den Geist kennt niemand außer dem Vater und dem Sohn I 19,5ff.; 91,18ff. 2) Joh 1,3 von den Gegnern, aufgrund falscher Abteilung für die Geschöpflichkeit des Geistes angeführt I 94,9ff. 3) Beweise für das Dasein des Geistes aus dem Pentateuch I 202,25ff. (aus der

Übertragung des Geistes an die Ältesten).
II 214,2f. (Origenes sagt, daß der Geist
ein Geschöpf sei).

Geist, Gottheit des Geistes bewiesen 1) aus
dem Taufbefehl I 13,17; 15,14ff. 2) aus
Act 5,3f I 16,9; 86,13; 145,27. II 373,8.
3) aus 1. Kor 2,11 I 19,16ff.; 20,8ff.;
23,12ff. (die Stelle 1. Kor 2,10 von den
Pneumatomachen unwirksam gemacht
durch Betonung des ἐρευνᾷ = ἀλλ᾽ οὐ
καταλαμβάνει); 145,30. 4) aus dem
Lobgesang der drei Männer im Feuerofen:
Dan 3 I 31,25ff.; 145,19ff. 5) aus Jes 6,3
I 34,21ff.; 145,26. 6) aus einer Häufung
von Bibelstellen, die überall dasselbe vom
Geist wie vom Sohn aussagen I 81,14ff.
7) der Geist nicht denen in der Schrift
genannten Geistern gleichzustellen
I 89,23ff. 8) die Enhypostasie bewiesen
aus 1. Kor 12,8–11, Ps 142,10, Joh 3,8
I 91,6f. 9) der Jordantaufe I 102,9ff.
10) Joh 16,7ff I 102,16ff.

Geist, Ausgang des Geistes 1) I 14,21 (ἐκ
τῆς αὐτῆς οὐσίας πατρὸς καὶ υἱοῦ);
102,10f (καθ᾽ ἑαυτὸ ὑπόστασις ὄν,
οὐκ ἀλλοία παρὰ τὴν τοῦ πατρὸς
καὶ υἱοῦ, ἀλλὰ τῆς αὐτῆς οὐσίας,
ὑπόστασις ἐξ ὑποστάσεως τῆς
αὐτῆς πατρὸς καὶ υἱοῦ καὶ ἁγίου
πνεύματος). II 392,19 (οὐ συνάδελφον
πατρὶ οὐ γεννητὸν οὐ κτιστὸν οὐκ
ἀδελφὸν υἱοῦ, οὐκ ἔκγονον πατρός ...
οὐκ ἀλλότριον πατρὸς καὶ υἱοῦ, ἀλλὰ
ἐκ τῆς αὐτῆς οὐσίας, [ἐκ] τῆς αὐτῆς
θεότητος, ἐκ πατρὸς καὶ υἱοῦ, σὺν
πατρὶ καὶ υἱῷ ... τρίτον τῇ ὀνομασίᾳ,
ἴσον τῇ θεότητι ... σύνδεσμος τῆς
τριάδος, ἐπισφραγὶς τῆς ὁμολογίας).
2) aus Vater und Sohn I 15,14 (ἐκ τοῦ
πατρὸς καὶ τοῦ υἱοῦ); 16,11f (θεὸς
ἐκ πατρὸς καὶ υἱοῦ τὸ πνεῦμα);

81,15 (τὸ πνεῦμα ἐκ τοῦ Χριστοῦ ἢ
παρ᾽ ἀμφοτέρων); 88,4f (τὸ δὲ ἅγιον
πνεῦμα παρ᾽ ἀμφοτέρων, πνεῦμα ἐκ
πνεύματος). 14 (τὸ δὲ ἅγιον πνεῦμα
παρ᾽ ἀμφοτέρων). 20 (φῶς τρίτον
παρὰ πατρὸς καὶ υἱοῦ); 94,17 (ἐκ
πατρὸς καὶ υἱοῦ πνέει). II 392,23
(ἐκ πατρὸς καὶ υἱοῦ). 3) ἀπὸ πατρὸς
ἐκπορευόμενον καὶ τοῦ υἱοῦ λαμβάνον
I 13,7. 15; 15,4; 19,8f.; 148,30. II 392,1.
20.

Geist, falsche Bestimmungen I 14,20
(nicht γεννητός, κτιστός, συνάδελφον,
πατράδελφον, προπάτορον). 21 (nicht
ἔγκονον); 15,1 (μονογενές).

Geist, Sohn und Geist nicht δύο υἱοί
I 13,5; 88,12.

Geist, der Geist 1) ἐν μέσῳ πατρὸς καὶ
υἱοῦ I 15,13. 2) τρίτον τῇ ὀνομασίᾳ
I 13,17; 15,14; 88,20 (φῶς τρίτον παρὰ
πατρὸς καὶ υἱοῦ).

Gelübde; s. auch ὁμολογία. II 388,1ff.
(Kirchenbuße für die, die das Gelübde
der Jungfrauschaft gebrochen haben).

Gott; s. auch ἀκατάληπτος und
ἀκαταληψία, ἀόρατος, ἀπερινόητος,
δημιουργός, παμβασιλεύς, παντοκράτωρ. 1) I 57,7 (ὁ ἄπειρος καὶ
ἀκατάληπτος καὶ ἄχραντος ὢν
θεός). II 85,10 (ἄφθονος); 372,24
(εὐεργέτης). 2) ὁ ἅγιος θεός I 124,1;
135,29; 169,11. 18; 249,2; 259,14.
II 41,21. 3) ἐλεήμων I 169,7; 298,11;
369,21.

Gott, Offenbarungen Gottes I 38,9 (von
den drei, die Abraham erschienen, ist einer
Gott, die anderen zwei Engel); 49,12;
62,1ff. (das Schauen Gottes durch die
Propheten wie wirkliches Schauen trotz
Joh 1,18); 132,3ff. (das Fragen Gottes
bei Adam und Kain nicht Unwissenheit);

133,29ff. (der Diebstahl der ägypt. Gefäße gerechtfertigt durch die 215 Jahre der Knechtschaft); 135,32ff. (der Raub des Landes Kanaan gerechtfertigt durch die Grenzüberschreitung Kanaans); 184,13ff. (gegen eine von Ewigkeit her neben Gott existierende Materie); 263,5ff. (gegen den Glauben, daß das Böse eine selbständige Wesenheit darstelle); 439,22ff. (in der Gottheit kann es keine rechte und linke Seite geben). II 48,15 (Begriff der ὕλη in der Schrift); 69,16f. (kein πάθος); 84,10ff. (die ἐξουσίαι – Engelordnungen – heben die Einheit des göttlichen Regiments nicht auf); 88,19ff. (der Weltschöpfer und Gott des AT kann kein böser Gott sein); 92,6ff.; 101,10ff.; 188,32 (keine ὀργή).

Gott, gegen den Schicksalsglauben εἱμαρμένη I 184,27ff.; 212,17ff.

Gott, gegen den Dualismus der Engelmächte, trotzdem ist die Zurückführung auf den höchsten Gott unumgänglich I 251,7ff.; 264,23ff.; 311,17ff. II 80,13ff.; 191,9ff.; 206,3ff.

Gott, gegen den Dualismus überhaupt II 92,6ff.; 101,10ff.

Gott, Güte und Gerechtigkeit ein und dasselbe I 461,8ff. II 101,19ff.; 196,9ff.

Gottesdienst II 212,8ff. (die Adamianer halten ihren Gottesdienst nackt ab). 9f. (ἀναγνώσεις und εὐχαί als Bestandteile des Gottesdienstes vorausgesetzt); 243,3ff. (bei den Pepuzianern treten häufig sieben weißgekleidete, fackeltragende Jungfrauen als Bußpredigerinnen im Gottesdienst auf).

Höflichkeitsformeln; s. auch μακάριος.
1) ἀγαπητός I 25,5; 33,15; 149,19; 155,9; 245,29; 247,12; 256,6; 299,17; 314,20. II 67,11; 71,14; 75,15; 76,1; 80,22; 237,14; 244,9; 250,17. 2) ἀδελφός I 155,4; 170,26. 3) δεσπότης I 3,7. 4) ἐπιπόθητοι I 297,15; 333,2. II 38,22; 90,7; 227,17; 240,5. 5) εὐλαβέστατος I 153,12. 6) ἡ θεοσέβεια σου I 2,24; 4,6; 153,15; 154,7. 13. 21. 31. 7) θεοσεβέστατος I 2,20 (von einem Bischof). 8) θεοτίμητος I 2,6 (vom Presbyter gegenüber dem Bischof); 3,7. 9) τῆς ὑμῶν καλοκαγαθίας I 149,20. 10) καλός II 96,22. 11) κύριος I 2,6 (vom Presbyter gegenüber dem Bischof gebraucht); 5,8 (vom Bischof an Presbyter); 153,12; 155,4. 12) μακαριώτατος I 149,12. 13) πατήρ I 153,12. 15. 14) συμπρεσβύτερος I 155,4; 170,27. 15) τέκνα I 5,10 (vom Bischof gegenüber Mönchen); 6,9. 21. 22. II 96,6. 16) ποθεινότατα τέκνα I 5,10 (der Bischof gegenüber Mönchen). 20; 6,21; 7,8; 171,24. 17) τίμιος II 96,20. 18) τιμιώτατος I 5,8; 146,10; 153,12; 155,4; 170,26. 19) τιμιότης I 6,21; 154,25; 170,25; 294,22.

Jüdisches; s. auch Φαρισαῖοι und Γραμματεῖς. I 202,8 (Zitat wohl aus dem Mischna-Traktat Ohaloth); 209,29ff. (die Mischna-Sammlungen 1. Deuteronomium 2. die auf den Namen des Aciba oder Baraciba 3. auf den eines Ἀδδάν = Ἄννας = Ἰούδας 4. εἰς τοὺς υἱοὺς Ἀσαμωναίου); 211,12ff. (Schicksalsglaube bei den Pharisäern; die hebr. Namen der Planeten und der Tierkreisbilder); 338,4ff. (bei den Juden wird in ihren γαζοφυλάκια, d.h. in Tiberias das Johannes-Ev. in hebr. Übersetzung aufbewahrt; ebenso die Acta und das Matthaeus-Ev.). 21 ff. (πατριάρχης und ἀπόστολοι bei den Juden); 341,22; 342,1 ff. (bei den Juden sind Patriarchen und andere Würden erblich); 344,17 ff. (den Juden wird im Augenblick des Todes ins Ohr geflüstert, daß sie an Jesus glauben sollen. Epiph. hat das sowohl von dem früheren jüd. Apostel Joseph gehört, als auch selbst gelegentlich erfahren); 378,5 f. (der große und der kleine jährliche Festtag, vgl. I 205,10); 459,26 ff. II 136,2 ff.; 328,3 (apokrypher Stammbaum des Daniel und des Elias).

Jünger; s. auch Apostel. I 232,4 (zu den 72 Jüngern gehörten die sieben Diakone – Stephanus, Philippus, Prochorus, Nicanor, Timon, Parmenas, Nicolaus, dann Matthias, der Ersatzmann für Judas, Marcus, Lucas, Iustus Barnabas, Barnabas, Apelles, Rufus, Niger). 13 (die 72 hatten sich nach dem Tod Jesu zerstreut). II 256,6 (Marcus war einer der 72, die sich nach Joh 6,53 zerstreut hatten, ist aber durch Petrus wiedergewonnen worden); 263,2 f. (zu den 72 Jüngern gehört auch Lucas; er ist weggegangen, wie die anderen, aber durch Paulus wieder bekehrt worden).

Jungfräulichkeit; vgl. παρθενία und μονάζειν II 361,10 (die Söhne des Zebedaeus, Johannes und Jakobus sind jungfräulich geblieben, ebenso Elias und Paulus). 17.

Kalender I 204,17 (Verlegung des Jahresanfangs in Samaria bei den Sebuäern; sie fangen das Jahr im August an). 20 ff. (jüd. θεσρί = röm. Αὔγουστος = ägypt. Μεσορί = maked. Γορπιαῖος = griech. Ἀπελλαῖος). II 292,20 ff. (Kalendergleichungen: 6. Januar = ägypt. 11. Tybi = syrisch und griechisch

6. Αὐδυναῖος = kyprisch und salaminisch 5. des 5. Monats = paphisch 14. Juli = arab. 21. Aleom = kappadokisch 13. Atarta = athenisch 5. Maimakterion = hebr. 5. Tebeth); 293,20 ff. (Kalendergleichungen 8. November = ägypt. 12. Athyr = griech. 8. Dios = salaminisch und konstantinisch 6. Choiak = paphisch 16. Apogonikos = arab. 22. Aggathalbaeith = maked. 16. Apellaios = kappadokisch 15. Atarta = athenisch 7. Metageitnion = hebr. 7. Maresuan); 297,14 ff. (ungenaue Rechnung der Juden beim Schaltjahr: die Juden schalten in 14 Jahren 5 Schaltmonate ein; sie schalten zuviel ein, deshalb haben sie Ostern um einen Tag zu früh gefeiert).

Kanon s. Bibel.

Kennzeichnung im relig. Sinn I 308,3 ff. (eine σφραγίς am rechten Ohrläppchen, mit einem Brenneisen oder einem Rasiermesser beigebracht, bei den Karpokratianern).

Kirche I 122,14 (die Kirche, die σοφὴ καὶ ἀνδρεία γυνή von Prov 29,28). 18 (die Kirche μήτηρ ὑμῶν). 21 f. (die Braut im Hohelied). 23 (die ἁγία γῆ, auf der Christus weidet). 24 (auf der man die Schuhe ausziehen muß); 146,6 (ἡ ἁγία παρθένος τοῦ Χριστοῦ καὶ νύμφη ἁγνή). 7. 16 (ἡ ἁγία καὶ μόνη παρθένος τοῦ θεοῦ). 20; 147,22 (die ἁγία πόλις); 155,18 f. (die Kirche, die eine nach den 80 Jungfrauen, die hlg. Braut Christi). 20 (hat von Ewigkeit her bestanden und ist in der Erscheinung Christi geoffenbart); 357,18 (die Ebionäer nennen ihre Kirche συναγωγή). II 43,14 ff. (die Kirche die ἁγία νύμφη, die Braut im Hohenlied, neben ihr die 80 παλλακίδες = die Häresien); 212,11 (die Adamianer erklären ihre Kirche für das Paradies); 313,12; 380,5ff. (Vergleich der Kirche mit einem Schiff; zum Beweis für die verschiedenen Stufen und Ämter).

Kirchenbauten, Kirchenraum I 338,15; 347,12 (der comes Joseph wird von Constantin beauftragt, Kirchen in Tiberias, in Diocaesarea, in Nazareth und Capernaum zu bauen). 21 (er baut in Tiberias nur eine kleine Kirche aus einem alten ᾿Αδριάνειον). II 312,27 (der Kirchenraum bei den Adamianern geheizt; die Vorsteher sitzen oben – ἄνω, die Laien unten – κάτω; also das βῆμα erhöht).

Kirchenrecht I 239,3f. (der Diakon nicht imstande die χειροθεσία zu vollziehen und durch sie den hlg. Geist zu verleihen); 340,19ff. (zweite Ehe macht für den Klerus untauglich). II 96,20 (ein von einem Bischof Ausgestoßener darf nicht ohne dessen Erlaubnis von einem anderen aufgenommen werden).

Kirchenverfassung I 324,2ff. (Christus hat nach dem Aussterben des jüd. Königtums das Königtum und Priestertum auf die Kirche übertragen und dort den θρόνος begründet, der zugleich königlich und priesterlich ist). 11ff. (Jakobus, der sofort Eingesetzte ist der erste Bischof der christl. Kirche).

Klerus; s. auch κλῆρος und Ehe. I 22,20f. (die Audianer haben keine Bischöfe und Presbyter, die Geld und Silber besitzen); 340,20 (Joseph heiratet zum 2. Mal, um nicht durch die Arianer zum Kleriker gemacht zu werden). II 243,1. 8. 18 (Frauen im Klerus, auch als Bischöfe und Presbyter, bei den Quintillianern); 367,11ff. (dem Klerus weder die zweite

Ehe, noch das Beiwohnen bei der Frau gestattet – dabei auch die ὑποδιάκονοι mitgerechnet). 18 (dabei als Stufen aufgezählt διάκονον, πρεσβύτερον, ἐπίσκοπον, ὑποδιάκονον).

Kreuzeszeichen I 342,24; 344,7 (es macht den Zauber unwirksam); 345,19 (über dem Wasser, um dieses kräftig zu machen); 348,14 (um einen Zauber zu heben).

Legenden, christl. I 255,11 (Nathanael war der zweite der Emmaus-Jünger; Adam auf Golgotha begraben).

Lied II 58,2 (beim Abendmahl der Ophiten ein Hymnus auf den obersten Πατήρ durch Vermittlung der Schlange dargebracht).

Listen s. auch Chronologisches.

Listen, alttest.; von Adam bis Noah I 69,5–11 (᾿Αδάμ, Σήθ, ᾿Ενώς, Καϊνάν, Μαλελεήλ, ᾿Ιάρετ, ᾿Ενώχ, Μαθουσάλα, Λάμεχ, Νῶε); 172,5ff. (von Adam bis Jared); 173,3ff. (von Henoch bis Noah). 16 (von Adam bis Noah zehn Geschlechter = 2262 Jahre).

Listen, von Noah bis Abraham I 69,23ff (Νῶε, Σήμ, ᾿Αρφαξάδ, Καϊνάν, Σάλα, ῎Εβερ, Φάλεκ, ῾Ραγαῦ, Σερούχ, Ναχώρ, Θάρρα, ᾿Αβραάμ).

Listen, Geschlechterregister von Sem bis Salmon I 69,23ff (Σήμ, ᾿Αρφαξάδ, Καϊνάν, Σάλα, ῎Εβερ, Φαλέκ, ῾Ραγαῦ, Σερούχ, Ναχώρ, Θάρρα, ᾿Αβραάμ, ᾿Ισαάκ, ᾿Ιακώβ, ᾿Ιούδας, Φαρές, ᾿Εσρώμ, ᾿Αράμ, ᾿Αμιναδάμ, Ναασών, Σαλμών); 174,8 (von Sem – ausschließlich – bis Phalek fünf Geschlechter = 659 Jahre). 9ff. (Sem bis Phalek); 181,24ff. (von Levi bis Moses: Λευί, Καάθ, ᾿Αμράμ, Μωυσῆς; von Juda bis Naasson: ᾿Ιούδας, Φαρές, ᾿Εσρώμ, ᾿Αράμ, ᾿Αμιναδάβ,

Ναασσών); 368,1ff. II 331,18ff. (rechnet Epiph. für die Glieder von Sem bis Abraham – dessen 88–90 Jahr – 1241 Jahre); 334,4ff. (nach anderen Handschriften waren es 628 Jahre).

Listen, von Abraham bis Joseph, dem Vater Jesu I 70,3–17 (Ἀβραάμ, Ἰσαάκ, Ἰακώβ, Ἰούδας, Φαρές, Ἐσρώμ, Ἀράμ, Ἀμιναδάμ, Ναασώμ, Σαλμών, Βοόζ, Ἰωβήδ, Ἰεσσαί, Δαυίδ, Σολομών, Ῥοβοάμ, Ἀβιά, Ἀσάφ, Ἰωσαφάτ, Ἰωράμ, Ὀχοζίας, Ἰωάς, Ἀμεσίας, Ὀζίας, Ἰωάθαμ, Ἄχαζ, Ἐζεκίας, Μανασσῆς, Ἀμώς, Ἰωσίας, Ἰεχονίας = Σελούμ = Ἀμασίας, Ἰεχονίας = Σεδεκίας = Ἰωακείμ, Σαλαθιήλ, Ζοροβάβελ, Ἀβιούδ, Ἐλιακείμ, Ἀσώρ, Σαδώκ, Ἀχείμ, Ἐλιούδ, Ἐλεάζαρ, Ματθίας, Ἰακώβ, Ἰωσήφ); 194,3–12 (von Rehabeam bis Jechonja II).

Listen, Priestergeschlechter von Elias aufwärts bis Abraham II 328,5ff (Ἀβραάμ, Ἰσαάκ, Ἰακώβ, Λευί, Καάθ, Ἀμράμ, Ἀαρών, Ἐλεάζαρ, Φινεές, Ἀαζία, Ῥαζαζά, Ἀμορία, Ἀχιτώβ, Σαδώκ, Ἀχιναάμ, Ἰωδαέ = Bruder des Elias des Thesbiters).

Listen, Völkerliste nach den drei Söhnen Noahs I 136,18ff.; 175,16 (es sind 72 Völker geworden bis zum 5. Geschlecht nach der Flut).

Listen, Kaiserliste I 71,8ff. (Augustus: 56 Jahre, 6 Monate; Tiberius: 23 Jahre; Gaius: 3 Jahre, 9 Monate, 23 Tage; Claudius: 13 Jahre; Nero: 13 Jahre; Vespasian: 9 Jahre; Titus: 2 Jahre; Domitian: 15 Jahre, 5 Monate; Nerva: 1 Jahr, 4 Monate; Traian: 19 Jahre; Hadrian: 21 Jahre; Antoninus Pius: 22 Jahre; Mark Aurel: 19 Jahre; Commodus: 13 Jahre; Pertinax: 6 Monate; Septimius Severus: 18 Jahre; Antoninus

Caracalla: 7 Jahre; Macrinus: 1 Jahr; Antoninus Heliogabal: 4 Jahre; Alexander Severus: 13 Jahre; Maximinus: 3 Jahre; Gordianus: 6 Jahre; Philippus: 6 Jahre; Decius 1 Jahr; Gallus und Volusianus: 3 Jahre; Gallienus: 15 Jahre; Claudius: 1 Jahr; Aurelian: 4 Jahre; Tacitus: 6 Monate; Probus: 6 Jahre; Carus, Carinus, Numerianus: 2 Jahre, Diocletian: 20 Jahre, von Diocletian bis zum Jahr 374: 70 Jahre).

Listen, röm. Konsulliste II 284,7 (Christus geboren im 13. Konsulat des Augustus und Silanus am 6. Januar, am 13. nach der Wintersonnenwende); 290,5ff. (ausführlich gegeben vom Jahr 2–28 n.Chr.).

Listen, röm. Bischöfe I 308,6ff. (Anicetus der Nachfolger des Pius); 310,5ff. (Petrus und Paulus starben im 12. Jahr Neros, s. I 310,4; Linus und Cletus regieren je 12 Jahre, s. I 310,2f.; Clemens, Evaristus, Alexander, Xystus, Telesphorus, Hyginus, Pius, Anicetus). II 95,1 (Petrus und Paulus an der Spitze der röm. Bischofsliste, Hyginus als der 9. gezählt).

Mönchtum; s. auch ἀναχωρητής, ἀπό-ταξις, πατήρ, σπήλαιον, σχῆμα. I 81,8 (das Bild eines Asketen: in der Höhle als Einsiedler, um ihn andere, die er zur Weltabsage bringt, er verteilt seine Gabe den Armen und spendet täglich Almosen). II 402,12 (Elias – als Vorbild des Mönchs – geht selten in die Städte, vermeidet den Umgang mit Frauen und lebt in der Einöde). 15 (engelgleiches Leben).

Naturwissenschaftliches I 104,4ff. (sterbende und wiedererstehende Tiere: die φάττα, der μυωξός, der κάνθαρος, der φοῖνιξ); 246,19ff. (der ἀσπιδογοργών, der andere Schlangen und zuletzt sich selbst auffrißt); 264,17f. (der Mensch hat 364 Glieder); 299,25 (die ἀπειρώδινος ἔχιδνα: die Sameneinträufelung erfolgt durch den Mund, das Männchen stirbt bei der Begattung, das Paar der Jungen zerreißt den mütterlichen Leib); 321,3 (die σηπεδὼν ἔχιδνα: der ganze Leib ist mit roten Haaren bedeckt, ähnlich wie bei einer Ziege oder einem Schaf; sie tötet die Vorübergehenden durch Biß); 369,11ff.; 438,9ff. (die Skorpione bilden eine Kette von zehn oder mehr, um sich von einem Haus oder durch das Dach herabzulassen). II 38,30 (die διψὰς ἔχιδνα, die ihr unbezwinglichen Durst erzeugendes Gift in die Quellen träufelt); 60,14 (die Schlange ringelt sich bei der Verfolgung zusammen, um nur den Kopf zu schützen); 61,1ff. (wenn sie zum Trinken an den Fluß geht, läßt sie ihr Gift zurück). 12 (die Taube lüstert, ist immer auf Geschlechtslust bedacht, aber arglos und langmütig); 83,24ff. (die κάνθαροι βύλαροι wälzen sich in Gestank und Schmutz, für sie ist der Wohlgeruch des μύρον der Tod, wie umgekehrt für die Bienen Mist und Übelduft); 198,19ff. (σφηκίον = ζώπυρον); 249,1ff (δίκταμνον, στύραξ, λιβανωτίς, ἀβρότονος, ἄσφαλτος, θυμίαμα, γαγάτης, κέρας τῆς ἐλάφου vertreibt giftige Tiere). 5 (δίκταμνον von den Ärzten gebraucht zur Erleichterung der Geburt); 311,4ff (σκολόπενδρα). 10ff (ἀσπάλαξ); 316,13 (σαύρα ἡλιακή); 523,6ff. (die Giftschlange und das Maulwurfsjunge).

Offenbarung I 359,5 (Berufung auf Offenbarungen bei den Ebionäern).

Ostern s. Passah.

Paradies I 63,10ff. (Sage des Paradieses auf Erden); 67,10ff. (die Paradiesströme).

Passah I 21,26 (die Tessareskaidekatiten feiern das Passah nur einen Tag lang); 158,18; 160,17; 216,29ff. (jüd. Passahbräuche bei den Ägyptern, zu Frühjahrsanfang in der Zeit der Tag- und Nachtgleiche, Röteln der Schafe und der Bäume, als apotropäisches Mittel). II 211,21 (die Tessareskaidekatiten feiern das Passah einen Tag lang, am 14. des Mondmonats, auf welchen Tag es fallen mag: durch Fasten und Nachtwache); 244,20 (die Tessareskaidekatiten feiern es einen Tag lang, am 14. Nisan: I 245,4); 245,3 (einige von ihnen glauben, aufgrund der Acta Pilati den Todestag Christi auf den 25. März festlegen zu können, und feiern da). 11 (in Kappadokien feiern sie ebenso den 25. März); 248,3ff. (die Kirche zieht bei ihrer Berechnung des Passah neben dem Mondlauf auch die Woche und das Sonnenjahr in Betracht – sie feiert das Passah darum nach der Tag- und Nachtgleiche und nimmt das Lamm am 10., wegen Ἰησοῦς).

Physiologie I 96,6 (der νοῦς heißt in der Schrift καρδία). 23ff. (irrigerweise der νοῦς für ὑπόστασις erklärt). 24 (irrig mit dem πνεῦμα gleichgesetzt); 97,29; 98,1 (νοῦς = τὸ σύνθετον - συνθετικόν? - καὶ τὸ λογικὸν καὶ φρονοῦν ἐν ἑκάστῳ ... νόημα). II 45,6ff. (der ἔσω ἄνθρωπος bei den Herakleoniten); 49,4. 10; 83,3 (die Seele = ψυχή stammt von der oberen ἰκμάς und dient den Weltherrschern als Speise); 133,17 (die Seele im Blut); 226,6ff. (Unterschied von Traum und Ekstase). 15f (τὸ κινοῦν ἐν τῷ ἀνθρώπῳ πνεῦμα εἴτ᾽ οὖν ἡ ψυχή).

Religionsgeschichtliches I 106,17ff. (Totenfeier bei den Hellenen); 200,12ff. (Reinigungsgebräuche bei den Samaritanern: Spülung mit Urin, wenn sie von der Fremde kommen; Baden mitsamt den Kleidern, wenn sie von Andersgläubigen berührt wurden; Berührung mit dem Toten gilt als verunreinigend); 216,29ff. (den jüd. ähnliche Passahbräuche bei den Ägyptern); 379,25 (die Beschneidung auch bei den ägypt. Priestern üblich; ebenso bei den Sarazenen = Ismaeliten, bei den Samaritanern, Idumäern, Homeriten). II 242,8ff. (bei den Pepuzianern sollen noch heute – nach dem Vorbild der Quintilla – Männer und Frauen in Pepuza schlafen, in der Erwartung Christus dort zu schauen); 284,12ff. (die Saturnalien, die Kronia und die Kikellia am 25. Dezember, dem Tag der Wintersonnenwende); 285,12ff. (die Aion-Feier in Alexandria); 301,7ff. (am 6. Januar werden vielerorts Quellen und Läufe in Wein verwandelt. So wie Epiph. selbst bezeugen kann in Cibyra in Karien und in Gerasa in Arabien. Auch für den Nil wird das von vielen bezeugt, deshalb schöpft man am 11. Tybi Wasser, um es aufzubewahren, nicht nur in Ägypten, sondern auch an vielen anderen Orten); 312,30ff. (bei den Adamianern der Gottesdienst nackt gehalten); 315,17ff. (bei den Sampsäern Marthus und Marthana göttlich verehrt. Man sammelt den Speichel und den Staub von ihren Füßen zur Heilung und als Amulett). 24 (das Wasser wird bei ihnen als etwas göttliches verehrt); 325,11ff. (in

Petra in Arabien wird ein Bild des Moses verehrt). 17 (in Sebaste wird die Tochter des Jephtha göttlich verehrt); 403,12 (die Serapis-Priester, geschoren, teilen auf den Stufen des Tempels den Eintretenden Palmzweige aus).

Sakrament II 1,15 (bei den Herakleoniten ein Sakrament für die Sterbenden, dasselbe ausführlicher II 45,18ff.); 82,27 (bei den Archontikern die Sakramente verworfen).

Schicksalsglaube s. Astronomie und Gott.

Schlange II 199,20 (der Teufel schlangengestaltig nach den Severianern).

Sitte, sittliche Anschauungen I 49,14 (Sara ein Vorbild für die Frauen). II 372,11 (das ἐπορεύεσθαι bedenklich); 400,1 (die Origenianer werfen der Kirche die Syneisakten vor).

Sprichwörter I 255,21 (ἀσπὶς παρ᾽ ἐχίδνης ἰὸν δανειζομένη); 299,5 (ἀναγνόντες, γνόντες καὶ καταγνόντες). II 38,27; 182,18; 509,19 (ἁπλοῦς ὁ μῦθος τῆς ἀληθείας).

Sünde I 263,5ff. II 49,23ff. (die Sünde nicht etwas Uranfängliches, sondern etwas in der Geschichte erst Hereingekommenes); 157,27ff.

Symbole I 146,22ff. (das Konstantinopolitanische Symbol); 148,4ff. (das von Epiph. verfaßte Taufbekenntnis).

Symbolartige Formeln 1) die an das Taufbekenntnis anklingen I 26,13 (ἐκάθισε γὰρ ἐν δεξιᾷ τοῦ πατρός); 101,1. 2. 9 (καθεζόμενος ἐν δεξιᾷ τοῦ πατρός); 113,20 (ἵνα θανάτῳ θάνατον θανατώσῃ); 114,16; 115,9f (τὸν ἐσταυρωμένον, τὸν ταφέντα καὶ ἀναστάντα τῇ τρίτῃ ἡμέρᾳ καὶ εἰς οὐρανοὺς ἀνελθόντα). II 38,9 (ἕνα ὁμολογεῖν θεὸν πατέρα, παντοκράτορα τῶν ὅλων καὶ τὸν κύριον ἡμῶν Ἰησοῦν Χριστὸν καὶ τὸ ἅγιον αὐτοῦ πνεῦμα); 49,26ff (εἷς ἐστιν ὁ θεὸς ὁ τὰ πάντα ποιήσας καὶ δημιουργήσας, ὁ πατὴρ τοῦ κυρίου ἡμῶν Ἰησοῦ Χριστοῦ, καὶ εἷς ὁ μονογενὴς αὐτοῦ [καὶ] παῖς ... καὶ ἓν τὸ ἅγιον αὐτοῦ πνεῦμα, μία τριὰς ἁγία καὶ ὁμοούσιος); 124,19 (ὁμολογοῦντος τὸν θεὸν ποιητὴν οὐρανοῦ τε καὶ γῆς);193,2 (ἐσταυρώθη ... ἐτάφη ... ἀνέστη); 392,10 (πατὴρ δὲ ἀεὶ πατὴρ καὶ οὐκ ἦν καιρὸς ὅτε οὐκ ἦν ὁ πατὴρ πατήρ). 15 (θεὸς ἐκ θεοῦ, φῶς ἐκ φωτός, θεὸς ἀληθινὸς ἐκ θεοῦ ἀληθινοῦ, γεννηθεὶς οὐ κτισθείς); 396,19 (ἐν σαρκὶ ἐπιδημήσας καὶ ὁ μετὰ ταῦτα ἐρχόμενος κρῖναι ζῶντας καὶ νεκρούς, ἐπὶ τῷ σταυρῷ πεπονθὼς καὶ ταφεὶς καὶ ἀναστάς, ἐν δόξῃ μὲν ἐν αὐτῷ τῷ σώματι ἀναληφθείς). 2) an das Nicaenum anklingend I 46,1 (ἐκ τῆς τοῦ πατρὸς οὐσίας); 101,1. 2 (καθεζόμενος ἐν δεξιᾷ τοῦ πατρός); 144,28; 231,20 (καθεζόμενος ἐν δεξιᾷ τοῦ πατρός); 266,12 (θάνατος θανάτῳ γεγένηται); 344,18 (die angeblich den Juden im Augenblick des Todes ins Ohr geflüsterte Formel: πίστευε ‹εἰς› Ἰησοῦν, τὸν ἐσταυρωμένον ἐπὶ Ποντίου Πιλάτου ἡγεμόνος, υἱὸν θεοῦ προόντα καὶ ἐκ Μαρίας ὕστερον γεγεννημένον, Χριστὸν δὲ ὄντα θεοῦ καὶ ἐκ νεκρῶν ἀναστάντα, καὶ ὅτι αὐτὸς ἔρχεται κρῖναι ζῶντας καὶ νεκρούς).

Syneisakten II 218,16ff. (die Enkratiten leben mit Frauen zusammen).

Synoden I 147,23 (in Nicaea über 310 Bischöfe).

Taufbekenntnis I 146,17ff. (von dem Katechumenen bei der Taufe abzulegen: dann das aufgeführt); 148,2ff. (dann das von Epiph. verfaßte Bekenntnis).

Taufe; s. auch βάπτισμα, λουτρόν, σφραγίς. I 66,14ff. (die Taufe von manchen für das Ebenbild erklärt); 123,2 (die Absage bei der Taufe); 144,11 (Epiklese bei der Taufe); 215,9 (nur einmal zu vollziehen: τὸ ἓν βάπτισμα); 278,25 (die Katechumenen werden in articulo mortis getauft). 28 (durch die Taufe die ἄφεσις ἁμαρτημάτων bewirkt). II 3,10 (Marcion erteilt zwei oder gar dreimal Taufe zur Sündenvergebung nach dem Fall). 11 (an Stelle gestorbener Katechumenen werden bei Marcion andere getauft). 12 (Marcion gestattet auch Frauen zu taufen); 82,27 (bei den Archontikern die Taufe verworfen); 83,13ff.; 98,9ff.; 100,4f.; 278,18 (Wirkung der Taufe: Sündenvergebung und Geistesverleihung); 364,5 (die Taufe ist die μετάνοια, die παλιγγενεσία).

Tauffest II 270,14 (Taufe Jesu am 12. Athyr = 8. November).

Taufunterricht I 122,26ff. (umschreibend geschildert: Ablegen der Todsünden); 146,13ff. (auf das Glaubensbekenntnis sich beziehend).

Todsünden I 108,15f. (als besonders schwere Sünde genannt ἐπόρνευσα, ἐμοίχευσα, ἔκλεψα, ἐφόνευσα, εἰδωλολάτρησα; ebenso I 109,23f.); 122,30f (εἰδωλολατρεία, μοιχεία, πορνεία, κλοπή, πλεονεξία).

Totenfeier I 106,17ff. (heidnische Totenfeier an den πάνδημοι ἡμέραι).

Trinität; s. auch ὄνομα, οὐσία, τριάς, ὑπόστασις, φύσις. I 7,21 (μοναρχία). 24 (ἑνότης); 8,3 (εἷς θεός). 5 (μονάς);

10,22 (τὴν μίαν ἑνότητα τῆς δυνάμεως); 12,23ff (εἷς θεός); 13,4ff (Sohn und Geist nicht δύο υἱοί); 18,8 (εἷς θεός). 15 (keine συναλοιφή). 17 (ἑνότης, ταυτότης). 17; 88,12ff (Sohn und Geist nicht δύο υἱοί); 101,22 (unehrliches Bekenntnis gewisser Häretiker zu τρεῖς ὑποστάσεις ἐν μιᾷ οὐσίᾳ; sie haben dabei die Dreiheit σῶμα, ψυχή, πνεῦμα im Auge). II 392,28ff. (Beweis für die Unterscheidung der Personen Joh 10,30 ἕν ἐσμεν und nicht εἷς εἰμι in II 393,4: Taufbefehl); 393,10 (in der Trinität keine ὑπόβασις, ἀλλοίωσις oder παραλλαγή).

Trinität, die Homousie der Trinität I 17,28ff. (aus Jes 6,3); 24,4ff. (aus Gen 1,26); 37,1ff. (aus Gen 1,26); 101,11ff. (aus dem Taufbefehl); 102,6ff. (aus der Jordantaufe); 231,8ff. (aus dem Taufbefehl); 253,11ff. (aus Gen 1,26). II 195,8ff. (aus Gen 1,26); 350,21ff. (1. Kor 8,6 hebt sie nicht auf).

Trinität, zusammenfassende Formeln; vgl. auch ταυτότης, ἰσότης, ὁμοούσιος, ταυτούσιος I 8,9f (τριὰς γὰρ ἐν μονάδι καὶ εἷς θεὸς πατήρ, υἱὸς καὶ ἅγιον πνεῦμα); 9,12f (τριὰς ἐν ἑνὶ ὀνόματι ἀριθμουμένη); 12,18 (die Trinität μιᾶς ὑποστάσεως). 22f (τῆς αὐτῆς θεότητος, οὐ τρεῖς θεούς); 13,10 (τριὰς ἀεὶ οὖσα τῆς αὐτῆς οὐσίας). 22 (ἀεὶ γὰρ ἡ τριὰς τριὰς καὶ οὐδέποτε προσθήκην λαμβάνει); 14,12 (μηδὲν προσλαμβάνουσα δόξης μήτε ἀφαιρουμένη ἰδιότητος. οὐδὲν γὰρ ἐν τριάδι κτιστὸν ἢ ἐπιγένητον). 23ff (ἕκαστον δὲ τῶν ὀνομάτων μονώνυμον); 18,11ff (τρία ὄντα μία θεότης μία οὐσία μία δοξολογία εἷς θεός); 24,3 (ἀεὶ γὰρ ἡ τριὰς τριὰς

καὶ οὐδέποτε προσθήκην λαμβάνει); 31,20ff (ὦ τριὰς ἁγία ἀριθμουμένη, τριὰς ἐν ἑνὶ ὀνόματι ἀριθμουμένη. οὐ γὰρ λέγεται ἑνὰς καὶ δυὰς οὐδὲ μονὰς καὶ μονάς, ἀλλὰ μονὰς ἐν τριάδι καὶ τριὰς ἐν μονάδι μονοειδῶς μονωνύμως εἷς θεός, πατὴρ ἐν υἱῷ, υἱὸς ἐν πατρὶ σὺν ἁγίῳ πνεύματι); 77,5 (οὐδὲν παρήλλακται ἐν πατρὶ καὶ υἱῷ καὶ ἁγίῳ πνεύματι, ἀλλ' ὁμόστοιχος καὶ ὁμοούσιός ἐστιν ἡ ἁγία τριάς); 82,2ff (τρία ἅγια τρία συνάγια, τρία ὑπαρκτὰ τρία συνύπαρκτα, τρία ἔμμορφα τρία σύμμορφα, τρία ἐνεργὰ τρία συνεργά, τρία ἐνυπόστατα τρία συνυπόστατα ἀλλήλοις συνόντα· τριὰς αὕτη ἁγία καλεῖται, τρία ὄντα μία συμφωνία μία θεότης τῆς αὐτῆς οὐσίας τῆς αὐτῆς θεότητος τῆς αὐτῆς ὑποστάσεως, ὁμοία ἐξ ὁμοίου, ἰσότητα χάριτος ἐργαζομένη πατρὸς καὶ υἱοῦ καὶ ἁγίου πνεύματος). 10f (ταῦτα τρία ὄντα ἢ ἐξ αὐτοῦ ἢ παρ' αὐτοῦ ἢ πρὸς αὐτόν); 88,17 (ὁ πατὴρ ἀληθοῦς υἱοῦ ἐστι πατήρ, φῶς ὅλος, καὶ ‹ὁ› υἱὸς ἀληθοῦς πατρὸς ‹υἱός›, φῶς ἐκ φωτός ... καὶ πνεῦμα ἅγιον πνεῦμα ἀληθείας ἐστί, φῶς τρίτον παρὰ πατρὸς καὶ υἱοῦ); 146,2 (ἡμεῖς δὲ οἴδαμεν πατέρα πατέρα, υἱὸν υἱόν, ἅγιον πνεῦμα ἅγιον πνεῦμα, τριάδα ἐν ἑνότητι. μία γὰρ ἑνότης ἐστὶ πατρὸς καὶ υἱοῦ καὶ ἁγίου πνεύματος, μία οὐσία μία κυριότης ἓν θέλημα); 273,24f (τρεῖς ὑποστάσεις μία κυριότης μία θεότης μία δοξολογία). II 391,23 (ὁμολογοῦμεν τὴν τριάδα, μονάδα ἐν τριάδι καὶ τριάδα ἐν μονάδι, καὶ μίαν θεότητα πατρὸς καὶ υἱοῦ καὶ ἁγίου πνεύματος. οὐ γὰρ ὁ υἱὸς ἑαυτὸν ἐγέννησεν οὐδὲ ὁ πατὴρ μεταβέβληται ἀπὸ τοῦ πατὴρ εἶναι ‹εἰς τὸ εἶναι› υἱὸς οὐδὲ τὸ ἅγιον πνεῦμα Χριστὸν ἑαυτό ποτε ὠνόμασεν); 392,2 (ἐνυπόστατος ὁ πατήρ, ἐνυπόστατος ὁ υἱός, ἐνυπόστατον τὸ ἅγιον πνεῦμα. ἀλλὰ οὐ συναλοιφὴ ἡ τριάς ... οὔτε ἠλλοιωμένη τῆς ἰδίας ἀιδιότητός τε καὶ δόξης ... ἀλλ᾽ ἀεὶ μὲν ἦν ἡ τριὰς τριὰς καὶ οὐδέποτε ἡ τριὰς προσθήκην λαμβάνει, μία οὖσα θεότης μία κυριότης μία οὖσα δοξολογία, ἀλλὰ τριὰς ἀριθμουμένη, πατὴρ καὶ υἱὸς καὶ ἅγιον πνεῦμα, οὐχ ὡς ἕν τι τρισὶν ὀνόμασιν κεκλημένον, ἀλλὰ ἀληθῶς τέλεια τὰ ὀνόματα, τέλειαι αἱ ὑποστάσεις); 395,27 (οὐδὲ διῃρημένη τῆς ἑαυτῆς ταυτότητος).

Überlieferung II 386,16 (Notwendigkeit der Überlieferung neben der Schrift, weil nicht alles in der Schrift aufgezeichnet ist).

Weihrauch I 236,5 (Carpocrates räuchert den von ihm aufgestellten Bildern von Jesus, Paulus, Homer und Pythagoras). II 249,27 (τὸ ἅγιον θυμίαμα, jedoch bloß im Bild).

Wein; vgl. auch Askese II 200,2ff. (nach den Severianern der Weinstock aus einer Vermischung des Teufels mit der Erde entstanden; daher enthalten sie sich des Weins); 216,11 (die Enkratiten erklären, daß der Wein vom Teufel stamme).

Zauberformeln I 218,10ff. (die Schwurformeln des Elxai: ἅλας, ὕδωρ, γῆν, ἄρτον, οὐρανόν, αἰθέρα, ἄνεμον; vgl. I 223,27ff: οὐρανόν, ὕδωρ, πνεύματα ἅγια, ἀγγέλους τῆς προσευχῆς,

ἔλαιον, ἅλας, γῆν); 221,17 (die Gebetsformel des Elxai: ἀβὰρ ἀνὶδ μωὶβ νωχιλὲ δαασὶμ ἀνή. Der Versuch sie zu deuten verboten I 221,14: μηδεὶς ζητήσῃ τὴν ἑρμηνείαν, ἀλλ᾽ ἢ μόνον ἐν τῇ εὐχῇ τάδε λεγέτω); 223,27ff.; 292,14 (die Formel der Gnostiker in ihrem Philippus-Ev., wie die Seele jeder einzelnen der δυνάμεις zu antworten hat); 343,27 (Zauber durch Urin und Staub unwirksam gemacht); 345,31ff. (Wunder eines Juden dadurch, daß er den jüd. Gottesnamen gelesen hat); 348,16 (ἐν ὀνόματι Ἰησοῦ τοῦ Ναζωραίου – vgl. I 345,20 – ein Zauber aufgehoben); 356,10ff. (die Formel Elxais mit den sieben Eideshelfern auch bei Ebionäern bei Krankheit oder Schlangenbiß üblich); 385,2ff. 8ff.; 395,9ff. (die Bekenntnis?-Formel der Valentinianer).

Zölibat s. Ehe.

Zucht I 298,16 (die von Epiph. angezeigten Gnostiker werden von den Bischöfen der betreffenden Gegend aus der Stadt gejagt – also nicht bloß exkommuniziert).

Zungenreden, von Epiph. als Reden in den verschiedenen Sprachen, mit Bevorzugung der hebräischen gedeutet II 168,12ff.

Wörter, die im Sachregister Theologie vermißt werden, schlage man bitte auch im Register Personen – Orte –Namen nach.

Sachregister Grammatik/ Stilistik

ADJEKTIVE

Adjektiv, 2 End. 1) μάταιος + fem.
I 119,5 (μάταιος ὑπόνοια); 135,29. 32;
215,4; 216,19 (μ. διάνοια); 320,8 (μ. ...
διδασκαλία). II 41,8 (μ. ... κενοφωνία);
133,28 (μ. ... κατασκευή); 251,17 (μ. ...
συκοφαντία); 334,25 (μ. ... ἡ διάνοια);
508,7 (μ. ἡ ... κενοφωνία); 522,13
(φωνὴ μάταιος). 2) αἰώνιος + fem.
I 73,24 (ζωῆς αἰωνίου); 167,26; 268,9
(ζωῆς ... τῆς αἰωνίου). III 251,20
(ζωῆς αἰωνίου); 466,10 (ζωὴν αἰώνιον).
3) γελοῖος + fem. 476,1 (γ. αἵρεσις);
485,3. 4) καθάρσιος + fem. 520,1
(καθαρσίῳ δυνάμει).

Adj., 3 End. 1) ματαία + fem. I 51,9 (μ.
ὑπολήψεις). II 502,14 (μ. προσδοκία).
III 73,28 (μ. συκοφαντία); 253,8 (μ.
προαίρεσις). 2) im übrigen I 118,18
(βασάνῳ αἰωνίᾳ); 359,10 (τῆς
ἀπατηλῆς διδασκαλίας). II 157,28
(σάρκα ἁμαρτωλήν).

Indekl. II 270,16 (πλήρης); 278,21 (τότε
wie ein Adj.: ἀπὸ τότε).

Neutr. Adj./Part. für Substantiv I 39,28
(τὰ βαθέα τῆς ... πραγματείας); 51,8
(τὸ ἀληθὲς τῆς ἀκολουθίας); 73,7 (τοῦ
εἰδέναι γνωστὸν καλοῦ καὶ πονηροῦ);
76,23f. (κατὰ τὸ ἡμέτερον ἀσθενές);
109,12 (τὸ δυνατὸν αὐτοῦ *seine Macht*);
117,27 (τὸ ἴδιον δυνατόν); 132,22 (τὸ
βραχὺ τῶν ἄρτων *die geringe Zahl der
Brote*); 156,23 (τὸ ἡμέτερον ἐλευθέριον);
258,1 (τοῦτο τὸ ἐπαγωγόν); 315,13
(τὸ σαφὲς τῆς ἀληθείας). II 174,1
(τὰ σωτήρια = τὴν σωτηρίαν);
188,27 (τὸ σωτήριον = ἡ σωτηρία);
235,12 (τὸ πολέμιον = ὁ πόλεμος);
335,11 (τὸ πιστὸν καὶ τὸ εὐλαβὲς

τοῦ ἀνδρός); 371,3f. (τὸ ἐλεύθερον
ἀπὸ ἁμαρτίας); 380,8f. (τὸ ἑδραῖον
= ἑδραιότης); 385,25 (τὸ ἐπιζήμιον
= ζημία). III 116,12 (πληρωθέντος
τοῦ ... καταγγελλομένου); 166,14 (τὸ
ἡμέτερον ἀσθενὲς ἀναλαβεῖν); 450,10
(τῶν ... ἡδέων); 481,20f. (τὸ ἀληθὲς καὶ
τὸ πάγιον τῆς τοῦ θεοῦ ἐπαγγελίας).

Subst. für Adj. I 256,23 (τὸν
συσχολαστὴν αὐτοῦ γόητα). II 192,8
(τῶν παλαιῶν Ἑλλήνων ποιητῶν);
198,5 (ὁ ἀγύρτης λόγος); 258,6 (ἄλλοι
ἐξ Ἑλλήνων φιλοσόφων). 8; 400,14f.
(τοῦ ... γέροντος ἐπισκόπου).
III 82,20 (ἀγύρτου μιμολογίας);
263,17 (αὐτοουσίαν εἰκόνα).

Adj. für Adv. III 437,10 (πολλὴ ἡμῖν
γέγονε τότε λυπερὰ ἡ τῆς ζωῆς
κατάστασις); 449,20 (εἶναι τοῦτο
εὔηθες πολύ).

**Adj. in ungewöhnlicher Komparativ- oder
Superlativform** I 5,17 (ἀγαθώτατος;
dagegen βελτίων I 107,6). II 324,6
(μειζότερος). III 117,13 (μειζότερος);
124,1 (χειρότερον); 254,18 (μειζότερος).

Positiv statt Komp. III 484,2 (αἱρετόν ...
καταμένειν ... ἤ ...).

Positiv statt Superl. I 252,29 (ὦ πάντων
ἀνθρώπων ἀβέλτερε). II 316,25 (κἂν
τὸ ὀλίγον *auch nur zum kleinsten
Teil*). III 10,11 (ὦ πάντων ἀνθρώπων
ἀβέλτερε).

Komp. statt Positiv III 136,24f. (αἱ
ἐδωδαί ... αἱ καλλίους); 208,8 (ἐν τῇ
ἡμῶν ἀσθενεστέρᾳ σαρκί); 267,14 (ἐν
καλλίουσιν ὑπάρχειν = καλῶς ἔχειν).

Komp. statt Superl. I 50,24 (τὸ μεῖζον
αὖθις μικρὸν εὑρισκόμενον). II 54,1

(κατώτερον γεγενῆσθαι). III 159,21 (τάχιον *genug schnell*); 196,1 (ἐστὶν εὐχερέστερον ἁπάντων); 472,20 (οὐ τάχιον); 486,24f. (ὁ Σατανᾶς μέγας ἐστὶ καὶ ἰσχυρότερος).

Superl. statt Komp. I 121,18 (τὸ δὲ ἔτι βαθύτατον); 168,8 (καὶ τῶν ἀνωτάτω); 256,1 (παρὰ τῶν ἀνωτάτω); 440,2 (οὐ ἀνώτατον οὐδὲ ἕν ἐστιν ... οὔτε κατώτατον). II 56,6 (τὰ ἀνώτατα αὐτοῦ); 200,20 (ἀνωτάτω). 23 (κατωτάτω); 308,15 (ἐν χρόνοις Κλαυδίου Καίσαρος καὶ ἀνωτάτω); 348,15 (πολὺ δὲ σαφέστατον); 389,5 (οὐ πολλῷ πρότερον παλαιοτάτοις). III 172,7 (τὸ ἔτι ἀνώτατον); 175,16 (τὸ δὲ ἀκριβέστατον); 247,18 (τί οὖν τούτου ἐστὶ προὐργιαίτερον καὶ χαριέστατον); 381,12 (ἀνωτάτου ὄντος τῆς ... ἐννοίας); 445,29 (διὰ τὸ ἰσχυρότερον τοῦ ζῴου καὶ βασιλικώτατον); 495,22 (ἀνωτάτω ἡμῖν ὑπομνησθείσης); 500,13 (τὸ μεσαίτατον τῶν ἑξήκοντα).

Komp. + μᾶλλον III 188,5 (μ. βλαβερώτερα).

Komp., Umschreibung mit παρά II 197,4f. (ἰσχυρός ... π. τὸν ἀγαθόν).

Superl. πληρέστατον III 195,8 (ἐλλιπῶς καὶ οὐ πληρέστατα); 228,8 (πληρεστάτας ἡμέρας); 245,11 (ἑβδομὰς πληρεστάτη); 246,32 (πληρέστατοι ἐμβόλιμος μῆνες τρεῖς).

Superl. als Elativ I 23,21f. (τῷ εὐλαβεστάτῳ ἀνδρί); 349,3 (οὐχ ὅλῳ πληρεστάτῳ). II 306,1 (τελειοτάτην *ganz vollkommen*); 325,10 (κατὰ τὸ φανερώτατον *ganz klar*); 327,26; 328,13 (οὐ πάνυ σαφῶς).

Superl. verstärkend I 24,13 (τὸ πλεῖστον *die ganze Fülle*); 40,15 (τὸ ἰσχυρότατον *die ganze Kraft*); 56,16 (πονηρᾶς οὔσης καὶ οὐκ ἀληθεστάτης *gar nicht mehr ...*); 190,12 (οὐ πάνυ σαφῶς κατὰ τὸ φανερώτατον); 271,22 (τελειότατα ἐνταῦθα παραθήσομαι *ganz vollständig hersetzen*); 332,8 (πληρέστατον *ganz vollständig*); 439,28 (τὸ μεσαίτατον *das ganz in der Mitte befindliche ...*). II 124,2f. (ὡς οὐ πληρεστάτων οὐσῶν); 298,15 (πληρέστατον). 23 (πληρέστατα *ganz vollständig*); 510,15 (καθαρώτατον *ganz rein*); 519,13 (μονωτάτη *ganz allein*).

Verbaladj. auf -τός I 59,23 (προσκυνητός *muß angebetet werden*); 87,10 (προσκυνητός). 14 (λατρευτός). III 479,13 (προσκυνητά); 480,3 (προσκυνητός).

Verbaladj. auf -τέος II 268,14 (ἰστέον ἐστίν *man kann wissen*); 272,7 (ἔστιν καταληπτέον *man kann begreifen*); 337,22; 352,5 (δεικτέον ἐστί *man kann zeigen*). III 73,29 (λεκτέον); 349,3 (προσκυνητός Holl sic); 474,23f. (καὶ ἀφ' ἡμῶν τῶν εὐτελῶν ἔσται ῥητέον).

Verbaladj., Konstruktion I 187,10 (τὰς τέσσαρας ... αἱρέσεις ἀνατρεπτέον). II 92,13 (ἀνακτέον τὴν διάνοιαν); 228,8 (περὶ τοῦ ... λεκτέον); 268,5 (εἰς τὸ ζητούμενον ἀνακαμπτέον).

Verbaladj., Umschreibungen II 321,3 (οὐκέτι υἱὸν θεοῦ ἦν ἡγεῖσθαι ἐν σαρκὶ παραγεγονότα).

ADVERBIEN

Ungewöhnliche Steigerung III 166,17 (ἠλαττωμένως); 210,11 (τετελειωμένως); 333,12 (μειζόνως).

Adj. für Adv. III 437,10 (πολλὴ ἡμῖν γέγονε τότε λυπερὰ ἡ τῆς ζωῆς κατάστασις); 449,20 (εἶναι τοῦτο εὔηθες πολύ).

Einzelne auffällige Adv. I 26,3 (μειζόνως). 18 (ὑπερβαλλόντως). 20; 53,20 (βεβιασμένως); 58,7 (ἰδιαζόντως); 174,4 (πρώτως); 184,12; 186,20 (περισσοτέρως); 267,23; 341,9 (καλλίστως). II 108,3 (ἐρραδιουργημένως); 178,21 (διεστραμμένως); 182,15 (συναδόντως); 185,13 (προαγόντως); 191,5 (ἀγαθῶς); 192,9 (ψυχροτέρως); 197,20 (τελειοτάτως); 226,10 (βαθυτάτως); 270,2 (καλλίστως); 510,8 (ἡσσόνως). III 24,17f. (μεταξὺ ἄργυρον ... δίδωσι πολύν); 156,16 (σεσυκοφαντημένως); 185,22 (ἀραρότως).

ARTIKEL

Gesetzt, wo man ihn nicht erwartet I 264,26; 354,10 (ἐν αἷς πολλὰ τῆς ἀσεβείας ἔμπλεα). II 52,20 (δι' ὄψεως τοῦ αἰσθητοῦ); 91,7 (τοῖς ἅπασιν); 92,3f. (ὀλίγῳ ... τῷ χρόνῳ); 376,16 (ἡ τῶν τὴν ἄγνοιαν κεκτημένων ... διαταγή); 508,12 (πόσην ἔχει τὴν θαυματουργίαν καὶ ἔκπληξιν). III 5,27 (ὁ πρὸς ὃν ἦν).

INTERJEKTION

ὦ **m. Gen.** I 16,4; 23,17; 124,7; 127,5; 389,5; 440,27. II 164,10; 193,9; 246,17; 333,4; 337,2. III 52,3; 72,23; 75,23; 84,13; 86,11; 94,27; 124,1; 212,16; 456,17. 23; 488,3.

KONJUNKTIONEN UND PARTIKELN
mit konjunktionaler Funktion

- ἀλλά auf εἰ folgend II 226,3 (εἰ δὲ θελήσουσι ..., ἀλλὰ οὐκέτι ὅμοιον εἴη).
- ἀλλά = ἀλλ' ἤ I 8,22; 461,15. II 149,3; 179,27; 209,10. III 99,20f. (πῶς ... ἀλλ' ...); 188,10 (nur ἀλλά).
- ἀλλ' ἤ I 24,28; 66,12. II 181,13.
- ἀλλ' οὖν γε II 138,22; 209,25.
- ἄν weglassen II 183,1 (beim Opt.); 235,14 (beim Ind. Fut.); 418,8 (mit Fut. οὐδὲν ἄν διοίσει).
- ἄν beim Ind. Fut. II 196,29 (ὀφθήσεται ... πρόγνωσιν ἄν μὴ ἔχων); 197,11 (οὐ γὰρ ἄν πεισθήσεται).
- ἄν = ἐάν I 133,29; 143,15 (οὐδ' ἄν συνήκασι); 282,5 (δἄν). III 522,19f. (m. Opt. ἄν ... κατασταίη), 445,18 (m. Ind.).
- ἄρα nachgestellt III 51,17.
- ἄρα nach einem Part. II 165,9f. (ὁ δὲ μὴ θέλων ... ἄρα ἀγαθὸς ὑπάρχει).
- ἄρα nach εἰ II 222,18 (εἰ γὰρ λέγει ..., ἄρα ἀναιρεῖ).
- ἄρα γε II 173,18; 179,21; 180,5.
- ἄρα γοῦν I 15,25; 24,20; 111,14; 284,9; 364,1; 460,5. II 67,23; 68,10; 136,5; 158,5; 164,31; 196,10; 233,19. III 6,14; 50,13; 91,23; 105,25; 173,20f.; 177,24; 182,3, 197,14; 203,28.
- ἄρα οὐ III 7,16; 181,19.
- ἄρα οὐ, εἰ III 192,4.
- ἄρα οὖν I 16,14. II 206,18. III 129,21; 180,11; 183,6.
- ἄρα τοίνυν II 69,3.
- ἄτε I 463,2.

- γοῦν I 6,18; 36,4; 45,25; 50,4; 52,9; 60,23; 98,10; 109,11; 124,20; 144,14; 176,8; 188,4; 200,12; 202,18; 222,19; 256,20; 263,3; 342,15; 345,17; 347,21; 348,5; 436,14; 442,21; 460,5 (ἄρα γοῦν). II 82,3; 144,26; 190,10; 261,20; 405,16.   III 11,29; 23,1; 36,2; 79,20; 219,1; 350,9; 493,8.

- δέ   III 21,15ff. (οὐδείς ... ἐπείθετο ... ὁ δὲ ὁρῶν); 115,17 (nach ὡς als Zeitpartikel); 175,8 (nach κἄν τε); 285,24.
- δή   I 121,10; 203,9; 222,7; 249,3. 13. II 37,24; 200,4.   III 479,17 (ναὶ δή).
- δή - δ’ ἄν   I 11,26; 64,1; 334,17. II 245,10.
- δή, καί   II 211,14.
- δῆθεν   III 157,21; 162,6; 185,11.
- δῆτα   I 368,11.
- διό   I 16,15; 48,21; 78,4; 103,5; 143,7; 267,9; 311,27; 316,16. II 42,25; 67,30; 85,22; 139,5; 158,27; 172,1; 177,20; 200,4; 209,21; 244,8; 259,20; 260,5; 275,20.   III 11,16; 172,22; 233,10; 234,22; 241,6; 242,20; 245,11; 367,29; 390,15; 442,5; 478,24; 490,3; 512,15.
- διόπερ   I 48,13; 225,6; 286,3; 288,1; 300,11.   II 37,24; 200,22; 411,5. III 154,17; 175,19; 195,21; 374,34; 379,23; 383,20; 394,24; 514,9.
- διότι   I 41,21; 45,12; 180,3. II 100,2; 178,16; 185,2.   III 77,16; 94,9; 126,15; 187,9; 401,6; 431,30; 471,22.

- ἐάν   m. Konj.   I 8,16; 12,17. 23; 38,21; 44,25; 47,23; 48,12; 50,1. 21; 61,8; 65,5. 8. 17; 85,23; 95,13; 97,6; 98,28; 106,10f. (Konj., dazwischen Ind. ἡγοῦνται); 113,1; 132,13; 201,9. 11. 15; 282,2. 28; 305,6; 311,14; 314,17; 379,7; 386,16. II 60,10; 98,19; 198,27; 247,10; 251,22; 309,4. III 8,8; 13,11; 52,18; 118,15; 128,19; 129,15; 134,10; 165,20; 169,10; 177,21; 182,13. 20; 184,23; 193,10; 206,26; 209,18. 19; 219,5, 229,22;

238,26, 240,10. 19; 244,1. 22. 26; 350,14; 378,5; 380,19; 440,9; 446,20; 488,6; 504,15. 17.
- ἐάν   m. Opt.   I 96,10 (δῴη). II 41,9. III 174,1; 369,9.
- ἐάν   m. Konj. und Opt.   II 311,18 (ἐάν ... φθάσῃ ἤ θηρευθείη).
- ἐάν   nach Relat.   II 82,11 (οἷς ἐάν συντύχωσιν).
- εἰ   m. Ind.   I 12,6.
- εἰ   m. Ind. Fut.   I 462,5.
- εἰ   m. Konj.   I 56,13; 61,29 (εἴ γε wenn auch); 461,16 (εἰ μή). II 142,9; 227,1f.
- εἰ   m. Opt.   II 39,5; 231,17.
- εἰ ἄρα   wenn überhaupt   III 142,9; 175,11; 235,24; 363,27.
- εἰ γάρ   wenn   III 36,8.
- εἰ γε κἄν   m. Opt.   III 173,15.
- εἰ καί   III 502,3.
- εἰ κἄν   m. Opt.   II 129,23.
- εἰ μὴ (ἄρα) ὅτι   III 31,20; 49,9.
- εἰ μή τι   m. Konj.   I 17,26; 193,4. II 226,23.
- εἰ μή τι   m. Opt.   I 279,6.
- εἰ μή τι ἄν   m. Konj.   II 377,17. III 96,8; 128,6.
- εἰ μή τι ἄν   m. Opt.   I 167,26; 196,1; 243,8; 244,18; 288,15; 304,15f.; 439,26. II 160,17.   III 392,27; 453,3; 463,11. 12.
- εἰ μή τι ἄν   m. Opt. und Ind.   III 118,5 (εἰ μή τι ἄν εἰς μανίαν ἔλθοι καί ... ἀγνοεῖ ...).
- εἰ μή τι ἄν ἄρα   m. Konj.   I 16,8.
- εἰ μή τι ἄρα   m. Opt.   I 214,12.
- εἴ που   m. Opt.   I 156,14. 17.
- εἴθε   I 127,13; 144,30; 463,19. III 79,1; 146,8; 154,10; 334,10; 412,14; 428,14.
- εἴπερ   I 43,26.   III 76,20; 184,32; 234,20; 381,29; 434,1.
- εἴτουν   I 155,6.

- ἡνίκα II 278,9.
- ἢ ὅτι III 410,2.
- ἤπερ III 516,17.

- ἵνα m. Ind. Fut. II 197,12f. III 75,17; 128,2; 330,24f.
- ἵνα m. Konj. I 7,22. 23; 9,7; 10,9. 18; 12,6; 14,8. 25. 27. 28; 15,29; 17,3. 4. 23; 18,5. 6. 7; 19,18; 20,12; 24,11; 25,7; 28,5. 6. 20f.; 31,9. 11; 34,13; 41,3; 42,11. 30; 43,10; 44,16; 45,3; 47,5; 48,3. 10; 49,14. 23; 55,17; 58,11; 63,22; 67,12; 69,6; 75,1; 76,29; 95,8; 97,5; 101,24; 110,24; 112,12; 114,13; 117,28; 119,10. 11; 120,18. 23; 129,12; 130,15; 131,3; 132,19. 20; 133,2. 20; 136,12; 231,1; 233,9; 249,3; 256,24; 265,27; 269,12; 272,13; 273,22; 284,2; 285,16; 286,4; 294,18; 295,24; 316,13; 359,14; 361,20; 362,25; 364,11. 20; 368,15; 369,21; 370,13; 437,24; 441,15; 459,12; 460,15. II 6,3; 41,22; 42,11; 44,16; 67,12; 69,6; 82,11; 85,3; 98,6; 102,8; 124,23; 177,18; 191,14; 197,26; 209,16; 248,8; 277,9; 303,12; 511,26. III 6,10; 7,11; 9,5. 27; 10,5; 11,27. 33. 34; 18,7; 20,7; 23,2; 42,5; 51,16; 74,18; 76,11; 79,4; 80,25; 81,4; 82,1. 3; 84,26; 85,3; 86,15; 88,21; 89,5. 16. 27; 90,12. 16; 91,23; 94,29; 95,19; 99,21; 107,20. 23. 25; 112,17. 19; 113,3. 12. 13; 115,15; 118,8. 26; 119,18; 121,30. 32. 33bis; 122,5. 20. 23; 127,13. 22; 128,2. 3; 130,8. 11; 131,7. 15; 134,25; 137,17. 27; 138,18. 21. 22; 142,3; 146,29; 155,24; 160,18; 165,18; 166,14; 169,24; 171,28; 174,21. 24; 175,9. 21. 24; 176,5; 178,1. 9; 179,10bis. 27. 28; 180,24; 183,17; 184,8; 188,16. 19. 24; 189,28; 197,6; 199,9. 20; 200,12. 17. 18. 28; 202,2; 203,9. 19; 204,13; 205,7. 9. 11; 209,26; 211,21; 213,21. 23. 24; 214,6. 8.

9. 12; 216,15; 217,17. 20; 220,3; 222,29. 30; 224,29; 225,29; 226,17. 24; 227,30; 229,11; 234,24; 238,14. 16; 243,14; 244,8; 249,4; 253,2. 3; 259,16; 260,1; 268,8. 24; 297,10; 310,14; 312,1; 314,7; 330,27. 29; 339,3. 8; 345,23. 31; 346,11; 350,11; 372,19; 374,21; 391,15; 411,9. 15; 428,4; 433,25; 438,1. 4; 440,13; 445,5; 453,28; 455,18. 26; 458,28; 460,3; 468,27; 471,30; 479,21. 25; 480,25; 481,6. 17. 26; 483,13. 25. 27; 484,1. 9; 489,26; 490,10; 498,11, 501,28.
- ἵνα m. Konj. Fut. II 50,20 (ἵνα ... ἔσηται).
- ἵνα m. Opt. I 15,5; 25,17; 26,14f.; 43,8; 34,27; 357,9; 450,11; 462,4. II 103,3. 8; 157,3; 175,25; 188,14; 193,16; 218,31.   III 25,8; 42,5ff.; 186,19f.; 190,27; 199,5f.; 209,8f.; 222,21; 268,13; 471,17.
- ἵνα m. Opt. Fut. II 188,27. III 85,31 (ἵν' ... τιμωρήσοιτο).
- ἵνα m. Konj. und Opt. III 8,30 (ἵνα μή ... νομισθείη ... καὶ ἵνα μή ... ἀπεικασθῇ); 37,6f. (ἵνα μή ... συνάπτηται καὶ ἐπικοινωνήσειε).
- ἵνα explikativ III 89,15f. (τοῦτο οὐδέποτε ἐπιτελεῖ ... ἵνα ἀπαλλάξῃ); 97,4f. (τίς ... ὁ ἐπιεικὴς οὗτος, ἵνα τὸν ὅρον ... γεωμετρήσῃ); 126,12 (ὥρισεν ... ἵνα μηδεὶς ἐπιβῇ).
- ἵνα, speziell ἵνα δείξῃ I 25,12; 26,5; 38,9. 23; 43,21; 46,29; 49,19; 50,5. 8; 54,5; 69,22; 111,10; 112,8. 10; 156,22; 200,8; 226,9; 244,13; 253,28; 290,7; 295,17. 20; 371,5. 11. 13; 374,23; 376,16. 24; 461,20. 23. II 50,19; 86,1; 126,16; 149,25; 157,12f.; 197,31; 229,5; 230,12; 267,4. III 11,3. 5; 12,8; 75,16; 87,15; 92,11; 94,4f.; 108,32; 110,18; 112,13; 124,12; 174,2; 189,2. 3. 4; 190,8; 196,5.

- ὅπως m. Konj. I 31,18; 45,29; 48,16.
18. 26; 96,14; 122,9; 156,20; 169,13;
203,4; 242,20; 251,1; 274,19; 277,10;
294,15; 301,17; 304,18; 360,12; 370,26.
27; 382,10; 447,16; 459,9. II 62,6; 73,6;
101,14; 131,16; 234,26; 241,15; 247,15;
334,23; 337,26; 388,12; 394,24; 411,5;
511,25. III 17,11; 89,20; 99,4; 109,11;
116,25; 119,16; 132,10; 137,5; 145,14;
146,4; 205,1; 211,29; 225,11; 239,27;
243,26; 332,35; 333,13; 362,30; 381,28
438,6; 449,13; 451,10; 456,28; 469,4;
476,22; 491,5; 516,15. 19; 523,2 (... ἵνα).
- ὅπως m. Opt. I 195,10; 245,4; 340,25.
II 207,14; 353,5. III 7,3; 41,17; 119,16;
156,15; 216,20; 250,9; 254,9; 373,17;
409,27; 410,30 457,7.
- ὅπως m. Konj. und Opt. III 211,14.
- ὅσον III 116,17.
- ὅταν m. Ind. III 196,7.
- ὅταν m. Konj. I 12,2. 3. 20; 24,4;
25,12; 67,6; 120,9. 21; 130,9. 16; 131,6;
132,21. 24; 133,2. 22; 205,8; 251,7;
263,14; 270,3; 281,14; 282,14. 16;
286,19; 291,11; 318,3; 353,3; 358,11;
462,19. II 56,11; 85,28; 90,13; 140,24;
160,12; 180,20; 280,18; 358,14; 391,10;
397,2; 509,9. III 39,5; 49,21; 85,10;
105,31; 134,9; 169,7; 189,16; 190,18;
195,20; 217,1; 219,1; 349,19; 402,29;
412,22; 413,11. 25; 434,9; 446,24;
454,17; 459,29; 492,19.
- ὅταν m. Opt. I 356,10. II 61,2; 151,21.
III 119,18.
- ὅτε als I 311,2; 315,2; 361,24; 365,4;
370,31; 371,23; 373,13; 377,9; 460,21.
II 66,30; 79,10; 131,14; 148,9; 194,6;
203,12; 228,20; 234,1; 259,26; 260,7;
268,20; 271,2; 273,21. 27 (m. Perf.);
308,16; 518,15. III 76,25 (ὅτε
ἐγήγερται).

- ὅτε wenn I 337,6; 378,5. 6. II 154,25;
173,6; 502,24. III 11,2; 76,28; 129,15;
245,8.
- ὅτε als, wenn I 39,9; 49,14; 121,11;
123,12; 188,17; 204,10; 205,2; 208,9;
216,29; 244,1; 283,8. 9; 291,8; 293,3. 7;
360,2. II 278,2; 280,7.
- ὅτε so oft I 332,2. III 478,19.
- ὅτε solange II 165,23; 223,4; 502,22.
- ὅτε nachdem II 265,22. III 126,11.
- ὅτε, ἕως I 187,19f. III 151,8; 154,23;
233,19; 235,17; 337,21.
- ὅτι, ἤ III 192,6.
- ὅτι, ὡς bei der Einleitung indirekter
Rede III 150,3; 309,26f.
- οὔκουν I 95,22.
- οὐκοῦν I 82,10; 251,19; 463,7.
II 161,22. III 164,23; 219,12.
- οὖν II 96,18 (ἐπειδὴ μὴ ἠθέλησαν
αὐτὸν δέξασθαι, ‹διὰ› τοῦτο οὖν ...
ἔλεγε); 141,24; 158,25; 321,25 (nach
ἐπειδὴ γάρ). III 343,8; 472,26 (nach
ἐπειδήπερ).
- οὔτε und οὐδέ I 31,6 (οὐδέ-οὐδέ =
οὔτε-οὔτε); 33,17 (ἀλλ᾽ οὔτε); 35,23
(οὐδ᾽ ὅλως); 168,5 (οὐδ᾽ ὅλως); 225,21
(οὔτε ὅλως); 319,23 (οὐδὲ ὅλως); 344,11
(οὐδ᾽ οὕτως); 461,9 (οὐθ᾽ ἕτερος).
II 127,18 (οὐδέ-οὔτε). III 98,12 (οὐδ᾽
ὅλως); 103,28 (οὐδ᾽ ὅλως); 105,28 (οὐδὲ
ὅλως); 127,16 (οὐδ᾽ ὅλως); 156,16 (οὔ
τι); 379,1 (οὔτε ὁποτέρου).
- οὔτε = οὐδέ I 66,14; 123,7; 342,13;
358,10. II 184,16; 225,6.

- πάλιν in Verbindung mit οὗτος πάλιν
(enkl.) I 222,26 (οὗτος πάλιν); 269,25
(οὗτοι μυθωδῶς πάλιν). II 89,7.
- πάντως III 124,11.
- πλήν I 15,10; 103,13; 106,22; 125,11
(πλὴν δέ); 177,8 (indessen); 309,12

(πλὴν ἀλλά); 320,7. 17; 375,27; 443,5.
II 199,11; 255,22; 263,11.

- πρίν m. Ind. I 343,18.
- πρίν m. Inf. I 325,18; 375,17f.
II 48,28.
- πρὶν ἤ m. Inf. I 338,19; 361,16.
II 103,21. III 24,7; 33,17; 97,8.
- πρὶν ἤ m. Konj. I 322,2. III 79,9;
118,27; 149,26 (πρὶν ἤ εἰσελθεῖν ... ἤ
εἰς πρόσωπον ... γένηται).
- πρὶν τοῦ m. Inf. II 106,7; 264,12.
- πῶς III 130,16; 131,4; 173,6.

- τε für sich allein *auch* III 233,30.
- τε ... δέ III 260,7f.
- τέως III 81,29.
- τοι I 167,15 (διά τοι τῆς
ἀμπεχόνης).
- τοίνυν I 8,3; 9,11; 19,3; 20,15; 23,4;
24,11. 17; 25,1. 13; 27,14; 48,14; 54,7;
56,23; 65,20; 68,13; 73,6; 75,10; 77,13.
30; 78,12. 23; 80,3; 81,5; 82,14; 94,5. 16;
99,13; 106,16; 133,20; 142,4; 175,21;
180,2; 189,7. 17. 27; 196,12; 202,6;
203,1; 206,16; 216,19; 252,12; 311,15;
324,25; 373,1; 437,8. 22; 460,27; 464,5.
II 6,3; 42,14; 45,9; 52,24; 58,21; 62,13;
69,3; 79,14; 87,13; 89,9; 91,1; 127,18;
132,21; 147,11; 196,3; 235,10; 251,16;
280,21. III 8,9; 11,7; 24,6; 38,21; 81,7;
100,11; 103,27; 109,33; 139,4; 145,4;
147,12; 154,25; 155,2. 13; 162,4; 193,7;
197,16; 201,31; 202,1; 209,15; 221,13;
223,5; 393,30; 406,29; 409,2; 446,3;
521,5.

- ὡς = ὅτι I 213,5. II 43,2. III 144,3
(ἀνενέγκας ... ὡς ἐνηχήθη); 150,10
(ᾄδεται λόγος ὡς ...); 155,6. 7 (ὡς
βέβηκε ... καὶ ὡς πολλοὺς ἔχρανε καὶ
ἠφάνισεν).

- ὡς *etwa, wohl* III 155,27.
- ὡς zeitlich *als* I 136,10; 339,23; 341,7.
30; 342,2. II 94,18; 96,3.
- ὡς *gewissermaßen* III 165,13 (der Sinn
ist wie *als* + Irrealis).
- ὡς nach δέδια *ob* III 81,2.
- ὡς m. Ind. *wie denn* I 289,4.
- ὡς m. Ind. Fut. *damit* III 433,26.
- ὡς m. Inf. *so daß* I 37,12; 106,9; 184,27;
213,6; 220,2. 18; 225,19; 231,4; 254,7.
18; 264,2. 15; 353,6; 363,23. II 38,17;
42,17; 202,11; 257,25; 259,16; 284,1.
III 5,13; 18,6; 50,2; 156,1; 201,22;
375,20; 412,31; 436,12; 500,5.
- ὡς m. Opt. Aor. *so daß* II 201,9.
- ὡς m. Part. III 103,18 (ὡς τῶν
πονηρῶν ἀρχόντων διωκόντων).
- ὡς m. Nom. Part. I 220,12.
- ὡς m. Gen. Part. I 38,15 (*was bedeutet,
daß*); 295,26 (*wie z.B., wenn*).
- ὡς m. Gen. Part. *weil* III 98,9.
- ὡς m. Gen. Part. zeitlich I 284,22 (ὡς
τῆς Μαρίας ταραχθείσης).
- ὡς m. Akk. Part. I 220,20.
- ὡς m. Part. Präs. im Sinne von Part. Fut.
III 19,7.
- ὡς γε m. Ind. Fut. III 48,13.
- ὡσεί I 202,9 (ὡσεὶ ἔλεγεν).
- ὥστε m. verb. fin. I 253,4 (ὥστε οὖν
... ὁμολογήσειας ἄν); 298,11 (ὥστε
... ἐσπουδάσαμεν); 362,11 (ὥστε ....
ἀνέτρεψεν). II 69,30 (ὥστε οὖν ...
παραδέδωκε); 78,8 (ὥστε ... ἔνεστιν);
104,12 (ὥστε ... ὑπέφηνεν); 163,20;
246,13 (ὥστε οὖν ... ἐνέπειραν);
300,17 (ὥστε οὖν ... μὴ σφάλλου).
III 169,3; 218,20; 235,1.
- ὥστε m. Inf. I 149,22; 173,11; 214,10;
219,4; 247,8; 279,10; 298,4; 300,10;
328,9; 356,18. II 39,2; 41,12; 188,14;
249,7; 270,6. 13. III 38,10; 143,28;

161,25; 228,32; 267,31; 463,1. 11;
473,15; 501,7; 514,14.
- ὥστε οὖν III 169,24; 177,12.

NOMINA

Genitiv der Eigenschaft I 14,1 (ἐν ὑποστάσει
τελειότητος); 15,25 (τῇ σφραγῖδι τῆς
τελειότητος). II 74,11 (γένος τῆς
κακίας). III 72,22 (... τοῦ νεανία); 254,24
(πλάνης οὖσα καὶ οὐκ ἀληθείας).

**Genitiv bei Abstracta zur Umschreibung
der Eigenschaft** III 154,25 (εἰς ἔχθραν
ἀτοπίας).

Dual I 341,15 (ἐν χειροῖν αὐτῶν).
III 38,4 (δυοῖν).

Dativ I 61,4 (εἰρωνείᾳ); 116,17 (αὐτοῖς
von sich aus); 142,24 (ἔτεσι πολλοῖς
viele Jahre hindurch); 195,16 (χρόνῳ
im Laufe der Zeit). 18 (ὑπερβολῇ
überschwenglich); 225,5 (πολλῷ τῷ
χρόνῳ); 369,11 (καιρῷ). II 72,2
(καιρῷ); 87,31 (χρόνῳ ἱκανῷ); 208,18
(πολλῷ τῷ χρόνῳ). III 39,14f. (ἑαυτῷ
... ἐφευραμένου); 76,5 (ἑαυτῷ); 96,9
(ἑαυτῷ); 117,15 (χρόνῳ); 141,18f.
(χρόνῳ ἱκανῷ); 146,5 (εἰρωνείᾳ);
155,34 (οἱ μὲν εἰρωνείᾳ γεγράφασιν,
ἄλλοι δὲ ἐν ἀληθείᾳ); 156,10 (χρόνῳ
ἱκανῷ); 221,1 (τῷ ἔθει τῆς αὐτῶν
ἔχθρας); 514,11 (ἑαυταῖς).

Dativ = ὑπό mit Gen. III 163,25 (αὐτοῖς
ἐπινοεῖται); 502,3 (ἄγονται τοῖς
ἀνδράσιν).

Akkusativ, adverbialer I 35,27 (τὰ
πλεῖστα *meistens*); 104,17 (πολλά);
167,8 (τὸ ἀκρότατον); 176,8 (δεξιὰ καὶ
εὐώνυμα); 196,11 (πλείω ἐλάσσω); 211,4
(ἀσφαλέστατα). II 234,14 (τὰ ἀληθῆ);
246,5 (τἀληθῆ); 253,2 (δικαιότατα ἦν);
257,20 (ὅμοια); 509,28 (μηδέν *in keiner*

Hinsicht). III 104,24 (τὸ ὅμοιον); 122,8
(πάντα); 164,25 (τὸ πᾶν *in allem*); 175,2
(τὰ μηδὲν χρήσιμα); 236,17 (ἐπέκεινα
μυριονταπλάσιον παρὰ τὴν ψυχήν);
487,2 (τὰ ἴσα). — μηδέν III 99,28;
187,2; 194,18; 211,34; 222,14. — ἴσα
I 99,14; 184,4; 264,5. — πάντα I 8,19;
76,15; 236,11. — πολύ statt πολλῷ
I 121,21. 23; 164,1; 177,9. — τὰ ὅμοια
II 3,16; 4,3. — τὰ πάντα I 187,17;
215,18. — τὰ πρῶτα I 52,13; 267,19.

Vokativ; vgl. auch Interjektion. I 12,9 (ὦ ὁ
πολεμῶν τὴν πίστιν); 184,22 (ἐθελόσοφε
καί ... ἐπαγγελλόμενε); 265,7f. (ὦ ...
πλάστα). II 394,24 (ὦ ἐθελόσοφε καὶ
μηδὲν ὀρθὸν διανοούμενε); 395,20 (ὦ
κατὰ πάντα ἰδιῶτα). III 10,11f. (ὦ
... ἀβέλτερε καί ... ἀπεστραμμένε);
36,19 (ὦ βάρβαρε ... καὶ πολέμιε);
254,17 (ὦ περιττολόγε καὶ ἐν
ἀργοῖς καὶ περιέργοις ταττόμενε);
371,14 (σαρκικὲ Ἀέτιε καὶ ψυχικὲ
πνευματικῶς ἀνακρινόμενε).

Plural statt Singular beim Adj. Neutr.
II 180,14 (τῷ Χριστῷ ἦν ἑτοιμότατα
τὸ εἰπεῖν).

Plural von Abstracta I 77,12 (ἀθεῖαι). 16
(διαφθοραί); 123,27 (πλήθη); 128,7;
170,8 (γνωσέων). II 273,1 (ἀκολουθίαι);
276,6 (τελευταῖος δὲ τοῖς χρόνοις);
511,29 (τὰ πλήθη).

Bildung von Eigennamen II 174,8f.
(Πέτριοι *Anhänger von Petrus*, Παύλιοι,
Βαρθολομαῖοι, Θαδδαῖοι).

NUMERALIA

Zahlen, Zahladv. I 16,27 (τρίτον
dreimal); 18,2 (τέταρτον *viermal*). 6

(τρίς); 34,26 (δίς); 145,26 (οὐχ ἅπαξ οὐ δὶς οὐ τέταρτον, ἀλλὰ τρὶς τὸ ἅγιος λέγοντα); 276,13 (καὶ πρῶτον καὶ δεύτερον καὶ τρίτον). II 374,18 (δεύτερον opp. ἅπαξ).

PRÄPOSITIONEN

Präp. statt Kasus I 253,23 (συκοφάντης εἷς); 269,18 (τήν ... περὶ τῆς τούτου αἱρέσεως ἀνατροπήν; dopp. Gen. zw. ὑπόθεσις περί τινος häufig); 298,28 (τῆς εἰς ἡμᾶς ἀπωλείας *des uns zugedachten Verderbens*). II 50,21 (ἡ κατ᾽ αὐτοὺς ἄνοια); 92,7f. (τῆς κατ᾽ αὐτοῦ ἀνατροπῆς statt τῆς αὐτοῦ ἀνατροπῆς); 98,14 (φθορᾶς τῆς εἰς τὴν παρθένον γεγενημένης); 146,8 (ὁ κατ᾽ αὐτοῦ ἔλεγχος); 189,3 (τῆς καθ᾽ ἡμᾶς παρεκτροπῆς statt τῆς ἡμῶν π.); 193,15 (τῆς κατὰ τὴν ἀνάστασιν τῆς σαρκὸς ἐλπίδος); 345,13 (τὴν κατ᾽ αὐτοὺς ἐμμανῆ διδασκαλίαν); 417,22 (τὴν μέμψιν τήν ... ἐπὶ τοῖς τὴν κτίσιν θεολογοῦσι). III 42,8 (τὸ ἐξοχώτατον παρὰ πάντα τά ... ἐκτισμένα); 52,6 (ἰσχυρότεραι ... ὑπὲρ ἐκεῖνον); 135,5f. (ἀνάστασιν τὴν διὰ σαρκός); 164,24 (ἤ τι τῶν κατὰ τὰ πάθη τὰ σωματικὰ ὑπέστη); 184,28 (τὰ εἰς αὐτοὺς πάθη); 201,25 (ἥσσονα αὐτὸν πρὸς τὸν πατέρα); 231,24 (διὰ τὸν πρὸς τὸν βασιλέα Κωνστάντιον φόβον); 268,22 (διὰ τὸν πρὸς ἀνθρώπους φόβον); 333,8 (τῆς περὶ τὴν ἁμαρτίαν ἐργασίας); 379,13 (ἀμείνων ... ἐστι παρὰ πάντας); 499,23 (διὰ τὴν πρὸς τὸν θεὸν γνῶσιν).

Einzelne Präpositionen

- ἅμα (vgl. σύν und μετά) m. Dat. *mit* I 32,33; 105,17; 133,25; 135,11;

189,22; 195,13; 235,6. 14; 258,15; 267,15; 321,14 (vgl. I 321,15: ἅμα und σύν voneinander unterschieden); 325,3; 343,11; 377,25; 384,3; 389,4. II 2,3; 212,20; 261,5; 317,14; 344,14. 18; 364,1; 519,12; 520,11f. III 143,7f.; 151,6; 154,21; 233,23. 25. 27. 28; 296,13; 297,23; 302,12; 334,14; 406,19; 463,27; 487,7; 511,18.

- ἅμα σύν III 7,9.
- ἀνὰ μέσον s.u. μέσον.
- ἀμφί I 178,16; 278,19; 319,11; 369,18; 384,1; 442,21; 443,8; 458,1. II 255,24. III 453,18.
- ἄνευ I 17,24; 69,16; 98,9. III 513,23.
- ἀντί I 108,1. 4. 6; 177,17; 232,6; 236,9. II 67,27; 96,15. III 473,28 (τιμήσαντες ἀντὶ θεοῦ); 525,5.
- ἀντικρύ I 57,2; 137,3; 357,3.
- ἄντικρυς I 220,18; 385,1. II 209,7. III 360,15; 362,28.
- ἀπό I 98,8 (vgl. vorher πόθεν ... ἐπληροῦντο *von Seiten her, mit Bezug auf*); 117,19 (ἀπὸ προσώπου *von*); 367,9 (ἀπὸ προσώπου *von*). II 106,8 (ἀπὸ ἐτῶν ἱκανῶν zeitlich *seit/von*); 185,13 (*aufgrund von, wegen*); 198,17 (ἀφ᾽ ἑαυτοῦ *von selbst*); 212,15; 249,7; 273,1 (ἀπὸ τοῦ πρώτου σημείου zeitlich *nach*). 16. 18 (ἐκεῖθεν ... ἀπὸ τοῦ πειρασμοῦ, ἐκεῖθεν zur Verstärkung hinzugesetzt); 310,10 (ἀπὸ τῆς τοιαύτης χρόας ἔχει τὴν ἀμφίασιν statt Gen.); 318,5 (ἀπὸ αἰσχύνης πολλῆς *aufgrund von, wegen*). III 17,25f. (ἀφ᾽ ἑαυτοῦ διανοηθείς); 124,3 (ἀπὸ πονηρίας); 133,12f. (ἐδογμάτισε παρ᾽ ἑαυτῷ ἀπὸ κενοφωνίας ἑαυτοῦ); 141,26 (οἱ ἀπὸ στρατιωτῶν ὄντες, οἱ δὲ ἀπὸ κληρικῶν ὑπάρχοντες); 522,11 (χηρευσάντων ἀπὸ μονογαμίας).

- ἄχρι I 190,11; 357,23. II 51,6; 138,24; 161,23; 253,18. III 119,24 (ἄχρι Μωυσέως); 177,10 (ἄχρι τοῦ δεῦρο); 219,20 (ἄχρι τοῦ ᾿Αδάμ); 296,33 (ἄχρι καιροῦ); 341,16 (ἄχρι καὶ λεπτῶν πραγμάτων); 366,23; 428,24; 478,27; 496,7.

- διά m. Gen. = zeitlich I 116,27 (διὰ χρόνου ἐνναμηνιαίου); 117,1 (διὰ δεκαδύο μηνῶν); 228,18 (διὰ δύο ἐτῶν nach zwei Jahren); 326,10 (διὰ δύο ἡμερῶν alle zwei Tage). II 88,14 (διὰ ἡμερῶν τριῶν nach drei Tagen); 280,10 (διὰ χρόνου im Verlauf einer gewissen Zeit); 297,15 (δι᾿ ἐτῶν τριῶν alle drei Jahre); 300,13 (διὰ ἑπτὰ μηνῶν nach sieben Monaten).
- διά m. Gen. = Umstand II 129,15 (διὰ χαρᾶς ἔχειν); 402,11 (διὰ κυβείας zum Scherz); 501,10 (διὰ τῶν ἀναγκαίων πταίσας bei dem Notwendigen anstoßend).
- διά m. Gen. im übrigen III 8,19 (διὰ σαρκὸς φαίνεται); 15,5; 25,10 (γράφει διά ... τινός ...); 40,14 (διὰ πασῶν τῶν ὑποθέσεων ἐκπεσὼν τῆς ἀληθείας); 156,22 (προσαγορεῦσαί σε δι᾿ αὐτοῦ ...); 180,1 (ἀναπηδῶσι διὰ τῆς λέξεως); 447,29 (διὰ τῶν τοκετικῶν πόρων ἐν ἀληθείᾳ εὑρισκόμενος); 517,28 (ἐνειληθέντος διὰ τῆς σινδόνος).
- διά m. Akk. statt Gen. III 8,24 (διὰ τὴν αὐτῆς πρόγνωσιν = διὰ τῆς αὐτοῦ προγνώσεως).
- δίκην I 172,4; 186,17; 383,7. II 39,18. 19; 44,5; 51,27; 59,20; 200,6; 207,27; 244,8. III 81,24 (δίκην ἐρίφου); 196,21 (δίκην πειρατῶν); 456,1 (δίκην κακοῦ ὄφεως).

- δίκην nachgestellt III 178,22 (ἀθλητοῦ δίκην); 520,15 (ὡς ἀποπτύοντος δίκην).
- δίχα ohne I 81,9; 108,19; 264,27. II 366,16. III 91,21 (δίχα μίξεως θηλείας).

- εἰς m. Akk. mit Bezug auf I 294,28 (ἐλέγχονται εἰς ὃ φαντασιοῦνται).
- εἴσω III 176,9 (εἴσω παθῶν περιεχόμενος).
- ἐκ I 76,24 (ἐκ θεοῦ καταξιωθέντες); 383,6 (ἐξ ἑνὸς καιροῦ). II 1,5 (ἐξ ἐπαοιδῆς durch Beschwörung; διά gerade vorher verwendet); 57,20 (ἀσπάζεται ἐκ στόματος). III 150,27f.; 204,27 (ἐκ τῆς αὐτοῦ ἀγαθότητος); 430,30 (ἐξ ἀνθρώπων κατασκευασμένα); 514,21f. (ἐκ ταύτης τῆς τριάδος).
- ἐκτός ohne I 98,28. III 393,21; 489,30.
- ἔμπροσθεν I 66,1; 181,2. III 103,23 (ἀπ᾿ ἔμπροσθεν τοῦ σκότους).
- ἐν III 124,27f. (τά ... γινόμενα ἐν ὅρῳ ἀληθείας καὶ ὅρκῳ); 127,12 (ἐν ἑπτὰ ἡμέραις sieben Tage lang); 182,12 (ἐν χερσὶν αὐτῶν τι πράττειν); 218,17 (ἐν θεῷ ἐδείξαμεν); 221,23 (ἐν θεῷ ... ῥήσει); 502,3 (ἐν προικὶ ἄγονται τοῖς ἀνδράσιν); 503,18 (ἐν μυστηρίῳ geheimnisvoll).
- ἐν statt εἰς III 157,22f. (ἐν ᾿Αλεξανδρείᾳ ἀπεσταλμένην); 171,18 (ἐν τῷ ἔργῳ = εἰς τὸ ἔργον).
- ἐναντίον III 102,28 (ἐναντίον τοῦ κυρίου).
- ἕνεκα nachgestellt I 33,32; 171,14; 194,16; 248,11; 249,13; 250,16; 304,10; 306,2; 315,10. 19; 318,22; 339,12; 343,21; 346,6; 355,12; 365,19. 22; 371,20; 372,6; 379,15. 18. II 45,2;

69,28; 71,16; 87,2; 196,15; 198,17; 209,12; 260,13; 396,2.

- ἕνεκεν vorangestellt I 145,13; 214,21. 22; 348,28; 371,22. II 51,22. 23; 71,6; 208,12; 216,8; 230,22. 23; 298,3; 310,6; 313,26; 360,17.

- ἕνεκεν nachgestellt I 209,18; 256,19; 342,18; 352,15; 353,4; 367,14. II 53,7; 63,10; 66,1; 207,7; 262,13; 280,9; 315,19.

- ἐντός III 393,21.

- ἐνώπιον I 47,14; 348,11. 22; 376,2; 435,18; 437,17. III 116,16; 146,26 (ἐνώπιον τοῦ θυσιαστηρίου); 178,32 (ἐνώπιον τῶν μαθητῶν); 454,18 (ἐνώπιον τῆς αὐτῶν ὁράσεως); 477,9 (ἐνώπιον κυρίου).

- ἐπέκεινα örtlich I 181,5; 357,15. III 236,17 (ἐπέκεινα ... παρὰ τὴν ψυχήν); 431,13.

- ἐπί m. Gen. = örtlich I 17,10 (ἐπὶ τῆς Τιβεριάδος ‹λίμνης›); 60,18 (ἐπὶ θρόνου); 244,4 (ἐπὶ τῆς Ῥωμαίων); 256,24; 322,2; 340,1 (ἐπὶ τῆς οἰκίας). II 203,7. III 19,20 (ἐπὶ δώματος ἀνελθών); 24,18 (ἐπὶ τοῦ δεσμωτηρίου); 91,2 (ἐπὶ σώματος); 105,5 (ἐπὶ τῆς οἰκίας); 107,21f. (ἐπὶ τῆς γῆς); 150,29 (ἐπὶ τῆς Ἀντιοχείας); 152,3 (ἐπὶ τῆς Ἀλεξανδρείας); 302,13 (ἐπὶ τῆς Ἀντιοχέων); 348,30f. (φέρειν ... ἐπὶ χειλέων); 432,13 (ἐπὶ τῆς νηός).

- ἐπί m. Gen. = zeitlich I 22,16 (ἐπὶ τοῦ διωγμοῦ); 219,2 (ἐπὶ τῆς αἰχμαλωσίας). 3 (ἐπὶ Δαρείου); 234,3; 323,14; 339,2. II 81,12 (ἐπὶ Ἀετίου); 203,8 (ἐπὶ Ῥουστικοῦ). III 141,1f. (ἐπὶ Διοκλητιανοῦ καὶ Μαξιμιανοῦ); 153,22 (ἐπὶ Ἰουλιανοῦ).

- ἐπί m. Gen. mit Bezug auf, bei I 10,10.

23; 24,1; 58,20; 95,20; 119,18; 175,7f. II 69,26.

- ἐπί m. Gen. im übrigen I 242,7 (ἐπὶ τῆς τοῦ Φιλιστίωνος μιμολογίας nach Art, in der Weise ...). III 93,26 (ἐπὶ τῆς λέπρας); 139,20 (ἐπὶ τοῦ σωτῆρος λέγεσθαι); 178,22; 196,10 (ἐπὶ τοῦ σταυροῦ); 517,19 (ἐπὶ τοῦ σταυροῦ).

- ἐπί m. Dat. zeitlich I 162,13 (ἐπὶ ὀλίγοις ἔτεσιν); 190,2 (ἐπὶ πέντε γενεαῖς); 322,1 (ἐπ᾽ ὀλίγῳ χρόνῳ); 323,17 (ἐπὶ τοῖς χρόνοις Ἡρώδου). II 288,23 (ἐπὶ τέσσαρσιν ἔτεσιν vier Jahre lang). III 118,2 (ἐπὶ πολλῷ χρόνῳ); 124,8 (ἐπὶ ἑπτὰ ἡμέραις 7 Tage lang); 452,24 (ἐπὶ τῇ ἡμετέρᾳ γενεᾷ), 460,15f. (διαδέχεται ... ἐπὶ ἔτεσιν ἐννέα mit neun Jahren, neun Jahre alt). 20f. (ἐπὶ πολλοῖς ἔτεσι); 461,9 (ἐπ᾽ αὐτῇ τελειώσει bei der Vollendung); 514,9 (ἐπὶ τέλει παντὸς τοῦ λόγου).

- ἐπί m. Dat. mit Beziehung auf I 9,22; 10,6. 13; 25,6; 45,11; 271,8.

- ἐπί m. Dat. zum Zweck I 38,17. II 99,11; 253,4.

- ἐπί m. Dat. begleitend I 67,16 (ἐπ᾽ ὄψεσιν ἡμῶν mit unsern Augen).

- ἐπί m. Dat. im übrigen II 146,17 (ἐπὶ τῇ αὐτοῦ αἰσχύνῃ zu seiner eigenen Schande). III 445,4 (ὅτε ἐπὶ τῷ σταυρῷ); 481,23 (ἐπὶ τῇ Μαρίᾳ ὁ ἄγγελος προέλεγεν).

- ἐπί m. Akk. I 281,6 (ἐπὶ χεῖρας ἔχοντες). II 309,6 (καθεζομένων ἐπὶ τὸν Εὐφράτην). III 3,3f. (ἀπὸ Σαμοσάτων ἦν, τῆς ἐπὶ τὰ μέρη τῆς Μεσοποταμίας καὶ Εὐφράτου); 134,16 (ἐπὶ τὸ αὐτὸ κοινωνῆσαι); 137,27f. (ἐπὶ πᾶσαν ἡλικίαν).

- ἔσωθεν m. Gen. I 67,21.

- ἕως örtlich I 43,14 (ἕως Ἅιδου);

50,19; 127,6; 175,13; 219,23 (ἕως ποῦ);
365,21.

- ἕως zeitlich I 188,5. 7. II 106,15;
221,15; 222,20; 250,11f. (ἕως πότε);
284,17.

- κατά m. Akk. *gemäß, entsprechend*
I 283,27. III 133,1f. (ἐν τῇ Λεοντῷ
τῇ κατ᾽ Αἴγυπτον); 147,9 (οἱ κατὰ
Μελίτιον ἐπίσκοπον); 221,25 (κατὰ
τὸν νοῦν αὐτῶν).

- μέσον I 155,22; 166,12; 347,15.
II 97,5; 218,16. III 143,3 (μέσον τῆς
φυλακῆς); 460,25 (μέσον τούτων τῶν
ἐτῶν).

- μέσον, hier: ἀνά μ. I 137,3; 174,3;
254,26; 255,14; 344,24; 382,4.
II 92,25; 101,15; 211,13. III 28,10
(ἀνὰ μέσον τῶν Περσῶν καὶ ἀνὰ
μέσον τῆς Μεσοποταμίας); 37,9 (ἀ.
μ. ἀμφοτέρων); 104,13 (ἀ. μ. τῆς
τεθολωμένης διανοίας); 126,2 (ἀ. μ.
τοῦ Σήμ); 141,28 (ἀ. μ. τῶν μαρτύρων);
150,4 (ἀ. μ. ἐμοῦ καὶ σοῦ); 175,8 (ἀ. μ.
υἱοῦ καὶ πατρός); 210,2 (ἀ. μ. τῶν υἱῶν
τοῦ σκότους); 219,32 (ἀ. μ. υἱοῦ καὶ
πατρός); 248,14 (ἀ. μ. τοῦ τοιούτου
τάγματος); 259,28 (ἀ. μ. τῶν περὶ
Ἀκάκιον καὶ Βασίλειον); 309,28 (ἀ.
μ. αὐτοῦ καὶ τοῦ αὐτοῦ ἱερατείου);
333,29 (ἀ. μ. αὐτῶν); 370,28 (ἀ. μ. τοῦ
ποιητικοῦ καὶ ποιουμένου ...); 435,20
(ἀ. μ. ὑμῶν).

- μετά m. Gen. in Verbindung m. Sachen /
Abstracta häufiger als mit Personen,
σύν nicht das bevorzugte Wort I 59,3
(μετὰ χαρᾶς); 66,22 (μετὰ χάριτος *in
Gnaden*); 67,9 (μετὰ χάριτος); 116,17
(μετὰ καμάτων *mit Mühe*); 156,4 (μετ᾽
ἐπιτομῆς τοῦ λόγου *in kurzer Fassung*);

194,17 (μετὰ τῆς ὠφελείας); 195,25
(μετὰ συνέσεως *verständig*); 289,18
(μετὰ ἁγιασμοῦ ἡμῖν παραδοθέντα);
343,20 (μετά τινος = Pers.); 345,6 (μετά
τινος = Pers.). II 96,6 (μετὰ ἐπιεικείας);
101,22 (μετὰ ἀληθείας); 104,17f. (μετ᾽
ἀνάγκης); 146,2 (μετ᾽ ἐπιτομῆς);
148,12 (μετὰ ἀνάγκης); 195,8 (μετά
τινος = Pers.); 238,3 (μετὰ ἀνάγκης).
5 (μετὰ προαιρέσεως); 250,10 (μετὰ
ἀνάγκης; μετὰ προαιρέσεως); 254,17
(μετὰ ἀκριβείας); 341,1 (μετὰ πάντων
= Pers.); 358,17. 23 (μετὰ ἀνάγκης
gewaltsam); 370,5 (πῶς δὲ μετὰ τοῦ
τοιούτου ποιεῖ; μετὰ im Sinn von περί).
III 32,25 (μετὰ παρρησίας); 144,13
(μετὰ τετριμμένου προσώπου); 221,7f.
(μετὰ στενωπῆς τῶν λόγων). 20f.
(μετὰ καὶ τοῦ εὐσεβοῦς λογισμοῦ);
225,4 (ἐναριθμεῖν τινὰ μετά τινος);
233,29 (μετὰ τοῦ ὁμολογεῖν); 247,11f.
(μετὰ τῶν μετὰ ἀκριβείας ποιούντων);
312,13 (μετὰ παρρησίας); 463,9f.
(μετὰ τοῦ τοκετοῦ ... ἐκκρίνεσθαι);
491,15 (μετὰ ἐπαίνου καὶ κλέους ...).
18 (μετὰ προαιρέσεως ἐργασίας).

- μετά m. Gen. im Sinne von δία
III 434,25 (μετὰ ἐκθέσεως ἡμᾶς ...
ἔπεισεν); 435,30 (μετὰ βάρους).

- μετά m. Akk. *nach, neben* II 256,3
(μετὰ τὸν Ματθαῖον). III 35,3 (μετὰ τὰ
Περσικὰ στοιχεῖα *neben den persischen
Buchstaben*); 225,4 (μετὰ τὸ ἐνεργεῖν
οὗ ἐνήργει παυόμενον); 234,2 (μετὰ
τὸ ἐξεωθῆναι τῆς ἐκκλησίας); 490,32
(μετὰ τὸν θεόν).

- μεταξύ m. Gen. I 28,3; 176,20.
III 124,27 (μεταξὺ ἀλλήλων); 144,19
(μεταξὺ ὀλίγου τοῦ χρόνου); 146,22
(μεταξὺ ὀλίγου χρόνου), 176,24
(μεταξὺ υἱοῦ).

- μέχρι I 135,14. 18. II 78,7.

- παρά m. Gen. I 6,19; 319,18.
- παρά   m. Gen. statt Dat. oder ἐκ
  II 273,17 (παρὰ πάντων συλλεγομένη
  = ἐκ πάντων oder παρὰ πᾶσι).
- παρά   m. Dat.   III 210,22 (παρὰ
  Μωυσῆ γεγραμμένης); 211,21 (παρὰ
  Μωυσῆ   γεγραμμένον);   449,28f.
  (παρά τινι εἰρημένος); 468,4f. (παρά
  τινι εἰρημένος); 472,22f. (παρά τινι
  εἰρημένος); 489,4 (παρὰ τῷ σωτῆρι
  εἰρημένος; Dindorf: γεγραμμένος).
- παρά m. Dat. statt Gen. I 221,16f.
  (τὰ παρ' αὐτῷ φανταζόμενα); 316,24
  (παρὰ τοῖς ἀποστόλοις εἰρημένων);
  320,9 (παρὰ μὲν τοῖς ἀποστόλοις
  ἐλεγχομένη); 449,10 (vgl. I 449,16);
  460,3 (ὁ παρὰ τῷ σωτῆρι εἰρημένος).
  II 196,12 (παρὰ σοὶ μεταποιηθέντων);
  510,15 (παρὰ σοί ... παρηνέχθη).
- παρά m. Akk. *gegen* III 494,17 (παρὰ
  συνήθειαν).
- παρά   m. Akk. *wegen* I 45,22; 46,1;
  342,27.   II 187,17; 367,22; 368,1.
  III 167,2. 5. 13 (παρὰ τοῦτο).
- παρά m. Akk. *über ... hinaus* I 14,1.
- παρά m. Akk. *neben* II 131,13.
- πάρεξ   m. Gen.   I 174,8.   III 206,5
  (πάρεξ τοῦ πατρός); 339,14 (πάρεξ
  τῶν ἀναστάντων καὶ συνεισελθόντων);
  378,27 (πάρεξ τοῦ θεοῦ); 386,21f.
  (πάρεξ μόνου αὐτοῦ).
- πέρα m. Gen. III 474,10 (πέρα τοῦ
  δέοντος).
- πέραν m. Gen. I 199,8.
- περί m. Akk. I 6,19 (οἱ περί zur
  Bezeichnung der Umgebung einer
  Person). II 301,5 (περὶ τὴν ἑνδεκάτην
  am 11. Tybi).   III 471,8 (περὶ τὴν
  παρθένον γνώσεως).

- πλήν   m. Gen.   I 203,21;   440,7.
  II 60,14.   III 85,12 (πλὴν αὐτοῦ
  μόνου); 205,7 (πλὴν αὐτοῦ); 211,34
  (πλὴν τοῦ ὀνόματος); 247,33 (πλὴν
  τῶν φιλονεικιῶν τούτων).
- πρίν m. Gen. I 66,12. III 88,2 (πρὶν
  τοῦ εἶναι ἄνθρωπον).
- πρός m. Gen. III 248,17 (Χαλκίδος
  τῆς πρὸς Ἀντιοχείας); 430,20f. (οἱ
  πρὸς αὐτῶν συνηγορούμενοι); 510,10
  (πρὸς τῶν νόμων ... ἐπαινοῦνται).
- πρός   m. Dat.   I 180,14 (πρὸς τῇ
  μεσημβρίᾳ); 199,6 (πρὸς τῇ Ἰεριχῷ);
  247,16 (πρὸς τῇ Συρίᾳ κατοικήσας).
  III 511,6 (πρὸς τῇ ἀρετῇ τε καὶ
  φαυλότητι).
- πρός   m. Akk.   I 5,21 (*im Vergleich
  mit ...*); 74,1 (*gegen:* πιστοὶ πρὸς τὸν
  θεόν); 104,24 (πρὸς μίαν ἡμέραν
  auf einen Tag); 143,18; 171,16 (πρὸς
  φόβον). II 283,8 (ἐλλιπής ... πρὸς
  τὸν πατέρα). III 174,14f. (πρὸς τοὺς
  ξένους ... οὐδέν ἐστιν ἡ βλάβη); 268,18
  (Λαοδικείας τῆς πρὸς Ἀντιόχειαν);
  297,1 (πρὸς τὸν καιρόν); 472,6 (πρὸς
  οὓς ὁ ἀπόστολός φησιν).

- σύν m. Dat. I 11,19; 12,6; 14,17;
  17,22; 19,20; 21,1; 24,2; 27,15; 29,10.
  18; 31,24; 34,22; 43,11. 15; 54,19;
  60,24. 25. 28; 69,16. 22; 75,8; 91,28;
  94,21. 27; 95,18; 97,20; 119,25; 121,4;
  155,12; 181,20; 186,6; 200,14; 208,28;
  223,3; 228,14. 15; 230,5; 231,2; 232,10;
  234,8; 236,2; 243,20; 269,21; 276,12.
  20; 279,22; 295,5; 320,17. 18; 321,15
  (vgl. I 321,14: von ἅμα unterschieden);
  334,8. 20; 338,22; 342,10; 343,14;
  384,14; 438,20; 443,7; 448,5; 463,28.
  II 39,11. 21; 87,29; 101,5; 131,12;
  146,2; 158,30; 186,6; 195,9; 197,32.

33; 203,11; 207,4; 213,4; 238,1; 259,22; 268,15; 276,5; 305,1; 311,7 (mit Abstr. σὺν τῇ τοῦ θεοῦ δυνάμει); 318,1; 344,9; 405,12; 410,2; 503,9; 504,8. 12. III 7,9. 12; 8,12; 12,3. 11; 40,12; 44,8; 144,2. 8; 153,17; 155,16; 170,4; 173,25. 26; 184,16; 195,5 (σὺν τῇ τοῦ θεοῦ δυνάμει); 199,22; 203,25. 27; 204,10; 224,6; 296,4. 27; 349,25; 394,31; 405,12; 435,19; 448,9 (σὺν ψυχῇ τῇ ἁγίᾳ); 459,18; 478,8; 495,25. 28; 500,9; 502,23; 515,27; 518,7. 23; 519,15 (σὺν ψυχῇ καὶ σώματι).

- σύν, speziell τῷ πατρί und ἁγίῳ πνεύματι III 174,17; 184,22; 186,21; 199,3. 16; 204,15; 211,10; 213,5. 14; 218,21; 222,20. 25; 226,3; 251,5; 253,4. 26; 314,2. 6; 368,19; 376,11 (σὺν τῷ ἑνὶ πνεύματι); 387,17; 393,17; 401,5; 409,7; 442,26 (σὺν τῇ θεότητι); 454,6; 496,11.

- ὑπέρ m. Gen. III 10,4 (ὑπὲρ τούτου αἰσχυνόμενοι); 94,18 (ὑπερ τῶν ἐν τῷ νόμῳ an Stelle von ...); 142,24 (ὑπὲρ ἐλέους καὶ φιλανθρωπίας); 221,10 (ὑπὲρ θεότητος ἀπολογεῖσθαι); 511,26 (ὑπὲρ θαύματος); 521,16 (im Sinne von περί: ὑπέρ τε θεοῦ διηγήσασθαι).
- ὑπέρ m. Akk. III 124,9 (ὑπὲρ τὸ μέτρον); 249,12 (ὑπὲρ πάντας τοὺς πρὸ αὐτοῦ).
- ὑπό m. Gen. I 58,3 (ὑπὸ τοῦ ἡλίου); 122,2 (ὑπὸ τῆς ἀληθείας); 265,18 (ἐλεγχομένη ὑπ' αὐτῆς τῆς ἀληθείας). II 147,27 (ὑπὸ ἀνοίας aus Unverstand). III 22,8 (ὑπὸ τῆς ἰδίας κακίας τυφλώττων); 192,2 (ὑπὸ σκότους καλύπτονται).
- ὑπό m. Dat. III 192,7f. (ὑπ' ἐλαττώσει τυγχάνων).

- ὑπό m. Akk. I 116,20 (ὑπὸ μίαν νύκτα). 27 (ὑπὸ ἐννέα μηνῶν τὸν ἀριθμόν). 29 (ὑπὸ θῆξιν). III 373,24 (ὑπὸ ἕν); 461,1 (ὑπὸ τὸν Ἰωσήφ unter Joseph).

- χάριν vorangestellt χάριν τούτου trotzdem I 143,6.
- χάριν nachgestellt τούτων χάριν I 22,26; 33,32; 38,30; 133,14; 147,28; 189,12; 272,5; 276,4; 281,23; 285,17; 339,14; 340,24; 370,21; 375,10; 379,13. II 38,19; 85,3; 188,12; 191,14; 239,15; 417,14. III 83,18; 85,11; 141,13 (δι' ἀντιλήψεως αὐτοῦ χάριν). 18; 157,21; 161,6; 220,18; 430,9f.; 434,26; 467,21; 494,15.
- χωρίς außer, abgesehen von I 239,1. II 213,2.

PRONOMINA

Pron. reflex. I 5,20 (ἑαυτόν für ἐμαυτόν); 23,33 (ἑαυτοῦ für σεαυτοῦ); 359,4 (ἑαυτῶν für ὑμῶν αὐτῶν); 441,4 (Stellung τῷ σου ἐπιστάτῃ); 445,17 (σφῶν αὐτῶν); 463,26 (ἑαυτοῦ). II 6,3 (ἑαυτόν); 305,24 (Stellung εἰς ἡμῶν σωτηρίαν); 314,17 (ἑαυτῷ διαφθείρεται; ἑαυτῷ durch sich). III 133,22 (ἀφ' ἑαυτοῦ τῆς διανοίας); 162,28 (ἀφ' ἑαυτοῦ αἰτίας) 166,13f. (δι' ἑαυτοῦ τῆς τελειότητος); 180,14 (τὸν ὑμῶν σωτῆρα); 200,10 (εἰς ἡμῶν ὑπογραμμόν); 259,27f. (σφῶν αὐτῶν); 439,12 (ἑαυτόν für αὐτόν); 452,16 (ἑαυτόν für ἐμαυτόν).

Einzelne Pronomina

- ἄττα III 133,17.
- εἷς = τις I 125,6; 164,7; 197,21; 246,20; 353,3. II 191,2. III 176,22 (ἕν τι τοιοῦτον); 514,6 (εἷς ὑπάρχων).
- ἕκαστος III 444,20 (τῆς ἑκάστης ὑποθέσεως = ἑκατέρας).

- ὁτιοῦν indekl. II 217,1 (περὶ πάντων ὁτιοῦν).
- ποῖος im Sinne von τίς III 466,7 (ποῖον δὲ μᾶλλον αἱρετώτερον).
- ταυτηκί III 76,3.
- ταυτησί III 131,18; 454,10.
- ταὐτόν II 165,1.
- τις = εἷς I 439,7 (τις ἐξ αὐτῶν ὤν).
- τίς, τίνι (τῷ) λόγῳ I 107,5; 120,16; 244,2; 252,4; 311,25; 322,24; 323,1. II 161,29; 193,12. III 17,28; 76,13f.; 95,8; 107,21; 192,22; 201,31; 449,23; 461,14.
- τοιοῦτος, ὁ = οὗτος I 32,2; 38,6; 116,3. II 74,8; 96,24; 99,10; 200,15; 206,3; 234,6; 238,15; 262,12; 280,21; 315,18; 383,16. III 154,15; 166,10; 217,27; 332,31.
- τοσοῦτος umschreibend für οὕτως II 273,8 (ἡ τοσαύτη ἀκριβὴς ἀπόδειξις = ἡ οὕτως ἀκρ. ἀπόδ.).
- τουτί I 184,1 (τουτὶ τὸ δόγμα). II 301,7.
- τουτωνί III 93,12.

VERBEN
Morphologie des Verbs
Verben auf -έω I 283,6 (ἐνεπνέετο).

Verben auf -έω **und** -άω, Konjugationswechsel III 50,19 (τελευτουσῶν); 121,1 (ἀρνῆσαι); 137,31 (πάντας ἐλεᾷ ὁ κύριος).

Verben auf -μι I 311,6. III 207,25 (προεδείκνυε); 209,8 (δεικνύειν).

Verben, Besonderheiten der Formenbildung
- Fut. Opt. III 240,3. 5 (ψεύσοιτο).
- Aor. mit α I 161,5 (προείπαμεν). 9 (εἴπαμεν); 184,18 (εὐράμενος); 201,15; 205,11; 239,22. II 400,19 (εἰπάσης). III 18,17 (εὕρατο).

- Aor. im übrigen III 9,6f. (ἀναλέξειε ... παραστήσειε); 40,2 (θελήσειαν); 50,2 (ἐκγελάσειεν); 52,15 (ἀφαιρήσειε). 17 (λέξειαν); 83,26 (σαλπίσειεν); 84,33 (κινδυνεύσειε); 96,30 (παραπείσειε); 171,19 (προπηδήσειεν); 173,15 (θελήσαιεν); 185,12 (ἐρωτήσειε); 198,17 (φήσειεν); 223,12 (φαίησαν); 301,27 (θελήσαιεν); 338,31 (διηγήσοιτο); 344,3 (πειράσοιτο); 382,30 (συγχωρήσειε); 386,19f. (τολμήσειας ... ἀριθμήσειας). 25 (λέξειας); 396,20 (προσκυνήσειας); 407,25 (συλλογίσοιτο); 490,26 (καταστήσειε).
- Opt. Aor. I 74,6 (συγχωρήσειε); 141,14 (μετανοήσειαν); 236,1 (πράξειεν); 254,24 (ἐλέγξειε); 265,10 (ἐλπίσειεν); 266,22 (παρασκευάσειε); 271,13 (καταγελάσειεν); 288,6 (διαδράσειε); 333,10 (συνάξειεν); 357,21 (θελήσειεν); 387,8; 397,4 (δικαιοπραγήσειαν). II 39,6 (πλήξειεν); 103,3 (στασιάσαιεν); 195,4 (ἐπιστρέψειε); 234,10 (τολμήσειε).
- Perf. III 51,24 (εἴληφαν); 81,21 (ἠχμαλωτεῦσθαι); 124,26 (ἀπείληφαν).

- Augment 1) ἐπροφητεύετο I 98,9; 377,2. III 99,6 (ἐπροφήτευσαν). 2) προεφήτευσε I 377,10; 378,18. II 142,24. III 19,2 (προεφήτευον); 216,10 (προεφήτευσε).
- Redupl. I 122,1 (ζεζοφωμένα); 123,13 (ἐκαινοτόμητο); 239,20 (παραπεφθαρμένην); 251,3 (πεπροφητεῦσθαι); 290,5 (πεφθαρμένη). II 262,4 (μεμνηστεῦθαι Inf.).
- Augment/Redupl. spez. κτίζω 1) ἐκτισμένος I 58,3; 61,28; 66,14. III 40,16; 42,9; 107,30; 136,23; 165,25. 2) κεκτισμένος III 39,14; 83,4; 198,23;

203,6; 349,28; 373,27; 381,34; 387,14; 391,15. 16; 398,24; 399,14; 402,6. 15; 453,32. 3) ἐκτίσθαι I 236,14; 388,3. 4) κεκτίσθαι I 353,3. II 102,29; 160,20; 201,12. III 92,28; 94,24; 198,19; 213,7; 371,5; 514,23. 5) κέκτισμαι III 88,27; 101,9; 252,22.

Syntax des Verbs

εἶναι, γίνεσθαι mit Adv. III 141,4 (οὐ μὴν μετηλλαγμένως τὴν πίστιν γεγένησθαι).

ἔχω als Hilfszeitwort II 365,30 (ὁ ... ἀπολέσας ἀδυνάτως ἔχει ... ἀνακτήσασθαι); 409,7 (ἔχω ... λέγειν *ich bin im Begriff zu reden*); 507,9 (εἶχε φαγεῖν; zur Umschreibung eines Opt. Aor.).

Impers. Gebrauch 1) λέγει *es heißt* I 54,12; 111,5; 134,6. II 274,9; 283,5. 2) εἶναι II 321,3 (οὐκέτι υἱὸν θεοῦ ἦν ἡγεῖσθαι ἐν σαρκὶ παραγεγονότα). 3) δύναται *es ist möglich* I 63,9; 309,13. 4) ἔχει *es gibt* I 43,12. 5) Wechsel von λέγει und λέγουσι II 200,18. 20. – zu φησί und φασί vgl. auch III 51,22. III 182,26. 6) im übrigen: III 4,10 (φάσκει ὅτι εἶπεν ...); 107,7f. (ὡς λέγει καὶ ἐν τῷ προφήτῃ); 115,6 (ἣν εἰς τὴν διάνοιαν λαβεῖν); 175,14 (λέγεται); 458,24 (ὡς καὶ ἐν τῷ εὐαγγελίῳ λέγει).

Trans. Gebrauch / persönl. Passiv I 291,10 (ὁ ἱερεὺς προσετάγη). II 146,15 (τῶν μὴ συγχωρουμένων); 185,13 (πιστευθήσεται *es wird ihm vertraut*); 385,17 (ἕκαστος ... προσετάσσετο).

Umschreibung von Verbalformen durch Part. III 147,21 (ἐπισκεπτόμενος πολλάκις ἐγίνετο); 203,27f. (μηδαμοῦ ὄντος σὺν πᾶσιν ἀριθμουμένου τοῦ

ἁγίου πνεύματος).

Umschreibung von Verbalformen durch Hilfszeitwörter III 76,28f. (μέλλει ἀποκαθιστᾶν); 97,20 (οὐδὲν ἔχει ἐᾶσαι); 137,30 (βασιλεύειν ἔχουσι); 159,22 (ἐλέγξαι σε ἔχει).

Umschreibung durch Verbaladj. III 36,15 (γνωστέον τοῦτο ἔσται); 39,3 (διανοητέον ἐστίν); 181,10 (καὶ πόθεν τοῦτο δεικτέον); 219,26 (λογιστέον). 27 (ἡγητέον).

Umschreibung durch Inf. III 476,32 (νομίζειν δὲ ἔσται); 494,28 (ὁμολογεῖν ἔστιν).

Fut. II 50,20 (ἵνα ... ἔσηται Konj. Fut.); 105,16 (ἔχω m. Inf. zur Umschreibung des Fut.); 188,27 (ἵνα ... κτήσοιντο Opt. Fut.); 349,8 (ἡγήσοιντο Opt. Fut.); 413,16 (τὰ κατ' αὐτοῦ ῥηθησόμενα *das gegen ihn zu Sagende*).

Fut. Ind. als Potentialis III 48,17 (ἄτινα ... γράψαι ⟨βουλόμενος⟩ εἰς πολὺν ὄγκον ἐλάσω); 150,23f. (ἃ κατὰ μέρος ⟨βουλόμενος⟩ εἰπεῖν πολὺν ἀναλώσω χρόνον).

Opt. Potentialis III 111,23 (κατανοήσας δέ τις ἴδοι).

Nom. abs. III 88,33 (πρῶτος ἀποθανών ... ἡ μία ψυχὴ πῶς ἐπλήρου τὸν δίσκον); 445,12. 13.

Gen. abs. III 117,15f. (ληφθείς ... ἀνατραφείς ... εἰσύστερον ἀνδρωθέντος αὐτοῦ ἐπιγνῷ).

Inf., konsekutiv III 220,30 (ποῖος ἐμβρόντητος λογίσασθαι μὴ εἶναι ἄκτιστον).

Inf., einfacher Inf. im finalen Sinn I 129,2 (προσελθόντι φιλῆσαι).

Part. statt Inf. III 144,3f. (ἐνηχήθη τὸν ᾿Αρειον ... βεβηκότα); 169,5f. (σάρκα ὁμολογοῦσιν ἀληθινήν ... αὐτὸν ἐσχηκότα).

Fut. statt Opt. I 52,3f. (ἐρωτήσειε ... καὶ λέξει ... ἔροιτο ... ἐπάξει). 7 (πάντως ἂν ἐρεῖ); 276,24 (ἀναλώσαιμι ἄν, εἰ ... ἐθελήσω λεπτολογῆσαι);279,6 (οὐ τολμήσω ... εἰ μή τι ἀναγκασθείην). II 49,2 (ἔτι δὲ πάλιν ἐρῶ); 176,20 (εἰ ἄρα ... γενήσεται).

Opt. statt Fut. II 394,3 (πείσθητι αὐτῷ καὶ οὐ διαπέσοις).

Fut. statt Aor. Konj. I 45,2f. (τί νοήσομεν). 22; 117,20 (μή ... γενήσεται ... καὶ εἴπωσιν).

Aor. Konj. statt Fut. I 280,26 (ὅμως οὐκ αἰσχυνθῶ λέγειν). II 135,23 (πόθεν οὐ συναχθῇ).

Konj. statt Opt. I 60,23 (οὐδεὶς εἴπη); 108,10 (ἀντείπη); 121,32 (ὁ θεὸς παράσχη); 133,5 (οὐδέ ... τις ... εἴπη); 266,23 (οὐκ ἂν κρύψη). II 155,10 (τίς οὐκ ἂν καταγελάση); 391,12 (τί ἂν εἴπωμεν). III 75,34 (τίς ... οὐκ ἐλέγχη).

Opt. statt Konj. I 297,3 (τί δὲ ἕτερον εἴποιμι).

STILISTIK

Aneinanderreihung ungleichartiger Sätze II 217,7 (ὁπότε θεὸς λέγει ... καὶ τοῦ κυρίου ... λέγοντος); 235,23ff. (Πέτρος μὲν πρῶτος λέγων ... καὶ αὐτοῦ τοῦ κυρίου λέγοντος ... καὶ τοῦ Παύλου λέγοντος). III 8,7ff. (ὡς ἄνθρωπος ἅμα τῷ ἑαυτοῦ λόγῳ φαινόμενος καὶ ὁ λόγος αὐτοῦ οὐ δύναται φανῆναι, ἐὰν μὴ παρῇ ὁ φθεγγόμενος τὸν λόγον).

Ellipse I 38,21ff. (ἐὰν δὲ εἴπη ..., ἵνα δείξη *so tut er das, damit*).

Gleichordnung und Unterordnung in abhängigen Sätzen III 77,20 (ἐπὰν φθάσωσι καὶ μὴ καταλάβωσι); 247,15f. (Ἑλλήνων λεγόντων καὶ χλευαζόντων). 19 (συμφωνεῖν τε καὶ ἀγρυπεῖν); 350,30f. (καὶ πολλὰ ἔστι περὶ τῆς ἡμῶν σωτηρίας κατανοῆσαι καὶ μὴ συναρπάζεσθαι).

Hebraismen I 280,4 (οὐ δύναμαι ... οὐχὶ δηλῶν δηλῶσαι). II 162,16 (ἐπακολουθεῖ ὁ ἀπόστολος συντιθέμενος); 233,18 (προστίθησι λέγων).

Lockere Satzverbindung II 180,5ff. (τὸ πρωτότυπον ... ἐπεπλήρωτο, περὶ οὗ ἀμφέβαλλον ... λέγουσαι ... καὶ τῶν τοῦ ἀρχισυναγώγου λεγόντων).

Nebenordnung statt Unterordnung I 12,5 (πότε οὖν δύνασαι τολμᾶν καὶ λέγειν); 73,11 (τοῦτο γὰρ ἦλθε καὶ ἔδειξε *dies kam er zu zeigen*); 286,21f. (τότε λοιπὸν τολμᾷ ὁ τοιοῦτος καὶ λέγει); 293,2 (περὶ τοῦ ἁγίου Ἠλία τολμῶσι βλασφημεῖν καὶ λέγειν statt τολμῶσι βλασφημοῦντες λέγειν); 357,16 (ἀναγκάζουσι καὶ παρ' ἡλικίαν ἐκγαμίζουσι); 359,20 (ἀναστάντα καὶ φαγόντα *gegessen, nachdem er auferstanden war*). II 74,3 (ἔλαθον καὶ εἰσέδυσαν); 82,28 (προειλημμένοι καὶ βεβαπτισμένοι *vorher getauft*); 95,5 (ἐπινοεῖ ἑαυτῷ καὶ προσφεύγει *kommt auf den Gedanken abzufallen*).

Satzverkürzungen I 66,2 (πάντως ὅτι *jedenfalls gilt, daß*; 99,1 (πάντως ὅτι); 125,6 (οὐχ ἁπλῶς ὅτι *so geschieht es / einfach deshalb, weil*); 359,13 (οὐ πάντως ὅτι). II 138,5 (ἢ γὰρ ὅτι *denn entweder gilt, daß*); 148,21 (πάντως ὅτι). III 11,19 (τοῦ ὄντος υἱοῦ πρὸς πατέρα γνησίου); 470,18f. (καὶ τὸ "πρὶν ἢ συνελθεῖν ..." ἵνα μή ποτε κρατήσῃ ὁ λόγος).

Tautologie III 20,8 (ὡς ἄνω μοι προδεδήλωται); 31,4 (ἐξ αὐτῆς ... καὶ εὐθύς); 52,12 (αὖθις πάλιν); 106,9 (ἑτέρως παρερμηνεύων); 184,5 (εἰς μίαν ἕνωσιν); 485,7 (ἐξ ἧς τάχα οἶμαι); 487,1 (ὁμοῦ ... συνεθήκαμεν).

Umordnung vom verb. finitum, Part. und Inf. I 318,1f. (φάσκει τολμήσας statt τολμᾷ φάσκειν). II 107,13 (σπουδάσαντες παρεθέμεθα statt ἐσπουδάσαμεν παραθέσθαι).

Verdoppelungen I 34,7 (τρισσῶς ... ἐδιπλασίασαν); 41,7 (αὖθις πάλιν); 42,10 (ἄνω ... προδεδήλωται); 76,23. 28 (ἧρκει ἱκανῶς); 241,10; 256,8; 269,12 (αὖθις πάλιν ἀνακομίζῃ). II 124,25; 183,29 (μόνον κἄν).

Wortstellung I 19,18 (ἵνα μή statt οὐχ ἵνα); 24,11 (ὁ τοίνυν ποιήσας); 245,6 (οὐ πάντῃ εὐθυέλεγκτος αὐτοῦ τοῖς συνετοῖς ἡ ὑποσπορὰ τῆς πλάνης εὑρεθήσεται); 274,8 (τῆς καταγελάστου αἱρέσεως πρὸς ἀνατροπήν); 294,6 (αὐτοῦ τὴν ἔννοιαν μεταλαβεῖν τῆς δυσώδους ἀκαθαρσίας); 298,4 (δι' αὐτῆς τοὺς ἀπατωμένους statt τοὺς δι' αὐτῆς ἀπατωμένους); 351,7 (τὴν παρ' αὐτοῖς παραπεποιημένην πανταχόθεν διδασκαλίαν). II 65,11 (τῇ περὶ τῶν αὐτῶν δηλητηρίων τῆς ἀγνωσίας δόσει; περὶ τῶν αὐτῶν δηλητηρίων gehört zu ἀγνωσίας); 87,19 (παρὰ τούτοις ἡ πεπλανημένη μυθοποιία

= ἡ παρὰ τούτοις πεπλανημένη μυθοποιία); 88,19 (πῶς εὐθὺς οὐκ ἀγαθὸς εὑρεθείη statt πῶς οὐκ εὐθὺς ἀγαθὸς εὕρρεθείη); 96,10f. (τοῦ καινοῦ καὶ ἁγίου καὶ ἐπουρανίου μυστηρίου τὸ τῆς ἐλπίδος κήρυγμα = τὸ κήρυγμα τῆς ἐλπίδας τοῦ καινοῦ καὶ ἁγίου καὶ ἐπουνίου μυστηρίου); 102,8 (ἵνα τὴν χλεύην τοῦ ἀγύρτου φωράσωμεν τῆς ματαιοφροσύνης); 105,18 (τῶν αὐτῶν ἔτι παρ' αὐτῷ λειψάνων τοῦ τε εὐαγγελίου καὶ τῶν ἐπιστολῶν εὑρισκομένων); 161,11f. (ὁ χαρακτὴρ φανεῖται οὐκ ἀλλότριος τοῦ κηρύγματος τοῦ ἀποστόλου ἀπὸ τῆς παλαιᾶς διαθήκης statt ὁ χαρακτὴρ τοῦ κηρύγματος τοῦ ἀποστόλου οὐκ ἀλλότριος φανεῖται ἀπὸ τῆς παλαιᾶς διαθήκης); 181,14ff. (διὰ τῶν ἔτι παρὰ σοῦ φυλαττομένων τῆς ἀληθείας τῶν θείων γραφῶν λειψάνων); 184,18 (τοῦ ἑαυτοῦ κατὰ πάντα τὴν ἐπιλησμονὴν τῆς ζωῆς ποιησαμένου statt τῆς ἑαυτοῦ ζωῆς); 268,13 (τῶν τῆς λεπτολογίας ῥημάτων καὶ ὑποθέσεως); 277,4 (τῆς ἄνωθεν ἀπὸ πατρὸς ἀνάρχου δωρεᾶς ἡμῖν ἐλθούσης statt τῆς ἄνωθεν ἀπὸ πατρὸς ἀνάρχου ἡμῖν ἐλθούσης δωρεᾶς). III 40,7 (ἐκ τῶν ἐν ἡμῖν σφαλμάτων γινομένων); 150,18f. (συκοφαντίας τε λοιπὸν ... αἴτιοι οὐ μόνον ηὑρίσκοντο, ἀλλὰ καὶ τυμβωρυχίας); 154,23 (ὁ τῆς Αἰγύπτου ἀπὸ Θηβαΐδος δοκῶν εἶναι καὶ αὐτὸς ἀρχιεπίσκοπος); 310,2f. (διὰ τὰ μάλιστα ... διορθούμενα = μάλιστα διὰ τὰ διορθούμενα).

Anhang

Beispielseite aus Holls Kladde

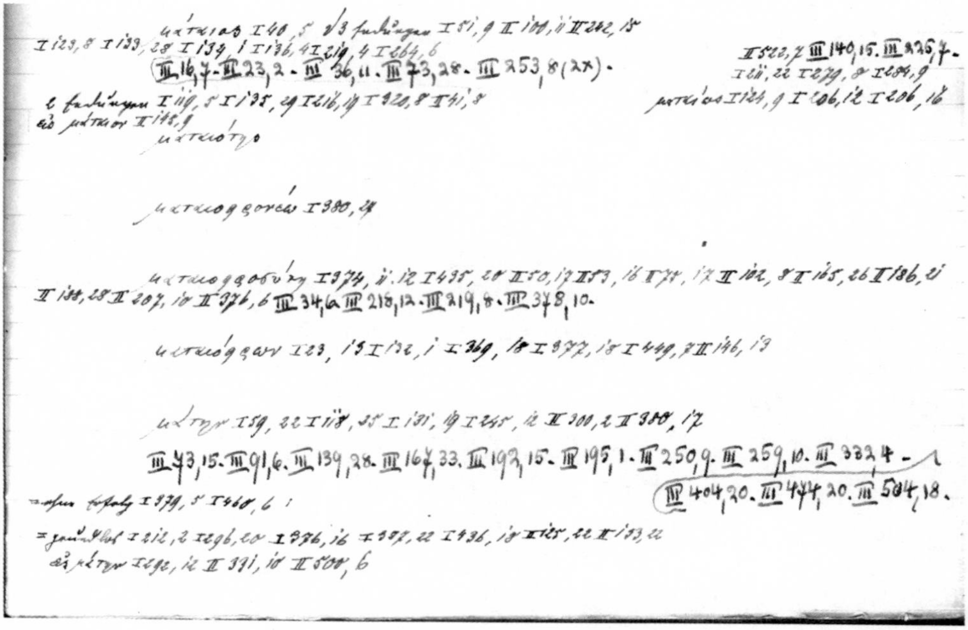

Die CD-ROM zum Buch

Bearbeiter und Verlag haben sich entschieden, die Register zum Epiphanius auch als CD-ROM anzubieten. Die vielfältigen Vorteile liegen auf der Hand. Um nur zwei augenfällige zu nennen: Der Benutzer kann nun leicht auch solche Informationen finden, die nicht durch ein eigenes Lemma nachgewiesen sind und an einem versteckteren Orte ihren Platz gefunden haben. Oder umgekehrt: Viele der von Holl gesammelten Beobachtungen kann man auch als Keimzelle für einen Kommentar zu den edierten Texten verstehen. Mithilfe der CD-ROM fällt es leicht, alle in den Registern vorhandenen Informationen beispielsweise zu einer bestimmten Epiphanius-Stelle zusammenzutragen. Auf dem Wege der traditionellen Buchnutzung wäre dies nicht möglich.

Auf der CD-ROM befindet sich der gesamte Text dieses Bandes, und zwar als pdf-Datei, die mithilfe frei zugänglicher Software, dem Acrobat-READER™ von Adobe, zu lesen ist. Die den neueren Programmversionen beigefügte Suchfunktion ist auch auf unsere CD-ROM anwendbar.

Für die eigene Arbeit wurde der griechische Schriftsatz GRAECA® (Linguistic's Software) verwendet. Für Nutzer, die über diesen Schriftsatz nicht verfügen, geben wir im folgenden eine Äquivalenztabelle für die Tastaturbelegung bei. Für die Suche nach griechischen Wörter bedarf es dann also nur der Eingabe der entsprechenden nichtgriechischen Zeichen. Die Mehrzahl der griechischen Buchstaben entspricht bei GRAECA® der deutschen Tastaturbelegung: alpha = a; beta = b; gamma = g usw.

GRAECA® ist ein sog. TOT-Schriftsatz, der Akzente in beliebiger Weise mit Buchstaben kombinieren kann. Akzente, Spiritus u.ä., die über einem Buchstaben stehen, wurden stets nach dem jeweiligen Buchstaben gesetzt. Ein alpha mit Spiritus asper also wie folgt: α + ' = ἀ, ein eta mit Zirkumflex und Jota subscriptum: η + ̂ + ̦ = ῇ. Akzente vor den Großbuchstaben können demnach bei der Suche vernachlässigt werden.

Weitere Tastaturbelegung

η	h	φ	f
θ	q	χ	c
ξ	x	ψ	y
ϛ	"	ω	w

Akzente, Spiritus u.ä.

		Mac OS	Windows
’	(ȧ)	j	j
ʿ	(ȧ)	J	J
´	(á)	v	v
`	(à)	⇧ + , (= :)	⇧ + , (= :)
ˌ	(ą)	⇧ + 7 (= /)	⇧ + 7 (= /)
^	(â)	⇧ + # (= ')	⇧ + # (= ')
”	(ă)	alt + 5 (= [ )	Strg + alt + 8 (= [ )
”	(ä)	alt + 6 (=])	Strg + alt + 9 (=])
ʿ	(â)	alt + 7 (= |)	Strg + alt + < (= |)
ʾ	(ã)	alt + ⇧ + 7 (= \\)	Strg + alt + ß (= \\)
ʿ’	(ă)	alt + 8 (= ( )	Strg + alt + 7 (= {)
ʿ\	(ä)	alt + 9 (=))	Strg + alt + 0 (= })
⸫	(ï)	alt + ⇧ + . (= :)	alt + 0247
⸪	(í)	⇧ + ß (= ?)	⇧ + ß (= ?)
‥	(ï)	⇧ + < (= >)	⇧ + < (= >)

BR65 .E65 1980 v.4

Epiphanius, Saint, Bp. of
  Constantia in Cyprus.

Epiphanius

DATE DUE

			Printed in USA